程千帆全集

程千帆——著

第三辑

1

古诗考索

被开拓的诗世界

杜诗镜铨批抄

读宋诗随笔

凤凰出版社

图书在版编目（CIP）数据

程千帆全集. 第三辑 / 程千帆著 ; 莫砺锋主编. -- 南京 : 凤凰出版社, 2023.10
ISBN 978-7-5506-3975-1

Ⅰ. ①程… Ⅱ. ①程… ②莫… Ⅲ. ①程千帆（1913-2000）—全集 Ⅳ. ①Z427

中国国家版本馆CIP数据核字(2023)第142026号

书　　名	程千帆全集(第三辑)
著　　者	程千帆
主　　编	莫砺锋
责任编辑	林日波　张永堃　吴　琼
装帧设计	姜　嵩
责任监制	程明娇
出版发行	凤凰出版社(原江苏古籍出版社) 发行部电话025-83223462
出版社地址	江苏省南京市中央路165号,邮编:210009
照　　排	南京凯建文化发展有限公司
印　　刷	苏州市越洋印刷有限公司 江苏省苏州市吴中区南官渡路20号,邮编:215104
开　　本	652毫米×960毫米　1/16
印　　张	129.5
字　　数	1863千字
版　　次	2023年10月第1版
印　　次	2023年10月第1次印刷
标准书号	ISBN 978-7-5506-3975-1
定　　价	680.00元(全3册) (本书凡印装错误可向承印厂调换,电话:0512-68180638)

1987 年，在南京东郊梅花山游玩。照片下题“老夫聊学少年狂”

1980年5月14日，上海华东师范大学徐中玉教授开办中国古代文学批评史培训班，期间，复旦大学一级教授郭绍虞来培训班探望程千帆先生。左起：徐中玉、郭绍虞、程千帆

1989 年 6 月 14 日，答辩会结束。后排左起：周勋初、郁贤皓、程千帆、孙望、章培恒、吴新雷。前排左起：张伯伟、张宏生、曹虹

1985年10月20日至25日，南京大学举行“黄侃先生逝世五十周年、诞辰一百周年纪念会”，陪同与会者游览南京玄武湖。左起：张舜徽、程千帆、黄典诚、于安澜

陪同与会者游览南京中华门。左起：鲁国尧、周祖谟、鲍明炜、程千帆

1997 年 8 月，行书自作《挂冠后寄江南故人》诗句联

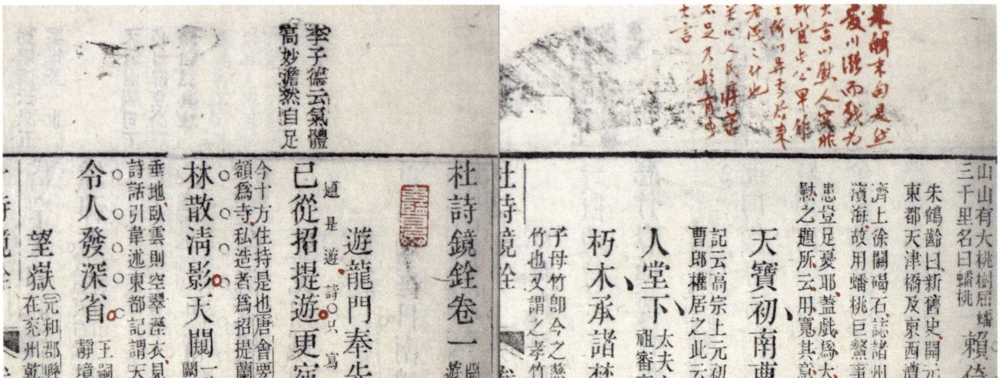

程千帆手批《杜诗镜铨》

总　　序

1997年年底，程千帆先生与河北教育出版社商妥出版《程千帆全集》事宜。当时程先生年事已高，精力欠佳，又适逢病目不能看细字，就命我编定全书。河北教育出版社且让我为《全集》写一篇总序。次年4月，我拟就“总序”，经程先生审定后交出版社付梓。由于卷帙浩繁，编纂校对与排版印刷均费时日，《全集》直到2000年12月方得问世，此时程先生已于半年前遽归道山。斗转星移，二十多年转瞬即逝。《程千帆全集》早已绝版，求购甚难，读者要求重版之呼声越来越高。今年适值程先生诞辰110周年，凤凰出版社决定重版《全集》，增收程先生的书简、日记等文字，形成一部名符其实的新版《程千帆全集》。凤凰出版社与程先生之哲嗣丽则师姐均提议仍由我承担编纂之责，我屡辞不成，乃勉强承乏。为了集思广益，特地成立《程千帆全集》学术委员会，成员有：徐有富、莫砺锋、张三夕、蒋寅、张伯伟、张宏生、曹虹、程章灿、严杰、李立朴、张辉、景凯旋、巩本栋、陈书录、曾广开、姚继舜。又成立《程千帆全集》编纂委员会，成员有：程丽则、莫砺锋、姜小青、倪培翔、史梅、徐兴无、刘重喜、董晓、倪蛟、徐雁平、童岭。在上述人员以及凤凰出版社的责编林日波、郭馨馨等人的鼎力合作下，新版《全集》业已编成付梓，出版社循旧例请我重写一篇总序。我在曾呈程先生过目且刊于旧版《全集》卷首的“总序”中说：“我立雪程门已一十九年，当然很乐意有此机会以服弟子之劳，于是当仁不让地承担了核对材料、订正文字等工作。至于作序，则自惭鲁钝，未能传先生之芬芳。为人作序本易得佛头著粪之讥，况且程先生的学术墙高数仞，我怎有能力说清其中的'宗庙之美、百官之富'呢？思之再三，只好勉为其难，先把全集中各类著作的写作经过及主要内容作些介绍，再简单地谈谈自己的体会，但愿对读者稍有裨益。"岁月荏苒，我的上述想法并无改变。由于新版《全集》增收程先生遗著数种，新版分册与旧版分卷之标准也有差异，故本序不避重复，对新版《文集》各册所收著作之写作经过及主要内容介绍如下。

第一、第二两册所收的是校雠学著作，即第一册之《校雠广义・版本编》《校雠广义・校勘编》与第二册之《校雠广义・目录编》《校雠广义・典藏编》。校雠学本是一切学术的门径和基础，程先生在就读于金陵大学时就对这门学科有强烈的兴趣，毕业后曾在金陵大学、武汉大学等校主讲这门课程，并开始写一部全面地论述校雠学各个分支内容的书。可惜这项工作在上世纪五十年代被迫中断。到了1979年，程先生在南京大学重新开始指导研究生，把校雠学定为硕士生的主要课程，亲自站在讲台上为我们讲授。我们三个同学则边听课边记录，整理成《校雠学略说》，曾以油印稿的形式在几所大学流传。程先生发现徐有富对这门课有特别强烈的兴趣，几年后便让有富代他讲授这门课，而且师生合作，对《校雠学略说》进行大幅度的扩充、改写。经历十个寒暑，终于完成皇皇四大册的《校雠广义》。全书问世后，好评如潮，获奖无数。著名学者陶敏评为"体大思精"，洵为公论。《校雠广义》的成书，有富兄做出的贡献极其重要。程先生在给舒芜的信中自述著书过程说："弟撰《校雠广义》，合版本、校勘、目录、典藏而一之，发意在四十年代，中更世变，未成其书。已成部分，又为狂童毁其卡片。到南京后，弟子徐君不敏而好学，有'参也鲁'之风。邀之合作，迄今又十年，居然卷帙可观。"但是此书的首创之功，当然属于程先生。自清代以来，专治校雠学的学者代有其人，有关校雠学的著作也不断出现。然而，对校雠学的四个重要部分即版本、校勘、目录、典藏进行全面系统的论述，且将论述重点由历史源流转向实际应用，则《校雠广义》堪称开创之作。读者不仅能从本书中了解这门传统学问的历史形态，而且能获得如何运用它进行文史研究的实际指导，后者也许是这

部书最重要的价值。

第三册所收的是文史研究著作，即《史通笺记》《文论十笺》《唐代进士行卷与文学》三种。程先生所写的纯史学著作有《史通笺记》一种。《史通》是中国古代史学理论名著，很受史学界重视。可是此书虽经卢文弨、浦起龙等学者之整理、注释，而难解、误解之处仍然很多。程先生从青年时代起就下苦功钻研《史通》，并曾在大学开设《史通》课程。他广搜善本，博采各家校记及有关论著，以“笺记”的形式对前人研究《史通》的成果进行总结，并且提出了许多独到的见解，发前人所未发。此书实为近代《史通》研究中最重要的著作之一，程先生因此被史学名家周一良先生誉为“子玄（刘知幾）之功臣”。《文论十笺》是文学批评史著作。程先生对古代文论有深入的研究，此书从浩如烟海的典籍中精选出十篇文章，先作详赡的笺注，然后结以案语。从表面上看，此书仅是一部简要的文论读本，但它的实际意义远远溢出于此。本书所选的文章计有陆机一篇、刘知幾两篇、章学诚五篇、章炳麟一篇、刘师培一篇，选目独具手眼。其编排不按时代而依内容，也具有现代意识。十篇文章分别副以“论文学之界义”“论文学与时代”等标题，事实上构成了具体而微的理论体系。文末的案语也多有精到的见解，颇能帮助读者领会文章的现代意义。正因如此，此书很受读者欢迎，自 1942 年以《文学发凡》的书名刊布以来，屡经修订，多次重版。《唐代进士行卷与文学》是文学史专题研究。程先生对陈寅恪先生的道德文章十分钦佩，在学术研究中深受陈氏的影响，本书就是借鉴陈氏倡导的诗史互证之法所取得的硕果。早在 1936 年，程先生把陈寅恪的著名论文《韩愈与唐代小说》由英文译成中文，从此对陈文中涉及的“行卷”这种历史现象进行了长期的钻研，终于写成这本专题论著。本书对行卷这种伴随着唐代科举考试的文化现象作了全面的考察，并对行卷与文学的关系作了实事求是的分析。这样，文学史界长期聚讼纷纭而不得确解的一个问题，即唐代科举对文学到底有何影响，就得到了令人信服的解答。本书篇幅不大，但内容丰富，论点新警，切切实实地解决了文学史研究中的一个难题，深受国内外学术界的重视。本册所收三种著作

的性质不完全一致，但都属于广义的史学研究。程先生一向喜爱史学，即便在农村牧牛饲鸡时，仍分秒必争地通读了从晋到隋的多部史书，渊博的历史知识使他在处理古代文学的历史背景时如鱼得水，也使他在论述古代文学专题时总能“思接千载，视通万里”，从而体现出重视“长时段”的史家眼光。

第四、第五册所收的是文学史著作，因篇幅关系，第四册收《两宋文学史》一种，第五册收《元代文学史》和《程氏汉语文学通史》两种。《两宋文学史》是程先生与吴新雷教授合著的，两位作者都对宋代文学史下过很深的功夫，但相对而言，程先生对宋代的诗词古文理解得更深一些，而吴教授则对小说戏曲研究得更多一些，所以他们的合作获得了取长补短、相得益彰的效果。《两宋文学史》有两个明显的优点：一是论述了一些长期被忽略的内容，如宋代四六等；二是对于重要作家及其代表作品有更细致深辟的阐述，如吴文英词。然而更重要的则是它非常注重揭示史的线索，在突出大作家的历史作用的同时，也对形成文学潮流的中小作家群予以充分的关注。此外，它非常注意一代文学的整体风貌，在清晰地勾画各种文体内部的发展脉络的同时，也对不同文体之间的互相影响进行了论述，如宋四六对小说戏曲的影响等。虽说最后一点由于缺乏学术积累的前资而展现得不够充分，但这毕竟体现出力求创新的探索精神，格外引人注目。《元代文学史》是程先生与弟子吴志达教授合著的，此书从属稿到出版，经历了一番艰难曲折的漫长过程。此书原名《元代文学史讲义》，是程先生在武汉大学时编写的讲义。1957 年春季，程先生开始讲授元代文学史。课程尚未结束，他在一夜之间被打成“右派”，随即失去讲课的资格。在前途未卜，不知此生能否重上讲坛的情况下，程先生以高度的责任感和坚毅顽强的意志续写讲义，计划写完后即付印。可惜形势急转直下，程先生很快开始“侧身刍牧间十八年”的苦难生涯，一切写作都不再可能，付印的计划更成泡影。此时全书尚未完稿，但部分手稿幸得保存。二十多年后，程先生与当年曾听他授课的弟子吴志达谈起修订《元代文学史讲义》之事，意在嘱托弟子续完全书，然未及深谈，程先生遽归道山。三年以后，志达

学长主动请缨续修此书，陶芸师母遂将遗稿交付之。志达学长本着光大师门学术的强烈意愿，仔细体会原稿的学术观念，努力回忆当年亲聆音旨所得的印象，对原稿进行修订、增补，尽经十年辛苦，终于完成全书，篇幅则从原稿的十余万字扩展到二十余万。出于谦抑，也出于对程先生的敬仰之情，志达学长将此书署作“程千帆著，吴志达修订”。考虑到志达学长所付出的辛勤劳动及实际贡献，也考虑到收入全集的另外两种文学史著作的署名通则，现将《元代文学史》改署为师生合著。程先生与志达学长泉下有知，当获俞允。《元代文学史》付梓后颇获学界好评，志达学长的高足陈文新教授之评语最称妥当：“这部由特殊的作者在特殊时代写成的特殊的文学史，在林林总总的中国文学史著述中，必将以其特殊的价值引起学术界的高度关注。”《程氏汉语文学通史》是程先生与弟子程章灿教授合著的，因师生二人都姓程，故书名冠以“程氏”二字。中国古代的史家以“通古今之变，成一家之言”为最高目标，所以最能体现中国史学精神的史学著作应是贯通古今且具有鲜明史观的通史。程先生治学文史兼擅，他的文学史研究也贯彻了上述史学精神。他认为研究文学史不应局限于某一段时期，只有贯通古今才能准确把握整个中国文学的来龙去脉，并深入理解其内在精神。上世纪四十年代末，程先生在武汉大学任教时，曾应历史系主任吴于廑先生之请，为历史系学生讲授中国文学通史。那门课由他独自承担，从上古一直讲到近代，从而留下一部通贯整个文学史的讲义，《程氏汉语文学通史》即根据该讲义为基础进行充实、提高而成。本书的论述重点不再是某些作家作品，而是中国文学从古至今的发展过程，诸如文学观念的传承演变，各种文体的兴盛衰落，文学技巧的发展变化，以及这些演变过程的社会历史背景和文化意义。与以往的文学史著作相比，本书的最大特点是它不再满足于提供文学史的许多断片或轨迹点，而是力图描绘出一条完整的线索来。以五十多万字的篇幅涵盖从上古迄现代的全部中国文学史，本书可称开创之作。

第六册所收的是关于古典诗歌的论著，即《古诗考索》《被开拓的诗世界》《杜诗镜铨批抄》《读宋诗随笔》四种，前二种是论文集，后二种是批点

与品评。程先生学术研究的范围相当广阔，然而他用力最勤、创获最巨的则是古典诗歌的研究。也许可以说，关于古典诗歌的论文标志着程先生学术造诣的最高峰。《古诗考索》共收论文 39 篇，所涉内容上起汉末古诗，下迄今人所作旧体诗，而以唐诗为主。所论题旨小至一字一句意义的辨析，如《陶诗“少无适俗韵”的“韵”字说》；大至整个古典诗歌的内在规律的探讨，如《古典诗歌描写与结构中的一与多》。这些论文中最受学界称道的是从研究具体作品入手而终于导出有普遍意义的结论，也即人们通常称为“小中见大”者，如《张若虚〈春江花月夜〉的被理解和被误解》。显然，它们最重要的价值不在于解决了某些具体的问题，而在于为学界提供了方法论的启迪。《被开拓的诗世界》则是一部关于杜诗的论文集，其中部分论文是程先生指导学生莫砺锋、张宏生分别写成的，故师生三人共同署名。程先生对杜甫深为敬仰，对杜诗研究下过很深的功夫，曾在好几所大学里开设过杜诗课程。他晚年在南京大学重开此课，除了讲授杜诗学知识外，更着重启发学生进行专题研究，本书实即程先生的杜诗研究与杜诗教学的双重成果的结晶。有关杜诗的研究论著早已汗牛充栋，本书的特点是始终把杜诗置于古典诗歌史的长河中进行考察，从而为杜诗学提供了崭新的切入点和宏阔的视野。《杜诗镜铨批抄》是以传统方式对杜诗所作的批语，因所论杜诗之编次皆从《杜诗镜铨》，故有此称。原来附于《被开拓的诗世界》之后，现抽出自成一编。《读宋诗随笔》原名《宋诗精选》，因其中部分选目与《古诗今选》重复，编入全集时乃删去注释而保留解说，并改称今名。此书以“随笔”的形式来评析作品，行文有较大的自由度，故修短合度，笔随兴至，既有点到为止的三言两语，也有淋漓酣畅的大段议论。书中有许多关于宋诗的真知灼见，又出之以平易晓畅的文字，真正做到了深入浅出，也更鲜明地呈现出程先生的学术个性。

第七册所收的是古典诗歌作品选，即《古诗今选》一种。此书的属稿始于 1956 年，是程先生与沈祖棻先生合作进行的，后因沈先生不幸去世，乃由程先生独立完成。此书的内容包括八代诗、唐诗和宋诗三个部分，涵

盖了五七言诗歌史上最重要的几个时期。选本是中国文学史上一种特殊的批评方式，程先生对此深有会心，所以此书从选目、注释到讲解、评析，都很有特色，充分体现了选家的诗学观点。在《古诗今选》之前，具有通代性质的古诗选本主要有三部：一是宋末元初方回所选的《瀛奎律髓》，它是一部唐、宋两代的律诗选本。二是清代王士禛所选的《古诗选》，它专选历代的五言古诗和七言古诗，五古部分上起汉代，下讫唐代；七古部分则上起汉代，下讫元代。三是清代曾国藩所选的《十八家诗钞》，它上起汉末的曹植，下讫金代的元好问。这三部古诗选本都是《古诗今选》参考的范本。然而《古诗今选》毕竟有很强的独创性，它所体现的选家眼光已经超越前人。在诗体上，《瀛奎律髓》专选五七言律诗而不选古体诗和绝句，《古诗选》则专选古体诗而不及律诗和绝句，《十八家诗钞》虽然不限诗体，但它于王维、孟浩然只选五律，于宋代的苏轼、黄庭坚、陆游三家则不取五古，仍然多有局限。《古诗今选》则各体皆收，而且在五七言诸体之外选入少量优秀的六言诗、杂言诗，以示在五七言诗成为诗体主流后仍有其他诗体的存在。这样就能让读者对古典诗歌的艺术形式有比较完整的把握。《古诗今选》的选目也有非同寻常的特点和价值。在八代诗人中，入选作品较多的诗人依次是：陶渊明 12 首，鲍照 8 首，曹植 7 首，庾信 6 首，阮籍、左思、谢灵运、谢朓皆为 4 首。如果说陶渊明高踞八代诗史的首席是从苏轼以来的传统看法，那么将鲍照列于第二位，以及将庾信列于大谢之上，显然是独到的选家眼光。在唐代诗人中，入选作品较多的诗人依次是：杜甫 33 首，李白 27 首，王维 16 首，白居易 15 首，韩愈 11 首，刘禹锡、李商隐皆为 10 首，李颀、王昌龄、元稹、杜牧皆为 7 首，孟浩然、岑参、柳宗元、李贺、温庭筠皆为 6 首，陈子昂、张九龄、高适、李益、韩偓皆为 5 首。在这份名单中，韩愈、刘禹锡、李颀、柳宗元、韩偓的地位都比一般的唐诗选本有所提升，而入选杜诗超过王维诗的一倍，尤见手眼。在宋代诗人中，入选作品较多的诗人依次是：苏轼 22 首，王安石 17 首，黄庭坚、陆游皆为 15 首，陈师道、陈与义皆为 10 首，欧阳修、范成大皆为 7 首，杨万里、林景熙皆为 6 首，梅尧臣、刘克庄、谢翱皆为 5 首。其中王安石之位居第二，黄庭坚之与陆游平起平坐，二陈之超过欧公与范成大，都是不同寻常的选法。如果从通代的角度来看，《古诗今选》中入选作品较多的大诗人名单中前五位分别是：杜甫、李白、苏轼、王安石、王维，而白居易、黄庭坚、陆游三人则并列第六。显然，这不但对那种崇唐黜宋的传统诗学观念有着摧陷廓清之功，而且体现出宏通的视野和深远的眼光。从入选作品的诗体来看，《古诗今选》也有鲜明的特点。此书对各种诗体无所轩轾，但对于各家的诗体倾向则非常关注，比如王昌龄的 7 首诗全是七绝，充分显示出这位“七绝圣手”的特长。又如韩愈的 11 首诗全是古体，充分显示出其雄奇古奥的风格。此外如李商隐的 10 首中选律诗 8 首、绝句 2 首，陆游的 15 首中选五言诗 1 首、七言诗 14 首，都充分体现出各家在诗体上的特点和优点。凡此种种，皆说明《古诗今选》是一部眼光深邃、个性鲜明的通代诗选，它体现出程先生对整个诗歌史的独特观照，也体现出复归诗歌审美本质的独特旨趣。

第八册所收的是诗文作品，即《闲堂诗文合抄》《闲堂文薮》和《桑榆忆往》三种。《闲堂诗文合抄》是程先生各体文学作品的汇总。程先生生于诗人之家，自幼即与诗结下了不解之缘。即使在那些风雨如磐的黑暗岁月中，也始终不废吟事。可惜他中年因非罪获谴，旧稿毁于一旦，所以平生的五七言诗作只残存二百余首。这些诗中不乏清丽芊绵之作，也有廉悍奥峭之篇，但其主导风格，则正如钱仲联先生在《序闲堂诗存》中所云，“于蒹葭楼主人为近”，也即近于黄节先生的诗风。黄节诗风本以陈后山为宗，故程先生的诗风也以平淡质朴为基本特征。然而它们在平淡的语言外表下蕴藏着抑塞历落、豪荡感激之情，它们通过对自身遭遇的悲欢离合的诉说而表达了儒者“能好人能恶人”的淑世情怀。程先生平生不甚作词，所存词作仅有《闲堂词存》中的十余首，但其中不乏情文并茂之佳作，例如哀悼沈祖棻先生的两首《鹧鸪天》与哀悼王瑶先生的两首《浣溪沙》，都是感人至深的传世名篇。程先生晚年颇喜用文言撰文，这些文字短小精悍，文采斐然，已臻老成之境，具有美文性质，故单独编为一辑，题作《闲堂文存》。自从新文化运动以来，文言文逐渐退出文坛。其实文言、白话各有优点，不宜偏废。《闲堂文存》所收作品，大多属于序跋及墓铭、墓表之类，当然与此类文体之历史渊源有关。但其中也有怀人、忆旧的短文，如追怀唐圭璋先生的《圭翁杂忆》，内容与收进《桑榆忆往·音旨偶闻》的《忆刘永济先生》《黄季刚老师逸事》诸篇相近。前者用文言而后者用白话，但都将前辈学人的嘉言懿行写得栩栩如生，形神兼备。春兰秋菊，各有千秋。这正体现出程先生在文体论上兼收并蓄、不拘一格的通达意识。程先生虽然以研究古代文学而知名，但他决不是埋首于故纸堆而不问窗外事的学究。他对现实非常关心，对当代文学也十分注意。他在青年时代曾热心于新诗创作，与好友孙望先生等组织了“土星笔会”，并创办新诗刊物《诗帆》。虽说他后来因专注于古代文学研究而不写新诗，但留存下来的新诗作品却是现代诗史上不可忽略的一个记录。现经整理删选，把这些作品编成《新诗少作》，附于《闲堂诗文合抄》之末。《闲堂文薮》也是程先生的论文集，所论内容较杂，有别于《古诗考索》之专论诗歌，故另编此集。程先生认为全书内容“繁如薮泽”，乃沿用唐人皮日休《文薮》之题。本书共分三辑：第一辑 8 篇，其中《韩愈与唐代小说》一篇，是陈寅恪先生于 1936 年以英文发表的论文，收入本辑的是作者的译文。其他 7 篇涉及散文、辞赋、词曲、小说、戏剧等各种文体。第二辑是汉魏六朝文学散论 3 篇，原是作者 1946 年在武汉大学讲授文学史的讲义，今天看来，仍有可参考之处。第三辑 8 篇，皆有关校雠目录学。写作时间约在 1935 年至 1942 年，是为在金陵大学和武汉大学讲课之用。后来此类课程久不设置，直至 1980 年后程先生为南京大学和山东大学的研究生讲授“校雠学”课程时，始由同学录音整理成为《校雠学略说》，是为日后《校雠广义》的蓝本。这 8 篇文章是程先生校雠学思想的滥觞之源，自然具有独立的学术史意义。《桑榆忆往》是程先生的回忆录，乃张伯伟教授所编。此书分成四个部分，第一部分是《劳生志略》，是程先生的口述自传，由张伯伟记录成文。第二部分是《音旨偶闻》，共收 4 篇文章，内容是程先生对刘永济、黄季刚与汪辟疆三位老师的回忆。第三部分是《书绅杂录》，共收 7 篇文章，内容都是程先生讲学的记录稿，记录者既有及门弟子，也有程先生的外孙女张春晓，当然，后者也是程先生的再传弟子。第四部分是《友朋评议》，共收 8 篇评议程先生学术的书评，撰者既有程先生的学界友人，也有其弟子或后辈。《桑榆忆往》内容丰富，形式多样。程先生的一生经历曲折，数次遭遇沧桑世变，时代的风风雨雨在他心中留下了不可磨灭的记忆。他年轻时及见许多学术宗师，如黄季刚、胡小石、刘衡如、胡翔冬、吴瞿安、汪辟疆等，都是他亲承音旨的前辈。又如陈寅恪、朱光潜、朱自清、庞石帚等，都是他有所请益的学者。他的夫人沈祖棻教授是当代杰出的女词人，患难夫妻，文章知己，学术上多收切磋之益。凡此种种，都成追忆。程先生诲人不倦，他常为弟子或其他后学释疑解惑，留下许多言简意赅的学术观点。程先生的学术研究深受学界重视，友朋及弟子对其学术成就的评论皆从某个侧面体现其人其学的特点。总体看来，这部回忆录不仅是程先生个人生平事迹的记录，而且是时代的一个缩影，从中可见几代学人的嘉言懿行和歌哭悲欢，具有学术史的意义。

第九册所收的是书简，即《闲堂书简》一种。初版《程千帆全集》于 2000 年问世以后，师母陶芸先生认为程先生写给亲朋友好的书信中有许多商讨学术的内容，可以作为其著作的补充，应予整理成书。在程先生的后人和学生的帮助下，经过征集、誊录、编次等步骤，陶先生终于将近千封书简整理成书，并于 2004 年由上海古籍出版社出版。十年以后，此书漏收的书简陆续出现，所收书简的系年等方面也发现了一些错误，在程门弟子及程丽则师姐等人的共同努力下，于 2013 年出版了增订本。其后我们又收集到遗简三百余通，于是重加增订，收入全集。程先生是一位真正的学者，他好学深思，终生不倦，他的书信中最常见的内容便是商讨学问。由于是书信，不可能发表长篇大论，但是那些简约的三言两语往往闪耀着真知灼见。试举一例：《致张三夕》之二七中纠正学界关于陈寅恪的一种误解："陈先生说'寅恪平生为不古不今之学'，汪荣祖竟然认为这是指他专攻中古史，即魏晋六朝、隋唐五代。这不但与事实不合，也完全不解陈先生的微旨。'不今不古'这句话是出在《太玄经》，另外有句话同它相配的是'童牛角马'，意思是自我嘲讽，觉得自己的学问既不完全符合中国的传统,也不是完全跟着现代学术走,而是斟酌古今,自成一家。表面上是自嘲,其实是自负。根据他平生的实践,确实也做到了这一点,即不古不今、亦古亦今、贯通中西、继往开来。”程先生还常常在书信中为学生或其他年轻学人答疑解难,或指示治学门径。也举一例:《致余恕诚》之四曰:“承问课题,我觉得唐代文学是一座很大的富矿,到现在还有很多领域没有开发,特别是文学与文化和政治的关系,陈寅恪虽提出唐代内乱与外患的连环性,这个题目在文学上的表现就很少人涉及过,如果先生有兴趣,是否将这个问题作一个比较彻底的清理。这可能在文学上表现的不多,但间接上可以开发的不少。”书信是最纯粹的“个人化写作”,它最能体现作者的真性情。程先生的书信大多直抒胸臆,在毫无修饰的文字中洋溢着真情实感,例如《致万业馨》之二三云:“千帆自到南大后,得可传业者数人,著述得诸友生之助,亦大体完成。残年八十有六,耳聋目盲,自然之数,故终日枯坐,亦无可埋怨处。惟偶然细数平生,虽经忧患似若无可悲者,然为国为民,亲情友谊,则愧负实多。朱古微晚年词云,‘忠孝何曾尽一分’,‘可哀惟有人间世’,每一念及,辄忉怛不能去怀。出版社多劝录音,说平日可念之事。但每一念及,则泪如泉涌,岂尚有心及于文字?”此种文字,真乃尼采所谓“以血书者”的天地间至文。程先生的书信忠实地记录了一个正直的知识分子走过的人生道路及其心路历程,也记录了大量关于文坛和学林的珍闻、掌故,活跃着许多著名人物的身影,全书具有极高的史料价值。

第十、第十一册所收的是日记,即《闲堂日记》一种。日记是古已有之的一种文体,原属史官之职责,如汉人刘向《新序》云:“司君之过而书之,日有记也。”其后文人逐日记事之文亦称“日记”,宋人陆游谓“黄鲁直有日记,谓之‘家乘’,至宜州犹不辍书”(《老学庵笔记》)。及至晚清,遂出现以李慈铭《越缦堂日记》为代表的“四大日记”,成为影响颇巨的特殊著作。一般来说,日记的主要优点是逐日记事与始终不辍,从而具备较高的史料价值。程先生的日记,始于少时在家塾有恒斋中读书之时。他进入金陵大学后,还曾将日记中有关《礼记》的部分整理成文公开发表。可惜程先生后来屡遭动荡，已无法每日作记，即使作记也难以妥善保存。所以现存的程先生日记，竟是始于 1979 年 3 月 15 日，其时他年近七旬，已臻暮年。虽然如此，这部日记仍然多达 13 册，前 12 册主要由程先生手记，少数地方由陶芸先生代记。后 1 册则全由陶芸先生代记。日记记录了程先生晚年生活的主要内容，举凡教学、著述、出差开会、亲友交往等，应有尽有，细大不捐。虽然残缺不全，仍如吉光片羽，价值非凡。试看徐有富教授所编《程千帆沈祖棻年谱长编》，全书篇幅为 900 页，自 1909 年至 1978 年仅有 283 页，而从 1979 年迄 2000 年则多达 617 页，主要得益于日记之功。程先生晚年目昏手抖，日记之字迹相当潦草，难以辨认，整理者程丽则师姐与程门再传弟子许勇付出了辛勤的劳动，厥功甚伟。

第十二册所收的是附录四种，其中《治学小言》一书曾于 1986 年由齐鲁书社出版，前有王仲荦先生之序，后有陶芸先生之后记，正文则为短文 19 篇，内容以治学方法为主，兼及大学文科与中学语文等问题。依照程先生本人的意见，初版《全集》未收此书。如今在程先生身后重编《全集》，理应补收，因其篇幅短小，内容又不易归类，故附于本册。《古诗讲录》一书原题《程千帆古诗讲录》，张伯伟教授编，人民文学出版社 2020 年出版。程先生晚年移砚南京大学后，曾先后为 1976 级本科生讲授“历代诗选”，历时一年；为 1977 级本科生讲授“古代诗选”，历时一学期；为 1979 级硕士生讲授“杜诗研究”，历时一学期。当时没有留下音像资料，令没有机会“亲承音旨”的后学倾想不已。幸亏三门课程分别留存徐有富、张伯伟、曹虹三位弟子的记录，第一门课程的上半部分则有进修生陈治群的记录，张伯伟据之整理编纂，遂成此书。张伯伟教授在编后记中说：“三门课程，‘历代诗选’以时间为序，讲解汉魏晋宋齐梁陈隋唐宋诗歌；‘古代诗选’则以专题为单元，范围也还是八代唐宋诗歌；‘杜诗研究’属于专家诗，是以问题为中心展开。虽然三门课程各有重心，但都是围绕具体的诗歌作品。传统的文学研究范围，包括文学理论、文学批评、文学史，但核心是文学作品。没有作品，就没有文学的理论和历史；不深入理解作品，文学的历史与理论就只能停留在表象的描绘和空泛的议论。这是千帆师的一向主张，不仅体现在研究工作中，也贯彻在教学实践上。”评价此书的价值，言简而意赅。《逸稿》专收程先生的逸稿。程先生曾在各类报刊发表文字甚多，年代久远，或存或佚。今将近年来发现之逸稿汇成一编，附录于此。《学术年表》乃专为此次重版《全集》而编，乃由徐有富率徐雁平、丁思露、杨珂等人合作而成。有富兄曾撰《程千帆沈祖棻年谱长编》，掌握谱主资料极为丰赡，由他亲率弟子编制此表，定能删繁就简，驾轻就熟，必有可观，遂附于此，以为《全集》之压卷。

从以上的粗略介绍可以看出，程先生的学术视野十分宏阔，研究领域相当广泛，从而取得了多方面的研究成果。这部六百多万字的全集，就是他一生上下求索的结果，是他六十年心血的结晶。那么，程先生的学术研究，有没有一以贯之的精神呢？我以为是有的，那就是沈祖棻先生在《古典诗歌论丛》的后记中所揭橥的，“将考证与批评密切地结合起来”，“将批评建立在考据基础上”。考证与批评是中国传统的文学研究的两翼，前代的优秀学者本是两者兼通的。可是到了现代，随着学术成果积累的日益丰厚和学术研究分工的日益细密，这两项工作渐渐分道扬镳，学者或精于此，或长于彼，互相隔膜，绝少往来。甚者至于互相轻视，唯我独尊。精于考证的学者常常觉得专事批评的人流于空疏，而长于批评的学者则往往认为专攻考证的人陷于烦琐。在古代文学研究界大声疾呼且身体力行地把两者结合起来的学者，程先生当是当代第一人。

一般说来，文学研究，尤其是古代文学研究，主要有四个层次。一是文献学的研究，即对浩如烟海的典籍进行校勘、辑佚、整理，力求提供确实可靠的文本。二是历史学的研究，即对千头万绪的文学史实进行考订、甄别、梳理，力求掌握文学史长河中每个环节的真实面目及其来龙去脉。三是美学的研究，即对古代文学作品的自身价值进行解读、阐释、评析，力求最充分地实现现代人对古代作品的审美接受。四是哲学的研究，即从哲学思辨的高度对古代文学进行宏观的把握，力求揭示其根本规律及其在民族文化乃至世界文化中的特殊地位和普遍意义。从程先生的著述及日常言论来看，他所说“考证”包含着前两项内容，而“批评”则包含着后两项内容。由此可见,程先生所倡导的方法实际上就是对古代文学作全面的、多层次的研究,是由表及里、由浅及深的学术门径。应该指出,在现代的学术环境中,分工是不可避免的,一部分学者把精力集中于某一个层次的研究是完全合理的。程先生对此并无异议,他对同辈乃至后辈学人专攻某一层次的研究而得到的成就都深表赞许。但是,就整个学术界而言,必须有部分学者兼通考证与批评,而专攻其一的学者也不能与另类研究隔膜、疏离,这才能够融会贯通,真正达到较高的学术境界。程先生的研究工作正是在这种思想的指导下进行的,这部文集正是他运用这种方法的范例。

程先生重视文献整理,他亲自主编《全清词》和《中华大典·文学典》,而且下大功夫钻研校雠学。他重视史实考订,为了弄清唐代行卷之风的真相,曾在史料中钩沉索隐达数十年。他具有卓异的审美能力,在艺术体会和风格辨析方面尤见功力。他也善于从纷繁杂乱的现象中抽象出理论来,曾对古典诗歌的一些普遍规律有所揭示。更重要的是,程先生并不把考证和批评视为各自独立、畛域分明的两类工作,而把它们看作互相依存、不可割裂的一个整体。他的文学史著作和文学史专题论著固然是兼有考证与批评的综合研究,他的许多单篇论文也同样是融考证与批评于一体的范文,例如《张若虚〈春江花月夜〉的被理解和被误解》《一个醒的与八个醉的》等文,都是从对史实的精密考证和对作品的细致分析入手,双管齐下,然后推导出重要的结论。程先生在古代诗歌的研究中所以能触手生春,独得圣解,除了天性颖悟和思力强劲等因素,正确的方法论无疑是重要的原因。

读者很容易注意到以下事实:这部《全集》的总字数不是很多,而且有好几种著作是程先生与他人合作的,这是特殊的时代所造成的结果。1957年,像同时代的许多学者一样,正当盛年的程先生因直言而获罪,从此被剥夺了近二十年的工作时间。等到阴霾散尽,大地春回,程先生重返课堂和书斋时,他已年过花甲。妄加的罪名可以平反,贬损的待遇可以恢复,但是被耽误的时间却是无法挽回的。从45岁到65岁的二十年光阴,正是从事文史研究的学者一生中的黄金阶段。尽管复出后的程先生夜以继日地努力工作，尽管他的才思依然十分敏锐，但要想亲手完成计划中的全部学术课题，毕竟力不从心。况且重执教鞭的程先生视教学为第一要务，为培养后辈而倾注了大量的时间和精力！于是程先生的好几种著作采取了与人合作的方式，合作者中有他的同事，更多的则是他亲自指导的学生。应该说，这些合作实际上也是程先生培养后辈的一种方式，合作者通过实际操作而获得了方法训练，也通过讨论质疑而锻炼提高了思辨能力，所以它们具有薪尽火传的特殊意义。然而毋庸讳言，如果程先生没有丧失二十年时间，如果他一生的学术活动没有中断，那么他完全可以在年富力强的时候从容不迫地独自完成这些著作，并使它们的学术水准更上一层楼，他也一定能够写出更加卓越的其他著作。可惜历史是不能假设的，于是这部《全集》只能以目前的状态呈现在读者面前。希望后来的读者看到这部《全集》时，千万不要忘记它是一位生活在20世纪历经坎坷的学者的学术记录，是一部忧患之书。

2023年7月20日

受业莫砺锋谨序

目　　次

古诗考索

题　记 ······ 3

上　辑

古典诗歌描写与结构中的一与多 ······ 5

附　录

善戏谑兮,不为虐兮 ······ 27

从小说本身抽象出理论来

——在中国古代小说理论讨论会上的发言 ······ 31

相同的题材与不相同的主题、形象、风格

——四篇桃源诗的比较研究 ······ 34

读诗举例

——在中国文学批评史师训班上的讲话 ······ 52

附　录

答人问治诗 ······ 66

唐诗的历程

——《唐诗鉴赏辞典》序言 ······ 69

论唐人边塞诗中地名的方位、距离及其类似问题 ······ 76

张若虚《春江花月夜》的被理解和被误解 …… 97
张若虚《春江花月夜》集评 …… 112
李白《丁都护歌》中的“芒砀”解 …… 125
关于李白和徐凝的庐山瀑布诗 …… 135
附　录
《复堂词序》试释
——清人词论小记之一 …… 148
说“斜阳冉冉春无极”的旧评
——清人词论小记之二 …… 154
李颀《杂兴》诗说 …… 159
李颀《听董大弹胡笳声兼语弄寄房给事》诗题校释 …… 168
读岑参《走马川行奉送出师西征》记疑 …… 178
杜甫《诸将》诗“曾闪朱旗北斗殷”解 …… 185
读冯至先生《杜甫传》 …… 191
韩愈以文为诗说 …… 198
李商隐《锦瑟》诗张《笺》补正 …… 221
从唐温如《题龙阳县青草湖》看诗人的独创性 …… 233
苏轼的风格论 …… 242
读《倾盖集》所见 …… 257

下　辑

诗辞代语缘起说 …… 264
《古诗》“西北有高楼”篇“双飞”句义 …… 287
曹孟德《蒿里行》“初期会盟津，乃心在咸阳”解 …… 292
左太冲《咏史》诗三论 …… 296
郭景纯、曹尧宾《游仙诗》辨异 …… 303
陶诗“结庐在人境”篇异文释 …… 313
陶诗“少无适俗韵”的“韵”字说 …… 319
王摩诘《送綦毋潜落第还乡》诗跋 …… 322
少陵先生文心论 …… 333

杜诗伪书考 …… 345
韩诗《李花赠张十一署》篇发微 …… 363
与徐哲东先生论昌黎《南山》诗记 …… 369
《长恨歌》与《圆圆曲》 …… 372
玉溪诗《离亭赋得折杨柳》二首说 …… 375
读《宋诗精华录》 …… 378

被开拓的诗世界

杜诗集大成说 …… 385
忧患感和责任感
——从屈原、贾谊到杜甫 …… 403
七言律诗中的政治内涵
——从杜甫到李商隐、韩偓 …… 418
火与雪:从体物到禁体物
——论白战体及杜、韩对它的先导作用 …… 438
老去诗篇浑漫与
——论杜甫晚期今体诗的特点及其对宋人的影响 …… 456
一个醒的和八个醉的
——读杜甫《饮中八仙歌》札记 …… 474
他们并非站在同一高度上
——读杜甫等同题共作的登慈恩寺塔诗札记 …… 488
英雄主义和人道主义
——读杜甫咏物诗札记 …… 504
崎岖的道路与伟丽的山川
——读杜甫纪行诗札记 …… 520
杜甫在夔州诗中所反映的生活悲剧 …… 532
晚年:回忆和反省
——读杜甫在夔州的长篇排律和联章诗札记 …… 539
后　记 …… 552

杜诗镜铨批抄

卷　一……559
卷　二……562
卷　三……566
卷　四……570
卷　五……572
卷　六……577
卷　七……580
卷　八……585
卷　九……588
卷　十……592
卷十一……594
卷十二……599
卷十三……601
卷十四……605
卷十五……608
卷十六……611
卷十七……613
卷十八……616
卷十九……619
卷二十……621

读宋诗随笔

前　言……627
郑文宝　绝　句……631
王禹偁　村　行……632
寇　准　追思柳恽汀洲之咏，尚有遗妍，因书一绝……633

杨　亿　书怀寄刘五 …… 634
司马池　行　色 …… 635
晏　殊　寓　意 …… 636
宋　祁　落　花 …… 637
曾公亮　宿甘露僧舍 …… 638
梅尧臣　汝坟贫女 …… 639
悼　亡 …… 640
苏舜钦　中秋夜吴江亭上对月，怀前宰张子野及寄君谟蔡大 …… 642
淮中晚泊犊头 …… 643
欧阳修　水谷夜行，寄子美、圣俞 …… 644
春日西湖寄谢法曹歌 …… 645
戏答元珍 …… 646
梦中作 …… 647
赵　抃　次韵孔宪蓬莱阁 …… 648
李　觏　忆钱塘江 …… 648
柳　永　煮海歌 …… 649
王安石　示长安君 …… 651
楼　上 …… 651
雪　干 …… 652
金陵即事 …… 652
北陂杏花 …… 652
送和甫至龙安，微雨，因寄吴氏女子 …… 653
王　令　暑旱苦热 …… 654
晁端友　宿济州西门外旅馆 …… 655
苏　轼　庐山二胜
开先漱玉亭 …… 656
栖贤三峡桥 …… 656
凤翔八观
王维、吴道子画 …… 657
游金山寺 …… 658

	法惠寺横翠阁	659
	荔支叹	660
	有美堂暴雨	661
	八月七日初入赣，过惶恐滩	662
	六月二十日夜渡海	662
	六月二十七日望湖楼醉书	663
	饮湖上，初晴后雨	664
苏　辙	逍遥堂会宿	665
黄庭坚	送范德孺知庆州	666
	王充道送水仙花五十枝，欣然会心，为之作咏	667
	戏和答禽语	668
	次元明韵寄子由	668
	登快阁	669
	雨中登岳阳楼，望君山	670
道　潜	临平道中	671
秦　观	春　日	672
张　耒	偶　题	673
	怀金陵	674
陈师道	示三子	675
	怀　远	675
	谢赵生惠芍药	677
韩　驹	九绝为亚卿作	678
江端友	牛酥行	679
唐　庚	张　求	680
惠　洪	瑜上人自灵石来求鸣玉轩诗，会予断作语，复决堤作一首	681
王庭珪	送胡邦衡之新州贬所	682
	辰州僻远，乙亥十二月方闻秦太师病，忽蒙恩自便，始知其死，作诗悲之	683
汪　藻	即　事	684

李清照　咏　史 …… 685
吕本中　兵乱后自嬉杂诗 …… 686
陈与义　伤　春 …… 687
怀天经、智老，因访之 …… 688
和张规臣水墨梅五绝 …… 689
刘子翚　汴京纪事 …… 691
岳　飞　池州翠微亭 …… 692
陆　游　长歌行 …… 694
五月十一日，夜且半，梦从大驾亲征，尽复汉、唐故地。见城邑人物繁丽，云：西凉府也。喜甚，马上作长句，未终篇而觉，乃足成之 …… 695
登赏心亭 …… 695
夜登千峰榭 …… 696
临安春雨初霁 …… 696
龙兴寺吊少陵先生寓居 …… 698
楚　城 …… 698
沈　园 …… 699
范成大　后催租行 …… 700
宜春苑 …… 701
州　桥 …… 701
市　街 …… 702
翠　楼 …… 702
杨万里　池口移舟入江，再泊十里头潘家湾，阻风不止 …… 703
初入淮河四绝句 …… 704
萧德藻　登岳阳楼 …… 705
朱　熹　观书有感 …… 706
陈　造　望夫山 …… 707
林　升　题临安邸 …… 707
姜　夔　除夜自石湖归苕溪 …… 709
姑苏怀古 …… 710

翁　卷　山　雨……………………………………………………………… 710
野　望……………………………………………………………… 711
赵师秀　约　客……………………………………………………………… 711
戴复古　织妇叹……………………………………………………………… 712
江阴浮远堂…………………………………………………………… 713
论诗十绝……………………………………………………………… 713
严　羽　和上官伟长芜城晚眺………………………………………………… 714
毛　珝　甲午江行……………………………………………………………… 715
刘克庄　国殇行……………………………………………………………… 716
军中乐……………………………………………………………… 716
北来人……………………………………………………………… 717
赠江防卒……………………………………………………………… 718
方　岳　三虎行……………………………………………………………… 719
罗与之　寄衣曲……………………………………………………………… 720
许　棐　泥孩儿……………………………………………………………… 721
叶绍翁　游园不值……………………………………………………………… 721
家铉翁　寄江南故人…………………………………………………………… 723
文天祥　过零丁洋……………………………………………………………… 723
郑思肖　二　砺……………………………………………………………… 724
汪元量　醉　歌……………………………………………………………… 725
湖州歌……………………………………………………………… 726
林景熙　梦中作……………………………………………………………… 727
山窗新糊有故朝封事稿,阅之有感 …………………………… 728
谢　翱　效孟郊体……………………………………………………………… 729

古诗考索

程千帆
撰

题　记

古典诗歌，多年来一直是我学习的一个重点，收入这本小书的，是部分已经成篇的学习笔录。

这些文章多少提出了一些问题，并且企图解决它们。其中论点，或与当代及古代学者有异同出入。今不避疏谬，公之于世，是希望存异以求同，使得长期存在的或新近发现的某些问题，能够通过较为细致的讨论，得到正确的或接近正确的解决。

全书共三十一篇，起 1936 年，迄 1982 年。前十六篇是解放后所写，后十五篇是解放前旧作。其体式行文都不一致，以不相杂厕为好，故分为上下两辑。

今年是我的母校南京大学成立八十周年，谨以此书作为献礼，庆祝她的八十大寿。没有当年老师们的辛勤教诲，连这一点极其微末的成绩我也是拿不出来的。我永远感谢我的母校和我的老师们。

程千帆

1982 年 5 月

本书1984年在上海古籍出版社出版，这次修订重印，增入了三篇论文，附录了五篇短论。论文中研讨苏轼风格论的一篇，是和莫砺锋教授合作的。《倾盖集》是当代诗人们的旧体诗总集，收入评价它的文章，是想说明现代生活还是可以从传统形式中得到充分表现的。古代与现代文学之间，既有断裂层，也有接合部，值得我们探索。几篇短论则有助于从不同方面与正文参证。

1994年夏　千帆又记

上 辑

古典诗歌描写与结构中的一与多

（一）

对立统一规律是人类在反复探索自然界和社会生活的发展规律中所逐步发现和总结出来的，可说是诸规律之中最基本的和最重要的。

我国古代哲人对于对立统一规律的发现、认识和阐述，最初见于《周易》经、传和《老子》。在这两部书中，先民们从复杂的自然现象和社会现象中抽象出阴阳这一对基本范畴，来概括地说明：整个宇宙就是在这两种对立物的运动中，孳生着，发展着，变化着，从而表达了他们对于对立统一规律的理解①。阴阳观念不仅代表着比较明确具体的自然现象如天地、男女、寒暑、水火等，而且也显示了非常复杂的人类的物质生活和精神生活的多方面。两书中提出的，由阴阳派生出来的吉凶、祸福、刚柔、静躁、损益、智愚、高下、大小、往来、难易等范畴，都反映了生活中互相依存、对立和转化的两种力量或倾向。

一与多也是在《周易》经、传及《老子》中被总结出来的对立范畴之一。《老子》第四十二章说：“道生一，一生二，二生三，三生万物。万物负阴而

---

① 请参看任继愈主编《中国哲学史》第1册中有关《周易》经、传和《老子》的章节。

抱阳，冲气以为和。”奚侗《〈老子〉集解》释之云：“《淮南子·天文训》[①]：‘道者，规始于一，一而不生，故分而为阴阳，阴阳合和而万物生。故曰：一生二，二生三，三生万物。’《易·系辞》：‘是故《易》有太极，是生两仪。’道与易异名同体。此云一，即太极；二，即两仪，谓天地也。天地气合而生和，二生三也。和气合而生物，三生万物也。”这位学者敏感地察觉到，在一多对立的理解上，《易》《老》相通。二、三、万，对一来说，都是多，故《老子》所论，实质上就是一与多的关系。

一与多被先民们抽象出来，成为一对哲学范畴的同时，也就被他们认识到，这也是一对美学范畴和一种艺术手段。作为对自然的虔诚的摹仿，人类所创造的文学艺术，一方面，本来就应当而且自然会去如实地反映存在于客观世界和主观世界中的一多现象，而另一方面，文艺要求有平衡、对称、整齐一律之美。汉语古典诗歌，由于其所使用的基本手段本来就具有倾向于声和偶的特色，因而也几乎是一开始就极其自然地朝着平衡、对称、整齐的方向发展。这就是为什么在古典诗歌诸样式中，五七言古今体诗，特别是今体律绝诗特别流行的根本原因。可是，只有平衡对称，整齐一律，而没有参差错落，变化多端，也必然会显得单调、呆板，反而损害甚至破坏了平衡、对称、整齐所构成的美。这是不能忽视的。

有才能的、善于向生活学习的文学艺术家们有鉴于此，就不能不在其创作中注意并追求整齐中的变化，平衡、对称与不平衡、不对称之间的矛盾统一，并努力使这种表现为数量及质量的差异并存于一个和谐的整体中，从而更真实、更完美地反映出生活的多样性和复杂性。这也就是一与多的对立（对比、并举）作为表现方式之一在古典诗歌的描写与结构中广泛存在的原因。

本文只想探索一下这种广泛存在方式的诸形态，而没有从历史发展过程的角度来讨论这个问题，因为它的发展过程是复杂的，需要另作专门研究。

---

① 训当作篇，训乃高诱自称其注，非《淮南》诸篇本有训名。也如《逸周书》诸篇称解，乃指孔晁注，非此书诸篇本有解名。

（二）

先谈描写。

在古典诗歌中，一与多的对立统一通常是以人与人，物与物，以及人与物，物与人的组合方式出现的，而且一通常是主要矛盾面，由于多的陪衬，一就更其突出，从而取得较好的艺术效果。

汉乐府《陌上桑》：

> 东方千余骑，夫婿居上头。何用识夫婿？白马从骊驹，青丝系马尾，黄金络马头。

这里先以居上头之夫婿与其他千余骑士相比，又以黄金络头、青丝系尾之白马与其他马匹相比，都是一与多的关系，前者是人比人，后者是物比物。

白居易《长恨歌》：

> 后宫佳丽三千人，三千宠爱在一身。

以及陈师道据此而加以浓缩的《妾薄命》中的名句：

> 主家十二楼，一身当三千。

也是如此，不过后宫和十二楼两词中所暗含的“一身”所居之处（比如说昭阳殿）与其他“三千”所居之处（可能包括长信宫）相去悬绝之意，却不及“白马”三句之明显，使人一览可知。然而若证以王昌龄的《春宫曲》中“平阳歌舞新承宠，帘外春寒赐锦袍”和《长信秋词》中“火照西宫知夜饮，分明复道奉恩时”等语，则“一身”所居之热闹繁华，“三千”所居之凄凉冷落，也就跃然纸上了。

杜甫《丹青引》在人与人、物与物同时进行的一多对比上显示出更广阔的图景：

> 先帝天马玉花骢，画工如山貌不同。是日牵来赤墀下，迥立阊阖生长风。诏谓将军拂绢素，意匠惨澹经营中。须臾九重真龙出，一洗万古凡马空。玉花却在御榻上，榻上庭前屹相向。至尊含笑催赐金，圉人太仆皆惆怅。

这一段描写是两组多层次结构：人的方面，曹霸是一，其他众多的画工、圉人和太仆寺的官员是多①；物的方面，曹霸所画的玉花骢是一，其他画师所画的是多，玉花骢是一，其他御苑的良马是多。杜甫在这里强调了，只有曹霸笔下的玉花骢才是形神兼备的，与真的玉花骢完全一致的，画既逼真，真亦如画。而其余的人、物都被比下去了。

从上面的讨论可以看出，对立的一与多在这些例子中，虽然从逻辑范畴上看只是一种数量上的区别，但是诗人们在创作中运用这种对比的手段，与其说他们着重的是一与多的本身，毋宁说是意在表现同时蕴藏并且展示在这一对矛盾当中的另外一对或几对在生活、思想、感情上的矛盾。如前所举，就有贵贱、宠辱、优劣、欢戚等几对矛盾包含在一多这对矛盾之内。

现在我们不妨来看一下，诗人们在描写景物的时候是怎样运用这种方式的。李白《梦游天姥吟留别》云：

> 天姥连天向天横，势拔五岳掩赤城。天台四万八千丈，对此欲倒东南倾。

又杜甫《青阳峡》云：

---

① 诗中太仆，系指太仆寺的官员们，不仅指太仆寺正卿。关于太仆寺的官员职掌详见《旧唐书》卷四十四《职官志》三、《新唐书》卷四十八《百官志》三。

昨忆逾陇坂，高秋视吴岳。东笑莲花卑，北知崆峒薄。超然侔壮观，已谓殷寥廓。突兀犹趁人，及兹叹冥漠。

这两篇诗里，都是以一连串的高山和比它们更高的另一座山来对比，从而突出了后者崇高的形象。

诗人们还注意到了色彩在自然景物描写中的对比关系。如王安石的失题断句①：

浓绿万枝红一点，动人春色不须多。

这一精彩的意象，后来转变为更流行的成语“万绿丛中一点红”。近代著名诗人陈三立则在其《散原精舍诗》续集卷下《沪上偕仁先晚入哈同园》中，将其化为“绿树成围红树独”之句，而将春天的红花变成了秋天的红叶。

在有些作品中，色彩的一多对比并不像王安石这两句那样强烈，因而容易被人们忽略过去。如韦应物《滁州西涧》：

独怜幽草涧边行，上有黄鹂深树鸣。

幽草、深树，也就是浓绿，但黄鹂藏于深树，非同红一点之独占枝头，就需要读者用想像去弥补视觉之不及了。又如苏舜钦的《淮中晚泊犊头》：

春阴垂野草青青，时有幽花一树明。

---

① 胡仔《苕溪渔隐丛话》前集卷三十四引《遁斋闲览》云：“唐人诗：‘浓绿万枝红一点，动人春色不须多。’不记作者名氏。邓元孚曾亲见介甫亲书此两句于所持扇上。或以为介甫自作，非也。”又周紫芝《竹坡诗话》云：“仪真沈彦述为余言，荆公诗如‘浓绿万枝红一点，动人春色不须多’、‘春色恼人眠不得，月移花影上栏干’等篇，皆平甫诗，非荆公诗也。”但叶梦得《石林诗话》卷中则认为这两句是王安石的诗，《王荆文公诗集》卷四十七《龙泉寺石井》李壁注也引据叶说，所以我们还是以此诗归之王安石，虽然今本王集中已佚去。

在古汉语中,明主要是指光,而非指色。但由于这树幽花是和阴沉的高天、青碧的平野对衬,则此花可能是白的,也可能是具有较强光感的色如粉红之类。我们从这篇诗中获得的启示是:在诗人透过视觉从事一多对比时,不但运用了色觉,也注意同时运用光觉。

当然,就光觉而论,人们很容易想到黑白分明这个基本事实,所以在杜甫笔下,就出现了《春夜喜雨》中的这两句:

野径云俱黑,江船火独明。

应当注意到,云是俱黑,火是独明,黑多而白一,所以显得特别分明。

张继《枫桥夜泊》是唐绝名篇,古代诗话、当代论文,都对它进行过不少的探索,指出过它许多艺术上的特色。但似乎还可以加上一点,即诗人采用了一多对比的手法。

月落乌啼霜满天,江枫渔火对愁眠。

这两句以茫茫长夜与一灯渔火对比。

姑苏城外寒山寺,夜半钟声到客船。

这两句从万籁俱寂中的数声乌啼与一杵钟声对比。前两句是写光觉,与《春夜喜雨》中那两句正好可以互证;后两句则是写听觉。无论是目之所及,耳之所闻,这冷荧荧的渔火,慢悠悠的钟声,对于客途中的典型环境,都具有深化的作用,从而使诗人所要在作品中表达的旅愁更为突出。

诗人们在描写声音时,还有许多运用这种方法而极为成功的例子,如韩愈的《听颖师弹琴》:

喧啾百鸟群,忽见孤凤凰。

这里形容琴调突然拔高，而且利用人类的通感，以鸟声为喻，使人若闻琴声之高低，兼见凤凰及百鸟形状大小、品格圣凡之别。

上面的例句说明，诗人在描写景物的大小、高低、明暗、强弱时，常常利用一与多的对立统一这个规律，来展示其所突出的方面。

以上我们讨论的是人与人、物与物之间的关系。现在再简略地来看一下人、物间的交叉关系，即人与物、物与人的一多对立在诗中的情况。

诗人有以人为一面，物为另一面而加以对衬的写法。但如庾信《枯树赋》所云“树犹如此，人何以堪”之类，虽然人和树衬，却并不具体涉及一与多的问题。而苏轼《八月七日初入赣，过惶恐滩》所写，则是另一种情况：

> 七千里外二毛人，十八滩头一叶身。山忆喜欢劳远梦，地名惶恐泣孤臣。

这位二毛人（即一叶身，也就是作者）显然是一面，而与许多他所经过的地方如错喜欢铺、十八滩（其中包括惶恐滩）对立。人是一，物是多。反过来，如李益《从军北征》：

> 碛里征人三十万，一时回首月中看。

则以三十万征人为一面，一轮明月为另一面，人是多而物是一了。苏轼的《次韵穆父尚书侍祠郊丘，瞻望天光，退而相庆，引满醉吟》“令严钟鼓三更月，野宿貔貅万灶烟”，也和李益两句完全一样。

但要注意的是，这些诗中所涉及的人（征夫、迁客）和物（险境、月光），都并不属于一对矛盾的两个方面。人和物之间的关系，是诗人在观察生活以后，加以主观安排的结果，这也是我们研究这个问题时所必须加以考虑的。不仅人与物之间的对立不一定存在互相依存的关系，即人与人、物与物之间也有这种情形，例如王之涣的《登鹳雀楼》：

> 欲穷千里目，更上一层楼。

或张炎的词〔清平乐〕：

只有一枝梧叶，不知多少秋声。

都是运用了一多对比手法的传诵千古的名句，但无论是千里目与一层楼，或一枝梧叶与多少秋声，都只有因果关系，而没有对立统一的即互相依存、互相转化的不可分割的关系。

由此可见，讨论到作品中所具有的一多对比手法时，无论就人与人、物与物或人与物哪方面说，必须区分两种情况：一种是除了一与多这对矛盾外，还有与这对矛盾同时存在并通过它来显示的其他一对或数对矛盾。当一与多这种数量上的对立出现时，同时也就出现了其他质量上的对立。然而还有另外一种，即一与多这两个数量所表示的内容，双方并没有互相依存、转化，因而是不可分割的矛盾，因此其一与多所表现的对立，只限于显示两种或多种事物在数量上的差异。

前者，如我们所指陈的，其一与多的对立由于包含了其他的矛盾，所以能够具有较为丰富的内涵；但后者也并非可以轻视的。许多诗人都用这种方法写出了不朽的名句，随便举例来说，如王湾《次北固山下》："潮平两岸阔，风正一帆悬。"李白《听蜀僧濬弹琴》："为我一挥手，如听万壑松。"韦应物《淮上喜会梁州故人》："浮云一别后，流水十年间。"就都属此类。

近代文学史的揭幕人龚自珍也以此见长，即以见于他的著名组诗《己亥杂诗》中者为例，如第二一一首："万绿无人嘒一蝉，三层阁子俯秋烟。安排写集三千卷，料理看山五十年。"第二二九首："从今誓学六朝书，不肆山阴肆隐居。万古焦山一痕石，飞升有术此权舆。"第三一五首："吟罢江山气不灵，万千种话一灯青。忽然搁笔无言说，重礼天台七卷经。"都是有意识地以一件单数事物和若干件多数事物互相连系、形容、衬托，来展示他丰富的联想，从而发展了这一手法。

（三）

人类生活在无始无终的时间与无边无际的空间之中，不能脱离时间和空间而生存、生活着。因此，人们对于生活的观察体验也必然在某个有限的即特定的时间和空间之中进行，至于对于生活中的事物加以反映，或写景，或抒情，更不能脱离具体的人和物、时间和地点。诗人们、作家们在表现作品中的时间与地点时，也广泛地利用了对立统一这个法则，显示了它们之间相对和交叉的一多关系，从而展现多彩多姿的生活画面。

以时间对于某一事物说来是凝固的、永恒的，而对于许多其他事物说来是流逝的、短暂的来对比而产生的人事无常之感，来源于古人对宇宙认识的科学局限和阶级局限。但这种感慨却震撼着、燃烧着诗人们的心灵，使他们唱出了激动人心的歌。在人所熟知的《春江花月夜》中，张若虚写下了如下的句子：

> 江天一色无纤尘，皎皎空中孤月轮。江畔何人初见月？江月何年初照人？人生代代无穷已，江月年年只相似。不知江月待何人，但见长江送流水。

闻一多先生早在40年代就对这篇杰作作过精辟的分析和高度的评价①。近来李泽厚先生又就闻先生的意见加以发挥②。闻先生认为上引的这几句诗是诗人的一种"更夐绝的宇宙意识"，他所表现的是"有限与无限，有情与无情——诗人与永恒猝然相遇，一见如故"，反映了诗人对待宇宙的"不亢不卑，冲融和易"的态度。李先生更引申说，这是诗人显示"面对无穷宇宙，深切感受到的是自己青春的短促和生命的有限。它是走向成熟期的青少年时代对人生、宇宙的初醒觉的'自我意识'：对广大世界、自然美景和自身存在的深切感受和珍视，对自身存在的有限性的无可奈何的感伤、惆怅和留恋"。这都是一些微至之谈，但从我们所研究的角度来说，诗人之所以能够把自己的思想感情表现得如此的完美，正因为他以似乎是凝固的、永恒的、超时间的月和不断在时间中变化的自然界的新陈代

---

① 见《宫体诗的自赎》，载《闻一多全集·唐诗杂论》。

② 见所著《美的历程》第七章《盛唐之音》第一节《青春、李白》。

谢、人事上的离合悲欢进行了对比；用闻先生的话来说，就是月的无限、无情、永恒与其他种种的有限、有情、短暂对比，月代表永恒，是一，其他均属短暂，是多。一始终是控制着、笼罩着多，这就使诗人不能不产生所谓无可奈何之感了。

《春江花月夜》中的月代表着凝固的时间，而李白《峨眉山月歌》中的月则代表着具体的空间。

峨眉山月半轮秋，影入平羌江水流。夜发清溪向三峡，思君不见下渝州。

王世贞在《艺苑卮言》卷四中说："此是太白佳境，然二十八字中有峨眉山、平羌江、清溪、三峡、渝州，使后人为之，不胜痕迹矣。益见此老炉锤之妙。"而沈德潜在《唐诗别裁》卷二十中则认为："月在清溪、三峡之间，半轮亦不复见矣。'君'字即指月。"沈德潜这个解释，乍看似乎有清代常州派说词的所谓"作者之用心未必然，而读者之用心何必不然"①之嫌，但我们熟玩全诗，这个"君"字如果不照沈德潜的解释，实在也没有着落，因此我们还是同意沈的见解。李白的构思是在以孤悬空中的月与自己所要随着江水东下而经过的许多地方对比，来展现自己乘流而下的轻快心情。正因为他所经过的地方有的可以看到月光，有的则看不到，或现或隐，并不单调，所以才不显痕迹。这也许是王世贞所没有察觉的另外一种"炉锤之妙"，即将一多对比中的天上地下熔于一炉之妙。

以上我们讨论的是时间与时间、空间与空间之间的关系，而时空之间，在古典诗歌的表现方法中，也同样存在着交叉的一多对立或并举的情况。王维的《九月九日忆山东兄弟》是我们所熟悉的：

独在异乡为异客，每逢佳节倍思亲。遥知兄弟登高处，遍插茱萸少一人。

---

① 谭献《复堂词话》语。

再如白居易的《邯郸至除夜思家》：

> 邯郸驿里逢冬至，抱膝灯前影伴身。想得家中夜深坐，还应说着远行人。

都是写在同一时间却在不同空间中的自己和他人的思想感情和行动。虽然一个是现实，一个是想像。杜甫著名的《月夜》"今夜鄜州月，闺中只独看。遥怜小儿女，未解忆长安"也是如此。白居易的"共看明月应垂泪，一夜乡心五处同"（《自河南经乱，关内阻饥，兄弟离散，各在一处。因望月有感，聊书所怀，寄上浮梁大兄、於潜七兄、乌江十五兄，兼示符离及下邽弟妹》）则是以同一时间和多数空间并举，其范围更为广阔。

反过来，也有以同一空间和多数不同时间并举的。如刘禹锡的《杨柳枝》：

> 春江一曲柳千条，二十年前旧板桥。曾与美人桥上别，恨无消息到今朝。

还有李益的《上汝州郡楼》：

> 黄昏鼓角似边州，三十年前上此楼。今日山川对垂泪，伤心不独为悲秋。

这两首诗都是从不同的年月来描述同一地点的，即空间是一，时间是多。但不同之点是：前者和崔护的《题都城南庄》"去年今日此门中，人面桃花相映红。人面只今何处去，桃花依旧笑春风"一样，都是写物是人非，今与昔异；而后者则是在同一空间与前后相距三十年的不同时间中，看出政治局势并无改善，一切如旧，发人哀感，所强调的是今与昔同①。

---

① 关于李益这首诗的背景和解释，请参看沈祖棻《唐人七绝诗浅释》。

（四）

次谈结构。

每一篇好诗，无论大小，都是一个完整的有机体，其艺术结构是相当复杂的。一与多的对立统一关系也曾被诗人们在布局、用韵等方面加以应用。

杜甫《北征》的主题和基调是明显的，它写了国家的丧乱和家庭的艰难，自己的忠愤、忧郁、伤感和希望，整个的气氛是严肃的，沉重的。但诗中却有一小段描写了旅途中的景色和自己观赏这些景色的愉悦心情。

> 菊垂今秋花，石戴古车辙。青云动高兴，幽事亦可悦：山果多琐细，罗生杂橡栗；或红如丹砂，或黑如点漆；雨露之所濡，甘苦齐结实。

杨伦《杜诗镜铨》卷四引张溍《读书堂杜工部诗集注解》云："凡作极要紧极忙文字，偏向极不要紧极闲处传神，乃夕阳反照之法，惟老杜能之。如篇中青云幽事一段，他人于正事实事尚铺写不了，何暇及此？此仙凡之别也。"在旧注中，这个说法算得上是有见解的，但是他只注意到了极忙文字中用极闲之笔传神这一点，还没有体会到杜甫的这种写法乃是我国古典美学中一张一弛原则的应用。《礼记·杂记下》说："张而不弛，文、武弗能也；弛而不张，文、武弗为也；一张一弛，文、武之道也。"张与弛事实上也属于对立统一的范畴。杜甫正是由于生活上、精神上所承受的压迫，使他透不过气来，才在旅途中强自排遣，从而感到幽事之可悦的。在紧张的神经松弛了一阵之后，诗人不可避免地仍然要回到严酷的现实中来，而"缅思桃源内，益叹身世拙"二句则是弛而复张的过脉。中间这一轻松愉快的场面和前后许多严肃痛苦的场面对比，不但显示了诗篇在艺术上的节奏，更重要的还在于表现了诗人感情上的起伏及其自我调节作用。

具有对衬平衡之美，是古典诗歌重要的艺术特征，今体律绝诗尤其突出。但是有才能的诗人在经过长期的实践使之达到对称、平衡之后，又企图突破它们而达到新的对立统一。这也正如当律绝诗的声律已经严密地完成以后，却又有人喜欢写拗体一样，其美学上的依据已如前述。在律绝诗中，人与我、情与景、时与地等等，对等地或者交替地来写，是常见的，因而双方所占有的篇幅悬殊不会太大。但是，如杜甫的《天末怀李白》：

凉风起天末，君子意如何。鸿雁几时到，江湖秋水多。文章憎命达，魑魅喜人过。应共冤魂语，投诗赠汨罗。

以及他的《秦州杂诗》二十首之四：

鼓角缘边郡，川原欲夜时。秋听殷地发，风散入云悲。抱叶寒蝉静，归山独鸟迟。万方声一概，吾道欲何之！

前者，首句属自己，后七句属李白；后者，末句属诗人之思想，前七句属诗人之环境。虽然这两首诗都严格遵守了律体的规律，但在内容的分配上却突破了律诗结构的一般程式。

绝句中也有这种情形。李白《越中览古》云：

越王勾践破吴归，战士还家尽锦衣。宫女如花满春殿，只今惟有鹧鸪飞。

又郑文宝《阙题》云：

亭亭画舸系寒潭，直到行人酒半酣。不管烟波与风雨，载将离恨过江南。

石遗老人（陈衍）《宋诗精华录》卷一选有郑诗，评云："案此诗首句一顿，下三句连作一气说，体格独别。唐人中惟太白'越王勾践破吴归'一首，前三句一气连说，末句一扫而空之①。此诗异曲同工，善于变化。"

照我们看来，李白的一首是前三句写过去之盛，后一句写今日之衰；郑文宝的一首则是前一句写现在离别的场面，后三句预示离别的情怀，其中第二句是眼下的必然，第三、四句则是随着这个必然而出现的或然。这两首诗的特色正在于利用篇幅分合的一多悬殊使古代和当代越王台之盛衰以及现在和将来离愁之浅深作出了强烈的对比。

也许还有一种结构应当附带在这里谈一下，就是诗人在自己的创作中，引用了古人或今人（包括自己）的少数成句，使之成为自己这篇作品中的有机组成部分，因而也出现了一多并举。引彼诗入此诗，最早的而且为人所共知的例子是曹操的《短歌行》。在这篇诗中，他用了《诗经·郑风·子衿》中的两句"青青子衿，悠悠我心"，又用了《小雅·鹿鸣》中的四句"呦呦鹿鸣，食野之苹。我有嘉宾，鼓瑟吹笙"，使这些古句加入了自己创作的行列。但这不过是兴之所至，信手拈来的。很显然，它们在全诗当中并不占有主要的位置，也不具有核心的意义。但这种方式到了后人手里却有用自己的或他人的成句作为主意或重点写进一篇诗里的，这就和曹操的运用成语并不一样了。

欧阳修《余昔留守南都，得与杜祁公唱和，诗有答公见赠二十韵之卒章云："报国如乖愿，归耕宁买田。期无辱知己，肯逐利名迁？"逮今二十有二年，祁公捐馆，亦十有五年矣。而余始蒙恩，得遂退休之请。追怀平昔，不胜感涕，辄为短句，置公祠堂》：

> 掩涕发陈编，追思二十年。门生今白首，墓木已苍烟。"报国如乖愿，归耕宁买田。"此言今知践，如不愧黄泉。

---

① 此诗，沈德潜《唐诗别裁》卷二十评《越中览古》云："三句说盛，一句说衰，其格独创。"查慎行《初白庵诗评》卷上亦云："用一句结上三句，章法独创。"均陈说所本。今按在唐人诗中，韩愈的《同水部张员外籍曲江春游，寄白二十二舍人》及元稹的《刘阮妻》，也与李白此诗同格，敖子发已指出，见王琦《李太白文集注》卷三十四，附录四，从说引敖说。故陈云"唐人中惟太白……一首"，不确。

这是以己作旧句一联纳入新作之例。又元好问《淮右》：

> 淮右城池几处存，宋州新事不堪论。辅车谩欲通吴会，突骑谁当捣蓟门。“细水浮花归别涧，断云含雨入孤村。”空余韩偓伤时语，留与累臣一断魂。

施国祁《元遗山诗集笺注》卷八引顾氏云：“五、六全用韩致光语，即以结联标出，自成一体。遗山诗用前人成语极多，陶、杜句尤甚，又未可以此例概之也。”这是以古人成句一联纳入己作之例。又王士禛《渔洋诗话》卷上云：“余在广陵，偶见成都费密(字此度)诗，极击节。赋诗云：

> 成都跛道士，万里下峨岷。虎口身曾拔，蚕丛句有神。“大江流汉水，孤艇接残春。”(二句即密诗)十字须千古，胡为失此人?

密遂来定交，如平生欢。”这是以今人成句一联纳入己作之例①。

从上面三个例子可以看出：第一，无论是将自己的旧句移植到新作里，或者是将他人的成句移植到自己的诗里，其所移植的都已成为本诗的有机组成部分，与本诗不可分割；而第二，其所表现的正是本诗所需要突出的内容，如果离开了这引用的一联，则其他三联就都失去了存在的意义。显然，这也是诗人使用一多并举的手法之一，虽然它们并不常见。

我国古典诗歌的格律，是由声和偶构成的。在声方面，既注意每一个句子以及句子与句子之间的平仄谐调，也注意句尾的押韵。句句押韵，隔句押韵，数句转韵而平仄交替，是尾韵通常使用的几种方式。历代诗人，

---

① 《带经堂诗话》卷十指数类上所附张宗柟识语曾引诸家说以明此三诗之递嬗关系。本文此点受到张氏启发。又王士禛也曾于七言绝句中采用成句借以标榜其他诗人。如其《论诗绝句》有云：“‘溪水碧于前渡日，桃花红是去年时。’江南肠断何人会，只有崔郎七字诗。”此诗属崔华，前二句即崔诗。又云：“‘澹云微雨小姑祠，菊秀兰衰八月时。’记得朝鲜使臣语，果然东国解声诗。”此诗赞美朝鲜使节金尚宪之精于汉诗，颇多佳句，前二句即其《登州次吴秀才韵》诗中句。详见《带经堂诗话》卷十二佳句类及卷二十一采风类。

通过长期创作的实践，取得了以语言的音响传达生活的音响的成功经验。他们利用节奏上的一与多的对立和变化，来显示思想感情上和描写进程上的起伏、疾徐、动定，从而更好地表达了作品的内容。杜甫在用韵方面的创造是值得注意的。著名的《同谷七歌》的韵式如下（汉语拼音字母代表平韵或仄韵诸不同韵部在组诗中出现的先后，○代表不押韵的句子）：

一、上 A 上 A(平)○上 A(入)○上 A——平 A 平 A

二、去 A 去 A 去 A 去 A(平)○去 A——去 B 去 B

三、平 B 平 B(去)○平 B 平 B 平 B——入 A 入 A

四、平 C 平 C(去)○平 C(上)○平 C——去 C 去 C

五、入 B 入 B(平)○入 B(入)○入 B——平 D 平 D

六、平 E 平 E(入)○平 E(入)○平 E——平 F 平 F

七、上 B 上 B(平)○上 B(入)○上 B——入 C 入 C

这组诗每首八句，都是前六句一韵，后二句转另一韵。其中一、三、四、五四首是前六仄则后二平，前六平则后二仄。第二首通篇去声韵，第六首通篇平声韵，但前六后二并不在一部。第七首通篇仄声，但前六上声，后二入声。这种有意识的安排，显然是为了操纵自己的心潮思绪的，在主题的一个侧面描绘完成之后，停顿一下，咏叹一番，然后再从事另一个侧面，这在文字上表现为“呜呼□歌兮……”，而在音节上则表现为平仄声及韵部的改变。苏轼的《於潜僧绿筠轩》对于转韵方式，也作了与《同谷七歌》相同的处理，虽然两诗在其他方面绝不相同。

> 可使食无肉，不可使居无竹。无肉令人瘦，无竹令人俗。人瘦尚可肥，俗士不可医。旁人笑此言，似高还似痴。若对此君仍大嚼，世间那有扬州鹤！

这末二句的一转，非常成功地表达了诗人“嬉笑怒骂皆成文章”的创作特色以及他写此诗时神采飞扬的精神状态。

《同谷七歌》前六句即三联为一韵，后两句一联为一韵，体现了情绪的顿挫转折，而《曲江三章章五句》如下的韵式则体现了情绪的间歇：

一、平A平A平A(去)○平A

二、上上上(平)○上

三、平B平B平B(上)○平B

杜甫这一独创的诗体,题目取法《诗经》,句式则来自七言古绝句而加以变化,他在句句押韵的古绝句的第三句与第四句之间,或第三句不押韵的古绝句第二句与第三句之间,增加了不押韵而且末字平仄与其余的韵脚正相反的一句,这就使前面句句押韵的三句所给与人的迫促之感缓和了下来,然后又用同一韵脚的第五句来保持其音节上的连续性。在湖北东部蕲春一带的山歌基本上是这样的七言五句,第一、二、三、五句押韵,第四句不押韵的形式。1958年夏天,我在蕲春城关镇住医院时,隔壁病房里住着一位农村猎手,他不时地唱起了这样的山歌。他那种或慷慨或悲凉的情绪,往往由于这在音节上具有间歇性的第四句而摇曳生姿,使得整曲歌声更为出色。可惜当时我因为心绪不好,没有把那些纯朴、粗犷而又深沉的词曲记录下来,但却从此对于杜甫所创造的这三篇诗的音节之美,有了更多的体会。这些声情相应的作品,其中也含有一多对比的原则,值得我们注意。

(五)

古典诗歌的篇幅多数是不大的,但组诗这种形式却使得篇幅短小的缺陷得到适当的弥补。诗人们精心构思的组诗,少则三五篇,多到百篇以上,事实上都是一个有机体。一多对立这个艺术原则,在组诗的结构中也曾被诗人们成功地运用过。这可以从题材、手法和声律三个方面来考察。

师法《诗经》和《楚辞·九辩》而形成的一题数首的组诗,在建安时代即已出现,刘桢的《赠五官中郎将》四首和《赠从弟》三首即是。到了太康时代,左思的《咏史》八首才把组诗提高到一个更成熟的阶段,八首诗杂引历史上的著名人物,通过他们的贵贱、穷通、仕隐、祸福,来反复表达自己在门阀制度压制之下的委屈情绪和自我慰安,把历史人物的形象和诗人自己的形象巧妙地交织在一起,错落有致,摇曳生姿,而且全诗又有首有尾,构成了一个严密的整体。但在他所举的历史人物中,第六首对荆轲的赞美,乍看起来,却是令人难以理解的。

> 荆轲饮燕市,酒酣气益振。哀歌和渐离,谓若旁无人。虽无壮士节,与世亦殊伦。高眄邈四海,豪右何足陈。贵者虽自贵,视之若埃尘。贱者虽自贱,重之若千钧。

大家知道,荆轲是一个以"士为知己者死"为生活信条的侠客,他平生最大的事业就是那次对秦王政的不成功的行刺。这既非诗人所仰慕的,所鉴戒的,也不是他认为与自己境界相似或可能相似而用来自比的。这个历史人物的出现显然和组诗主题有些游离。这只是诗人在寂寞当中的一种奇想:即使去当刺客,也比默默无闻的庸人要强些。(这使我联想起茅盾笔下的一个人物。在《追求》第六章中,章秋柳因为找不到正确的人生道路,决心要过享乐刺激的生活,竟然想去当淌白。)这种奇想充满了浪漫主义的色彩,和诗中对于其他历史人物的咏叹和譬况全不一样,但也正是荆轲这一形象的独特性才使诗人愤激的情感达到高潮。这一首诗的最后四句说明了这一点①。以对荆轲的赞美与对许多其他历史人物的评价对立,体现了这一现实主义组诗中的浪漫主义因素,而这是通过一与多对比的手法来完成的。

杜甫早期组诗的名篇《陪郑广文游何将军山林》十首也曾运用一多对比的手法而获得成功,旧日有些注家已经注意到了这一点。这一组诗九首都是咏山林景物,独第三首专咏异花。

> 万里戎王子,何年别月支。异花开绝域②,滋蔓匝清池。汉使徒

---

① 关于左思《咏史》的一些问题,请参看拙著《左太冲〈咏史〉诗三论》。

② 此句,仇兆鳌《杜诗详注》卷二作"异花来绝域",云:"旧作开,犯重。《杜臆》作'来',盖音近而讹耳。"《杜诗镜铨》卷二及《读杜心解》卷三之一皆从改。但今印全本《杜臆》卷一云:"'异花开绝域',已别月支,又开绝域,况下又重一开字,故余疑为必'来'字之误,又细思之,非误也。谓如此异花,本开绝域,而蔓匝清池,是汉使、神农所不及见者,而今忽有之,非幽兴中所亟赏者乎?"顾廷龙在《影印本〈杜臆〉前言》中曾讨论到仇《注》所采《杜臆》与今全本文字颇有异同的问题,作了合理的推测。但从这一条材料看来,则仇《注》所引《杜臆》稿本在先而今印本在后。后者当系定稿。

空到，神农竟不知。露翻兼雨打，开拆日离披。

王嗣奭《杜臆》卷二云：“止赋一花，便是变调。”浦起龙《读杜心解》卷三之一云：“此以其名奇种远，故专咏之。”杨伦《杜诗镜铨》云：“十首全写山林，便觉呆板，忽咏一物，忽忆旧游①，自是连章错落法。”三家所论均是，而《镜铨》之说尤为明白。苏轼的《中隐堂诗》五首，其中一、二、三、五四首都是写王绅在长安的居第园亭，而第四首却专咏翠石。

翠石如鹦鹉，何年别海壖？贡随南使远，载压渭舟偏。已伴乔松老，那知故国迁。金人解辞汉，汝独不潸然？

纪昀在其所批《苏文忠公诗集》卷四中一针见血地指出“分明是‘万里戎王子’一首”。可见杜、苏于写园林景物的组诗中特别用一篇来对其中某物加以特写，使咏物写景一多对衬，以见错落之致，具有同心。

王建的《宫词》一百首是古典诗歌中反映宫廷生活比较突出的作品。今本已有残缺，后人曾以他人诗补入②，但在北宋时代，王安石所见应当还是全本。郭辑本《陈辅之诗话》第四条《王建宫词》云：“王建《宫词》，荆公独爱其‘树头树底觅残红，一片西飞一片东。自是桃花贪结子，错教人恨五更风’，谓其意味深婉而悠长也。”我们都知道，王安石对于诗歌往往有独特而精辟的见解，他为什么在一百首诗中单独看中了这第九十一首？陈辅之说是因为它“意味深婉而悠长”，这符合王安石的原意吗？如果符合，这个所谓“深婉而悠长”，又何所指？经过反复通读，我才发现被王安石看中的这一首诗和其余的现存九十多首写法完全不同：即那许多诗都是描写宫廷生活，直叙其事，是赋体；而这一首却是以桃花的命运比喻那些深宫怨女的命运，而非直接描写，是比兴之体。这首诗通过对于残花的凭吊，来显示诗人对于那些贪图富贵却误入贾元春所说的“那不得见人的

---

① “忽忆旧游”，指第八首。但这首乃以因今日游何将军山林而联想到过去游定昆池，因觉两地情景有相类之处，与专咏戎王子者仍有区别，不能相提并论。

② 见胡仔《苕溪渔隐丛话》后集卷十四及朱承爵《存余堂诗话》。

去处”(《红楼梦》第十八回)的广大宫女们的同情。这些零落的桃花事实上也就是白居易的《新乐府·上阳白发人》中那位女尚书或曹禺的剧本《王昭君》中的孙美人。所以陈辅之的意见是符合王安石的原意的。所谓“深婉而悠长”,是指比兴之体所达到的艺术效果而言,而有了这样一首,就打破了其余几十首都是赋体的统一局面,耳目一新,显示了“万绿丛中一点红”之美和手法上一多对立之妙。

诗人们也注意到了在组诗的声律方面运用这一方式来显示其在统一中的变化。例如杜甫的《将赴成都草堂,途中有作,先寄严郑公》五首,前四首都是律诗正格,而第五首却是拗体。

锦官城西生事微,乌皮几在还思归。昔去为忧乱兵入,今来已恐邻人非。侧身天地更怀古,回首风尘甘息机。共说总戎云鸟阵,不妨游子芰荷衣。

刘禹锡的《金陵五题》前四首用的是律化绝句的正格,而第五首《江令宅》则是仄韵的古绝句。

南朝词臣北朝客,归来唯见秦淮碧。池台竹树三亩余,至今人道江家宅。

这都是显而易见,并为人们所熟悉的例子,无需详加说明。

(六)

根据以上的探索,可以初步得出下列几点结论。

第一,作为对立统一规律的诸表现形态之一,一多对立(对比、并举)不仅作为哲学范畴而被古典诗人所认识,并且也作为美学范畴、艺术手段而被他们所认识,所采用。

第二,一与多的多种形态在作品中的出现,是为了如实反映本来就存在于自然及社会中的这一现象，也是为了打破已经形成的平衡、对称、整齐之美。在平衡与不平衡、对称与不对称、整齐与不整齐之间达成一种更巧妙的更新的结合，从而更好地反映生活。

第三，在一与多这对矛盾中，一往往是主要矛盾面，诗人们往往借以表达其所要突出的事物。

第四，一与多虽然仅是数量上的对立，但也每在其中同时包含着其他一对或数对矛盾，因而能够表现更为丰富的内容。

第五，也有的一多对比或并举只限于显示不同事物在数量上的差异，双方并不存在互相依存的关系，但运用得合适，也能使不相干的事物发生联系，表达了诗人丰富的联想，也同样能给人以艺术上的满足。

这种表现方式，在空间艺术中是常见的。南宋马远的山水构图，将所画景物压缩在整个空间的某一角落里，而使其余部分形成大片空白，因此被称为马一角。清初的八大山人以及当代白石老人所画花卉中，也都出现过类似的布局。这是世人所共知共见的。但由于诗歌是时间艺术，它不用色彩、线条去直接塑造形象，而用语言这种符号来间接描绘形象，所以这种手段虽然也被广泛使用，但又容易被人忽略。这也许就是自来的理论批评家没有就这一现象加以深入探讨的原因①。

我们认为：从理论角度去研究古代文学，应当用两条腿走路。一是研究“古代的文学理论”，二是研究“古代文学的理论”。前者是今人所着重从事的，其研究对象主要是古代理论家的研究成果；后者则是古人所着重从事的，主要是研究作品，从作品中抽象出文学规律和艺术方法来。这两种方法都是需要的。但在今天，古代理论家从过去的及同时代的作家作

---

① 杜甫对广阔的天空飘着一片孤云，似乎特别感兴趣，所以在诗中一再加以描绘。如《秦州杂诗》二十首之十六中说“晴天卷片云”，《江汉》中说“片云天共远”，《陪诸贵公子丈八沟携妓纳凉，晚际遇雨》中说“片云头上黑”，《野老》中说“片云何意傍琴台”。而王辟之《渑水燕谈录》卷七书画门云：“翟院深，营丘伶人，师李成山水，颇得其体。一日，府宴张乐，院深击鼓为节，忽停挝仰望，鼓声不续。左右惊愕，太守召问之，对曰：‘适乐作次，有孤云横飞，淡伫可爱。意欲图写，凝思久之，不知鼓声之失节也。’太守笑而释之。”这两位异代不同行的人所具有的共同爱好，虽不无巧合，但恰好证明艺术中的一多对比之美，诗画一致。

品中抽象出理论以丰富理论宝库并指导当时及后来创作的传统做法，似乎被忽略了。于是，尽管蕴藏在古代作品中的理论原则和艺术方法是无比的丰富，可是我们却并没有想到在古代理论家已经发掘出来的材料以外，再开采新矿。这就使我们对古代文学理论的研究，不免局限于对它们的再认识，即从理论到理论，既不能在古人已有的理论之外从古代作品中有新的发现，也就不能使今天的文学创作从古代理论、方法中获得更多的借鉴和营养。这种用一条腿走路的办法，似乎应当改变；直接从古代文学作品中抽象出理论的传统方法，也似乎应当重新使用，并根据今天的条件和要求，加以发展。基于这种想法，我作了这样一次尝试。对一与多在古典诗歌中存在诸形态的探索，可能是失败的；但我写此文的动机却希望得到理解，我的看法也希望引起讨论。

1981 年 10 月　南京

附　录

善戏谑兮，不为虐兮

曾有神似《史记》之誉的《湘军志》的作者、汪辟疆先生《光宣诗坛点将录》比之为《水浒传》中托塔天王晁盖的晚清文士王闿运，现在已不大为人所知了。但他那副讽刺袁世凯的对联“民犹是也，国犹是也”“总而言之，统而言之”和他故意将中南海“新华门”念成“新莽门”以讥袁氏窃国野心的逸事，还偶尔为人所乐道。

长夏读《湘绮楼日记》消暑，深感此老之善于戏谑，不只是《儒林传》《文苑传》中的人物，而且还有资格列入《滑稽传》。日记虽然简短，而诙谐、幽默之处触绪纷披，往往冷隽可喜，耐人深思，如论齐白石诗即其一例。

齐璜即白石老人，与王氏有渊源，世所共知。光绪二十五年(1899)十月十八日日记云：“齐璜拜门，以诗文为贽。文尚成章，诗则似薛蟠体。”现存白石老人诗风格清朴，颇富个性，在画人诗中，可称逸品，绝不见所谓薛蟠体者，当是经过王氏之熏陶，已将早年那些不好的作品尽行删削之故。但王氏的这一戏谑的后面却蕴藏着一些值得我们思索的东西。

薛蟠在《红楼梦》中出现过多次，但涉及他的文艺创作活动的，只见于第二十八回与众人行酒令一段中，其文不长，全抄如下：

> ……令完了，下该薛蟠。
>
> 薛蟠道：“我可要说了，女儿悲——”说了半日，不见说底下的。

冯紫英笑道:"悲什么? 快说来。"薛蟠登时急的眼睛铃铛一般,瞪了半日,才说道:"女儿悲——"又咳嗽了两声,说道:"女儿悲,嫁了个男人是乌龟。"众人听了都大笑起来。薛蟠道:"笑什么,难道我说的不是? 一个女儿嫁了汉子,要当忘八,他怎么不伤心呢?"众人笑的弯腰说道:"你说的很是,快说底下的。"薛蟠瞪了一瞪眼,又说道:"女儿愁——"说了这句,又不言语了。众人道:"怎么愁?"薛蟠道:"绣房撺出个大马猴。"众人呵呵笑道:"该罚,该罚! 这句更不通,先还可恕。"说着便要筛酒。宝玉笑道:"押韵就好。"薛蟠道:"令官都准了,你们闹什么?"众人听说,方才罢了。云儿笑道:"下两句越发难说了,我替你说罢。"薛蟠道:"胡说! 当真我就没好的了! 听我说罢:女儿喜,洞房花烛朝慵起。"众人听了,都诧异道:"这句何其太韵?"薛蟠又道:"女儿乐,□□□□□□□。"众人听了,都扭着脸说道:"该死,该死! 快唱了罢。"薛蟠便唱道:"一个蚊子哼哼哼。"众人都怔住了,说:"这是个什么曲儿?"薛蟠还唱道:"两个苍蝇嗡嗡嗡。"众人都道:"罢,罢,罢!"薛蟠道:"爱听不听! 这是新鲜曲儿,叫做哼哼韵。你们要懒待听,连酒底都免了,我就不唱。"众人都道:"免了罢,免了罢,倒别耽误了别人家。"

王闿运对于齐白石当时的作品优文而劣诗,认为文尚成章,则自有诗不成章的意思在内。我们看薛文起先生的创作(当然只能认为这是他的创作,否则薛蟠体就不存在了),第一句荒谬,第二句奇特,第三句风韵,第四句亵鄙;和贾宝玉、冯紫英、云儿所说四句各自切合其身分、个性,风格具有连贯性的很不相同。所以认为薛蟠体含有不成章的意味在内,应当是合乎王氏本意的。但曹雪芹代替薛蟠作了这么几句,其用意却似乎要使他创造的这个人物的面貌在画面上更加凸出。如果我们不排除第二句是受了唐人小说《白猿传》的启发,则和第三句都可认为反映了他所受的文化教养;而第四句则揭示了这个纨绔子弟意识中下流的一面。但最使我们感到兴趣的还是第一句,因为这一句正突出了呆霸王呆的一面。很显然,他这一句的构思和他受众人讥笑后所作的辩护,都是违反现实社会中的生活逻辑的，因而是荒谬的，不能不令人“大笑起来”。这，恐怕就在王闿运所说的薛蟠体的界义之外了。

《红楼梦》中出现的薛蟠的创作，使人无法不联想起《儒林外史》第五十四回里陈和甫的儿子的理论：

（瞎子）一直走了回来，到东花园一个小巷子里，果然又听见陈和甫的儿子和丈人吵。丈人道：“你每日在外测字，也还寻得几十文钱，只买了猪头肉、飘汤烧饼，自己搗嗓子，一个钱也不拿了来家，难道你的老婆要我替你养着？这个还说是我的女儿，也罢了。你赊了猪头肉的钱不还，也来问我要，终日吵闹这事，那里来的晦气！”陈和甫的儿子道：“老爹，假使这猪头肉是你老人家自己吃了，你也要还钱。”丈人道：“胡说！我若吃了，我自然还。这都是你吃的！”陈和甫儿子道：“设或我这钱已还过老爹，老爹用了，而今也要还人。”丈人道：“放屁！你是该人的钱，怎是我用你的？”陈和甫儿子道：“万一猪不生这个头，难道他也来问我要钱？”丈人见他十分胡说，拾了个叉子棍赶着他打。

似属偶然，薛宝钗哥哥的创作与陈和甫儿子的理论的特征竟然如此的相近；同一时代的两位大作家也都不谋而合地捕捉了人类社会生活中荒谬悖理的思维所导致的喜剧性。

绝非偶然，可以作为审美对象的生活中的丑的事物，从笨拙的形式或动作到荒谬的思维，本来是大量存在的，对于灵心慧眼的作家来说，几乎是俯拾即是。使我们感到惊讶的倒是这两段情事对于构成《红楼梦》及《儒林外史》这样巨大的时代画卷来说，并非是不可缺少的，它只不过是两位作家的随手掇拾，随意点染，犹如在一大幅花卉上偶然加了一只蝴蝶或蜻蜓，就更显得栩栩如生，为整个作品增添了光彩。

这种带有戏谑意味的、使人感到滑稽的形象，也常出现在民间创作当中。元代无名氏《包待制陈州粜米》杂剧中，皇帝命令包公到陈州放粮的情节，本来是作暗场处理的，河南梆子《陈州放粮》却改成了明场，其中有如下一段对话：

皇帝　下跪那黑不流虬的一堆敢是包爱卿?

包公　正是你家相爷。

皇帝　俺有意命你陈州放粮,你可敢去?

包公　咋不敢去!只要你给俺盘缠。

皇帝　你可不准克扣民粮啊!

包公　谁要克扣民粮,是个小舅子!

陶雄同志非常欣赏这两个人物的泥土气息,并且进一步深刻地指出:"人民想象中的帝王将相实际就是人民自己,戏里皇帝很有点民主风度,老包也老三老四、没大没小的;如果没有这点幻想形式的民主作为条件,人们恐怕就很难相信:小小一个三品府尹竟能顶皇姑、抗太后、铡驸马,如此雷厉风行地维护法度的尊严。"(《黄花集》第2页)那么,这点幻想形式的基础又是什么呢?那就只能是老百姓自己的生活经验,他们把下层社会人与人之间的比较淳朴的关系附会到封建社会的天然尊长与其子民身上去了;再加上艺术夸张所导致的变形,就构成了如上的尽管是极端荒谬却富于人情味的喜剧场面。

薛蟠、陈和甫的儿子和《陈州放粮》的君臣在作品中都是被戏谑的对象,这些形象所获致的艺术效果是不一致的,人们喜爱《陈州放粮》中的两个角色,但小说中的两人也只会令人觉得可笑,而不会使人感到痛恨,这是作家极其有分寸的落笔所获致的喜剧效果。

《诗经·淇奥》说:"善戏谑兮,不为虐兮。"亚里士多德《诗学》第五章对于喜剧作了如下的解释:"喜剧是对于比较坏的人的摹仿,然而,'坏'不是指一切恶而言,而是指丑而言,其中一种是滑稽。滑稽的事物是某种错误或丑陋,不致引起痛苦或伤害,现成的例子如滑稽面具,它又丑又怪,但不使人感到痛苦。"

东方和西方的先民对于文艺上这个重要问题居然想到一起去了,这恐怕不是偶合吧!

1984年8月　南京

从小说本身抽象出理论来

——在中国古代小说理论讨论会上的发言

古代小说的名目及萌芽状态的理论最早见于西汉末年刘歆所著《七略》。《七略》原书虽已散佚，但它的基本内容仍保存在班固《汉书·艺文志》里。刘、班认为九流出于王官，“小说家者流，盖出于稗官，街谈巷语，道听途说者之所造也”。这话非常简略，故余嘉锡教授曾作了篇文章，对此加以考释，详尽可信，同志们想已读过，这里无须重复。《七略》和《汉志》著录的小说已经亡佚，就佚文来看，其内容与我们今天的小说概念是不相当的。但它是小说的源头，是后来许多杰作的起点。经过志怪、志人、传奇、话本、章回直到后来受西洋影响而兴起的现代小说，小说的形式和内容不断地变化着，它的范围不断在缩小，又不断在扩大；它的概念也在不断地变化，实质上也就显示了小说理论的进展。任何小说理论的出现，其前提是要有作品，随着作品的变化，小说理论也在不断变化。我们今天着眼的范围应当是广泛的。如宋人对声乐伎艺分类的研究以及对于小说功能的阐述，不能排斥在古代小说理论之外。当然，李卓吾、金圣叹等直接从事小说的批评，为古代理论作出了杰出的贡献，对他们的理论进行总结也完全必要。由《汉志》到严复、梁启超都应该加以总结，进行专题研究或写成发展史。

“中国古代小说理论”这个词似乎应当作两种理解：一种是古代的小说理论，也就是从《汉书·艺文志》到严复提出的理论；而另外一种概念则是古代小说的理论，说得更明白一点，就是古代小说中所蕴含的可以抽象出来的理论。我们今天研究的多半是前者，而袁中郎、李卓吾、金圣叹他们着眼的却多半是后者。他们反复阅读、研究一部书或多部书，从中看出了蕴藏在那些书中的艺术规律、思想实质等等，然后将其抽象出来，于是乎就有了他们评点的书，他们作的序跋、论文、笔记等等。在这方面，虽然他们已经做了不少，但是并没有做完，而且其观点、立场也和我们今天不一样。我们今天有义务和权利继续研究蕴藏在作品当中的理论问题。只有继承了这个传统，才能够不断丰富古代的小说理论；换句话说，我们要继续发掘蕴含在古代小说中的理论来丰富古人已经总结出来的小说理论，这样，才有继承，有发展。今天，我们掌握了马克思列宁主义，把研究作品和研究理论统一起来，所能获得的成绩可能要比古人大得多。

研究古代文学理论，只从理论到理论，以理论解释理论，这当然是可以的，但如果不结合实际，就难免空对空。解放以后研究《文心雕龙》不大注意上篇，更不注意汉魏六朝的文学作品，不免限制了对《文心雕龙》的深入理解。因为《文心雕龙》是刘勰在研究了先秦直到齐梁的作品，然后从中抽象出理论的。可是我们有的同志却比较喜欢从抽象的角度去研究，探索前人理论中具有特定历史内涵的东西，而忽略了把问题提到一定的历史范畴之内。我们在注意研究古代文学理论的时候，是否也应考虑从古代作品中去发现那些尚未被发现的理论呢？我认为，这两种方法，合之则双美，离之则两伤。

我们从小说本身抽象出理论来的工作是大有可为的，既可着眼于原理、思想的钻研，更可着眼于艺术技巧的探讨。如《水浒》学中的版本问题是个热门的问题，是否可从文艺学的角度去分析一下繁本与简本两种形态的产生与共存的艺术原因。再如金圣叹腰斩《水浒》，除了从政治上的考虑外，他是否还有艺术上的考虑；有一个显著的事实必须承认，《水浒》的精华在前七十回。再比如说，《水浒》在结构问题上是有瑕可指的。这种缺陷，我们较少注意，而江苏的说书艺人王少堂却注意到了，并对其中某些情节作了修改补充。他的艺术实践证明，他很懂小说（讲唱文学）的理论和艺术，因此他对原作很多不好理解的地方，都作了合理的补充，也就是作了合理的艺术阐释。

很多同志对《三国演义》的研究有成就。周立波同志五十年代发表在

《文艺学习》上的一篇短文，写得很好，给我留下了很深的印象。因为他有创作的经验，很多地方谈得很深刻。《三国演义》不少地方取材于陈寿的《三国志》和裴松之注，虚中有实，它的政治性很强。如果罗贯中真是“有志图王者”的话，是否可以从作者的政治意图作些研究。据我看，作者不但写了一部政治小说，也提供了写政治小说的某些理论，如写爱情和婚姻也应当写其服从政治要求，《三国演义》全书就是照此实践的。此外，《三国演义》的语言也值得特别注意。它用浅近的文言把作品写得那样成功，可以说是空前绝后的，其语言艺术规律值得探索。

《金瓶梅》是一部奇书，又是一部坏书，但它的确非常充分地描写了在封建社会里慢慢成长的市民意识。西门庆的占有欲、对金钱权势无休止的追求，对封建道德习俗的全然不顾，只有从巴尔扎克的作品中才能找到类似的人物。《金瓶梅》全书几乎没有正面写土地兼并及农民与地主的矛盾；将妇女的贞操问题视为完全无足轻重，在封建社会产生的文学作品中是很突出的。它所提供的细节描写，女性群像的大量涌现，方言的使用诸方面都含有大量的理论资料。

既研究古代的小说理论，又研究古代小说的理论，将作品与理论结合研究，这不仅可以丰富理论研究本身，对当代作家的创作也可以提供借鉴。我们的古代文论工作几乎和当代创作绝缘，其关键还在于我们不能提供什么对作家们有用的东西。

1984 年 3 月　武汉

相同的题材与不相同的主题、形象、风格

——四篇桃源诗的比较研究

（一）

题材的因袭是文学艺术创作中常见的现象。人类生活的继承和发展，以及对于生活中道德、伦理观念、审美观念等的继承和发展，使得每一位想有所成就的文学艺术家不能不在前人已经取得的成绩的基础上，有所创造，为人类增加一些新的精神财富。但这并不是一件轻而易举的事情。

1829年12月25日，爱克曼在和歌德谈话时，记录了歌德这样两句话：

> 莎士比亚给我们的是银盘装着金橘。我们通过学习，拿到了他的银盘，但是我们只能拿土豆来装进盘里。

接着，歌德又说：

> 如果你想认识莎士比亚的毫无拘束的自由心灵，你最好去读《特洛伊勒斯与克丽西达》，莎士比亚在这部剧本里以自己的方式处理了荷马史诗《伊利亚特》中的材料。①

---

① 朱光潜译《歌德谈话录》第93～94页。

很显然，歌德关于银盘、金橘和土豆的比喻所涉及的范围是很广的。但其对以自己的方式处理传统题材的赞赏，应当说，正是使自己在拿到银盘以后，如何才能够不将土豆而仍然将金橘装进去的可贵的启示。我国优秀的古典诗人用创作实践证明了他们很理解这一点。本文就想以四篇著名的桃源诗为例，谈谈这个问题。

（二）

压迫与反压迫——抵抗或逃避，大概是自有阶级以来，人类社会中最具有普遍性的生活现象之一。早在春秋时代，孔子已经概括出逃避的四种方式："贤者辟世，其次辟地，其次辟色，其次辟言。"①当然，这四避，是指如何处理统治阶级的内部矛盾，同时主要的也是指如何对待精神压迫。统治阶级成员对待精神压迫犹然如此，那么，被统治阶级对待物质压迫，除了在条件成熟时体现为反抗——以暴力反暴力之外，大量普遍的情况是逃避——掺和着希望的逃避，就更是势所必至了。《诗经·魏风·硕鼠》云：

硕鼠硕鼠，无食我黍。三岁贯女，莫我肯顾。逝将去女，适彼乐土。乐土乐土②，爰得我所。

但这个乐土（或如诗第二、三章中所说的乐国、乐郊），究竟是个什么样子，这位民间诗人并没有描绘出来。战国时代产生的《老子》在第八十章中写道：

---

① 见《论语·宪问篇》。辟，避古字。

② 俞樾《古书疑义举例》卷五《重文作＝画而致误例》云："古人遇重文，止于字下加＝画以识之，传写乃有致误者。如《诗·硕鼠篇》：'逝将去女，适彼乐土。乐土乐土，爰得我所。'《韩诗外传》两引此文，并作'逝将去女，适彼乐土。适彼乐土，爰得我所'。又引次章亦云：'逝将去汝，适彼乐国。适彼乐国，爰得我直。'此当以《韩诗》为正。……因叠句从省不书，止作'适＝彼＝乐＝土＝'，传写误作'乐土乐土'耳。"

甘其食，美其服，安其居，乐其俗。邻国相望，鸡犬之声相闻，民至老死不相往来。

才算是为乐土勾画出了一个简略的轮廓。

汉末以迄魏、晋，漫长而严酷的阶级斗争和民族斗争，使广大人民遭受到史无前例的灾难。在生活实践中，人们更感到有“适彼乐土”之必要，他们有时也的确找到了一些相对来说是乐土的地方，因而在文学作品中，也开始出现了乐土以及生活在这些乐土中的人民的形象，虽然还很模糊。如刘敬叔《异苑》卷一云：

元嘉初，武溪蛮人射鹿，逐入石穴，才容人。蛮人入穴，见其旁有梯，因上梯。豁然开朗，桑果蔚然，行人翱翔，亦不以怪。此蛮于路斫树为记，其后茫然，无复仿佛。

即其一例。它很可能与陶渊明的《桃花源记》及《桃花源诗》同出一源，是晋、宋之间流传荆、湘一带的一种南方传说①。

但陶渊明是一个在思想上和艺术上都有独创性的大诗人②。这一非

① 此点本唐长孺先生说。唐说见《读〈桃花源记旁证〉质疑》，载所著《魏晋南北朝史论丛续编》。唐先生又分析《异苑》与陶氏诗文之关系云：“刘敬叔与渊明同时而略晚。他当然能够看到陶渊明的作品，然而这一段却不象是《桃花源记》的复写或改写，倒象更原始的传说。我们认为陶、刘二人各据所闻的故事而写述，其中心内容相同，而传闻异辞，也可以有出入。敬叔似乎没有添上什么，而渊明却以之寄托自己的理想，并加以艺术上的加工，其作品的价值就不可同日而语了。在这里我们还应该提出《异苑》的蛮人也是在武陵发现这个石穴的。”除了“他当然能够看到陶渊明的作品”这句话，在当时的水陆交通与文化交流都不发达，而陶渊明又寡交游的许多条件之下，略嫌武断之外，其他论点都是有说服力的，可信的。《异苑》而外，唐先生还举《太平御览》引《武陵记》、《云笈七签》载《神仙感遇传》及《太平寰宇记》引用《周地图记》等类似材料来作比较，进一步证明了这种传说当时流行之广，充实了我们对于其社会背景的深入理解，也是很有益的。

② 关于陶渊明在哲学思想上的独创性，请参看陈寅恪《陶渊明之思想与清谈之关系》，载所著《金明馆丛稿初编》。

常简陋的民间传说，到了他的手上，就成了寓意丰富而深刻的艺术品。从《桃花源记》和《桃花源诗》这两篇互相关联的作品中可以看出，作者所企图生活于其中的，以及努力显示给读者的，乃是一个不乱而无税的理想世界①。

在这个世界中，和平代替了战争，宁静代替了纷嚣，富饶代替了贫困，淳朴代替了智慧，诚实代替了虚伪，欢乐代替了苦恼。人们完全与外界隔绝，而以自己辛勤的劳动过着没有剥削、压迫的幸福生活。这，就是《老子》第八十章所写过的，不过更为清晰了，形象化了。《记》中“鸡犬相闻”一句，即出于前引《老子》第八十章②，而《诗》中“于何劳智慧”一句，也出于《老子》第十八章：“智慧出，有大伪。”陶渊明这两篇作品，概括了古代劳动人民“适彼乐土”的愿望和孔子避世避地、《老子》小国寡民的思想。

这也就说明，桃源传说这一题材在陶渊明首创以后，历代都加以重视，能够广泛而长远地流传，是有其深厚的社会根源的。它表达了我们善良的先民在漫长的历史时期中积累起来的一种很强烈的感情，即对美好生活的向往，对剥削压迫的厌恶。当然，不同的阶级，有不同的政治、经济

---

① 唐先生又说：“他(陶)所说的‘秦时乱’，既不象后来的御用史学家以农民起义为‘乱’，也不指刘、项纷争。在他的诗中开头就是‘嬴氏乱天纪，贤者避其世’，显然是承用汉代以来‘过秦’的议论，下面特别提到桃花源中人的生活是‘春蚕收长丝，秋熟靡王税’，通篇没有一句说到逃避兵乱的话。由此可见，他所说的‘乱’是指繁重的赋役压迫。”“蛮族人民渴望摆脱外来的封建羁绊，以便保持其分隔的、狭隘的但是比较平静的公社生活。”“《桃花源记》和《异苑》所述故事是根据武陵蛮族的传说，这种传说恰好反映了蛮族人民的要求。”这些说法，则似求之过深。姑不论繁重的赋役压迫只能成为致乱之由，而不能即指为乱，而且任何作家在反映一个题材时，都和他所关心注意的某一特定方面分不开。陶渊明并非蛮人，也找不出他和蛮人有何特殊关系，为什么诗人要借写“秦时乱”去反映他们渴望摆脱封建羁绊的愿望？如果作家的创作意图可以决定他的取材这一原则是可以成立的，则唐说(至少就文学角度来说)就难以成立了。这和洪迈《容斋三笔》卷十《桃源行》条所说“予窃意桃源之事，以避秦为言，至云‘无论魏、晋’，乃寓意于刘裕，托之于秦，借以为喻耳”结论虽不同，但都不免于附会。

② 不知道为什么古直在《陶靖节诗笺定本》中却引《孟子·公孙丑上》的“鸡鸣狗吠相闻”来笺这一句，却不引更恰切的《老子》。

要求，然而这些不同的要求，在诗人的作品中，却由对现实的否定这个共同点将它们统一起来了。正是由于这一共同点的存在，陶渊明的这两篇作品，既反映了洁身自好、不肯同流合污的知识分子(其中包括他自己)避世避地的思想感情，又同时反映了在封建社会小农经济制度下生活的普通人民“适彼乐土”的思想感情，而让他们和平共处在那个小国寡民的世界里。在诗人笔下，人们感到，在那里生活和工作，是愉快的、美丽的。诗人借这些向往和咏叹来减轻现实生活对自己的压力。这就是陶渊明的创作意图，也就是关于桃源传说的文学作品首创的主题思想。

由于千百年来，在现实生活中仍然不断地、反复地出现着令人感觉窒息，因而需要逃避的环境，所以陶渊明所描绘的乌托邦，就总是在激动着人心，引诱着人们的向往。并因此而产生了大量追加的神话传说和附会的古迹，还有大量的咏叹诗文。除了方志所载，甚至还有几种专门收辑有关桃源诗文的总集①。

(三)

我们现在想就这些题材相同的作品中，再选出最著名的几篇，就主题、形象、风格等方面，与陶作作些比较，看看另外一些作家是怎样以自己的方式处理桃源题材的。

在陶渊明以后，以桃源传说为题材进行创作而提出新主题的，首先是王维的《桃源行》。据须溪先生校本王集，题下注明是诗人十九岁时所作②。王诗将陶诗中对那个无税的小国寡民世界的向往，改为对神仙世界的向往。古人多认为这是由于王维对陶的诗文未能看清③，有的人还

① 请参看《四库全书总目》卷一百九十二宋姚孳编《桃花源集》一卷及明冯子京编《桃花源集》三卷的提要。

② 赵殿臣笺注《王右丞集》卷末年谱序云:“须溪校本于诗题下时有细字云年若干时作，又云时为某官，又云在某处作。若此者，或系夏卿(王缙)进本原文，或系后人附注。岁远年久，无善本可参校，然要必有所据，非凭臆率书。”今从其说定此诗作年。

③ 参看《古典文学研究资料汇编·陶渊明卷》下编《桃花源诗》部分。

具体地指出，这是由于误解了陶诗“奇踪隐五百，一朝敞神界”二句①，因此，他才将桃源中人说成是“初因避地去人间，及至成仙遂不还”，而桃源则是难见难寻的“灵境”、“仙源”。

这些论点的持有者，企图用考证学或历史学的方法去解决属于文艺学的问题，所以议论虽多，不免牛头不对马嘴。他们不知道，只有作家的创作意图，才能决定题材的取舍，而不是反过来。不论是从一个事件的发生、发展或结局中，或者从一个事物的某一方面的取材，其区别都由于不同的作者的关心与着重点的不同②。王维在关于桃源传说的创作中从事主题的更新，是受他自己思想感情的支配的，而他的思想感情，又不能不受当时社会风气、政治情况的支配。

现在一些文学史论述王维的思想，大都区分前后两期，以为“前期具有一定的向往开明政治的热情”，而忽略了他早已有其消极的一面③。或则虽然比较细致地指出了他后来的消极思想与他母亲长期虔诚奉佛有关④，但又忽略了他所受的道教影响。李唐一代，道教盛行，与佛教竞争激烈。玄宗朝代，还是一个尊道抑佛的时期⑤。生活在那一时代的王维，不可能不同时受到它们的影响。因此，他也曾写过《贺古乐器表》、《贺玄元皇帝见真容表》和《贺神兵助取石堡城表》等荒谬绝伦的宣扬道教迷信的文章(当然还有更多的宣传佛教的文章)。这些文章虽然都写于天宝年间，即属于后期思想的范围，但如果他早年思想与道家绝无关涉，他是不可能这样写的。而十九岁时所写的《桃源行》中所反映的对神仙世界的向往之

---

① 吴子良《荆溪林下偶谈》卷二:“渊明《桃花源记》初无仙语，盖缘诗中有‘奇踪隐五百，一朝敞神界’之句，后人不审，遂多以为仙。”

② 参看王朝闻《题材与主题》，载《新艺术创作论》。

③ 游国恩等《中国文学史》第四编《隋唐五代文学》第二章《盛唐山水田园诗人》第二节《王维》。

④ 文学研究所《中国文学史 · 唐代文学》第三章《开元天宝诗人》第二节《王维》。

⑤ 参看范文澜《中国通史简编》第三编《封建经济基地扩展的帝国底出现到军事封建的大帝国底建立——隋至元》第七章《唐五代的文化概况》第四节《道教的流行》。

情，正可为王维早年就具有道家神仙思想作证。

另外一方面，将一切可以改造利用的材料加以改造利用，正是统治阶级和宗教徒所惯于使用的手段。在陶渊明写出有关桃花源的两篇作品之后，道教徒就已经从事于这一传说的神化工作了。关于这方面，较早的记载有刘禹锡的《游桃源一百韵》，这首长诗表明，到了唐朝，朝廷已经将桃源当为神仙窟宅，列入祀典。

> 绵绵五百载，市朝几迁革，有路在壶中，无人知地脉。皇家感至道，圣祚自天锡。金阙传本枝，玉函留宝历。禁山开秘宇，复户洁灵宅。（原注：诏隶二十户免徭，以奉洒扫。）蕊检香氛氲，醮坛烟幂幂。

而且在那个地方，还出现了“近世仙”白日飞升的事，如诗中一位“羽人”（道士）所说的：

> 明灯坐遥夜，幽籁听淅沥。因话近世仙，耸然心神惕。乃言瞿氏子，骨状非凡格，往事黄先生，群儿多侮剧。警然不屑意，元气贮肝膈。往往游不归，洞中观博弈。言高未易信，犹复加诃责。一旦前致辞，自云仙期迫。言师有道骨，前事常被谪。如今三山上，名字在真籍。悠然谢主人，后岁当来觌。言毕依庭树，如烟去无迹。

此外，唐末康骈的《剧谈录》曾载：“陶渊明所记桃花源，今鼎州桃花观即是其处。……自晋、宋来，由此上升者六人。”宋张君房《云笈七签》引司马紫微《天地宫府图》说桃花源是“白马玄光天”，由一位谢真人主管①。这些，都可以说是陶渊明诗文被道教徒利用而踵事增华的结果，也是王维这一新主题的社会背景。（由于王维写这篇诗的时候，还没有长期隐遁生活的实践经验，所以我们不能从他们两个人曾经历过物质条件悬殊的隐遁生活，来说明其有关桃源的作品主题歧异的原因。这是我们在讨论这个问题时，应当注意的。）

---

① 见钱仲联《韩昌黎诗系年集释》卷八《桃源图》注引。

王维诗中的灵境以及其他作品记载中的神化桃源之说，到了中唐时代，遭到了韩愈的批判。在《桃源图》中，他一上来就正面提出“神仙有无何渺茫，桃源之说诚荒唐”，而以“世俗宁知伪与真，至今传者武陵人”作结。对于这一涂抹着浓厚道教色彩的传说，毫不容情地加以抨击。

关于韩愈写作此诗的背景，以及韩愈反对二氏的斗争，当代学者论述已详①，本文可以不必重复。所要加以补充的是：韩愈这篇诗与另外一些反对道教迷信的诗有所不同。如《谁氏子》、《谢自然诗》是以议论为主，没有鲜明的客观形象。《华山女》中那个女儿的形象是鲜明的，讽刺手法的使用也很成功，但其主题也和前举两篇一样，来自作家对现实生活的认识，与历史无关。《桃源图》则不仅有晋、宋以来踵事增华的传说在前，有陶、王有关这些传说的成功作品在前，同时，卢汀在请韩愈赋诗时他本人也已加上题跋。所以诗云：“武陵太守好事者，题封远寄南宫下。南宫先生忻得之，波涛入笔驱文辞。文工画妙各臻极，异境恍惚移于斯。”②窦常所寄之画与卢汀所撰之文今日虽不可见，然据韩诗所描写，其主题当远于陶而近于王。所以《桃源图》的主题思想，就不能不兼对历史传统及现实生活两个方面。如我们所看到的，《桃源图》就既不着眼于对小国寡民的向往，也不寄心于仙源的追寻，而是依据自己一贯的哲学政治观点，揭露了桃源神仙之说的荒唐，从而显示了它的主题的独特性。

对于历代人物和事件的咏叹，是王安石诗中所反复出现的题材。在这些诗篇中，他发抒了自己的社会、政治和哲学观点。继晋、唐诸家而作的《桃源行》乃是其中之一。

在封建社会中，君臣是与父子紧密地联结在一道的伦常关系，而王安石在封建专制主义已比前代更为发展，君权比前代更为集中的宋代，却公然在诗中提出对桃源中“儿孙生长与世隔，虽有父子无君臣”那种理想社会的赞美。历代文人可以将历史看成一部连续不断的“相斫书”，但对于本朝之取得天下，则无不认为是神功圣德，天与人归，光明正大。可是王

① 参看上引钱氏韩诗《集释》及陈寅恪《论韩愈》（载《金明馆丛稿初编》）等。

② 据陈景云《韩集点勘》考订，武陵太守乃窦常，南宫先生乃卢汀。

安石在此诗中却说:“闻道长安吹战尘,春风回首一沾巾。重华一去宁复得,天下纷纷经几秦。”这也就是认为:三代以下,无非以暴易暴,可是老百姓呢,却是宁愿保持家庭的纯朴关系,而憎恨那个从来就使他们不得安宁的、剥削压迫他们的封建制度。王安石的这些见解,显然不仅和他自己的政治思想有关,也同时受到了陶渊明原作的影响,但比陶渊明更为彻底。陶赞赏“秋熟靡王税”,王则指出,“靡王税”的根源在于“无君臣”。陶说“嬴氏乱天纪,贤者避其世”,王则指出,自从天下为公的唐虞之世过去以后,历史无非是秦代影像的重叠。这在 11 世纪,真是一种非常大胆的见解。这种见解,当然也反映了作者的政治思想,但已远远超出了他的变法思想的范围。

在王安石笔下,陶渊明的诗文中的思想得到了发扬,这也正是他以自己的方式继承和发挥了这个古老题材的结果。

就主题说来,王维诗是陶渊明诗的异化,韩愈诗是王维诗的异化,而王安石诗则是陶渊明诗的复归和深化。主题的异化和深化,乃是古典作家以自己的方式处理传统题材的两个出发点,也是他们使自己的作品具备独特性的手段,这是从上面的讨论中可以看出来的。

(四)

主题是作者认识生活并进而概括和提炼生活的结果。作品的主题,离不开依据生活所创造的艺术形象,它使人们通过生动的形象看到生活的本质。所以,主题的独特性和作品形象的独特性是不能分离的。

钟嵘《诗品》虽然只将陶渊明列入中品,但称其“文体省净,殆无长语。笃意真古,辞兴婉惬,每观其文,想其人德”,倒是真能搔着痒处。即以《桃花源记》与《桃花源诗》而论,也同样显示了钟嵘所标举的这样一些特征。

《记》文纯用客观手法进行描写,在平铺直叙中,以省净的文风再现了避世者的生活的生动形象。在作者笔下,一切环境人物都是习见的,但用“并怡然自乐”略加点明,又用“不知有汉,无论魏晋”指出怡然自乐的根源，就使人感到“此中人”与“外人”完全生活在两个世界了。《诗》则就《记》中所述加以补充和赞叹。这种补充，基本上也还是从渔人所闻所见着笔的，与《记》文同。但在赞叹方面，则首以四皓作陪，尾则归到自己。诗人终于也闯进自己所创造的世界来，因此可以使读者因其人而想其德，也同时看见了作品的倾向性了①。《记》与《诗》虽然是各自独立的，同时也是互相补充的，是合之则双美，离之则两伤的。

这两篇作品，虽然有传说作根据，显然仍属寓意之文。但其借以表达所寓之意的形象，则仍然不能脱离作者自己长期沉浸在其中的宁谧的农村生活。他只是将这种生活渗透着自己的理想而已。

正因为他写的乃是自己所熟习的世俗生活，陶渊明笔下的桃花源中的劳动场面与社会情态，普通农村人民的淳朴和他们安于淳朴那种怡然自乐的情景，才如此亲切感人。

> 相命肆农耕，日入从所憩。桑竹垂余荫，菽稷随时艺。春蚕收长丝，秋熟靡王税。荒路暧交通，鸡犬互鸣吠。俎豆犹古法，衣裳无新制。童孺纵行歌，斑白欢游诣。草荣识节和，木衰知风厉；虽无纪历志，四时自成岁。怡然有余乐，于何劳智慧。

以上这十八句诗是对桃源中人民生活的具体描写，也是诗中最主要的部分。但是这个题材到了王维手中，这一类的描写却全部消失了。这是因为王维要写的既是“初因避地去人间，及至成仙遂不还”的桃源，就不可能与陶渊明所要突出的小国寡民的形象一致。但既有陶的诗文在前，桃源就具有大致上的既定格局，又不能和陶太不一致。这就只有在增减轻重上做工夫了。王维之所以让陶诗中所写那些情景消失在他的作品里，正是因为他已将渔人之偶入桃源，重加处理，成为“俗客”误入“仙源”，而陶诗那些劳动场面与社会情态，显然与人们（包括王维自己）所想像的仙

① 吴嵩《论陶》说：“‘嬴氏乱天纪，贤者避其世’与结语对照，渊明生平尽此二语矣。”（见吴瞻泰《陶诗汇注》附录）可以参照。

境不大协调之故。一方面有关世俗生活的描写有所删除，另一方面有关仙源景色的描写就有所增加。他通过渔人的感觉：

遥看一处攒云树，近入千家散花竹。
月明松下房栊静，日出云中鸡犬喧。

将这灵境写得极其幽美而恬适，这正是陶诗中所缺少的，乃至陶诗中所写桑、竹、菽、稷，到王诗中也被花、竹、松代替了，也就是经济植物被观赏植物代替了（同是一竹，桑竹连文与花竹连文给人的印象就全然不同）。这用意都在加深那个存在于作者精神世界，而在现实世界中却“无处寻”的仙境对读者的感染力。

王维也是个大画家，他以“诗中有画，画中有诗”为苏轼所赞叹①。《桃源行》不仅在结构上紧凑而又超脱，在灵境的描摩上也只略加点染，颇似南宗山水，使人读来有恍若身临其境、心向往之之感。

韩诗不是对这一古代传说的直接赋咏，而是对绘有这一传说的一幅图画的赋咏。这幅图画的主题，与陶渊明诗文异趣，而与王维的诗相同。但韩愈对于这一古代传说的理解，却正好反过来，与王维异趣，与陶渊明相同。这样，韩愈所要加以赋咏的这幅图画的主题，和他所要写的诗的主题，就恰好处在对立的地位。但是，送这幅图画的窦常与接受这幅图画并请韩愈加以赋咏的卢汀，都是韩愈的朋友。因此，他在礼貌上既不便公开非议；而在理性上，又不能屈己从人。这些矛盾，就决定了韩愈在写作这篇诗时，必须采取适应这样一些矛盾的两全其美的手法。

他采用怎样的手法呢？就是如金德瑛所说，一方面，“一一依故事铺陈”，另一方面，又通过“当时万事皆眼见，不知几许犹流传”，从情景虚中摹拟，从而有异于“前人皆于实境点染”。如诗中依据图画所描绘的：

---

① 苏轼《东坡题跋》卷五《书摩诘蓝田烟雨图》：“味摩诘之诗，诗中有画；观摩诘之画，画中有诗。”

架岩凿谷开宫室，接屋连墙千万日。
种桃处处惟开花，川原远近蒸红霞。

形象都非常具体，但在“当时”二句出现以后，就化实为虚了。金德瑛很敏感地看出了韩诗在构思和表现上的这些特点①，但可惜他却仅从技巧上指出韩愈化实境点染为虚摹的事实，却没有认识到，其所以要这么写，是为了表达自己的观点，是和篇首“神仙”二句及篇尾“世俗”二句相照应的。正是为了证实桃源神仙之说的渺茫、荒唐，而悲悯世俗之不知伪与真，才对实境加以虚摹。将宁知真伪归之世俗，文工画妙归之窦、卢，就于文于画，但取其工妙，却不涉及其主题，从而将这种对立缓和了。另外，程学恂指出此诗之特点在于“起结题破，中间乃详为衍叙”②，也只看到首尾之议论与中幅之描写在全诗结构上统一的一面，而忽略了其更为重要的矛盾的一面，这乃是“未达一间”。只有何焯说“观起结，命意自见。中间铺张处皆虚矣。章法最妙”③，才算是将这个问题简明扼要地讲清楚了。

以上三篇，陶作是写传说中被隔绝了的人间景象，王作是写神仙世界，韩作也写仙境，但却同时暗示此境并不存在。虽然用意不同，但都对桃源的环境及其中的人物生活作了形象性的描绘，一面有因袭，一面有发展，有补充。这在上面已有举例。即便在叙述方面，也是如此。如陶文云：

自云：先世避秦时乱，率妻子邑人来此绝境，不复出焉，遂与外人间隔。问今是何世，乃不知有汉，无论魏晋。此人一一为具言所闻，皆叹惋。

王诗则云：

初因避地去人间，及至成仙遂不还。峡里谁知有人事？世中遥

---

① 金说载陆以湉《冷庐杂识》卷七，下引金说均出此。
② 《韩诗臆说》卷一。
③ 《集释》引。

望空云山。

韩诗则云：

初来犹自念乡邑，岁久此地还成家。渔舟之子来何所，物色相猜更问语。大蛇中断丧前王，胡马南渡开新主。

他们彼此之间，既有继承，又有创造，各自选择了表达自己的主题的最恰当的手段。

在上举三家非常成功的作品之后，王安石写出了表现方法全然不同，而成就却可以与之比美的《桃源行》。所以方东树《昭昧詹言》卷十二评韩愈《桃源图》云："凡一题数首，观各人命意归宿，下笔章法，辋川只叙本事，层层逐叙夹写。此只是衍题。介甫纯以议论驾空而行，绝不写。"又评王安石《桃源行》云："此与《张良》、《韩信》、《明妃曲》，只用夹叙夹议。但必有名论杰句，以见寄托。无写，以叙为议，以议为叙。"先师胡翔冬先生评王安石此诗，也说："桃花源诗，有故神其词，托之仙境者，如王维云'初因避地去人间，及至成仙遂不还'是也。又有讥其谬者，如韩愈云'神仙有无何渺茫，桃源之说诚荒唐'是也。公诗于仙境非仙境置若罔闻，独取陶公'先世避秦时乱来此'一语作骨子，寄兴深微，真不可及。"

二家之说，对于王安石这篇作品的独特性，都作了扼要的说明。方东树指出了一题数首，就必须命意归宿与下笔章法各人不同，这是非常正确的。我们所要补充或强调的，只是两者之间的关系非常密切。正由于命意不同，才必须而且必然会下笔不同，两者不能割裂开来理解。至于他说安石此诗，不事描写，但以夹叙夹议见长，而其所以能卓然自立，乃是因为有名论杰句，以见寄托（即胡先生所说的"寄兴深微"），则尤为精到。我们多少年来，在理论上，脱离了民族传统、文学样式等特征，机械地将形象思维与抽象思维，描写与叙述、议论，含蓄与刻露的区分绝对化了，割裂了，结果许多文学现象解释不通，甚至于整个宋诗都被斥为"味同嚼蜡"。王安石这篇单刀直入，几乎全无景物铺陈（即方东树的所谓"写"）但以议论见长的宋诗，不正是以其“虽有父子无君臣”、“天下纷纷经几秦”这样一些名论杰句，反映了自己先进的历史观点和政治思想，显示了诗人自己崇高的形象，从而赢得了广大读者的喜爱吗？它以其主观色彩特别浓厚，重议论不重铺陈的特点，不仅将自己和在其以前出现的杰作区分开来了，而且还能和它们分庭抗礼。

（五）

歌德认为：“总的来说，一个作家的风格是他的内心生活的准确标志。所以一个人如果想写出明白的风格，他首先就要心里明白；如果想写出雄伟的风格，他也首先要有雄伟的人格。”[①]所谓内心生活，也必然从每个人的阶级地位、社会经历、思想感情中来。一位作家在认识生活并创造性地回答生活中提出的问题的时候，他必然会同时显示其独特的格调、气派。这也就成为他内心生活的准确标志。从以上所举四篇桃源诗来看，它们所呈现的风格是各不相同的，具有独特性的，而其独特性则正与诗人的内心生活一致。

前人已有注意这四篇诗风格的歧异而加以比较的。如张谦宜《絸斋诗谈》卷四云：

> 陶诗他且勿论，即如咏桃源一诗，摩诘之绮丽，昌黎之雄奇，皆不如其浑朴，便见古人地步真高。

又王士禛《池北偶谈》卷十四云：

> 唐宋以来，作《桃源行》最传者，王摩诘、韩退之、王介甫三篇。观退之、介甫二诗，笔力意思甚可喜。及读摩诘诗，多少自在。二公便如努力挽强，不免面赤耳热，此盛唐所以高不可及。

① 《歌德谈话录》第 39 页。

这些议论，如果将批评家个人的爱好和宗尚排除在外，仅就其所指陈的风格特色而论，基本上都是符合实际的。

我们在上面曾经引用《诗品》指陈陶渊明“文体省净”的特点。唐庚《唐子西文录》亦云：

> 唐人有诗云：“山僧不解数甲子，一叶落知天下秋。”及观渊明诗云：“虽无纪历志，四时自成岁。”便觉唐人费力如此，如《桃花源记》言：“尚不知有汉，无论魏晋。”可见造语之简妙。盖晋人工造语，而渊明其尤也。

其所谓简妙，也就是省净。惟其省而能净，所以简中见妙，或寓妙于简。唐庚所举的两个例子，恰巧都在桃源诗文中，应当不是偶然的。陶诗的风格并非单一的，论及全人，不可偏废，鲁迅先生对此曾有很精当的、人所共知的说明[1]。但多样的风格虽然可以存在于一位作家身上，却难以同时存在于一篇作品当中。风格的形成，往往是与作品的主题以及它所展示的形象息息相关的。同时，存在于一位作家身上的风格的多样性，也并不否定其中还有主次。省净、简妙从而使人感到浑朴，这正是陶渊明风格中最引人入胜的地方[2]，桃源诗文不能算是陶集中的最高成就，但人们却可以从中看出陶渊明风格这一显著的特点，因为这些作品的题材和主题，乃是他所最倾心的。他的人格、风格不能不与之密切地结合在一起。

王维写《桃源行》的时候，正处在风华正茂的十九岁。他早年富艳的才情渗透在那个虚无缥缈的神仙世界之中，就使得这篇作品呈现着一种绮丽的风格，如张谦宜所指陈的。王士禛说它自在，也应当是指少年王维作品中弥漫着的青春的色彩与气息在生动活泼的语言中的自然流露，因而毫无雕琢的痕迹。王维笔下的灵境不是枯寂凄黯的，而是幽美恬适的。他以自在的笔触描绘了仙源中人自在的生活。

---

① 《题未定草》(六)、(七)，载《且介亭杂文》二集。

② 朱光潜先生论陶诗风格，甚有精义，可参看。朱说见所著《诗论》第十三章，载《朱光潜美学文集》第二卷。

陈兆奎还独具慧眼地看出了王维的《桃源行》和张若虚的《春江花月夜》这两篇名作之间的传承关系。他认为《春江花月夜》“秾不伤纤,局调俱雅。前幅不过以拨换字面生情耳。自‘闲潭梦落花’一折,便缥渺悠逸。王维《桃源行》从此滥觞”[①]。这实在是一个很细致的观察。王维《桃源行》虽非以拨换字面生情[②],然前幅多属铺叙,与其《夷门歌》手法相近,但最后一折:

> 当时只记入山深,青溪几曲到云林。春来遍是桃花水,不辨仙源何处寻。

其缥渺悠逸,确与《春江花月夜》结尾,特别是最后的“斜月沉沉藏海雾,碣石潇湘无限路。不知乘月几人归,落月摇情满江树”四句风神酷似,具有渊源。这种缥渺悠逸的风格,也就是王士禛所说的“自在”在特定环境中的表现,它与全诗的绮丽不是互相排斥而是合色的。

张谦宜认为韩诗此篇雄奇,金德瑛认为它雄健壮丽,王士禛以“努力挽强”为喻,虽含贬义,也还是符合事实的。这是韩诗主要的风格特征,几乎无所不在,哪怕是从一些绝句诗中,也可以看出来。陶、王两家作品中的桃源,并无蓝本,全凭作者根据自己的生活经历、审美观念,加以创造性的想像所形成。所以,在诗人们作品中虽然写的都是一个地方,而这个地方是什么样子,却因人而异。陶渊明向往的那个世界是幽美恬适的,王维向往的那个世界则是缥渺悠逸的。他们所想像的,显然与他们固有的风格非常协调,因为他们在构思的过程中,已经很自然地意识到这种协调的必要性。但韩诗却面对着一幅图画,这幅图画中的景色,及其所呈现的风格,乃是画家事先规定了的,所题之诗不能和它唱对台戏。这幅图画的风格如何,我们今天不得而知,韩诗描写很少,叙述、议论较多,而就其中少量描写来看(如前举“架岩”二句、“种桃”二句),其所选取的也是壮

① 见《王志》卷二《论唐诗诸家源流答陈完夫问》条所附陈兆奎按语。

② 张诗也非如此。这个问题,需要另作说明,这里暂不涉及。

丽而非幽美或缥渺的形象，它们是与波澜起伏的叙述、发扬蹈厉的议论相一致的。

王安石虽然有时也嘲笑韩愈，如在《韩子》中说他“力去陈言夸末俗，可怜无补费精神”，但在创作时却往往又是韩愈的追随者。王士禛论桃源诗，以二家并列，称之为“努力挽强，不免面赤耳热”，是有根据的。我们所不同意的，乃是“自在”是否就一定是高而“努力挽强”就一定是下这样一种以盛唐某些诗人所表现的神韵为极致的意见。

王安石这篇诗虽“于仙境非仙境置若罔闻”，有异于韩愈之认为“桃源之说诚荒唐”，其不依故事铺陈，也不同于韩愈之先叙画图，次及本事，先事描写，后加议论。因而两诗主题手法虽均有区别，但其以雄伟的风格驱使议论，又有异中之同。读者可以从这些方面看出韩、王诗学渊源。但王诗之精悍简劲，仍然有自己的独特风格，则又是与其诗所反映的时间跨度非常之长，生活内容涉及较广，识度议论突破传统这些方面相联系的。

以上以四篇桃源诗为例，略论相同的题材与不相同的主题、形象、风格之间的或即或离的错综关系，主要是受到金德瑛的启发。这位对文学颇有真知灼见的乾隆元年(1736)状元说：

> 凡古人与后人共赋一题者，最可观其用意关键。如桃源，陶公五言，尔雅从容，“草荣”、“木衰”四句，略加形容便足。摩诘不得不变七言，然犹皆用本色语，不露斧凿痕也。昌黎则加以雄健壮丽，犹一一依故事铺陈也。至后来王荆公则单刀直入，不复层次叙述。此承前人之后，故以变化争胜。使拘拘陈迹，则古有名篇，后可搁笔，何庸多赘。诗格固尔，用意亦然。前人皆于实境点染，昌黎云“当时万事皆眼见，不知几许犹流传”，则从情景虚中摹拟矣。荆公云“虽有父子无君臣”，“天下纷纷经几秦”，皆前所未道。大抵后人须精刻过前人，然后可以争胜，试取古人同题者参观，无不皆然。苟无新意，不必重作。世有议后人之透露，不如前人之含蓄者，此执一而不知变也。

本文不过为他的意见作了一点疏证而已。这点疏证也许有助于加深对古典作家在创作方法及表现技巧若干方面的认识。如果我们对这些理解得清楚一些，前些年流行的关于题材、主题的许多奇谈怪论，也许会受到更多的抵制。这，也许就是这篇文章的现实意义吧。

1980 年 10 月　南京

读诗举例

——在中国文学批评史师训班上的讲话

我们研究文学批评史的目的，是总结前人对文学理论批评的研究，找出规律，以期有益于今天的文学理论批评和创作。总结前人的研究，又不外两个方面，一是某些理论原则，例如“形神兼备”；二是某些具体问题，例如“永明声律”。但不论是总结前者或后者的研究，都得有一个共同的基础，或者说出发点，那就是文学现实，也就是文学作品本身。如果作家不写出作品来，那么，理论家也就失去了研究对象，既不会产生理论原则，也无从评价具体问题了。

由此可以知道，对于从事文学批评史研究的人来说，研究作品是非常重要的。作品是理论批评的土壤。不研究、理解作品，就难于研究和理解理论批评，更无从体会理论与理论之间的内部联系，无从察觉批评与批评之间相承或相对的情形了。因为这些联系和对立，往往是起源于对作家作品以及由之而出现的文学风格的具体评价的。

离开了作品而从事理论的研究，就不免陷于空洞，难以理解问题的实质。例如，研究《文心雕龙》，将主要力量放在《神思》以下二十四篇，或者再加上《原道》以下五篇，这是可以的。因为前者是刘勰当时总结出来的若干理论，而后者则是其所据以立论的纲领。但是，在研究这些篇章的时候，能否将《明诗》以下二十篇排除在考虑之外呢？我看不能，不仅《明诗》以下二十篇应当和其他诸篇合起来研究，而且严可均辑《全上古三代秦汉三国六朝文》、丁福保辑《全汉三国晋南北朝诗》，还有萧统《文选》等也应当时时加以印证。只有这样，才能对某些问题辨析得较为清楚。再如，南宋诗论史上的江西派与反江西派之争，是大家所熟知的。吕本中作了《江西宗派图》，树立旗帜，严羽的《沧浪诗话》以宗盛唐来反对江西诸公，但和严羽同时而略后的方回却在《瀛奎律髓》中进一步提出了“一祖三宗”之说[①]，完善了江西派的理论。我们若不细读黄庭坚、陈师道、吕本中、杨万里、严羽、四灵、刘克庄、方回等许多诗人的创作，细辨其风格的异同，以联系批评家们从他们风格中抽象出来的理论，就实在很难将江西派与反江西派闹的是一些什么纠纷弄清楚。所以，我们研究文学理论批评史，要想深入一些，细致一些，就决不可脱离当时理论批评家所据以抽象的文学现实，即作品本身。

如何理解作品，是继之而来的另一个问题。研究文学理论批评史，评判古代理论著作的是非高下，这纯粹属于逻辑思维的范畴。但是，阅读作品却不能完全这样。对于我们来说，阅读作品的最终目的是要分析它们，发现其与当时理论批评的关系，使自己的工作能够如实地反映出理论批评发展的历史进程，因此，理智的思辨是完全必要的。但不能忽视，任何文学作品主要是形象思维的产物。它首先是使人发生美感的艺术品。读者总是先被它所感动，然后才进一步理解它的。最后，也许你肯定它，爱好它，或者，反过来。但在最初，你总是从欣赏出发。欣赏是一种感情活动。通过欣赏，你才会产生某种感情，再追究为什么会产生这种感情。通过这样的分析、抽象，才上升到理论。所以，对于从事文学理论工作的人来说，如何读作品，比较深入地理解作品，是一个不能而且无法回避的问题。

丹麦作家安徒生在其童话《冰姑娘》中说过一句话：“上帝赐给我们硬壳果，但是他却不替我们将它砸开。”我国古诗说：“鸳鸯绣了从教看，莫把金针度与人。”[②]这些话的意思是一致的。一件已经完成的作品，就是一

① 《瀛奎律髓》卷二十六，陈与义《清明》评云：“古今诗人当以老杜、山谷、后山、简斋四家为一祖三宗。余可预配飨者，有数焉。”

② 元好问《论诗》三首之三，见施国祁《元遗山诗集笺注》卷十四。元诗盖本佛教禅宗语录《五灯会元》卷十四载宝峰惟照禅师云：“鸳鸯绣出从君看，不把金针度与人。”

个富有生命力与魅力的客体，是一件使人无法知道怎样裁制出来的无缝天衣。如何比较准确地理解作家艺术构思，及他所要显示的美、情、理，并不是件轻而易举的事情。因此，读者们（其中当然包括研究文学批评史的同志们）必须长期地、艰苦地锻炼自己的感受能力和判断能力，要使自己的眼睛成为审美的眼睛，耳朵成为知音的耳朵，而心灵呢，则成为善于捕捉艺术构思和艺术形象的心灵。砸开硬壳果，揭示出作家心灵上的秘密，并且占有它们，对于研究从作品中抽象出来的理论批评，将起着何等不可缺少的作用，这是不须多作解释的。

以下，想就几个侧面具体谈谈如何欣赏诗，理解诗。但“仁者见之谓之仁，智者见之谓之智”①，“诗无达诂”②，古有明训。西方文论也常常提到形象大于思想的问题。所以我的意见，很难一定说是能够与诗人的心灵活动吻合。这里只是贡其一得之愚而已。

形与神

任何文学作品都是写人类的生活的，它们通过生动的形象，展示人物的内心活动，即以形传神，所以我国古代文艺理论一贯地要求形神兼备，而反对徒具形似。进一步，则要遗貌取神，即承认作家、艺术家，为了更本质地表现生活的真实，使其所塑造的形象更典型化，他们有夸张的权利，有改变日常生活中某些既成秩序的权利。这种对于形的改变，其终极目的也无非是为了更好地传神。

白居易的《长恨歌》是唐诗中一篇人们对其主题有争议的杰作。但在艺术上，它却获得了异口同声的赞扬。其中理由之一就是善于以形传神。诗中写唐玄宗作为一个失势的太上皇，在西宫、南内如何靠悔恨、忧伤、寂寞、凄凉来打发那些难以消磨的日子时，用了下列的句子：

---

① 《易·系辞上》。

② 董仲舒《春秋繁露·精华》。

夕殿萤飞思悄然，孤灯挑尽未成眠。

为了给这位老皇帝的感情上涂抹一层浓重的暗灰色，诗人挑选萤飞的夕殿这个时间和地点，而以未成眠来证实思悄然，又以孤灯挑尽来见出他内心痛苦之深，以致终夜不能入睡，由“迟迟钟鼓初长夜”到“耿耿星河欲曙天”。我们知道，唐代宫中是用烛而不是用灯来照明的。即使用灯，何至于在太上皇的寝宫中只有一盏孤灯，又何至于竟无内侍、宫女侍奉，而使他终夜挑灯，终于挑尽。这里显然都不符事实①。但是，我们设想，如果作者如实地反映了当太上皇不眠之夜，生活在一个红烛高烧，珠围翠绕的环境里，还能够像《长恨歌》这里所描写的那样成功地展示他的精神状态吗？文学欣赏不能排斥考据，不能脱离事实，可也不能刻舟求剑，以表面的形似去顶替内在的神似。

当临邛道士来到仙山求见时，久已脱离人间爱欲的杨太真是丝毫没有思想准备的，所以“闻道汉家天子使”，就自然不禁“九华帐里梦魂惊”了。（玄宗终宵失眠，太真恬然入梦，这也是一个对照。）接着，诗人以下列四句描写了她强烈的内心冲突由发生到解决的过程：

揽衣推枕起徘徊，珠箔银屏迤逦开。云髻半偏新睡觉，花冠不整下堂来。

由梦魂惊而揽衣推枕，徘徊不定，由徘徊不定而决心出见，这个内心斗争胜利的取得无疑地是相当艰苦的。而当胜利以后，便不顾云髻半偏，花冠不整，迫不及待地走下堂来。从这些细节描写中，我们可以看到诗人是多么成功地通过杨太真的动作刻画了她的精神状态，以语言的音响传

---

① 邵博《闻见后录》卷十九就对这两句诗作了如下的评论：“宁有兴庆宫中，夜不烧蜡油，明皇帝自挑灯者乎？书生之见可笑耳。”陈寅恪《元白诗笺证稿》第一章《长恨歌》则云：“至上皇夜起，独自挑灯，则玄宗虽幽禁极凄凉之景境，谅或不至于是。文人描写，每易过情，斯固无足怪也。”陈先生的意见当然远胜邵博，但也没有能提到理论高度来加以阐明。

达了生活的音响。

以形传神，并不限制在人物的动态方面，诗人笔下出现的人物的静止状态，也和绘画与雕塑中成功的人物一样，是能够使人窥见其丰富的内心世界的。例如张仲素这首有名的《春闺怨》：

袅袅城边柳，青青陌上桑。提笼忘采叶，昨夜梦渔阳。

古乐府《陌上桑》中那位坚贞而机智的采桑女，在张的这篇诗中，被赋予了思妇的身份。她依然是一位忠诚的妻子，但诗人所描绘的，却侧重在她提笼而忘采叶这一点，而其所以如此，则是由于她沉浸在昨夜的梦境中了。是怎样的梦境呢？诗中有意给读者留下了非常广阔的想像余地。这座女体塑像是静态的，她只是提着笼子，不声不响地站在城边陌上、柳条桑树之间罢了。然而，我们难道不能窥见她心中混合着甜蜜与感伤的情绪和分明而又模糊的梦境吗？

这篇诗，和曹植的《美女篇》可以比观。它们都是继承了，同时又发展了传统的形象；又可以和刘禹锡的《春词》比观，它们都以静态传神，刘诗中的“行到中庭数花朵，蜻蜓飞上玉搔头”，与张诗中的“提笼忘采叶”所采取的艺术手段与所获得的艺术效果是一致的。

曲与直

写诗应当注意含蓄，不能像散文那样直说，这是传统的说法，也就是贵曲忌直。这话对不对呢？在一定的条件之下和范围之内，是可以这样说的，但如果将它绝对化，就会走向反面了。事实是，诗每以含蓄、曲折取胜，而有些直抒胸臆，一空依傍的作品，也同样富于诗意，具有极大的艺术魅力，能够表达人类生活中最美好的感情，列入诗林杰作之中而毫无愧色。总之，是不能一概而论，否则，蒙受损失的将不是诗人而是读者。

岁岁金河复玉关，朝朝马策与刀环。三春白雪归青冢，万里黄河绕黑山。

柳中庸这首《征人怨》，以精工富丽的语言和雄浑壮阔的风格写边防战士不安定而又艰苦的生活。前两句说调动频繁，行踪不定，时在金河，时在玉关，而和他作伴的，只有马鞭和战刀而已。后两句写以时间言，在三春仍有白雪的时候，又回到了青冢；以空间言，随万里黄河之奔泻，又绕到了黑山。通篇无一怨字，但却非常深刻地将这位征人藏在心底的“频年不解兵”①的怨透露出来了。这就比“君不见沙场征战苦”②之类的写法，更为有力。

王昌龄《长信秋词》之“玉颜不及寒鸦色，犹带昭阳日影来”，以及韩翃《寒食》之“日暮汉宫传蜡烛，轻烟散入五侯家”，这些被人称赏的名句，其成功之处，也正由于曲。

与此相反，也有的诗人以很坦率的语言，发抒最诚挚的感情。这些作品，也同样深刻动人，不过，其所以深刻动人，却并非由于曲，而是由于直。

梅尧臣在悼念他死去的小女儿的一首短诗（《戊子三月二十一日，殇小女称称》）中，是用这样两句作结的：

慈母眼中泪，未干同两乳。

诗人将分娩不久就失去了婴儿的母亲在生理上和心理上的本来并不相关，而在这一特定情况之下，却必然相关的两种现象绾合起来，从而极为成功地表达了海一样深的母子之爱。

另一首类似的成功之作是陈师道的《示三子》：

去远即相忘，归近不可忍。儿女已在眼，眉目略不省。喜极不得语，泪尽方一哂。了知不是梦，忽忽心未稳。

---

① 沈佺期《杂诗》句。

② 高适《燕歌行》句。

这位以穷困和苦吟著名的诗人，因为养不活自己的家口，只好将妻子以及三个儿子、一个女儿都送到在四川做官的岳父处寄食。大概过了三四年，才回到徐州。这首诗写久别乍逢，平铺直叙，至情无文，却感人肺腑。长大了几乎不认识了的儿女们突然出现在眼前，不免感慨万端，喜极而无言，欲笑而先哭。前此屡梦，反以为真，今此相逢，反以为梦。真极！妙绝！谁能说宋人由于直说，就是不懂形象思维呢？谁能说江西派诗人就是反现实主义者、形式主义者呢？

姜夔〔鹧鸪天〕云"人间别久不成悲"，就是"去远即相忘"。晏几道同调词云"今宵剩把银釭照，犹恐相逢是梦中"，就是"了知不是梦，忽忽心未稳"。虽男女之情与亲子之爱既不相同，词之与诗语言风格亦异，但其以直致而不以婉曲取胜则没有两样。

在这个问题上，我们很容易想起《国际歌》，想起曾经作为代国歌的《义勇军进行曲》，等等。这些杰作，曾经鼓动了多少好儿好女为人类最壮丽的事业前赴后继，视死如归地去英勇斗争啊！难道能够因为它们写得不含蓄就可以将其排斥在好诗的行列之外吗？

物与我

《诗品序》云："气之动物，物之感人，故摇荡性情，形诸舞咏。"这几句话非常简明地概括了诗中物与我的关系。物即人类社会生活和自然景物，我即诗人的思想感情。触物不免动情，览物所以抒情，融情于物，即可以将主观的思想感情附托在客观的社会生活以及自然景物上。在诗人笔底下，物我成为一体，因而物就与我一样，能够有生命，即有思想感情的了。

李白《劳劳亭》云：

天下伤心处，劳劳送客亭。春风知别苦，不遣柳条青。

此诗前半十分平常，后半又异常精警，对照强烈。它"匠"出了在特定的初春时节那种依依不舍之情。其他送别之诗，莫不涉及折柳的风俗——唱与赠，此诗却一反常情，从无柳可折这一现实出发，独标新意，极写伤心。

再如杜牧《赠别》：

多情却似总无情，惟觉尊前笑不成。蜡烛有心还惜别，替人垂泪到天明。

小杜此篇与上篇结构不同。它上半写人，用赋；下半咏物，用比，都极为精彩，势均力敌。虽欲强颜一笑，聊以慰藉对方，但满腹牢愁，终于无话可说，所以只有让蜡泪来代表离衷了。《西厢记》中"长亭送别"一场，亦有此意，但戏剧为样式所限制，非唱不可，不能哑场，并不一定有蜡烛静静地流着泪伴着一对离人这般令人耐想。

这未青的柳条和流泪的蜡烛，亦物，亦人；即物，即我。物之与我，景之与情，在这种安排之下，就融为一体了。

诗人经常是而且永远是抒情诗中的主人公。在有些诗中，只见物，不见人，似乎有物无我了。但略加寻究，则诗人只是将景物推到了前台，而在幕后操纵的，仍然是诗人自己。如杜诗《绝句》四首之三：

两个黄鹂鸣翠柳，一行白鹭上青天。窗含西岭千秋雪，门泊东吴万里船。

这篇诗与上面柳中庸那一篇有同有异。通篇以两联对句组成，是其所同。但柳诗四句是写一位征人的动荡生活，句句中有人在，一望而知。老杜这篇所写则是四种各自独立的景物，犹如四扇互不相干的挂屏。只有细加体会，才能发觉其仍是物中有我。前半以黄鹂、白鹭载鸣载飞之乐来反衬自己客居成都之抑郁无聊，有人不如鸟之意。其后半则与作于同时的另一首律诗《野望》的首联"西山白雪三城戍，南浦清江万里桥"两句略同。不过后者接下去，把"海内风尘诸弟隔，天涯涕泪一身遥"的感慨直接地发抒了出来，而此诗却对于吐蕃内侵的忧虑以及一己怀归的心情，只是略加暗示。虽然景物是“状溢目前”，而怀抱则“情在词外”①。这就使物我之间的联系似乎更在若即若离之间了。而究其终极，还是景中见情，物中有我。

同与异

景与情之间的关系还经常表现为情同景异，或者景同情异。于以见主观的精神活动与客观的自然界或社会生活之间各种复杂的关系。

自然景物和社会生活都是千变万化的。诗人的心灵也是如此。如果像前些年某些人所提倡的和奉行的主题决定论或主题先行论所规定的那样，从最丰富的现实与心灵中概括抽象出主题来，然后按照规定公式填充生活材料，那就将文艺本身也取消了。“四人帮”篡党夺权时期充塞文坛的废话与谎言，今天难道不是让人记忆犹新吗？

古典诗人恪守从生活出发的正确原则，按照所接触所理解的生活及其在特定的时间、空间、条件之下对自己心灵的影响，写出作品来，所以决不会陷于“千部一腔，千人一面”②。

王维《送沈子福归江东》云：

惟有相思似春色，江南江北送君归。

又鱼玄机《江陵愁望有寄》云：

忆君心似西江水，日夜东流无歇时。

两诗一写送别，一写怀人，异。而俱属离情别绪，则异中见同。前者以相

① 《文心雕龙·隐秀篇》佚文：“情在词外曰隐，状溢目前曰秀。”张戒《岁寒堂诗话》卷上引。

② 《红楼梦》第一回语。

思比作遍于江南江北之春色，乃自空间极言其广，后者以相忆比作长流不停的江水，乃自空间极言其长，又于同中见异。总之是情同景异。

向晚意不适，驱车登古原。夕阳无限好，只是近黄昏。

李商隐是一个很有抱负的人，终身陷入牛李党争，不能自拔，这篇《登乐游原》非常成功地揭示了诗人在登上乐游古原时深沉而又激越，向往而又追悔的无可奈何之感。国忧家恤，尽在其中，勃郁情深，使人读来充满了诗人处无可奈何之境，抒万不得已之情的印象和感受。所以清人管世铭说它篇幅虽小，“消息甚大”①。

王安石的《秣陵道中口占》与此篇机杼正同：

经世才难就，田园路欲迷。殷勤将白发，下马照青溪。

一个早年以天下为己任，高吟“天下苍生待霖雨，不知龙向此中蟠”之句的政治家②，战斗了数十年，终于不能不感到“黄尘投老倦匆匆”之并无效果，而以“江湖秋梦橹声中”的闲适退隐为得计，所以魏阙江湖，交萦怀抱，一往情深，形于赋咏③。王之“下马照青溪”与李之“驱车登古原”，难道两者不正也是景异情同吗？“殷勤”两字，说得何等郑重，又包含了多少苦闷、挣扎和酸楚在内！

---

① 管世铭《读雪山房唐诗钞》卷二十七五绝凡例：“李义山乐游原诗消息甚大，为绝句中所未有。”

② 《龙泉寺石井二首》之一：“山腰石有千年润，海眼泉无一日干。天下苍生待霖雨，不知龙向此中蟠。”见《王荆文公诗》卷四十七。李壁笺注引叶梦得《石林诗话》云：“荆公少以意气自许，故诗语惟其所向，不复更为含蓄。如‘天下苍生待霖雨，不知龙向此中蟠’……皆直道其胸中事。”

③ 《壬子偶题》：“黄尘投老倦匆匆，故绕盆池种水红。落日欹眠何所忆，江湖秋梦橹声中。”自注云：“熙宁五年，东府庭下作盆池，故作。”见《王荆文公诗》卷四十四。熙宁五年(1072)，王安石正同中书门下平章事，可以说是“达则兼善天下”的时候，却写出了这种作品，这是非常值得玩味的。

柳树是祖国诗人对之特别关心的景物之一。但它不但受到许多人的喜爱,也受到一些人的埋怨。同是柳树,在不同作者,或在同一作者的不同心情之下,遭受了不同待遇。刘禹锡《杨柳枝词》九首之八云:

城外春风吹酒旗,行人挥袂日西时。长安陌上无穷树,惟有垂杨管别离。

韦庄《台城》云:

江雨霏霏江草齐,六朝如梦鸟空啼。无情最是台城柳,依旧烟笼十里堤。

在刘的笔下,春天的柳树是如此多情,而在韦的笔下,却又以其无情而遭到责怪。柳树有知,真不免有左右为难之感了。而其实,则只是诗人由于当时感受上的差异,托物喻志,与柳无关。

这些事实告诉我们,创作手法虽然可以是多种多样的,但作家认识世界、反映世界的主观能动作用,始终站在主导地位。

小与大

文艺作品总是从个别显示一般,即小见大,这是典型化的基本方式之一。但并不是任何人都认识到,或者说承认这一点的,杜牧《赤壁》云:

折戟沉沙铁未销,自将磨洗问前朝。东风不与周郎便,铜雀春深锁二乔。

宋人许彦周认为诗人不考虑孙吴如果在赤壁之战中失败了,其最严重的后果是政权(古所谓宗庙社稷)的消灭,而只担心二乔的命运,乃是"措大不识好恶"。这位书呆子气十足的理论家就没有想到大乔是孙策的遗孀，孙权的嫂嫂，而小乔则是孙刘联军最高指挥官周瑜的夫人。如果她们这两位特级贵妇都成了曹操的战利品，被关进了铜雀台中，那么孙吴的政权还有存在的可能吗？看来，不识好恶，同时也不识即小见大的艺术方法的措大，恐怕还是许顗自己，而不是他所讥讽的小杜①。

陆游在梦从大驾亲征，尽复汉、唐故地之后，以轻快的笔调写了一首胜利之歌②。它是以如下两句结束全篇的：

凉州女儿满高楼，梳头已学京都样。

从少女们对于梳妆打扮上具有的特殊敏感性显示政治形势的根本改变，诗人也是够敏感的。而当南宋汉族政权被蒙古贵族颠覆以后，汪元量写的组诗《醉歌》中则有如下一篇。

南苑西宫棘露牙，万年枝上乱啼鸦。北人环立阑干曲，手指红梅作杏花。

北方的入侵者在进驻宫苑之后，他们不仅毁坏了那些建筑，使之变得十分荒凉，而且连苑中的红梅也不认识，这就不仅暴露了侵略者的残暴，也显示了其落后和无知。而作者的黍离之痛，也就自然充分流露了。

大小相形也是诗中常见的一种表现形式。它通过自然与社会生活中的差异所产生的比例感，来增强作者所要突出的思想感情。

---

① 许顗《彦周诗话》："杜牧之作《赤壁》诗云，……意谓赤壁不能纵火，为曹公夺二乔置之铜雀台上也。孙氏霸业，系此一战。社稷存亡，生灵涂炭都不问，只恐捉了二乔，可见措大不识好恶。"何文焕《历代诗话考索》驳之云："夫诗人之词微以婉，不同论言直遂也。牧之之意，正谓幸而成功，几乎家国不保。彦周未免错会。"《四库全书总目》卷一百九十五《〈彦周诗话〉提要》也说："(顗)讥杜牧《赤壁》诗为不说社稷存亡，惟说二乔，不知大乔孙策妇，小乔周瑜妇，二人入魏，即吴亡可知。此诗人不欲质言，变其词耳。顗遽诋为秀才不知好恶，殊失牧意。"

② 此诗题为《五月十一日，夜且半，梦从大驾亲征，尽复汉、唐故地。见城邑人物繁丽，云：西凉府也。喜甚，马上作长句，未终篇而觉，乃足成之》。

保存在《南行集》中的苏轼青年时期的诗篇，虽然还没有形成自己独特的风格。但这位天才诗人已经在艺术上开始作了许多有益的探索，为后来的成功奠定了基础。例如《荆州》十首之三：

朱槛城东角，高王此望沙。江山非一国，烽火畏三巴。战骨沦秋草，危楼倚断霞。百年豪杰尽，扰扰见鱼虾。

这篇诗通过咏叹南平高氏的遗迹，抒发对五代十国割据的感叹，以见当时许多以豪杰自命之徒，在江山一统后，回顾起来，无非如鱼虾之扰扰而已。鲁迅在《哀范爱农》中形容那傲兀而不容于浊世的畸人，有"华颠萎寥落，白眼看鸡虫"之句，而自诧"忽将鸡虫做入"的文心之妙①，正可与苏轼此诗尾联合看。至于杜甫的名句"鸡虫得失无了时，注目寒江倚山阁"②，以及黄庭坚对它的成功摹仿"坐对真成被花恼，出门一笑大江横"③，也同属大小相形的有名例句，虽然其艺术上的含义还不止于此。

形神、曲直等都是我们古代诗论家常常用来评定作品的概念，而这些概念的成立，实由于它们在创作中本来就作为一种客观实际而存在。批评家只是在研究作品之后，将其抽象出来，又回过头再以之去衡量作品而已。个别概念如此，从这些概念中发展出来的历史观点、系统理论何尝不是如此？

人类的认识过程，总是由感性上升到理性阶段，由形象思维而发展为逻辑思维的。所以文学理论批评只能是文学创作经验的总结与抽象，文学批评史只能是文学理论批评的历史发展的如实反映，而决不是某些古人头脑中先验的产物。我们今天研究文学批评史，研究前人文学理论发

① 十六卷本《鲁迅全集》第七册《集外集拾遗》载《哀范君三章》注引作者此诗附记："我于爱农之死，为之不怡累日，至今未能释然。昨忽成诗三章，随手写之，而忽将鸡虫做入，真是奇绝妙绝，辟历一声，群小之大狼狈。"

② 见杜甫《缚鸡行》。

③ 见黄庭坚《王充道送水仙花五十枝，欣然会心，为之作咏》。

生发展的情况及其规律，也就不能把他们那些理论批评的依据，即其所阅读的作品置之度外。这也就是我强调在研究工作中，虽然不妨有所偏重，但决不能将理论和作品横加割裂的理由，以及研究理论批评也决不能放弃欣赏和理解作品的理由。

1980 年 5 月　上海

附　录

答人问治诗

问：我读了您最近出版的论文集《古诗考索》和周勋初同志写的《读后记》，很感兴趣。看来这本书是您几十年研究古典诗歌的成果的结集，是吗？

答：确实是这样的。不过由30年代到80年代，半个世纪就留下了这么一点东西，除了不以自己的意志为转移的客观原因，几乎剥夺了我二十年的岁月以外，主要的还应该归咎于自己的懈怠。因此，面对着这一本发散着油墨香的新出版物，感到自慰，同时也感到自惭。

问：有人感觉到您这些文章的写法和其他的同志不太一样，您是不是有意这样做的？能不能谈一谈您在进行那些课题的研究时思想活动是怎样的？

答：我走上研究诗歌的道路并且一直走了几十年，除了由于出身于一个有文学传统的家庭之外，主要是由于自己对于诗歌这种文学样式的独特爱好。通过诗歌，我表达自己的生活并回答自己生活中出现的问题，也了解他人（包括古人）的生活和他们是怎样回答生活中的问题的。通过创作、阅读、欣赏、批评、考证等一系列的方法，进行探索，逐步地走出一条小路来。这条长长的思维之路有过程，有结论。

问：您能不能就这两点谈得具体一点？

答：把自己走过的道路进行一次思辨性的反省，然后清晰地告诉别人，不是那么容易的。我是否可以不太严谨地谈谈自己在摸索中的经验，而不将过程和结论作严格的逻辑区分？

问：当然可以。就请您随便谈谈。

答：我记得王渔洋在他的诗话里面讲到他小时候读《诗经》，对某些篇章感动得下泪的故事。我想这就是他后来无论是在诗歌创作或在诗歌理论上都卓然成家的起点。这位早熟的诗人，当他幼小的心灵和两千多年以前的古代诗人的心灵相撞击的时候，爆发出了火花，虽然这火花并没有立即用语言把它固定下来。我认为：文学活动，无论是创作还是批评研究，其最原始的和最基本的思维活动应当是感性的，而不是理性的，是“感”字当头，而不是“知”字当头。作为一个客观存在的文艺作品，当你首先接触它的时候，感到喜不喜欢总是第一位的，而认为好不好以及探究为什么好为什么不好则是第二位的。由感动而理解，由理解而判断，是研究文学的一个完整的过程，恐怕不能把感动这个环节取消掉。“为文造情”不但不适宜于创作（它事实上就是“主题先行论”），恐怕对于诗歌研究也不完全适合。就我个人的经验来说，我往往是在被那些作品和作品所构成的某种现象所感动的时候，才处心积虑地要将它弄个明白，结果就成了一篇文章。

问：真有意思！您这种经验恐怕不是很多人所共有的。

答：当然。在佛教里，成佛作祖的人很多，但证道的方法各不一样。我想正由于此，才能够使我们的工作方法开拓得更宽广一些。和这一点相一致的，或者说伴随着的，我还有另外一点想法，就是：从事文学批评研究的人不能自己没有一点创作经验。在我国文学批评史上，没有一个理论批评家是不能创作的。正由于他们有创作经验，才能够从自己的和别人（包括古人）的创作中，抽象出、概括出理论来。任何理论都是从当代和前代创作中抽象出来的，而批评（如果不是棍子）也必须对其批评对象的艺术经验有较深刻的理解。一位从来没有作过诗或没有其他艺术创作经验的人侈谈诗歌艺术，不说外行话，很难。

问：您这话的意思是不是说批评家必须由作家来兼任不可呢？

答：当然我的话也许绝对了一点，但创作经验对一个批评家有益无害，是显然的。我们不妨把艺术创作的范围放得宽点，例如会弹琴跳舞的人对诗歌的节奏比起不会的人来就要敏感一些。艺术和艺术总是相通的，其中有许多共同的东西。而同时，正如感与知，形象思维与抽象思维当中不曾隔着一堵城墙一样，创作与批评的规律也并非各有一套，可以各自一意孤行的。

问：在您的论文中，有不少是考证性质的。您似乎想把考证与批评结合起来，是吗？

答：是的。诗歌研究的终极目的是要使诗人通过特定艺术手段所展示的他的心灵重现在大家面前；而考证则是排除在这再现过程中，在语言上、前景上等等的障碍，总之，是为了扫除外在的隔膜，以便呈露内在的实质。所以，考证并非文学艺术研究的最终目的，而是必要的手段。我曾经利用校勘学、训诂学、语法学乃至物理学等方面的知识，解决诗歌研究中的一些疑难问题，从而有助于对那些作品的内在涵蕴的理解。

问：我注意到了您文章中所使用的这些手段，那么您对于目前从西方引进的许多新的研究方法，例如用心理学、哲学或数学来研究文学有什么意见呢？

答：非常惭愧，对于这些，我研究得很不够，但我想：一个马克思主义者应当是充满自信的和勇于吸收的。马克思主义之所以富有生命力，就是因为它在不断地发展着，在不断地吸收一切有用的、可以丰富和壮大自己的成分。如果健康和时间许可，我也将努力学习这方面的知识，并将其应用到诗歌研究工作当中来。我相信，这将是有益的。

1986年1月　南京

唐诗的历程

——《唐诗鉴赏辞典》序言

中国是一个诗的国度。

唐诗是中国五七言古今体诗的高峰。

这座高峰的出现不是偶然的。它有多方面的原因:从7世纪初建国到8世纪中叶安史叛乱之前这一百多年,唐帝国的经济一直是上升的,经济的发展必然导致文化的繁荣。即使在安史乱后,由于南方的开发与南北交通保持畅通,经济和文化增长的势头也没有停顿下来。这个社会,正是唐诗以及整个唐代文学艺术的温床。此其一。其次,由五胡乱华到隋唐统一,是一个国内各民族由斗争而融合的过程。国内各族的融合,还加上当时日趋频繁的国际文化交流,都使得各阶级阶层的生活变得丰富复杂,为作家们的修养和创作提供了多种多样的养料和素材。其三,在长期南北分裂以后建立起来的唐帝国,对各种思想,也和对各族文化一样,采取了兼容并包的态度。例如儒释道三教就是始终并存的,虽然有的时候也因人主的好恶,不免轩轾。因此,唐人思想比较活泼,言行较少拘束,这就为诗歌创作和流行提供了方便,从而形成唐诗的群众性,大家都爱写诗,爱读诗,这对于唐诗的发达,诗人的成长是不可能不发生积极作用的。其四,唐帝室为了巩固其统治,制定和执行了通过科举从庶族地主中选拔人才的制度,以打破高门大族对仕途的垄断。进士是科举中最贵重的,而进士的考试以诗赋为主要内容,这种决定士子前途的考试和因之而派生的行卷之风,也直接促进了诗歌的创作。最后,就诗歌本身而论,经过八代先驱者的努力,五七言古诗已经成熟,律绝诗也基本上跨越了它们的试验阶段，足供唐代诗人自由采用。前辈们积累起来的艺术经验，充分表现了汉语之美的多种样式，都使得他们易于借鉴昔贤，驰骋才力，发抒性灵，来扩大诗的反映面，提高诗的表现力。所有这些原因综合起来，就使得唐诗盛况空前，后难为继。

以下，我们想试将唐诗的流变勾画一个轮廓。

自618年唐帝国建立后，最初三十余年，诗坛上仍旧弥漫着梁陈余风。形式上讲究调声、隶事和内容上沿袭宫体，是其主要特征。只有王绩在追踪晋宋间独来独往因而不免于寂寞的陶渊明，他虽以此为后世称叹，但在当时，也同样是寂寞的。

武则天于655年被立为皇后。在她当政时期，唐诗也开始呈现了自己的面貌。王勃、杨炯、卢照邻、骆宾王、沈佺期、宋之问和杜审言等，陆续登坛，这些人，在当时封建秩序以及道德规范、审美观念逐渐恢复正常的基础之上，改造了宫体诗，并继承了南朝诗人对于诗形的研究，完成了五七言律体（包括律化了的绝句——小律诗），完善了七言古体；经过他们的努力，题材和主题由宫廷的淫欲改变为都市的繁华和正常的男女之爱，由台阁应制扩大到江山和边塞；风格也由纤柔卑靡提高到明快清新。

同时，陈子昂却走着与这些人方式上看来相反，而在效果上相成的道路。四杰等用改造宫体诗的方法结束了“六代淫哇”，而陈子昂则用从汉魏作家汲取力量的方法来开辟唐诗的疆土。他是一位能够把握住对超现实的向往和对现实的执着这一基本矛盾，并且用新的语言和形象来加以表现的诗人，上承阮籍、曹植，下开李白、杜甫。

如果承认唐诗是中国诗的高峰，那么，就不能不进而承认：盛唐诗乃是这座高峰的顶点。

从玄宗即位到代宗登基（712—763），这半个世纪通常称为盛唐。但在755年安史乱前乱后，诗坛的面貌是并不一样的。在这次战乱以前，诗人们在其创作中都发散着强烈的浪漫气息。这或者表现为希企隐逸，爱好自然；诗中的代表人物形象是隐士。或者表现为追求功名，向往边塞；诗中的代表人物形象是侠少。这实质上也就反映了他们由于生活道路千差万别的曲折而形成的得意与失意，出世与入世的两种互相矛盾的思想感情。不同的生活道路与不同的生活态度，使他们或者成为高蹈的退守者，或者成为热情的进取者，或者因时变化，两者兼之。前人所谓“盛唐气象”，在很大的程度上，指的就是这种富于浪漫气息的精神面貌。

孟浩然、王维、常建、储光羲等的许多作品都极为成功地描绘了幽静的景色，借以反映其宁谧的心境。这种诗使人脱离现实斗争，但对于热中奔竞、趋炎附势者流，也具有清凉剂的作用。而其所提供的自然美的享受则是不可代替的。这些人是以写田园山水诗得名的陶渊明、谢灵运、谢朓的后继者。气象的浑穆或有不及，而措语的精深华妙则有过之。其后的韦应物、柳宗元在这方面是他们的追随者。

但王维却在描摹自然、歌颂隐逸之外，还曾将其诗笔扩展到更广阔的生活领域，在另外许多同样成功的篇章中，他反映了当时人们的进取精神和悲壮情怀。王维在高蹈者孟浩然等和进取者高适、岑参、李颀、王昌龄之间，恰好是一座桥梁。所以有些评论家就一方面将其与孟浩然相提并论，合称王孟；而另一方面，又将其与高适等相提并论，合称王、李、高、岑。当然，这种提法也包含有对诗歌样式的考虑在内，王维是兼有五七言古今体之长的，而王孟并提，偏指五律；王、李、高、岑并提，则偏指七古。

集中反映了盛唐时积极进取精神的，是出自王、李、高、岑等人之手的边塞诗。这是从太宗到玄宗这一历史时期，唐帝国由抵抗外来侵略逐步转为对外进行侵略的现实局势中产生的。在这类诗篇中，诗人们塑造了边庭健儿的英雄形象。他们希望保卫祖国，建立功勋，却并不无原则地歌颂战争，往往还反对开边。在写胜利的喜悦或失败的痛苦时，也同时控诉了战争对广大人民和平生活的干扰和破坏。这些诗交织着英雄气概与儿女心肠，极富悲凉慷慨、缠绵宛转之情。其源出于鲍照、刘琨，更上一点，还可以追溯到建安作家群，虽然那时写边塞的作品还很缺少爱情成分。

借隐士和侠少的形象来说明安史乱前的浪漫倾向，并不等于认为当时诗歌中所反映的仅止于这两类人的生活，也决非那些诗人爱写这的，就不写那了。否则，许多繁丽的社会风光和莽苍的边塞景色会出自佛教徒王维和道教徒李颀笔下，而著名的七绝组诗《从军行》和《长信秋词》乃是王昌龄一人的手笔，就不免费解。

但浪漫主义诗歌的最高成就却不能不推李白。自从贺知章称之为谪仙人，后人又尊之为诗仙，这就构成了一种错觉，好像李白之所以伟大，就在他的人和诗具有他人所无的超现实性，这是可悲的误会。事实上，没有一位伟大的浪漫主义者是超现实的，李白何能例外？开元、天宝时代的其他诗人往往在高蹈与进取之间徘徊，以包含得有希冀的痛苦或欢欣来摇荡心灵，酝酿歌吟。李白却既毫不掩盖他那为富贵利禄所吸引的颇为庸俗的一面，同时又因为自己绝对无法接受那些取得富贵利禄的附加条件而弃之如敝屣。他热爱现实生活中一切美好的事物，而对其中不合理的现象毫无顾忌地投之以轻蔑，以平衡内心的矛盾。这种已被现实牢笼，却不愿接受，反过来却想征服现实的态度，乃是后代人民反抗黑暗势力与庸俗风习的一股强大的精神力量。这，也许就是李白的独特性，和杜甫始终以严肃的、悲悯的心情注视、关心和反映祖国、人民的命运那种现实主义精神，也是相反而又相成的。

安史之乱是我国封建社会前后期的界标，也是唐代文学发展的一个转折点。活动于开元、天宝时代的重要诗人，除孟浩然外，大都死于乱后。他们都经历了这场由于统治者的昏聩荒淫而造成的带有民族斗争性质的地方军阀叛乱，在乱前，他们当中的多数人为社会表面安定繁荣所迷惑，一意追求自适其适的浪漫生活，乱后却丧失了过那种生活所凭依的许多条件，就转为意志消沉，再也唱不出热烈高昂或优游自在的歌了。而另外少数人，则乱前原就比较清醒。在朝野沉酣中，对潜在的严重危机已有预感，残酷的战争、苦难的环境使他们受到锻炼、教育，使他们在经历危机的同时也产生了希望，使他们终于敢于正视惨淡的人生，坚决地站出来，为祖国的安危、人民的哀乐而高唱。杜甫，就是这少数人中的杰出代表，他以积极的入世精神，勇敢而忠实地反映现实生活。即使在大局极端危急的情况之下，也从来没有失去信心。而其所具有的“尽得古今之体势而兼人人之所独专”的高妙艺术手段，又足以充分地将这种高贵的思想感情表达出来。在我国诗坛上，杜诗的认识作用、借鉴作用、教育作用和美感作用都是难以企及的。这就是后人尊之为诗圣,将其作品称为诗史的理由。

李诗大源出于《楚辞》,杜诗大源出于《诗经》和汉乐府。二人又在不同方面受到《文选》很深的影响。安史乱前以李白为代表的浪漫主义和乱后以杜甫为代表的现实主义双峰对峙,显示了盛唐之所以为盛。

代宗大历时期(766—779)的作者,由于生活在一个遭受了极大破坏的社会里,物质精神两方面都未免贫乏。他们既不能如杜甫那样,在困厄之中依然奋发,所以便继承了王维、刘长卿诸人作品中适合于他们生活情调的那一部分,而着眼于写日常生活。时序的迁流,节物的变化,人事的升沉离合等方面的描绘,贯串于悯乱哀时的情绪之中,便形成大历诗歌的基调。诗人们对这些方面具有特殊的敏感,寄以沉重的感慨,体物甚是工致,抒情颇为深刻,因而其作品富有人情味。那是一个从恶梦中醒来却又陷落在空虚的现实里因而令人不能不忧伤的时代,诗人们具有这样的心情,是不足为异的。钱起、郎士元、李端、韦应物、司空曙、卢纶、戴叔伦、李益等的作品,虽然各有自己的个性,却都带有这种烙印。而韦应物之澄淡,李益之悲慨,尤为后人所称赏。

由德宗到穆宗约计四十年。这时,一度中衰的诗坛又逐渐重振旗鼓,其中宪宗元和时期(806—820)最为兴盛,所谓"诗到元和体变新"。这所谓元和新体,按照我们今天的理解,主要指两个诗派,一派以白居易为首,元稹、张籍、王建、李绅等为羽翼;另一派以韩愈为首,孟郊、贾岛、卢仝、李贺等为羽翼(虽然白居易那句诗所说新体可能仅指自己的那一派),其源都出于杜甫。从此以后,杜甫在祖国诗坛上的影响就变得非常突出,而且历久不衰。

白派诗人对杜甫的继承侧重在他敢于正视现实、抨击黑暗这一方面,并且进一步努力使自己的语言变得更为通俗流畅,生动感人。他们的乐府叙事诗,无论在内容的广阔上,或组织的复杂上,风格的平易上都有所发展,因而容易为读者所爱好和接受。与此相反,韩派诗人则继承了杜甫在艺术上刻意求新,富于创造性的精神,而特别致力于在杜甫胸中笔下还没有来得及开拓的境界。在内容上,他们写险怪,写幽僻,写苦涩,写冷艳，甚至写凶狠。在形式上，他们以散文句法入诗，并且大量使用一些非前人诗中所习见的词语。他们想通过自己的创造，迫使人们同意：诗是可以这样写的。这个愿望，到了宋朝，在理论上和实践上获得了部分诗人的承认。在韩派中，李贺在意境和语言上的创新显得比他家更为突出。除了这两大派之外，柳宗元、刘禹锡也是这一时期有成就的诗人。柳诗峻洁而清腴，模山范水之篇，上承谢灵运。刘诗简练而沉着，讽刺时政之作，下启苏东坡。

文宗到宣宗(827—859)的三十余年里，是杜牧和李商隐活跃的时代。杜牧出于杜、韩，而在风格上将清新峭拔合为一炉方面有新的发展。李商隐则尤长于七律，在这种样式已经杜甫作了多方面开拓之后，还有可喜的发展。他以精心的结构、瑰丽的语言、沉郁的风格发抒自己的身世之感、家国之哀，足以接席杜甫而无愧。虽然有时措意过深，不免晦涩难懂，和李贺一样被人所诟病，但懂与不懂，不单是作者一方面的问题，读者也有一个习惯于新的表现手法的任务。与李商隐齐名的温庭筠，情思才力，都比不上李，但其轻艳的作风对唐末诗人颇有影响。

懿宗即位以迄唐亡(860—906)，诗人不少，成就不大。其间不少作者，追踪元白，以通俗的语言反映社会问题。如杜荀鹤、罗隐、于濆、聂夷中等；还有一些人则以凄婉轻艳的风格伤悼乱离，如司空图、吴融、韩偓、韦庄等。而皮日休、陆龟蒙则每于吟咏个人生活的悠闲时，显出不忘世事的沉痛，有异于其他作家。但这些人都无法和他们的前辈较量了。到了北宋，五七言古今体诗才又以一种新的面貌出现。

以上，是对唐诗流变的一个挂一漏万的叙述，聊供读者参考。

时代与时代之间，作家与作家之间，从主体看，盛衰、高下的差别当然是存在的。但就每一位诗人来说，却总有一些很好的或较好的作品，足供后人欣赏。这部《唐诗鉴赏辞典》共收诗一千余篇。出自大家、名家之手，流传万口的名篇，固然都在网罗之列；同时，也采集了不少不见录于一般选本的遗珠。这样，就较为完整地体现了唐诗的风貌。这是值得重视的。至于赏析文字颇有胜解，而且繁简适中。正文之外，又附录了几种有用的资料，也颇有特色，颇为可取。

总之，这是一部有益的书。它反映了我国唐诗研究者近年来在党的双百方针指引下，特别是在十二大精神的鼓舞下所付出的努力和取得的成就。

它将获得国内外的欢迎是无疑的。

1982 年 11 月　南京

论唐人边塞诗中地名的方位、距离及其类似问题

（一）

边塞是唐诗中习见的主题和题材。诗人们根据自己直接的和间接的生活经验写出来的边塞诗，为数不少。其中有许多是写得非常好的，千百年来，一直传诵人口。

既然是边塞诗，当然会在诗中使用一些边塞地名，包括当时的和过去的，中国的和外国的，汉族的和非汉族的。在这方面，有一个值得加以探索的问题是：在某些诗篇（其中包括了若干篇边塞诗的代表作品）里所出现的地名，常常有方位、距离与实际情况不相符合的情况。现在，我们举一些著名的作品为例，将这一现象加以说明，并试拟一个答案如次。

> 去年战，桑干源；今年战，葱河道。洗兵条支海上波，放马天山雪中草。万里长征战，三军尽衰老。匈奴以杀戮为耕作，古来惟见白骨黄沙田。秦家筑城备胡处，汉家还有烽火燃。烽火燃不息，征战无已时。野战格斗死，败马号鸣向天悲；乌鸢啄人肠，衔飞上挂枯树枝。士卒涂草莽，将军空尔为。乃知兵者是凶器，圣人不得已而用之。
>
> ——李白《战城南》

这首诗中出现了四个地名。前两个是当时实际上发生过战争的地

方。桑干就是发源今山西省北部，东流入河北省境内的桑干河。葱河指今新疆维吾尔自治区西部的葱岭河，即喀什噶尔河与叶尔羌河流域一带。天宝元年(742)，王忠嗣三败奚怒皆于桑干河。天宝六载(747)，高仙芝远征吐蕃，曾经葱岭，沿途以武力开辟道路。诗中所咏，即此二事。两次战役相距五年，说“去年战”，“今年战”，不过极言战事之频繁而已①。后两个地名则是用来泛写当时战争气氛之浓厚的。天山即今新疆境内的天山。条支是当时西域国名，位于今伊拉克国境的底格里斯河与幼发拉底河之间，其地古有大湖，通波斯湾，条支海或即指此。天山山脉虽说分布很广，但究在葱岭附近。高仙芝的部队在那里放马，是完全可能的。至于条支，虽说她曾屡次对唐朝贡，唐朝并曾一度设置都护府于其地，因而也可以说是声威所及的地方②，但将在这个邻近波斯湾的远海洗兵与在天山放马并举，总觉相距过远。

汉家烟尘在东北，汉将辞家破残贼。男儿本自重横行，天子非常赐颜色。摐金伐鼓下榆关，旌旆逶迤碣石间。校尉羽书飞瀚海，单于猎火照狼山。山川萧条极边土，胡骑凭陵杂风雨。战士军前半死生，美人帐下犹歌舞。大漠穷秋塞草腓，孤城落日斗兵稀。身当恩遇常轻敌，力尽关山未解围。铁衣远戍辛勤久，玉箸应啼别离后。少妇城南欲断肠，征人蓟北空回首。边庭飘飖那可度，绝域苍茫更何有，杀气三时作阵云，寒声一夜传刁斗。相看白刃雪纷纷，死节从来岂顾勋？君不见，沙场征战苦，至今犹忆李将军。

——高适《燕歌行》

诗序云：“开元二十六年(738)，客有从御史大夫张公出塞而还者，作《燕歌行》以示。适感征戍之事，因而和焉。”考张公即张守珪，据史，开元二十二年六月，他曾大败契丹，十二月，斩契丹王屈烈及可突干；二十三年

① 参詹瑛《李白诗文系年》天宝六载条及舒芜《李白诗选》本诗注。
② 参邓之诚《中华二千年史》卷三《唐代诸族简表》。

三月，赴东都献捷，赏赐甚厚；二十四年三月，他使安禄山击奚、契丹，败还；二十五年二月，他再破契丹于榛禄山①。诗篇就是以这些事实为基础进行创作的。榆关即今河北省东部的山海关。碣石之名，最早见于《尚书·禹贡》，其位置古来不一其说，就本诗而论，则它应当就是今河北省昌黎县东南的碣石山。蓟北，指蓟州以北。唐河北道蓟州治渔阳县，亦称蓟门，故城在今北京市密云县西南。奚族的故地在今河北省北部及辽宁省南部长城以外地区（即旧热河省东南部），契丹故地在今内蒙古自治区中部（包括旧热河省东北部）。张守珪当时担任着幽州节度使，从范阳（今北京）出兵和奚、契丹作战，取道碣石以出榆关，征人思乡，则从蓟北回首，这都是符合当时情势的。在这篇诗中，和上述三个地名发生矛盾的是大漠、瀚海和狼山。大漠和瀚海在这里是同义语，指今内蒙古自治区中部到西部的沙漠地带，它们位于奚、契丹的西边，按照唐人从沿海进军的道路，是不可能也不必要飞羽书于瀚海的。至于狼山，也就是狼居胥山，则更是远在今内蒙古自治区西部乌兰察布盟境内，与奚、契丹全然无涉。由此可见，后举三个地名乃是用典而非写实，即以汉人和匈奴作战，暗喻张守珪和奚、契丹作战。榆关、碣石等地名是一个现实的系统，而瀚海、狼山等地名则是一个比拟的系统。但四句连贯而下，浑然一气，只有细加寻绎，才能使人感到在方位上有问题。

青海长云暗雪山，孤城遥望玉门关。黄沙百战穿金甲，不破楼兰终不还。

——王昌龄《从军行》

---

① 见《资治通鉴》卷二百十四，高步瀛《唐宋诗举要》卷二本诗注引《旧唐书·玄宗纪》及《张守珪传》所述略同。高氏复云："《传》又曰：'二十六年，守珪裨将赵堪、白真陁罗等，假以守珪之命，逼平卢军使乌知义邀叛奚余众于湟水之北，初胜后败，守珪隐其败状而妄奏克捷之功，事颇泄，云云。'达夫此诗，盖隐刺之也。"按：本诗只歌颂了一般将士之忠勇苦辛，揭露了主将之骄奢淫佚，并没有描写或暗示张守珪贪功讳败，欺骗政府的行为，则高适作诗时，是否已经知道湟水之役这一事件的内幕，尚是问题。姑记所疑于此，以俟更考。

王昌龄这一组诗原有七首，是对唐代西北边境战争的泛咏，所写的空间较为广阔，是可以理解的。但局就此诗而论，则仍然存在着与上举两诗同样的问题。青海就是位于今青海省，古名鲜水或西海、仙海的内陆湖泊，今通称青海湖。雪山位置，诸书所说不一，但从诗中所写来看，则以系指横亘于青海与玉门关之间的祁连山较为恰当。玉门关是汉、唐两代通西域的要道，其位置曾有迁移，今不详说，总之，是在今甘肃省西部①。汉楼兰国故地则在今新疆维吾尔自治区若羌县西。青海之名，始于北朝。所以本诗地名是汉、唐兼用的，正如这组诗所写敌人既有为汉所破之楼兰，也有为唐所破之吐谷浑一样。但此诗既云破楼兰，就事论事，我们就不能不考虑到，这支部队没有从青海出发，越过雪山，再出玉门关的必要；它完全应当走汉以来通西域的老路，经过武威、张掖、酒泉等地以出玉门关。同时，有一座"阴阳割昏晓"的雪山亘在当中，由青海西望玉门关，是不可能的，且不说它们之间的距离也太远了。

> 胡角引北风，蓟门白于水。天含青海道，城头月千里。露下旗蒙蒙，寒金鸣夜刻。蕃甲锁蛇鳞，马嘶青冢白。秋静见旄头，沙远席箕愁。帐北天应尽，河声出塞流。
>
> ——李贺《塞下曲》

这首诗也是泛咏边塞的。其中地名蓟门、青海，已见前释。青冢是王昭君墓，在今内蒙古自治区呼和浩特市南。出塞黄河，则在呼和浩特市的西南流过，再入长城，作为山西和陕西两省的天然分界线。从诗中地名可以看出，只有青冢与黄河距离很近，蓟门远处青冢之东，青海则位于更其辽远的西方，彼此不相及。

以上所举四个例子，可以分为两类。第一、二例是诗人根据某个特定的事件写出来的；第三、四例则是比较概括地反映了当时在边塞戍守和作

① 参向达《两关杂考》，载论文集《唐代长安与西域文明》；劳榦《两关遗址考》，载《历史语言研究所集刊》第十一本。

战的军人们的生活和思想感情。而其中的地名在方位、距离上，都存在着矛盾现象，则是它们的共同之处。

很显然，这不能用诗人们没有亲身经历过那些地方，因而对地理有所不明来解释；更不能用诗人在这方面的知识不够来解释，因为他们都是博极群书的饱学之士，而且有的人还亲自到过边塞，具有或多或少的边塞生活经验。如像王琦《李长吉歌诗汇解》卷四论《塞下曲》所云："蓟门、青海、青冢皆相去甚远，不在一方。读者赏其用意精奥，自当略去此等小疵。"这种简单化的说法，是我们所难以同意的。

在高步瀛《唐宋诗举要》中，对这种现象有比较合理的看法。如卷八说《从军行》云："破楼兰不必至青海，此不过诗人极言之耳。"但其书是选注之作，限于体例，无从对这一问题详加论列，因而我们还有另作一个比较完整的答案的必要。

（二）

从古今中外的文艺史实来看，作家们在其创作实践中，有意识地改变自然的或社会的生活真实，并不是十分罕见的事情。因而我们所能看到的，就不止于唐代边塞诗的地名有方位不合、距离过远这种现象。苏联季摩菲耶夫教授在其所著《文学概论》第四章中，就举出过一些类似的事例，并将其提到理论的高度来加以说明。他曾经举出歌德在其与爱克曼谈话中所谈到的荷兰画家鲁本斯的一幅风景画和莎士比亚的剧本《麦克白》中某些细节的自相矛盾，认为：

> 在许多情况中，作家为了使他所要描写的现象更鲜明地突出，甚至可以违反生活事件的原有次序，借以加强作品的普遍的真实性，获取更大的感动力。歌德曾经举过特出的例子来显示艺术家在处理生活上的这种大胆。他指出在鲁本斯的画中，有些人物的阴影投向画里，有些树丛却把阴影投向看画的人，就好像光线是来自两个相反的方向；他又指出莎士比亚的麦克白夫人在一幕剧里有小孩，但在另一

> 幕剧中又好像没有。歌德说，莎士比亚是企图“……给出对于某一场合最鲜明的和最有效的东西”，“诗人使他的人物每一次都说出那使某种场合能够引起最强烈的印象的话，而不顾拘谨的人们的吹毛求疵——即：是否这些话和他在别处所讲的有显著的矛盾”。①

接着，季摩菲耶夫补充说：

> 这是和以下的事实相关联的，即：作家因为对生活现象有所选择，可以对事实中的某些环节置之不顾。因此，举例说，德尔曼曾经指出，高尔基在《阿托莫诺夫一家的事业》中有这样的错误，就是娜塔利亚没有脱衣便睡觉了，可是起来时，她“赤着脚，穿着一件衬衣很快地下了地”。一开始，对于她的情况这样的指明是很重要的：她“激动得疲乏了，没有脱衣便睡倒”；可是按照她在此后的情况来说，她又必须来不及穿衣便向母亲那儿跑去。这里的问题是：作家必须选择具有代表性的细节来描写，借以加强对某个人物的情况的理解。是否高尔基必须写出，娜塔利亚睡着而且脱了衣服？在评论这类细节时，从局部着眼是很危险的，因为这些细节本来没有单独的意义，它们只为了陪衬作家在某一处想描写的东西而被写出来。②

这里所举出的事例是相类的，其所作的解释也是合理的。但为了使这一问题解决得完满具足，我们无妨多举一点事例，再说一点理由。

沈括《梦溪笔谈》卷十七云：

> 书画之妙，当以神会，难可以形器求也。世之观画者，多能指摘其间形象位置，彩色瑕疵而已，至于奥理冥造者，罕见其人。如（张）

---

① 这次谈话，朱光潜先生曾译出全文，载《世界文学》1959年7月号。又《学术月刊》1963年第4期所载余渊《歌德论自然与艺术的关系》对于这个问题也有所论述，均可参考。

② 查良铮译，平明出版社本，第155～157页。

彦远画评言：王维画物，多不问四时，如画花，往往以桃、杏、芙蓉、莲花同画一景。余家所藏摩诘画《袁安卧雪图》，有雪中芭蕉。此乃得心应手，意到便成，故造理入神，迥得天意，此难可与俗人论也。

我们不能拿今天的理论水平来要求北宋时代的人物，却必须肯定沈括对于王维这种“不问四时”的画法的肯定。可是，“黑漆断纹琴”的“俗人”总还是有的。朱翌就是一个。其《猗觉寮杂记》卷上说：“《笔谈》云：王维画入神，不拘四时，如雪中芭蕉。故惠洪云：‘雪里芭蕉失寒暑。’[①]皆以芭蕉非雪中物。岭外如曲江，冬大雪，芭蕉自若，红蕉方开花。知前辈虽画史亦不苟。洪作诗时，未到岭外。存中(沈字)亦未知也。”

其实，朱翌这种论证是徒劳的。因为据《后汉书·袁安传》李贤《注》引《汝南先贤传》，袁安卧雪的故事发生在洛阳。岭南有雪里芭蕉和洛阳有无雪里芭蕉是两回事，如果说王维是借岭南景物以写洛中高士，那又不符合这位批评者所要求的“不苟”了。同时，这一说法又怎样使人对画家将春天的桃、杏，夏天的莲花，秋天的芙蓉同作一景的理由进行类推呢？难道世界上也真有一个这四种花儿同时开放的地方和季节吗？[②]

正是为了要突出大自然的生机蓬勃，各种花卉生命力的旺盛，画家才有意识地在艺术境界里突破了客观规律的限制，将不可能在同一季节开放的花儿绘制在统一的画面中，形成一个百花齐放的局面，从而更其充分地表现了画家的理想，也满足了人们对于美丽的大自然的爱好。同样，为了要突出地表现袁安宁愿僵卧雪中挨饿，也不肯在大家都困难的时候去乞求帮助，增加别人的负担这一主题，画家实写了雪景，也写了当地雪中所不可能有的翠绿色的芭蕉，以象征主人公高洁的性格，显示出他在饥寒

---

① 释惠洪《冷斋夜话》卷四《诗忌》条：“诗者，妙观逸想之所寓也，岂可限以绳墨哉？如王维作画，雪中芭蕉，法眼观之，知其神情寄寓于物，俗论则讥以为不知寒暑。……予尝与客论至此，而客不然予论。予作诗自志其略曰‘……雪里芭蕉失寒暑，眼中骐骥略玄黄’，云云。”即朱翌此处所指。

② 朱翌以外，类似的意见还不少。参钱钟书《谈艺录》，《右丞画雪里芭蕉》条。

交迫的环境中，也没有被困难所压倒的精神。这样，就比只一般地去写出雪中萧索寒冷的景象，更其有效地塑造了袁安的形象和表现了作品的主题。由此可见，王维之所以这样地做，乃是基于他自己对艺术创造的深邃的体会，是他在实践中“外师造化，中得心源”①的结果。

在《红楼梦》里，也存在着类似的情况。俞平伯《红楼梦研究》中专有一章，题为《红楼梦地点问题底商讨》，结论认为：“《红楼梦》所记的事应在北京，却参杂了许多回忆想像的成分，所以有很多江南底风光。”这个结论是我们所同意的。

成为江南风光突出的表现的，是书中所写栊翠庵的红梅花。第四十九回的回目是“琉璃世界，白雪红梅”，文字则有如下一段(据脂本)：

> (宝玉)忙忙的往芦雪庵来，出了院门，四顾一望，并无二色。远远的是青松翠竹，自己却如装在玻璃盒内一般。于是走至山坡之下，顺着山脚刚转过去，已闻得一股寒香拂鼻。回头一看，恰是妙玉门前栊翠庵中有十数株红梅，花开的如胭脂一般，映着雪色，分外显得精神，好不有趣。

接着，第五十回又写了薛宝琴等人作《咏红梅花》的诗，并由宝玉去庵中向妙玉讨了一枝梅花，“这枝梅花只有二尺来高，旁有一横枝纵横而出，约有五六尺长。其间小枝纷披，或如蟠螭，或如僵蚓，或孤削如笔，或密聚如林，花吐胭脂，香欺兰蕙”。

但是，并不是人人都同意《红楼梦》中存在着这些“回忆想像的成分”的。他们有的举出许多书证，考出“北方亦可植梅”②，有的则认为“雪芹原文但云十数株梅，不但未言‘成林’，亦并未言定非盆中所植”③。总之，是企图肯定这部小说在细节描写上的绝对真实性。这些意见，后来又招致了俞先生在《读红楼梦随笔》第六条中的驳正。

---

① 张彦远《历代名画记》卷十载唐张璪语。

② 景梅九《石头记真谛》卷上。

③ 周汝昌《红楼梦新证》第七章《新索隐》第五十九条《北梅》。

我们想加以探究的，乃是曹雪芹笔下出现这类细节的意义。总的来说，俞先生在《红楼梦地点问题底商讨》中所言，“此等处本作行文之点缀，无关大体，因实写北方枯燥风土，未免杀尽风景”，还是对的。若单就这两回赏梅、咏梅而言，则它是作家所乐于描写的众姊妹的文化生活中的一部分。在这之前，有第三十七、三十八回的海棠社、菊花诗、螃蟹咏；在这之后，又有第七十四回的桃花社、柳絮词。它们写的是秋、冬、春三个不同的季节，在自然景象和人物心情方面都显示了各自的特色。试想，按照曹雪芹的美学观点看来，在大雪以后放晴的天气里，还有什么花木比盛开的红梅更加鲜艳和如他所写的那么吸引人呢？又还有什么安排比将雪中盛开的红梅位置安排在那位外冷内热的妙玉的修行之处更富于象征性呢？它不但使众人赏雪赏花的兴致受到鼓舞，他们的生活情趣和新加入姊妹们行列的薛宝琴等三人的诗才得到表现，而且还进一步地暗示了妙玉和宝玉之间的微妙关系。因此，即使红梅本非大观园中所能有，但在这两回书里，却成为非有不可的事物了。

现在，让我们回到本题上来，研究一下出现在唐人边塞诗中的地理上的矛盾现象。

唐代诗人们之所以不顾地理形势的实际，使其作品中的地名出现互不关合的方位或过于辽远的距离的情况，很显然地是为了要更其突出地表现边塞这个主题。由于汉、唐以来，中国和外国，汉族和非汉族在相当长远的年代和非常广阔的区域里有过情况极其复杂、和战都很频繁的接触，所以诗人们在反映当前事件的时候，就不能不联想到历史事件，在反映某一地区情况的时候，也往往会联想到另一地区，哪怕它们之间的联系并不密切，甚至很不符合实际。因为不如此，就不容易充分地揭示时间和空间的巨大图景，而这种图景，又是当时表达边塞这个主题所非常需要的。

从前举几个例子中，我们不难看出，作品中出现地理方面的矛盾现象，是和作者的用典这一艺术手段分不开的。如众所周知，汉是唐以前唯一的国势强盛、历史悠久的统一大帝国；就这些方面说，汉、唐两朝有许多可以类比的地方，因而以汉朝明喻或暗喻本朝，就成为唐代诗人的一种传统的表现手法，其例举不胜举。当诗人们写边塞诗的时候，也往往是这样做的。诗中或全以汉事写唐事，专用汉代原有地名；或正面写唐事，但仍以汉事作比，杂用古今地名。由于是用典的关系，所以对古地彼此之间，乃至今地与古地之间的方位、距离不符实际的情况，也就往往置之不顾了。至于全写当时情事的诗篇，偶尔也有这种情况，则纯然是为了以夸张的手段，创造作品所需要的特定气氛，那也是不难体会的。

总的说来，唐人边塞诗中之所以出现这种情况，乃是为了唤起人们对于历史的复杂的回忆，激发人们对于地理上的辽阔的想像，让读者更其深入地领略边塞将士的生活和他们的思想感情，而这一点，作者们是做到了的。古代诗人们既然不一定要负担提供绘制历史地图资料的任务，因而当我们欣赏这些作品的时候，对于这些“错误”，如果算它是一种“错误”的话，也就无妨加以忽略了。

我们都知道，艺术的真实是根源于生活的真实的，所以在创作中，作家们应当尊重历史和生活的真实。但是艺术又并非自然和历史、社会的机械的翻版，它不可能，也没有必要一点一滴地都符合生活真实及科学要求。只有并不拘于现实中部分事实的真实性，才能够获得更高级、更集中的典型性。上述这些著名的事例所涉及的矛盾现象，对于整个作品说来，虽然都是一些细节，也是体现了而不是违背了这一根本法则的①。

但这里面却还存在一些值得考虑的问题。例如歌德在评价鲁本斯的时候，一方面，肯定了他那种在一幅画中让光线来自两个相反方向的独特表现方法，认为这是鲁本斯“用他自由的心灵站在自然的上面，使她符合他更高的目的”；另一方面，又特别强调细节真实的重要性，认为“艺术家必须在细节上忠实地、虔诚地描摹自然”，赞美鲁本斯的记忆力是“那样惊

① 有一种意见认为，作品中的地名不能作为细节来看，这是正确的。一个地方不能成为细节，正如一个人物不能成为细节一样，但是，如果有些事情和某地、某人联系了起来，有了活动，那就成为细节了。边塞诗中的地名，显然和地名词典中的地名不同。它们的出现，是伴随战争事态的。如李白的“洗兵条支海上波”，高适的“单于猎火照狼山”，王昌龄的“青海长云暗雪山”，李贺的“蓟门白于水”之类，就全诗所展示的战争图景整体而论，都是局部的细节。因此，我们不能把这些地方和诗人想像中在这些地方的军事行动割裂开来，而仅将它们当作地理名词来考虑。

人,以至他把整个自然都装在他的头脑里,在最微小的细节上,她都听他的支配"①,似乎自相矛盾。而恩格斯在其关于现实主义的著名解释中说:"现实主义是除了细节的真实之外,还要正确地表现出典型环境中的典型性格。"②又说明了,典型环境、性格决不是和细节的真实性互相排斥的。那么,细节和典型之间的关系究竟是怎样的呢?

对于从王维的画到高尔基的小说中所出现的上述事例进行探索的结果,我们认为:为文艺创作所不可缺少的细节描写当然并不等于典型环境与典型性格的本身,某些作品正是由于虽然有比较生动的细节,却没有能提高到典型化而失败了的;但没有细节,就无法使环境和性格具备典型性,那也很清楚。因此,作家们有责任选择最足以帮助其作品达到典型化程度的细节来加以描写,而排斥那些可能妨害典型化,无助于构成典型环境及典型性格的细节,即使它们孤立起来看是非常成功的。

从大量的文艺史实看来,细节也是多种多样的。它们有的来自作家们对生活的忠实的、虔诚的模仿,像歌德所说的那样。在写真人真事的作品中,这种细节是常见的。其次,也有的来自不同的时间和空间,但它们是类似的、大同小异的、彼此之间没有矛盾的,经过作家的酝酿、消化,重新处理以后,就变成了完整而统一的,服从于情节和主题,有助于形象塑造的细节。这两种情况,是大量普遍的。然而还有另外一种,那就是作家为了使其所要描写的典型环境、性格更为鲜明突出,以便获得更大的艺术效果,他选择了一些违反自然规律或社会生活原有次序的细节来加以描写,这些细节本身虽然并不具有普遍性,反之,甚至富有特殊性,但是,对于完成那一位作家所规定的主题,并使其作品上升到典型化的高度来说,却又是必需的。于是,就有了王维的《袁安卧雪图》中雪里芭蕉等等情况的出现。

所以细节一般应当是真实的,但它也是可以虚构的。在真实的细节无助于使自己的作品达到更高级、更集中、更富于典型性的情况下,作家

---

① 用余渊先生的译文,见第 81 页注①。

② 《恩格斯给哈克纳斯的信》,《马克思　恩格斯　列宁　斯大林论文艺》第 20 页。

们保留虚构某些“反常”的，或者“错误”的细节的权利，以便保证它在整体上达到这个目的。这也正是在上举事例中，王维等的创作实践所告诉我们的。正由于此，歌德既要求细节的真实，又肯定鲁本斯大胆地处理画中的光线问题，就并非出尔反尔；同时，还可以知道，恩格斯要求细节的真实性，也正是以其有助于典型化为前提的①。

这些显得有些特殊的事例，仔细研究起来，既共有其理论的依据，又各有其具体的需要，因而我们对之进行评价的时候，就不能不考虑到文艺的特点，从而探求作者的用心。既不可以像王琦论李贺的《塞下曲》那样率意地称之为“小疵”，也无需像朱翌、景梅九等人那样为王维和曹雪芹进行学究式的辩护，这是一面。另外一面，也不能由于有了这样一些事例，就可以认为：艺术的真实可以完全背离自然的及历史、社会的真实，爱怎么写就怎么写，爱怎么画就怎么画了。还得承认，这些事例是存在的，然而毕竟是特殊的。这样一些细节的出现，只有当其非如此就不能更好地使作品在整体上获得更高的真实性、典型性时，才是有意义的和不可缺少的；作家们也只有当其感到非得突破一般的描写方法就无法获致自己所要达到的效果时，才会认为这种特殊方法是必要的。这对于现实主义作品说来是如此，对于浪漫主义作品说来也是如此。我们知道，浪漫主义，就其总趋向来说，虽然有很大的夸张和虚构成分，然而它从不拒绝将真实的细节也包括在其拥有的艺术手段之内。

因此，在研究或肯定这些特殊事例的内在意义、艺术效果的同时，反对那些在细节描写上毫无理由地背离真实性的作品，仍然非常必要。在1934年6月21日复西谛信中，鲁迅指出：

但位高望重如李毅士教授，其作《长恨歌画意》，也不过将梅兰芳

① 有一种意见认为：艺术形象虽说是可以虚构的（当然典型化，就艺术创造来说，就是一种可以使生活呈现其最本质的真实的虚构），但构成形象的最小单位，即细节，却不能虚构。但这样一来，我们就不可避免地要接受一个我们无法接受的结论，即：全部真实的细节可以构成一个虚构的或典型的形象。同时，在细节描写中，幻想和想像都被排除了。

放在广东大旅馆中，而道士则穿着八卦衣，如戏文中之诸葛亮，则于青年又何责焉呢？①

可见鲁迅对造型艺术的细节之应当符合历史真实，要求是严格的。在张彦远《历代名画记》卷二及谢肇淛《文海披沙》卷五中，对于历代画家作品在细节上不应有的失真，也有类似的指责，可以参看。

高尔基在《给某青年作家》中说："艺术文学并不是从属于现实底部分的事实的，而是比现实底部分的事实更高级的。"他又说："文学的真实并不是脱离现实的，而是和它紧密地连结着。"②这是一个辩证的、全面的看法，虽然并非专指细节描写而言，对于细节描写肯定也是适用的，因而可以作为我们评判前述问题是非的准则。

（三）

当然，诗篇里的地名出现方位不合、距离过远的情况，并不限于唐朝人写边塞的作品。《颜氏家训·文章篇》曾经指出，在南朝作品里，这种情况就已出现了。

文章地理必须惬当。梁简文《雁门太守行》乃云："鹅军攻日逐，燕骑荡康居。大宛归善马，小月送降书。"萧子晖《陇头水》云："天寒陇水急，散漫俱分泻，北注徂黄龙，东流会白马。"此亦明珠之颣，美玉之瑕，宜慎之。

卢文弨《〈颜氏家训〉补注》于所举前诗下注云："此殆言燕、宋之军，其与此诸国皆不相及也。"又于后诗下注云："陇在西北，黄龙在北，白马在西南。地皆隔远，水焉得相及？"这可能是有关本问题的最早文献。当然，如我们

① 见张望编《鲁迅论美术》第206页。

② 以群译《给初学写作者》，平明出版社本，第93页。

上面所研究的，颜之推认为"文章地理必须惬当"之说，也不能绝对化[①]。

由于以边塞生活为主题的诗篇，往往更其需要以空阔辽远的环境作为它们的背景，这种情况在边塞诗中出现，就个人泛览所及，就比其他的诗篇似乎多一些。而且，当人们接触到这类有点"反常"的地理现象时，又往往并不能够一下子就找到它的答案。为此，我们讨论这个在文艺史上久已存在的问题，而着重举出唐人边塞诗中的地名为例，其目的固然是为了解决这个问题本身，同时，也希望这样一些探索有助于近年来在古代诗歌研究中曾经引起争论的类似问题的解决。

首先，可以继续研究一下王之涣《凉州词》中的地理问题。这个问题是清人吴乔在其《围炉诗话》卷三中以校正诗中文字的形式提出的，后来吴骞则在其《拜经楼诗话》卷四中宣布了对前者的异议。吴骞说：

> 王之涣《凉州词》"黄河远上白云间"，计敏夫《唐诗纪事》作"黄沙直上白云间"。此别本偶异耳。而吴修龄（乔字）据以为证，谓作"黄河远上"者为误，云："黄河去凉州千里，何得为景？且河岂可云'直上白云'耶？"然黄河自昔云与天通，如太白"黄河之水天上来"，尉迟匡"明月飞出海，黄河流上天"，则"远上白云"亦何不可？正以其去凉州甚远，征人欲渡不得，故曰"远上白云间"，愈见其造语之妙。若作"黄沙直上白云间"，真小儿语矣。

两吴这种对立的意见也分别为现代学者所持有，如叶景葵、王汝弼、稗山就和吴乔的看法基本上是一致的，而卜冬、林庚则基本上支持吴骞的论

---

① 王利器《颜氏家训集解》卷四指出："（'鹅军'四句）乃梁褚翔诗，非简文诗也。梁简文《从军行》云：'先平小月阵，却灭大宛城。善马还长乐，黄金付水衡。'见《乐府诗集》卷三十二，此盖相涉而误。"褚诗见《乐府诗集》卷三十九，惟"鹅"作"戎"。又谓"（《龙头水》）及《雁门太守行》所侈陈之地理，皆以夸张手法出之，颜氏以为文章瑕纇，未当"。且白马当指《史记·燕世家》所载白马津，始与"东流"义会，而不当如赵曦明《注》之远摭《汉书·西南夷传》之白马氐实之，盖为白马氐则不得言"东流会"也。其说皆是，所当参证。

点，虽然彼此之间也小有出入①。

在上举几位的著作中，林、王两先生的讨论是比较细致深入的。林先生认为《凉州词》中的凉州并非专指凉州城（它在汉时治陇城，即今甘肃省秦安县东北；三国以后移治武威，即今甘肃省武威县），而是泛指汉、唐时代陇右、河西一带的凉州辖区。其中某些区域本为黄河所经流，故诗中自可出现黄河。“一片孤城”系指某座位置在黄河边上现在可能已经不复存在的城堡。玉门关则是作者初入凉州境内，不禁想到了整个凉州，因而提到的，仍是一个历史的泛写。所以诗题有凉州，诗句有黄河、孤城和玉门关，并没有什么矛盾。

王先生不同意上述林先生的论点，他认为：唐人对凉州的基本概念，只能是今天所谓河西走廊一带；而乐章上的凉州，则和西凉同一概念，在今甘肃省敦煌、酒泉一带，而不在武威，所以吴乔所说“黄河去凉州千里，何得为景”，并不算错。“一片孤城”，即指玉门关而言，它位于敦煌西边，仍在凉州（西凉）境内，并不是黄河边上一座什么不知名的城堡，故诗中可以同时写到。至于黄河之与玉门关，则相隔千里，把它俩作为一个场景里的事物来写，无论如何也是说不过去的。所以诗篇起句之“黄河远上”必为“黄沙直上”之误无疑。

如果以上的复述没有歪曲两位先生文章中有关诗篇地名部分的基本论点，我们就可以发现一个有趣的事实，即：他们的论点是相反的，方法却是一致的，都企图通过沿革地理的考证来解决诗中地理上的矛盾现象；同时，他们的意见就具体问题说是相反的，就原则方面说却又是一致的，都认为诗中存在着地名距离过远的情况是不合理的。因此，王先生才在肯定孤城就是玉门关的前提下，坚决反对黄河出现在诗中；而林先生则在肯

---

① 请看下列文章。叶景葵《卷庵书跋》，《万首唐人绝句》篇；卜冬《王之涣的〈凉州词〉》，《文学研究》1958 年第 1 号；林庚《略说“凉州”》，《文学遗产》第 389 期，《光明日报》1961 年 11 月 19 日；王汝弼《对王之涣的〈凉州词〉的再商榷》，《文学遗产》第 421 期，《光明日报》1962 年 7 月 1 日；林庚《作者来信》（有关《凉州词》的问题），《文学遗产》第 423 期，《光明日报》1962 年 7 月 15 日；稗山《“黄沙直上”与“黄河远上”》，《文汇报》1962 年 8 月 30 日。

定黄河可以在诗中出现的前提下，不能不和一般的说法立异，将孤城说成是黄河边上的一座不知名的、今天无从考证的城堡，并从历史上最广泛的行政辖区来解释凉州的地域。

照我们看来，诗中黄河的河字并非误文①，孤城即指玉门关。至于凉州具体指的什么地方，系州治所在抑系全部辖区，或仅西凉一带？如系州治，是陇城抑系武威？那就很难说。因为从音乐史上说，凉州词曲调虽然来自西凉②，今传曲辞却每每是泛咏边塞的。不论怎样，这首诗中的地名，彼此的距离的确是非常辽远的，而当时祖国西北边塞荒寒之景，征戍战士怀乡之情，却正是由于这种壮阔无垠的艺术部署，才充分地被揭示出来。还应当指出，唐代以黄河与玉门关合写在一首诗里的，并非只有王之涣一人。在他之前，刘希夷在其《从军行》中就既有“将军玉门出”，又有“军门压黄河”之句，不过这首诗写得不好，不大为人注意而已。这是可以助林先生张目的。而林先生最后举王褒《渡河北》诗“常山临代郡，亭障绕黄河”，来说明诗人对于地理位置的泛写，则事实上已经接触到本文所讨论的问题和本诗问题解决的方法了。

在这里，我们并不打算全面地分析《凉州词》，而只是对其中有过争论的地理问题提出了一点看法。它对于这首诗在今后的深入讨论，或许不无帮助。

其次，我们也想对岳飞〔满江红〕词的真伪问题谈一点不成熟的看法。

---

① 此诗异文，卜先生文中举例很详，这里不复出。王先生为了要证明“黄河”之当作“黄沙”，竟斥唐芮挺章《国秀集》所载本诗“黄河直上白云间”句为“本身就说不过去”，又根据元辛文房《唐才子传》引此诗作“黄沙”，而辛《传》多本之薛用弱《集异记》，遂从而推证《集异记》古本亦当作“黄沙”。从校勘学的角度说来，这些理由都很不充分，未免主观武断。至于他还说，“黄河”之必为“黄沙”，“有无数的版本可为外证”，则更是无稽之谈了。

② 《通典》卷一百四十六：“自周、隋以来，管弦杂曲将数百曲，多用西凉乐。”《乐府诗集》卷七十九引《乐苑》：“凉州，宫调曲，开元中西凉都督郭知运进。”洪迈《容斋随笔》卷十四《大曲伊凉》条：“今乐府所传大曲，皆出于唐，而以州名者五，伊、凉、熙、石、渭也。凉州今转为梁州，唐人已多误用，其实从西凉府来也。”这些材料说明，凉州词的曲调当出自唐之凉州（西凉府，即今武威）一带。至于诗人依调作词，或乐工依调配词，其心目中之凉州究指何处，则是另外一回事。

它和以上讨论的唐人边塞诗中的地名问题是有着某种联系的。在《岳飞〔满江红〕词考辨》①中,夏承焘补充和发挥了余嘉锡在《四库提要辨证》卷二十三《岳武穆遗文》篇中认为〔满江红〕不出于岳飞之手的意见。他通过对于词中贺兰山这个地名的研究,得出了此词是明朝人所伪托的结论。夏先生说:

以地理常识说,岳飞伐金要直捣金国上京的黄龙府,黄龙府在今吉林境,而贺兰山在今西北甘肃河套之西,南宋时属西夏,并非金国地区。这首词若真出岳飞之手,不应方向乖背如此!有人以为这词借匈奴以指金人,贺兰山可能是泛称边塞,同于前人之用“玉门、天山”一类地名。但以我所知,贺兰山在汉、晋时还不见于史籍,“四史”里无此一辞②。……唐人有用贺兰山入诗的,如王维《老将行》:“贺兰山下阵如云,羽檄交驰日夕闻。”卢汝弼《和李秀才边庭四时怨》:“夜半火来知有敌,一时齐保贺兰山。”顾非熊《出塞》三首之一:“贺兰山下果园成,塞北江南旧有名。”等等:都是实指其地。

接着,作者又引用了许多宋、明人在文籍中用贺兰山一词的例子,说它们也都是实指而非泛称,认为〔满江红〕也是如此;而词中实指贺兰山又和明代北方边患史实完全符合,所以此词必出于明代有心人所依托,是用来鼓舞人民御侮的斗志的。

总之,局就夏文中关于贺兰山这个地名的论点来说,他是首先肯定唐诗中的贺兰山都是“实指其地”,因而岳词中的贺兰山也只能是“实指其地”。接着,他认为既然此词中之贺兰山系实指,则出于岳飞之手为不可能,因为方向过于“乖背”了。

我们现在先来就夏先生举的例子检查一下唐诗中的贺兰山一词是否

---

① 载日本京都大学《中国文学报》第16册。

② 夏先生文原注引谭其骧说:“《隋书·地理志》灵武郡弘静县有贺兰山,这当是贺兰山见于史籍之始。”按:《隋志》此条,高步瀛《唐宋诗举要》卷二王维《老将行》注早已引用。

全是“实指其地”。这，还得要先把“实指”这个概念澄清一下。所谓“实指”，按照我们的理解，应当是实际存在的地名和某一诗篇中所反映的实际发生过的具体事实（不论它是大的或小的，国家的、社会的或个人的）相一致的意思，如果脱离了这种具体情况，那就无法分别孰为实指，孰为泛称。因为像玉门、天山这类地名，也并非像《山海经》或《穆天子传》中的某些地名一样，完全出于虚构。一般说来，诗篇中的地名，除了用神话中的典故的，如《长恨歌》的海上仙山之类而外，都是客观存在的。当我们发现若干个地名出现在某一诗篇里，而它们彼此之间又发生方位不合、距离过远等矛盾现象时，我们就将其中能和反映在这一诗篇中的具体事实相一致的地名称为实指的，而将其不相一致的称为泛称的。以李白的《战城南》为例，桑干源、葱河道可算实指，而天山、条支则是泛称。以高适的《燕歌行》为例，榆关、碣石可算实指，瀚海、狼山则是泛称。但还有更多的诗篇，只是泛咏某种生活现象或思想感情，并不专指某一具体事实的。在这种情况下，它们之中所出现的地名，尽管也同样地有矛盾现象，却无法对其孰为实指，孰为泛称强加分别了。例如王之涣《凉州词》中的黄河与玉门关，我们又拿什么标准去说这个是实指，那个是泛称呢？

以上所作的澄清倘若符合于事实和逻辑的话，那我们就可以看出，唐诗中的贺兰山，并非如夏先生所说，“都是实指其地”的。

如王维《老将行》这篇万口传诵的名作，是以统治者刻薄寡恩与老将军壮心不已的矛盾冲突为主题的。这种事实和心情，在当时有其普遍性。作者通篇以汉喻唐，成功地表达了许多军人的呼声，从而使这篇诗具有典型意义。但从历代王诗研究的成果来检查，还没有人将它和唐代某一次对外战争或某个人的具体遭遇联系起来。当然，它通篇都使用着汉朝的史实和地名，如疏勒、云中、三河、五道等，却又用了贺兰山这个不见于汉史的地名。我们认为，这决不是没有用意的。“贺兰山下阵如云”一句，正好透漏了诗人的现实感，证明了他是在借古喻今。但贺兰山，作为唐朝和西北诸族，特别是和吐蕃的战场，是经历过多次“阵如云”的局面的，诗中所说，究竟是哪一次呢？却谁也无从指实。那么，这个贺兰山和李白《战城南》中的天山、王之涣《凉州词》中的玉门关又有什么不同呢？

我们再看卢汝弼的《和李秀才边庭四时怨》：

> 春风昨夜到榆关，故国烟花想已残。少妇不知归未得，朝朝应上望夫山。
>
> 卢龙塞外草初肥，雁乳平芜晓不飞。乡国近来音信断，至今犹自着寒衣。
>
> 八月霜飞柳半黄，蓬根吹断雁南翔。陇头流水关山月，泣上龙堆望故乡。
>
> 朔风吹雪透刀瘢，饮马长城窟更寒。半夜火来知有敌，一时齐保贺兰山。

这一组诗，如题所示，是按照季节来泛写边防军人的生活的。从地理上考察，它东起榆关，西迄贺兰山，背景非常广阔，作者的用意显然在于广泛地反映征戍者的生活和思想感情。虽然它分成了四章，每章所写季节、地域和情事各不相同，却是互相联系和补充的。如果将季节和地名另行组合，例如写春天的长城窟和贺兰山，夏天的陇头和龙堆，也全无不可，如果诗人愿意那样构思的话。在这种情况下，我们又怎么能肯定贺兰山是“实指其地”呢？如果认为贺兰山由于是隋、唐以来才出现的地名，所以是实指的，那么，这组诗中其余的汉代早就有了而唐代也仍旧用着的地名是否也是实指的呢？应该说，这些地名虽然都是实有的，在本诗中却并非实指的①。

至于〔满江红〕中的“驾长车踏破贺兰山缺”句，我们认为：它是应当和下文“壮志饥餐胡虏肉，笑谈渴饮匈奴血”两句联系起来并等同起来看的。它们都是用典故来借古喻今。匈奴即胡虏是汉朝经常与之斗争的对手，贺兰山则是唐朝和外族交锋的战场。既以匈奴比金源，又以贺兰山比东北边塞，这是完全没有什么说不过去的。而且，应当特别指出的是，这句

---

① 夏先生所举唐诗第三个例子，覆检《全唐诗》卷五百九顾非熊集无之，而别有《出塞即事》七律二首，其第二首有“贺兰山便是戎疆，此去萧关路几荒”两句，倒可以说是“实指其地”的。

词不只是用了古典，同时还用了今典。阮阅《诗话总龟》前集卷三引《古今诗话》："姚嗣宗诗云：'踏碎贺兰石，扫清西海尘。布衣能效死，可惜作穷鳞。'韩魏公安抚关中，荐试大理评事。"此事及此诗在宋代流传很广，所以除了《古今诗话》之外，洪迈《容斋三笔》、邵博《邵氏闻见录》、陈鹄《西塘集耆旧续闻》、释文莹《湘山野录》、蔡絛《西清诗话》、江休复《江邻几杂志》、吴曾《能改斋漫录》、张端义《贵耳集》等，均曾加以记载。而《容斋三笔》卷十一、《邵氏闻见录》卷十六、《西塘集耆旧续闻》卷六及《能改斋漫录》卷十一所载此诗，首句"踏碎"正作"踏破"，与词语相同。据徐梦莘《三朝北盟会编》卷二百七引《岳侯传》及卷二百八引《林泉野记》，岳飞在青年时代，曾经做过安阳昼锦堂韩家的佃客；因此，他又有很早便知道韩琦这件佚事，熟习姚嗣宗这篇小诗的可能。这也足以作为词语是兼用今典的旁证①。姚诗所云，虽系指西夏，如夏先生所说，但贺兰山一词既然是唐人诗中所固有，因而岳飞作〔满江红〕时，尽管在字句上袭用了姚诗成语，就是用了今典，也决不排斥他在史实上仍旧以唐事为喻，就是同时用着古典。我们既不能禁止诗人用典，也不能规定诗人用典时，用了汉事就不能用唐事，或者非以古之东战场比今之东战场、古之西战场比今之西战场不可，这个道理十分清楚。所以，这样一种推论是难以接受的，即：词中出现贺兰山这个地名，就是"方向乖背"，既然"方向乖背"，这首词就不能出自岳飞之手。

以唐诗中之贺兰山之皆为实指来断定〔满江红〕中之贺兰山也当为实指，这种逻辑本身就存在着问题。上面既然证明了唐诗中的贺兰山尽有不能认为是实指的，对于诗、词中这个实际上并不存在的传承关系就无需再加讨论了。

余、夏两位先生是从不同的角度来证明岳飞〔满江红〕之为伪作的。

---

① 本文定稿后，才见到谷斯范发表在《浙江日报》1962 年 10 月 14 日的《也谈岳飞〔满江红〕词——与夏承焘同志商榷》一文。谷先生认为岳词"用贺兰山泛指边塞"，与拙作同。其指出韩琦曾经在贺兰山地区与西夏作战，岳飞为韩家佃客，"无疑能从韩家的老兵嘴里，听到当年和西夏打仗的故事，……从那时候起，可能贺兰山的印象已深深留在他的记忆里"，所以后来写入词中，则为拙作所未及，可与我的论点互相补充。

余先生主要是从流传来历着眼的，在那方面，学初的《岳飞〔满江红〕词真伪问题》已经作过一些分辩[①]。夏先生主要是从地理方面着眼的，在这方面，希望本文的商榷能够引起进一步的研究。

生活的真实与艺术的真实之间的关系，细节描写的真实性与典型环境、性格之间的关系，都是文艺学上非常重要的，需要不断地加以细致深入研究的问题。本文仅就其中某些事例进行了一点肤浅的探索，并对近年来古典作品研究中与之相关联的一两个问题表示了一点不成熟的意见。由于理论水平很低，掌握的资料也不够充分，必然存在着不少的错误，因此，我殷切地期望获得同志们的指教。

〔**附记**〕

周煦良先生往年见告：英国诗人济慈在其《圣阿格尼节前夜》第二十五节中，曾经描写了冬夜月光照射着彩色玻璃的嵌花窗户，使得缤纷的彩色落在马黛琳的身上。考尔文的《济慈传》在谈到这一点的时候，说："日常经验可以证明，月光并没有能力透射玻璃的颜色，像济慈在这一节中所写的。但这如果算是错误，我们就应当感谢这个错误。"这也是歌德所指出的诗人为了"给出对某一场合最鲜明和最有效的东西"，而不惜"违反生活事件中的原有次序"的一个例证。

1963 年 5 月　武昌

---

① 载《文史》第一辑。

张若虚《春江花月夜》的被理解和被误解

在古代传说中，卞和泣玉和伯牙绝弦是非常激动人心的。它们一方面证明了识真之不易，知音之难遇；而另一方面，则又表达了人类对真之被识、音之被知的渴望，以及其不被识、不被知的痛苦的绝望。当一位诗人将其心灵活动转化为语言，诉之于读者的时候，他是多么希望被人理解啊！但这种希望往往并不是都能够实现的，或至少不都是立刻就能够实现的。有的人及其作品被湮没了，有的被忽视了，被遗忘了，而其中也有的是在长期被忽视之后，又被发现了，终于在读者不断深化的理解中，获得他和它不朽的艺术生命和在文学史上应有的地位。

在文坛上，作家的穷通及作品的显晦不能排斥偶然性因素所起的作用，这种作用，有的甚至具有决定性。但在一般情况下，穷通显晦总是在一定的历史社会条件下发生的，因而是可根据这些条件加以解释的。探索一下这种变化发展，对于文学史实丰富复杂面貌形成过程的认识，不无益处。本文准备以一篇唐诗为例，研究一下这个问题。

张若虚的《春江花月夜》今天已成为家喻户晓的唐诗名篇之一。当代出版的选本很少有不选它的，而分析评介它的文章，也层见迭出。但是回顾这位诗人和这一杰作在明代以前的命运，却是坎坷的。从唐到元，他和它被冷落了好几百年。

钟嵘《诗品》卷中评鲍照云："嗟其才秀人微，故取湮当代。"张若虚也正是这样一个人。他的生平，后人所知无多①。他的著作，似乎在唐代就

① 明高棅《唐诗品汇》卷三十七将他列入"有姓氏，无字里世次可考（注转下页）

不曾编集成书①，现在流传下来的，就只有见于《全唐诗》卷一百十七的两篇诗，一篇极出色的《春江花月夜》（它同时作为乐府被收入卷二十一的相和歌辞中）和另一篇极平常的《代答闺梦还》。

张若虚既无专集，则《春江花月夜》只有通过总集、选本或杂记、小说才能流传下来。但今存唐人选唐诗十种，依其编选断限，只芮挺章《国秀集》有将其诗选入之可能，然而此集并无张作。又今传唐人杂记小说似亦未载张诗。据友人卞孝萱教授所考，现存唐人选唐诗十种之外，尚有已佚的唐人选唐诗十三种②，此十三种，宋时大抵还在，张诗或者即在其内，因此得以由唐保存到宋。

但宋代文献如《文苑英华》、《唐文粹》、《唐百家诗选》、《唐诗纪事》等书均未载张作。我们今天所能见到的最早的《春江花月夜》，是《乐府诗集》卷四十七所载。这一卷中，收有清商曲辞吴声歌曲《春江花月夜》共五家七篇，而张作即在其中。

这篇杰作虽然侥幸地因为它是一篇乐府而被凡乐府皆见收录的《乐府诗集》保存下来了，但由宋到明代前期，还是始终没有人承认它是一篇值得注意的作品，更不用说承认它是一篇杰作了。

元人唐诗选本不多，成书于至正四年（1344）的杨士宏《唐音》是较好的和易得的。其书未录此诗。明初高棅《唐诗品汇》九十卷，拾遗十卷。虽在卷三十七七言古诗第十三卷中收有此诗，但他另一选择较严的选本《唐诗正声》二十二卷，则予删削，可见在其心目中，《春江花月夜》还不在“正声”之列③。

（续上页注）九人”中的一人。迄今为止，只有胡小石（光炜）师所撰《张若虚事迹考略》尽可能地搜集了有关这位诗人的资料，然仍甚简略。此文初载艺林社编《文学论集》，亚细亚书局1929年出版，现收入《胡小石论文集》。

① 《旧唐书·经籍志》及《新唐书·艺文志》均未著录张集，亦未著录张氏其他著作。

② 卞先生所撰《失传之唐人选唐诗小考》尚未发表，此据其1981年6月20日致作者信。

③ 《唐诗正声》二十二卷，《增订四库简明目录标注》卷十九著录，云：“又一本称《正音》，三十二卷。”未见，不知有张氏此诗否。

但在这以后,情况就有了改变。嘉靖时代(16世纪中叶),李攀龙的《古今诗删》选有此诗①,可以说是张若虚及其杰作在文坛的命运的转折点。接着,万历三十四年(1606)成书的臧懋循《唐诗所》卷三,万历四十三年(1615)成书的唐汝询《唐诗解》卷十一及万历四十五年(1617)成书的钟惺、谭元春《唐诗归》卷六选了它。崇祯三年(1630)成书的周珽《删补唐诗选脉笺释会通评林》七言古诗盛唐卷二,崇祯四年(1631)成书的曹学佺《石仓历代诗选》唐卷二十,明末成书而具体年代不详的陆时雍《唐诗镜》卷九盛唐卷一及王夫之《唐诗评选》卷一选了它。清初重要的唐诗选本,也都选有此诗。如成书于康熙元年(1662)的徐增《而庵说唐诗》卷四,成书于康熙五十二年(1713)的《御选唐诗》卷九,成书于乾隆二十八年(1763)的沈德潜《重订唐诗别裁》卷五,成书于乾隆六十年(1795)的管世铭《读雪山房唐诗钞》卷八等。其中几种,还附有关于此诗的评论。自此以后,就无需再列举了。

再就诗话来加以考察,则如胡仔《苕溪渔隐丛话》前后集、魏庆之《诗人玉屑》,何文焕《历代诗话》所收由唐迄明之诗话二十余种,郭绍虞《宋诗话辑佚》所收诗话三十余种,均无一字提及张若虚其人及此诗。诗话中最早提到他和它的,似是成书于万历十八年(1590)的胡应麟《诗薮》。

《春江花月夜》的由隐而之显,是可以从这一历史阶段诗歌风会的变迁找到原因的。

首先,我们得把这篇诗和初唐四杰的关系明确一下。《旧唐书·文苑传上》云:"(杨)炯与王勃、卢照邻、骆宾王以文词齐名,海内称为王、杨、卢、骆,亦号四杰。"这一记载说明四杰是代表着初唐风会的也被后人公认的一个流派②。他们的创作,则不仅是诗,也包括骈文,而诗又兼各体。

既然四杰并称是指一派,那么即使其中某一位并无某体的作品,谈及

① 《四库全书总目》卷一百八十九《李攀龙〈古今诗删〉提要》云:"流俗所行,别有攀龙《唐诗选》。攀龙实无是书,乃明末坊贾割取《诗删》中唐诗,加以评注,别立斯名。"我未能见到《古今诗删》,知道《诗删》中有张若虚的《春江花月夜》,是根据托名李编的《唐诗选》卷二所载此诗而推断出来的。

② 闻一多《四杰》一文(载《唐诗杂论》,《闻一多全集》第三册)认为王、杨长于五律而卢、骆长于歌行,因此四杰应当分为两组,是不对的。刘开扬《论初唐四杰及其诗》(载《唐诗论文集》)已加辨证,我们同意刘先生的意见。

其对后人影响时，也无妨笼统举例。如今传杨炯诗载在《全唐诗》卷五十的，并无七古，而后人论擅长七古之卢、骆两人对后世七古之影响，也每举四杰，而不单指两人。明乎此，我们就可以知道，许多人认为张若虚的《春江花月夜》属于初唐四杰一派，是很自然的了。

胡应麟《诗薮》内篇卷三云：

> 张若虚《春江花月夜》，流畅婉转，出刘希夷《白头翁》上，而世代不可考。详其体制，初唐无疑。

这是依据诗的风格来判断其时代的。胡应麟所谓初唐，即指四杰。故《诗薮》同卷又云："王、杨诸子歌行，韵则平仄互换，句则三五错综，而又加以开合，传以神情，宏以风藻，七言之体，至是大备。"又云："王、杨诸子……偏工流畅。"又管世铭《读雪山房唐诗钞》卷八"七古凡例"云：

> 卢照邻《长安古意》、骆宾王《帝京篇》、刘希夷《代悲白头翁》、张若虚《春江花月夜》，何尝非一时杰作，然奏十篇以上，得不厌而思去乎？非开、宝诸公，岂识七言中有如许境界？

这段话既肯定了这些七言长篇是杰作，又指出了它们境界的不够广阔高深，而对于我们所要证明的问题来说，管氏所云，也与胡氏合契，即《春江花月夜》的结构、音节、风格与卢、骆七古名篇的艺术特色相与一致。

如果这两家之言还只是间接地说到这一点，那么，沈德潜《唐诗别裁》卷五则直截了当地说明了这篇作品"犹是王、杨、卢、骆之体"。

正因为张若虚这篇作品是王、杨、卢、骆之体，即属于初唐四杰这个流派，所以它在文学史上，也在长时期中与四杰共命运，随四杰而升沉。

如大家所熟知的，陈子昂以前的唐代诗坛，未脱齐、梁余习。四杰之作，对于六朝诗风来说，只是有所改良，而非彻底的变革①。所以当陈子

① 彭庆生《陈子昂诗注》附录诸家评论中，论及此点者不少，可以参阅。

昂的价值为人们所认识，其地位为人们所肯定之后，四杰的地位便自然而然地下降了。杜甫《戏为六绝句》之二云：

王杨卢骆当时体，轻薄为文哂未休。尔曹身与名俱灭，不废江河万古流。

又之三云：

纵使卢王操翰墨，劣于汉魏近《风》《骚》。龙文虎脊皆君驭，历块过都见尔曹。

不管后人对这两篇的句法结构及主语指称的理解有多大的分歧①，但有一点是明确的，即当时有人对四杰全盘否定，而杜甫不以为然。

在晚唐，李商隐《漫成五章》之一云：

沈宋裁辞矜变律，王杨落笔得良朋②。当时自谓宗师妙，今日惟观对属能。

在北宋，陈师道《绝句》云：

此生精力尽于诗，末岁心存力已疲。不共卢王争出手，却思陶谢与同时。

李商隐和陈师道虽然非常尊敬杜甫，但却缺少他们的伟大前辈所具有的

① 郭绍虞《杜甫〈戏为六绝句〉集解》对诸家异说，搜罗详尽，分析精审，可以参阅。

② 马茂元《论骆宾王及其在"四杰"中的地位》(载《晚照楼论文集》)引此诗。注云："这里举'王、杨'以概'卢、骆'，是因为受到诗句字数的限制；不说'卢、骆'或'四杰'而说'王、杨'，是因为平仄声和对仗的关系。"此说甚是。杜甫之举卢、王以概四杰亦同。

那样一种清醒的历史主义观点，即首先肯定四杰在改变齐、梁诗风，为陈子昂等的出现铺平道路的功绩，同时又看出了他们有其先天性的弱点和缺点，即和齐、梁诗风有不可分离的血缘关系。胡震亨《唐音癸签》卷二十五云：

> "当时自谓宗师妙，今日惟观对属能。"义山自咏尔时之四子。"尔曹身与名俱灭，不废江河万古流。"杜少陵自咏万古之四子。

这话很有见地。要补充的是：李商隐和陈师道这种片面的看法，也是时代的产物，只是他们不能像杜甫那样坚持两点论罢了。陈子昂《陈伯玉文集》卷一《与东方左史虬〈修竹篇〉序》已经指斥"齐、梁间诗采丽竞繁，而兴寄都绝"。而韩愈的抨击就更加猛烈，在《荐士》中说："齐梁及陈隋，众作等蝉噪。搜春摘花卉，沿袭伤剽盗。"将其说得一无是处了。而文学史实告诉我们，韩愈这种观点，对晚唐、北宋诗坛具有很大的影响和约束力。

《四库全书总目》卷一百六十五《薛嵎〈云泉诗〉提要》云：

> 宋承五代之后，其诗数变，一变而西昆，再变而元祐，三变而江西。江西一派，由北宋以逮南宋，其行最久。久而弊生，于是永嘉一派以晚唐体矫之，而四灵出焉。然四灵名为晚唐，其所宗实止姚合一家，所谓武功体者也。其法以清切为宗，而写景细琐，边幅太狭，遂为宋末江湖之滥觞。

其所为宋诗流变钩画的轮廓，大体如实。根据我们对"诗分唐宋乃风格性分之殊，非朝代之别"的认识[①]，则宋代诗风，始则由唐转宋，终于由宋返唐，虽四灵之作，不足以重振唐风，但到了元代，则有成就的诗人如刘因、虞、杨、范、揭、萨都剌、杨维祯，都无不和唐诗有渊源瓜葛，而下启明代"诗

---

① 钱钟书说，见《谈艺录》此条。

必盛唐”的复古之风[①]，也是势有必至的。

从李东阳到李梦阳，他们之提倡唐诗，主要是指盛唐，并不意味着初唐四杰这一流派也被重视。真正在杜甫《戏为六绝句》以后，几百年来，第一次将王、杨、卢、骆提出来重新估价其历史意义和美学意义的，则是李梦阳之伙伴而兼论敌的何景明。

《何大复先生集》卷十四有《明月篇》一诗，诗不怎么出色，但其序却是文学批评史上的重要文献。其文云：

> 仆始读杜子七言诗歌，爱其陈事切实，布辞沉着，鄙心窃效之，以为长篇圣于子美矣。既而读汉、魏以来歌诗及唐初四子者之所为而反复之，则知汉、魏固承《三百篇》之后，流风犹可征焉。而四子者，虽工富丽，去古远甚，至其音节，往往可歌。乃知子美辞固沉着，而调失流转，虽成一家语，实则诗歌之变体也。夫诗，本性情之发者也，其切而易见者，莫如夫妇之间，是以《三百篇》首乎雎鸠，六义首乎风。而汉、魏作者，义关君臣朋友，辞必托诸夫妇，以宣郁而达情焉，其旨远矣。由是观之，子美之诗博涉世故，出于夫妇者常少；致兼雅颂，而风人之义或缺，此其调反在四子之下与？……

即使在“诗必盛唐”的风气之下，这种意见也是很令人震惊的，因为它和传统观点距离得太远了。认为四杰歌行在杜甫之上，有谁敢承认呢？无怪王士禛《渔洋山人精华录》卷五《戏仿元遗山论诗绝句三十二首》之二十一有“接迹风人《明月篇》，何郎妙悟本从天。王杨卢骆当时体，莫逐刀圭误后贤”之叹了[②]。

---

① 《明史·李梦阳传》：“梦阳才思雄鸷，卓然以复古自命，……倡言文必秦汉，诗必盛唐，非是者勿道。”

② 《四库全书总目》卷一百七十一《〈大复集〉提要》云：“王士禛《论诗绝句》……乃颇不以景明为然，其实七言肇自汉氏，率乏长篇。魏文帝《燕歌行》以后，始自为音节。鲍照《行路难》始别成变调，继而作者，实不多逢。至永明以还，蝉联换韵，宛转抑扬，规模始就。故初唐以至长庆，多从其格，即杜甫诸歌行，鱼龙百变，不可（注转下页）

何、王二人所论，谁是谁非，不属于本文范围，姑置不论，但何景明以其当时在文坛的显赫地位，具此“妙悟”，发为高论，必然会在“后贤”心目中提高久付湮沉的“王杨卢骆当时体”的地位，则是无疑的。四杰的地位提高了，则属于四杰一派的作品也必然要被重视起来。这也就是为什么自李攀龙《古今诗删》以下，众多的选本中都出现了张若虚《春江花月夜》的理由所在。这篇诗是王、杨、卢、骆之体，故其历史命运曾随四杰而升沉。这是我们理解它的起点。

当明珠美玉被人偶然发现，发出夺目的光彩之后，它就不容易再被埋没了。后来者的责任只是进一步研究它，认识它，确定它的价值。从晚明以来的批评家对这篇杰作的艺术特色，作了许多有益的探索，其中涉及主题、结构、语言、风格等。这些，已别详拙撰《张若虚〈春江花月夜〉集评》，这里就不再复述。

值得注意的是，经过许多人长期研究之后，清末王闿运在这个基础上，大胆地指出了这篇作品之于四杰歌行，实乃青出于蓝而胜于蓝，冰生于水而寒于水。陈兆奎辑《王志》卷二《论唐诗诸家源流答陈完夫问》条云：

> 张若虚《春江花月夜》用《西洲》格调，孤篇横绝，竟为大家。李贺、商隐，挹其鲜润；宋词、元诗，尽其支流，宫体之巨澜也。

这为后人经常引用的“孤篇横绝，竟为大家”的评语，将张若虚在诗坛上的地位空前地提高了。因为“大家”二字，在我国文学批评术语中，有其特定的含义，它是和“名家”相对而言的。只有既具有杰出的成就又具有深远

（续上页注）端倪，而《洗兵马》、《高都护骢马行》等篇，亦不废此一体。士禛所论，以防浮艳涂饰之弊则可，必以景明之论足误后人，则不免于惩羹而吹齑矣。”按何、王两家立论虽然针锋相对，但都是将“风人之义”与流转之调，即内容与形式作为一个有机统一体来讨论的。《提要》却偏就七言长篇形式多变这一点来扬何抑王，未免隔靴搔痒。又按沈德潜《说诗晬语》卷上云：“四语一转，蝉联而下，特初唐人一法，所谓‘王杨卢骆当时体’也。”这种说法，也只是从形式上着眼，不免简单化，其失与《提要》同。

的影响的人，才配称为“大家”。只靠一篇诗而被尊为“大家”，这是文学史上绝无仅有的。王、杨、卢、骆四人就从来没有获得过这种崇高的称号。因此，这一评语事实上是认为，张若虚的《春江花月夜》，一方面，是出于四杰（王氏对前人此论没有提出异议），而另一方面，又确已超乎四杰。这是对此诗理解的深化。

抗日战争时期，闻一多在昆明写了几篇《唐诗杂论》，其中题为《宫体诗的自赎》的一篇，对张若虚这篇杰作，作了尽情的歌颂。闻先生认为：“在这种诗面前，一切的赞叹是饶舌，几乎是亵渎。”诗篇的第十一句到第十六句，比起篇首八句来，表现了“更夐绝的宇宙意识！一个更深沉，更寥廓，更宁静的境界！在神奇的永恒面前，作者只有错愕，没有憧憬，没有悲伤”。对于第十一、十二、十五句中提出的每一问题，“他得到的仿佛是一个更神秘的更渊默的微笑，他更迷惘了，然而也满足了”。对于第十七句以下，开展了征夫、思妇的描写，则认为“这里一番神秘而又亲切的，如梦境的晤谈，有的是强烈的宇宙意识，被宇宙意识升华过的纯洁的爱情，又由爱情辐射出来的同情心”。闻先生因此赞美说：“这是诗中的诗，顶峰上的顶峰。”

将近四十年之后，李泽厚对上述闻先生对此诗的评价，进一步作出了解释①。他不同意闻先生说作者“没有憧憬，没有悲伤”的说法，而认为：“其实，这诗是有憧憬和悲伤的，但它是一种少年时代的憧憬和悲伤。……所以，尽管悲伤，仍然轻快，虽然叹息，总是轻盈。”“永恒的江山、无垠的风月给这些诗人们的，是一种少年式的人生哲理和夹着悲伤、怅惘的激励和欢愉。闻一多形容为‘神秘’、‘迷惘’、‘宇宙意识’等等，其实就是这种审美心理和艺术意境。”李先生的说法，比起闻先生来，显然又跨进了一步，将这篇诗的含义说得更明确，更能揭示它的哲学和美学的价值。

闻、李两位的论点显然不是王闿运及其以前的批评家所能措手的。与此相较，我们对梁启超《中国韵文里头所表观的情感》一文（载《饮冰室合集》）中有关此诗的评论，也感到平庸。只有接受过现代的哲学、美学以及

① 见所著《美的历程》第七章《盛唐之音》第一节《青春、李白》。

对马克思主义有所研究的学者才能得出前所未有的新结论。他们对此诗意义的探索，无疑地丰富了王氏所谓“孤篇横绝，竟为大家”二语的内涵，即提高了这篇作品的价值和地位。而其所以能发前人之所未发，也显然带有鲜明的时代烙印。这，应当说，是对此诗理解的进一步深化。

以上，就是张若虚这篇《春江花月夜》由明迄今的逐步被理解的情况。与此同时，它也难免有被误解的地方。如王闿运和闻一多都将张氏此诗归入宫体，现在看来，就是一种比较重要的、不能不加以澄清的误解。

《旧唐书·音乐志二》云：

> 《春江花月夜》、《玉树后庭花》、《堂堂》，并陈后主所作。叔宝常与宫中女学士及朝臣相和为诗，太乐令何胥又善于文咏，采其尤艳丽者以为此曲。①

这，也许就是王、闻二位将张若虚的《春江花月夜》当成宫体的依据。他们一则赞美它是“宫体之巨澜”，一则肯定它“替宫体诗赎清了百年的罪”，着眼点不同，然而都是误解。

这是因为，在历史上，宫体诗有它明确的定义。《梁书·简文帝纪》云：

> 雅好题诗，其《序》云：“余七岁有诗癖，长而不倦。然伤于轻艳，当时号曰宫体。”

同书《徐摛传》云：

> 属文好为新变，不拘旧体。王入为皇太子，转家令，兼掌管记，寻带领直。摛文体既别，春坊尽学之。宫体之号，自斯而起。

---

① 《乐府诗集》卷四十七引此文作《晋书》，显属误记。《晋书》怎么能记陈后主的事呢？郭茂倩未免太疏忽了。

《隋书·经籍志》集部序云：

> 梁简文之在东宫，亦好篇什。清辞巧制，止乎衽席之间；雕琢蔓藻，思极闺闱之内。后生好事，递相放习，朝野纷纷，号为宫体。流宕不已，迄于丧亡；陈氏因之，未能全变。

唐杜确《〈岑嘉州集〉序》云：

> 梁简文帝及庾肩吾之属，始为轻浮绮靡之辞，名曰宫体。自后沿袭，务为妖艳。

这都是宫体的权威性解释。根据这些材料，可见宫体的内容是“止乎衽席之间”，“思极闺闱之内”，而风格是“轻艳”、“妖艳”、“轻浮绮靡”，始作者则是为太子时的萧纲以及围绕在他周围的宫廷文人如徐摛、庾肩吾诸人。

如果上面所说的符合于历史事实，那么，我们就不能不承认，宫体和另外大量存在的爱情诗以及寓意闺闱而实别有托讽的诗是有本质上的区别的，在描写肉欲与纯洁爱情所使用的语言以及由之而形成的风格也是有区别的，不应混为一谈。而王闿运与闻一多的意见恰恰是以混淆宫体诗与非宫体的爱情诗的界限为前提的。

在王简辑《湘绮楼说诗》卷一中，王闿运曾认为：“沈休文旧有《六忆诗》，亦宫体也。”这话是有道理的[①]。但他称张若虚《春江花月夜》为“宫

① 王瑶《中古文学风貌》第四篇《隶事·声律·宫体——论齐梁诗》云：“宫体之名虽始于梁简文帝，但这种内容和发展的趋向却是宋齐以来就逐渐显著了。正和追求形式美的情形一样，内容也在逐渐地变化；这变化是有意的，它象征着宫廷和士大夫生活的堕落。从山水到宫闱，虽然同样是有闲，同样是诗，但由逃避到刺激，诗和生活同样堕落到了极限。如果我们要选一个有代表性的人物来检讨，最好还是沈约；因为他最懂得甚么是当时对文学的要求，和文学需要顺着那个方向发展；而且又寿高位显，对别人奖掖提倡的影响很大。虽然他死时梁简文帝才十岁，宫体之名还未成立，但他集子里已然有了很多这一类的诗。”所论极为精当。

体之巨澜”，这个宫体，就已经超出了它的原始意义①。而为了证明这一论点，他竟认为二李以及宋词、元诗都和这一杰作有渊源关系，又扯得更远了。王氏弟子陈兆奎在他的老师这段意见之后，加了如下的按语：

> 奎案：昌谷五言不如七言，义山七言不如五言，一以涩炼为奇，一以纤绮为巧，均思自树一帜，然皆原宫体。宫体倡于《艳歌》、《陇西》诸篇。子建、緐（繁）钦，大其波澜；梁代父子，始成格律。相沿弥永，久而愈新。以其寄意闺闼，感发易明，故独优于诸格。后之学者，已莫揣其本矣。

进一步说明了王氏师弟之所谓宫体，实即以男女之情为题材的抒情诗，所以他们进而把爱情诗的源流当作宫体的源流。这是一种既没有文献根据，也完全不符合历史事实的说法。因此，我们认为，王闿运对张若虚以孤篇而成大家的评语，固然可以使我们加深对于《春江花月夜》的理解，但他认为这篇诗乃是宫体，却是一种误解。

同样，闻一多也把宫体诗的范围扩大了，虽然他走得没有王氏师弟那么远。在这方面，闻先生的观点是矛盾的。一方面，他清醒地指出：“宫体诗就是宫廷的，或以宫廷为中心的艳情诗，它是个有历史性的名词。所以严格的讲，宫体诗又当指以梁简文帝为太子时的东宫及陈后主、隋炀帝、唐太宗等几个宫廷为中心的艳情诗。”这是完全正确的。可是，另一方面，接着他又把初唐一切写男女之情乃至不写男女之情的七言歌行名篇，都排起队来，认为是宫体诗，说它们的出现是宫体诗的自赎。这些作品有卢照邻的《长安古意》，骆宾王的《艳情代郭氏答卢照邻》、《代女道士王灵妃答李荣》，刘希夷的《公子行》、《代悲白头翁》，而排尾则是张若虚的《春江花月夜》。结论是：“《春江花月夜》这样一首宫体诗……向前替宫体诗赎

① 如果我们要追溯张若虚这篇诗的渊源，除了形式显然出于四杰歌行之外，在意境、布局各方面，实在深受南朝乐府民歌《西洲曲》的影响，所以王氏也说它“用《西洲》格调”。（沈德潜《古诗源》卷十二已指出张诗受《西洲曲》的影响，王氏或本之。张生伯伟说。）其所写离妇之思也与宫体情调截然不同，而与《西洲曲》接近。

清了百年的罪。”但这些与“以宫廷为中心的艳情诗”关涉很少，甚至毫无关涉的作品，有什么理由说它们是宫体或是宫体经过异化后的变种和良种呢？闻先生没有论证。我们检验一下两者的血缘关系，实在无法承认这是事实。

梁、陈文风，影响初唐，这是不成问题的，但已经发生变化的隋代文风也同样影响初唐，而闻先生却没有付与足够的注意，所以他主观地认为：“北人骨子里和南人一样，也是脆弱的，禁不起南方那美丽的毒素的引诱……除薛道衡《昔昔盐》、《人日思归》、隋炀帝《春江花月夜》三两首外，他们没有表现过一点抵抗力。”从作家当时的创作实践来看，这些话也都是不符合事实的。和闻先生选出来作为这一个历史时期污点的标本的若干篇宫体诗对照，标举雅正的沈德潜在他所选的《古诗源》中，也选了若干首北朝及隋诗，这些作品，正显示有些诗人禁得起南方那美丽的毒素的引诱，他们表现了相当强的抵抗力。在《古诗源·例言》中，沈氏已经指出：

> 隋炀帝艳情篇什，同符后主，而边塞诸作，矫然独异，风气将转之候也。杨处道（素）清思健笔，词气苍然。后此射洪、曲江，起衰中立，此为之胜、广矣。①

而《隋书·文学传序》对于这一时期的文学，更有一段在今天看来基本上仍然正确的叙述。它说：

> 梁自大同之后，雅道沦缺，渐乖典则，争驰新巧。简文、湘东，启其淫放；徐陵、庾信，分路扬镳。其意浅而繁，其文匿而彩。词尚轻险，情多哀思。格以延陵之听，盖亦亡国之音乎！周氏吞并梁、荆，此风扇于关右。狂简斐然成俗，流宕忘反，无所取裁。高祖初统万机，每念斫雕为朴，发号施令，咸去浮华。然时俗词藻，犹多淫丽，故宪台

---

① 沈氏另一著作《说诗晬语》卷上亦载此说。又刘熙载《艺概》卷二云：“隋杨处道诗甚为雄深雅健。齐、梁文辞之弊，贵清绮不重气质，得此可以矫之。”可与沈说参证。

执法，屡飞霜简。炀帝初习艺文，有非轻侧之论。暨乎即位，一变其风。其《与越公书》、《建东都诏》、《冬至受朝诗》及《拟饮马长城窟》，并存雅体，归于典制。虽意在骄盈，而词无浮荡，故当时缀文之士，遂得依而取正焉。

这些论述都证明了，和宫体诗，更正确地说是和梁、陈轻艳的诗风相对立，早在卢照邻的《长安古意》等篇出现之前，已经有许多作为新时代新局面先驱的作品，而这，一方面在文学上，是许多有见识的作家抵抗毒素的结果，另一方面，在政治上，是隋帝国统一后，要求文艺服从当时政治需要的结果。

隋炀帝在中国文学史上是一个不可忽视的作家，有一种比较独特的二重性。他是宫体诗的继承者，又是其改造者。就拿《春江花月夜》来说吧，据《旧唐书·音乐志》的记载，陈后主等所撰的，无疑地是属于宫体的范畴，虽然它们已经亡佚，今天无从目验。但隋炀帝所写如下两篇：

暮江平不动，春花满正开。流波将月去，潮水带星来。
夜露含花气，春潭漾月辉。汉水逢游女，湘川值两妃。

闻先生也不能不将其归入对南方美丽毒素的引诱有抵抗力的作品之列。

《乐府诗集》卷四十七收《春江花月夜》七篇，以上面炀帝两篇为首，以下是隋诸葛颖一篇：

花帆渡柳浦，结缆隐梅洲。月色含江树，花影覆船楼。

唐张子容两篇：

林花发岸口，气色动江新。此夜江中月，流光花上春。分明石潭里，宜照浣纱人。

交甫怜瑶佩，仙妃难重期。沉沉绿江晚，惆怅碧云姿。初逢花上月，言是弄珠时。

这五篇，就是张若虚在写《春江花月夜》时所能读到的部分范本。闻先生既然将隋炀帝的那两篇放在对南方美丽的毒素有抵抗力的作品范畴之中，那么，似乎也难以将诸葛颖和张子容的三篇放在对毒素有抵抗力的作品范畴之外。

由此可见，作为乐府歌辞的《春江花月夜》虽然其始是通过陈后主等的创作而以宫体诗的面貌出现的，但旋即通过隋炀帝的创作呈现了非宫体的面貌。而张若虚所继承的，如果说他对其前的《春江花月夜》有所继承的话，正是隋炀帝等的而非陈后主等的传统。作品俱在，无可置疑。

闻先生忽视了在隋代就已经萌芽的诗坛新风，而将宫体诗的“转机”下移到卢、骆、刘、张时代，这就无可避免地将庾信直到杨素、隋炀帝等人的努力抹杀了，而同时将卢、骆、刘、张之作，划归宫体的范畴，认为他们的作品的出现，乃是“宫体诗的自赎”，就更加远于事实了。这也只能算是对《春江花月夜》的误解。

王闿运与闻一多所受教育不同，思想方法亦异，但就扩大了宫体诗的范围而导致了对《春江花月夜》的误解来说，却又有其共同之点。这就是对复杂的历史现象理解的表面性和片面性。

以上，就是我们所知道的从明代以来这篇杰作的被理解和被误解的大概情况。每一理解的加深，每一误解的产生和消除，都能找出其客观的和主观的因素。认识，是无限的。今后，对于张若虚《春江花月夜》的理解将远比我们现在更深，虽然也许还不免出现新的误解。

1982 年 2 月　南京

张若虚《春江花月夜》集评

张若虚《春江花月夜》从明代以来始见重于世，被采入多家选本，亦或加以句释、节解、眉批、总评，其中不乏胜义。近年评论此诗的书刊不少，但有的蔑视前贤旧说，不屑采择；有的沿袭前贤旧说，无暇指明。因此无法使人看出古今学者在此诗研究工作中继承和发展的轨迹，也无法使人看出它几百年来在读者的认识中逐步深化的过程。为了弥补这一缺陷，今就个人阅读所及，抄成集评，以供参考。限于见闻，必多遗漏，当在今后续加增订。

凡句释置当句之下，节解置当节之下，总评置全诗之后，眉批则依据文义，插入所涉句下或全诗之后。其中《而庵说唐诗》之评，虽列全诗之后，而实系逐句逐节疏解，故抄时亦加分析，列入当句当节之下。另有几家所论，虽非出自选本，但系总评性质，也收入总评中。各本评语有互见者，不重出。其有“后皆指前公相袭”者，也两存之。

引用资料如次：

胡应麟:《诗薮》(上海古籍出版社新刊王治安校本)内篇卷三。

唐汝询:《唐诗解》(万笈堂刊本)卷十一。

钟惺、谭元春:《唐诗归》(万历刊本)卷六。

陆时雍:《唐诗镜》(明刊本)九，盛唐卷一。

周珽:《删补唐诗选脉笺释会通评林》(崇祯刊本)七言古诗，盛唐二。此书眉批采王世懋、汪道昆、蒋一葵、唐汝询、谭元春、钟惺、周启陛、陆时雍、周珽、黄家鼎十家，总评采胡应麟一家。

王夫之:《唐诗评选》(上海太平洋书店排印《船山遗书》本)卷一。

徐增:《而庵说唐诗》(康熙刊本)卷四。

吴昌祺:《删订(唐汝询)唐诗解》(诵懿堂刊本)卷六。

沈德潜:《唐诗别裁》(上海古籍出版社新刊富寿荪校本)卷五。

管世铭:《读雪山房唐诗钞》(湖北官书处光绪刊本)卷八,七古凡例。

王尧衢:《唐诗合解》(光绪刊本)卷三。

陈兆奎辑、王闿运撰:《王志》(光绪刊本)卷二,《论唐诗诸家源流答陈完夫问》附陈兆奎按语。

春江潮水连海平

钟惺曰:便像潮水。

徐增曰:先出春江二字。潮字取其来去,水来去则有情。潮生于海,故又用海。江水自上而下,海潮自下而上,故江水连海平也。须看他字字用意。

海上明月共潮生

徐增曰:带海字以出月字,仍不离潮字,潮盖应月而生者。

滟滟随波千万里

徐增曰:滟滟是水中月光。波动而月光为动。千万里,极言水之连处。

何处春江无月明

徐增曰:此二句是承首二句,其意又欲启花字也。

王尧衢曰:首出春江二字,次出月字,便承二句,以启花字。〇江水下海,海潮入江。春江水涨,故用海潮以见水大。潮来潮去,江竟与海平矣。且海潮应月而生,故即海带潮以出月字。滟滟,水月光也。随波者,月也。曰千万里,曰何处无,见水月之远,两不相离,正承上连海、共潮也。

江流宛转绕芳甸

徐增曰:芳甸,有花处也。谢朓诗:"杂英满芳甸。"看他又不便出花字,又从江字下来,而缀一流字。流能宛转绕有花之甸,水何其有情!

月照花林皆似(帆按:似,一作如。)霰

钟惺曰:入花,轻妙不觉。后更不说花,止带"昨夜闲潭梦落花"一语,妙在下一梦字,又似不实说,觉通篇春江月夜四字中,字字是花。

徐增曰:方出花字,又将月字伴出。霰者,雨雪杂下也。柳恽诗:"春花落如霰。"皆字承水绕芳甸,月照花林。水光滟滟,花光离离,相交不定,故云如霰也。

吴昌祺曰:(春江花月夜)五字以月为主,江次之,而春与花则带入也。夜则不必言而无非夜矣。

空里流霜不觉飞

钟惺曰:静、幻。

徐增曰:因霰字又生一霜字来。春夜安得有霜?霜又岂是流的?空里月光射下如流霜,然作者此时眼光撩乱,看不定春江花月夜五个字,字多乱用,把霜当起水来,我读去亦几眼看不定。不觉飞,夫霜飞则寒,春夜不寒,故不觉也。

汀上白沙看不见

周启陞曰：空里、江（帆按：江，汀之误。）上二语，状月光极静幻。

徐增曰：江畔平浅处为汀。汀上白沙原可看见，只因月光与水光相应射，花光又隐现其间，故看不见，不是要去看白沙也。上来八句，将春江花月四字逐字吐出，不必出夜字，而夜字已在其中矣。

王尧衢曰：一句将江流带起花字之影，一句将月伴出花字。二句描月夜。总上共八句，春江花月逐字吐出，而夜字在内矣。〇江字下添字字，（帆按：字字，流字之误。）正接上滟滟随波句意。宛转绕，正其流之有情也。芳甸，有花之处。谢朓诗："杂英满芳甸。"江流宛转绕之，盖又无处非花林矣。于是以月伴花，曰月照花林如霰者，从夜见水、月、花光交杂，如雨雪之杂也。又从霰字生出霜字，曰流霜，月光照处，如霜之流。以其是春夜不寒，故又不觉霜飞也。江畔浅处有沙之地曰沙。（帆按：曰沙，曰汀之误。）江既有水、月、花光相为映射，则汀上之白沙看不见矣。

江天一色无纤尘

徐增曰：此句把前春字花字都打扫干净，盖欲另提月字也。

吴昌祺曰：江天句，正接上二句。

皎皎空中孤月轮

徐增曰：是独见月也。单论月，那个不看见？兼春兼花处，能有几个受用？故独把孤月来感叹。

江畔何人初见月

周启陞曰：江畔何人数句，岑嘉州《花树歌》亦此意。

徐增曰：江上人何止恒河沙数，那一个人是最初第一见月者？问得奇。

江月何年初照人

钟惺曰：问得幻，想达见。

徐增曰：自有天地，便有此江，便有此江上之月，夜夜处处照人，却是何年照起人的？问得又奇。首八句使人火热，此处八句又使人冰冷。然不冰冷，则不见火热。此才子弄笔跌宕处，不可不知。江畔那一个人最初见月，江月又那一年初来照人，见人自人，月自月，初无交涉。自因月之有照，人之有见，遂弄出无限风光，无限烦恼来，真无可奈何之事也。

吴昌祺曰：妙语。

王尧衢曰：此下将入情事，暂放春花，单言江月，而过出人字。以春花有见有不见，而月则无人不见也。〇江字下又用天、空两字，便见月所从出，古今所由代谢。人生其间，真觉茫茫无际。无纤尘乃见是空。皎皎月轮，独照万古，故见是孤。自天地初分，即有此月此江，又谁知是那一个人始初见月？那一夜月始初照人？人有死生，世有古今，而月则常常如此。这个根底，有何人穷究得出？下二句交互言之，无限感叹，以下便承此意畅发。

人生代代无穷已

徐增曰：人生人死，人死人生，相代而来，无有穷止，并不见一个古人。

江月年年只（帆按：只，一作望。）相似

徐增曰：月圆而缺，月缺而圆，年年相望，只自如此，从无有两样明月。人那里及得月之长在？

不知江月待（帆按：待，一作照。）何人

徐增曰：月不择人而照，安知其照定那一人。

但见长江送流水

徐增曰：止见月照江中，光同流水，滚滚东下，不复返而已。月真是无情之物也。

吴昌祺曰：言月惟照江也。

王尧衢曰：承上将人月关情处一叹，而仍转到江流水。此水字从首句潮水来。〇人之生死，代谢无穷；月之圆缺，年年无异。人知人之望月如此，不知月之照人何如？盖月无情，而情生于望月者耳。月照何人既不可知，但见江水汤汤，日夜流而不返，则是江流又一无情之物也。

白云一片去悠悠

汪道昆曰：白云一片数语，此等光景，非若虚笔力写不到，别有一种奇思。

徐增曰：此句另起，又请出白云来说。有意无意，不可方物。白云是去来无定者，与流水略不同，以兴起下文。一片去悠悠，是言捉摸不定。此一句内具有无穷妙意。

青枫浦上不胜愁

徐增曰：长沙有青枫江，然不必拟定。江上多枫树。枫经霜则红，春时叶青。用青字者，要关着春字也。青枫浦则是江。白云自去，何尝要人愁，而青枫浦上则有不胜其愁者矣。云若霎时便过，不见踪影，人也罢了，独因他悠悠而去，渐去得远，人在月下，看得子细良久，则在外者思想归去，在家者又怀念远人，此所以不胜愁也。

谁家今夜扁舟子

徐增曰：今夜泊舟于江上者，不知其为谁家之子。至此，始出夜字。

何处相思明月楼

蒋一葵曰:绮回曲折,转入闺思,言愈委宛轻妙,极得趣者。

唐汝询曰:翻复播美。(帆按:美字疑误,或是弄字。)写己客思,转入闺情。一篇开合,全在“谁家今夜扁舟子,何处相思明月楼”两句。

徐增曰:楼是闺人所居之处。今夜扁舟客子既不知其为谁家,又安知其相思在何处之楼哉?此四句是言作客之愁思。

吴昌祺曰:以上只说江月,至此则忆家,言家中月色恼人也。

王尧衢曰:此以江云生起愁来,又暗出夜字,转过明月,以言客思闺情,伏下文之本也。○白云只有一片,而又去得悠悠,又是一无情之物也。因上文有无纤尘三字,故此云一片,已不免秽滓太清。去悠悠,去之不定,有似游子。青枫浦上人视此浮云,自伤流荡,所以不胜愁也。青枫江上多枫,枫叶青,又关着春字。扁舟子,是游子也。楼上人,是怀游子者也。今夜扁舟中,不知是谁家之子,又安知思此游子者之闺人住在何处楼哉?

可怜楼上月徘徊

徐增曰:月却不比白云,偏要照着楼上,徘徊不去。

应照离人妆镜台

徐增曰:良人不在家,而谓其妇是离人,应是想像月在楼上,断无不照着妆镜台者,非正见也。

玉户帘中卷不去

徐增曰:月光照入室内,离人对此不耐,欲将帘卷月,而光只自不去。

捣衣砧上拂还来

徐增曰:离人在月下捣衣怨苦,初疑砧上是霜,及去拂拭,而光不动。

此四句是从客子意中想像离人月中之景况。

王尧衢曰：此从月下言闺情，从扁舟子意中想出。〇可怜，是客子意中可怜也。离人，客子谓其妇也。应，是遥度之词。徘徊，楼上之月不去也。反照白云之去。月在楼上照离人，断无不照着镜台。下二句，描徘徊不去之月光也。帘，卷得去；月，卷不去。捣衣砧上，只疑得霜，然拂拭亦不能去。视此月光之不去，反形游子之不来。客子料离人在楼必定多愁，故先冠以可怜二字。

此时相望不相闻

徐增曰：江上客与楼上人虽非一处，而见月则同，此时此际，相望而不能相通信息也。

吴昌祺曰：此下为其妇之词。

愿逐月华流照君

徐增曰：放过客子，单就楼上人说，愿逐月华以照夫君之前。不言光而言华者，亦欲关着花字也。

鸿雁长飞光不度

徐增曰：月华岂易逐得，则便想着鸿雁。鸿雁长乘月而飞，则满身是光，则光似可借鸿雁以度，而不知月照一天下，一处有一处之光，分毫不可假借。但凭鸿雁那处去，而此处之光一些移不得去，故鸿雁度而光不度也。

吴昌祺曰：不度者，不去也。

鱼龙潜跃水成文

唐汝询曰：鸿雁、鱼龙二语，写景入细处。

徐增曰：鸿雁如此，又去想着鱼龙。楼头月光，鸿雁既担不去；浦上月光，鱼龙或可送来，而孰知其还不如鸿雁多也。因念曰：江上定有鱼龙。然鱼龙在水，其身非月光之所得照。在水底不见谓之潜。即在水底跃，亦不过在水面发一大圆，月光照其成文而已。君既欲逐月华而照我，又不成虚话哉！

王尧衢曰：此时，客子离人，同时望月，而音信不相闻问。以下便放开客子，单说楼上离人。○（帆按：○号以意补。）楼上人想月之光华照到夫君身上，愿随月华流照到夫君之前。复又转语云：月华安可逐也？即如能飞者，鸿雁。雁飞在月光中。此处月光，鸿雁不能带去，故曰不度。又想浦上之月，鱼龙或可带来。谁知鱼龙潜藏水底，并月光又照不着。即其在水中跳跃，从月下视去，不过成水面波纹而已。然则逐月流照，岂不诬哉！

昨夜闲潭梦落花

钟惺曰：入此大妙。

徐增曰：此下八句是结，前首八句是起。起用出生法，将春、江、花、月，逐字吐出；结用消归法，又将春、江、花、月，逐字收拾。此句不与上连，而意则从上滚下。夜间望月，不觉又成昨矣。身在闺中，心属江上，于其间想出潭字。潭义是深，而又谓之闲。两不相涉，即是闲也。闲则想，想则梦。如此良夜，各各寂寞，总复关情，究竟是梦影边事。红颜易老，有如花落，故梦落花也。复出花字、夜字。

可怜春半不还家

徐增曰：夜已昨矣，花又落矣，而春则过半矣。半字，见春止剩一半，还家尚可及得。不还家，则负此春，宁不为可怜？复出春字。

江水流春去欲尽

钟惺曰：深。

徐增曰：其所剩一半之春，又不是牢在此不去的。汝看江水之流，把春流到将完之际矣。欲字中含情无限。复出江字，而江水亦非复宛转绕芳甸之水矣。

江潭月落复西斜

徐增曰：说落花则于闲潭，说落月则江潭共之。花，有处有，有处无，而月则无处不有。春欲尽，止剩是月，又将要落下而西斜矣。复出月字，而月又非共潮生之初月矣。

王尧衢曰：此下八句作结，将春、江、花、月、夜五字，逐字收拾。〇昨夜，是望月之夜已成昨矣，乃转夜而言月，从月而想夜间之梦。闲潭犹闺中之幽闲，落花犹美人之迟暮。由思起梦，因梦生怜。此可怜，是闺人心事。昨夜恰梦落花，此时却是春半。还家犹不负春，乃春半不还，渐渐而至于春之欲尽。此江流不歇，此春日难留，是江水把春来流尽者。春既欲尽，只有江潭之月，犹赖徘徊，乃复又西斜欲落矣。春江花月全然辜负了。

斜月沉沉藏海雾

徐增曰：月一斜，则沉沉落下。藏海雾，则月不见了。

碣石潇湘无限路

徐增曰：碣石，海旁山也。按《禹贡》，在冀州北平西南河口，三国时已渐沦于海，去岸百余里。此带言海。潇湘之水，源出广西阳海山，流出分水岭，分派北流入长沙界。湘犹相，言有所合也。永州与潇水合，曰潇湘；衡阳与蒸水合，曰蒸湘；沅州与沅水合，曰沅湘。会众流以达于洞庭。无限路，则江不见了。

不知乘月几人归

徐增曰：人又不归，则春又过了。

落月摇情满江树

钟惺曰：落月摇情，情满江树。摇字，满字，幻而动，读之目不能瞬。

徐增曰：落月，则夜又尽了；满江树，则花又无了，使人情摇无定，伤天涯之甚远，叹离人之将老。如此花月良夜，人生一世能得几次，而乃虚度过去耶？闲潭之梦，至此醒矣。陈后主当为猛省。

吴昌祺曰：春半不还，而春又去，月已没矣。一北一南，为路甚赊。不知有归人否？有归人，则君或在其中也。能无对落月而情伤乎？

王尧衢曰：此将春江花月一齐抹倒，而单结出个情字，可见月可落，春可尽，花可无，而情不可得而没也。〇月斜而至沉于海雾，月全无有也。此篇首以海潮起，故并海字结。碣石，海旁之山。潇湘，连江之水。从江溯海，其路无限，江安可尽耶？春去矣，月落矣，而人又不归。乘月无人，即有，有谁知得？故曰"不知乘月几人归"，并归结人字。落月，则夜又尽。满江树，则花又无了。余情袅袅，摇曳于春江花月之中，望海天而杳渺，感今古之茫茫，相(帆按：相，疑当作想。)离别而相思，视流光而如梦。千端万绪，总在此情字内，动摇无已，将全首诗情，一总归结其下。添不得一字，而又余散(帆按：散字疑误，或是味字。)无穷。此古诗之所难于结也。

【总评】

胡应麟曰：张若虚《春江花月夜》，流畅婉转，出刘希夷《白头翁》上，而世代不可考。详其体制，初唐无疑。(帆按：周珽《删补唐诗选脉笺释会通评林》引此条，"初唐无疑"四字作"固初唐高倡也"。)

王世懋曰：句句以春江花月妆成一篇好文字。

唐汝询曰：此望月而思家也。言月明而当春水方盛之时，随波万里，靡所不照。霜流沙白，状其光也。因言月之照人，莫辨其始。人有变更，月长皎洁，我不知为谁而输光乎？所见惟江流不返耳。又睹孤云之飞而想今夕，有乘扁舟为客者，有登楼而伤别者，已与室家是也。遂叙闺中怅望之情，久客思家之意。因落月而念归路之遥，恨不能乘月而归，徒对此江树而含情也。（帆按：吴昌祺《删订唐诗解》略有删改，今从原本。）

钟惺曰：浅浅说去，节节相生，使人伤感。未免有情，自不能读，读不能厌。

又曰：将春江花月夜五字炼成一片奇光，分合不得，真化工手。

谭元春曰：春江花月夜，字字写得有情，有想，有故。

陆时雍曰：微情渺思，多以悬感见奇。

周珽曰：语语就题面字翻美，（帆按：美字疑是弄字之误。）接笋合缝，铢锕皆称。伯敬云："浅浅说去，节节相生，奇光分合不得。（帆按：奇光六字，见钟评另条，此系误入，应删。）使人伤感。未免有情，自不能读，读不能厌。"诚哉斯言也。

黄家鼎曰：五色分光，合成一片奇绵。（帆按：绵，疑锦之误。）不是补天手，未免有痕迹。

王夫之曰：句句翻新，千条一缕，以动古今人心脾，灵愚共感。其自然独绝处，则在顺手积去，宛尔成章，令浅人言格局，言提唱，言关锁者，总无下口分在。

沈德潜曰：前半见人有变易，月明常在，江月不必待人，惟江流与月同无尽也。后半写思妇怅望之情，曲折三致。题中五字安放自然，犹是王、杨、卢、骆之体。

管世铭曰：卢照邻《长安古意》、骆宾王《帝京篇》、刘希夷《代悲白头翁》、张若虚《春江花月夜》，何尝非一时杰作，然奏十篇以上，得不厌而思去乎？非开、宝诸公，岂识七言中有如许境界？何大复未之思也。

王尧衢曰：此篇是逐解转韵法。凡九解：前二解是起，后二解是收。起则渐渐吐题，收则渐渐结束。中五解是腹。虽其词有连有不连，而意则相生。至于题目五字，环转交错，各自生趣。春字四见，江字十二见，花字只二见，月字十五见，夜字亦只二见。于江则用海、潮、波、流、汀、沙、浦、潭、潇湘、碣石等以为陪；于月则用天空、霰、霜、云、楼、妆台、帘、砧、鱼、雁、海雾等以为映。于代代无穷乘月望月之人之内，摘出扁舟游子、楼上离人两种，以描情事。楼上宜月，扁舟在江。此两种人，于春江花月夜，最独关情。故知情文相生，各各呈艳，光怪陆离，不可端倪，真奇制也。

王闿运曰：张若虚《春江花月夜》用《西洲》格调，孤篇横绝，竟为大家。(陈兆)奎案：《春江花月夜》，萧杨父子时作之，然皆短篇写兴，即席口占。至若虚乃扩为长歌，秾不伤纤，局调俱雅。前幅不过以拨换字面生情耳。自“闲潭梦落花”一折，便缥渺悠逸。王维《桃源行》从此滥觞。李贺、商隐，挹其鲜润；宋词、元诗，尽其支流，宫体之巨澜也。奎按：昌谷五言不如七言，义山七言不如五言，一以涩炼为奇，一以纤绮为巧，均思自树一帜，然皆原宫体。宫体倡于《艳歌》、《陇西》诸篇。子建、繇(繁)钦，大其波澜；梁代父子，始成格律。相沿弥永，久而愈新。以其寄意闺闼，感发易明，故独优于诸格。后之学者，已莫揣其本矣。

1982 年 3 月　南京

李白《丁都护歌》中的“芒砀”解

云阳上征去，两岸饶商贾。吴牛喘月时，拖船一何苦！水浊不可饮，壶浆半成土。一唱《都护歌》，心摧泪如雨。万人凿盘石，无由达江浒。君看石芒砀，掩泪悲千古！

这首《丁都护歌》是李白集中为数不多的直接反映当时劳动人民在封建统治阶级压迫下的痛苦生活的作品之一。它和诗人的其他名篇一样，一直为读者所爱好，传诵。

可是，由于有些注家对诗中“芒砀”一词没有能够作出正确的解释，就使人们感到，其所述情事，有些费解。现在，我们试图将这个问题加以澄清。

《汉书·高帝纪》：

高祖隐于芒、砀山泽间。（应劭注：“芒属沛国，砀属梁国。二县之界有山泽之固，故隐其间。”）

芒、砀山泽，在今安徽省砀山县境内。不少注解李诗的书认为：“君看石芒砀”句中的“芒砀”，就是指芒、砀诸山①，而“石芒砀”则是指产于此山

① 请看杨齐贤集注、萧士赟补注《分类补注李太白诗》卷六，王琦注《李太白全集》卷六，马茂元《唐诗选》上册，第238～239页。（下引诸家说均出此）

的文石[1]，诗中所咏，即系将在此山开采的石头用船运往位于长江南岸的云阳（今江苏省丹阳县）的事。

但这一说法，无论从诗中地理及诗句语法来看，都有其窒碍难通的地方。

先谈地理上的问题。诗篇一上来就写道："云阳上征去，……拖船一何苦！"非常明确地表明了是从云阳拖船。"上征"一词，出自《离骚》："驷玉虬以乘鹥兮，溘埃风余上征。"本是说从地下到天上。我国地势基本上是西北高，东南低，所以习惯上往西往北走，就叫西上北上，往东往南走，就叫东下南下。王琦引冯衍《显志赋》"溯淮流而上征"来注"云阳上征去"，正由于此。那么，如果是从皖北的芒、砀诸山采石，南运苏南的云阳，怎么能说是"云阳上征去"呢？应当说"芒砀下航去"才对。这显然是个矛盾。

为了解决这个矛盾，马茂元先生作了如下的解释：

> 征，征途。上征，犹言启运。"云阳上征去"是上征云阳去的倒文。文石采自芒、砀，由运河向南运至云阳。"两岸"，指运河两岸。

稍加检核，就可以看出，此说是难以成立的。一是因为释征为征途，上征为启运，都缺乏训诂学上的根据；二是以两岸为运河两岸，在诗中全无可稽；三是以"云阳上征去"句为倒文，也不大说得过去。还有人认为是在芒、砀采石，而由云阳开船去负担南运的任务，那么，船离云阳的时候，还是空的，既非重载，拖船北上就不太费力，为什么诗人要强调"上征"时"拖船一何苦"呢？

由此可见，这些迂曲的说法并不能解决"云阳上征去"与作为山名的"芒、砀"之间所产生的矛盾。

再谈语法上的问题。我们指的是根据古代韵文的语法，在"君看石芒

---

① 王、马说。杨氏引《汉书》释"芒砀"为山名，又释"石芒砀"为"视盘石芒砀然"，意谓盘石（大而多）有如芒、砀诸山，与诸家不同。萧氏虽然也认为"芒砀"乃指芒、砀诸山，但并不认为诗中所咏系指开采山石，南运云阳。这些歧见是基于他们对诗中所咏情事的理解各有不同而产生的，并见下。

砀”这句诗中，“芒砀”一词究竟应当怎样理解才算正确的问题。为了便于比较，仍用李诗作为例证。

如大家所熟知，依照古代韵文的语法，当一个形容词与一个名词相结合而构成词组时，这个形容词是既可前置，又可后置的。以巉岩、浩荡、萧飒这三个形容词为例，李白在下列诗句中，即皆用于前置，作为定语来修饰后面的名词：

> 巉岩容仪。
>
> ——《上云乐》
>
> 浩荡深谋喷江海。
>
> ——《述德兼陈情上哥舒大夫》
>
> 萧飒古仙人。
>
> ——《古风》其二十

而他在另外三句诗中，则又用于后置，作为谓语来描述前面的主语：

> 石头巉岩如虎踞。
>
> ——《金陵歌送别范宣》
>
> 洪波浩荡迷旧国。
>
> ——《梁园吟》
>
> 胡霜萧飒绕客衣。
>
> ——《豳歌行上新平长史兄粲》

这两种方式都是习见的。

可是，如果是用一个名词，特别是专门名词作为定语来修饰另外一个名词时，一般就只能前置，而不能后置。这从下举各例中可以看出来：

> 东上蓬莱路。
>
> ——《古风》其二十

> 片片吹落轩辕台。
>
> ——《北风行》

> 巢在昆山树。
>
> ——《赠溧阳宋少府陟》

在这些诗句里，我们不能将蓬莱、轩辕、昆山当作后置的定语使用，而将“蓬莱路”写成“路蓬莱”，将“轩辕台”写成“台轩辕”，将“昆山树”写成“树昆山”。如果是在散文里，还可以借助于助词之及者，并在那个作为后置定语的名词之前，加上一个合适的动词，将它们写成“路之去蓬莱者”，“台之名轩辕者”以及“树之植昆山者”，虽然有些别扭，倒也勉强可通，而在格律、音韵等等限制之下，却无法将这样一种形容短语安放在诗句里。

由此可见，将“石芒砀”释为“石之产芒、砀者”，是不符合古代韵文语法的。

以上证明，无论从地理或语法的角度来探究，“芒砀”虽然也是山名，但李白在《丁都护歌》中，却并没有将它当作山名来使用①。

我们认为：《丁都护歌》中的“芒砀”是一个性状形容词，它以后置的方

---

① 前人注释，认为“芒砀”不作山名解的，有胡震亨。其《李诗通》卷二云：“芒，石棱；砀，石文。指所凿盘石言。”（下引胡说均出此。）按：芒有锋利之义，故与铓通用。《汉书·贾谊传》：“一朝解十二牛而芒刃不顿者。”颜师古注：“芒刃，谓刃之利如毫芒也。”《文选》卷三十五张协《七命》：“启雄芒。”李善注：“芒，锋刃也。”皆假为铓字。引申其义，则石芒自亦可指石棱。砀之本义为文石，解为石文，也无不可。所以将两字孤立起来看，胡说似若可通，但“芒砀”既系一个叠韵连绵词（详下），而如王国维《观堂集林》卷一《肃霜涤场说》所指出的：“……古之连绵字，不容分别释之。”因而他认为“芒砀”一词在本诗中并非山名，虽然是对的，而分释为石棱、石文，却仍然错了。

式与名词“石”结合，成为“石芒砀”这样一个主谓结构。它和杜甫《王兵马使二角鹰》诗“悲台萧瑟石巃嵸”句中的“石巃嵸”，苏轼《游金山寺》诗“中泠南畔石盘陀”句中的“石盘陀”，是完全一样的。

朱骏声《〈说文〉通训定声》壮部十八芒字下云：

> 《诗・长发》：“洪水芒芒。”《元(玄)鸟》：“宅殷土芒芒。”传：“大貌。”《左》襄四年：“芒芒禹迹。”注：“远貌。”《淮南・俶真》：“其道芒芒昧昧。”注：“广大之貌。”《补亡诗》：“芒芒其稼。”注：“多貌。”

又砀字下云：

> 或曰：芒砀，叠韵连语。假借为宕。《淮南・本经》：“元元至砀而还照。”注：“大也。”《甘泉赋》：“回飙肆其砀骇兮。”注：“过也。”《长笛赋》：“眩砀骇以奋肆。”注：“突也。”

朱氏在这里所辑录的故训表明，芒、砀两字，有大、广、多、远、过、突这样一些相同、相通或相近的意义，它们又同属一个韵部，因而在构成一个叠韵连绵词的时候，自然也就具有同样的意义。李白在本诗中，以之形容石大且多，是很精确的。

古汉语中通假字很多，它们在形、音、义各方面的变易都非常繁复。程瑶田《通艺录・果蠃转语记》曾举果蠃这个叠韵连绵词为例，王国维《肃霜涤场说》曾举肃霜、涤场这两个双声连绵词为例，展示了叠韵及双声连绵词变易多端的情况①。程氏并对这种情况作了如下的概括：

> 双声叠韵之不可为典要而唯变所适也，声随形命，字依声立。屡变其物而不易其名，屡易其文而弗离其声。物不相类也，而名或不得

---

① 参看殷孟伦《〈果蠃转语记〉疏证》，载四川大学中国文学系《文学集刊》第1、2期，1943年。

不类。形不相似，而天下之人皆得以是声形之，亦遂靡或弗似也。

就芒砀一词而言，也有同样的情况，今略举如下。芒砀，或作旁唐，《文选》卷八司马相如《上林赋》：

瑉玉旁唐。（李善注引郭璞曰："旁唐，言磐礴也。"《文选》卷十二郭璞《江赋》："荆门阙竦而磐礴。"李善注："磐礴，广大貌。"《汉书·高帝纪》应劭注："砀，音唐。"颜师古注："砀，亦音宕。"）

或作沆砀，《汉书·礼乐志》载《郊祀歌》：

西颢沆砀。（颜师古注："沆砀，白气之貌也。"）

或作莽荡，《文选》卷九班彪《北征赋》：

野萧条以莽荡。（五臣注，张铣曰：萧条、莽荡，旷远之貌。）

或作茫荡，王绩《东皋子集》卷下《无心子传》：

游乎茫荡之野。

或作旷荡，李白《大鹏赋》：

不旷荡而纵适。

或作漭荡，李白《送王屋山人魏万还王屋》：

漭荡见五湖。

唐人诗句以芒砀作形容词使用而为人所习知的，还有韩愈的《苦寒》：

> 芒砀大包内。（钱仲联《韩昌黎诗系年集释》卷二引方崧卿《韩集举正》：“芒砀乃茫荡也。芒，平上声通。李白诗：‘君看石芒砀，掩泪悲千古。’古书茫只作芒，砀与荡通。《诗》：‘洪水芒芒。’《庄子》：‘芒乎何之。’皆茫字也。又：‘吞舟之鱼，砀而失水。’《汉志》：‘西颢沆砀。’皆荡意也。大包，以宇宙言也。”）

而韩诗以“芒砀”前置，修饰“大包”，李诗以“芒砀”后置，描述“石”，也正符合性状形容词既可放在名词之前，又可放在名词之后的规律。

由此可见，“芒砀”在《丁都护歌》中应理解为是一个叠韵形容词，实无疑义。

现在，可以附带讨论一下此诗所咏情事或其本事问题。“芒砀”一词的正确理解，对于我们正确地理解全诗，也是有帮助的。

此诗虽然篇幅不长，但所咏何事，则注家们颇有歧见，列举起来，共约六说。杨齐贤云：

> 此意谓行船于河，河水浑浊不可饮，虽使万人凿石以通江水，终不能得。当热而渴饮，千古之人视盘石芒、砀然，岂不悲哉！

萧士赟云：

> 此篇之意，是咏秦皇凿北坑以压天子气之事①。徒尔劳民凿石，而不知真主已在芒、砀山泽间矣，非人力之所能胜也。触热拖船，就饮浊水，征夫之苦，徒兴千古之悲耳。

① 按：北坑当作北冈。《艺文类聚》卷六引《地理志》：“秦望气者云：‘东南有天子气。’使赭衣徒凿云阳北冈，改名曰曲阿。”《太平御览》卷五十八引董览《吴地志》：“曲阿，秦时名云阳。太史云：‘东南有天子气，在云阳之间。’故凿北冈，令曲而阿，因名曰曲阿。”

萧氏引或说云：

此诗乃是为韦坚开广运潭而作，借秦为喻耳。按唐史，天宝初，江淮南租庸等使韦坚引淮水抵苑东望春楼下为潭①，以聚江、淮运船，役夫匠通漕渠，发人丘陇，自江、淮至京城，民间萧然愁怨，二年而成。三月，上幸望春楼观新潭，名其潭曰广运②。太白之诗，其为是欤？

萧氏又一说云：

吴孙权时，亦尝遣校尉陈勋将屯田及作士三万人凿句容中道，自小其至云阳西城，通会市，作邸阁③。今以首句观之，似咏此事。

胡震亨云：

……白词“云阳上征去”，咏润州埭闸牵挽之苦。……先是，润州不过江，开元中，刺史齐澣始移漕路京口塘下，直达于江，立埭收课，事详澣本传④。澣新河在江北者，白尝作诗颂美⑤。此独言其苦。瓜步岸卑易开，润州岸高难开，地势至今然，白诗并纪实也。

王琦云：

---

① 按：淮水当作浐水。《旧唐书·玄宗纪》，天宝元年：“是岁，命陕郡太守韦坚引浐水开广运潭于望春亭之东以通河、渭。”《资治通鉴》卷二百十五：天宝二年三月，“江淮南租庸等使韦坚引浐水抵苑东望春楼下为潭”。淮水是无从引到长安的。

② 此事，两《唐书·韦坚传》并载之，但萧注行文，大体依据《通鉴》。

③ 见《三国志·吴书·孙权传》赤乌八年。

④ 齐澣，两《唐书》并有传（旧书入《文苑》），皆载此事。

⑤ 这里指李集中《题瓜洲新河饯族叔舍人贲》一诗中有“齐公凿新河，万古流不绝。丰功利生人，天地同朽灭”诸句。

> 考芒、砀诸山，实产文石①。或者是时官司取石于此山，僦舟搬运，适当天旱水涸，牵挽而行，期令峻急，役者劳苦，太白悯之而作此诗。……“君看石芒砀，掩泪悲千古”者，谓芒、砀产此文石，千古不绝，则千古实为民累，有心者能不睹之而兴悲哉②！

异说虽多，有的却完全不足据信。如由于“芒砀”一词已被证明不能解为山名，则萧士赟认为此诗是说秦始皇虽凿云阳北冈以压天子气，而不知汉高祖已隐于芒、砀山泽间，以及王琦认为系自芒、砀采石，南运云阳之说，已不攻自破。

萧氏的又一说，只是就孙吴时陈勋曾在云阳一带开路，与诗中云阳强为牵合，而此事与诗里所描写的情景，很不相干，其为附会，不待详辩。

萧氏所引或说，以为诗咏韦坚开广运潭事，但诗中既全未涉及他的聚敛邀宠，而且这一漕渠工程，是起自江、淮，引浐水以达长安，工程重点都在长江以北，而从诗中所用云阳、吴中等语来看，却偏指江南，可见其附会的程度也不下于前说。所以王琦说：“琦尝以全篇诗意参绎(萧注所说)三事，知其皆非也。”

杨齐贤的说法，不算穿凿，但他认为凿石的目的，不是为了将它北运江边，而是“以通江水”，使“行船于河”的人免于再饮浑浊的水。这样，就把拖船之苦局限在缺乏清洁饮水这一点上。这种片面的理解，显然不合全诗情事，也说明他忽略了诗篇所具有的深度和广度，即诗人所揭露的，乃是封建统治阶级“力役之征”的黑暗面，而这在当时，是具有深刻、普遍的意义的。

胡震亨比较谨慎。他只泛言此诗是“咏润州埭闸牵挽之苦”，虽然也征引了齐澣开河移漕之事，但只是用以说明“润州岸高难开”，从而证实此

---

① 《说文解字》九篇下：“砀，文石也。”段玉裁注：“《地理志》：‘梁国砀山出文石。’……师古云：‘山出文石，故以名县也。’按：以砀名山，又以砀名县，本为文石之名。”砀山出文石，见于《汉书·地理志》，芒山是否也出文石，则不可知。王氏称“芒、砀诸山，实产文石”，而冠以“考”字，似欠严谨。

② 近人选注的唐诗或李诗多从王说，不更列举。

诗描写所具有的真实性,并没有硬说从"云阳上征"拖船的水道也是齐澣所开。王琦除了误解"芒砀"一词之外,所说大体上与胡氏相同。在旧注中,它们是大体正确的。

萧士赟认为:"太白乐府每篇必隐栝一事而作,非泛然而言者。"这个意见值得重视。但诗人所隐栝的事,是否一定有书面记录流传下来,从而一定为后人所知道,则完全是另外的问题。唐代"差役之法,凡诸官吏,殆无不因以虐民。甚有非关公事,亦加役使者。而运输之事,尤为劳弊"①。这种事情,成千上万,史籍何能尽载?后人何能尽知?李白在游览云阳的时候,见到劳动人民就地取石,或由它处取石经过其地,并从水路运到江边的情况,有所感发,就写下了这篇作品,也正是"非泛然而言者"。如果一定要在史籍上找出它的本事,甚至以诗中个别词汇为依据,来探求诗意,那就不免陷于"深文周内",成为"固哉高叟"了。

根据以上粗略的论述,我们认为:在古今注家中,复旦大学中文系古典文学教研组选注的《李白诗选》,释"上征"为"向上游(北方)行舟","石芒砀"为"石头又大又多的意思",并说全诗是"写劳动人民在炎热季节里拖船的痛苦实情。……诗里表现了诗人对劳动人民的同情",其说可称简当。

1977年6月　南京

① 引自吕思勉《隋唐五代史》,第1179页。

关于李白和徐凝的庐山瀑布诗

（一）

作为一个富有特色的风景区和休养胜地，矗立在鄱阳湖畔的庐山，从古以来就以她奇秀的风姿吸引着作家、艺术家的灵心与彩笔。各人根据自己对庐山的独特的观察与体验而写出来的诗文，绘出来的图画，丰富了祖国的文学艺术。

这些作品自然存在着异同之别，高下之分，其间出现的一些问题也有许多是值得我们今天玩索和借鉴的。这里，只将自己见到的历来有关李白和徐凝两位唐代诗人所写的歌咏庐山瀑布的两首七言绝句的文献加以记录和讨论。

（二）

王琦注本《李太白文集》卷二十一收有《望庐山瀑布》二首，一首五古，一首七绝，词云：

西登香炉峰，南见瀑布水。挂流三百丈，喷壑数十里。歘如飞电来，隐若白虹起。初惊河汉落，半洒云天里。仰观势转雄，壮哉造化功。海风吹不断，江月照还空。空中乱潈射，左右洗青壁。飞珠散轻霞，流沫拂穹石。而我乐名山，对之心益闲。无论漱琼液，且得洗尘颜。且谐夙所好，永愿辞人间。

日照香炉生紫烟，遥看瀑布挂前川。飞流直下三千尺，疑是银河落九天。①

这两首诗大约同时写于唐玄宗开元十四年（726），即诗人二十六岁的时候②。这是一个才情横溢的青年面对着与他所已经熟悉了的蜀中山水风格很不相同的新境界所发出的由衷的赞叹。他用纵横铺排的赋体写了一首五言古诗，“言之不足”，又写上一首七言绝句，更其集中地刻画了瀑布本身的令人惊心动魄的雄伟形象。绝句显然是古诗中所表现的景物在诗人构思中更其典型化的再现。

历来的读者对这两首诗是很珍视的。如王注李集卷三十三附录三载明杨荣《李白赞》云：“匡庐之山，神秀所钟。瀑布千尺，宛然飞虹。伟哉谪仙，银河在目。咳吐天风，灿然珠玉。”这篇赞主要是概括了李白自己的诗句写成的，《望庐山瀑布》则是其基本材料。可见在杨荣的心目中，这两首诗乃是李白的性格、精神的象征。

---

① 这两首诗，校以敦煌石室所出唐人选唐诗残卷及李集各本，文句间有异同。今以无关本文论旨，不更举例。

② 这两首诗的作期，约有三说。黄锡珪《李太白年谱》所附《李太白编年诗目录》定为肃宗“至德元年（公元756年。按：即玄宗天宝十五载，元年亦当作元载。）六月，白隐居庐山作。”詹锳《李白诗文系年》系之于开元十四年，并加以考证说：“任华《杂言寄李白》：‘登庐山，观瀑布，“海风吹不断，江月照还空”，余爱此两句。’指此诗第一首。华诗下文又云：‘中间闻道在长安，及余戾止，君已江东访元丹。’则《望庐山瀑布》诗盖入京以前作也。按白虽屡游庐山，而大都在去朝以后；其在天宝以前者，约当是时。”复旦大学中文系古典文学教研组选注的《李白诗选》将这两首诗归入第二部分（不编年）中，并加推断说：“根据‘且谐夙所好，永愿辞人间’两句推测，大约是李白晚年准备隐居庐山时所作。”黄锡珪大约以为李白平生只在至德元载上过庐山，所以为李诗编年，便将其所有的庐山诗都编入这年，这显然与事实不符。复旦《李白诗选》的推断也很勉强，因为李白的出世思想形成得很早，《诗选》第一部分第一期《登峨嵋山》的解题就曾指出：“李白在青年时代曾热中于修仙学道。”那么，“辞人间”是“夙所好”，何须在晚年准备隐居庐山时才具有呢？因此，我们这里采取了詹锳先生的意见。

古代诗论家对这两首诗还作过一番比较。宋葛立方《韵语阳秋》卷十三云："以余观之，'银河一派'①犹涉比类，未若前篇云'海风吹不断，江月照还空'，凿空道出，为可喜也。"胡仔《苕溪渔隐丛话》后集卷四也说："太白前篇古诗云：'海风吹不断，江月照还空。'磊落清壮，语简而意尽，优于绝句多矣。"我们承认，五古中这两句，以白描的赋体形容瀑布，的确具有陆机《文赋》中所说"体物而浏亮"之妙，也很富于创造性，是应当给予很高的评价的。在葛、胡之前，与李白同时的诗人任华在其《杂言寄李白》中，也说："余爱此两句。"但是否就可以由此得出结论说"优于绝句多矣"呢？不能。这不特是因为从描写手段看来，固定地认为"凿空道出"胜于"比类"，即赋优于比，不够恰当；从风格看来，"磊落清壮"为两诗所同；也因为三家所举的两句只是"一篇之警策"，可并不是全篇。如果就全篇而论，则真正能够"语简而意尽"地概括庐山瀑布的形象的，倒是后者而不是前者。古诗从"挂流三百丈"句起，至"流沫拂穹石"句止，共十四句，都是正面描摹，绝句的后两句也是这样。两相比较，显然前者比后者丰富，而后者比前者精炼（它虽然不能包涵却已经概括了前篇中所表现的中心形象）。因此，我们没有必要对他们强加抑扬；同时，还必须认识到，李白，作为一个伟大的诗人，在同一题目之下，写了一首五古之后，再写一首七绝，决非随便地自行重复，而是有意识地互相补充。

总之，这首七绝传诵千年，直到今天，还为人们所爱好，甚至比那首五古流传得更其广泛一些，并不是偶然的。

（三）

过了一个世纪，约在唐宪宗元和时代（806—820），另一位诗人徐凝又写了一首题为《庐山瀑布》的七绝（见《全唐诗》卷四百七十四）：

---

① "帝遣银河一派垂，古来惟有谪仙词"是苏轼赞美李白这首绝句的话，见后。葛立方这里是摘取苏诗中四字来代表这首诗。

虚空落泉千仞直，雷奔入江不暂息。今古长如白练飞，一条界破青山色。

这首诗在当时也很有名。《唐诗纪事》卷四十一《徐凝》条引宋潘若冲《郡阁雅谈》，就有“凝官至侍郎，多吟绝句①，曾吟《庐山瀑布》，脍炙人口”的记载。并且，据说，徐凝在应乡贡荐举中，还凭仗这首诗击败了他的对手张祜（“祜”，或作“祐”，误）。

这段佚闻见于唐范摅《云溪友议》卷中《钱塘论》条。宋人著述如王谠《唐语林》卷三《品汇》门、计有功《唐诗纪事》卷四十一《徐凝》条、旧题尤袤《全唐诗话》卷三《徐凝》条均加转载。其中《唐语林》系直录《友议》原文，《唐诗纪事》则略有改动，《全唐诗话》又全据《纪事》。现在节录《云溪友议》，并附著他本的重要异文，如下②：

致仕尚书白舍人初到钱塘（此句，《纪事》作“乐天为杭州刺史”），令访牡丹花。独开元寺僧惠澄近于京师得此花栽，始植于庭。……会徐凝自富春来，未识白公，先题诗曰：“……”白寻到寺看花，乃命徐生同醉而归。时张祜榜舟而至，甚若疏诞。然张、徐二生，未之习隐（“隐”，《语林》作“稔”），各希首荐焉。中舍（“中舍”，《纪事》作“白”）曰：“二君论文，若廉、白之斗鼠穴，胜负在于一战也。”遂试“长剑倚天外赋”、“余霞散成绮诗”，试讫解送，以凝为元，祜其次耳。张曰：“祜诗有‘地势遥尊岳，河流侧让关’。多士以陈后主‘日月光天德，山河壮帝居’，此则徒有前名矣。”又祜《题金山寺》诗曰：（此寺，大江之中。）“树影中流见，钟声两岸闻。”虽綦毋潜云：“塔影挂霄汉，钟声和白

① 《全唐诗》存凝诗一卷，除断句外，计五律三首、七律一首、五绝十七首、七绝八十首，无古诗。《郡阁雅谈》（《宋史·艺文志》作《郡阁雅言》）说他“多吟绝句”，是信而有征的。

② 《友议》用《四部丛刊》本，《语林》用湖北官书局刊本，《纪事》用《四部丛刊》本。王定保《摭言》卷二《争解元》门及《诗话总龟》前集卷三引李颀《古今诗话》所载过略，不更校录。

云。”此句未为佳也。祜(《语林》“祜”下有“又有”二字)《观猎》四句及《宫词》(“四句”二字,据下文当在“宫词”之下),白公曰:“张三作猎诗,以较王右丞,予则未敢优劣也。”……白公又以《宫词》四句之中,皆数对,何足奇乎?然无徐生云:“今古长如白练飞,一条解(“解”,《语林》作“界”)破青山色。”徐凝赋曰:“谯周室里,定游夏于立(“立”,《语林》作“丘”)虔;马守帷中,分《易》《礼》于卢郑。如我明公荐(《语林》“荐”下有“拔”字),岂惟偏党乎?”张祜亦曰:“虞韶九奏,非瑞马之至音;荆玉三投,伫良工之必鉴。且鸿钟运击,瓦缶雷鸣;荣辱纠绳,复何定分?”祜遂行歌而迈,凝亦鼓枻而归。二生终身偃仰,不随乡赋者乎。(自“祜其次耳”以下,《纪事》作:祜曰:“祜诗有‘地势遥尊岳,河流侧让关’。又《题金山寺》诗曰:‘树影中流见,钟声两岸闻。’虽綦毋潜云:‘塔影挂霄汉,钟声和白云。’此句未为佳也。”凝曰:“美则美矣,争如老夫‘今古长如白练飞,一条界破青山色’。”凝遂擅场。祜叹曰:“荣辱纠纷,亦何常也!”遂行歌而迈,凝亦鼓枻而归。自是二生不随乡赋矣。白又以祜《宫词》四句皆数对,未为奇也。)先是,李补阙林宗、杜殿中牧,与白公辇下较文,具言元、白诗体舛杂,而为清苦者见嗤,因兹有恨也。

只要略加审查,就可以发觉,这段佚闻中有许多部分绝非史实而是范摅所妄造或传自其他中、晚唐人的物语①。被他写得来有声有色的徐、张文

① 《云溪友议》所载佚闻,颇多“委巷流传,失于考证”之处,《四库提要》卷一百四十已有所揭发。以本条而论,他说白居易到杭州作刺史之前,与徐凝不相识。考白居易元和十年(815)贬江州司马,十三年冬除忠州刺史,直至十四年春方离江州,在江州首尾五年。其任杭州刺史,则在穆宗长庆二年(822)七月,十月始到杭州,其赏牡丹至早也要在三年春天。而《全唐诗》凝集有《寄白司马》诗云:“三条九陌花时节,万户千车看牡丹。争遣江州白司马,五年风景忆长安。”此诗分明作于元和十四年,即算来白居易已贬江州五年的时候。因为白除江州刺史,诏书下达,是在十三年十二月二十日。这个消息,在他处的徐凝当然不可能立刻知道,所以次年春天寄诗,仍然当他还在江州作司马,而有“五年风景忆长安”之句了。由此可见,白、徐决非长庆三年才在杭州认识的。本条又说“先是……杜殿中牧,与白公辇下较文”,考杜比白小三十一岁。杜于文宗大和元年(827)进士登第,时年二十五。白于三年即归洛阳,(注转下页)

战，多半根本就没有这回事儿。因而我们在这里并不打算对这些情节的真伪进行追究。可是，其所反映的文学思想和这种思想所形成的历史背景，却不无值得探索的地方。

这就是说：从现存的两家作品看来，张祜的诗，成就实在徐凝之上①，而白居易，作为一个伟大的诗人，具有高度创作水平和鉴赏能力，这都是当时及后世所公认的。那么，这段佚闻的制造者，为什么要伸徐屈张，并将这种特殊的见解嫁名于白居易呢？更其令人难解的是：按照这位佚闻制造者的安排，白居易，或者如《唐诗纪事》所载，是徐凝自己，竟把《庐山瀑布》这一首实在并不高明的诗当成了杰作，仿佛神怪小说中的镇山之宝，一经祭起，就可以降服对方，这种想法又是怎样产生的？

对于前一点，《唐诗纪事·徐凝》条引皮日休论曾作过一番解释。

> 乐天荐徐凝，屈张祜，论者至今郁郁，或归白之妒才也。余读皮日休论祜云："……祜初得名，乃作乐府艳发之词，其不羁之状，往往间见。凝之操履，不见于史，然方干学诗于凝，赠之诗曰：'吟得新诗草里论。'戏反其词，谓'村里老'也。方干，世所谓简古者，且能讥凝，则凝之朴略椎鲁，从可知矣。乐天方以实行求才，荐凝而抑祜，其在当时，理其然也。……元、白之心，本乎立教，乃寓意于乐府雍容宛转之词，谓之'讽谕'，谓之'闲适'，既持是取大名，时士翕然从之，师其词，失其旨，凡言之浮靡艳丽者，谓之元、白体。二子规规攘臂解辨，而习俗既深，牢不可破，非二子之心也，所以发源者非也。可不戒哉！"

（续上页注）从此没有再出来。两家文集、传记中绝无交往之迹。而且，如果还是"先是"，即其事还在长庆三年之前的话，那么杜牧就刚刚或者还不到二十岁，似乎更无从和当时已负盛名的白居易"较文"了。这些情节，都出于伪造，是毫无疑问的。《唐诗纪事》引用《云溪友议》，删去"较文"一节，可能是看出了破绽。元辛文房《唐才子传》于卷六徐、张两传中，不采范书一字，是很有史裁的。明胡震亨《唐音癸签》出于计、辛两书之后，其卷二十五中反有"初，杜与白论诗不合；而祜亦尝觅解于白，失其意"之说，显属失考。

① 唐末张为著《诗人主客图》，以白居易为广大教化主，张祜为入室，徐凝为及门。二人品第相差两级。后来的诗论家对于张为的这一意见是没有异议的。

和我们的看法不同，皮日休是相信徐、张文战是实有其事的；同时，上述解释也还有不够完全恰当的地方，如他认为“元、白之心，本乎立教”，似乎闲适、艳情之作，只是一种手段，拿《白氏长庆集》卷四十五《与元九书》、《元氏长庆集》卷三十《叙诗寄乐天书》及其他相关材料来对照，显然把两家诗歌内容和文学主张看得过于简单，因而也就不符合于事实。可是，由于他的启发，我们却领悟到这段佚闻透漏了一个情况，即在当时，元、白诗中“雍容宛转”、“浮靡艳情”之词，比用以“立教”的，即“为时而著，为事而作”的诗文，更加流行一些；同时，又体现了一个要求，即有的人却希望对这种不健康的所谓“元、白体”加以抑制。这段佚闻，很可能就是上述思想通过“托古改制”的形式的反映。所以，皮日休的解释还是比较合理的和有价值的。

对于后一点，我们也想作一点推测。从范摅叙述得不够清晰的话看来，似乎李林宗和杜牧先在长安就对白居易提过意见，说他和元稹的诗体舛杂，在这种风气支配之下，诗风清苦的作家，每每被人嗤笑，不免抱怀才不遇之恨。白居易接受了这个意见，所以在杭州考试徐、张的时候，便有意地伸徐而抑张。据《云溪友议》所载，白居易是将张祜那首著名的《宫词》——“故国三千里，深宫二十年。一声〔河满子〕，双泪落君前”——来和徐凝的《庐山瀑布》作比较的；据《唐诗纪事》所引，徐凝是将自己那一首诗来和张祜的“地势遥尊岳，河流侧让关”及“树影中流见，钟声两岸闻”等句作比较的。无论从哪一种记载看，徐诗朴拙，近乎“清苦”；张诗工巧，邻于“艳发”，都是一目了然，无须再加说明。可见这段佚闻中对两家的抑扬，实质上是在提倡一种有如后来北宋陈师道在其《后山诗话》中所提倡的“宁拙毋巧，宁朴毋华”的诗歌风格。

从韩愈以下，中、晚唐某些诗人对于艺术技巧的独创性和语言风格的多样性的追求是很突出的。卢仝、刘叉发展了韩的奇怪；孟郊、贾岛进而沉溺于僻苦；李贺于奇怪僻苦之外，又加上脂艳粉光和神秘气氛；温庭筠、李商隐在不同程度上受着李贺的影响，而侧重于绮丽。（当然，这里指出的都不是每一位诗人风格的全貌。）这许多诗人的精神面貌、语言风格虽然各不相同，在艺术上倾向于追求精工奇丽却无二致。而另一方面，作为这些人的对立面出现的，则是一些通俗诗人。聂夷中、杜荀鹤、胡曾、罗隐等是其代表。他们从白居易及其他白派诗人元稹、李绅、王建、张籍等那种比较平易近人的风格传统出发，以朴质的语言来从事创作，却走得更远了一些，有时不免于椎鲁，有时又不免于滑率①。“言之无文，行而不远”，这就在某种程度上对于他们作品的内容，特别重要的是对白居易的“为时而著，为事而作”的优良传统同样有所继承的思想内容，反而有所损害，因而总的说来，成就不大。这些人的作品是或多或少地流传下来了，可是他们的理论却完全湮没无闻。生活于晚唐懿宗、僖宗时代即九世纪下半期的范摅，在他记载的这段佚闻中所透漏出来的文学思想，倒是和这些通俗诗人的创作实践很契合的。这是不是就是他们的文学见解呢？而这种见解，对陈师道等江西派诗人的理论，又是否起着一种不甚明显的先驱作用呢？

由于史料的缺乏，我们现在还很难将这一条假定的线索的许多环节联系起来。这里提出的，只是一个极不成熟因而可能完全错误的看法。

（四）

在徐凝吟《庐山瀑布》之后，时间又向前推进了近三个世纪。宋神宗元丰七年(1084)，苏轼从黄州移汝州，过九江时，游览了庐山。《学津讨原》本《东坡志林》卷一《记游庐山》条曾经自述其事，略云：

> 仆初入庐山，山谷奇秀，平生所未见，殆应接不暇，遂发意不作诗。……是日，有以陈令举《庐山记》见寄者，且行且读，见其中云徐凝、李白之诗，不觉失笑。旋入开元寺②，主僧求诗，因作一绝云：“帝

① 唐李肇《国史补》卷下《叙时文所尚》条云：“元和已后，为文笔，则学奇诡于韩愈，学苦涩于樊宗师；歌行，则学流荡于张籍；诗章，则学矫激于孟郊，学浅切于白居易，学淫靡于元稹。俱名为元和体。大抵……元和之风尚怪也。”所论也大致可以看出元和时代文坛变化情况，这种变化的影响，在晚唐还是存在的。

② “开元寺”，应作“开先寺”。冯应榴《苏文忠诗合注》卷二十三《开先漱玉亭》诗注曾详加辨订。王文诰《苏文忠公诗编注集成》卷三十三引《东坡诗话》也正作“开先”。

遣银河一派垂，古来惟有谪仙词。飞流溅沫知多少，不与徐凝洗恶诗。”

陈令举，名舜俞，是苏轼的朋友。他的《庐山记》是有关庐山的名著之一。其中谈到徐凝、李白诗的，见于《叙山南篇》第三，节取如次：

由古灵(庵)至开先禅院十里。……瀑布在其西。山南山北有瀑布者，无虑十余处，故贯休题庐山云：“小瀑便高三百尺，短松多是一千年。”惟此水著于前世。唐徐凝诗云：“今古常如白练飞，一条界破青山色。”李白诗云：“飞流直下三千尺，疑是银河落半天。”即此水也①。香炉峰与双剑峰相连属，在瀑水之旁。……上山七里至永泰院……永泰之前有文殊台，与香炉、双剑峰相为高下。瀑布前在山下，皆仰而望之，固为雄伟；至文殊台，则平视之，然后知“轰雷”、“飞练”，皆赋象之不足也②。……凡庐山之所以著于天下，盖有开先之

---

① 以李、徐所咏为开先瀑布，前人的意见是一致的。李集王琦注引《太平御览》卷七十一所载周景式《庐山记》云：“泉在黄龙南数里，即瀑布水也，土人谓之泉湖(两“泉”字，王注均据误本《御览》作“白水”，今依宋本校正)。其水出山腹，挂流三四百丈，飞湍于林峰之表，望之若悬索，注水处石悉成井，其深不测也。”吴宗慈《庐山志》卷五《瀑布水》条亦据明桑乔《庐山纪事》引周记，注云：“此谓山南之黄龙山，即山麓有温泉者，特相距约十五里。”这条注用意在于怕人误会黄龙是指山北的黄龙潭或黄龙寺。又敦煌本唐人选唐诗残卷载李诗五古，题作《望瀑布水》，明本《万首唐人绝句》卷二载李诗七绝，题作《望庐山瀑布水》，也足以证明李诗所咏为开先瀑布，因为瀑布水(或简称布水)原是庐山诸瀑布中最大的开先瀑布的专名。查慎行《苏诗补注》(一名《补注东坡编年诗》)卷二十二也引《太平寰宇记》云：“瀑布在庐山东，亦名布水，源出高峰，挂流三百丈许，远望如匹布，有徐凝题诗。”

② 吴宗慈《庐山志》副刊之四《庐山古今游记丛钞》卷下载黄宗羲《匡庐游录》云：“以予观之，文殊塔一峰，乃古之所谓香炉峰耳。太白诗：‘西登香炉峰，南见瀑布水。’又云：‘日照香炉生紫烟，遥看瀑布挂前川。’此峰正在瀑布之西，登此峰而望瀑布，正在其南。若今之所谓香炉峰者，悬隔一山，瀑布全然不见，太白何所取义而云耶？若言山北之香炉峰，其峰于庐山为东，登之亦无瀑布可见，不相涉也。”吴宗慈注云：“黎洲以文殊塔地即香炉峰，虽属创论，自具理证，吾未敢驳之。”陈舜俞以为文殊台是看开先瀑布的好所在，也足为黄说佐证，虽然对于这一点，我们还不能匆促地作出结论。

> 瀑见于徐凝、李白之诗，康王之水见于陆羽之《茶经》，至于幽深险绝，皆有水石之美也。

苏轼看了他朋友的著作为什么要“失笑”呢？很显然，他没法同意陈舜俞一再地将李、徐两诗相提并论这种做法。当然，陈舜俞也认为两诗是有高下的。可是他却将形成高下的原因机械地归之于李白是“西登”而“南见”，即能“平视”瀑布的全貌，而徐凝则是“仰而望之”，所以只能用“轰雷”（指徐诗第二句“雷奔入江不暂息”）、“飞练”（指徐诗第三句“今古长如白练飞”）来形容，因而产生了“赋象不足”的艺术效果。这也就是说：两诗的优劣并不决定于诗人对生活是否熟悉，技巧是否精湛，而是决定于他们欣赏瀑布的地理位置是否安排得恰当，如果徐凝不是“仰而望之”而是“平视”瀑布的话，也许他就可以写出更好的“赋象”很“足”的诗篇来了。精通创作的苏轼当然更不能同意这种机械论。

后来苏轼将这首绝句收入集子，并给它另外安了一个长题：

> 世传徐凝瀑布诗云“一条界破青山色”，至为尘陋。又伪作乐天诗称羡此句，有“赛不得”之语。乐天虽涉浅易，然岂至是哉？乃戏作一绝。

关于“伪作乐天诗称羡此句”，我们还没有见到更详细的材料，也无缘看到那篇伪诗。但如释惠洪《冷斋夜话》卷四《元章瀑布诗》条云：“米芾元章，豪放戏谑有味，……尝大字书曰：‘吾有瀑布诗，古今“赛不得”，最好是“一条界破青山色”。’人固以怪之。其后题云：‘苏子瞻曰：“此是白乐天奴子诗。”’见者莫不大笑。”又阮阅《诗话总龟》前集卷七引《百斛明珠》载苏轼语说：“如白乐天赠徐凝、韩退之赠贾岛之类，皆世俗无知者所托。”都可以看出苏轼对于此诗及此事之深为不满，而加以非笑的情况。也不难看出，这一拙劣的伪造与《云溪友议》所载佚闻关系密切，“赛不得”的传说，正是那段佚闻“踵事增华”的结果。苏轼对唐人小说是很熟悉的，这个诗题当然也就包括了对于《云溪友议》的批驳。而其说白居易“浅易”，斥徐凝“尘陋”，也正可以为我们前面所提出的对于徐凝这种诗的肯定基于怎样的一种文学思想和历史背景的假设作一个旁证。

我们认为：苏轼对于李、徐两诗的评价是正确的，但这个结论，须要对于作品作一点具体的分析、比较来加以丰富。

这两首诗的题材全然相同，描写手段也基本相同——主要是用比喻的方式来描摹自然景物。因此，我们可以从如下的几个方面来进行分析、比较它们的异同，以及由此而导致的高下：哪首诗的比喻更能如实地表达庐山瀑布的形体特征、诗人的精神面貌和两者的融合？哪首诗所使用的比喻本身更符合于生活的逻辑？还有，哪首诗的比喻更其新鲜而富于创造性？

首先，就表现这个水位很高、流量很大的瀑布所具有的居高临下、奔腾倾泻的雄伟形态来说，两诗的描绘都是很刻意的。李诗“银河”之喻，固然给人印象极深；徐诗“飞练”之喻，也使人有生气蓬勃之感①。可是，从全首看，李诗却用第一句描写了香炉峰，陪衬了瀑布水；又用第二句描写了诗人自己的活动，使人们有可能想像他那种登高望远、遗世独立、精神与天地相往来的风貌，从而大大地扩张了诗的容量。对比之下，就不能不使人感到徐诗四句纯属客观描写的单调，显出其诗中无我的缺点。

其次，李诗第一句写山，山名香炉峰，山头云气笼罩，很像香烟，诗人极其活跃地联想到香炉在烧香时要生烟的事实，从而创造了这个形容在阳光之下云霞环绕的天半高峰的绝妙比喻。第三四句写瀑，以银河作比，也正因为银河是天界所固有，从地面望上去，它永远是个弧形，像是要落下来。这样，以银河欲落之假象来比拟瀑布下泻之真相，就显得非常贴切。徐诗以白练飞比瀑布之下落，以雷声比瀑声之响亮，当然是可以的。但是，用白练将青山单一的颜色界破，有什么意义呢？在自然界和人类社

---

① 清翁方纲《石洲诗话》卷二云：“徐凝《庐山瀑布》诗：‘千古长如百练飞，一条界破青山色。’白公所称，而苏公以为恶诗。《芥隐笔记》谓本《天台赋》‘飞流界道’之句。然赋与诗自不相同，苏公固非深文之论也。至白公称之，则所见又自不同。盖白公不于骨格间相马，惟以奔腾之势论之耳。”其论徐诗也具有奔腾之势，和我们这里的意见是一致的，但他对苏轼的意见，仍然缺乏充分的说明。

会生活中又有什么根据呢？对于“雷奔”之后接以“入江”，也可以提出同样的疑问。由此可见，李诗中用来比拟的和被比拟的事物形象，是有机地结合着的，而徐诗则恰恰相反，由于想像缺乏生活现象作为根据，所以用来比拟的和被比拟的事物形象就不能不是拼凑起来的，因而也不能不给人以一种朴拙乃至于“尘陋”的印象了。《世说新语·言语篇》载：“谢太傅(安)寒雪日内集，与儿女讲论文义，俄而雪骤。公欣然曰：‘白雪纷纷何所似？’兄子胡儿(谢朗)曰：‘撒盐空中差可拟。’兄女(谢道蕴)曰：‘未若柳絮因风起。’公大笑乐。”谢道蕴和谢朗的得失，也正是李白和徐凝的得失。

再次，李诗中那两个比喻非常新鲜，是诗人自己对自然界深入体察以后的收获。“银河”之喻，在他以前，似乎还没有人这样说过，因而注李诸家都不曾为之注明出处。“紫烟”之喻，当是受了晋释慧远《庐山记》中“气笼其上，则氤氲若香烟”的启发，却比原作远为生动鲜明。而徐以“飞练”喻瀑布，则是前人所已有①，以雷声喻水声，尤其常见，吸引力就自然要弱得多。当然，我们毫无在创作中绝对不可以重复前人已经用过的比喻的意思，但李诗创造、发展得这么好，徐诗又因袭得那么差，如果等量齐观，就未免太不公道了。

苏轼是一个非常善于运用比喻的诗人。奇妙而确切的比喻是他创作中显著的艺术特色之一。他极赞李白“银河”之喻，而斥徐凝“界破”之句为“恶诗”，这种见解，如上所分析，是令人信服的②。

---

① 从《佩文韵府》卷七十六上收录得很不齐全的韵藻来看，在徐凝以前，用练比喻瀑布、水流的，就有郦道元的《水经注》、谢朓的诗、王季友的赋等。《飞练》条引《水经注》云：“悬流飞瀑，望之连天，若曳飞练于霄中矣。”当即徐诗所从出。然与李诗“紫烟”之喻本诸慧远《庐山记》的情况恰巧相反，李诗可谓冰寒于水，徐诗却未能青胜于蓝。

② 除上引文献外，清潘德舆《养一斋诗话》卷五曾经论及张祜、徐凝两家的优劣，白居易伸徐屈张的缘由与苏轼对徐诗的评价诸问题，但都未能洞见症结。袁枚《随园诗话》卷十一认为徐诗的后两句“的是佳语”，苏轼以为“恶诗”，只是嫌其不“超脱”，所言也似未中的。明王思任《庐游杂咏》集中《开先观瀑》云：“徐凝浅俗犹非恶，李白夸张未免攻。领骂开先摹瀑布，银钗两股鬓芙蓉。”首句与袁枚之意略同，但全诗用意在标榜其末句比喻之妙。今均存而不论。

（五）

以上，我们比较了李白《望庐山瀑布》二首，探索了徐凝的《庐山瀑布》被某些人推重的原因，并论证了苏轼的李、徐优劣论的正确。

从这些拉杂的讨论中，我们有如下两点体会：

《云溪友议》所载佚闻，如果我们的推测有几分可以成立的话，蕴藏着一些值得注意的文学批评史料。类似的情况，在古代的记载中，恐怕还不少。我们有必要对这些比较边远地区的矿藏进行一些更细致的勘查，才能使古代文艺理论遗产这张还有许多空白的地质图更加精密充实一些，从而发掘得更深广一些。此其一。

再则，我国的古典文学批评一向具有短小精悍的特色，有时甚至用省略过程，直抒结论的方式表达。诗人们的意见尤其如此。而由于他们具有丰富的创作经验和精湛的艺术技巧，那些意见又是值得重视的。为了要充分地、完整地理解它们，就需要下一番疏通证明的工夫。上述苏轼对李白、徐凝庐山瀑布诗的意见，就是一例。

1962年8月　武昌

附　录

《复堂词序》试释

——清人词论小记之一

谭献是清代词人中一个相当优秀的作家。这是大家都知道的。他的《复堂词》有一篇极短的自序，全文是：

> 周美成云："流潦妨车毂。"又曰："衣润费炉烟。"辛幼安云："不知筋力衰多少，但觉新来懒上楼。"填词者试于此消息之。不佞悦学卅年，稍习文笔，大惭小惭，细及倚声。乡人项生(按项名鸿祚，字莲生，有《忆云词》)以为："不为无益之事，何以遣有涯之生？"其言危苦，然而知二五而未知十也。谭献书。

这篇序没有年代。不过据谭氏《复堂词录》——一部由唐至明的选集——自序说：

> 献年十五而学诗，二十二……乃始为词，……三十而后审其流别。……年逾四十，益明于古乐之似在乐府，乐府之余在词。年至五十，其见始定。

拿《词序》"悦学卅年"与《词录序》"年至五十，其见始定"对照，前面那篇短文里的意见，无疑地是他对于词的"晚年定论"。

但，《词序》的意义却是够模糊的。第一，他截取了周、辛两家词三首中的四句，教人们就这些例子来参透作词的消息。这四句词究竟代表着什么呢？第二，他以为项莲生的那两句话只说着了一面，他的话却占着另外一面。如果不能贯通，就是“知二五而未知十”。那么，这个“二五”和“十”的区别又在哪里？

本文的用意便是企图对这两点各作出一个推测性的答案。为了便于讨论，先将谭氏引用的三首词全文抄录如下：

周美成：〔大酺〕《春雨》

对宿烟收，春禽静，飞雨时鸣高屋。墙头青玉旆，洗铅霜都尽，嫩梢相触。润逼琴丝，寒侵枕障，虫网吹黏帘竹。邮亭无人处，听檐声不断，困眠初熟。奈愁极顿惊，梦轻难记，自怜幽独。　　行人归意速。最先念、流潦妨车毂。怎奈向、兰成憔悴，卫玠清羸，等闲时、易伤心目。未怪平阳客，双泪落、笛中哀曲。况萧索青芜国。红糁铺地，门卫荆桃如菽，夜游共谁秉烛？

周美成：〔满庭芳〕《夏日溧水无想山作》

风老莺雏，雨肥梅子，午阴嘉树清圆。地卑山近，衣润费炉烟。人静乌鸢自乐，小桥外、新绿溅溅。凭栏久，黄芦苦竹，拟泛九江船。

年年，如社燕，飘流瀚海，来寄修椽。且莫思身外，长近樽前。憔悴江南倦客，不堪听、急管繁弦。歌筵畔，先安枕簟，容我醉时眠。

辛幼安：〔鹧鸪天〕《鹅湖归病起作》

枕簟溪堂冷欲秋，断云依水晚来收。红莲相倚浑如醉，白鸟无言定自愁。　　书咄咄，且休休，一邱一壑也风流。不知筋力衰多少，但觉新来懒上楼。

谭氏对于词的意见，散见于文集和日记中的很多。但他所评的周止庵《词辨》是更其重要的。在《词辨评》里，他对周词〔大酺〕“行人”二句的意见是：

亦新亭之泪。

对〔满庭芳〕“地卑”二句的意见是：

觉《离骚》廿五，去人不远。

对辛词那篇，没有论到。就论到的周词两条来说，还是无法直接拿来解释《词序》，因为文字太简单，使人不能一时从新亭这个故事和《楚辞》这部古书联想到如何“消息之”。因此，我们要打破这个疑团，还得回到词的本身，从分析它们的表现方式下手。

就词论词，谭氏所举的几句，在这三首词中，所表现的情景都很清楚。〔大酺〕，如题所示，是描写春雨的。上片是作者在客舍中被雨声惊醒后的所闻，所见，所感——生理的和心理的。下片才由中途的孤寂想到回家的困难。“行人归意速”，是就过去和现在说，就事实说。“流潦妨车毂”，是就未来说，就想像说。因为急于回家，所以一听见下雨，就立刻发生泥泞满路，车轮阻滞，无法赶路等等念头了。〔满庭芳〕通首是一个“江南倦客”的感觉。大体是上片写景，下片写情。可是写景有实有虚，应当分别开来看。如“黄芦苦竹”是实，“泛九江船”却是虚，只不过是用白居易《琵琶行》的典故而已。“地卑山近”也是实，而“衣润费炉烟”却未必当时确有其事。这一句的作用也只在补足上句对于地方卑湿的描写。因为下面讲到“凭栏”，讲到“樽前”和“歌筵畔”才是当时一贯的情事。作者决不会，而且也不应该忽然在喝酒、听歌的时候，忙里偷闲去烘起衣服来。至于〔鹧鸪天〕，则是一个迟暮英雄在平淡生活中所显示的不甘平淡的沉痛心情。这位拿“万字平戎策”换了“东家种树书”的老战士的苦闷，是很容易理解的。在这首词里，也决不是因为偶然上楼感觉费事，才忽而意识到自己筋力已经就衰，只是由“筋力衰”才想到“新来懒上楼”了。

假使上面所说的和作者的本意相差不太远，那么我们就可以从谭氏所提到的几句词的表现方式上，归纳出一个共同点。这便是，他们全采用了透过一层的想法。“流潦”是否已经“妨”了“车毂”呢？并没有。只是因为下着春雨，便想到“流潦妨车毂”罢了。“衣润”是否已经“费”了“炉烟”呢？并没有。只是因为土地卑湿，便想到“衣润费炉烟”罢了。是否“上”过“楼”了呢，也没有。只是因为“筋力”已“衰”，便想到“上楼”都“懒”罢了。

于是，进一步，我们要问：这一种方式何以值得谭氏这样重视呢？那就牵涉到他对于词的看法了。自从张皋文《词选》推尊词体，把词认为也有与《诗经》、《楚辞》等同的价值，或至少是继承着它们的传统以后，所谓“温柔敦厚”、“忠爱缠绵”之类，便也成为作词、论词的最高标准。周止庵的“寄托”论，陈亦峰的“沈郁”说，都是张氏词论的进一步的发展。其间略有异同，大体还是一贯。当时这种理论，风行一世。谭氏生在张、周之后，而与亦峰同时，正是那个环境中间的人物。他的《复堂词录序》论到词的宗旨，说：

> 上之言志永言，次之志洁行芳，而后洋洋乎会于《风》、《雅》。

这完全与常州派诸人是同一观点。文学而以“温柔敦厚”、“忠爱缠绵”作标准，原本于儒家的伦理思想，和所谓“忠恕之道”是一致的。忠是尽己，恕是推己及人，也就是同情的伸展。在心理发展上、文字表现上，推此及彼，设身处地地去透过一层想，本是迈进一步的看法，也是同情的具体显示。这种方式，可以代替别人想，也可以单就自己想。可以由自己想到别人，现在想到过去或未来，这里想到那里，或者完全反过来。如下列这些例子，就都属于这个类型：

> 杜子美《月夜》
> 今夜鄜州月，闺中只独看。
> 方虚谷《九日》
> 山雨初开一望之，料无筋力可登危。
> 柳耆卿〔八声甘州〕
> 想佳人妆楼凝望，误几回天际识归舟。

辛幼安〔摸鱼儿〕
惜春长怕花开早。

这种方式，在推尊词体的人们看来，它不仅本身是一种技巧，一种增加情感深度和广度的技巧，也同时是“温柔敦厚”、“忠爱缠绵”的直接证明。谭氏所举的三个例子，正也都是教人这么透过一层想的，无怪他要郑重地写出来作为“晚年定论”而要“填词者试于此消息之”了。

关于这一推测，谭氏自己作的词也有可以供参证的。例如：

〔苏幕遮〕
陌上桃花，门内先憔悴
〔角招〕《荷华》
欲寻云际岫，荡桨采菱，多刺伤手。
〔忆旧游〕
秋凉绮怀减，想似水僧寮，润到衣裳。
〔临江仙〕《纪别》
啼痕欲泻脸边霞，无言强忍，怕染路旁花。

这些，都与《序》中所提及的和我前面所举的作品同一机杼。可见谭氏对于这一点，不仅是知，而且是知行一致了。

至于《词辨评》里的“新亭之泪”和“《离骚》廿五，去人不远”的话，则是以“比兴”的方法来说词，认为周词中所说的人事就是国事，也就是谭氏在《复堂词录序》中所说的：“作者之用心未必然，而读者之用心何必不然。”与《词序》举这两首词中两句的意义，似乎不是一回事。自然，“比兴”和“温柔敦厚”之类也是密切地关联着的，但这里却并没有关联。

现在，我们可以来谈另一点，即谭、项二人意见的差异问题了。如前所述，谭氏的词论是继承常州派的，他把词的地位看得很崇高。而项氏却把它认为是一种“遣有涯之生”的“无益之事”。这自然是互相矛盾的。而且照谭氏看来，用什么方法才能达到“温柔敦厚”、“忠爱缠绵”的目的，也还有其不简单的创作技巧，决不是用“无益之事”几个字可以抹杀的。所以，谭氏虽然明明知道项氏所说是“伤心人别有怀抱”的“危苦之辞”，也不能不认为他只知“二五”而不知“十”了。

1948 年 5 月　武昌

说“斜阳冉冉春无极”的旧评

——清人词论小记之二

周邦彦〔兰陵王〕《柳》云：

柳阴直，烟里丝丝弄碧。隋堤上、曾见几番，拂水飘绵送行色。登临望故国。谁识，京华倦客？长亭路、年去岁来，应折柔条过千尺。　闲寻旧踪迹。又酒趁哀弦，灯照离席。梨花榆火催寒食。愁一箭风快，半篙波暖，回头迢递便数驿，望人在天北。　凄恻，恨堆积。渐别浦萦回，津堠岑寂。斜阳冉冉春无极。念月榭携手，露桥闻笛。沉思前事，似梦里，泪暗滴。

这篇词自来被认为是《清真集》中代表作之一。宋人小说如张端义《贵耳集》卷下及毛幵《樵隐笔录》已有关于它的传说和流传情况的记载。后代论家选家评选周词，也很少遗漏此篇。

在旧评中，使我最感兴趣的，乃是谭献在周济《词辨》卷一的评语中，对此词第三叠“斜阳冉冉春无极”句所下的一句话：

“斜阳”七字，微吟千百遍，当入三昧，出三昧。

这是什么意思？

从字面上看，它只是在说：这句词很值得玩索，应当仔细地加以体会。至于其值得玩索之处何在，玩索应当如何下手，则都没有下文。

陈匪石《宋词举》卷下云：

> "斜阳冉冉"七字，是别浦、津堠间情景。其情景交融之妙，有难以言语形容者。谭献谓"微吟千百遍，当入三昧，出三昧"，洵非过言。

此句是写别浦、津堠间情景，写来情景交融，这并不难体会，而当需要进一步加以分析，从而发掘谭评的究竟义时，陈先生却以"有难以言语形容者"一笔带过。似乎谭评玄妙的措词，不但用不着解释，反而是这句词很恰当的赞语。这就未免使人感到遗憾，无法满足了。

梁令娴《艺蘅馆词选》乙卷引梁启超云：

> "斜阳"七字，绮丽中带悲壮，全首精神振起。

此评从两种风格的对立统一着眼，并指出了这一句对全篇情调所产生的"精神振起"的作用，其见解是很深刻的。我们将梁评看成是谭评的阐明，也未为不可，虽然梁氏下笔时也许并无此意。梁说见采于唐圭璋先生的《唐宋词简释》，沈祖棻《宋词赏析》说此句，也申梁以释谭，都证明梁评之精及其与谭评有相通之处。

但真正深明周词此句之佳处的，还得数俞平伯先生，其《唐宋词选释》卷中释"斜阳"句云：

> 一句中含两意，一日光景已近黄昏，春光却无限，也是无穷的。

俞释简而明，却可以说是直指心源，即看出了周邦彦当时面对那样一种难忘的景物而在心灵深处发出的微妙的悸动。而谭献，则正是由于周邦彦是如此完美而又素朴无华地表现了此景此情的交融而十分心折。

这句词所含两意为什么就值得谭、梁诸家的重视，这正是我想为之试拟一个答案的问题。

此词题为《柳》，实则借以写"久客淹留"(陈洵《海绡说词》说)或"客中送客”（谭献《〈词辨〉评》说）之感。这本来是一个极为古老的，从汉以来就不知道被多少人反复咏叹过的主题，是很难于写得出色的。但作者却凭借其对于行者居者双方心理状态的深刻体会、对自然景物的细致观察，以极为工巧的艺术手段将两者有机地融结在一起，依然出人头地地完成了这篇杰作。陈廷焯《白雨斋词话》卷一、陈洵《海绡说词》、陈匪石《宋词举》、唐圭璋《唐宋词简释》及沈祖棻《宋词赏析》对这篇词都作过较详尽的分析。诸家词学流派不尽相同，体会也有异同、深浅，而赞誉则如出一口。但诸家所说，都不足以解决上述问题，即旧评，特别是谭评的含义。

我认为，俞先生所指出的“斜阳”一句所含两意，除了它本身就是一对矛盾之外，同时还是全词中许多对矛盾的象征。隋堤之柳，一方面，已被“折柔条过千尺”，而另一方面，却依然“烟里丝丝弄碧”。（顺便指出，这一抒写，极其明显地是受到了李商隐的启发。那位晚唐诗人在《离亭赋得折杨柳》二首之一中写道：“含烟惹雾每依依，万绪千条拂落晖。为报行人休尽折，半留相送半迎归。”）作者，一方面，已是“京华倦客”，而另一方面，又是有家归未得，只好“登临望故国”。至于这次送行，则一方面，是“月榭携手，露桥闻笛”等许多“旧踪迹”老是萦绕心头，无法排遣，而另一方面，又是当前的“酒趁哀弦，灯照离席”，以及无可避免的、正在出现“别浦萦回，津堠岑寂”的难堪的前景。凡此种种，物与人，情与景，本已错综交织，将若干对矛盾统一起来，形成一个较为丰富的境界；但只有将这许多细致的描绘与抒写，再统一在一个能够表现空间不断开拓与时间不断流逝的过程的浑然景象中，才能显示出其完整而深刻的意义。这正是“斜阳”一句在全篇显得突出的秘密，也是词人所赋予它的特殊艺术使命。

这七字，除了在本词〔兰陵王〕中所展现的意义之外，我们也无妨进一步发掘一下其形象所蕴含的更深邃的人生启示。

“斜阳冉冉”，是形容时间即将消逝。“春无极”，则是形容空间杳无边际。我们知道，时间与空间总是互相关联的。时间无始无终，空间无边无际，但就某些具体的物和人所能据有的时间空间而言，它们又总是在不断地流动着、变化着的。没有比时间与空间所具有的两种形态更能包罗人生的了。所以“斜阳冉冉”与“春无极”也就正好象征地体现了在时间和空间中的一切物和人的存在与活动，囊括了人类生活舞台上出现的千变万化的离与合、悲与欢，生命的消逝与永恒、有限与无际。这些，也许无须将其排斥在谭献所能直觉到的范围之外。

这句词所具有的人生哲理，可以用另外一篇著名的诗来对比，因而使它更加清楚。李商隐《乐游原》云：

向晚意不适，驱车登古原。夕阳无限好，只是近黄昏。

管世铭《读雪山房唐诗钞》卷三十七“五绝凡例”评曰：

消息甚大，为绝句中所未有。

李诗“夕阳”十字与周词“斜阳”七字，李诗管评与周词谭、梁评正好互相发明。它们的价值与意义就在于一语道破了大自然与人类生活中消逝与永恒、有限与无际的对立统一，而且又不约而同地使用了与生命的发生发展密切相关的太阳作为象征。

所不同的是：李诗先出“夕阳无限好”，后出“只是近黄昏”，意在反映心情之由敞而敛，由乐而哀。周词却反之，先出“斜阳冉冉”，后出“春无极”，象征着由离而合的希求。管评说李诗“消息甚大”，如果说这位评论家是感到这篇小诗不仅向读者展示了诗人对生活由追求到幻灭的过程，而且三句大开，四句大合，也体现了非常强劲的笔力，无论在思想的深度，艺术的难度上都难以企及，才写下这个结论，与管氏原意相差可能不会太远。至于梁评说周词风格“绮丽中带悲壮”，又说因有此句，才使得“全首精神振起”，则正是先出“斜阳冉冉”，后出“春无极”的效果，不言自明。

我国古代文学批评中的多数著作，具有省略过程，直抒结论，因而显得短小精悍的特色。它们远源于先秦诸子论道讲学，晋世清谈和唐宋儒家佛徒的语录。流风及于后世，产生了评点之学。其中不乏精论。但由于措辞过简,往往有使人难以了悟之处。将这些恍惚依稀的话作出平正通达的解释,也是今天研究古代文化的任务之一。在这里,不过偶一举例而已。至于此之所说是否符合诸家旧评的本旨,那当然是另外一回事。因为对这种评语,也存在一个"仁者见之谓之仁,智者见之谓之智"的问题。

1982年10月　南京

李颀《杂兴》诗说

《杂兴》是与王维、高适、岑参并称王、李、高、岑的盛唐诗人李颀集中为人所注目的诗篇之一。所咏本事见《晋书·温峤传》：

（峤）旋于武昌，至牛渚矶，水深不可测。世云：其下多怪物。峤遂毁犀角而照之。须臾，见水族覆火，奇形异状，或乘马车著赤衣者。峤其夜梦人谓己曰："与君幽明道别，何意相照也！"意甚恶之。峤先有齿疾，至是，拔之，因中风，至镇，未旬而卒。

最早谈到这篇《杂兴》的，是李颀杰出的晚辈白居易。《白氏长庆集》卷十五《放言》五首序云：

元九在江陵时，有《放言》长句诗五首，韵高而体律，意古而词新。予每咏之，甚觉有味①。虽前辈深于诗者，未有此作。唯李颀有云："济水至清河自浊②，周公大圣接舆狂。"斯句近之矣。

宋计有功《唐诗纪事》卷二十《李颀》条下收录了这个材料，但无所发明。到了晚清，文廷式在《纯常子枝语》卷六中也自称最喜白居易所提到的那

① 元稹《放言》七律五首，见《元氏长庆集》卷十八。

② "至"，《全唐诗》李集及各选本均作"自"，当据正。

两句，说是："别有神会，非徒摘句嗟赏而已。"评价虽高，可惜没有说出个所以然。与文氏同时的王闿运才对这篇诗作了比较详细而深刻的阐发，见王氏弟子陈兆奎编的《王志》卷二《论歌行运用之妙答(陈)完夫问》条。今全录如下，以便讨论。

沉沉牛渚矶，旧说多灵怪。行人夜秉生犀烛，洞照洪深辟滂湃。乘车驾马往复旋，赤绂朱冠何伟然。波惊海若潜幽石，龙抱胡髯卧黑泉。水濒丈人曾有语，物或恶之当害汝。武昌妖梦果为灾，百代英威埋鬼府。(以上平叙，咏史常例。)青青兰艾本殊香，(入正意，却用兰艾，与题无干。此作者之意，以喻小人不可极之耳。然于文势极突兀，有辟易万人之概。盛唐以后，无此接法，专恐人不知耳，便无诗意。)察见泉鱼固不祥。(挽入本意，引古语作证。此亦善用典[1]。)济水自清河自浊，周公大圣接舆狂。(小时见元微之举此二句，以为古今诗人不能复下语，心窃疑之[2]。及后尽学三唐及六朝歌行，乃知此二句神力，所谓千里黄河与泥沙俱下；只是将不相干话从容说来，如恰合题分也。(并非恰合，故特加"如"。)前乎此者，如《古剑篇》"正逢天下无风尘"四句，《春江花月夜》"此时相望不相闻"四句；后乎此者，《远别离》"海水直下万里深"二句，《白头吟》"此时阿娇"一句，《江夏赠韦冰》"头陀云月"四句，皆是此法门。若杜诗此等处尤多，然不免拉扯形迹，由其天分不及故耳。若韩退之以后，则乱道矣。卢仝、刘叉亦时得之，而微之《望云骓》诗专摸此意，亦自从横开合，不可方物。要归于清谈挥麈，无一毫作态，乃为佳耳。然微之称此二句本意则是取其说理，又便其不拘检，与己意合，非知此诗之境者。何以知之？

---

① 我国文学中所谓典，大体上包括成语和故事两个方面。这句诗是用了一句古代成语，所以说是"用典"。《列子·说符》："察见渊鱼者，不祥。"《韩非子·说林上》引古谚作："知渊中之鱼者，不祥。"《史记》及《汉书》的《吴王濞传》均作："察见渊中鱼，不祥。"李诗改"渊"为"泉"，是避唐高祖李渊的讳。

② 遍检《元氏长庆集》及另外一些资料，没有发现元稹关于《杂兴》一诗的评语，可能是王氏误记，将白居易当作元稹了，俟再考。

以其五言知之。盖五古亦有此一境，而元、白全未梦及也。以其知此二句之妙，故歌行颇跌宕舒卷。）千年魑魅逢华表，九日茱萸作佩囊。（再足两句，挽入本意，亦不可少。）善恶死生齐一贯，只应斗酒任苍苍。（右李东川《杂兴》诗，歌行之极轨也。其余名篇，了然易见，唯此不易知也。余平生数四拟之，唯《回马岭柏树歌》稍似，附录于后。）

泰山兮宠嵸，下宜柏兮上宜松。松是仙人家，柏作神鬼宫。秦皇昔日无仙才，欲攀松树望蓬莱。飘风骤雨不能下，独立徘徊一松下。后来封禅凡几君，时君无德况群臣。霍家都尉死山顶，汉武匆匆旋玉轮。自此群臣陪法驾，行到松前尽回马。南看十里柏阴阴，肃肃泠泠无妄心。乘舆去后此阴在，士女时来听玉琴。我昔南行桂阳道，参天翠柏如云扫。株株自谓栋梁材，千年枉向荒山老。岂知此山百万株，云间各有神明扶。八十七君屡兴废，明堂梁栋皆丘虚。从臣同来见此柏，亦言名字垂金石。当时解笑秦汉君，今日几人如李霍？龙藏麟见古今殊，大圣栖栖非小儒。颍水牵牛渭投钓，阿衡负鼎闵怀珠。社栎十围欺匠石，卞珪三刖困泥涂。日暮长风送归客，且从松子访盈虚。（杜诗："宫中圣人奏云门，天下朋友皆胶漆。"钟伯敬以为"孔硕"、"肆好"之音①，心、琴二韵，可以相比，亦东川别派也。）

在这条答问里，王闿运着重地解释了《杂兴》在艺术表现手法上的特色，即他所谓"不易知"之"一境"，也捎带着提出了另外一些关于诗歌的意见。对于后者，在这篇短文里不准备多涉及，因为对于理解《杂兴》的表现手法来说，捎带着提出的意见是不关紧要的；同时，其中有些问题，例如古典作家们运用这一手法的优劣如何，又不是三言两语可以说得清楚的。

王氏及其弟子还有一些泛论李颀七言歌行的话，对我们剖析《杂兴》的艺术特色及王氏对它的评论是有帮助的。如王简编《湘绮楼说诗》卷三：

---

① 杜甫诗见《忆昔》二首之二，钟惺评见《唐诗归》卷二十。

宋人虽跅弛如苏、黄，颓放如杨、陆，未有能泥沙俱下者。前唯李东川之歌行、陆士衡之五言足当此四字，而格调迥超，不露筋骨。

《王志》卷二《论唐诗诸家源流答陈完夫问》条附陈兆奎按语：

若夫雍容包举，跌宕生姿，则东川独擅矣。

宋育仁《三唐诗品》卷二《李颀》条：

七言，变离开阖，转接奇横。沉郁之思，出以明秀。

概括以上的意见，可以知道，王氏师弟一致认为：李颀的七言歌行在艺术上具有如下的两个基本特征，一是夭矫多姿，即所谓“文势突兀”、“泥沙俱下”、“跌宕生姿”、“变离开阖，转接奇横”；二是自然合度，即所谓“从容说来”、“雍容包举”、“不露筋骨”、“无一毫作态”、不“拉扯形迹”，而这两个特征，又是高度地、有机地统一在每一篇成功的诗作之中的。这些意见，我们认为，是符合实际的。李颀的七言歌行确实具有这种艺术特征，而《杂兴》一诗，对于这种特征说来，又具有其代表性。虽然王闿运称这篇诗为“古今诗人不能复下语”，评价不免过高。

无庸置疑，夭矫多姿与自然合度的有机统一这种艺术特征，并不只是李颀一个人所追求和具有的。许多杰出诗人的作品都具有这种特征。并且，由于他们是从各人对于生活的富有独创性的观察、体验、分析、研究出发以进行其创作，也就不可避免地同时形成了自己对于生活富有独创性的表现手法，所以构成这种艺术特征的方式方法也是因人而异，甚至是因篇而异的。《杂兴》通过关于晋代一位著名人物的神奇传说的感兴，表达了诗人“善恶死生齐一贯，只应斗酒任苍苍”的道家思想。为了充分发抒这种思想，他选择了自然界和人类社会中许多相反而并存的事物、现象作为素材，写成诗句，来服务于主题。从“青青兰艾本殊香”以下，既是比喻，又是议论；既相反，又相成。是议论，但不是出之以抽象的说理，而是出之以具体的比喻；是比喻，但不是出之以牵强的拉扯，而是出之以活跃的联想。深沉而又奔放的思想感情和生动而又丰富的联想相结合，就使得这几句诗起得突兀，收得斩截；既夭矫，又自然，从而形成了全诗的特色。

但如王闿运所举与李诗同一"法门"的另外一些名篇，其具体写法就并不全是这样的。如郭元振《古剑篇》一起八句，极力形容宝剑之犀利贵重，却忽然接以"正逢天下无风尘，幸得周防君子身"两句，表面上是说剑的"幸"，实际上正是诗人在倾吐着英雄人物生不逢时的不幸。再接上"精光黯黯青蛇色，文章片片绿龟鳞"两句，则对于宝剑进一步作了正面的补充描写，转过头又与上文关合了起来。张若虚《春江花月夜》是一篇富有魅力的春之颂歌。在歌颂美丽的春天的同时，诗人也以高度的同情，代人们诉说了离情别绪。"此时相望不相闻，愿逐月华流照君。鸿雁长飞光不度，鱼龙潜跃水成文"四句，便是对于离人思妇的内心活动的精确描绘。据古代传说，鸿雁和鱼都能给人捎信(龙在这里只是为了和鸿雁两字相对成文才加上的)，但事实上，远走高飞的鸿雁并不能将楼前的月光带给离人(这月光中蕴藏着一个女子对于一个男子的怀念)，而暗暗跳起的鱼儿，也不过使水面摇荡着波纹，并没有给人捎个信儿。那么，"愿逐月华流照君"就终于不能不是无从实现的痴想了。这种内心描写是复杂而委婉的、一波三折的、既新鲜而又合情合理的。再就王氏所举的李白诗三篇而论，它们尽管出自同一作家之手，表现方式却各不相同。《远别离》的"海水直下万里深，谁人不言此离苦"两句是先以一个非常巨大的形象作为暗喻，然后才说明本意。这就使读者感到奇峰突起，沉雄有力。《白头吟》本是咏叹卓文君和司马相如这个古代著名的恋爱故事的，一起六句却避免直接接触本题，但以鸳鸯起兴，下面似乎该着题了，却又节外生枝，岔进"此时阿娇正娇妒"一句，阑入长门买赋的故事，并且凭空创造了一个情节，说司马相如之所以想聘茂陵女为妾，是因为卖赋给陈皇后以后，有了很多黄金的缘故。这样，就丰富了这个悲剧的内容①，使人们十分自然地更其关注和同情卓文

① 元好问《遗山乐府》卷下，〔鹧鸪天〕《薄命妾辞》三首之三有句云："早教会得琴心了，醉尽长门买赋金。"证明他对于李白《白头吟》的理解是深刻的。

君的命运。《江夏赠韦南陵冰》本是诗人遇赦东还,重逢旧友,悲喜交萦之作。然而在称道“风流贤主人”之后,继以“头陀云月多僧气,山水何尝称人意。不然鸣笳按鼓戏沧流,呼取江南女儿歌棹讴”。又似乎当前风物,一无可取,也无从借以解闷宽忧了。在诗篇终了时,诗人又再度来一个反跌,以“且须歌舞宽离忧”结束。总的说来,这种情绪上的剧烈变化,虽然不免使人感到意外,却并不是难以接受的。

为了减省笔墨,对王闿运所举其他诗人具有这一“法门”的一些作品,就不再举列加以分析。应当指出的是,郭、张、二李的这些诗篇,具体写法虽与《杂兴》不同,但却都具有夭矫多姿和自然合度的有机统一这个艺术特征,用王氏的语言来说,就是既“从横开合,不可方物”,又能“清谈挥麈,无一毫作态”。同时,更其值得注意的是,这些诗人们并不是在互相剽袭,用同一表现手法获得这种艺术特征;反之,却是每一个人都是用自己独特的方式来获得的。杰出的诗人不重复别人,伟大的诗人甚至不重复自己,在这里,我们又一次得到证明。只有王氏自认为“稍似”《杂兴》的《回马岭柏树歌》,“龙藏麟见古今殊”以下六句,显然是《杂兴》“青青兰艾本殊香”以下六句亦步亦趋的摹仿。费尽心力,去造作假古董,乃是王闿运在写作上一向努力走着的魔道。因此,虽然由于他对古典诗歌曾经反复钻研从而具有一定深度的理解,在创作上却始终走不出那条死胡同,因而其作品就始终只能追随前人,而不能跨越前人。这是应当分别观之的。

每一位诗人都可以而且应当用自己独特的表现手法来获得夭矫多姿与自然合度的有机统一这种艺术特征,这是肯定的。但同时,还应当进一步地指出:和任何其他的艺术特征、风格、手法的获得一样,首先必须深入生活,学习生活。从以上所举的一些例子当中,我们可以看出,诗人们通常是利用丰富而奇妙的联想来进行构思和描绘的。这样,就往往使其作品显得奇横变幻,难以捉摸,给读者以新鲜的感受和喜悦。这只有熟悉了自然和社会,往古与来今,并且发现了、掌握了它们之间的内在的和外在的联系和异同,才有可能;也只有这样,才能使得那些联想符合于现实的和可能的生活实际。它们可以是新奇的,然而并非是人们所不能理解的;可以是辽远的,然而并非是人们所无从设想的。否则,就无法自然合度,而只能算是“拉扯形迹”，甚至是“乱道”了。既出乎意料而又在情理之中的联想，在创作中，是只有既根源于现实生活，又不拘于生活的表面现象，才能够丰富地采获，从而加以恰如其分的表达的。

疏证了王闿运对于《杂兴》的解释和评价以后，对于前引白居易对“济水自清河自浊，周公大圣接舆狂”两句赞为“韵高而体律，意古而词新”，就比较容易理会了。所谓“韵”，是指诗中风韵，即风格而言。如王氏所说，这两句诗是具有“千里黄河与泥沙俱下；只是将不相干话从容说来，如恰合题分”的气概的。这就必然会给人以风格高迈，不同凡响的感觉。所谓“体”，是指诗的体制而言。这两句诗的声律与七律平起式的第二联或仄起式的第三联完全符合，一览可知；而在长篇转韵的杂言或七言古诗中间以律句，则是长庆体构成悦耳音节的艺术手段上一个久已公开的秘密。正由于李颀在《杂兴》的这两句中也体现了这一点，所以白居易在赞赏元稹《放言》为“体律”时，也就无妨引以为比了。“意古”指诗中所写的道家委心任运，各遂其性，各全其天的思想，由来已久；“词新”则指其中由巧妙的联想所构成的比喻新异动人。白居易这两句话主要地是用以评论元稹的《放言》，但既引李诗来相比况，也就证明了《杂兴》这两句也同样具备着这样一些特点。这个评语在李诗方面的具体涵义，大略如此。它和《王志》所说，是可以互相沟通和补充的。

关于李颀的生平事迹，今日所知无多。但依据他的交游和作品，可以断定，他一生中多数的岁月是在 8 世纪上半期，即唐玄宗开元、天宝时代度过的。这个文学史上习惯地称之为盛唐的时代，正是唐代封建经济发达已经到了顶点的时代。在表面上，这个历史时代的社会、政治、文化生活，都显得十分活跃，绚烂多彩。然而也就是在这件五光十色的外衣里面，错综复杂的阶级矛盾和种族矛盾正在日积月累地孕育着，生长着，发展着。这种巨大的社会现实，不可能不在诗人们的生活和创作中反映出来。在盛唐诗坛上流行着、激荡着的浪漫主义精神，就是当时社会矛盾的集中反映。在李白、杜甫、王维、王昌龄、高适、岑参、李颀以及其他许多著名诗人的生活和创作中，我们不仅看到了现实主义精神和浪漫主义精神往往同时可是又在不同比例、不同程度上既支配着他们每一个人的生活态度，也支配着他们每一个人的美学观点和创作方法；同样地，积极的浪漫主义精神和消极的浪漫主义精神也往往同时而又在不同比例、不同程度上支配着他们每一个人的生活和艺术。立功边塞和归隐山林是盛唐具有浪漫主义气质和色彩的诗人们所共同喜爱的，因而可以说是在那一个历史时代里具有普遍性的主题。一般地说，我们可以认为：诗人们积极的浪漫主义精神主要地是通过前者而体现的，其消极的浪漫主义精神则主要地是通过后者而体现的。立功边塞与归隐山林，儒家的用世思想与佛、道的出世思想，……以及其他许多矛盾，在诗人们思想、感情和创作实践中的对立和统一，就使得他们在艺术上也呈现了非常复杂的声音、颜色、情调、气氛。我们在评价李颀的时候，当然不会，也不应当忘记他那些面对现实的以及具有进取精神与健康情调的作品，如《古从军行》、《古意》、《送陈章甫》、《别梁锽》等名篇；但同时，更不应当忽视这样一个更其基本和重要的事实，即从他现存的全部作品看来，出世思想确实是占着主要地位的，消极的浪漫主义精神是更其浓重的。殷璠《河岳英灵集》卷上已经指出：

> 颀诗发调既清，修辞亦绣。杂歌咸善，玄理最长，……故其论道家[①]，往往高于众作。

殷璠对李颀的称颂，在今天看来，恰好击中了他的创作在内容方面的主要弱点。

还应当注意到，李颀作品中所反映的，受着自己阶级意识支配、失意环境刺激以及道家思想熏陶而形成的落后的世界观，往往伴随着愤慨的激情，以变化跳脱、奔放流转，因而令人感到富有气势的文学语言表达出来。这就使读者容易为其作品表面上的悲壮慷慨所吸引，因而放松了对于存在于其骨子里的消极颓废的思想、感情的批判。近年来所出版的几

① “故其论道家”，《四部丛刊》影明本《河岳英灵集》作“故论其数家”，上海古籍出版社《唐人选唐诗(十种)》本载毛斧季、何义门校文俱作“故其论家”，均不甚可解，今从《唐诗纪事》卷二十所引。

部中国文学史，对这位诗人都只作了近于全盘肯定的介绍，和上述这种认识不能说没有关系。

《杂兴》显然是通过一个古代神奇传说宣传了为诗人自己所已接受了的道家的宿命论和唯无是非观，虽然在表现手法上，它有其独特的成就。我们在肯定这篇作品艺术成就的同时，指出它在思想内容上的缺点，也是必要的。

对于这样一篇作品进行了一些肤浅的探索，主要是因为受到高尔基的启发。在《论文学》①一文中，这位著名作家说：

> 不仅要向古典作家学习，而且也要向敌人学习，如果这敌人是聪明的话。学习并不就是模仿什么，而是要精通技术的方法。……在对于向古典作家学习的恐惧中，有一种可笑的观念，仿佛害怕古典作家会抓着学生的腿，拖到自己的坟墓去似的。

在今天，我们有马克思主义和党的双百方针的正确指导，在研究工作中，不必过于对古典作家将我们拖进他们的坟墓中去的可能性抱着“因噎废食”的戒心了；反之，却需要以“不入虎穴，焉得虎子”的精神来钻研古典作家和作品，使得一切有价值的遗产都用来为今天服务——古为今用。这篇短文，就算是个人学习的一次尝试吧。

1961 年 12 月　武昌

① 《论文学》的译文，载《人民文学》1953 年 7、8 月号。

李颀《听董大弹胡笳声兼语弄寄房给事》诗题校释

1959年,我国学术界进行了一次关于蔡文姬《胡笳十八拍》的讨论。在这次讨论中,有些文章曾引用了唐代诗人李颀送给当时著名琴客董庭兰的一首诗作为有助于自己论点的资料,并按照各自的理解,对这首诗的内容和它的题目作了不同的解释。这些文章后来都收集在《胡笳十八拍讨论集》中。最近重读了这本书,感到学者们对于李颀这首诗,主要的是对它的题目的解释,仍然有值得商榷之处。

诗云:

蔡女昔造胡笳声,一弹一十有八拍。胡人落泪沾边草,汉使断肠对归客。古戍苍苍烽火寒,大荒阴沉飞雪白。先拂商弦后角羽,四郊秋叶惊摵摵。董夫子,通神明,深松窃听来妖精。言迟更速皆应手,将往复旋如有情。空山百鸟散还合,万里浮云阴且晴。嘶酸雏雁失群夜,断绝胡儿恋母声。川为净其波,鸟亦罢其鸣。乌珠部落家乡远,逻娑沙尘哀怨生。幽音变调忽飘洒,长风吹林雨堕瓦。迸泉飒飒飞木末,野鹿呦呦走堂下。长安城连东掖垣,凤皇池对青琐门。高才脱略名与利,日夕望君抱琴至。

如大家所看到的,此诗本身并不难懂,但是它的题目的文字,在各种不同的书本中,却有些出入;尽管出入并不太大,但由此却引申出一些相去甚远的意见来。因此,我们想到,如果正确地理解了这首诗的题目,也就比较容易理解它的本文；而将这首诗弄清楚了，董庭兰和《胡笳十八拍》的关系也就可以弄清楚了。今列举所见到的诗题文字各本异同及有关诗题各家论点如次，以便讨论。

李颀集单行本罕见。就我所看到的较早资料说，此诗题目，《河岳英灵集》卷上、《唐文粹》卷十二、《唐诗纪事》卷二十、《唐音》卷四作：

听董大弹胡笳声兼语弄寄房给事

毕力忠《十家唐诗》本《李颀诗集》、黄贯曾《唐诗二十六家》本《李颀集》卷二、朱警《唐百家诗》本《李颀集》、《唐诗纪》卷一百二、《全唐诗》卷一百三十三作：

听董大弹胡笳声兼寄语弄房给事

《唐诗品汇》卷三十、《删订唐诗解》卷九作：

听董大弹胡笳兼寄语弄房给事

《文苑英华》卷三百三十四、《全唐诗》载一本作：

听董庭兰弹琴兼寄房给事

以上所引各书，除《删订唐诗解》及《全唐诗》之外，都是明刻本。但《删订唐诗解》系就唐汝询《唐诗解》删订，而唐书出于高棅《唐诗正声》和李攀龙《唐诗选》①；今本《全唐诗》则出于季振宜《全唐诗》和胡震亨《唐音统签》②。可见这些异文，至迟在明代都已出现了。

---

① 参吴昌祺《删订唐诗解序》；《四库全书总目》卷一百九十三《〈唐诗解〉提要》。

② 参《四库全书总目》卷一百九十《〈全唐诗〉提要》；俞大纲《记〈唐音统签〉》，载《历史语言研究所集刊》第七本第三分册。

对于这种分歧的现象，李鼎文在其《〈胡笳十八拍〉是蔡文姬作的吗?》中，是这样解释的：

“弄”是琴曲的名称，“声”指《胡笳十八拍》的“曲”，“语”指《胡笳十八拍》的“词”。“声兼语”就是“曲”和“词”。足见当时董庭兰是边弹琴边唱词的。在《四部丛刊》明翻宋刊本《河岳英灵集》里，李颀的这首诗的题目没有错误，但到《全唐诗》里却成了《听董大弹胡笳声兼寄语弄房给事》，到蘅塘退士编选的《唐诗三百首》里又成了《听董大弹胡笳兼寄语弄房给事》，这真是不知所云了。

萧涤非的《〈胡笳十八拍〉是董庭兰作的吗?》一文，系针对李文而发，但对李文中“声兼语”就是“曲”和“词”的说法，认为“是不错的”，仅仅补充了“‘语弄’二字似应连文”一点。

叶玉华在其《蔡文姬〈胡笳十八拍〉四论》中对“声兼语”三字虽然也是从音乐角度加以解释，但立论和李、萧两先生不同。叶先生说：

歌的“声曲折”处称为“曲”，歌的细碎很像单音节的汉语处称为“语”。例如“小弦切切如私语”，“弦上黄莺语”是就弦乐而言，吹的管乐方面如“永夜角声悲自语”，这“角声”似指角制的胡笳声，也如“山楼粉堞隐悲笳”，吹洞箫声可以“如泣如诉”，悲和诉也是形容乐曲中的“语”的情况。至于唐宋乐曲中的“乐人致语”“竹竿子念语”，指的是歌剧中的道白，并非歌词。乐曲中有声和语，两者指的是音调。因此蔡文姬或董大的《胡笳十八拍》都应是声兼语的。如依李说，“语”是指词句的。我们如今所读的只抄歌词而不录“声曲折”的本子，岂不是也可命名为“胡笳语”了吗？当然不能如此。

刘大杰的《再谈〈胡笳十八拍〉》则认为董大不可能边弹边唱，因而李先生所释“语”字义是不对的。他并对题中文字提出了很谨慎的保留意见。刘先生说：

在李颀那首《听董大弹胡笳声兼语弄寄房给事》的诗里，自首至尾是描绘琴和琴的声音，没有一句提到歌辞，可知李颀听的只是琴声，董大只是弹琴，并没有唱辞。“语弄”二字，应作何解，尚待研究。薛易简与董庭兰同时，也以弹胡笳著名，以琴待诏翰林。他曾撰《琴诀》七篇，有一篇言琴病。他说弹琴时，大病有七，小病有五。……①可见弹琴时要精神专注，严肃认真，是不能边弹边唱的。说董大一面弹琴一面唱曲，实无其事。因此，“语弄”一词，是不是琴曲中的一个专门用语，我们今天无法知道了。唐人有用“平弄”者，李贺《鬻箓歌序》云“朔客有花娘，善平弄”，乃弹奏之意。有用“引弄”者，如沈亚之《歌者叶记》云“当引弄，及举音，则弦工吹师，皆失执自废”，乃演唱之意。还有“调弄”、“舞弄”、“傈弄”②各种用语，独无“语弄”，是不是那首诗的题目有错误呢？也很可能。我看到的那个题目，已经有四种不同的样子。《河岳英灵集》虽是古本，其中错误很多，前人已详言之，因此它也不完全可信。

对于以上诸家的论点，我们有下列一些不成熟的看法。首先，李、叶两先生对于“语”字的解释，都是没有根据的，也不能认为是正确的。《荀子·正名篇》说得好：“散名之加于万物者，则从诸夏之成俗曲期。”“约定俗成，谓之实名。”在唐代，无论是音乐艺术或音乐理论都已经相当发达了。如果诗题这个“语”字可以作歌词解，或作“歌的细碎很像单音节的汉语处”解，为什么在大量的文献中，只留下这么一个空前绝后的单文孤证呢？不错，叶先生也曾举出杜甫和白居易的诗、韦庄的词为证，但那些“语”字显然只是一种比喻，用人语或鸟语来譬况管弦声音的美妙或悲伤，而决非是当作一个音乐的专门名词来使用的。“语”字的意义若是真如叶先生所说，则在杜、白诗里与此两句中的“语”字作对的“中天月色好谁看”的“看”字，“大弦嘈嘈如急雨”的“雨”字，又该怎样解释呢？

---

① 此处介绍“七大病”内容，今略去。

② 按：“傈”，当作“僄”。

正由于两家对“语”字的解释迂曲难从，因而其所说“声兼语”或萧先生所说“声兼语弄”之义也就不能成立。就所见到的文献说，我们还没有发现用这样的三个字或四个字连文来表示一个音乐概念的，甚至连与之相类似足以供比勘的材料也没有。诗题如此连文，其本身文理既可怀疑，而诸家所说，更不免望文生义。

刘先生对“语弄”二字认为难解，从而推想诗题可能有误，是一个敏锐的、有启发性的见解。他反对李先生说的“声兼语”就是“曲”和“词”，认为诗中并没有描写董庭兰边弹边唱，也是对的，但说“弹琴时要精神专注，严肃认真，是不能边弹边唱的”，却不符合事实。因为从道理上说，边弹边唱并不排斥精神专注，严肃认真；而从文献上说，边弹边唱的记载又是相当多的，如《史记·赵世家》载武灵王“梦见处女鼓琴而歌”；《搜神记》卷一载汉淮南王安“援琴而弦歌”；《太平御览》卷五百七十九引郑缉之《东阳记》载晋王质“见童子四人弹琴而歌”。可见此事历代都有，既见于正史，也见于小说杂记。

总之，从已经发表的意见看来，李颀这首诗的题目似乎没有得到一个令人满意的解释。在刘先生的启发之下，反复思考的结果，我们认为其关键在于题目文字存在着校勘学上所谓多重的错误。诗题原来应作：

听董大弹胡笳声兼寄语房给事

由于既有衍文又有倒文，以讹传讹，以致横说竖说都无法通顺。今将浅见试加申论，聊备一说。

为了便于说明问题，这里先从“弄”字的意义谈起。“弄”，作为声乐技艺的一个专门术语，涵义相当广泛而复杂①。其在本诗，则有人因为诗题有作“兼寄语弄房给事”，而将它解为嘲戏之义的，如《唐诗品汇》和唐汝询《唐诗解》；也有人因为诗题有作“兼语弄寄房给事”，而以为“语弄”应当连文的，如萧先生。《唐诗品汇》引《增韵》“弄，戏也”，以释此“弄”字。《唐诗

① 参任半塘《唐戏弄》第一章《总说》。

解》则云:“琯以任庭兰而覆王师,竟以罪斥,所谓‘弄’者,岂有意乎?”撇开这句话中不符合史实的部分不谈①,局就其释“弄”为嘲戏之义而言,也是既不符合诗意,也不符合唐人对弄字的用法的。诗中牵涉到房琯的最后四句,不过是形容他历位清华,而脱略名利,独重董大的琴艺,借以更进一层地赞美这位音乐家而已,实在看不出其中有什么嘲戏的意思。再就唐人诗题用字的习惯来考察,则凡涉嘲戏的,都直用其字,如周繇有题为《嘲段成式》的诗,韦应物有题为《答书因亦戏李二》的诗;间有称为谑的,如刘禹锡有题为《城内花园,颇曾游玩,令公居守,亦有素期,适春霜一夕委谢,书实以答令狐相公见谑》的诗,却没有用弄字的。反之,其用弄字的,如顾况的《越中席上看弄老人》、白居易的《弄龟罗》、李贺《〈申胡子觱篥歌〉序》中的花娘“称善平弄”,都不作嘲戏解。因此,唐汝询等的说法是难以成立的。萧先生认为“语弄”似应连文,但未申述所以,从他赞成李先生对“语”字的解释来推测,可能认为“语弄”也就是歌词。但“语”字不能这么解释,具如前论,则“语弄”自亦无从以此为说。

李先生认为诗题这个“弄”字乃指琴曲而言,却是不错的。具体地说,“弄”是指的胡笳弄,也就是诗句中的“胡笳声”。《乐府诗集》卷五十九蔡琰《胡笳十八拍》解题引唐刘商《胡笳曲序》说:“……胡人思慕文姬,乃卷芦叶为吹笳,奏哀怨之音,后董生以琴写胡笳声为十八拍,今之胡笳弄是也。”②

---

① 据两《唐书·房琯传》,琯于肃宗至德元载(756)讨安禄山,败于陈涛斜,与宠信董庭兰并无关系。李颀此诗当作于玄宗天宝五载(746)琯试给事中之后,而远在安禄山叛乱以前。故唐氏“琯以任庭兰而覆王师”云云,完全是乱说。潘德舆《养一斋杜李诗话》卷二对此事有较详细的考论,可参看。

② 按《旧唐书·音乐志》云:“丝桐惟琴曲有胡笳声。”这说明了并不是当时所有各种乐器的曲谱都是可以互翻的。将盛行于唐代的胡乐之一——胡笳翻为琴曲,可以说是给琴这一极其古老的乐器注入了新的生命活力。董庭兰的演奏之所以博得人们的欢迎,除了他自己的技法高超之外,这应当也是原因之一。《太平广记》卷三十四载裴铏《传奇》,《崔炜》条:南粤王赵佗四侍女“遂命炜就榻鼓琴,炜乃弹胡笳。女曰:‘何曲也?’曰:‘胡笳也。’曰:‘何为胡笳,吾不晓也。’炜曰:‘汉蔡文姬,即中郎邕之女也,没于胡中;及归,感胡中故事,因抚琴而成斯弄,像胡中吹笳哀咽之韵。’女皆怡然,曰:‘大是新曲。’”这里所写情节虽属虚构,但自然也反映了唐人对胡笳弄的评价,可与诸家文中已经引用的资料如戎昱《听杜山人弹胡笳》、元稹(一作无名氏)的《小胡笳引》等参照。

可见胡笳声与胡笳弄，在诗题中系同物而异名，就其音言，则谓之“声”；就其曲言，则谓之“弄”。而这一“弄”字，在本题中也只有与“胡笳”二字连文，合成胡笳弄一词，于义方合。

但是，在一个短短的诗题中，既称胡笳声，又称胡笳弄，是没有可能，也没有必要的。那么，今本却有“声”、“弄”并见的，又是怎么一回事呢？最大的可能是诗题原作“听董大弹胡笳声……”，有人在“声”旁记一“弄”字以释其义，传写之际，混入正文，就变成了“听董大弹胡笳声弄……”或“听董大弹胡笳弄声……”了；后之校者，不知“弄”之为衍文，却误以为它当作嘲戏解，应位于“兼寄语”之下，“房给事”之上，因而将其乙转，把全题写成如《十家唐诗》等本所作，就此流传下来。此外，也有在传写中将“兼寄语弄”误倒为“兼语弄寄”，如《河岳英灵集》等本所作；还有的是原来文字和《十家唐诗》等本相同，在传写中却脱去“声”字，如《唐诗品汇》等本所作。至于《文苑英华》等本所作，则可能是有人感到各本异文纠纷太多，无从订正，因而根据诗意，另加拟定的，所以文义最为明白，而且与其他各本都不相近。由于种种原因而改动书名或篇名，我们知道，从目录学和校勘学的角度看来，并不是很特殊的情况。

这当然只是一种推测，而且由于我们已经无从详细地知道李集及唐诗诸总集的版本源流，这种推测今后也不容易得到进一步的证实，但就事理而论，还是有其一定的根据的。它一方面根据校勘学上前人已经总结出来的成例，另一方面则根据唐人使用有关词汇的习惯。

俞樾《古书疑义举例》卷五《以旁记字入正文例》云：

> 王氏念孙曰：“书传多有旁记之字误入正文者。《赵策》：‘夫董阏于，简主之才臣也。’阏与安古同声，即董安于也。后人旁记‘安’字，而写者并存之，遂作‘董阏安于’。《史记·历书》：‘端蒙者，年名也。’端蒙，旃蒙也。后人旁记‘旃’字，而写者并存之，遂作‘端旃蒙’。《刺客传》：‘臣欲使人刺之，众莫能就。’众者，终之借字也。后人旁记‘终’字，而写者并存之，遂作‘众终莫能就’。《汉书·翟方进传》：‘民仪九万夫。’仪与献古同声，即民献也。后人旁记‘献’字，而写者并存

之，遂作‘民献仪九万夫’。”按：此皆旁记字之误入正文者也。

这一成例证明，李诗题目原作“弹胡笳声”，由于旁记“弄”字之误入而变成了“弹胡笳声弄”或“弹胡笳弄声”，是可能的。至于我们拟定原文当作“胡笳声”而不是作“胡笳弄”，则一是因为诗句中有“胡笳声”之文，二是弄指乐曲或琴曲，更为后人所熟知，而旁边记注之字，总是以易注难，以习见注不习见，没有反其道而行之的。

俞书同卷又有《因误衍而误倒例》云：

> 校古书卤莽灭裂，有遇衍字不加删削，而以意移易使成文理者。《大戴记·哀公问于孔子篇》：“君何以谓已重焉。”此本作“君何谓以重焉”。“以重”即“已重”，以已古字通也。后人据《小戴记》作“已重”，旁记“已”字，因而误入正文，校者不知删削，乃移“以”字于“谓”字之上，使成文理。此因误衍而误倒者也。

这一成例证明：李诗题目原作《听董大弹胡笳声兼寄语房给事》，由于后人于“声”旁所记“弄”字被误写入正文，校者不知删削，却将“弄”字移下，使成文理，也是可能的。

至于当诗题已经错成如《十家唐诗》等本所作，其中“兼寄语弄”又颠倒为“兼语弄寄”；或“胡笳声”又脱落“声”字，这种歧中有歧的情况，也是校书时并不很罕见的①。

上面已经论证了“语”字不当如李、叶两先生所释，“声兼语”或“声兼语弄”不当连文；现在，我们要进一步地论证“寄语”及“兼寄语”之应当连文，作为诗题文字有因误衍而误倒的情况的旁证。

从此诗文义上考察，“语”即言语之语，“寄语”即寄言、寄声，犹今天之说传话。舍此之外，似乎也难以再找到更为平易近人的解释。“寄语”连文，早见于唐以前的诗作。鲍照《代少年时至衰老行》云：“寄语后生子，作

① 参徐复《校勘学中之二重及多重误例》，载《新中华》复刊第3卷第11期。

乐当及春。"即是一例。唐人诗中用得更多,如杜甫集中,即曾四见:

寄语恶少年,黄金且休掷。

——《驱竖子摘苍耳》

清朝遣婢仆,寄语逾崇冈。

——《秋行官张望督促东渚耗稻向毕,
清晨遣女奴阿稽、竖子阿段往问》

寄语杨员外,山寒少茯苓。

——《路逢襄阳少府入城,戏呈杨员外绾》

寄语舟航恶年少,休翻盐井横黄金。

——《滟滪》

而唐人一诗之赠两人或及两事者,其题中又每用副词兼字,加在一个及物动词之前,如兼寄、兼呈、兼示等等:

奉送五叔入京兼寄綦毋三

——李颀

双笋歌送李回兼呈刘四

——李颀

听曹刚琵琶兼示重莲

——白居易

也有在兼寄等字之下再增一字,即连用两动词的,例如:

送台州李使君兼寄题国清寺

——刘长卿

发广陵留上家兄兼寄上长沙

——韦应物

送僧仲剬东游兼寄呈灵澈上人

——刘禹锡

李颀此诗题目,就其词意说,最近《听曹刚琵琶兼示重莲》,而“兼寄语”连文,则正是“兼寄题”、“兼寄上”、“兼寄呈”之比。这些可供类推的资料告诉我们,认为李诗原题当作《听董大弹胡笳声兼寄语房给事》,今传各本异文,乃是传写中误衍、误倒、误脱以及另拟所致,这一揣度或许不甚远于事实。

如果这一推理的校勘能够成立,或者退一步说,只是由于上述的讨论而将“语”或“语弄”不能当作一个音乐术语来解释这一点肯定了下来,那我们就自然可以得出李颀此诗只能证明董庭兰和《胡笳十八拍》的曲有关,而不能证明他与《胡笳十八拍》的词有关的结论。当然,诗中所描写的全为琴声,不及诗句,也有力地证明了这点。

1963 年 5 月　武昌

读岑参《走马川行奉送出师西征》记疑

君不见：走马川行雪海边，平沙莽莽黄入天。轮台九月风夜吼，一川碎石大如斗，随风满地石乱走。匈奴草黄马正肥，金山西见烟尘飞，汉家大将西出师。将军金甲夜不脱，半夜军行戈相拨，风头如刀面如割。马毛带雪汗气蒸，五花连钱旋作冰，幕中草檄砚水凝。虏骑闻之应胆慑，料知短兵不敢接，车师西门伫献捷。

多年以来，每次读到这篇作品的时候，总为诗人壮烈的情怀、诗篇绚烂的色彩和铿锵的音节所感动；同时，也认为它的文字的讹误还有待于订正，形式的渊源还有待于阐明。今记所疑，并申述自己不成熟的看法如次。

首先，我怀疑篇首“走马川行雪海边”一句中的“行”字是由题中“行”的窜入而误衍的，它本来应当作两个押韵的三字句，即“走马川，雪海边”，虽然我所见到的各种岑集及唐诗总集都有此一“行”字①。

前人论到这一点的，有吴仰贤，所著《小匏庵诗话》卷一云：

岑嘉州《走马川行》起云：“君不见：走马川行雪海边，平沙莽莽黄

① 岑集传世诸旧本、善本载在邵懿辰《〈四库简明目录〉标注》卷十五、《北京图书馆善本书目》卷六及《中国丛书综录》者，除《四部丛刊》初编所印两种之外，我都没有机会看到，不知道有没有无“行”字的本子。惟中国科学院文学研究所编的《中国文学史》唐代文学第三章第三节引此诗作“走马川，雪海边”，然未说明依据何本。

入天。""行"字是衍文。此诗逐句用韵,每三句一转,删去"行"字,则川、边、天为韵,通体一格。若加"行"字,不辞甚矣。

盛静霞、蒋礼鸿《〈唐诗选〉注解的商榷》赞同这个说法,但也仅就韵例立论,理由似乎不够充分①。

我们认为,要充分证明"行"字之确为衍文,最好的办法是绕一个弯子,先正确理解"川"字在本诗中的意义。马茂元《唐诗选》本诗解题云:"'川'与'河'同义。"②诸家注虽然没有这样明说,而且对走马川之位置多不能详,但也没有否认川、河同义的。然而这种说法,虽不违背故训,以说本诗,却不恰当。这从诗中"轮台九月风怒吼,一川碎石大于斗,随风满地石乱走"三句便可以看出来。若如马先生之说,释川为河,则"一川"之川,当指河床。可是将上下文联系起来考察,则"一川"之川,分明就是"满地"之地。由于狂风怒吼,所以走石飞沙。如果这"大如斗"的石头是指在河床中的而言,则当时已是塞外九月,"五花连钱旋作冰,幕中草檄砚水凝"的时候,河床当然更不可能不结冰;即使水流湍急,没有结冰;或河床干涸,无从结冰,碎石既在河中,也只能顺着水流方向及河床高低而朝着一定方向转动,不可能"满地""乱走"。由此可见,这个川字应当别作解释③。

其实,"川"在这里就是平原的意思。它最初应当是指某一条河流流

① 见《文学遗产增刊》十一辑。

② 见该书上册第174页。马先生本闻一多《岑嘉州系年考证》(见《全集》第三册《唐诗杂论》)之说,以诗中西征为征播仙,又进而以为播仙城即且末城;走马川为且末河,即今车尔成河,其说皆非。今以与本题无关,不更涉及,请读者参阅陈铁民《岑嘉州系年商榷》,载《北京大学学报(哲学社会科学版)》1963年第3期;胡大浚《岑参"西征"诗本事质疑》,载《甘肃师大学报(哲学社会科学版)》1981年第3期。我初解此诗,也从闻、马之说,今始知其误。

③ 上引胡大浚先生文认为:走马川即伊塞克湖附近之砾石河川,这种河川是"天山山谷中山洪冲刷形成"。并解释其得名之由说:"西北高原中之季节河,有水成河,干涸则为一马平川,在群山之中,正是走马之地,因命之曰走马川,也是合理的。"胡先生在"川"与"河"之间,找到了一个共同点,即地点只是一个,有水则为河,无水则为川,这的确"是合理的"。问题在于其结论尚未能从文献上完全落实,而只是一种推测。

域的平原，引申起来，则泛指一切平地，亦可连称川原。故杜甫《垂老别》云：“伏尸草木腥，流血川原丹。”再以古代文籍中常见的秦川一词为例，我们都知道，它是泛指关中平原的。如《三国志·诸葛亮传》：“将军身率益州之众，以出秦川。”谢灵运《〈拟魏太子邺中集诗〉序》：“家本秦川，贵公子孙。”王维《和太常韦主簿五郎温汤寓目之作》：“汉主离宫接露台，秦川一半夕阳开。”杜甫《乐游园歌》：“公子华筵势最高，秦川对酒平如掌。”都是些眼面前的证据。这样一种用法一直保存在现代汉语的北方话和文学语言当中，如《白毛女》的唱词：“清清的流水蓝蓝的天，山下(那个)一片米粮川。”即是一例。

应当继续指出的是，在唐代的西北地区，以川命名的地方尤为习见。今就两《唐书》举出几个例子。

> 薛延陀以同罗、仆骨、回纥、靺鞨、霫之众度漠，屯于白道川。
>
> ——《旧唐书·太宗纪》

> 蕃相尚结赞请改会盟之所于原州之土梨树。神策将马有麟奏：土梨地多险厄，恐蕃军隐伏，不如平凉川，其地坦平，又近泾州。
>
> ——《旧唐书·德宗纪》

> 又二十余日，至特勒满川，即五识匿国也。
>
> ——《旧唐书·高仙芝传》

> 幽州范阳郡……城内有经略军，又有纳降军，本纳降守捉城，故丁零川也。
>
> ——《新唐书·地理志》

> 哥舒翰破吐蕃临洮西之磨环川，即其地置神策军。
>
> ——《新唐书·兵志》

走马川也正是秦川、白道川、平凉川之比，而《乐游园歌》及《旧唐书·德宗纪》两条资料，更无异为“川”字作了明白的解释。如果将这一点肯定了下来，“轮台九月风夜吼”三句的意思便也迎刃而解了。

走马川之“川”既是指平原地区，那么，我们就无法否认“走马川行雪海边”这句诗是讲不通的。因为既非河流，当然就无法“行”于雪海边，而只能位于雪海边，只有将这一衍文删去，诗句才文从字顺。至于《唐百家诗选》卷四及《唐诗纪事》卷二十三载此诗首句作“君不见走马沧海边”，一则与诗题以走马川为地名不合，二则古人无称内陆湖泊或沙漠为“沧海”者，三则文句稚弱，与全诗不称，可以断其为浅人所妄改，不足深论。

校订了诗句的这一衍文，也就证明了：全诗除了按照古乐府的某种惯例，以“君不见”领起外，都是句句用韵，三句一转，并且最初三句是用三、三、七的句法组成。这对于我们探究本诗形式的渊源是有帮助的。

沈德潜《说诗晬语》卷上云：

> 三句一转，秦皇《峄山碑》文法也。元次山《中兴颂》用之，岑嘉州《走马川行》亦用之，而三句一转中又句句用韵，与《峄山碑》又别。

这是提出本诗形式渊源问题的较早文献。但从今传《峄山刻石》以及全部秦刻石看来，一则它们都是四言诗而非七言或三七杂言诗，二则它们都是三句才押一韵而非每句押韵，三则它们有的通篇一韵，如《泰山刻石》，有的十余句之后才转一韵，如《峄山》及《之罘刻石》，而非每三句就转韵。因此，虽然在文义上它们是每三句一转，和《走马川行》有其相似之处，但毕竟很难仅凭这一点来证明两者彼此之间有何源流上的关系。

宋长白《柳亭诗话》卷三《三句诗》条曾指出汉高祖的《大风歌》是“三句诗”，又引了崔骃的七言三句诗、阮籍的《大人先生歌》及明人伪作的岑之敬的七言三句诗①，说人们看到《玄怪录》所载唐人七言三句诗“杨柳袅

① 《古诗纪》等书所载岑之敬作七言三句诗一首，系明杨慎伪造，辨见丁福保《全汉三国晋南北朝诗·绪言》。

袅随风急，西楼美人春梦中，翠帘斜卷千条入”，“以为奇创”，实则“汉、魏、六朝已先见矣”。又说：“岑嘉州《走马川》三句一韵，黄鲁直《画马试院中作》亦三句一韵，则长篇也。”这些看法，比沈德潜略为进了一步。可是，其所举《大风歌》、《大人先生歌》，都是带有“兮”字的楚调，不是严格的七言三句，因而除崔作外也都不能看成是《走马川行》所本。但“汉、魏、六朝已先见矣”这句话，倒被宋长白说对了，虽然他并没有能够举出更恰当的和更多的证据。

别署常庸的平步青所著《霞外捃屑》卷八上《走马川体……》条，对此也有所论列。他说：

> 纪文达公评苏诗《次韵黄鲁直画马代苑中作》云：“此体本之嘉州《走马川》诗，嘉州又本之《峄山碑》，但碑是四言耳。”庸按：郭麐《灵芬馆诗话》卷一云：“《走马川》诗，三句一换韵，后山谷诸人效之，号《走马川》体。不知以前即有之，富嘉谟《明冰篇》是也。”《柳亭诗话》卷十二则云：“富嘉谟《明冰篇》曰：‘阳春二月朝始暾，春光澹（潭）沱（淹）度千门，明冰时出御至尊。’每三句换韵，凡七转，即古乐府之解数也。后人合为一首，误。”富诗见《文粹》卷十七，柳亭说亦臆度也。

纪昀（谥文达）的说法与沈德潜略同。郭麐指出富嘉谟的《明冰篇》这首七言诗也是句句用韵，三句一转，而其时代则在岑前，不失为一个新的发现。但《明冰篇》这种形式又是从何而来，《灵芬馆诗话》却没有进一步交代。《柳亭诗话》在卷三中谈到《走马川行》，在卷十二中谈到《明冰篇》，而不曾将两诗联系起来加以考察，也未免失之交臂。但其所说《明冰篇》之每三句一换韵，“即古乐府之解数”，对我们还是有启发的。试看下文所举出的一些歌谣，就可以证明，这个意见并非全是“臆度”。

文学史实昭示我们，一般说来，文艺形式总是人民群众所创造的。它们是集体的，而非个人的产物。沈德潜之流只知道朝上看，想从“高文典册”中找出岑参这篇诗形式上的渊源，就只能白费气力。可是，如果反过来，注视一下汉、晋以来人民的口头创作，就可以发现，原来三、三、七言三句和七言三句乃是这一历史时期中歌谣的两种基本形式。

大鸿胪，小鸿胪，前后治行曷相如。

——《三国志·裴潜传》注引《魏略》载鸿胪中语

局缩肉，数横目，中国当败吴当复。

——《晋书·五行志》载童谣

脱青袍，着芒屩，荆州天子挺应着。

——《南史·侯景传》载童谣

刻者配姬以放贤，山崩水溃纳小人，家伯罔主异哉震。

——诗纬《泛历枢》载《擿洛谣》

兽从北来鼻头汗①，龙从南来登城看，水从西来河灌灌。

——《晋书·五行志》载童谣

中兴寺内白凫翁，四方侧听声雍雍，道人闻之夜打钟。

——《北齐书·上洛王思宗子元海传》载童谣

以上择录的这些例子还是限于句句用韵的，其第一句不押韵的，为数就更多。我们认为：《走马川行》那种被人们称为富于创造性的形式，正是由上面所举两式歌谣发展而来的。它首三句采取了第一式，而其后的十五句则将第二式重复了五次。将这两种形式的歌谣有机地结合起来，形成一个整体，扩充成为长篇，则是诗人独特的贡献。正因为它是以三句作为一个基本结构，约略相当于古乐府的一解，所以意思是三句一转，韵脚也是

① “兽”，本作“虎”，唐人修《晋书》避讳所改。唐高祖李渊的祖父名虎。

三句一变，平仄交替，从而“形成强烈的声势与急促的音调”①。这种说法，当然也只是一种推测，但《朝野佥载》载骆宾王为裴炎造谣云：“一片火，两片火，绯衣小儿当殿坐。”就是利用了当时流行的这种歌谣形式来从事政治斗争的②。据此，岑参也未尝没有注意到这些歌谣和在它们的形式影响之下形成的《明冰篇》而加以发展的可能。

1963年5月　武昌

① 中国科学院文学研究所编《中国文学史》评本诗语。

② 据《太平广记》卷二百八十八所载，今本《朝野佥载》佚去此条。《资治通鉴》卷二百三，胡三省注引《考异》也收有这一条材料，并云：“此皆当时构陷炎者所言耳，非其实也。”我们认为，即使此谣非骆宾王所造，也是一首出于裴炎的反对派之手的拟作，同样足以证明这类口头创作的形式已为当时社会中的上层分子所注意和利用。

杜甫《诸将》诗“曾闪朱旗北斗殷”解

用几首律诗组成一个整体，来反映比单篇律诗所能反映的远为广阔深刻的历史和现实、思想和感情，是杜甫对古典诗歌艺术形式的重要发展和贡献的一个方面。他先是继承了他祖父杜审言的传统，用五言律诗来这么写的，到了四川以后，进入他创作生活的后期，则扩充到七言律诗。《诸将》五首、《秋兴》八首、《咏怀古迹》五首等，就是他在这方面留给后人的宝贵遗产。

《诸将》五首曾被某些有见识的批评家推为杜诗七律的压卷之作，如管世铭《读雪山房唐诗钞》卷十八“七律凡例”云：

> 少陵七律自当以《诸将》五首为压卷。关中、朔方、洛阳、南海、西蜀，直以天下全局运量胸中。如借兵回纥，府兵法坏，宦官监军，皆关当时大利大害，而廷臣无能见及者。气雄词杰，足以称其所欲言。

这个评语，从诗人的政治见解和艺术手段两方面立论，大体上是可以同意的。

这一组诗所依据的历史背景，所反映的政治局势，所表达的诗人心情，所使的典故，所用的语言，古今注家都曾经一一疏证解释，绝大部分是正确的。所以今天读起来，并没有什么困难。但是，其第一首的第六句“曾闪朱旗北斗殷”，可能多数注家都讲错了。现在试加订正，以供参考。

这句诗中的“殷”字，某些古本（如《〈文苑英华〉辨证》卷八所称孙觌本杜诗）

作“闲”。有的注家就依以立论。王嗣奭《杜臆》卷六云：

> “北斗”指京师，而宿卫之士，空闪朱旗，有名无实，故谓之“闲”。按《唐志》：“李林甫请停上下鱼书，自是徒有兵额、官吏，而戎器、驮马、锅幕、糗粮并废矣。时府人目上番宿卫者曰侍官，言侍卫天子也。是时，卫佐悉假人为僮奴，京师人耻之，互相诟骂必曰侍官；而六军宿卫皆市人，及禄山反，皆不能受甲矣。”所云闲闪朱旗，盖此辈也。

但杜甫的父亲名闲，唐人还保存着南北朝以来国讳之外，兼重家讳的风气，断无以父名入诗的道理。这个“闲”字，实际上是后人改的。钱谦益笺注《杜工部集》卷十五引彭叔夏《〈文苑英华〉辨证》（仇兆鳌《杜诗详注》卷十六所引略同）云：

> 《汉书》有“朱旗绛天”。杜云“曾闪朱旗北斗殷”，则是因“朱旗绛天”闪见斗亦赤也。本是“殷”字，于颜切，红色也。修书时，宣宗讳正紧，或改作“闲”。今既祧不讳，则“殷”字何疑？①

因此，《杜臆》以“闲”字作主要依据，认为这句诗是说“宿卫之士……有名无实”，也就不可信了②，虽然他认为朱旗是指唐军并没有大错。

---

① “修书时”，指北宋初年李昉等修《文苑英华》的时候。“讳正紧”，是指要严格地避宋太祖赵匡胤的父亲的讳。他名弘殷，庙号宣祖。所以到了南宋彭叔夏作《辨证》时，才能够说：“今既祧不讳……”仇兆鳌误以为是指唐宣宗，因此在引用《辨证》时，在“宣宗”上加一“唐”字。唐宣宗李忱，初名怡，两字都与殷字无关涉，而且宋朝人何以要避唐讳？虽然仇氏这一错误可能是由于彭叔夏将宣祖或宣帝写成了宣宗而引起的，但他处理这条资料时，也未免太大意了。又按今本《〈文苑英华〉辨证》卷八《避讳》门云：“世谓子美不避家讳，诗中两押‘闲’字，……《诸将》诗：‘曾闪朱旗北斗殷。’殷，于颜切，红色也。用班固《燕然铭》‘朱旗绛天’之意。或者当国初时，宣祖讳殷正紧，音虽不同，字则一体，遂改为‘闲’耶？”钱、仇两注所引虽大意相同，而文字颇有出入，疑别有所本，俟再考。

② 仇注引用《杜臆》，只存其所抄《唐志》那段材料，而删去其牵扯到“闲”字的部分解释，也正由于此。

较为通行的，则有如下一些说法。钱注对此诗第三联“见愁汗马西戎逼，曾闪朱旗北斗殷”连串起来解释说：

> 指西戎入犯之促数，故曰“见愁汗马”；指胡虏焚宫之烟焰，故曰“曾闪朱旗”。所以告诫长安之诸将者如此。

杨伦《杜诗镜铨》卷十三引张缙《读书堂杜诗注解》释下句云：

> 言闪朱旗而北斗皆赤，见胡氛蔽天意。

此外，今人冯至、浦江清等《杜甫诗选》卷七及萧涤非《杜甫研究》下卷都说此联下句是指唐代宗广德元年(763)吐蕃攻入长安，上句是指代宗永泰元年(765)吐蕃再度入寇。浦先生等以为“闪烁的朱旗曾经使北斗变成殷红色”是“比喻长安遭兵乱”；萧先生以为“是说吐蕃势盛，闪动朱旗而北斗亦为之赤”。各家所说虽然小有出入，但认为这一联诗都是写李唐王朝当时的敌人吐蕃的活动，朱旗是指敌人的旗帜，或者象征敌人的力量，则是一致的。

我们认为：钱谦益对上句的解释是准确的，也就是说，“西戎逼”是“促数”的，“见愁”的“见”(现)字，应当包括763年和765年唐朝两度被攻的史实；至于对下句的解释，则各家都张冠李戴了。它的用意是在以汉喻唐，回忆过去隆盛时期军容的强大。诗人在这一联里，是用《文心雕龙·丽辞篇》所谓反对的方式，以一今，一昔；一衰，一盛；一敌强我弱，一敌弱我强的形势，作出强烈的对比，发抒了对祖国安危的深切关怀。这一联的对仗，在这五首诗中，和第二首的“胡来不觉潼关隘，龙起犹闻晋水清”，是一样的方式；而和第四首的“越裳翡翠无消息，南海明珠久寂寥”那种正对，或第五首的“正忆往时严仆射，共迎中使望乡台”那种串对(流水对)都不一样。

这一不同于多数注家的解释，是以对于朱旗这个有着深远历史意义的词的探索为依据的。

如大家所熟知，汉是唐以前国祚最长、国力最盛的统一大帝国，唐代诗人乐于以汉朝比本朝，以汉事写唐事，其例证不胜枚举。

我们也知道，红色是汉朝人认为最尊贵的颜色。这一点，早在汉高祖起兵的时候，就规定下来了。《史记·高祖纪》对此有明确的记载：

> 旗帜皆赤。由所杀蛇白帝子，杀者赤帝子，故上赤。

在《淮阴侯列传》中，叙述汉赵之战，也一再提到"拔赵帜，立汉赤帜"，"立汉赤帜三千"，"壁皆汉赤帜"。撇开赤帝子斩白帝子的神话不谈，汉上(尚)赤，用赤帜总是事实。

赤帜也就是朱旗。在文献上，至迟在东汉初年，文学作品中就多次出现过朱旗这个词。以最著名的作家作品见于《文选》者为例，则如：

> 玄甲耀日，朱旗绛天。
>
> ——班固《封燕然山铭》

> 爰兹发迹，断蛇奋旅。神母告符，朱旗乃举。
>
> ——班固《汉书·叙传》①

> 高祖膺箓受图，顺天行诛，仗朱旗而建大号。
>
> ——张衡《东京赋》

到了三国时代，蜀汉是自认为继承了刘氏王朝的正统的，所以在其诏书中也沿用过这个词。《三国志·蜀书·后主传》裴注引《诸葛亮集》载其《为后帝伐魏诏》云：

> 欲奋剑长驱，指讨凶逆，朱旗未举，而丕复陨丧。

---

① 《文选》卷五十题作《史述赞·述高帝纪第一》，今用《汉书》原篇名。

汉、魏以下，也不乏书证，无须更加列举。

这些证据无可争辩地说明，朱旗是个褒义词，也是个庄严的含有政治内容的名词。它只能用来代表自己国家的、正面的，而决不能用来代表敌人的、反面的力量。（这些含义，一直沿用到今天，不过它已经改称为红旗了。）杜甫是一位“熟精《文选》理”[①]的诗人，（近代学者李详所著《杜诗证〈选〉》一书，有力地证明了这一点。）对班固、张衡的这些作品，当然很熟习；诸葛亮更是他所非常敬佩的一位历史人物，在诗篇中曾多次加以歌颂，对其著作也不应当怎么生疏。因此，可以想见，杜甫对于班、张、诸葛所使用过的朱旗这个词的含义，也决不至于缺乏正确的理解。那么，当我们读到他这一句诗的时候，又怎么能够模糊地或轻率地断定诗人是在用朱旗代表他当时所认为的敌人呢？

在上举文献中，与杜甫这一句诗关系密切，因而特别值得注意的是《封燕然山铭》。这篇文章是东汉窦宪大破匈奴之后，刻石勒功，记载汉朝威德的。其中“玄甲耀日，朱旗绛天”两句，极其生动地描绘了汉朝胜利大军壮盛的军容。这也正是杜甫“摅怀旧之蓄念，发思古之幽情”[②]的所在。“曾闪朱旗北斗殷”，也可以说，就是“朱旗绛天”的译文。“绛”在这里是个动词，意为闪耀着红光。“天”，杜诗里用“北斗”代替了。诗人热爱祖国，面对今日的衰微，愁敌进逼；遥想先朝的强盛，克敌扬威，因而写出这一联对比极其强烈的诗句，不是很自然的吗？

因此，我们也认为，在前人著作中，《〈文苑英华〉辨证》虽然只是极其简略而且近乎不加说明地指出载在《后汉书·窦宪传》的《封燕然山铭》中有“朱旗绛天”这句话，倒是真正把问题提到了点子上。如果体会了彭叔夏的用意，许多附会和误会是不至于发生的。

正因为人们从来不曾在文献中见过把朱旗当成贬义词来使用，以它代表敌人或反面力量，所以在解释这句杜诗时，要认为它是代表吐蕃的，就难以自圆其说。于是，只好将它或牵强地说成是“烟焰”，或笼统地说成

---

① 杜甫《宗武生日》句。

② 班固《西都赋》句。

是“胡氛”,或认为是“比喻长安遭兵乱”,或认为“是说吐蕃势盛”。到头来都不能符合诗意。

这一事例说明,弄清楚某些词的历史意义,对于正确理解古代作品来说,有时是很必要的。

1976 年 5 月　武昌

读冯至先生《杜甫传》

中华民族是一个有光荣的革命传统和优秀的历史遗产的民族。在过去漫长的年代中，祖先给我们创造了丰富的、光辉灿烂的文化。随着人民政权的建立，这些遗产都已经被我们合理合法地全部接收过来。现在处理遗产问题的主要关键就是要遵循“剔除其封建性的糟粕，吸收其民主性的精华”的马克思主义原则，用严肃认真的态度，细致深入的方式，来从事具体的工作。只有这样，才能发现问题，解决问题。也只有这样，才能使理论贯彻到实际中去，使实践提高到原则上来。基于这样一种理解，我们对冯至先生以他多年的辛勤工作完成的《杜甫传》的出版，是十分欢迎的。

这一本书有许多值得肯定的优点。首先，作者尽可能详细地占有一切材料，并且很仔细地审查了这些材料，然后才加以使用。这是完全符合马克思主义对于历史科学的要求的。在《前记》中，作者自己提到，“力求每句话都有它的根据，……由于史料的缺乏，空白的地方只好任它空白，不敢用个人的想像加以渲染”。这是事实。不仅如此，作者对于古代学者们所没有发现或没有解决，但却为现代学者们发现了或解决了的某些细节，也不曾忽略。例如杜氏的世系（页二）、杜并的年岁（页六）、剑器舞（页十四）诸问题都是。

再则，我们也不会忘记，冯至先生是一位优秀的作家。鲁迅先生在《新文学大系·小说二集》的序言中，曾经提到作者早年的“幽婉的名篇”，并且肯定他早期的成就，称他“后来是中国最为杰出的抒情诗人”。在这部传记里，作者是适度地发挥了自己在这一方面的长处的。由于对于材料所持的一种慎重态度，也由于材料的缺乏，使他不得不尽可能地采用杜甫自己的作品作为原料来加以改写。这，基本上就是一种将诗译成散文的工作。这一工作，如我们所理解，是相当困难的。但作者却用他所擅长的抒情的笔调，谨严而又流畅地完成了他自己所规定的任务。必须承认，这本书是富于感染力的。而这种感染力的获得，应当归功于作者的艺术修养。

同时，作者也尽可能地运用历史主义的观点进行自己的工作。作者要求自己“不违背历史”(《前记》)。所谓不违背历史，我们想，它是包含着两层意思的。第一是材料的真实性和丰富性，第二是判断的正确性和深刻性。后者的取得必须以前者为基础，但一部著作具备了前者，却并不一定就也具备着后者。冯至先生在掌握材料这方面，如前所说，态度和方法都是很谨严的，而就其分析批判这方面说，也有许多好的意见，例如在《侍奉皇帝与走向人民》这一章里，他指出了杜甫伟大成就的根源是靠拢人民，在《悲剧的结局》这一章里，他指出了杜甫的进步性发展到759年就达到了顶点之类。

传记在文学中自来就有它的特殊性。它的材料是真人真事，因而要求如实反映的程度就比其他的作品更高。同时它本身又是文学创作，因而要求的艺术技巧并不下于其他作品。其他的作品，是由生活的真实发展为艺术的真实的，因而并不排斥、甚至于鼓励幻想与夸张。但传记，却是要使生活的真实和艺术的真实高度有机地统一起来，因而必须完全历史地处理问题。而在今天，要把八世纪的一个伟大的诗人介绍给新社会的人民，则这件工作本身就是批判地接受古典遗产的实践，是爱国主义教育的实践，我们就完全有理由要求作者用历史唯物主义的高度原则来反映历史的真实，来创造历史人物栩栩如生的形象。

在历史唯物主义的高度原则指导之下，历史地运用材料，艺术地描绘人物，这是我们对传记文学的基本要求。《杜甫传》显示了它的作者在这些方面的努力，和它本身在这些方面所达到的一定程度的成绩，使今天的传记文学以及接受杜甫的遗产的工作得到一个较好的开始，使祖国这样一位伟大的诗人比过去更其广泛地为人民群众所熟悉、所热爱。这一切，就是《杜甫传》的主要成就所在。而这些成就，是和作者长期的劳动分不开的。

以下，想简单地谈一谈我们对于这本著作感觉不满足的地方。

我们认为，《杜甫传》的主要缺点乃是还没有能够完全做到历史地处理问题。不错，冯至先生对于材料的处理是慎重的，而且也初步地对杜甫进行了一些分析批判，这都是符合于历史唯物主义的要求的。但对于如何在李唐帝国的历史，同时也是中国封建社会的历史的转折点上产生了这样一个杰出的天才诗人，却没有从阶级关系上加以深入的分析。作者曾经不惮烦劳地研究了一向被人忽略了的诗人的母系，这自然也是必要的，然而对于当时社会的特质、阶级的动态却几乎完全没有触及，因而也就大大地妨碍了我们对于这个伟大诗人和他所生活的环境的理解。这是不能不令人感到遗憾的。

恩格斯说："据我看来，现实主义的意思是，除细节的真实外，还要真实地再现典型环境中的典型人物。"①一切具有进步性的文学艺术基本上都是现实主义的，或带有现实主义性质的因素的。而传记，则由于它的内容的决定，其创作方法必然是不能和现实主义违背的。现实生活中的环境与人物，在某一意义上原来也可能具有典型性。因此，要求正确地表现出典型环境中的典型性格，不仅是一般创作中的问题，同时也是写真人真事的传记文学中的问题。

杜甫所生活着的开元、天宝时代以及生活在这样一个时代中的天才诗人，我们认为，正都是具备着典型的意义的。

开元、天宝时代之典型的意义，在除了它显示着中国封建社会一般的特征而外，还表现在均田制度之开始彻底被破坏，为中国封建社会前后期的区分，画上了一根鲜明的红线。由于封建社会中的主要阶级矛盾是存在于农民和地主之间，历来在土地问题上就呈现着不彻底的国有与无限制的兼并两种近于循环的变革。但经过 755 年开始的变乱，这种变革就

① 《恩格斯致玛·哈克奈斯》(1888 年 4 月)，见《马克思恩格斯选集》第 4 卷第 462 页。

终止了。这个作为缓和农民与地主之间的矛盾的主要手段——均田制度的完全放弃,必然不可避免地使两个敌对阶级之间的矛盾深刻化和复杂化。土地兼并之无限制地进行和由之而引起的租庸调制的崩溃与府兵制的变更,统治阶级内部的斗争和由之而引起的异族入侵与藩镇割据的形成,这些在安史之乱前后发生的政治社会现实,不仅严重地影响了当时人民的生活,动摇了李唐帝国统治的基础,而且也在一定程度上画出了此后一千年左右中国社会发展的草图。这乃是开元、天宝时代具有特殊历史意义的社会情况,也就是杜甫所生活着的大环境。这个大环境对于杜甫的个人生活和创作道路,是具有决定性的作用的。但作者描写杜甫的生活环境时,却对这一切很少具体的分析和说明。由于没有站在高处去看这些最基本的历史事实,所以就不能不随着诗人的脚印,亦步亦趋,因而就显得所写的仅仅是些细节的真实了。

仅仅局限于杜甫的家庭、经历、游踪、友谊这些小环境,而没有着眼于那一个时代的一切巨大的变革,因此对于杜甫的思想的发展,也不能作出科学的说明。我们知道,杜甫出身于一个没落的小官僚家庭。在统治阶级中,他是属于中间阶层的。而同时,他又是进士词科集团中的人物(虽则他并没有"及第")。进士词科集团,是李唐皇室为了对抗从北朝以来就在政治上拥有巨大势力的山东旧族而提拔起来的新兴力量。特别看重进士词科的风气,盛于唐高宗和武则天时代,而凝固于开元、天宝以来。利禄的道路使知识分子特别着重文学的钻研。而这些应进士科举的知识分子,最初又多半出身庶族地主,一方面他们固然和大官僚地主在土地占有的关系上共同剥削着农民,而另一方面,又在政治经济各方面在某种程度上和广大的人民一同受着大官僚地主的压迫和抑遏。这样,就使他们比较容易关心和注意人民的疾苦。因而当他们作为一个政治上的新兴力量在社会中上升的时候,其主张就更是比较接近人民的愿望。这些人,在安史乱前朝野沉酣的状况中,已经朦胧地感到当时的危机,而残酷的战争所引起的巨大社会变革,更使他们进一步受到了广大人民通过生活形象所给予的教育,也就使他们敢于正视惨淡的人生,一步一步地走向人民,站立起来为人民的痛苦而歌唱,因而形成了八世纪中叶以后的现实主义诗风。社会制度的巨大变革，进士词科集团的上升，安史之乱所给予人民的灾害以及出身进士词科集团的作家们从人民生活中所获得的思想教育，决定了天宝乱后唐诗的创作内容和创作方法。而杜甫，就是在这一特定历史情况下产生的典型人物——一个天才的现实主义者。我们知道，典型性往往是和一定社会—历史现象的本质相一致的。典型不仅是最常见的事物，也是最充分、最尖锐地表现一定社会力量的本质的事物。因此，如果我们不从一些主要的历史现象去了解杜甫所生活着的时代，也不将他出身的阶级和所从属的政治集团的力量作为当时表现一定社会力量的本质的事物来认识，从而探究杜甫创作力量的根源，则杜甫的出现将是十分偶然的，其伟大的业绩也将是“天生”的。但这些最主要的问题，作者却完全没有接触到。

正因为作者没有掌握住马克思主义的最基本的阶级分析法则，因而有的时候也看出了问题，但却解决不了问题。例如他曾经屡次提到杜甫的性格有他庸俗的一面（页三、页七十八、页一百八十五等），但对于构成杜甫庸俗性格的因素，却没有指出。如果我们注意了中间阶层所特有的两面性、动摇性，则不仅可以认识到杜甫这一性格的根源，而且更可以认识到杜甫性格的发展过程，就是他对于庸俗性格的排斥过程。庸俗的事业观点，求官职的不择手段，乃是当时这些中间阶层的普遍性格，而杜甫却在生活中逐渐超越了这种性格，所以才显出他的伟大。但是，作者却并没有把杜甫性格中的庸俗成分和超庸俗成分彼此之间的矛盾揭发出来。因此对于自己所叙述的杜甫基本上是一个人生道路上的战士，有时候又是一个庸人，就令人很难理解了。

冯至先生没有能够完全做到历史地处理问题，还表现在他对杜甫的创作的某些论点上。例如他论到杜甫的艺术技巧时，一再提到诗人对于人民语言的吸收（页九、页四十八、页一百八十五等）。自然，指出这一点是重要的，如果我们承认杜甫的艺术技巧有许多值得肯定的地方，这正是其主要优点之一。但同时也得认识清楚，在杜甫那个时代还没有将学习人民的口头语言提高到具有头等重要性来认识的可能，诗人主观上也并不曾这样地认识这个问题。他只是在对人民的接近中，对人民生活的同情中，为了恰当地表现人民，因而吸收了人民的语言的。而另一方面，杜甫又在极其广博地向古典遗产学习着。元稹的杜甫墓志，曾经赞美他“上薄《风》《雅》，下该沈宋，言夺苏李，气吞曹刘，掩颜谢之孤高，杂徐庾之流丽，尽得古人之体势，而兼今人之所独专”。秦观《进论》所说，也大致相同。他们所提出的那些被杜甫跨越了的作家，事实上杜甫在自己的诗篇中就反复提到了。杜甫之向这些作家学习，一再说明是“不薄今人爱古人”，是“转益多师是汝师”（《戏为六绝句》）。而在《偶题》一首中，他更写出“前辈飞腾入，余波绮丽为。后贤兼旧制，历代各清规”这种富于历史观点的意见。这说明，杜甫不仅从他所接触的人民生活里学习了语言，也在对古典遗产的研究中吸收了自己所需要的养分，因而使自己具备了能够充分表现生活的高度艺术技巧。

必须指出，追求艺术技巧，只要不是为技巧而技巧，决不是作家的错误，反之，倒是对于任何作家都是必要的。杜甫诗中有许多论到创作技巧的甘苦之谈。这许多诗，从年代上考察，多数是诗人晚年写的。这些宝贵的经验，正是诗人从其数十年的创作生活中总结出来的，因而我们今天就必须加以全面的谨慎的研究。只有这样，才能对杜甫的作品理解得更深。

但冯至先生对于这些问题的认识却是片面的。他肯定杜甫勇敢地吸收人民语言，却忽略了杜甫在学习古典遗产方面的成就。冯至先生甚至于这样说：“但是到了夔州，他又把一部分的精力用到雕琢字句、推敲音律上边去了。他在《遣闷戏呈路十九曹长》里说——‘晚节渐于诗律细’，又在《解闷十二首》里说——‘颇学阴何苦用心’，并且在指导他的儿子宗武学诗时，也教他熟读《文选》，以便从中采撷词藻；这好像他又要把诗歌扯回到‘研揣声病、寻章摘句’的时代里去。”（页一百六十三至一百六十四）很显然，这些看法是值得考虑的。诗律要细，这是今体诗的特定要求。用心很苦，正是希望正确地、充分地表达内容的必然现象。《红楼梦》写了十年，删改五次，托尔斯泰的某些小说，甚至易稿十余次。伟大的作家都是这样对待自己的劳作的，并不只是杜甫才“为人性癖耽佳句，语不惊人死不休”（《江上值水如海势聊短述》）。至于说要儿子熟读《文选》，仅是为了“以便从中采撷词藻”，在事实上也是没有什么根据的。作者也知道上引的那些话没有严密的概括性，因此他不得不接着说：“但杜甫夔州时代的诗并不是每一首都是这样写成的。”我们认为，问题倒并不在于杜甫是否用两样手法在写诗，而是在于作者对于杜诗的艺术性缺乏系统的、深刻的研究，因而也就缺乏一些敢于肯定的勇气。但列宁却曾这样地问过：“为什么要向真正的美回过头去呢？难道就因为它是古旧的吗？”（《和蔡特金的谈话》）在这一本传记中，我们不能找出作者对于诗人作品的全面深入的意见，可以说是另外一个较大的缺点。

此外，冯先生也还有些失于检点的地方，如引用分析《桃竹杖引赠章留后》一诗中“噫！风尘澒洞兮豺虎咬人，忽失双杖兮吾将曷从？”二句，竟在咬字下用逗号，人字属下行（页一百四十四）。这显然是不通章句了。

以上就是我对于这本书所已经达到的和还没有达到的成就的一些看法。这些看法是不成熟的、肤浅的，希望得到冯至先生和其他同志的批评。

1953年4月　武昌

韩愈以文为诗说

以文为诗是北宋人所概括出来的韩愈诗歌的艺术手段之一。对于这一艺术手段，当时就有截然相反的评价，引起了争论。陈师道《后山诗话》①云：

退之以文为诗，子瞻以诗为词，如教坊雷大使之舞，虽极天下之工，要非本色。

又引黄庭坚云：

---

① 《后山诗话》一书，前人多疑其非真出陈师道之手。陆游《渭南文集》卷二十六《跋〈后山居士诗话〉》云："《(后山)谈丛》、《(后山)诗话》皆可疑。《谈丛》尚恐少时所作，《诗话》决非也。意者后山尝有诗话而亡之，妄人窃其名为此书耳。"方回《桐江集》卷三《读〈后山诗话〉跋》云："《后山诗话》二卷，回读之，非后山语也。"《四库全书总目》卷一百九十五《〈后山诗话〉提要》云："其出于依托，不问可知。"又云："疑南渡后旧稿散佚，好事者以意补之耶?"三家所论，都有证据，今从略。郭绍虞在其《大学丛书》本《中国文学批评史》上卷第六篇第二章中则说："考《后山集》二十卷，为其门人彭城魏衍所编。衍记《诗话》、《谈丛》各自为集，而今本皆入集中，则非魏氏手录之旧可知。《四库总目提要》据陆游《老学庵笔记》定为出于依托，所见亦是。(千帆按：陆说见于《渭南文集》，非《老学庵笔记》，《提要》误记。)然魏衍既言《诗话》、《谈丛》各自成集，则后山之有是二书，自无可疑。今本所传，亦未必全出好事者以意补之。或后山原有此著，未及成书，后人编次，遂不免有所增益耳。"郭先生此说，比前人为合情理。张戒是南宋初年人，其《岁寒堂诗话》卷上已经提到陈师道等人认为韩愈于诗本无所得的话，也足为今传本《后山诗话》中这一类的议论是出于他们本人而非后人所依托的佐证。

诗文各有体，韩以文为诗，杜以诗为文，故不工尔。

魏泰《临汉隐居诗话》云：

沈括存中、吕惠卿吉父、王存正仲、李常公择，治平中同在馆下谈诗①。存中曰："韩退之诗乃押韵之文耳，虽健美富赡，而格不近诗。"吉父曰："诗正当如是。我谓诗人以来，未有如退之者。"②正仲是存中，公择是吉父，四人交相诘难，久而不决。公择忽正色谓正仲曰："君子'群而不党'③，公何党存中也！"正仲勃然曰："我所见如是，顾岂党邪？以我偶同存中，遂谓之党，然则君非吉父之党乎？"一座大笑④。

以上记载表明，这些意见和争论所涉及的有两个方面，一是对韩诗的评价，二是所据以进行评价的原则，即任何一种文学样式是否必须具有为其他样式所不能触动的体格，或为其他样式所无从仿佛的本色。可见，这既是一个诗史上的问题，同时又是一个诗论史上的问题。这问题由北宋到现代，争论不休，已近千年，可是还没有得出一个能为大家所公认的结论。

现在，我们想先就以文为诗这一艺术手段，以及由之而引起的这场争论的历史背景、以文为诗所涉及的范围、以文为诗的具体内容和前人对以文为诗的一些误解等方面，略作说明，然后再来试行对这一并不限于韩愈所专有的古典诗歌艺术手段进行评价。对于这个长期存在的、内容相当复杂的问题，自己是没有能力完满地给以解决的，本文的用意只在抛砖引玉。

---

① 治平，宋英宗赵曙年号，公元1064年—1067年。

② 元稹《唐故检校工部员外郎杜君墓系铭》："苟以为能所不能，无可无不可，则诗人以来，未有如子美者。"吕惠卿在这里是套用元稹的话，暗示他认为韩愈的诗胜过杜甫。

③ 《论语·卫灵公篇》语。

④ 此事又见于魏泰另一著作《东轩笔录》卷十二。释惠洪《冷斋夜话》卷二《馆中夜谈退之诗》条也载有这个佚事。

首先，我们应当注意到这样一个历史事实，即：以文为诗这一艺术手段，虽然早在中唐时代产生的韩诗中就已出现了，存在了，但是将以文为诗当作一个诗歌创作上的问题来加以反对或者赞成，却始于北宋中叶。而北宋中叶，如我们大家都知道的，从文学发展的趋势来看，则是古文（散文）已经取代了时文（骈文）而成为主要文体的时代，又是诗歌的风格由唐转宋，出现了宋诗的独特面目的时代①。而在此以前，韩愈的古文和诗歌，虽然出自一手，它们的遭遇却并不是一致的。

先就文说，韩愈提倡古文，在当时是一场激烈的斗争，他是受到过许多非难的。在这些人当中，甚至有官高望重，曾经一度是韩愈顶头上司的裴度在内②，其所承受的压力不可谓之不重。但是，这个新兴的文学运动，终由于有利的客观条件和韩愈及其伙伴们的主观努力，获得了极大的成功。在韩愈死后不久，李汉为他编集作序，就已经指出：

---

① 钱钟书《谈艺录》，《诗分唐宋乃风格性分之殊，非朝代之别》条略云："唐诗、宋诗，亦非仅朝代之别，乃体态、性分之殊。天下有两种人，斯分两种诗。……唐诗多以丰神情韵擅长，宋诗多以筋骨思理见胜。严仪卿首倡断代言诗，《沧浪诗话》即谓本朝人尚理，唐人尚意兴云云。曰唐曰宋，特举大概而言，为称谓之便，非曰唐诗必出唐人，宋诗必出宋人也。故唐之少陵、昌黎、香山、东野，实唐人之开宋调者；宋之柯山、白石、九僧、四灵，则宋人之有唐音者。"又云："夫人禀性各有偏至，发为声诗，高明者近唐，沉潜者近宋，有不期而然者。故自宋以来，历元、明、清，才人辈出，而所作不能出唐、宋之范围，皆可分唐、宋之畛域。唐以前之汉、魏、六朝，虽浑而未划，蕴而不发，亦未尝不可以此例之。叶横山《原诗》内篇云：'譬之地之生木，宋诗则能开花，而木之能事方毕。自宋以后之诗，不过花开而谢，谢而复开。'蒋心余《忠雅堂诗集》卷十三《辩诗》云：'唐宋皆伟人，各成一代诗。宋人生唐后，开辟真难为。元明不能变，非仅气力衰。能事有止境，极诣难角奇。'可见五、七言分唐、宋，譬之太极之有两仪，本乎人质之判玄虑明白（原注：见刘邵《人物志·九征篇》），非徒朝代、时期之谓矣。"本文这里所说由唐转宋，主要也是指风格上的推陈出新而言。

② 《全唐文》卷五百三十八裴度《寄李翱书》告诫李不可"以时世之文多偶对俪句，属缀风云，羁束声韵，为文之病甚矣，故以雄词远志一以矫之"。他认为："文人之异，在气格之高下，思致之浅深，不在其磔裂章句，隳废声韵。"他又指责韩愈"恃其绝足，往往奔放，不以文立制，而以文为戏"。从总的倾向看来，裴度还是主张维持原来的骈体而反对新兴的散体的，恐怕"在古文与骈文两种文章形式互争雄长的当时"，并不能算"是一种折衷派"，如《中国历代文论选》所说的（见该书1962年版上册第456页）。

时人始而惊，中而笑且排，先生益坚，终而翕然随以定。呜呼！先生于文，摧陷廓清之功，比于武事，可谓雄伟不常者矣。

在这以后，为韩文唱赞歌的声音就一天比一天高。宋代宋祁修《新唐书》，在《文艺传序》中说：

唐有天下三百年，文章无虑三变。高祖、太宗，大难始夷，沿江左遗风，绨句绘章，揣合低卬，故王、杨为之伯。玄宗好经术，群臣稍厌雕琢，索理致，崇雅黜浮，气益雄浑，则燕、许擅其宗。是时，唐兴已百年，诸儒争自名家。大历、贞元间①，美才辈出，擩哜道真，涵咏圣涯，于是韩愈倡之，柳宗元、李翱、皇甫湜和之，排逐百家，法度森严，抵轹魏、晋，上轧汉、周，唐之文完然为一王法，此其极也。

《后山诗话》又引苏轼云：

子美之诗、退之之文、鲁公之书，皆集大成者也。

这真是李汉所谓“终而翕然随以定”，即到了北宋中叶，韩文在文坛上已建立了它确乎不可拔的地位。

但韩诗的遭遇却远非如此。在宋诗的新面貌形成以前，它并不受重视，它在诗坛上所受到的待遇是冷淡的。

唐玄宗开元时代、宪宗元和时代和宋哲宗元祐时代，被诗论家称为三元，认为是五、七言诗的三个极盛时代②。在元和时代有成就的诗人中，元稹、白居易、刘禹锡、柳宗元等固然是自立门户，与韩愈“不相菲薄不相师”。就是作风与韩愈比较接近的诗人如孟郊、贾岛、卢仝等也各具面目。

---

① 大历，唐代宗李豫年号。贞元，德宗李适年号。大历、贞元之间，公元766年—805年。

② 陈衍《石遗室诗话》卷一载其与沈曾植论诗云：“余谓诗莫盛于三元，上元开元，中元元和，下元元祐也。君谓三元皆外国探险家觅新世界，殖民政策开埠头本领。”

韩门弟子能诗的不多,其中张籍最有诗名,而所作也与韩诗风貌绝异。总之,在许多人都追随韩愈,从事古文运动的时候,他的古文,他的古文理论的影响都是显著的,而他的诗歌,虽然生面别开,但并没有引起时人足够的重视,发生较大的影响。

元和以后,唐代诗风逐渐衰落,晚唐重要诗人如杜牧,也只赞美韩愈的文章。《樊川诗集》卷二《读韩杜集》云:

> 杜诗韩笔愁来读,似倩麻姑痒处搔。天外凤凰谁得髓?无人解合续弦胶。

读两家集,而于韩,只称其文①,不及其诗;于杜,只称其诗,不及其文,界限分明。李商隐在《韩碑》中,同样极力赞美韩文,甚至说《平淮西碑》可以比美汤盘、孔鼎,"公之斯文若元气",但他遍学各家诗,对前代诗人,常有拟作,见于题目,如《齐梁晴云》、《效徐陵体赠更衣》、《杜工部蜀中离席》、《拟沈下贤》、《效长吉》等,而除这篇被何焯评为"可继《石鼓歌》","与韩《石鼓》诗气调魄力旗鼓相当"的《韩碑》而外②,也绝少学韩之作。唐人论诗的文献流传至今的不算太少,而真能道出韩诗的风格特征的,似只有司空图。《司空表圣文集》卷二《题柳柳州集后》云:

---

① 韩笔即韩文。以诗与笔对举,亦如以文与笔对举,始于六朝,而唐人沿用。《学海堂初集》卷七梁国珍《文笔考》云:"文笔而外,又有以诗与笔对言者。《南史·沈约传》:'谢玄晖善为诗,任彦昇工于笔,约兼而有之。'《庾肩吾传》:梁简文与湘东王书曰:'诗既如此,笔又如之。'又曰:'谢朓、沈约之诗,任昉、陆倕之笔。'《任昉传》:'昉以文才见知,时谓任笔沈诗。'又刘孝绰称弟仪与威云:'三笔六诗。'(三,孝仪。六,孝威。)是又以诗笔对言。"又侯康《文笔考》云:"至唐则多以诗笔对举,如:'贾笔论孤愤,严诗赋几篇。'少陵句也。'王笔活龙凤,谢诗生芙蓉。'飞卿句也。'杜诗韩笔愁来读。'牧之句也。'朝廷左相笔,天下右丞诗。'时人目王缙、王维语也。'孟诗韩笔。'时人目退之东野语也。'历代词人,诗笔双美者鲜。'殷璠语也。"唐时文笔之分,已不甚严,所以文笔对举者不多,而诗笔对举则仍旧贯。

② 何评见沈厚塽《李义山诗集辑评》卷上。管世铭《读雪山房唐诗钞》卷八"七律凡例"也说:"李义山《韩碑》句奇语重,追步退之。"

> 韩吏部歌诗数百篇，其驱驾气势，若掀雷抉电，撑抉于天地之间。物状奇怪，不得不鼓舞而徇其呼吸也。

此外罕见。而且司空图的诗风，也与韩愈绝不相类，他虽赞美可是并不学习韩诗。由五代到北宋初年，情况也大致如此。大体上，在北宋中叶欧阳修主持文坛以前，韩诗是没有受到重视的。他的诗歌既然无人学习，他独特的风格以及形成其风格的艺术手段（其中包括以文为诗）无人注意研究，加以优劣，就是很自然的事情了。

欧阳修及其声应气求的友人和后辈改变了这个局面。和由中唐以迄宋初只重视韩文而不重视韩诗的许多作家们不同，欧阳修既是一位古文家，又是一位诗人，他既爱好韩文，又爱好韩诗。在《欧阳文忠公文集》卷七十三《记旧本韩文后》中，他记载了自己自幼对于韩文的爱好，以及韩文在他的提倡之下，日益盛行的情况。至于他对韩诗的欣赏和推崇，则如其《六一诗话》所云：

> 退之笔力无施不可，而尝以诗为文章末事，故其诗曰"多情怀酒伴，余事作诗人"也①。然其资谈笑，助谐谑，叙人情，状物态，一寓于诗，而曲尽其妙。此在雄文大手固不足论，而余独爱其工于用韵也。盖其得韵宽，则波澜横溢，泛入傍韵，乍还乍离，出入回合，殆不可拘以常格，如《此日足可惜》之类是也②。得韵窄，则不复傍出，而因难见巧，愈险愈奇，如《病中赠张十八》之类是也。余尝与圣俞论此，以谓如善驭马者，通衢广陌，纵横驰逐，惟意所之；至于水曲蚁封，疾徐中节，而不少蹉跌，乃天下之至工也。

又《文集》卷二《读〈蟠桃诗〉寄子美》云：

---

① 《和席八十二韵》句。

② 钱钟联《韩昌黎诗系年集释》卷一引诸家论此诗用韵情况颇详，请参看。

韩孟于文词，两雄力相当，篇章缀谈笑，雷电击幽荒。众鸟谁敢和，鸣凤呼其皇。孟穷苦累累，韩富浩穰穰。穷者啄其精，富者烂文章。发生一为宫，揪敛一为商，二律虽不同，合奏乃锵锵。

这些议论对于韩愈以及孟郊诗风的具体而准确的指陈，当然值得我们注意和重视，但更其值得我们注意和重视的，则是《诗话》所论，实质上已经接触到了以文为诗的问题。他认为韩诗之所以能够成功地表现多方面的内容，而且“曲尽其妙”，是由于“雄文大手”的“笔力无施不可”，同时，他又指出，韩愈“以诗为文章末事”。从这些意见中，不难看出，韩愈的古文对于他的诗歌的影响是多么显著。韩愈是唐代的，而欧阳修则是宋代的古文运动的中坚人物。欧文学韩，诗也学韩。欧阳修对于韩愈以文为诗深有体会，理所当然。而后人对此，也有见及的。金赵秉文《闲闲老人滏水文集》卷十九《答李天英书》云：

杜陵知诗之为诗，而未知不诗之为诗。而韩愈又以古文之浑浩溢而为诗，然后古今之变尽矣。

“以古文之浑浩溢而为诗”，与以“笔力无施不可”的“雄文大手”来写诗，“以诗为文章末事”，含意是一致的。

以文为诗在当时引起了争论，与北宋诗人在欧阳修影响之下学习韩诗有直接的关系。欧诗学韩，是由宋迄清的批评家所公认的。如张戒《岁寒堂诗话》卷上云：

欧阳公诗学退之，又学李太白。

吴之振《宋诗钞》，《欧阳文忠诗钞》小引云：

其诗如昌黎，以气格为主。昌黎时出排奡之句，文忠一归之于敷愉，略与其文相似也。

刘熙载《艺概》卷二《诗概》云：

> 东坡谓欧阳公“论大道似韩愈，诗赋似李白”①。然试以欧诗观之，虽曰似李，其刻意形容处，实于韩为逼近耳。

而方东树《昭昧詹言》卷九云：

> 六一学韩，才气不能奔放，而独得其情韵与文法，此亦诗家深趣。

则更明白地指出了欧之学韩，也学其以文为诗。诸家所论，各有偏至。要而言之，欧阳修诗、文皆学韩，所学包括以文为诗这一艺术手段，但两人个性气质不同，因而韩偏于排奡雄奇的阳刚之美，而欧却偏于敷愉纡徐的阴柔之美，学而能变，因此各擅胜场，自具面目，却是无可争论的事实。

由于欧阳修的提倡，以及他和他的伙伴们的创作实践，宋诗的独特面目和风格便逐渐形成，而宋诗的独特面目和风格的形成，又是和学韩（包括学他的以文为诗）分不开的。在与他同时或稍后的诗人中，诗文兼擅的人如王安石、苏轼固然学韩诗，即仅以诗名的人如苏舜钦、梅尧臣、王令、黄庭坚等也或多或少地受到韩愈的影响，不管其是否自觉，也不管其人主观上是否赞成韩诗，或是否赞成其以文为诗。

这一点，前人也已见及。叶燮《原诗》内篇云：

> 韩愈为唐诗之一大变。其力大，其思雄，崛起特为鼻祖。宋之苏、梅、欧、苏、王、黄，皆愈为之发其端，可谓极盛。

近代李详自序其《韩诗萃精》云：

---

① 苏轼《〈居士集〉序》语，见《欧阳文忠公文集》卷首，《东坡集》卷二十四。

宋欧阳永叔稍学公诗而微嫌冗长[①]，无奇警遒丽之语。东坡以豪字概公[②]，虽能造句，而不能纬以事实，如水中着盐，消融无迹。黄鲁直诗于公师其六七，学杜者二三。举世相承，谓黄学杜。起山谷而问之，果宗杜耶？抑师韩也？悠悠千载，谁能喻之？

陈三立为程学恂《韩诗臆说》题辞云：

宋贤效韩，以欧阳永叔、王逢原为最善。

夏敬观《唐诗说·说韩愈》云：

宋人学退之诗者，以王荆公为最，王逢原长篇亦有其笔。欧阳永叔、梅圣俞亦颇效之。诸公皆有变化，不若荆公之专一也。

诸家对北宋著名诗人所受韩愈影响的巨细如何，看法虽有出入，但认为其时大家无不受到韩诗的沾溉，则所见略同。

非常值得玩味的是，宋诗的两个中坚人物苏轼和黄庭坚自己对韩诗是“颇有微词”的，如《后山诗话》载苏轼云：

退之于诗，本无解处，以才高而好尔。

胡仔《苕溪渔隐丛话》前集卷十八引《王直方诗话》载洪龟父云：

山谷于退之诗，少所许可。

---

① 陈衍《宋诗精华录》卷一评欧诗《沧浪亭》云：“案此诗未免辞费，使少陵、昌黎为之，必多层折而无长语，《渼陂行》、《山石》可参看也。”可与李说互证。

② 冯应榴《苏文忠诗合注》卷十六《读孟郊诗》二首之一：“要当斗僧清，未足当韩豪。”僧指贾岛，岛初为僧，法名无本。

而评论家却偏偏指出了他们与韩愈之间的传承关系。特别是苏轼，这个认为韩愈“于诗本无解处”的人，却有人特别提出他在以文为诗这一艺术手段上与韩愈的渊源。赵翼《瓯北诗话》卷五云：

> 以文为诗，自昌黎始，至东坡益大放厥词，别开生面，成一代之大观。①

这就说明了，北宋中叶的诗人想通过学习韩诗来创造自己的独特面貌和风格，在欧阳修的提倡和其他诗人的支持之下，已成为一种不可逆转的潮流而弥漫诗坛，即使是有人主观上不赞成也罢，在客观上，总还是无可避免地、或多或少地受到了这种风气的影响。我们知道，在文学史上，这种文艺理论和创作实践之间的矛盾存在于一个作家身上，也并非十分罕见的现象。如孟启《本事诗》，《高逸》第三载李白云：“梁、陈以来，艳薄斯极，沈休文又尚以声律，将复古道，非我而谁与？”又云：“兴寄深微，五言不如四言，七言又其靡也，况使束于声调俳优哉？”可是，他的创作实践证明，他的“复古”，实是变新，在形式上，他毫不排斥七言诗、今体诗。除五言古诗之外，他也给后人留下了为数众多的极其精警夺目的七言和杂言古诗、五言律诗和五七言小律诗（律化了的绝句）。这，正好和苏、黄不满韩诗，可又不由自主地沿着韩愈已经开辟出来的道路前进比类。

从以上的叙述中，我们可以知道，韩愈的诗歌以及他的以文为诗这一艺术手段之被人注意，引起争论，在当时表面上只是一个对前代诗人评价的问题，而实质上则是诗歌创作道路应当怎么走的问题，一个具有现实意义的问题。一派人认为诗有诗的体格，文有文的体格，以文为诗，就丧失了它的本色，而另一派人则认为“诗正当如是”。

---

① 吴乔《围炉诗话》卷五也说：“子瞻诗美不胜言，病不胜摘。大率多俊迈而少渊渟，得瑰奇而失详慎，多粗豪、滑稽、草率，又多以文为诗。然其才古今独绝。”吴氏对苏诗总的评价，与赵不同，但认为苏轼以文为诗，则是一致的。

在“穷则变，通则久”①，“若无新变，不能代雄”②，“为文章者有所法而后能，有所变而后大”③，这样一些原则支配之下，宋代诗人终于通过学习韩愈(当然也学习其他前代诗人)及其以文为诗的艺术手段(当然也学习其他诗人以及韩愈所拥有的其他艺术手段)，加以发展变化，使之渗透在自己所要表现的生活之中，形成了不同于唐诗的独特面貌和风格。这，历史已经为我们作出了结论，不用多说了。但是，追溯一下韩诗被后人认识和学习的过程，研究一下以文为诗的意义和是非，对现代文学的发展和创作却不是没有借鉴作用的。

在具体说明什么是以文为诗这个问题之前，我们不得不对以文为诗在韩诗中所涉及的范围加以确定。因为古今论家对于韩愈以文为诗这一艺术手段加以优劣，可能和他们所理解的它在全部韩诗中所涉及的范围有关。这些人，无论是反对或赞成韩愈以文为诗，却似乎都认为这是韩诗的主要艺术手段，即使没有认为它是韩诗的唯一艺术手段。他们忽略了，这仅仅是韩愈在从事诗歌创作时所拥有的诸艺术手段之一，除此而外，韩愈还拥有许多其他的手段，通过各种手段，他才能够使得自己的诗作丰富多彩。如《瓯北诗话》卷三云：

> 韩昌黎生平所心摹力追者惟李、杜二公。顾李、杜之前，未有李、杜，故二公才气横恣，各开生面，遂独有千古。至昌黎时，李、杜已在前，纵极力变化，终不能再辟一径。惟少陵奇险处尚有可推扩，故一眼觑定，欲从此辟山开道，自成一家，此昌黎注意所在也。然奇险处亦自有得失。盖少陵才思所到，偶然得之，而昌黎则专以此求胜，故时见斧凿痕迹，有心与无心异也。其实昌黎自有本色，仍在文从字顺中自然雄厚博大，不可捉摸，不专以奇险见长，恐昌黎亦不自知，后人平日读之自见。若徒以奇险求昌黎，转失之矣。

---

① 《易·系辞下》语。
② 萧子显《南齐书·文学传论》语。
③ 姚鼐《惜抱轩集》卷八《刘海峰先生八十寿序》引周书昌语。

此外，在同书中，还指陈了韩诗在用语、押韵、创格、创句法等各种艺术手段，以及由这些手段形成的艺术特色。这当中，有的和以文为诗有关，例如"文从字顺中自然雄厚博大，不可捉摸"，与韩文擅长布局，变幻莫测，气韵深稳而堂庑开阔相通。至于奇险，则似当从楚《骚》、汉赋来寻找其渊源，不能认为它与韩文有什么内在联系。但黄庭坚、陈师道等人，却将以文为诗这一点作为韩诗"不工"，或虽工而"非本色"的症结所在。这就成了以偏概全，显然不符事实。

人们如果通读韩愈的全部诗歌，就可以看出，以文为诗不仅不是韩诗唯一的艺术手段，就是作为诗人所拥有的诸艺术手段之一，它所涉及的范围也是有局限的。韩集只是有部分作品存在着以古文为古诗的情况，尤其是七言古诗。

魏、晋以前，不论诗、文，都是单复兼行，魏、晋以来，由单趋复，对偶之外，又加声律，先是骈文出现，然后诗歌也由新变体发展成为今体律绝诗。就形式论，古诗近于古文，而律绝诗近于骈文。因此，以文为诗，古诗接受古文的影响易，而律、绝接受古文的影响，即使不是不可能，也很困难。同时，韩愈又并非一位骈文家而是一位伟大的古文家。由于这两点，韩愈的以古文为古诗，就成为理所当然，势有必至。

在古诗中，七言比起五言来，又本来更其富于流利、开张、曲折、顿挫这样一些笔法和章法，和古文相近。因而以文为诗，就可以使它本来具有的这样一些特点更加突出。《昭昧詹言》卷十一云：

> 诗莫难于七古。……观韩、欧、苏三家，章法翦裁，纯以古文之法行之，所以独有千古。

作旧体诗是否"莫难于七古"，是可以讨论的，但方东树指出韩愈及欧、苏都以古文为七古而获得成功，却也是事实。

至于高步瀛《唐宋诗举要》卷五引吴北江评韩愈的七言律诗《左迁蓝关示侄孙湘》的颔联"欲为圣朝除弊事，肯将衰朽惜残年"云："大气盘旋，以文章之法行之。"则似认为律句的开合动荡，也自古文中来，恐不尽然。

如其有之，也只是个别现象。

以文为诗这一其所涉及的范围是有局限的艺术手段的具体内容，概括起来，大致上有两个方面，一方面是以古文的章法、句法为诗，另一方面是以在古文中常见的议论入诗。现在，试就这两个方面略加申述，也附带对古今论家的若干歧见加以讨论。

先谈第一个方面。文学作品自来具有各种不同的样式，它们在特定的民族的和历史的条件之下，被人民群众创造出来；各自拥有其独特的与最适合其所要表现的内容相结合的形式上的特色，从而与其他的样式区别开来。这也就是所谓“诗文各有体”。但是，样式与样式之间，例如诗与文之间，并没有，也不可能隔以不可逾越的铜墙铁壁。它们肯定有区别，又必然在某种程度上有关联，因而可以互相渗透（至于渗透的结果即艺术效果如何，又当别论）。韵律是诗歌的主要艺术特征，中外所同。但在外国，它并没有妨碍散文诗的出现（而且它到后来还进入了中国的诗坛）。而在中国，它也没有妨碍以文为诗，而且两者都获得了成功。

韩愈是一位伟大的古文家。他对古文的独特造诣使他在从事诗歌创作时，情不自禁地使用了作古文的技巧以显其所长，这是完全可以理解的。他不但以古文为古诗，而且还以古文作小说①。这正如同我们在艺术史所看到过的，长于书法的人，画起兰花和竹子来，也常使用作草书的笔法，因而自具特色，别有风味②。

---

① 韩愈以古文作小说这个事实，是陈寅恪先生首先注意到并对之加以研究的，见其所著《韩愈与唐代小说》，载 *Harvard Journal of Asiatic Studies* 第一卷第一期，1936 年；由我译载《国文月刊》第 57 期，1943 年；又《元白诗笺证稿》第一章《长恨歌》。

② 以人所熟知的清代书画家郑燮为例，其自题画竹有云：“与可画竹，鲁直不画竹，然观其书法，罔非竹也。瘦而腴，秀而拔；欹侧而有准绳，折转而多断续。吾师乎！吾师乎！其吾竹之清癯雅脱乎！书法有行款，竹更要行款；书法有浓淡，竹更要浓淡；书法有疏密，竹更要疏密。此幅奉赠常君西北。西北善画不画，而以画之关纽，透入于书。燮又以书之关纽，透入于画。吾两人当相视而笑也。与可、山谷亦当首肯。”（中华上编《郑板桥集》第 162 页）这是他自讲其书画之相通。蒋宝龄《墨林今话》卷一云：“板桥道人郑燮……书隶楷参半，自称六分半书，极瘦硬之致，亦间以画法行之。故心余太史诗有云：‘板桥作字如写兰，波磔奇古形翩翻；板桥写兰如作字，秀叶疏花见姿致。’……可谓抉其髓矣。”（同上第 236 页）这是别人论其书画之相通。

由此可见，韩愈以文为诗，其实际意义就在于要突破诗的旧界限，开拓诗的新天地，这不但有助于形成他自己的独特面目，而且成为宋诗新风貌的先驱。

刘辰翁《须溪集》卷六《赵仲仁诗序》云：

> 文人兼诗，诗不兼文也。杜虽诗翁，散语可见。惟韩、苏倾竭变化，如雷霆、河汉，可惊可快，必无复可憾者，盖以其文人之诗也。

合前引赵秉文“韩愈又以古文之浑浩溢而为诗，然后古今之变尽”的话来看，则以文为诗这种艺术手段对于韩诗及苏轼等宋代诗人创作所产生的积极影响大体可见。

韩愈在写诗时，怎样运用了写古文的艺术手段，这是一个只有“起韩愈而问之”才能获得准确答案的问题，但我们也无妨引用一点前人对这一方面的探索作为参考。如《琴操》十首，《韩昌黎诗系年集释》卷十一引朱彝尊评语云：

> 《琴操》果非《诗》、《骚》，微近乐府，大抵稍涉散文气。昌黎以文为诗，是用独绝。

又夏敬观《唐诗说·说韩愈》云：

> 《琴操》、《皇雅》一类诗，皆非深于文者不能作。退之、子厚，皆文章之宗匠也。

《山石》，方东树《昭昧詹言》卷十二云：

> 只是一篇游记，而叙写简妙，犹是古文手笔。

《石鼓歌》，《集释》卷七引汪佑南《山泾草堂诗话》云：

> 如许长篇，不明章法，妙处殊难领会。……首段叙石鼓来历，次段写石鼓正面，三段从空中著笔作波澜，四段以感慨结。妙处全在三段凌空议论，无此即嫌平直，古诗章法通古文，观此益信。

当然，这都是前人的体会，未必尽合诗人本意，但这些评论有助于我们理解什么是以文为诗，则是没有疑问的。

此外，化复句为单句，乃是古文（散文）异于时文（骈文）的显著特点。韩愈在古诗中，有的地方故意避免对仗，如《此日足可惜一首赠张籍》中"淮之水舒舒，楚山直丛丛"二句，强幼安《唐子西文录》就指出这是"故避属对"，而这种"故避"，显然与以文为诗有关，所以韩集中古诗，尤其是七言古诗，很多是通首不对的，其中包括得有如《此日足可惜一首赠张籍》、《山石》及《八月十五夜赠张功曹》这样一些名作。黄钺《韩诗增注证讹》卷四评《游青龙寺赠崔大补阙》也曾经指出："公七言古诗间用对句，惟《桃源图》及此篇、《赠崔立之》三篇而已。"

还有，以古文中习见的句法及语尾虚字入诗，也是以古文为古诗这样一种艺术手段的组成部分。如《符读书城南》之"乃一龙一猪"，《送区宏南归》之"子去矣时若发机"，《陆浑山火和皇甫湜用其韵》之"溺厥邑囚之昆仑"等句，其句法和节奏都远于诗而近于文；而《嘲鲁连子》之"顾未知之耳"，《符读书城南》之"学与不学欤"，《古风》之"无曰既蹷矣"等句，则使用虚字结尾，全同散体。当然，这在韩诗中为数很少，也不是以文为诗的主要表现。

再说第二个方面。文学作品的内容，不外情、理、事三端，所以抒发感情，议论道理，描绘事物也就成为文学的基本功能，而不问其使用何种体裁来加以表达。诗可以抒情，所以有抒情诗，同时还可以叙事和说理，所以也有叙事诗和哲理诗。散文也是一样，既有抒情文，又有叙事文和说理文。这，丝毫也不排斥任何文学作品中所必具的通过形象思维而获致和显示的形象性。但由于汉语古典诗歌的历史发展道路的规定，我们的诗歌多半用来抒情，而较少用来叙事和说理。散文则多半用来叙事和说理，而较少用来抒情。所以，比起抒情诗来，汉语文学中的叙事诗和哲理诗不算是发达的。但这决不意味着，抒情诗中没有叙事和说理的成分。恰恰相反，叙事和说理的成分常常和作为诗篇主体的抒情成分有机地结合在一起，而形成一件完整的艺术品。

单就诗中说理，即以议论为诗来说，周代民间歌手所创作的诗篇如《诗经·魏风·伐檀》中就有“彼君子兮，不素餐兮”这种阶级感情非常强烈的、一针见血的议论。稍后，伟大诗人屈原在其作品中发议论、说道理的地方就更多。汉、魏、六朝以迄唐代，在抒情诗中发议论的传统，从来没有中断过。韩愈以古文为诗，当然也就顺理成章地将这种原来主要由散文来负担的职责带进诗里。比起他的前辈的诗作来，韩诗中的议论成分带有更大的比重，而出现也更经常。

这里，也无妨征引一点前人有关这方面的具体评论。如《谢自然诗》，顾嗣立《昌黎先生诗集注》卷一云：

> 公排斥佛、老，是生平得力处。此篇全以议论作诗，词严义正，明目张胆，《原道》、《佛骨表》之亚也。

又程学恂《韩诗臆说》卷一云：

> 韩集中惟此及《丰陵行》等篇，皆涉叙论直致，乃有韵之文也，可置不读。……篇末直与《原道》中一样说话，在诗体中为落言诠矣。

又如《桃源图》，《集释》卷八引翁方纲云：

> 即仍《原道》大议论，而于叙景出之。

《谢自然诗》和《桃源图》，用意都在于揭露迷信的虚妄，所以论者认为与排斥佛、老的一些文章用意相同。但我们玩索两诗，其发议论相同，而艺术效果却有差别，则问题所在，不在是否能以议论入诗，而在是否善于以议论入诗可知。这一点，我们在后面还要较详细地加以申论。

韩愈扩大了以议论入诗的容量，对于宋诗影响很大。欧阳修《六一诗话》举出韩诗有“资谈笑，助谐谑，叙人情，状物态”各种内容。而在这资、助、叙、状之中，也自然有议论在内，这是覆按韩集而可知的。欧阳修也有意效法韩愈在题材和手法方面的这种措施，又是覆按欧集而可知的。在这种风气支配之下，以议论为诗也就成为宋诗新面貌的组成部分。所以严羽《沧浪诗话·诗辨》说：“近代诸公乃作奇特解会，遂以文字为诗，以才学为诗，以议论为诗。夫岂不工，终非古人之诗也。”从这种带有贬意的评论中，我们正看出了宋人所受韩愈的以古文、议论为诗的影响是广泛的。

以上，简单地说明了以文为诗在两个方面的内容。现在，再讨论一下某些反对或赞成以文为诗，却为我们所不能同意的意见。

有些人反对以文为诗，是因为他们认为：诗文各有体，各有本色，各有所应当表现的内容以及表现哪些内容的艺术手段。诗与文之间的界限是不可逾越的。如果打破了这个界限，以文为诗，就是“不工”，或“虽极天下之工而非本色”，或“夫岂不工，终非古人之诗也”。这些人墨守成规，守常而不知变。他们不考虑，诗是要“本色”呢，还是要“工”？今人应当作“古人之诗”呢，还是应当作今人之诗？所以他们反对韩愈在诗歌方面以古文的章法、句法入诗，以议论入诗这种革新手段，而某些人在创作实践上，又不得不跟着这种他们所反对的风气走。正是由于跟着这种风气走，才使得他们的作品中呈现的新面貌更为丰富。这，正证明了他们(其中包括著名的诗人苏轼和黄庭坚)的反对是不正确的和徒劳的。

在这里，应当探讨一下以议论入诗的问题。严羽认为宋人以议论为诗，虽工而非古人之诗，虽含贬意，确是实情。明人屠隆《由拳集》卷二十三《文论》中却进一步说：“宋人多好以诗议论，夫以诗议论，即奚不为文而为诗哉?”则是干脆说诗是不能有议论的，如果你要议论，去作文好了，别作诗。应当承认，严羽、屠隆等人的说法，无论就诗文两种样式的区分来说，或就针对具体历史时期的诗坛风尚加以评论来说，都有其合理的、正确的方面，但他们却忽略了，议论是《诗》、《骚》中早就存在的。韩愈以及追随他的宋人以古文立论之法入诗，只是踵事增华，并非自我作故；同时，也只是扩充了诗歌议论的成分，而非只在诗中说理，不在诗中抒情。韩愈及宋人的许多含有议论成分的好诗，无一不是抒情与说理非常巧妙的融合。

古人没有抽象思维和形象思维这样两个名词，但他们可能直觉地感到这两种客观存在的思维方式的区别。翁方纲评《桃源图》说“即仍《原道》大议论，而于叙景出之”，可以看出此中消息。在我们看来，议论或说理，其思维方式虽然是抽象的，但其表达方式却可以是形象的。许多诗人善于通过具体形象的描绘，来抒发哲理，评量事物。而同时，在抒情诗中出现的议论，如果运用恰当，则不仅不会削弱，反之，还能够加强诗歌的形象，从而加强抒情诗中主人公(其中包括诗人自己)的形象。这是通过作家们的实践已经形成的事实。

以形象的方式来发表议论，以议论的方式来加强形象，可以说是自古有之。我们读《庄子》、《韩非》等子书，《左传》、《史记》等史书，不难发现。自称“非三代两汉之书不敢观”的古文大师韩愈，从其前辈的著作中继承了这种传统，发为文章。因此在韩文中，这种手段也不难发现。如果举例，则一直为人传诵的《进学解》、《杂说》、《圬者王承福传》、《送孟东野序》等，就是两者兼备的。

韩愈以文为诗，自然也就将这样一些手段带进诗里。例如《荐士》的前半，实质上是对由周到唐的诗歌以及对孟郊诗歌的述评，而其议论中却充满了形象。再如《孟东野失子》，作者自称是“惧其伤也，推天假其命以喻之”。评者也说“此诗意旨与《列子·力命篇》略同，而语较奇警”[①]。也是以一组完整的形象来发议论，而取得艺术上的成功的一个好例。另外一方面，诗中的议论，即使其语言并不怎么富于形象性，只要能够巧妙地和抒情、叙事等其他部分结合在一起，也是可以加强诗篇整体的(包括诗人自己的)形象的。《谒衡岳庙遂宿岳寺题门楼》在描写了老庙令要诗人卜卦这个细节之后，发议论道：“窜逐蛮荒幸不死，衣食才足甘长终。侯王将相

① 程学恂《韩诗臆说》卷一。

望久绝，神纵欲福难为功。”《记梦》在描写游历一个幻想世界之后，也发议论道：“乃知仙人未贤圣，护短凭愚邀我敬。我能屈曲自世间，安能从汝巢神山。”这些议论，既表现了作者的思想，也表现了作者的个性，从而加强了他自己的形象。

由此可见，问题不在于诗中是否可以发议论，而在于是否善于在诗中发议论。程学恂所指出的《谢自然诗》、《丰陵行》等篇，“叙论直致”，只能作为韩愈运用这一手段而没有成功的例子，却不能作为不能以议论为诗的证据。

有的人反对以文为诗，是因为他认为：“诗要用形象思维，不能如散文那样直说。”这种意见似乎可以用下列公式表明。

诗——→形象思维——→(曲说)

文——→(抽象思维)——→直说

但事实表明，一方面，诗的确是比散文更为精练、含蓄、曲折，可是，另一方面，这种区分又仅仅是相对的。将诗与散文、形象思维与抽象思维、曲说与直说的区分绝对化，就不仅不符合诗人、作家们的艺术实践，在理论上也说不过去。这里，无妨分几点加以说明。

第一，诗当然要用形象思维，但形象思维并不限于曲说，它也可以直说。用传统的文学术语来说，则是既可以用比兴来表现，也可以用赋体来表现。前人解释赋、比、兴，颇有出入。朱熹《诗集传》卷一《〈葛覃〉传》云：“赋者，敷陈其事而直言之者也。”《〈螽斯〉传》云：“比者，以彼物比此物也。”《〈关雎〉传》云：“兴者，先言他物以引起所咏之词也。”朱说在过去虽较流行，但还不够圆融周洽①。可是，即使根据这种说法，则这三种表现手段，也无例外地都是形象思维的产物，所以决不能把直说(“直言”)和“敷陈”排斥在形象思维、形象性之外。在古今中外的诗人作

① 参看吴枝培《赋比兴诠证》，载《南京大学学报(哲学社会科学)》1978 年第 2 期。

品中,“敷陈其事而直言之”的杰作是极多的,它们也都是富于形象性的①。那么,怎么能够把诗和直说对立起来呢?

第二,散文许多都是抽象思维的产物,但并不是写散文只能用抽象思维,它也可以用形象思维。不仅可以用形象思维的方式写出富于形象性的抒情散文,甚至于也可以用形象思维的方式写出富于形象性的说理散文。关于前者,例不胜举,关于后者,我们只要想到“寓言十九”的《庄子》及其历代的效法者,就不会怀疑了。又怎么能够把散文与形象思维对立起来呢?

第三,以形象思维为基础的文学作品,在塑造人物时,从来不排斥来自抽象思维的某些议论,反之,有时还倚仗一些议论来加强人物形象,使之被塑造得更为完美和突出。试想,如果《三国志·诸葛亮传》和《三国演义》中没有诸葛亮的隆中对,《红楼梦》中没有贾宝玉鄙视功名利禄的谈话,这两个人物形象岂不是要大为减色吗?史传、小说如此,诗歌何独不然?不过诗中的议论多半出自诗人之笔而非出自作者所塑造的书中人物之口而已。韩愈及宋人以文为诗,其中包括以议论为诗,也正因为这也是一种可以而且值得采用的艺术手段。经验证明,在创作过程中,将形象思维与抽象思维截然划分,不但是不必要的,而且有时还是不可能的。

第四,散文是既可直说,也可曲说的,并非全是直说。谁能认为像《史记·伯夷传》、韩愈《送董邵南序》之类的文章是直说的呢?散文中千回百折的篇章可多得很。

还有人赞成韩愈以文为诗,是因为他认为韩诗“既有诗之优美,复具

① 顺便提到,在赋、比、兴中,比兴当然是诗人们所经常使用的,但赋却是更其基本、更其普遍使用的手法,而且三者往往是结合在一起的。因为比兴所涉及的只能是每首诗的某一部分或某些部分,而赋则可涉及一首诗的全篇。《诗经》中全篇“敷陈其事而直言之”的诗,有的是;全篇“以彼物比此物”的诗,我们还可以举出《小雅·鹤鸣》。但王夫之《姜斋诗话》卷下已经说它“全用比体,不道破一句”,是“《三百篇》中创调”,后人效法的也并不多。至于“先言他物以引起所咏之词”,则原来就只涉及一首诗的一部分,主要是在开头,根本不可能在全篇中都使用兴体。另外,根据我们今天的理解,赋的“敷陈其事而直言之”,其中就兼有象物、抒情的成分,它们是不可能脱离形象思维的。由此可见,作诗,赋是不能不用的,比兴则可以用,也可以不用。

文之流畅，韵散同体，诗文合一”①。而反对此说的，则认为韩愈多数的古体诗，都是些“晦词僻字，拗腔硬语”的堆积，“韩诗和韩文的要求恰恰相反。韩文的要求，是化难为易……而韩诗的要求，是化易为难”，所以韩诗是说不上流畅的，亦即说不上韩愈以文为诗是成功的②。

在这里，我们看到了一件很有趣味的、同时也是值得警惕的事实，即这两种意见是相反的，而达成这种相反的意见的思想方法却是相同的。两种意见的持有者都以偏概全，有意或无意地忽略了存在于韩愈诗歌艺术中的复杂性，而企图以有利于自己论点的某一部分事例来掩盖不利于自己论点的另一部分事例。如韩文有其流畅即易的一面，也有其奥涩即难的一面，韩诗也是如此。而论者却各取所需以证成己说，于是在肯定韩愈以文为诗者的眼中，韩文只剩下流畅的一面，而在否定韩愈以文为诗者的眼中，韩诗也只有堆积“晦词僻字，拗腔硬语”的篇章才算是代表作了。再如韩愈的古文和诗歌艺术，既有其相同因而可以相通的一面，也有其相异因而互不相关的一面，而一方只看到“韵散同体，诗文合一”，另一方却又只看到韩文“化难为易”，韩诗“化易为难”。实则韩诗有可视为与散文“同体”、“合一”的，也有与散文了不相涉的；韩文有“化难为易”的，也仍然有难懂难学的，韩诗有“化易为难”的，也仍然有易懂易学的。韩集俱在，班班可考。因而这两种带有很大的片面性的意见，也都不能为我们所赞同。

总的说来，韩愈以文为诗以及北宋人学韩愈以文为诗，还有由于这种创作实践而引起的争论，都是一定历史条件下的产物。它们都和古文运动有关。

以文为诗，和以诗为词一样，表现了祖国古典作家在艺术上打破常规、不拘一格的创造性。它对宋诗新风貌的形成具有积极的影响。无论是以古文的章法、句法还是以议论入诗，都使得艺术表现增加了新的手段，使得诗歌可以更其自如地表达生活内容，少受限制，从而使得诗人们

---

① 陈寅恪《论韩愈》，载《历史研究》1954年第2期。

② 黄云眉《读陈寅恪先生〈论韩愈〉》，载《文史哲》1955年第8期。

可以对生活摄取得更广，开发得更深。

叶燮《原诗》内篇论韩“为唐诗之一大变”，北宋名家皆韩“为之发其端”，已见前引。在那段文字之后，他继续写道：

> 愈尝自谓“陈言之务去”①，想其时陈言之为祸，必有出于目不忍见、耳不堪闻者。使天下人之心思智慧，日腐烂埋没于陈言中，排之者比于救焚拯溺，可不力乎？而俗儒且栩栩俎豆愈所斥之陈言，以为秘异，而相授受，可不哀耶？

又云：

> 至于宋人之心手，日益以启，纵横钩致，发挥无余蕴，非故好为穿凿也。譬之石中有宝，不穿之凿之，则宝不出，且未穿未凿以前，人人皆作模棱皮相之语，何如穿之凿之之实有得也？如苏轼之诗，其境界皆开辟古今之所未有，天地万物，嬉笑怒骂，无不鼓舞于笔端，而适如其意之所欲出，此韩愈后之一大变也，而盛极矣。

叶燮这些话显然有其不足之处，因为他对以文为诗的末流给古代诗歌所带来的损害没有给予足够的重视②，但其对韩诗和宋诗出现的历史意义及其推陈出新的功绩是分析得很深刻的。韩愈的陈言务去，宋人的“纵横钩致”，“穿之凿之”，当然使用了各种艺术手段，而在这诸手段之中，以文为诗必居其一。

当然，另外一方面，我们也应当看到，以文为诗，在宋代也发生过坏的影响。当时有些人用诗来讲哲理，道学家邵雍的《伊川击壤集》，在这一方面是有代表性的。在这样一些作品中，形象性完全丧失了，它们不能算是诗，而只能算是口诀或歌括，读起来真是味同嚼蜡。但不懂诗要用形象思

---

① 《答李翊书》：“当其取于心而注于手也，惟陈言之务去，戛戛乎其难哉？”

② 参看王水照《宋代诗歌的艺术特点和教训》，载《文艺论丛》第5辑，1978年。

维的，在宋代作者中只占极少数。多数人以文为诗，并没有放弃形象思维，其作品并不缺少形象性。由此可见，他们并非不懂形象思维。（为了证明这一点，我们可以用《宋诗钞》、《宋百家诗存》及各大家、名家的别集，一首一首地加以判断，统计出数字来。）清朝的乾隆皇帝，把陈腐不堪的议论加上之乎者也一古脑儿塞进了他"御制"的七言律诗里，可算得把以文为诗糟践到极点了，但这还是要由他文责自负，株连不到韩愈、苏轼等人。以文为诗到今天仍然不失为一种有生命力的艺术手段，如果用得恰当的话。这在现代诗人的作品中也可以看出，虽然此文已是今文而非古文。

1979 年 1 月　南京

李商隐《锦瑟》诗张《笺》补正

李商隐诗从宋以来，注解很多。近人张采田博考众说，参稽旧史，断以己意，著《玉溪生年谱会笺》四卷，在各注中，最为精审。

《锦瑟》是旧编李集的开卷诗，根据唐代进士行卷，特选有代表性的作品列为卷首的习惯，这可能是出于作者自己的安排①。这篇诗向称难解，异说纷纭，莫衷一是。《会笺》后出，比较能够贯通全篇，阐明诗意，但也还有一些疏忽和误会的地方。今录诗及张说于下，略加补正。

> 锦瑟无端五十弦，一弦一柱思华年。庄生晓梦迷蝴蝶，望帝春心托杜鹃。沧海月明珠有泪，蓝田日暖玉生烟。此情可待成追忆？只是当时已惘然。

《会笺》系此诗于唐宣宗大中十二年(858)，笺云：

> 此为全集压卷之作，解者纷纷，或谓寓意令狐青衣②，或谓悼亡③，迄不得其真象；惟何义门云："此篇乃自伤之词，骚人所谓'美人

---

① 参看拙著《唐代进士行卷与文学》第二章。

② 见刘攽《中山诗话》、许觊《彦周诗话》及胡仔《苕溪渔隐丛话》前集卷二十二引黄朝英《靖康缃素杂记》(今本《缃素杂记》佚此条)。

③ 见沈厚塽《〈李义山诗集〉三家评》卷上引朱彝尊说、纪昀《李义山诗话》卷下《抄诗或问》引汪存宽(香泉)说及冯浩《玉溪生诗详注》卷四等。张氏旧说(注转下页)

迟暮'也。"①其说近似。盖首句谓行年无端将近五十②。"庄生晓梦",状时局之变迁;"望帝春心",叹文章之空托;而悼亡、斥外之痛,皆于言外包之。"沧海"、"蓝田"二句,则谓卫公毅魄久已与珠海同枯,令狐相业方且如玉田不冷。卫公贬珠崖而卒,而令狐秉钧赫赫,用"蓝田"喻之,即"节彼南山"意也③。结言此种遭际,思之真为可痛,而当日则为人颠倒,实惘然若堕五里雾中耳,所谓"一弦一柱思华年"也。隐然为一部诗集作解。疑义山题此以冠卷首,后人因之,故诸本皆首此篇也。义门又谓:"义山集三卷,犹是宋本相传旧次,始之以《锦瑟》,终之以《井泥》,合二诗观之,则吾谓自伤者,更无可疑矣。"斯真定论,诸家臆说,亦可以少息也哉! 又案:《困学纪闻》引司空表圣云:"戴容州谓:'诗家之景,如蓝田日暖,良玉生烟,可望而不可置于眉睫之前也。'李义山'玉生烟'之句,盖本于此。"④此说是也。可望而不可前,非令狐不足当之,借喻显然。

我们平常认为一个作品难解,其含义也是多方面的,或指语言艰深,或指典故偏僻,或指背景复杂,或指主题模糊,等等。过去的注释评论诸家,大都是通过诗中所用典故,探索作者事迹,来论证《锦瑟》的意旨。在这方面,是有成绩的。如张氏所概括,许多不正确的见解已被澄清,诗为

(续上页注)亦同,见所著《李义山诗辨正》。(张氏先著《玉溪生年谱补证》,《补证》成后,再批《三家评》本,论其得失,其后又将《补征》修订,改名《会笺》,正式刊行。所以对于《会笺》来说,《三家评》本的批语乃是旧说。吴丕绩先生将《三家评》本的批语辑为《李义山诗辨正》,说它"是张氏编写《会笺》后的另一著作",似与事实略有出入。)

① 屈原《离骚》:"惟草木之零落兮,恐美人之迟暮。"何焯说亦载沈辑《三家评》本。

② 按李商隐即卒于大中十二年。其生年,冯浩《玉溪生年谱》定为唐宪宗元和八年(813),钱振伦《〈樊南文集〉补编注》定为元和六年,张氏定为元和七年,即其享年有四十六岁、四十八岁及四十七岁三种不同的说法,但都可认为年近五十。

③ 《诗·小雅·节南山》:"节彼南山,维石岩岩,赫赫师尹,民具尔瞻。"

④ 王应麟《困学纪闻》说,见该书卷十八。司空图说见其《与极浦书》,载《司空表圣文集》卷三。戴叔伦曾任容管经略使,故称戴容州。

自伤“美人迟暮”之作，已成为多数读者可以接受的结论。

但是，由于这篇诗所用典故都是习见的，语言粗看上去也似乎明白晓畅，没有什么难以通解的地方，其中存在的问题就反而被忽略了；而这种忽略，不用说，对于全诗的理解不利。

这些问题，在诗的第二、第三两联中都存在着。如次联出句用《庄子·齐物论》所载庄周梦蝶的寓言来比喻自己在世事变化中的迷惘心情，本很清楚，但有的注家如冯浩等，却因为要证实《锦瑟》是悼亡之作，硬拉上见于《庄子·至乐》的庄周丧妻故事，说“义山用古颇有旁射者”①。用某书中一个典故，就被认为此书中的其他典故也可以包括在内，这种“旁射”的推理方式，也实在有点过于离奇。张《笺》不取，可谓有识。但他对于对句所用望帝故事，却似乎忽略了作者的深意，所以释此句时，只泛泛地说是“叹文章之空托”。这是很不全面的，需要进一步加以阐明。

《太平御览》卷八百八十八引《蜀王本纪》云：

> 有一男子，名曰杜宇，从天堕，止朱提……自立为蜀王，号曰望帝，治汶山下邑郫。……望帝积百余岁。荆有一人名鳖灵，其尸亡去，荆人求之不得。鳖灵尸随江水上至郫，遂活，与望帝相见。望帝以鳖灵为相。时玉山出水，若尧之洪水。望帝不能治，使鳖灵决玉山，民得安处。鳖灵治水去后，望帝与其妻通，惭愧，自以德薄，不如鳖灵，乃委国授之而去。

又卷九百二十三引同书云：

> 望帝去时子鹃鸣，故蜀人悲子鹃鸣而思望帝。望帝，杜宇也。

《文选》卷五左思《蜀都赋》刘渊林《注》引《蜀记》云：

---

① 意见和冯浩相同的，还有宋翔凤，见所著《过庭录》卷十六，及何焯评引饮光说。

有人姓杜名宇，王蜀，号曰望帝。宇死，俗说云：宇化为子规。子规，鸟名也。蜀人闻子规鸣，皆曰：望帝也。

杜鹃就是子鹈，亦即子规(鹈)。它在农历暮春三月啼叫，所以说“望帝春心托杜鹃”。

之所以把这些材料都抄录出来，是想和大家共同考察一下，出现在古代神话中的望帝，是一个什么样的形象。

早在李商隐写《锦瑟》以前，诗人们就多次用过这一典故。其专门以它为题材的著名作品为人们所熟知的，则有鲍照《拟行路难》十八首的第七首、杜甫的《杜鹃行》及《杜鹃》。鲍诗有人认为是为晋恭帝司马德文作，也有人认为是为宋少帝刘义符作①。杜诗则注家几乎一致认为是为唐玄宗李隆基作。总之，在鲍、杜这两位大诗人看来，望帝是一位皇帝的形象，而且是一位被迫退了位的皇帝的形象，所以他们才用他来影射晋恭帝或宋少帝和唐玄宗。

可是，这样一来，就出现了一个问题：李商隐既不是一位退位的皇帝，怎么可以用望帝来自比呢？回答是：他虽然不是一位皇帝，但也不得其位，此其一。而更重要的是，第二，望帝固然是个退位皇帝的形象，同时还是个自觉做错了事，感到非常悔恨的形象，而李商隐则正是这么一个人。望帝托杜鹃之口啼出的春心，也就是李商隐不由自主地陷入当时激烈的政治派别斗争中，倒了一辈子的楣，因而在垂老之年感到极为悔恨的心情。这种心情，我们在他的其他诗篇中也可以找到。其写得十分明白的，则如《有感》：

中路因循我所长，古来才命两相妨。劝君莫强安蛇足，一盏芳醪不得尝。

如《幽居冬暮》：

---

① 见黄节《鲍参军诗注》卷三引朱乾《乐府正义》及陈沆《诗比兴笺》。

羽翼摧残日，郊园寂寞时。晓鸡惊树雪，寒鹜守冰池。急景倏云暮，颓年浸已衰。如何匡国分，不与夙心期？

其写得比较隐约的，则如《风雨》：

凄凉《宝剑篇》，羁泊欲穷年。黄叶仍风雨，青楼自管弦。新知遭薄俗，旧好隔良缘。心断新丰酒，消愁斗几千。（冯《注》卷六云："'新知'，谓婚于王氏，见《寓目》；'旧好'，指令狐。'遭薄俗'者，世风浇薄，乃有朋党之分，而怒及我矣。"）

这些作品，也就是所谓春心的流露。张采田因为没有意识到望帝也是一个自觉做错了事而感到悔恨的形象，因此就无从深刻理解李商隐这句诗。《锦瑟》首先把望帝的形象的这一方面突出出来，为"美人迟暮"这个主题服务，可以说，是很富于创造性的。

现在，让我们进而研究三联两句中存在的问题。首先，可以注意一下出句中沧海这个词。大家都知道，古人称今南海海域为南海，亦称涨海①。东海、黄海、渤海等海域则通称沧海。如《初学记》卷六所云：

按东海之别有渤澥，（出《说文》②。）故东海共称渤海，又通谓之沧海。

汉代所置沧海郡，故地在今吉林省境。曹操《步出夏门行》云：

东临碣石，以观沧海。

---

① 鲍照《芜城赋》："南驰苍梧涨海。"《初学记》卷六："按南海大海之别有涨海。（谢承《后汉书》曰："交趾七郡贡献皆从涨海出入。"）"《旧唐书·地理志·循州》："南海在海丰县南五十里，即涨海，渺漫无际。"

② 按《说文》十一篇，水部澥字下云："郣澥，海之别也。"当即此所指。

据黄节《汉魏乐府风笺》卷十二所考订，此碣石指《汉书·地理志》所载骊成县(今河北省乐亭县西南)的大碣石山，面临渤海。杜甫《诸将》五首之三：

沧海未全归禹贡，蓟门何处尽尧封？

杨伦《杜诗镜铨》卷十三指出，出句是“指淄、青等处”，即当时被藩镇李正己等割据，今位于山东、江苏两省沿东海的各州。可见曹、杜诗中所言沧海，位置均很明确。

但同时，也还有另一个人所共知的事实，即在我国海域中，出珠的并非沧海而是南海。《太平御览》卷八百二引《邹子》：

珠生于南海。

又引张勃《吴录·地理志》：

朱崖珠官县出明月珠。

珠官县置于三国孙吴，故治在今合浦县南。杜甫《自平》：

自平中官吕太一，收珠南海千余日。

又《诸将》五首之五：

越裳翡翠无消息，南海明珠久寂寥。

还有许多歌咏南方风土的唐人作品，也都涉及珠事。如张籍《送海客归旧岛》云：

海上去应远，蛮家云岛孤。竹船来桂蠹，山市卖鱼须。入国自献宝，逢人多赠珠。却归春洞口，斩象祭天吴。

王建《南中》云：

天南多鸟声，州县半无城。野市依蛮姓，山村逐水名。瘴烟沙上起，阴火雨中生。独有求珠客，年年入海行。

皆其显证。那么，李商隐为什么要将诗句写成“沧海月明珠有泪”，而不写成“南海(或涨海)月明珠有泪”呢？

当然，我们在讨论这一点的时候，不应当也不会忘记，在李商隐之前，已经有人将沧海认作是出珠的地方了。杜甫《岳麓山道林二寺行》：

地灵步步雪山草，僧宝人人沧海珠。

又《暮秋枉裴道州手札，率尔遣兴寄，近呈苏涣侍御》：

盈把那须沧海珠，入怀本倚昆山玉。

元稹《古题乐府·估客乐》：

求珠驾沧海，采玉上荆衡。

都是在李商隐以前著名诗人的作品，为他所得见的。杜诗中既言南海出珠，又言沧海出珠，乃至元稹仅言沧海出珠，当然是认为抒情诗并非地理志，可以无须那么确实。但李商隐素以用事精切见长，而且他在大中元年还到过岭南，在桂林住过一年①，对于南方风土出产，相当熟悉，《锦瑟》一篇，则是他已在桂林旅居之后的作品，那么，他在此诗中宁愿沿袭前人之

① 参看《会笺》卷三大中元年、二年条。

误用或泛用，就值得深思了。在我们看来，他是有意这样做的。

其用意就在于“谬悠其词”，免得把诗句暗指李德裕被贬崖州的事说得太露骨。崖州产珠，故又名珠崖[①]。如果说南海，就更容易使人联系时事，而说沧海，则比较空泛，等于涂上了一层保护色，不易察觉了。唐时文字之祸虽不如后世之烈，但刘禹锡因诗涉讽刺，被贬远州，则是人所共知的事情[②]。何况李商隐当时正有求于令狐绹，又何必把对李德裕的同情写得过于明显呢？可以说，这既是诗歌的艺术，也是政治的策略；更其具体地说，这是服从于政治策略的诗歌艺术。

其次，这一句中的“珠有泪”三字，看上去虽然并不扎眼，但细想起来，也不大好解释。朱鹤龄《〈李义山诗集〉笺注》卷上及高步瀛《唐宋诗举要》卷五都引用张华《博物志》所载鲛人泣珠传说来释此事。按《指海》本《博物志》卷二云：

> 南海外有鲛人，水居为鱼，不废织绩，其眼能泣珠。（《御览》七百九十引止此，与今本同。）从水出，寓人家，积日卖绢。将去，从主人索一器，泣而成珠，满盘，以与主人。（此上二十八字，原并脱去，依《御览》八百三补正。）[③]

左思《吴都赋》云：

> 泉室潜织而卷绡，渊客慷慨而泣珠。

也是指的这一神奇传说。

但如此说，则概括其意，也只能作“鲛（人）有泪”，而不能作“珠有泪”。

---

① 《汉书·地理志》：“遂定越地，以为……珠崖、儋耳。”应劭《注》：“二郡在大海中，崖岸之边出真珠，故曰珠崖。”

② 见孟启《本事诗·事感第二》及两《唐书》刘《传》等。

③ 按：“水居为鱼”，为当作如。“积日卖绢”，绢当作绡。旧题郭宪《汉武帝别国洞冥记》卷二也载有这个传说。

当然，也不妨牵强地说，“珠有泪”即珠中有泪或珠为泪变之意，然而这和前人的理解可不相同。北宋博学能文、精于训诂、诗风和李商隐有相近之处的宋祁，在他的《落花》一诗中写道：

沧海客归珠迸泪，章台人去骨遗香。

出句显然胎息李诗。宋祁以迸字代替也就是解释有字，可见他是认为“珠有泪”就是珠出了泪，而非珠中含泪。这样，问题就又来了。珠是珠贝将进入其体中的异物裹上其所分泌的珠质而形成的，并非一种长着泪腺的动物，怎么能出泪呢？李、宋两位写诗的时候，又是怎样理解和使用这个泣珠传说的呢？

问题的答案并不远，就在《后汉书·孟尝传》里。《传》云：

（孟尝）迁合浦太守，郡不产谷实，而海出珠宝，与交阯比境，常通商贩，贸籴粮食。先时，宰守并多贪秽，诡人采求，不知纪极，珠遂渐徙于交阯郡界。于是行旅不至，人物无资，贫者饿死于道。尝到官，革易前弊，求民病利，曾未逾岁，去珠复还。百姓皆反其业，商货流通，称为神明。

而与李商隐大略同时的人所著《玉泉子》也载有如下一个故事：

杜黄裳知贡举，……其年（尹）枢状头及第。试《珠还合浦赋》，成，或假寐，梦人告曰：“何不序珠来去之意？”既寤，乃改数句。及谢恩，黄裳谓之曰：“序珠来去之意，如有神助。”①

① 《太平广记》卷一百八十《尹极》条引《闽川名士传》亦载此事，尹枢作尹极，误；又以梦人告以当于赋中序珠来去之意为林藻事，则不能确定哪一个记载是正确的，因《全唐文》卷五百四十六只载林藻所作《冰池照寒月赋》一篇，其《珠还合浦赋》已佚，无从取以与现存尹枢赋比较。

从上引文献可以看出，从汉到唐，珠这个词，不仅指珠本身，也兼指产珠的贝，即今所谓珠贝或珠母①。“海出珠宝”之珠，指前者，而“珠遂渐徙”、“珠去复还”、“序珠来去”的珠，则指后者。我们如果再看一下《全唐文》卷六百十九所载尹枢的《珠还合浦赋》，这一事实就更为显然。《赋》中有云：

骇浪浮彩，长川再媚，回夜光之错落，反明月之瑰异，非经汉女之怀，宁泣鲛人之泪。

这是形容珠的。又有云：

于是焕清濑，辉浅湾，奔璀璨，走斓斑。……想沿洄于旧渚，念涵泳于通津。

则是形容珠贝的。珠既然可以作为产珠的珠贝的代称，引申起来，自然也就无妨作为可以泣珠的鲛人的代称了。所以，“珠有泪”和“珠迸泪”，也就是鲛人泣泪。如此解释，这句诗念起来就文从字顺了。译成口语，大致是：在南海的月明之夜，鲛人在哭泣着。这也就是李商隐所想像的李德裕被贬为崖州司户后的忧伤的形象。李德裕有一首题为《登崖州城作》的小诗：

独上高楼望帝京，鸟飞犹是半年程。青山似欲留人住，百匝千遭绕郡城。

这一凄凉的独白，依照李商隐的体会，大概就是那个鲛人在南海月光下用自己的泪水写成的吧。

如果以上对“沧海月明珠有泪”这句诗的解释不太远于事实，则对比之下，张采田认为它是指“卫公毅魄久已与珠海同枯”之不妥当，就显而易

① 江少虞《宋朝事实类苑》卷十七《唐质肃》条：“门吏搜之，乃金巨弁一枚，上缀巨蚌，灿然不知其数。”此条出释文莹《湘山野录》，乃北宋人语，显然以蚌代珠，和唐人以珠代蚌（珠贝）正同，亦可证二词其时通用。

见了。因为原句既未涉及李德裕的死亡(虽然作《锦瑟》时,李已死了),更没有提到珠海的枯竭,彼此之间,简直完全对不上号。

张氏解三联对句,认为是说“令狐相业方且如玉田不冷”,比解上句略胜一筹,但也不是没有问题的。因为这一联的句法是相同的,“珠有泪”和“玉生烟”是句子的主要部分,而“沧海月明”和“蓝田日暖”则是句子的从属部分。“玉田不冷”不过是“蓝田日暖”的改写,而“玉生烟”这主要的三个字却被忽略过去了。这种说法,显然不能充分表达诗人本意。并且,正是在“玉生烟”三个字里面,作者又做了一点小文章,有待后人抉发。

为了便于理解这句诗,我们可以先读一下李贺《老夫采玉歌》的开头四句:

> 采玉采玉须水碧,琢作步摇徒好色。老夫饥寒龙为愁,蓝溪水气无清白。

王琦《〈李长吉歌诗〉汇解》卷二云:

> 《山海经》:“耿山多水碧。”郭璞《注》:“亦水玉类。”琦谓:水玉是今之水精,水碧是今之碧玉。……《太平寰宇记》:“蓝田山在蓝田县西三十里,一名玉山,……灞水之源出此。”《三秦记》:“有川方三十里,其水北流,出玉。”今蓝田犹出碧玉,世谓之蓝田碧。诗言玉产蓝溪水中,因采玉而致蓝溪亦不安静,不特役夫受饥寒之累,即水中之龙亦愁其骚扰,至于溪水为其翻搅,有浑浊而无清白矣。

此注能明诗意,其缺点是忽略了水和气应当分别开来讲。气指溪上的云烟。山高水深,其上都容易出现云烟。而云、烟、雾、气等字,在古代汉语中,又常可通用和连用。所以李商隐诗中的烟,也就是李贺诗中的气。虽然两诗所写的气氛很不相同。《采玉歌》写的是狂风暴雨中水上的雾气,以陪衬老夫的愁苦;而《锦瑟》写的是晴和阳光下山间的烟云,以象征令狐绹的权势。

从气象学的角度说,云雾之类,都是水蒸气凝聚成微小水滴在空中浮游的形态。它们并不是从山上或水中生出来的。但过去一般都这么认识,虽然不合事理,也就只好随它。然而即使这样,至多也只能说玉山生烟,怎么能够说“良玉生烟”或“玉生烟”呢,玉怎么能生烟呢?

这个问题是无法从现代自然科学或古代习惯认识来回答的,它只能从古代迷信中获得回答。原来,古代有一种称为望气术的迷信。根据这种迷信,凡是伟大的人、珍奇的物所在的地方,天空就会出现云气,而人们看到这种云气,就可以发现这些人和物。如《汉书·高帝纪》所载:

> 高祖隐于芒砀山泽间,吕后与人俱求,常得之。高祖怪问之。吕后曰:“季所居上常有云气,故从往,常得季。”

又《史记·天官书》云:

> 大水处、败军场、破国之虚,下有积钱。金宝之上皆有气,不可不察。

即其二例。由此可见,所谓“玉生烟”,也就是地中有良玉,天上有云气之意。它是用以比喻令狐已经当上了宰相,上应天象,“可望而不可前”了。

在这句诗的解释里,张氏还以蓝田山和南山相比附,以为它同时也是以山来形容令狐的“秉钧赫赫”,和《节南山》中所写太师尹氏相同。这却未免节外生枝,画蛇添足。因为它既然如上所论证是以良玉比令狐,那么,就不能又用产玉的山来比他,从而造成读者印象上的重叠和混乱,这是精通创作艺术的李商隐所十分清楚的。如果说,蓝田在长安附近,蓝田之玉生烟,以比令狐绹在京城得势;沧海(南海)离长安极远,沧海之珠有泪,以比李德裕在崖州发愁,那就都说得通了。

高步瀛认为,李德裕之贬死与令狐绹之拜相,“此二事关于义山一生枯菀,张氏拈出,尤为扼要”。这话是对的。但只有作出如上一些补正之后,张《笺》才能融会贯通,从而使全诗用意更为清楚。

1976年11月　武昌

从唐温如《题龙阳县青草湖》看诗人的独创性

西风吹老洞庭波，一夜湘君白发多。醉后不知天在水，满船清梦压星河。

文学史上有一些有趣的、同时也是发人深省的现象，其中之一就是，某作家仅以一篇作品或一二佳句，就能名垂后世，而且这些作家的生平，也往往和他的其他作品一样，并不多为后人所知。在这种情况之下，要了解和评价他们，主要或者全部依靠那些幸而流传下来的少数的作品，就是很自然的事了。

张若虚的《春江花月夜》就是这种现象的著名例子之一。但这篇"孤篇横绝，竟为大家"①的杰作，取得人们的公认和理解，也有一个相当长的过程，这里且不详说。想指出的是，直到现在为止，还有一些古代杰作没有被发现，被肯定。将这些长久湮埋在沙砾中的明珠拣选出来，使它重放光华，乃是我们今天的责任。

唐温如这篇诗是我在读唐诗时偶然注意到的。他是属于《全唐诗》所谓"无考"之列的作家②。但这篇小诗本身却证明：这位今天我们对其生平一无所知的诗人具有很独特的艺术构思。

---

① 王闿运语，见陈兆奎辑《王志》卷二《论唐诗诸家源流答陈完夫问》。

② 见《全唐诗》卷七百七十二。一般选本，包括专选唐人绝句的选本如王士禛的《唐人万首绝句选》、邵裴子的《唐绝句选》，都没有选它。唯一选了它的，是管世铭《读雪山房唐诗钞》，见该书卷三十四。

龙阳即今湖南省汉寿县。青草在南，洞庭在北，二湖相连相通，自来并称①。所以阴铿《渡青草湖》云："洞庭春溜满，平湖锦帆张。"杜甫《宿青草湖》云："洞庭犹在目，青草续为名。"但无论是杜甫，还是杜甫所尊敬的阴铿所作的那两篇诗，却都被这篇一向不甚为读者所知的《题龙阳县青草湖》比下去了②。

洞庭属楚，而楚乃是古代词人悲秋的发源之地。在《九歌》里，屈原写道：

> 帝子降兮北渚，目眇眇兮愁予。袅袅兮秋风，洞庭波兮木叶下。

朱熹《楚辞集注》卷二："帝子，谓湘夫人。眇眇，好貌。愁予者，亦为主祭者言：望之不及，使我愁也。袅袅，长弱之貌。秋风起，则洞庭生波而木叶下矣，盖记其时也。"虽系记时，但若对波兴木脱，一无所感，又何必记？所以愁予既是怀人，亦是悲秋；或者说，两者交相为用，因怀人而更悲秋，因悲秋而更怀人。到了他弟子宋玉的《九辩》里，就第一次公开地提出悲秋这一命题了：

> 悲哉！秋之为气也。萧瑟兮！草木摇落而变衰。

《楚辞集注》卷六："秋者，一岁之运，盛极而衰，肃杀寒凉，阴气用事。草木

---

① 钱谦益注《杜工部集》卷十八《宿青草湖》注引《荆州记》云："巴陵南有青草湖，周回百里，日月出没其中。湖南有青草山，故因以为名。青草湖，一名洞庭湖。"又引《南迁录》云："洞庭西岸有沙洲，堆阜隆起，即青草庙下。一湖之中有此洲，南名青草，此名洞庭，所谓重湖也。"

② 为了便于比观，现将阴、杜二家诗附录于下。阴铿《渡青草湖》："洞庭春溜满，平湖锦帆张。沅水桃花色，湘流杜若香。穴去茅山近，江连巫峡长。带天澄迥碧，映日动浮光。行舟逗远树，度鸟息危樯。滔滔不可测，一苇讵能航？"杜甫《宿青草湖》："洞庭犹在目，青草续为名。宿桨依农事，邮签报水程。寒冰争倚薄，云月递微明。湖雁双双起，人来故北征。"阴诗既显示了春日晴和，湖波浩荡的阔大图景，也通过精雕细刻，突出了这幅图景的某些细部，尚不失为佳作。杜诗率尔遣兴，与他自己的其他作品相较，只能算是下乘。其成就都不能和唐温如这篇诗相比。

零落，百物凋悴之时，有似叔世危邦，主昏政乱，贤智屏绌，奸凶得志，民贫财匮，不复振起之象。是以忠臣志士，遭谗放逐者，感事兴怀，尤切悲叹也。萧瑟，寒凉之意。憭栗，犹凄怆也。在远行羁旅之中，而登高望远，临流叹逝，以送将归之人，因离别之怀，动家乡之念，可悲之甚也。”这一解释，对于秋士多悲的原因，就政治、社会和个人遭遇等方面，作了广泛的探索和说明，有助于我们理解何以悲秋是古典文学中一个抒情的传统。而草木变衰乃是夏去秋来最显著的标志，屈、宋都抓住了这一标志来写秋天。所以杜甫在《咏怀古迹》中赞扬宋玉，也首先提到“摇落深知宋玉悲”。可是，唐温如在描写洞庭之秋时，虽然也显然从《九歌》中得到了启发，但他却把作为秋天最显著的标志即草木之零落放在一边，而从与季节变换联系较少的湖水着想。这就已经突破屈、宋以下描绘秋天物色的传统了。

“西风吹老洞庭波”，只此一句，体现三奇。秋天的到来，不从草木变衰而从湖水兴波见出，一奇也。湖波能老，二奇也。湖波之老，是由于西风之吹，三奇也。李贺也颇能用“老”字，如“客枕幽单看春老”(《仁和里杂叙皇甫湜》)、“天若有情天亦老”(《金铜仙人辞汉歌》)之类，皆拟物如人。此诗“吹老”，用意亦同，而青出于蓝，更为生动。

“气之动物，物之感人”①，所以词客悲秋，形成传统。然而作者对此，又有进一步的想法。他认为，既然人都觉得秋之可悲，神又何能例外，在青草湖边的诗人，就很自然地驰骋他的想像，念及古代帝舜及其妃子的悲剧了。由于失权，帝舜不得不在年迈的时候勉强南巡，终于死在苍梧之野，而他的两位妃子则因为从征，溺死湘江，因此一直“神游洞庭之渊，潇湘之浦”；或者追随不及，啼竹成斑②。这些激动人心的传说，也许从屈原起，就加以赋咏了。在《九歌》的启发之下，这位默默无闻的杰出诗人就想到，湘君虽然长生，并非不老；虽然成神，并未忘情，对此可悲之秋色，又岂能无动于衷？她难道不会在一夜之间，增加了许多白发吗？于是我们就看到诗篇的次句。

① 钟嵘《〈诗品〉序》语。

② 参看王琦注《李太白全集》卷三《远别离》注引《汲冢竹书》、《水经注》及《述异记》。

神是人按照自己的形象塑造的。所以在神的身上，常常被赋予人的性格、感情和生活情态。善于描写神的诗人，因而就不应当忘记将真与幻交织起来，以体现神的人性和人态。“曹植《洛神赋》写洛神渡水云：‘体迅飞凫，飘忽若神，凌波微步，罗袜生尘。’在水波上走路，是幻；走路而起灰尘，则是真。而说凌波可以微步，微步可使罗袜生尘，又使真与幻统一了起来，同样显示出她同时具有人和神的特点。”①李贺对此也很了解，所以他在《浩歌》中写道：

王母桃花千遍红，彭祖巫咸几回死。

在《官街鼓》中，又写道：

几回天上葬神仙，漏声相将无断绝。

李贺写神仙及道术之士既然会死，又能死而复生，也是真幻交织。懂得了曹植和李贺，也就懂得了“一夜湘君白发多”这句诗之合情合理之妙。

另外一点，我们还不应当忽视蕴藏在李贺的“彭祖巫咸几回死”、“几回天上葬神仙”这两句以及唐温如“一夜湘君白发多”这一句诗中的批判意义。我国的游仙文学始自《离骚》。从屈原到曹植，从曹植到郭璞，都具有一种如厉鹗在其《前后游仙百咏》自序中所说的“事虽寄于游仙，情则等于感遇”的特征②，即以富有浪漫情趣的艺术形象来反映对于现实生活中黑暗的否定及光明的追求。而在神仙家、道家的影响之下，从汉、魏以来，也形成了另外一个与上述传统“貌同心异”的游仙文学流派。他们写的游仙诗，其内容大体都像《文选》卷二十一郭璞《游仙诗》李善《注》所说的：“凡游仙之篇，皆所以滓秽尘网，锱铢缨绂，餐霞倒景，饵玉玄都。”即完全引导读者迷信宗教，认为只要经过一番修炼，便可以不但长生不老，而且

① 沈祖棻《宋词赏析》第17页，张先〔醉垂鞭〕浅释。
② 见《樊榭山房文集》卷四。

还可以永远自由自在地享受人间一切的享乐了。如果举例，则唐代道士曹唐所写的《大游仙诗》和《小游仙诗》便是其代表作[①]。如其《小游仙诗》有云：

玄洲草木不知黄，甲子初开浩劫长。无限万年年少女，手攀红树满残阳。

一百年中是一春，不教日月辄移轮。金鳌头上蓬莱殿，唯有人间炼骨人。

玉洞长春风景鲜，丈人私宴就芝田。笙歌暂向花间尽，便是人间一万年。

在这些作品中所出现的世界，时间是凝固的，生命是永恒的，与人间贵族同样具有的饮食男女的享乐是无穷无尽的。唐代就有好几个皇帝，都因吃道士的丹药而死亡[②]，甚至于以反对道佛二教出名的韩愈，也有服食硫磺的记载[③]，就可以看出当时宗教宣传的诱惑力。诗歌既然被利用为他们的宣传工具，也就不免受到污染。李贺有意识地指出彭祖、巫咸也会死，神仙也要下葬，而唐温如则写出湘君也因为悲秋而在一夜之间增添了白发，乃是对那种存有着"万年年少女"的幻想及妄言的一种挑战。虽然唐温如主观上并没有像李贺那样的意图，但我们却不应该忽略这一句诗在客观上的思想价值。

如果说，这篇诗的前半是《九歌》、《九辩》的旧曲翻新，它只不过是丰富了、发展了前代诗人所已创造出的境界，那么，读了后半，我们就会对这

---

① 关于游仙诗这些问题，请参看拙著《郭景纯、曹尧宾游仙诗辨异》。

② 参看范文澜《中国通史简编》第三编《封建经济基地扩展的帝国底出现到军事封建的大帝国底建立——隋至元》第七章《唐五代的文化概况》第四节《道教的流行》。

③ 《白氏长庆集》卷二十六《思旧》云："退之服硫磺，一病讫不痊。"洪兴祖《韩子年谱》引方崧卿说以为退之是卫中立，非韩愈。钱大昕《十驾斋养新录》卷十六《卫中立字退之》条除据洪谱外，还引李季可说以证成方说。陈寅恪《元白诗笺证稿》附论（乙）《白乐天之思想行为与佛道关系》已加驳正，断为"此诗中之退之，固舍昌黎莫属矣。方崧卿、李季可、钱大昕诸人虽意在为贤者辨护，然其说实不能成立也"。

位“人代冥灭，而清音独远”[①]的诗人更加钦佩。

这是因为，在诗的后半，作者创造了一个前所未有的神奇境界，而且其中所展示的情调又和前半迥然不同，前半写景，形容秋气之衰飒；后半写人，描绘自己之豪迈。衰飒之景与豪迈之情，不仅对照强烈，而且转接无痕。刘禹锡《秋词》云：

自古逢秋悲寂寞，我言秋日胜春朝。横空一鹤排云上，便引诗情到碧霄。

山明水净夜来霜，数树深红入浅黄。试上高楼清入骨，岂如春色嗾人狂？

这两篇诗歌颂明丽的秋天，反映了诗人的乐观情绪，客观和主观是一致的，因而情景交融。唐温如则写了衰飒的景色与豪迈情怀的对立，而前者终于被后者笼罩了，即情与景矛盾，而又在对立中统一起来。故刘易而唐难，刘平常而唐超逸。

诗人的豪迈情怀是通过醉与梦来体现的。在秋色已老的洞庭湖畔，他却并没有受到季节所形成的悲观气氛的侵蚀，在夜间，始而开怀畅饮，终于颓然尽醉了。饮而醉，醉而梦，梦而醒，醒而吟诗，是他在这一段短短的时间内的连续动作。而银汉横空，星河倒影，则在其入梦之前，已收入眼帘，映入脑海。这一印象的保存，就使得诗人在梦中觉得，自己所乘的船，并不是在青草湖上，而是在星河之上了。

水中倒影所构成的奇幻美丽的景色是诗人们所爱加以描写的对象，如王安石《杏花》：

石梁度空旷，茅屋临清炯。俯窥娇娆杏，未觉身胜影。嫣如景阳妃，含笑堕宫井。怊怅有微波，残妆怀难整。

---

① 借用《诗品》卷上评《古诗十九首》语。

又苏轼《泛颍》：

画船俯明镜，笑问汝为谁？忽然生鳞甲，乱我须与眉。散为百东波，顷刻复在兹。

两篇所写，对象虽然不同，但前者写水波由静而动，后者写水波由动而静，以及花影与人影在这动静当中的变化，都刻画入微，可谓功力悉敌[①]。这是用繁笔写的。其用简笔写的，则如杜甫《渼陂行》云：

船舷暝戛云际寺，水面月出蓝田关。

胡翔冬老师《宿杜二小楼》云：

小池水不波，树头鱼可数。[②]

虽只寥寥两句，也将难状之景，写得如在目前。这些都是写水中倒影，与此诗所写星河映水可以比观。

然而，唐温如在这方面也有不同于许多大诗人的构思，亦即有所突破。他在大醉之后，发抒了胸中的豪迈之气，达到了陆游《赠刘改之秀才》诗中所云“醉胆天宇小”的境界。不但通过描绘水中倒影，颠倒了空间，而且进一步，利用梦境，创造了幻中有幻的境界。由于天在水中即星河倒影而梦见船不在水面而在星河之上，是幻。又从而联想到不仅是人睡在船上，而且自己所做的梦，也像人身一样，船只一样，是有体积的，有重量的，它也直接压在船上，因而间接压在星河之上，这就形成了幻中之幻。

还不止于此。诗人在梦境的描写上也下了功夫。说“满”船，则梦之

---

① 陈与义《简斋诗集》卷五《夏日集葆真池上，以“绿阴生昼静”赋诗，得静字》诗中“微波喜摇人，小立待其定”之句，显然从苏诗中得到启示。当然，我们也并不忽略陈诗中“喜”字的妙用。

② 见《自怡斋诗》，金陵大学刊本。

广阔可见。说“压”星河，则梦之沉重可知。梦境在此，可见可触。这是化虚为实。可是这满船的压星河之梦，却又是“清”梦。清之与虚，清之于轻，义皆相近，所以清虚、清轻，可以构成复词。点明清梦，则此梦虚而不盈，轻而不重，又于实中见虚了。这样写梦，就显得它的境界缥缈而分明。亦真亦幻，亦实亦虚。

这种奇妙的艺术构思来自诗人对生活深入而细致的探索，以及对于生活的大胆而独特的处理方式。

寥寥二十八字，其中就有这么多值得玩味的东西，此之谓“深文隐蔚，余味曲包”①。

歌德说：

> 独创性的一个最好的标志就在于选择好题材之后，能把它加以充分的发挥，从而使得大家承认压根儿想不到会在这个题材里发见那么多的东西。②

唐温如在屈原、杜甫等人都插过手的习见题材里，发现了如我们上面所提到的那么多的东西。所以如果不给它以足够的评价，那将是我们后代读者的损失和过失。

1980年9月　南京

〔附记〕

唐温如生活于元明之际，并非唐人，陈永正先生曾著文考辨。其略云：

> 最早收录唐氏此诗的是元人赖良编纂的《大雅集》，题为《过洞

① 《文心雕龙·隐秀篇》赞语。

② 程代熙译《歌德论独创性》，载《人民日报》1981年4月17日。

庭》，唐珙作。在作者小传中介绍，珙字温如，会稽人。据《四库全书总目提要》载，赖良字善卿，浙江天台人，“是集皆录元末之诗”，“其去取亦颇精审”，“故不失为善本”。《大雅集》前有元至正辛丑（一三六一年）杨维桢序，称其“所采皆吴越人之隐而不传者”。可知《大雅集》所录诸家，皆为编集者同时代人，又有乡里之谊，所收作品亦当可靠。钱谦益《列朝诗集》甲前集十一收入唐珙《过洞庭》及《题王逸老书饮中八仙歌》，据《列朝诗集》编辑体例，甲前集所收的多为“明世之逸民”，可知唐珙也是自元入明的诗人。《古今图书集成·方舆编·山川典》第二百九十八卷“洞庭湖部”收录唐珙《过洞庭》诗，亦置于元人之列。

据此可考定：唐温如，名珙，浙江会稽（今绍兴）人。元末明初诗人。《题龙阳县青草湖》一诗，原题作《过洞庭》。《全唐诗》收录此诗，实误。①

所考可信，但《全唐诗》的题目与陈文所引诸书都不相同，是别有所本，还是出于改动，尚待进一步研究。据《全唐诗》的编例，是不改动题目的。

因为不想掩饰自己读书不多，见闻弇陋而造成的失误，没有对已发表过的文章再加修订，读者谅之。

1990 年 1 月　南京

① 陈文题为《〈全唐诗〉误收的一首七绝——唐温如的〈题龙阳县青草湖〉》，载《中山大学学报（哲学社会科学版）》1987 年第 1 期。

苏轼的风格论

（一）

马克思在《评普鲁士最近的书报检查令》中说过一段名言：

> 你们赞美大自然悦人心目的千变万化和无穷无尽的丰富宝藏，你们并不要求玫瑰花和紫罗兰散发出同样的芳香，但你们为什么却要求世界上最丰富的东西——精神只能有一种存在形式呢？①

的确，与大自然一样，人类的精神活动也是一个千姿百态、变化无穷的大千世界。而作为人类高级精神产品的文学艺术，由于它最生动、最深刻地反映着客观世界（包括大自然和社会生活）以及人类自身的主观世界（包括思想和情感），就必然具有无比丰富的表现形式。无论是语言艺术、造型艺术还是音响艺术，都以它们绚丽多姿的众多风格使我们惊叹、倾倒。这真是人类巨大创造力的一个最有力的证明！就以我国古代的文艺来说，书有颜筋柳骨，画有吴带曹衣，诗文的风格流派之多更是令人目不暇接。从这万紫千红的众多风格中总结出规律、上升为理论，这就是文学艺术的风格

---

* 本篇为程千帆、莫砺锋合作。

① 《马克思恩格斯全集》第 1 卷。

论，它是整个传统文艺理论中最精妙、最有生气的一个部分。在这方面，古代的批评家们给我们留下了丰富的遗产。刘勰明“文有八体”①，司空图更细分诗风为二十四品②。这些遗产是永远值得我们认真地加以学习、继承的。本文试图对我国古代文艺风格论中还没有受到令人足够重视的一个角落——宋代文坛艺苑中的多面手苏轼对于风格的独特观点作一初步的探索。

（二）

苏轼是我国古代文艺史上的一位奇才，他在诗、文、词、书法、绘画等各个艺术领域里都达到了极高的造诣而自成一家。在艺术的各个领域里，他都能得心应手地进行创作，在风格上兼收并蓄，不拘一格。苏轼自述其作文的情形是：“吾文如万斛泉源，不择地而出。在平地滔滔汩汩，虽一日千里无难。及其与山石曲折，随物赋形而不可知也。”③他自论其书法说：“我书意造本无法，点画信手烦推求？”④苏轼的诗，敖陶孙评为：“如屈注天潢，倒连沧海，变眩百怪，终归雄浑。”⑤叶燮评为：“其境界皆开辟古今之所未有，天地万物、嬉笑怒骂，无不鼓舞于笔端，而适如其意之所欲出。”⑥苏轼的词，固然以豪放、旷达的风格而自开一派，但同时也不乏格律派的精严和婉约派的丰神，陈廷焯曾经指出：“东坡词寓意高远，运笔空灵，措语忠厚，其独至处，美成、白石亦不能到。”⑦王士禛则评苏轼的婉约词说：“恐柳屯田缘情绮靡，未必能过。”⑧苏轼的画则是“戏笔所作枯株竹

---

① 见《文心雕龙·体性》。

② 见《二十四诗品》。

③ 《文说》，《经进东坡文集事略》卷五七。按：苏轼文集有多种版本，本文引用苏文的次序是先《经进东坡文集事略》，再及《东坡七集》、《东坡题跋》、《东坡志林》。

④ 《石苍舒醉墨堂》，《苏文忠诗合注》卷六。

⑤ 见魏庆之《诗人玉屑》卷二。

⑥ 《原诗》卷一。

⑦ 《白雨斋词话》卷一。

⑧ 《花草蒙拾》。

石，虽出一时取适，而绝去古今画格，自我作古”[①]。这种创作上的不拘一格，与苏轼风格论中不拘一格的态度是互相印证的。

苏轼的性格是豁达旷远的，他年轻时扬帆出峡，有诗云：“入峡喜巉岩，出峡喜平旷。吾心淡无累，遇境即安畅。”[②]后来又写了世所传诵的咏西湖诗：“水光潋滟晴方好，山色空蒙雨亦奇。欲把西湖比西子，淡妆浓抹总相宜。”[③]他是以“静故了群动，空故纳万境”[④]的心境去接纳千变万化的客观事物的。这种世界观反映在他的风格论中，就是崇尚万紫千红的丰富性而反对“黄茅白苇”的单调性。他论书说：“杜陵评书贵瘦硬，此论未公吾不凭。短长肥瘦各有态，玉环飞燕谁敢憎？”[⑤]他论文说：“文字之衰，未有如今日者也。其源实出于王氏。王氏之文未必不善也，而患在于好使人同己。……地之美者，同于生物，不同于所生。惟荒瘠斥卤之地，弥望皆黄茅白苇，此则王氏之同也。”[⑥]他论诗说：“咸酸杂众好，中有至味永。诗法不相妨，此语当更请。”[⑦]苏轼所以不满于杜甫关于书法和王安石关于文章的意见，就是因为他们在某一种艺术的众多风格中有所偏嗜而否定、排斥其他风格。就这一点而言，苏轼显然要比杜、王高出一筹。我们知道，如果不能创造或鉴赏异量之美，就往往会导致创作中的单调和评论中的偏爱。这对于艺术的发展是有害无益的。

（三）

如果苏轼的风格论仅仅包含上述内容，那么，他虽然发表了许多正确的看法，但并没有作出新的贡献。因为在苏轼之前，早已有人注意到这一点，也早已有人在艺术创作中向这方面努力了。刘勰在《文心雕龙·体

---

① 何薳《春渚纪闻》卷六《墨木竹石》条。

② 《出峡》，《苏文忠诗合注》卷一。

③ 《饮湖上初晴后雨》，《苏文忠诗合注》卷九。

④⑦ 《送参寥师》，《苏文忠诗合注》卷一七。

⑤ 《孙莘老求墨妙亭诗》，《苏文忠诗合注》卷八。

⑥ 《答张文潜书》，《经进东坡文集事略》卷四五。

性》中举出了八种不同的文章风格，而且认为“八体虽殊，会通合数。得其环中，则辐辏相成”。司空图分诗歌风格为二十四品。后人指出“廿四品备，而后可与天地无终极”①。他们都主张：在文学创作中，各种不同的风格可以而且应当并存。正因为如此，所以在创作实践上才有集古今大成之一境。苏轼就曾说过：“君子之于学，百工之于技，自三代历汉至唐而备矣。故诗至于杜子美，文至于韩退之，书至于颜鲁公，画至于吴道子，而古今之变、天下之能事毕矣。”②没有多样，也就没有大成，这是很明显的。

但苏轼对于风格论的突出贡献却在于，他从古往今来的艺术创作中发现了许多成对的、互相矛盾的风格之间的关系。而且明确地指出，矛盾着的双方可以互相吸收，互相融合，从而形成一种新的风格。

本来，我们的祖先很早就注意到，不同的颜色可以互相配合，《周礼·考工记》中就指出：“青与赤谓之文，赤与白谓之章，白与黑谓之黼，黑与青谓之黻，五采备谓之绣。”他们还注意到，两种貌似对立的品质可以并存于同一个人的身上，《尚书·皋陶谟》论人有九德：“宽而栗，柔而立，愿而恭，礼而敬，扰而毅，直而温，简而廉，刚而塞，强而义。”其中第一、二、五、六、八、九种都是一对互相矛盾的道德概念。后来，人们又进而在文学风格中发现了许多对矛盾。刘勰指出：“雅与奇反，奥与显殊，繁与约舛，壮与轻乖。”③韩愈还进而指出两种对立的风格可以并存于同一部作品之中：“《易》奇而法，《诗》正而葩。”④但是，在古代文艺的许多领域里大量地指出这些现象的则首推苏轼。

《周易》是苏轼的家学，《庄子》则是他自幼就有得于心的⑤，这两种充满着辩证法的古代哲学著作给苏轼的世界观中注入了辩证的因素。所以，这位多才多艺的巨匠时时注意到对立而又统一的风格范畴就不是一

---

① 杨廷芝《二十四诗品小序》，郭绍虞《诗品集解》附录。

② 《书吴道子画后》，《经进东坡文集事略》卷六〇。关于杜甫于诗“尽得古人之体势，而兼今人之所独专”，即“集大成”，元稹撰杜甫墓志铭，论之甚详，见《元稹集》卷五六。对于韩、颜、吴，苏轼当也有同样的看法，虽然他并没有具体表达出来。

③ 《文心雕龙·体性》。

④ 《进学解》，《昌黎先生集》卷一二。

⑤ 见苏辙《亡兄子瞻端明墓志铭》，《栾城后集》卷二二。

件偶然的事了。

我们先来分类考察一下苏轼的有关论点。

(一)关于书法

颜鲁公平生写碑,惟东方朔画赞为清雄。

——《题颜公书画赞》,《东坡题跋》卷四

永禅师书骨气深稳,体兼众妙,精能之至,反造疏淡。

——《书唐氏六家书后》,《经进东坡文集事略》卷六〇

欧阳率更书妍紧拔群……凡书象其为人,率更貌寒寝,敏悟绝人。今观其书,劲崄刻厉,正称其貌耳。

——同上

欧阳公书笔势险劲,字体新丽,自成一家。

——《题欧阳帖》,《东坡题跋》卷四

(文与可飞白)离离乎其远而相属,缩缩乎其近而不隘也。

——《文与可飞白赞》,《东坡前集》卷二〇

显然,“清”与“雄”、“精能”与“疏淡”等都是互相矛盾的,但在苏轼看来,这些互相矛盾的风格在书家的作品中是可以很好地统一起来的。不但如此,苏轼还进一步认为:“凡世之所贵,必贵其难。真书难于飘扬,草书难于严重,大字难于结密而无间,小字难于宽绰而有余。”①按一般人的看法,真书应严重,草书应飘扬,大字总是宽绰而有余,小字总是结密而无间。但是苏轼却站在更高的审美层次上,看出了书法艺术必须突破字体常规风格的束缚。也就是说,书家应在一种字体通常所具备的风格中渗

① 《跋王晋卿所藏莲华经》,《东坡题跋》卷四。

入相反的风格因素。苏轼颇为自负地说:“吾虽不善书,晓书莫如我。苟能通其意,常谓不学可。貌妍容有矉,璧美何妨椭。端庄杂流丽,刚健含婀娜。”[1]总之,他认为书法艺术的最高境界就是要融合两种互相对立的风格,从而达到刚柔相济的境界。

（二）关于绘画

> 吴生画佛本神授,梦中化作飞空仙。……志公仿佛见刀尺,修罗天女犹雄妍。
>
> ——《仆曩于长安陈汉卿家见吴道子画佛,碎烂可惜。其后十余年复见之于鲜于子骏家,则已装背完好。子骏以见遗,作诗谢之》,《苏文忠诗合注》卷一六

> 山水以清雄奇富、变态无穷为难。
>
> ——《跋蒲传正燕公山水》,《东坡题跋》卷五

> 边鸾雀写生,赵昌花传神。何如此两幅,疏淡含精匀。
>
> ——《书鄢陵王主簿所画折枝二首》之一,《苏文忠诗合注》卷二九

> 细观手面分转侧,妙算毫厘得天契,始知真放本精微,不比狂花生客慧。
>
> ——《子由新修汝州龙兴寺吴画壁》,《苏文忠诗合注》卷三七

苏轼于画并非专家,但是他对于绘画有很高的艺术鉴赏力。从上面所引的例子可以看出,他对于绘画的风格也有类似于对于书法艺术的那种见解。而且,他还对绘画艺术中形似与神似这一对矛盾有着特别透辟的理解。本来,绘画中神似胜过形似,是古已有之的审美观点。《淮南子·说

---

① 《次韵子由论书》,《苏文忠诗合注》卷四。

山》中已云:“画西施之面,美而不可悦。规孟贲之目,大而不可畏。君形者亡焉。”晋代大画家顾恺之进一步提出了“以形写神”和“迁想妙得”之说[①]。而苏轼则从理论上对此作了阐述,他说:“余尝论画,以为人禽、宫室、器用皆有常形。至于山石、竹木、水波、烟云,虽无常形,而有常理。常形之失,人皆知之。常理之不当,虽晓画者有不知。故凡可以欺世而取名者,必托于无常形者也。虽然,常形之失,止于所失,而不能病其全。若常理之不当,则举废之矣。以其形之无常,是以其理不可不谨也。世之工人,或能曲尽其形,而至于其理,非高人逸才不能辨。与可之于竹石枯木,真可谓得其理矣。……千变万化,未始相袭,而各当其处。合于天造,厌于人意。”[②]苏轼认为,所谓“形似”,就是描摹事物的外形;所谓“神似”,就是体现事物的内在规律(即他所谓“常理”)。由于后者更深刻地反映着事物的本质,所以“神似”比“形似”具有更高的审美价值。苏轼极为推崇吴道子的画艺:“道子画人物,如以灯取影,逆来顺往,旁见侧出,横斜平直,各相乘除,得自然之数,不差毫末。出新意于法度之中,寄妙理于豪放之外,所谓游刃余地,运斤成风。盖古今一人而已。”[③]“新意”与“法度”,“妙理”与“豪放”,显然是两对矛盾。但在苏轼看来,画家一旦进入了“神似”的艺术境界,就完全可以把矛盾的双方和谐地、有机地结合在一起了。他认为这是绘画艺术的最高境界。

(三)关于诗

> 所贵乎枯淡者,谓其外枯而中膏,似淡而实美,渊明、子厚之流是也。
>
> ——《评韩柳诗》,《东坡题跋》卷三

> 独韦应物、柳宗元,发纤秾于简古,寄至味于澹泊,非余子所及也。
>
> ——《书黄子思诗集后》,《经进东坡文集事略》卷六〇

---

① 参见张彦远《历代名画记》卷五。

② 《净因院画记》,《经进东坡文集事略》卷五四。

③ 《书吴道子画后》,《经进东坡文集事略》卷六〇。

君之诗清厚静深，如其为人，而每篇辄出新意奇语。

——《晁君成诗集引》，《东坡前集》卷二四

今吾师老于吟咏，精敏豪放。

——《答蜀僧几演》，《东坡续集》卷五

其他诗文皆清远雄丽，读者可以想见其为人。

——《乐全先生文集叙》，《东坡前集》卷二四

见寄数诗及近编……笔力愈老健清熟，过于向之所见。

——《答参寥书》，《东坡续集》卷一一

今又辱来贶，清深温丽，与陶、柳真为三矣。

——《答程全父推官六首》之三，《东坡续集》卷七

（四）关于文

诸葛孔明不以文章自名，……至《出师表》，简而尽，直而不肆，大哉言乎！

——《张文定公墓志铭》，《东坡后集》卷一七

往山长老维琳行峻而通，文丽而清。

——《付僧惠诚游吴中代书十二》之二，《东坡志林》卷二

独念吾元章迈往凌云之气，清雄绝俗之文，超妙入神之字。

——《与米元章九首》之一，《东坡续集》卷七

庐山僧怀琏……其言文而真，其行峻而通。

——《宸奎阁碑》，《经进东坡文集事略》卷五五

诗文一理，苏轼论诗文，重视“辞达”。他评谢民师的诗文时说：“孔子曰：‘言之不文，行而不远。’又曰：‘辞达而已矣。’夫言止于达意，即疑若不文，是大不然。求物之妙，如系风捕影。能使是物了然于心者，盖千万人而不一遇也，而况能使了然于口与手者乎？是之谓‘辞达’。辞至于能达，则文不可胜用矣。”①在苏轼看来，所谓“辞达”，是一个非常高的标准。只有在诗文中准确地、毫发无隐地反映出客观事物的“妙”处（这个“妙”字不仅指客观事物的外部形态，而且指其超出外形的内在本质），才能称之为“辞达”。既然诗文的最高境界是“辞达”，而它所要“达”的对象又是无比丰富的，那么，诗文本身当然要“因物以赋形，是故千变万化而有必然之理”②，从而在艺术风格上呈现出五彩缤纷的面貌，而万万不能呈现“黄茅白苇”的单一色调。所以，苏轼称赞谢民师的诗文“大略如行云流水，初无定质，但常行于所当行，常止于不可不止。文理自然，姿态横生”③，人们普遍认为，这段话实际上是苏轼的“夫子自道”。这说明苏轼在创作和理论中都是以此为诗文的最高艺术境界的。毫无疑问，这样“文理自然，姿态横生”的诗文必然会具有各种不同的风格特征，其中就包括上文所例举的那些互相对立的风格。

所以，尽管苏轼本人的诗文创作具有鲜明的风格特征，但这并不妨碍他能欣赏“异量之美”。比如说，苏轼与孟郊的诗风是大异其趣的，他批评孟郊的诗风“要当斗僧清，未足当韩豪”④，但同时又肯定孟郊的诗具有一定的艺术感染力，“诗从肺腑出，出辄愁肺腑”⑤，并不一概抹煞。正因如此，苏轼门下的“四学士”、“六君子”，尽管都曾得到苏轼的指点、汲引或奖誉，但他们在诗文创作上仍然呈现着不同的风格特征。

---

①③ 《答谢民师书》，《经进东坡文集事略》卷四六。

② 《滟滪堆赋》，《经进东坡文集事略》卷一。

④ 《读孟郊诗二首》之一，《苏文忠诗合注》卷一六。

⑤ 同上之二。

（四）

由于苏轼具有多方面的艺术才能，他就善于看出各种艺术形式之间的共同性质。在他看来，造型艺术（绘画、书法）和语言艺术（诗歌、散文）是有相通之处的。他说："古来画师非俗士，妙想实与诗同出。"[①]又说："少陵翰墨无形画，韩幹丹青不语诗。"[②]至于他评王维"诗中有画"、"画中有诗"[③]的话，更是尽人皆知的妙语。那么，上一节中所引述的苏轼关于书、画、诗、文四种艺术中不同风格互相融合的一系列观点，是否也具有内在的共性呢？我们认为是有的。例如，苏轼曾指出："摩诘本诗老，佩芷袭芳荪。今观此壁画，亦若其诗清且敦。"[④]他认为王维的诗和画中同样具有"清且敦"的艺术风格。

我们不难发现，在苏轼所指出的两种互相对立又互相融合的艺术风格中，以"清"为一方的情况特别多。仅在上文所提到的例子中，就有"清"与"雄"、"清"与"厚"、"清"与"敦"、"清远"与"雄丽"等等，其中尤以"清"与"雄"为最常见，在苏轼的书论、画论、诗论、文论中都出现过"清雄"的概念。现在就让我们以"清雄"为例，来剖析一下这种风格论的实际内涵究竟是什么。

"清"字本身有"澄"、"洁"、"冷"等含义，当它被用作艺术风格的术语时，也往往含有上述意思在内。人们通常用"清"字所组成的风格术语有"清奇"、"清新"、"清华"、"清绮"、"清丽"、"清婉"[⑤]等等，这些风格基本上都属于"阴柔之美"的范畴。"雄"字本身有"强"、"壮"、"大"等含义，人们

---

① 《次韵吴传正枯木歌》，《苏文忠诗合注》卷三六。

② 《韩幹马》，同上卷五〇。

③ 《书摩诘蓝田烟雨图》，《东坡题跋》卷五。

④ 《王维吴道子画》，《苏文忠诗合注》卷四。

⑤ 萧统《宴阑思旧诗》"摛藻每清新"（《先秦汉魏晋南北朝诗》梁诗卷一四）；《北史》卷五〇《辛德源传》"文章绮艳，体调清华"；《隋书》卷七六《文学传序》"江左宫商发越，贵于清绮"；《南史》卷一九《谢朓传》"少好学，有美名，文章清丽"；《北史》卷八三《温子升传》"博览百家，文章清婉"。

通常用“雄”字所组成的风格术语有“雄浑”、“雄放”、“雄迈”、“雄健”、“雄拔”、“沉雄”[①]等等，这些风格基本上都属于“阳刚之美”的范畴。司空图《诗品》中有“清奇”一品，其所展示的形象是：“娟娟群松，下有漪流。晴雪满汀，隔溪渔舟。可人如玉，步屧寻幽。载瞻载止，空碧悠悠。神出古异，淡不可收。如月之曙，如气之秋。”又有“雄浑”一品，其所展示的形象是：“大用外腓，真体内充。返虚入浑，积健为雄。备具万物，横绝太空。荒荒油云，寥寥长风。超以象外，得其环中。持之匪强，来之无穷。”这就清楚地告诉我们，“清”与“雄”确实是一对互相对立的风格概念，它们非常典型地代表着“阴柔”与“阳刚”两种风格范畴。苏轼如此喜欢把“清”和“雄”组合在一起，这使我们有理由作下面的推测：他意识到了“清”和“雄”这两种风格的典型性，也意识到了它们之间的辩证关系。所以，苏轼所谓“清雄”，实际上就是对于“阴柔之美”和“阳刚之美”这两个互相矛盾的风格范畴之间既对立又统一的辩证关系的形象化说明。在苏轼看来，“阴柔”与“阳刚”不仅互相矛盾，互相对立，它们也可以互相吸收，互相补充，并可以在一个作家、一件作品身上融合成一种新的艺术风格。我们在前面说过，苏轼的世界观中是充满着辩证法因素的。他观察客观事物时常常能注意到两种不同品性的融合。他品水说：“井华入腹清而暾”[②]；他评风景说：“西湖虽小亦西子，萦流作态清而丰”[③]；他论人说：“雄豪而妙苦而腴，只有琴聪与蜜殊”[④]，可见他以同样的眼光去观察艺术风格并不是偶然的。

我们还应该注意到：苏轼提倡两种互相对立的风格融为一体，往往是为了防止人们对某一种风格过于偏爱从而走向极端。他称赞诸葛亮的

---

① 陶宗仪《辍耕录》卷九：“西汉之文……司马之雄放为大家。”沈德潜《古诗源》卷七：“太冲胸次高旷，而笔力又复雄迈。”朱熹《跋许侍郎诗卷》：“观其长篇大句，固自雄健豪逸。”（《朱文公文集》卷八四）苏轼《和寄天选长官》：“公诗拟南山，雄拔千丈峭。”（《苏文忠诗合注》卷四九）敖陶孙评曹操诗：“如幽燕老将，气韵沈雄。”（见魏庆之《诗人玉屑》卷二）

② 《花落复次前韵》，《苏文忠诗合注》卷三八。

③ 《再次韵德麟新开西湖》，同上卷三五。

④ 《赠诗僧道通》，同上卷四五。

《出师表》“简而尽，直而不肆”，又赞扬思聪的诗“雅逸可爱，放而不流”[①]，这显然是因为“直”容易“肆”，“放”容易“流”，所以需要用它们的对立面来予以约束、补救。他有时就直截了当地指出：“好奇务新，乃诗之病”[②]；“豪放太过，恐造物者不容人如此快活”[③]。我们设想，苏轼一再提出“清雄”，就含有以“清”矫正“过雄”或以“雄”矫正“过清”的意思。推而广之，也就是要以阴柔的因素来防止阳刚过甚或以阳刚的因素来防止阴柔过甚，从而达到对立范畴中高度统一与和谐。清人姚鼐云：“吾尝以谓文章之原，本乎天地。天地之道，阴阳刚柔而已。苟有得乎阴阳刚柔之精，皆可以为文章之美。阴阳刚柔并引而不容偏废，有其一端而绝亡其一，刚者至于偾强而拂戾，柔者至于颓废而暗幽，则必无与于文者矣。”[④]苏轼虽然没有如此明确地提出这种理论，但从他的整个风格论来看，他是持有与此类似的看法的。证之以苏轼实际创作中不拘一格的情形；我们认为这样的推论不会离事实太远。

（五）

一般说来，作家或艺术家在他们的风格论中所持的观点和他们在实际创作中所体现出来的风格倾向并不是完全相符的。然而苏轼发表了如此之多的关于两种对立的艺术风格可以互相融合的观点，这就使我们产生了一个希望，希望在他的作品中找到一些实例来与他的理论互相印证，从而使我们对这种理论获得感性的、具体的认识。抱着这个希望重读他的诗词，凭直觉体会到其某些作品中确实含有“清”、“雄”这两种风格的因素。王鹏运评苏词说：“苏文忠之清雄，敻乎轶尘绝迹，令人无从步趋。”[⑤]此语若移以评苏诗，也是十分妥帖的。尤其值得注意的是，“清”和“雄”两

---

① 《付僧惠诚游吴中代书十二》之九，《东坡志林》卷二。

② 《题柳子厚诗》之二，《东坡题跋》卷二。

③ 《答陈季常》之二，《东坡续集》卷五。

④ 《海愚诗钞序》，《惜抱轩诗文集》卷一。

⑤ 《半塘遗稿》，见龙榆生《唐宋名家词选》第131页。

种风格不仅分别体现于苏诗、苏词的不同篇章中，而且常常融合于一篇甚至一句之中，也就是说，它们在苏轼笔下确已融合成为一种新的艺术风格。我们来看一个例子：

武昌西山

春江渌涨蒲萄醅，武昌官柳知谁栽？忆从樊口载春酒，步上西山寻野梅。西山一上十五里，风驾两腋飞崔嵬。同游困卧九曲岭，褰衣独到吴王台。中原北望在何许？但见落日低黄埃。归来解剑亭前路，苍崖半入云涛堆。浪翁醉处今尚在，石臼抔饮无尊罍。尔来古意谁复嗣，公有妙语留山隈。至今好事除草棘，常恐野火烧苍苔。当时相望不可见，玉堂正对金銮开。岂知白首同夜直，卧看椽烛高花摧。江边晓梦忽惊断，铜环玉锁鸣春雷。山人帐空猿鹤怨，江湖水生鸿雁来。请公作诗寄父老，往和万壑松风哀。

春江渌涨，官柳野梅，此景不可谓之不清。落日黄埃，苍崖云涛，此景不可谓之不雄。诗人载酒寻春，身轻欲飞，那种遗世独立的潇洒之情，跃然笔下。但他北望中原，怀古思今，终难忘怀对功名事业的追求，又流露出一股迈往之气。所以，此诗所写的景是清而且雄，所抒的情也与之十分相契，从而呈现着一种既清且雄的独特艺术风格，就像诗的末句所云之“万壑松风”：大块噫气，自生雄风，然遇长松而成天籁，其韵清切。清乎？雄乎？就熔铸为一，难于分辨了。这种情形在《游金山寺》、《自金山放船至焦山》、《王维吴道子画》等诗中都有所体现。苏轼的许多诗句，如写暴雨的“天外黑风吹海立，浙东飞雨过江来”①，写松树的“试看一一龙蛇活。更听萧萧风雨哀”②等。其风格也都是冶“清”、“雄”于一炉的。在苏词中，这种情况也很普遍。如脍炙人口的〔水调歌头〕《丙辰中秋，欢饮达旦，大醉，作此篇，兼怀子由》、〔念奴娇〕《赤壁怀古》等词，都非常鲜明地呈现

① 《有美堂暴雨》，《苏文忠诗合注》卷一〇。

② 《送贾讷倅眉二首》之二，同上卷二七。

着“清雄”的风格特征。然而,尽管我们能从苏轼的作品中找到许多风格“清”而且“雄”的例子,但是我们要想从某一篇具体的作品中把这两种风格因素很清晰地分析出来却是难以着手的。这当然首先是我们的水平问题。诚如马克思所说,“如果事物的表现形式和事物的本质是直接符合的话,那么任何科学都是多余的了”①。艺术风格的辨微,特别是两种不同风格融合情况的分析,当然是需要相当深的体会和相当高的分析能力的。但是是否还有另一种可能性,即这种分析本来就是很难进行的。在苏轼的风格论中,“清”与“雄”(或者说“阴柔之美”与“阳刚之美”)这互相对立的一组风格因素不是简单地混合在一起,而是经过艺术家的熔铸而融为一体了。借用自然科学的术语来说,这并不是一堆包含着各种分子的混合物,而是一种高纯度的化合物。任何化合物都是一种全新的分子,要把它还原成各种单一的元素,都是要经过分化过程的,决不像混合物那么容易区别。而艺术风格的融合过程则更是玄妙得多。用雨果的话来说,就是它已经成为“单纯”的,即难以分析的了。雨果在评论莎士比亚的诗歌时说:“只要维持某一种内部的平衡、保持某一种奥妙的比例,那末不论是文体中的还是整体中的最不可思议的复杂性就能成为单纯的。这是伟大艺术的巧妙的规律,只有那种以热情为出发点的高超的批评才能深入并理解这些深刻的规律。丰富、充沛、光华四射都可能属于单纯。太阳就是单纯的。”②这番话说得多么好啊!太阳光是由各种不同波长的光线组成的,但是它的外表是何等的明洁、纯净?当然,我们可以用一个三棱镜把太阳光还原成七色光,在风格论中是否存在着类似的情况呢?我们目前还没有掌握那种神奇的“三棱镜”,但愿本文能引起理论家们的注意,在不久的将来,在这个问题的探索上有所进展。

由此我们又想到,苏轼的上述观点正从某一个角度说明了艺术风格如此丰富多采的原因。世界上的化学元素不过一百多种,正是由于它们以各种不同的比例和排列方式组成各种分子,才使得物质世界呈现出极

① 《资本论》第三卷。

② 《莎士比亚的天才》,《古典文艺理论译丛》第3册第103页。

其复杂、变化无穷的面貌。同样，艺术风格的基本因素也可能是有限的（当然也会不断地有所增益，就像不断地有新的元素被发现一样），正是由于它们能够根据生活实践和创作实践的需要，不断地以不同的方式融合成新的风格，才使得风格的丰富性可以与大自然媲美。我们的祖先很早就会制造合金，《周礼・考工记》中记载说："金有六齐。六分其金而锡居一，谓之钟鼎之齐。五分其金而锡居一，谓之斧斤之齐……"虽说对艺术风格不能作定量的描述，但不难想像，"清"多"雄"少和"雄"多"清"少两种组合方式是会产生两种不尽相同的新风格的①。诚如姚鼐所言："且夫阴阳刚柔，其本二端。造物者糅而气有多寡。进绌，则品次亿万，以至于不可穷。"②唐人司空图提出了"二十四诗品"，清人顾翰即有续补，此外还出现了众多的"文品"、"赋品"、"词品"……不难想像，只要人类的艺术活动不停止，这种工作是可以一直进行下去的。已经形成的诸风格的重加组合，显然是新风格产生的原因之一。这正是苏轼的风格论给予我们的一个启迪。

1985年8月　南京

① 以文中论及的苏词为例，尽管〔水调歌头〕和〔念奴娇〕两词都呈现了"清雄"的艺术风格，但显然前者"清"多"雄"少而后者"雄"多"清"少。如果要对它们作细微的风格辨析的话，也不妨说它们具有不同的艺术风格。

② 《复鲁絜非书》，《惜抱轩诗文集》卷二。

读《倾盖集》所见

近年出版了好几部值得注意的现代诗歌总集，其中《九叶集》和《倾盖集》是我所特别重视的。这不但因为诗人们各自以其独特的艺术手段所表达的特定时代感打动了我的心灵，而且是因为他们的成就同时引起了我对于诗歌发展史上的一些问题的思考。《九叶集》的诗人们早在40年代就在新诗的表现方式上作了非常可贵的尝试，他们的确显示了一些为前此新诗苑中所无的特色；可惜由于种种原因，这种特色似乎没有得到它应该得到的发展，以至于几十年后，人们还拿朦胧诗当成一个争论的新话题。至于《倾盖集》则是另外一种情形。它是一部现代人以严格的古典诗词格律写成的作品，却具有强烈的现实性。《九叶集》把新诗的表现方式推向了一个新的更加成熟的阶段，而《倾盖集》则赋予了古典诗歌以新的活力，使它能够成为诗人们表现今天生活的自如的手段。在这里，我想专门来谈一谈《倾盖集》。

时代在变，价值观念和审美观念也在变。值得我们注意的是：这种价值观念和审美观念的变化往往是复杂的、多面的。我们当然会从现实生活出发去肯定那些新涌现出来的美好事物，从而也产生了新的价值观念和审美观念；但不可忽视的是，由于文学本身的实践，它们也往往会使人们认为已经产生的观念，有重加审定、估量和改变的必要。五四以来，以古典诗歌的形式反映现代生活是曾经被完全否定过的。其理由，简单地说，是因为它是用与现代口语有或大或小的距离的文言来写的，而文言则被认为一定是不适宜于表现现代生活的。但是半个世纪以来的创作实践却无法掩盖这种说法的简单化和片面性。我们当然不能把毛泽东、陈毅等老一辈革命家所写的诗词作为文学史上一种独特的因而是例外的情形去处理；即使如此，也无法否认，在近几十年中，的确还是出现了不少的以古典诗歌形式写成的佳作。这样，对古典诗歌形式的价值观念和审美观念似乎就有了可能而且必须加以重新审定的必要。《倾盖集》的出版也有助于这一问题的探讨。

本书的出版说明写道："古谚云：'白头如新，倾盖如故。'本集九位作者之间，有的是时相过从的朋友，有的是朋友的朋友；他们的年龄、经历、工作虽各不相同，但是在过去动荡的年代中，有过共同的忧虑和喜悦，这正是他们把他们近年的若干诗作编成合集，并取名《倾盖集》的原因。"诗人们共同的忧虑和喜悦是什么呢？那就是由于对社会主义祖国和人民的深切关怀而产生的强烈的爱憎和忧乐。当伟大的祖国和人民遭受着深重的灾难、侮辱和损害的时候，他们是忧虑的、痛苦的和悲愤的；而当祖国和人民摆脱了不应当承受的恶劣命运时，他们就无比地欢乐了。当然，诗人们也会写到自己的私生活，诸如友谊、爱情和爱好，但是这些又莫不与祖国和人民的命运联结在一起。这是大书在我国历史上的屈原的哀乐、杜甫的哀乐、陆游的哀乐的继承和发展。

九位诗人收在这个集子里的作品多少不等，写作的起讫年代也不相同，但其中的多数都写于史无前例的十年动乱时期以及其后拨乱反正的几年当中。诗人们自身的遭遇和祖国人民遭遇的一致性，决定了他们必须而且乐于用自己的笔去反映那个使人永远无法淡忘的荒唐岁月。那一场所谓"触及灵魂的大革命"，实质上是一场真与假、善与恶、美与丑的殊死斗争。每一个人，无论他自己愿意或不愿意，自觉或不自觉，都得在历史舞台上充当自己所规定的角色。当那些野心家、阴谋家、叛徒们的邪恶势力压在祖国母亲和她痛爱的儿女们的头上，要把他们推进无底深渊的时候，广大人民拿起自己所能拿到的武器起来战斗了。愤怒出诗人，忠义出诗胆。出于忠义和愤怒，诗人们写下了许多非常动人的作品。这正是恩格斯所说的"真正艺术家的勇气"的表现。

诗集中对于周恩来、陈毅等老一辈革命家的悼念，对于张志新、遇罗克等烈士的哀挽，对于参与丙辰清明悼念活动的广大人民的赞扬，显示了诗人们强烈的爱；对于林彪、“四人帮”反革命集团的讥刺与鞭挞，以及粉碎“四人帮”后欢欣鼓舞的情绪，还有对于那些趋炎附势、“高举”“紧跟”者流的鄙视，又都表达了诗人们深切的恨。这都是显而易见的。

我所要特别指出的是，这九位作者原来都在1957年那场扩大化了的运动以及其他政治运动中蒙冤受屈，在“文化大革命”中，又理所当然地承受了比普通人民更多更重的苦难，千磨万劫，九死一生。这是当时活生生的现实。然而，他们的灵魂却从来不因长时间的重压和扭曲而变形。在极其艰苦的体力劳动中，在倍受鄙薄歧视的情况下，仍然在不屈不挠地努力寻求过一种正常人的生活。他们就是这样生活下来了，并且是不丧失人类尊严地生活下来了，一直到恢复名誉。这是奇迹。而这个奇迹之所以能够出现，则在于他们对于祖国和人民具有无比的爱和无比的信任。他们深信：自己是中华民族的好儿女，总有一天会被证明是无辜的。这是极可珍贵的和不可战胜的爱国主义和乐观主义感情。

正由于他们是如此地热爱生活，所以即使在艰难的岁月里，也在从事于诗歌创作。在这些诗作中，几乎具备了传统诗歌中一切的题材，重大政治社会生活之外，还广泛涉及了山水登临，花鸟题咏，论史论诗，评书评画，爱情和婚姻，会合与离别。这，似乎都是习见的，然而却无不浸染了诗人们在特定生活环境当中的特定心情。这就使得《倾盖集》中的作品具有了鲜明的现代情趣和色彩，与前人此类诗篇有所区别。

以上泛论了这部诗集的主要特色，这是九位诗人所共同具有的。但这些共同具有的特色却又是通过每一个人自己所独有的审美观念和艺术手段表现出来的。风格是个性的外化。如果作者是富有个性的，而其所拥有的艺术手段又能够表达这种个性，那么，他就必然能够具有独特的风格面貌。这丝毫也不排斥对于一切传统中美好风格的吸收和融铸。然而，表现在作品里的终究是属于每个作者自己的新的东西，正如叶老在本集题辞中所说的：“各自擅风神”。

现在试着极其简略地谈一点自己对于每一位诗人和他的作品的体会，无非是管中窥豹，希望不变成佛头着粪。

王以铸《城西诗草》：作者精研西方文史，但诗中却一点也看不见这方面的影响和痕迹，真是不愧老子说的“良贾深藏若虚”。五言古诗这种形式似乎是他所最喜爱的。从《咸宁杂诗》和《饮酒》中，看出他对于陶诗致力很深。陈散原诗云：“陶集冲夷中抗烈，道家儒家出游侠。放翁晚节颇似之，皆奇男子无分别。”龚定庵诗云：“陶潜诗喜说荆轲，想见《停云》发浩歌。吟到恩仇心事涌，江湖侠骨已无多。”王以铸心目中的陶渊明乃是这样的陶渊明，而不只是“采菊东篱下，悠然见南山”的陶渊明。请看官们千万记住。

吕剑《青萍结绿轩诗存》：作者新诗写得很好，写旧体诗又同样出色。这使人不禁想起现代文学史上一个使人玩味的史实。当初，鲁迅、沈尹默、刘半农、闻一多等是写旧体诗的，后来都改写新诗；而朱自清、何其芳、金克木以及作者等则原来是以写新诗见长，后来都改写旧体诗。这说明这两种诗歌形式不但无妨并存，而且可以一人兼擅。诗歌中的新旧两体，如果不被认为是互相促进的，至少也不应当被认为是互相排斥和妨碍的。把一部文学发展史看成是一部文体变迁史，显然不符合事实，也不能说明问题。吕剑是一位有强烈历史感的诗人，他的登临、咏史诸作特别能体现其胸襟的广阔，使读者神观飞越。

宋谋玚《柳条春半楼诗稿》：50年代初期，我和作者结交于武汉市。那个时候，他是一位戎装骏马、雄姿英发的少年军官，加之文采风流，所以很受人注目。其后会少离多，随着岁月的流逝，当日少年现已年近花甲了。其少作才情富艳，但缺少深沉之思，而当他负担了祖国的知识分子在特定历史时代应当负担的那一份苦难以后，就变得成熟起来。《欲慑》、《重有感》等篇循着李商隐经过的道路走向杜甫。取“君恩未许虚前席，臣远无由叫帝阍”和“披猖女祸危萧相，澒洞忧端泣贾生”与李商隐的“死忆华亭闻唳鹤，老忧王室泣铜驼”、“窦融表已来关右，陶侃军宜次石头”相比较，可见玉溪诗派的源远流长。

荒芜《纸壁斋诗选》：作者是我中学时代的同学，但是并不认识，待相识时，都已经老了。一卷《纸壁斋诗》使人恨相见之晚。其中多着意时局，有元微之所谓“直道当时事”之意，而出之以微文讥刺，则颇似刘梦得、苏东坡；以七言律诗见长，用笔简炼而又动荡，也是刘、苏遗韵。《伐木》六篇写大苦难中的穷快活，精神面貌颇为壮丽。赠友诸篇，各如其分，见功力，也见交情。

孙玄常《瓠落斋诗词钞》：陈次园赠作者诗云："玄翁学道指根源，吟诗绘画妙无前。"这两句诗足以概括他的成就。其所作诗词深深地打上了工于书画的印记。题画和登临诸作色泽鲜丽，寄托遥深，如"浮萍身世任西东，惯看关山雪霁夕阳红"，不愧是情景交融的胜境。虽然遭遇也同样坎坷，但性情冲澹，少有愤激之词。题香山红叶云："霜红晚节人间重，莫比三春二月花。"可以移作玄常的自我鉴定。

陈次园《朝彻楼诗词稿》：作者博学，兼通中外文哲诸科，诗风流美，能备众体。题画、论书的篇章与孙玄常可称难兄难弟。译诗别开生面。辜鸿铭以后，能以古体译西诗的人，应该推苏曼殊，但苏译经过章太炎的修饰，古雅有余，风神不足，赶不上陈译之动人。其所译的克雷洛夫寓言诗，亦庄亦谐，不愧为辜译《痴汉骑马歌》的后劲。《少年游商调》等阕，出色当行，乃是词中隽品。

陈迩冬《十步廊韵语》：作者故乡山水甲天下，山川灵秀清峭之气对他的创作不能没有影响，所以他的诗词，明丽奥峭，兼而有之。其诗设想遣词都摆落凡近。"夜气酖人如中酒，坐看星斗落墙隈"、"微觉歌尘摇大气，慎将断句染斜阳"，极近散原老人句法。其词如"秋正低徊三尺水，我来平视六朝山"、"一塔刺天摇碧落，千山缩脚让延河"则名隽豪放兼而有之，无愧其乡先辈王半塘、况蕙风。迩冬这卷诗中，直接涉及时事的较少，但读了"一局走残皆破眼，九州铸错未全消"这两句，知道他不但未能忘怀时事，并且很有远见。

舒芜《天问楼诗》：作者长期住在一间不见天日的准地下室里，如果借用前人的旧名，自署为活埋庵，倒也合适，他却偏要自署为天问楼，这也就是他的人生态度。三十多年当中，舒芜一直在艰难和酸辛当中打发他的日子，但却顽强地写下了一些有价值的著作和美好的诗篇。这恐怕就是庄子所说的"畸于人而侔于天"吧！其诗风出入唐宋，情深采壮，五古、七律更是所长。但是我特别爱好丙辰清明悼周恩来的五律四首，典重深挚，使人读后很容易想到陈后山所作的司马温公挽诗，倍增对这位“鞠躬尽瘁，死而后已”的好总理的怀念。其《天问楼图》是方鸿寿所作，我曾题诗一首，附录于下：“楼自名天问，庵仍比活埋。青灯恋红学，热泪恼寒灰。擢发罪难数，行吟老益才。先王遗庙在，呵壁未须哀。”今年初他才搬出了天问楼，他在那里住了九年。

聂绀弩《咄堂诗》：用传统观念来看，作者是诗国中的教外别传。正由于他能屈刀为镜，点铁成金，大胆从事离经叛道的创造，焕发出新异的光彩，才使得一些陈陈相因的作品黯然失色。明朝的倪鸿宝也曾作过类似的尝试。二人虽然同样具有忠愤之气，同样在用一种打破传统的手法来表现它，可是倪究竟是明朝末年的封建士大夫，他看不到今天这样广阔的世界，也放不下和人民保持距离的架子，不敢将人参肉桂牛溲马勃一锅煮，所以也不能充分地将当时的现实生活，和从这些生活中产生的奇思妙想毫无顾忌地表达出来；而聂却较成功地做到了。他的诗初读只使人感到滑稽，再读才使人感到辛酸，三读则使人感到振奋。这是一位驾着生命之舟同死亡和冤屈在大风大浪中搏斗了几十年的八十老人的心灵记录。他的创作态度是真诚的，严肃的，而决非开玩笑即以文为戏的，“欲织繁花为锦绣，已伤冻雨过清明”，他虽然是在说萧红，实际上也是说自己。他又说：“老欲题诗天下遍，微嫌得句解人稀。”我希望绀弩这一顾虑是多余的。前几年我曾以诗相赠，现也附录于后：“绀弩霜下杰，几为刀下鬼。头皮或断送，作诗终不悔。艰心出涩语，滑稽亦自伟。因忆倪文贞，翁殆继其轨。”

“言之不足，故咏歌之。”评赏既毕，有诗为证。诗曰：

大泽穷边落日黄，疲氓倚耒偶相望。妙哉逃死九迁客，各自携归一锦囊。袖手孤吟吐光怪，轩眉大笑话荒唐。峥嵘岁月征诗史，天女修罗共作场。

又曰：

神交岂但同倾盖,倾盖论文若有神。自昔妙才多铸错,断无畸士不相亲。能歌汉道昌皆李,即解儒冠溺亦秦。元祐党家欣健在,一编留赠咏诗人。

1985 年 7 月　南京—连云港

下　辑

诗辞代语缘起说

（一）

代语者，修辞之一术也。修辞之业，大要在求表现之精审，使人获得正确之观念；求表现之新奇，使人发生警策之感觉；求表现之委宛，使人明晰涵蕴之意义。《文心雕龙·物色篇》所谓“因方以借巧，即势以会奇”是也。代语之用，亦不外斯。至其根株，则基联想。盖代语云者，简而言之，即行文之时，以此名此义当彼名彼义之用，而得具同一效果之谓。然彼此之间，名或初非从同，义或初不相类，徒以所关密迩，涉想易臻耳。（案《方言》卷十：“㤿、鰓、乾、都、耇、革，老也，皆南楚、江、湘之间代语也。”郭璞《注》：“凡以异语相易谓之代也。”此典籍称代语名、释代语义之最早者。然其根株，则基于声音之流变，故世之学者，皆依戴震《转语》同位位同之条以说之。盖《方言》之代语，与《转语》实理同而辞异也。今兹所论，虽亦如郭《注》所谓“以异语相易”，而其理全别，故不复推本之。）原夫宇宙事物，纷纭相属。情知通感，非可绝缘。物有自异而见同，事或推此以及彼。是以举一隅则三隅可反，推己心而他心得通。文辞者，固假表象以神其用者也，遂亦因之有引申之义，有贸代之方。察其所由，岂不以此故邪？

文学之始，盖权舆于语言。代语之施，于斯二者，皆属习见。其用之今日恒言者，更仆难数，固无论矣。以著之版业者言，《诗三百篇》为吾华成熟最早之文学，而代语之用，亦已数见不鲜。如《卫风·氓》："乘彼垝垣，以望复关。"《传》曰："复关，君子所近也。"《笺》曰："犹有廉耻之心，故因复关以托号民云。"《疏》曰："复关者，非人之名号，而妇人望之，故知君子所近之地。《笺》又申之犹有廉耻之心，故因其近复关以托号此民。故下云'不见复关'，'既见复关'，皆号此民为复关。"此以"复关"代"人之名号"，则《风》诗用代语之例也。《小雅·大田》："田祖有神，秉畀炎火。"《传》曰："炎火，盛阳也。"《笺》曰："螟螣之属，盛阳气嬴则生之。今明君为政，田祖之神不受此害，持之付与炎火，使自消亡。"《疏》曰："以言炎火恐其是火之实，故云盛阳也。阳而称火者，以南方为火，炎为甚之，故云盛阳也。知非实火者，以四者所谓昆虫，（案《经》上文云："去其螟、螣，及其蟊、贼。"四虫指此。）得阴而藏，得阳而生。故《笺》云：'盛阳气嬴则生之。'义无取于火之实，故为盛阳也。"《大雅·公刘》："度其夕阳，豳居允荒。"《传》曰："山西曰夕阳。"《疏》曰："'山西曰夕阳'，《释山》文。孙炎曰：'夕乃见日。'然则阳即日也。夕始得阳，故名夕阳。"（胡仔《苕溪渔隐丛话》前集卷一引《宋子京笔记》云："山东曰朝阳，山西曰夕阳。故《诗》曰：'度其夕阳。'又曰：'梧桐生矣，于彼朝阳。'指山之处耳。后人便用'夕阳忽西流'。然古人亦误用久矣。"案梧桐二句，《诗·大雅·卷阿》文。《传》以山东释之，亦《雅》诂也。夕阳句，刘琨《重赠卢谌》诗语。子京盖未审文辞之用，有本义、借义之别。《雅》作乃用代语，刘诗固非其类。遽斥为误，殆非知言也。）此以"炎火"代"盛阳"，以"夕阳"代"山西"，则《雅》诗用代语之例也。《周颂·小毖》："未堪家多难，予又集于蓼。"《传》曰："我又集于蓼，言辛苦也。"《疏》曰："蓼，辛苦之菜。故云：'又集于蓼，言辛苦也。'"此以"蓼"代"辛苦"，则《颂》诗用代语之例也。若斯之流，胥姬周先民之所咏歌，汉、唐老师之所说释，明见经传，无可致疑。固知其事从来实远。汉、魏以降，迄于近古，兹术施用，蕃变尤多，盖有非偶然者焉。王夫之《夕堂永日绪论》乃云："有代字法，诗赋用之。如月曰望舒，星曰玉绳之类。或以点染生色，其佳者正尔含情。然汉人及李、杜、高、岑犹不屑也。"（外编，《船山遗书》本。凡文中征引篇籍，若丛书本、传钞本及诸本有完缺异同者，悉标出之。习见者则不更言何本。后仿此。）是则率尔之言，未尝夷考情实，弗可信也。

在昔学人著书，于此事盖亦间有论列，然括囊未尽，友纪不张。自西方修辞之学流入吾华，邦人君子或有假厥科条，以理故籍，其凡例亦粲然明著。顾加之紬绎，则皆仅列举资代之方式，罕有明示方式之缘起者。夫缘起不明，则效用不显，方式虽详，因果则昧，其亦未为备也。余顷治诗，籀讽之余，颇事搜讨，因就此体，斟酌事辞，明征缘起，以补前此之所不及。其所举例，时不限于一代，人不限于一家，诗不限于一体，庶足以证成其为一普遍之现象。扩而充之，至于众体，固无弗从同，是则赖善读书者之隅反矣。

（二）

贾谊《陈政事疏》有云："古者，大臣有坐不廉而废者，不谓不廉，曰'簠簋不饰'；坐污秽淫乱，男女无别者，不曰污秽，曰'帷薄不修'；坐罢软不胜任者，不谓罢软，曰'下官不职'。故贵大臣定有其罪矣，犹未斥然正以呼之也，尚迁就而为之讳也。"（《汉书》本传引）此实故书雅记明言代语缘起之朔。贾生长于文学，故其言精核如此。然详审之，固非兹一端而已也。夫代语之理，则原于人类联想之本能；代语之兴，则基于辞义修饰之需要。是必博综内外，乃能洞悉由来。今本愚见，条列九科，各申梗概，附以证释。岂曰能尽，亦庶几焉。

一曰，所以除复重也。《文心雕龙·练字篇》论文家缀字，当守四条。其三曰权重出，谓："《诗》、《骚》适会，而近世忌同。若两字俱要，则宁在相犯。故善为文者，富于万篇，贫于一字。一字非少，相避为难也。"盖吾国语文，单音颇众。形式之美，古今共谈。故用字复重，必资贸代。其涉训诂者，旧谓变文，非此所论。今但就代语明之：如《古诗十九首》之十七："三五明月满，四五詹兔缺。"（詹，五臣本《文选》作蟾。）案《楚辞·天问》曰："夜光何德，死则又育？厥利维何，而顾菟在腹？"（菟，一作兔。洪兴祖《补注》曰："菟与兔同。"）张衡《灵宪》曰："月者，阴精之宗，积而成兽，象兔。……羿请无死之药于西王母。姮娥窃之以奔月，……是为蟾蜍。"（《续汉书·天文志》上《注》引）此缘上既有"明月"，故下以"詹兔"代之。黄庭坚《乞猫》："秋来鼠辈欺猫死，窥瓮翻盆搅夜眠。闻道狸奴将数子，买鱼穿柳聘衔蝉。"案史容《山谷外集诗注》曰："衔蝉，用俗语也。《后山诗话》云：'《乞猫》诗虽滑稽而可喜。千岁之下，读者如新。'"(卷七)此缘上既有"猫"与"狸奴"，故下以"衔蝉"代之。曹植《箜篌引》："生存华屋处，零落归山丘。先民谁不死，知命复何忧。"案《楚辞·离骚》曰："惟草木之零落兮。"王逸《章句》曰："零落，皆堕也，草曰零，木曰落。"此缘下既有"死"字，故上以"零落"代之。陆机《拟涉江采芙蓉》："上山采琼蕊，穹谷饶芳兰。"案《文选》张衡《西京赋》曰："屑琼蕊以朝飧。"李善《注》引《三辅故事》曰："武帝作铜露盘，承天露和玉屑饮之，欲以求仙。"(卷二)是琼蕊即《楚辞·九章·涉江》"登昆仑兮食玉英"之玉英，此则借为兰之代语。缘下既有"芳兰"，故上以"琼蕊"代之。(案陆氏所拟古诗原文为："涉江采芙蓉，兰泽多芳草。"说者多谓此二句各指一事，是也。然拟作则连贯而下，所谓琼蕊，即是芳兰。其通变无方，固不必全与原制相合。览者无庸致疑可也。)以上皆句中字避复之例也。又六代而下，为诗颇重制题。题中字与句中字如重，间亦相避，如张祜《爱妾换马》："忍将行雨换追风。"案宋玉《高唐赋》曰："昔者，先王尝游高唐，怠而昼寝，梦见一妇人，曰：'妾，巫山之女也，为高唐之客；闻君游高唐，愿荐枕席。'王因幸之。去而辞曰：'妾在巫山之阳，高丘之阻。旦为朝云，暮为行雨。朝朝暮暮，阳台之下。'"(《文选》卷十九)崔豹《古今注》曰："秦始皇有七名马：追风、白兔、蹑景、奔电、飞翮、铜爵、神凫。"(《鸟兽》第四，《汉魏丛书》本)此缘题有"妾"字，故以"行雨"代之；题有"马"字，故以"追风"代之，钱惟演《对竹思鹤》："瘦玉萧萧伊水头，风宜清夜露宜秋。更教仙骥旁边立，尽是人间第一流。"案诗人以玉代竹，唐时已然。如李贺《昌谷北园新笋》四首之一："箨落长竿削玉开。"(《全唐诗》卷十四，页七十二。同文石印本。凡文中引用《全唐诗》，均此本。)又《有所思》曰："风过池塘响丛玉。"(同上，页八十一)皆是其例。鹤者，《相鹤经》曰："盖羽族之宗长，而仙人之骐骥也。"(《文选》卷十四鲍照《舞鹤赋》李善《注》引)此缘题有"竹"字，故以"瘦玉"代之；题有"鹤"字，故以"仙骥"代之。此则题与句字避复之例也。

二曰，所以矫熟俗也。韩子苍云："作诗不可太熟，亦须令生。"(魏庆之《诗人玉屑》卷六《语不可熟》条引)崔德符云："凡作诗工拙所未论，大要忌俗而已。"(同上卷五《忌俗》条引)盖文辞施用，最忌因袭。要必去陈言而后成惠巧，启夕秀乃可致英奇。不尔，则一落熟套，便为俗笔也。兹事经涉广漠，利钝之数，固非片言可明；而代语之兴，此亦一故，试略证之：如旧题苏武《古诗》四首之三：“结发为夫妻。”案李善《〈文选〉注》曰：“结发，始成人也。谓男年二十，女年十五时。取冠笄之义也。”（卷二十九）《春秋》襄公九年《左传》曰：“冠而生子。”《国语·郑语》曰：“既笄而孕。”是结发以表成人。此缘“成人”习用，故以“结发”代之也。刘琨《扶风歌》：“发鞍高岳头。”案何焯《评》曰：“发鞍之义未详。”（海绿轩本《文选》引。汪辟疆丈云：“何焯《评》今不见于何评《文选》，《读书记》亦无此条，当系叶氏所加。盖以海绿轩本所引何评多任意增损故也。”）先师蕲春黄君曰：“发鞍，犹言发轫耳。”（手批李注《文选》，传钞本）《离骚》曰：“朝发轫于苍梧兮。”王逸《章句》曰：“轫，支轮木也。”《说文》曰：“鞍，马鞁具也。”盖车行则去轫，马行则加鞍，其事略同。此缘“发轫”习用，故以“发鞍”代之也。谢朓《奉和隋王殿下》十六首之四：“顾己非丽则。”案扬雄《法言·吾子篇》曰：“或问：‘景差、唐勒、宋玉、枚乘之赋也，益乎？’曰：‘淫，必也则。’（上四字今本讹作“必也淫”。兹依汪衮父先生《法言义疏》改。）‘淫、则奈何？’曰：‘诗人之赋丽以则。辞人之赋丽以淫。’”《汉书·艺文志·诗赋略序》引后二语。颜师古《注》曰：“辞人，言后代之为文辞。”则诗人，所以称《三百篇》之作者。朓以鸣谦，乃自言不敢比于诗人。此缘“诗人”习用，故以“丽则”代之也。韩愈《送进士刘师服东归》：“由来骨鲠材。”案鲠与骾同。《〈说文〉系传》曰：“骾，食骨留咽中也。……古有骨骾之臣，遇事敢刺骾，不从俗也。”是骨骾有忠直之意。此缘“忠直”习用，故以“骨骾”代之也。苏轼《送张嘉州》：“浮云轩冕何足言。”案《论语·述而篇》曰：“不义而富且贵，于我如浮云。”《春秋》哀公十五年《左传》曰：“服冕乘轩。”杜预《注》曰：“冕，大夫服。轩，大夫车。”诗意自本《论语》，而辞则根《左氏》。此缘“富贵”习用，故以“轩冕”代之也。黄庭坚《送顾子敦赴河东》三首之二：“遥知更解青牛句。”案任渊《山谷内集诗注》引《关令内传》曰：“尹喜尝登楼，望东极有紫气，曰：‘应有圣人过京邑。’果见老君乘青牛车来过。”（卷五）曾国藩《十八家诗钞》亦曰：“青牛，谓老子乘青牛车也。”（卷二十三）此缘“老君”习用，故以“青牛”代之也。

三曰，所以资偶丽也。文章偶丽之理法，《文心雕龙·丽辞》一篇言之详矣。而黄君所撰《书〈后汉书〉论赞》一文，持论尤推微至。其略曰："尚考文章之多偶语，固由便于讽诵；亦缘心灵感物，每有联想之能；庶事浩穰，常得齐同之致。或比方而愈憭，或反覆以相明。兼以诸夏语文，单觭成义。斯所以句能成式，语可同均。是则联类之思，人类所同有；排比之文，吾族所独擅。论文体者，宜于此察也。"（骆鸿凯《文选学·评骘第八》引）然言对、事对之殊，反正、虚实之别，出于自然者少，出于人力者多。求其精工，必加组织，由是代语亦得施焉。如谢灵运《述祖德诗》二首之一："弦高犒晋师，仲连却秦军。"案《春秋》僖公三十三年《左传》曰："秦师……及滑。郑商人弦高将市于周，遇之，以乘韦先，牛十二犒师。……孟明曰：'郑有备矣，……吾其还也。'灭滑而还。"顾炎武《日知录》曰："弦高所犒者秦师，而改为晋，以避下秦字，则陋而舛矣。"（卷二十一《诗人改古事》条。黄节《谢康乐诗注》卷二云："秦未灭滑时，滑当附庸于晋。秦灭之而不能有其地，故滑仍属晋。成十七年：'郑子驷侵晋虚、滑。'杜预《注》：'晋二邑。滑，故滑国，为秦所灭，时属晋。'则知前此滑固附庸于晋也。康乐以当时之滑附庸于晋。秦师入滑，即是晋所属之地，故曰晋师，谓在晋地之师也。康乐此句用晋字，确有避下秦字之意。但不用其他国名，而用晋字，案之春秋都邑大势，实极有理。顾氏以舛陋加之，未当也。"案黄氏为谢诗辩护，用心良苦。然晋师解为在晋地之师，实极牵强，以自来诗句鲜有此种用法也。至用晋代秦，而不用其他国名，亦非春秋都邑大势使然，而系由于康乐之联想。盖二国地丑德齐，自来相提并论，故易思及。黄氏之说，不免求深反晦矣。若王简辑王闿运《湘绮楼说诗》卷六云："'弦高犒晋师'，自是误用，不须曲说。"则似易秦为晋，乃一偶然之错误，论断殊嫌轻率。今亦不取。）杜甫《诸将》五首之一："昨日玉鱼蒙葬地，早时金碗出人间。"案《汉武帝故事》曰："郧县有一人于市货玉杯。吏疑其御物，欲捕之，因忽不见。县送其器，推问，乃茂陵中物也。霍光自呼吏问之，说市人形貌如先帝。"（仇兆鳌《杜少陵集详注》卷十六引）蔡梦弼《草堂诗笺》曰："金碗当作玉碗。但避玉鱼字，故改作金碗。《南史·沈炯传》：炯字初明，（字，本讹自，今据史改。）为魏所虏，尝独行，经汉武帝通天台，为表奏之，陈己思乡之意，其略曰：'甲帐珠帘，一朝零落，茂陵玉碗，遂出人间。'或引孔氏《志怪》：卢充家西有崔少府墓。卢充因猎逐獐，忽见朱门官舍，有人迎充。崔乃命小女妆饰于东厢，与充相见，成婚，留三日，临别，谓充曰：'君妇有娠，生男则当留之。'赠充衣衾，送充至家。经三年，三月三日，临水戏，忽见水上犊车，乍浮乍沉。既达于岸，充视其车中，见崔氏与三岁小儿共载。其别车即崔少府也。抱儿还充，及金碗一枚，俄而不见。充诣市卖碗。崔女姨曰：‘我妹之女，未嫁而亡，赠以金碗著棺中。’余谓汉朝陵墓盖用茂陵故事也。但金玉字不同，以卢充故事复有金碗，或者疑之故也。”(卷二十七，《古逸丛书》本。案胡仔《苕溪渔隐丛话》后集卷七引严有翼《艺苑雌黄》，胡震亨《唐音癸签》卷二十三诂笺八附订讹，及宋长白《柳亭诗话》卷十八《玉鱼》条均以诗乃用茂陵事，与蔡《笺》同。独胡仔引《雌黄》加以非议，谓：“二说当以卢充幽婚事为是。”然卢事与汉朝陵墓无涉，殆不足辩。杨伦《杜诗镜铨》卷十三引胡应麟云：“此盖以金碗字入玉碗语，一句中事词串用，两无痕迹。……正此老炉锤妙处，非独以上有玉鱼字故避重也。”杨氏以胡言为然，故云：“按杜诗用事处多仿此。”考杜诗一句用数事，或一句中事词串用者，诚有其例，而此处则以金玉同属贵重之物，因玉碗而思及金碗，遂以代之，未必先有一卢充事盘据胸中，乃成此句，无庸穿凿以为说也。)若斯之流，以求措辞之精巧，不顾代语之未安，正不必曲为之讳。而以“晋”代“秦”，以“金”代“玉”，虽若避复，实在求对。此其情又视前述之例微有不同者也。陶潜《岁暮和张常侍》：“市朝凄旧人，骤骥感悲泉。”案《庄子·知北游篇》曰：“人生天地间，若白驹过隙，忽然而已。”《释文》曰：“或云：白驹，日也。”汤汉《陶诗注》曰：“骤骥，言白驹之过隙。”(陶澍《陶靖节集注》卷二引)《淮南子·天文篇》曰：“日出于旸谷，……至于悲泉，爰止其女，爰息其马，是谓悬车。”是“骤骥感悲泉”者，不过谓“时日易逝”耳。不谓时日易逝，而代以骤骥五字，则以二句对起，不如是则不能与上句相对。此以求对之故，而两句之中，以一句全体用代语者也。沈佺期《早发平昌岛》：“阳乌出海树，云雁下江烟。”案《文选》左思《蜀都赋》曰：“阳乌回翼乎高标。”李善《注》引《春秋元命包》曰：“阳成于三，故日中有三足乌。乌者，阳精。”(卷四)是所谓“阳乌”，即指“日”也。不云日而代以阳乌，则以二句于律当偶，不用阳乌则不能对云雁。此以求对，而两句之中，以一句部分用代语者也。唐彦谦《题汉高庙》：“耳闻明主提三尺，眼见愚民盗一抔。”案《汉书·高帝纪》曰：“吾以布衣提三尺取天下。”颜师古《注》曰：“三尺，剑也。下《韩安国传》所云‘三尺’亦同。”(案《韩传》云：“高帝曰：‘提三尺取天下者，朕也。’”)又《张释之传》曰：“今盗宗庙器而族之，有如万分一，假令愚民取长陵一抔土，陛下且何以加其法乎？”张晏《注》曰：“不欲指言，故以取土喻也。”师古《注》曰：“不忍言毁彻，故止云取土耳。”（案《〈史记·张传〉索隐》亦云：“盖不欲言盗陵。”）此以“三尺”代“剑”，以“一抔”代“陵”。（叶梦得《石林诗话》卷中云：“一抔事无两出，或可略土字。如三尺律、三尺喙皆可，何独剑乎？”叶氏盖未细审“三尺”即是《汉书》本语，故发此议。陈岩肖《庚溪诗话》卷上，赵翼《陔余丛考》卷二十四均尝驳之，不具引。）王安石《南浦》：“含风鸭绿粼粼起，弄日鹅黄袅袅垂。”释惠洪《冷斋夜话》曰：“用事琢句，妙在言其用，而不言其名。……荆公鸭绿、鹅黄之句，此不（不，本讹本，据《夜话》改。）言水、柳之名。”（李壁《王荆文公诗注》卷四十一引）则以“鸭绿”代“水”，以“鹅黄”代“柳”。斯又对句以上下联悉用代语而益臻工妙之例也。

四曰，所以调声律也。陆机《文赋》曰：“暨音声之迭代，若五色之相宣。虽逝止之无常，固崎锜而难便。苟达变而识次，犹开流以纳泉。如失机而后会，恒操末以续颠。谬玄黄之秩序，故淟涊而不鲜。”此论声律于文事之要也。加之剖析，则兹事实有两端：其一，句尾之字，依一韵以相从；其二，句中之字，递四声而互见。前者，古之所谓“韵”；后者，古之所谓“和”也。用韵之法，起自皇古。其事易识，无俟甄明。选和之说，兴于六朝，时人以为难了。（沈约《宋书·谢灵运传论》既云：“欲使宫、羽相变，低昂舛节，若前有浮声，则后须切响。一简之内，音韵尽殊；两句之中，轻重悉异。妙达此旨，始可言文。”而《南史·陆厥传》载其答厥书复曰：“韵与不韵，复有精粗，老夫亦不尽辨此。”则亦不能详审其由。《文心雕龙·声律篇》亦云：“韵气一定，故余声易遣；和体抑扬，故遗响难契。属笔易巧，选和至难；缀文难精，而作韵甚易。”）然自齐、梁新体，进为三唐律诗，遂亦户晓家喻。下逮清人图谱之学，而古诗平仄且有轨躅可寻矣。由夫声律之通行，遂及代语之应用，征之前作，有可言焉。其系于韵者，如高适《李云南征蛮诗》：“圣人赫斯怒，诏伐西南戎。”案其《序》曰：“天宝十一载，有诏伐西南夷。”《周礼·职方氏》司农《注》曰：“东方曰夷。西方曰戎。”《春秋》文公十六年《左传》杜《注》曰：“夷为四方总号。”（《〈穀梁传序〉疏》同）《史》、《汉》皆有《西南夷传》。《序》称西南夷，于文为顺。而诗曰西南戎者，缘诗用东韵，故用“戎”代“夷”以就之。梅尧臣《书哀》：“雨落入地中，珠沉入海底。赴海可见珠，掘地可见水。”案四句以复调见工，则末句当作“掘地可见雨”乃合。然雨在麌韵，诗则用纸韵，故用“水”代“雨”以就之。此避出韵而用代语者也。（汪辟疆丈云：“《礼记·月令》：

‘仲春之月，始雨水。孟春行夏令，则雨水不时。’是雨水古已连用。梅诗下句用水字，当本古义，似不为避出韵也。上句用雨字与次句双起，自无疑义。若第四句牵于珠字，必用雨字以求合，则不成词矣。”案：丈说极谛。此处存谬论而不删，所以志余过也。）又古来诗篇，不忌重韵，严有翼《艺苑雌黄》（蔡梦弼《草堂诗话》卷二引，《古逸丛书》本）、魏庆之《诗人玉屑》（卷七《重押韵》条）、顾炎武《日知录》（卷二十一《古人不忌重韵》条）皆举证甚详。然《王直方诗话》曰：“东坡《送江公著》云：‘忽忆钓台归洗耳。’又云：‘亦念人生行乐耳。’注云：‘二耳义不同，故得重用。’”（阮阅《诗话总龟》前集卷九引，《四部丛刊》本）是用韵究以不重为佳。即惊才风逸，卓然大家如坡公者，亦未尝不措意于此。其他作如《聚星堂雪》，禁体物语，诗律最严。起云：“窗前暗响鸣枯叶，龙公试手初行雪。”一点本题，以后即用虚写。其言风狂雪乱，则曰：“幸有回飙惊落屑。”不独模状之工，亦以用“落屑”代雪，则不致与前雪韵犯复。此避重韵而用代语者也。王维《老将行》：“昔时飞箭无全目，（赵殿成《王摩诘全集注》卷六校云：“箭，当作雀。”）今日垂杨生左肘。路旁时卖故侯瓜，门前学种先生柳。”案《庄子·至乐篇》曰：“支离叔与滑介叔观于冥伯之邱，……俄而柳生其左肘。”林希逸《注》曰：“柳，疡也。”盖即今瘤字。而摩诘以“垂杨”代之者，不独避下柳韵，揆诸选和之理，亦有二故焉。柳之与肘，同在有韵，二字用之一句之中，则六朝所谓大韵之病，（遍照金刚《文镜秘府论》解大韵云：“五言诗若以新为韵，上九字中更不得安人、津、邻、身、陈等字。”而不及七言，盖先唐兹体尚未大行于世也。）一也。此句第四字作平始谐，作仄则拗，二也。不加改易，实损声情。王集别有《胡居士卧病遗米因赠》一篇，其“岂恶杨枝肘”之句，亦以“杨枝”代“柳”，斯其回忌声病之精可见矣。（沈德潜《说诗晬语》卷下云：“《庄子》：柳生左肘。柳，疡类也。王右丞《老将行》云：‘今日垂杨生左肘。’是以疡为树矣。”宋长白《柳亭诗话》卷十四《全目左肘》条云：《老将行》“以垂杨代柳字，窃恐猿臂将军未堪著此大树也”。又云：“《赠胡居士》诗：‘徒言莲花目，岂恶杨枝肘。’何异读《劝学篇》而食蟛蜞邪？”案二家论王诗施用代语之未安，亦是；然于其何以必用代语之故，仍不了然也。又孙志祖《读书脞录》卷四《柳生肘》条云：“汤大奎《炙砚琐谈》云：‘《庄子·至乐篇》：柳生其左肘。柳，疡也，非杨柳之谓。王右丞《老将行》：昔时飞箭无全目，今日垂杨生左肘。昔人已讥其误矣。嗣见元微之诗：乞我杯中松叶酒，遮渠肘上柳枝生。当时谬误相承，皆读书不求甚解之失也。’志祖案：柳之训疡，《释文》无此说，且他书亦无以柳为疡者。《南华》本寓言，即谓垂柳生肘，何害乎？王、元两诗引用皆同，未可以为非也。”原注：“《抱朴子·论仙篇》：‘支离为柳，秦女为石。’亦以柳为杨柳。”案孙氏说甚辩给。然《释文》所载义训，未必无遗；即令先唐无以柳训疡者，而柳之与杨，亦本二物，散文或通，对文则异。摩诘二诗皆用杨，不用柳，自有其调谐声律之由，《朏录》之论，亦尚未见及也。）更以选和之涉及代语者征之律诗，则如陆游《睡起至园中》：“野人易与输肝肺，俗语谁能挂齿牙。”案“肝肺”以代“心”，“齿牙”以代“口”。此不特巧于作对，亦以上句末二字于律当为平仄，下句末二字于律当为仄平也。王安石《岭云》：“寒荚著天榆历历，净华浮海桂团团。”案古乐府《陇西行》曰：“天上何所有，历历种白榆。”（《玉台新咏》卷一）白榆，星名。《春秋运斗枢》所谓“玉衡星散为榆”者是也。段成式《酉阳杂俎·天咫篇》曰：“异书言：月桂高五百丈，下有一人常砍之，树随创合。人姓吴名刚，学仙有过，谪令伐树。”（《四部丛刊》本）是诗上句乃言“星光在天”，下句乃言“月色映海”耳。然由天上有榆，推及榆荚；由月中有桂，推及桂华。化全句为代语，而悉与律合，则弥见致密矣。凡上二端，固不能谓作者皆以求声偶之调适，始用代语；然代语之用，有时实以利声偶之调适，则可断言者也。

五曰，所以齐句度也。余杭章公《正名杂义》曰：“《史通·杂说篇》云：‘积字成文，由趋声对。’然则有韵之文，或以数字成句度，不可增省；或取协音律，不能曲随己意。强相支配，疣赘实多。故又有训故常法所不能限者。如古辞《鸡鸣高树颠》云：‘黄金络马头，颎颎何煌煌。’晋成帝末童谣曰：‘礚礚何隆隆，驾车入紫宫。’颎颎、煌煌，义无大异；礚礚、隆隆，亦并象车轮殷地声。而中间以何字，直以取足五言耳。……必求其义，则窒阂难通，诚以韵语异于佗文耳。”（《检论》卷五《订文篇》附录，《章氏丛书》本）案此论灼然有见于古人辞言之情。清儒王、俞以下，虑不能说也。夫句司数字，相接为用。其本体既有定限；则作者必于摛辞之顷，加之缪巧。或增字以足规式，或损字以就范围，斯固势所必至者。而代语与其所代之语，字数每不相同。有以少而代多，有以多而代少，斯于句度之齐一，遂亦颇有裨补。而诗辞代语之缘起，是又其一端焉。如左思《咏史》八首之一：“畴昔览穰苴。”案《史记·司马穰苴传》曰：“司马穰苴者，田完之苗裔也。……

‘文能附众，武能威敌’，……（齐）景公……以为将军。……其后，……齐威王用兵行威，大仿穰苴之法，而诸侯朝齐。……王使大夫追论古者《司马兵法》，而附穰苴于其中，因号曰《司马穰苴兵法》。”《隋书·经籍志》子部兵家载：“《司马兵法》三卷，齐将司马穰苴撰。”是所谓“览穰苴”者，乃“览《司马穰苴兵法》”耳。全称其名，则字数多于五，故以穰苴代之。（《传》称“而附穰苴于其中”，亦谓附穰苴所撰兵法于古《司马兵法》中耳。此正太冲所本。）白居易《新乐府·西凉伎》：“见弄凉州低面泣。”案洪迈《容斋随笔》曰：“今乐府所传大曲，皆出于唐，而以州名者五：伊、凉、熙、石、渭是也。凉州今转为梁州，唐人已多误用，其实从西凉府来也。凡此诸曲，唯伊、凉最著。”（卷十四《大曲伊凉》条）是所谓“弄凉州”者，乃“奏凉州传入之大曲”耳。全称其名，则字数多于七，故以凉州代之。贾岛《题长江厅》：“行蛇入古桐。”案集中《赠僧》一首有曰：“乱山秋木穴，里有灵蛇藏。”（《全唐诗》卷二十一，页八十）其意正同，特境有动静之别，语有繁简之殊。以此证之，则所谓“入古桐”者，乃“入古桐之穴”耳。全称其名，则字数多于五，故以古桐代之。斯皆假代语损字以齐句度者也。李白《赠宣城赵太守悦》：“愿借羲和景。”案《离骚》曰：“吾令羲和弭节兮。”王逸《章句》曰：“羲和，日御也。”是所谓“羲和景”，即“日景”耳。循其本称，则字数不足五，故以羲和代之。苏轼《次韵王定国会饮清虚堂》：“与子不妨中圣贤。”案《三国志·魏书·徐邈传》曰：“时科禁酒，而邈私饮至于沉醉。校事赵达问以曹事。邈曰：‘中圣人。’达白之太祖。太祖甚怒。度辽将军鲜于辅进曰：‘平日醉客谓酒清者为圣人，浊者为贤人。邈性修慎，偶醉言耳。’竟坐得免刑。”是所谓“中圣贤”，即“中酒”耳。循其本称，则字数不足七，故以圣贤代之。陈师道《九日无酒，书呈漕使韩伯修大夫》：“惭无白水真人分，难置青州从事来。”案《后汉书·光武纪论》曰：“及王莽篡位，忌恶刘氏，以钱文有金刀，故改为货泉。或以货泉字文为白水真人。”《世说新语·术解篇》曰：“桓温有主簿善别酒，有酒辄令先尝。好者谓青州从事；恶者谓平原督邮。青州有齐郡；平原有鬲县。从事言到脐；督邮言在鬲上住。”是所谓“白水真人”，即“钱币”；所谓“青州从事”，即“佳酿”耳。循其本称，则二句字数均不足七，故以白水真人、青州从事代之。斯皆假代语增字以齐句度者也。

六曰，所以别善恶也。王逸《〈楚辞·离骚经〉章句序》曰："《离骚》之文，依《诗》取兴，引类譬谕。故善鸟、香草，以配忠贞；恶禽、臭物，以比谗佞；灵修、美人，以媲于君；宓妃、佚女，以譬贤臣；虬、龙、鸾、凤，以托君子；飘风、云霓，以为小人。其词温而雅，其义皎而朗。"寻叔师所谓"引类譬谕"，征之《骚经》，实兼赅修辞学中之喻与代两事；而云其义皎朗者，则大要在能以善恶之别异示人。盖文辞之发，所以抒作者之情志，亦即表见其对事物之观感：善则善之，恶则恶之，故足以使人共晓。比喻之术，兹不遑及。而代语所由，有涉此者，则睹下所举列可概见焉。如王僧达《答延年》："珪璋既文府。"案《〈礼记·礼器〉疏》曰："圭璋，玉中之贵也。"《文选》曹丕《与钟大理书》曰："良玉比德君子，珪璋见美诗人。"李善《注》曰："《礼记》：'孔子曰：君子比德于玉。'《毛诗》曰：'颙颙昂昂，如珪如璋。'"(卷四十二)是王诗"珪璋"云者，以代"延年"，而称誉之情可见矣。高适《送李少府贬峡中、王少府贬长沙》："圣代即今多雨露。"案草木必待雨露之润泽始能生长，故文辞多以草木比臣下，以雨露比君恩。白居易《初到江州寄翰林张、李、杜三学士》曰："雨露施恩无厚薄，蓬蒿随分有荣枯。"(《全唐诗》卷十六，页三十七)语尤分明。特前者为代，而后者为喻耳。是高诗"雨露"云者，以代"恩惠"，而颂扬之情可见矣。苏轼《送子由使契丹》："要使天骄识凤麟。"案《说文》曰："凤，神鸟也。"《论衡·讲瑞篇》曰："凤皇，鸟之圣者也。"《春秋》哀公十四年《公羊传》何休《解诂》曰："麟者，太平之符，圣人之类。"孙炎《〈尔雅〉注》曰："麟，灵兽也。"(《〈释兽〉疏》引)是苏诗"凤麟"云者，以代"子由"，而赞美之情可见矣。此皆所谓其善者善之之类也。谢瞻《张子房诗》："鸿门消薄蚀，垓下殒搀枪。"案李善《〈文选〉注》曰："薄蚀、搀枪，皆喻(项)羽也。京房《易飞候》曰：'凡日蚀皆于晦、朔。不于晦、朔蚀者，名曰薄。'《尔雅》曰：'彗星为搀枪。'"(卷二十一)《汉书·天文志》曰："彗孛飞流，日月薄食，……此皆阴阳之精，其本在地，而上发于天者也。政失于此，则变见于彼。"盖"薄蚀"、"搀枪"，古均视为灾异，谢诗用之以代"项羽"，则指斥之情可见矣。李白《古风》五十九首之一："王风委蔓草，战国多荆榛。"案《〈诗〉序》曰："关雎、麟趾之化，王者之风。"《孟子·离娄篇》曰："王者之迹息而诗亡。"《后汉书·冯异传》李贤《注》曰："荆棘，榛梗之谓，以喻纷乱。”是诗意即《文心雕龙·时序篇》所谓：“春秋以后，角战英雄。六经泥蟠，百家飙骇。”太白盖推本战国无文，实缘王纲解纽。故以“蔓草”、“荆榛”，代其时之“纷乱”，则菲薄之情可见矣。杜甫《避地》：“神尧旧天下，会见出腥臊。”案此东胡安禄山反后，希冀光复之作也。《国语·周语》曰：“其政腥臊。”韦昭《注》曰：“腥臊，臭恶也。”胡人腋气特强，故有胡臭之称。何光远《鉴戒录》载尹鹗嘲李珣诗曰：“异域从来不乱常，李波斯强学文章。（案《录》云：李“本蜀中土波斯也”。）假饶折得东堂桂，胡臭熏来也不香。”（卷四《斥乱常》条，《知不足斋丛书》本）即其明证。杜诗以“腥臊”代“胡人”，则嫌厌之情可见矣。此皆所谓其恶者恶之之类也。

七曰，所以避忌讳也。《楚辞·七谏·谬谏篇》曰：“恐犯忌而干讳。”王逸《章句》曰：“所畏为忌，所隐为讳。”盖生老病死者，民之恒情；饮食男女者，人之大欲。然以忌痛苦，则讳言死亡；忌污秽，则讳言溲遗；忌猥媟，则讳言交媾。诸如此类，其类孔多。伊古已然，于今犹尔。而为文辞者，每遇此等，必施代语以资文饰焉。如潘岳《悼亡诗》三首之三：“仪容永潜翳。”案《说文》曰：“潜，藏也。”《广雅·释诂》曰：“潜，隐也。”王逸《〈离骚〉章句》曰：“翳，蔽也。”《方言》曰：“翳，掩也。”人死则隐藏掩蔽，不可复见。此缘不欲斥言其“死”，故以“潜翳”代之。黄庭坚《哭邢惇夫》：“眼看白璧埋黄壤。”案《世说新语·伤逝篇》曰：“庾文康亡，何扬州临葬，云：‘埋玉树于土中，使人情何能已。’”此亦不欲斥言其“死”与“葬”，故以“白璧埋黄壤”代之。此痛苦之忌也。王建《宫词》百首之四十六：“密奏君王知入月，唤人相伴洗裙裾。”案《说文》曰：“姅，女污也。”《汉律》曰：“见姅变不得侍祠。”（《史记》卷五十九《〈五宗世家〉集解》引）《释名·释首饰》曰：“以丹注面曰的。的，灼也。此本天子诸侯群妾当以次进御。其有月事者，止而不御。重以口说，故注此丹于面，灼然为识。女史见之，则不书其名于第录也。”（《唐音癸签》卷十九诂笺四举此，谓宫词“语虽情致，但天家何至自洗裙裾。密奏云云，更不谙丹的故事矣”。案密奏者，谓女史之为。《释名》说本明白，胡氏未细审耳。）此缘不欲斥言“姅变”，故以“入月”代之，此污秽之忌也。张衡《同声歌》：“衣解巾粉御，列图衾枕张。素女为我师，仪态盈万方。众夫所希见，天老教轩皇。”案此数语，旧日说者若吴兆宜《〈玉台新咏〉注》、闻人倓《古诗笺》，皆未能通解，惟黄节《汉魏乐府风笺》所释为当。其言曰：“张衡《七辩》曰：‘假明兰镫，指图观列，蝉绵宜愧，夭绍纡折，此女色之丽也。’盖即所言列图陈枕，仪态万方也。方，法也。《汉书·艺文志》房中八家有《天老杂子阴道》二十五卷、《黄帝三王养阳方》二十卷。列图以下，盖即《汉志》所言房中也。《玉房秘诀》：黄帝问素女、玄女、采女阴阳之事，皆《黄帝养阳方》遗说也。”（卷十四）汤显祖《紫钗记》写霍小玉离情，有句曰：“被叠慵窥素女图。”（第二十五出《折柳阳关》，《六十种曲》本）即本平子，可为佐证。此缘不欲斥言“淫画”，故但称“图”以代之；不欲斥言“交媾之状”，故但称“仪态万方”以代之。（今人动称女子风度服饰之美曰“仪态万方”，此不学之过，诚可笑也。）此猥媟之忌也。李商隐《药转》：“郁金堂北画楼东，换骨神方上药通。露气暗连青桂苑，风声偏猎紫兰丛。长筹未必输孙皓，香枣何劳问石崇？忆事怀人兼得句，翠衾归卧绣帘中。”案此诗说者纷如。其谓：“此篇淫媟之辞。朱竹垞以为药转字出道书，如厕之义。”则程梦星《李义山诗集笺注》之说也。其谓：“颇似咏闺人之私产者。次句特用换骨，谓饮药堕之。三、四谓弃之后苑。五、六借以对衬。结则指其人归卧养疴也。”则冯浩《玉溪生诗笺注》之说也。其谓：“题与诗均难解。说者托之朱竹垞，谓如厕之义。冯氏又以私产解之，皆非也。余细审之：此盖咏人之以药堕胎者耳。当时或有此事，为朋辈所述。义山偶尔弄笔，以博笑谑。观结语‘忆事怀人兼得句’，可以见矣。”则张采田《玉溪生年谱会笺》之说也。考题曰《药转》，朱氏谓义为如厕，今无所征，或是据腹联推测，而托之道书耳。冯《注》以葛洪《神仙传》“上药有九转还丹”说之，证以本诗次句，差为可信。五六两句，正由讳言如厕，故用典实作代。冯氏疏之曰：“道源曰：长筹，厕筹也。《法苑珠林》：吴时于建业后园平地获金像一躯。孙皓素有未信，置于厕处，令执屏筹，至四月八日浴佛时，遂尿头上，寻即通肿，阴处尤剧，痛楚号叫，忍不可禁。太史占曰：犯大神圣所致。宫内伎女有信佛者曰：佛为大神，陛下前秽之，今急，可请耶？皓信之，伏枕皈依，忏谢尤恳，以香汤洗像，惭悔殷重，隐痛渐愈。《白帖》：大将军王敦至石家厕，取箱食枣。群婢笑之。道源曰：《世说》：石崇厕常有十余婢侍列，皆丽服藻饰，置甲煎粉、沈香汁之属，又与新衣著令出。客多羞，不能如厕。王大将军往，脱故衣，著新衣，神色傲然。群婢相谓曰：此客必能作贼。又曰：王敦初尚主，如厕，见漆箱盛干枣，本以塞鼻。王谓厕上亦下果，食遂至尽。《白帖》合之为一。义山诗亦如此用。岂别有据耶？”（卷五）盖诗意若谓：事涉污秽，乃无异孙皓之长筹；本非溲遗，故不劳石崇之香枣也。至冯以此联为借以对衬，则非。中四句实当作一气读，谓弃婴后苑厕中也。（唐长孺先生云：“此疑指女道士私婴弃厕中。唐释法琳《辨正论》讥道士有云：‘魏、晋以来，馆中生子；梁、陈之日，圊内养儿。’如药转、换骨，并用道书语。孙皓事亦借佛以喻耳。”案此说尤确，谨附录于此。）余则冯、张所解，大略从同，可勿深论。此亦不欲斥言“如厕”，故以“长筹”、“香枣”代之；不欲斥言“堕胎”，故以“换骨”代之；不欲斥言“堕胎方药”，故以“神方上药”代之。此污秽而兼猥媟之忌也。

八曰，所以远嫌疑也。夫物有节文，事有宜适。若吟咏之际，或语涉放肆，或意及感情，或时讳攸关，或厉禁所限，既难居之不疑，又恐览者不察，则每廋辞以托意，代语以达旨，比类合谊，用求曲喻，俾不失其本真，复免于嫌疑焉。如谢灵运《登池上楼》：“潜虬媚幽姿。”案《说文》曰：“虬，龙子有角者。”《易·乾》初九曰：“潜龙勿用。”《文言》说之曰：“龙，德而隐者也。不易乎世，不成乎名，遁世无闷，不见是而无闷。乐而行之，忧则违之。确乎其不可拔，潜龙也。”谢公此诗末句云：“无闷征在今。”是其用《易》义显然。顾不径曰“潜龙”，而代之以“潜虬”者，则以自汉以来，世皆以龙为帝王之象征。《贾子·容经篇》所谓：“龙也者，人主之譬。”《史通·叙事篇》所谓：“帝王兆迹，必号龙飞。”（案《易·乾》九五曰：“飞龙在天。”）不可妄用也。若潘尼《赠卢景宣》，而有“九五思飞龙”之句，《颜氏家训·文章篇》曰：“今为此言，则朝廷之罪人。”衡以尔时情理，岂不然哉？又其《过始宁墅》：“还得静者便。”案《论语·雍也篇》，孔子曰：“知者乐水。仁者乐山。知者动。仁者静。”此诗既系过墅之作，而下又有“枉帆过旧山”、“山行穷登顿”诸句，则取义《论语》，而自居仁者可见。顾不径曰“仁者”，而代之以“静者”者，则以《论语·述而篇》载孔子之言，谓：“若圣与仁，则吾岂敢？”至圣且不敢承，则康乐亦安能辄认？故不得不出以抝谦也。（黄节《谢康乐诗注》卷二云：“《老子》：‘归根曰静。’此诗静者，疑用老义。”案此说非是。殷石臞先生云："《文选》殷仲文《南州桓公九井》作：'伊余乐好仁，惑祛吝亦泯。'李善《注》引《左氏传》：'与田苏游而好仁。'杜预曰：'苏，晋贤人也。苏言韩起好仁也。'五臣《注》良曰：'言乐桓玄好仁之怀。'按此诗前既以哲匠尊桓玄，此不必更以好仁指之。乐好仁实即言乐游山，亦用《论语》'仁者乐山'语，以好仁代乐山游耳。谢客此篇，有脱胎仲文诗意处，细玩谢清旷、惭贞坚之语可见。'还得静者便'，则直包孕仲文'伊余'二句，以静代仁，亦本仲文之法，而更精炼。此诗家秘密藏也。"）试更征以后来之作，若杜甫《送孔巢父谢病归游江东，兼呈李白》有曰："蔡侯静者意有余。"（《全唐诗》卷八，页三）《贻阮隐居昉》有曰："贫知静者性。"（同上，页十一）皆本谢公。而称人亦曰"静者"，不曰"仁者"者，则以孔子论人，于仁之一字，最不轻许，如《论语·公冶长篇》载孟武伯问子路、冉有、公西赤，皆答以"不知其仁"。子张问令尹子文、陈文子，皆答以"未知焉得仁"。礼不妄说人，则杜亦惟循谢之轨辙。斯又少陵熟精《选》理之一证。此以嫌于语涉放肆而用代语者也。李商隐《无题》："闻道阊门萼绿华，昔年相望抵天涯。岂知一夜秦楼客，偷看吴王苑内花。"案《文选》陆机《吴趋行》李善《注》引《吴越春秋》曰："大城立昌门者，象天，通阊阖风。"又引《吴地记》曰："昌门者，吴王阖闾所作也，名为阊阖门。"（卷二十八）《太平广记》引《真诰》曰："萼绿华者，女仙也。年可二十许，……以晋穆帝昇平三年己未十一月十日夜，降于羊权家。……自此一月辄六过其家，……授权尸解药，亦隐景化形而去。"（卷五十七）赵臣瑗《山满楼唐诗七律笺注》曰："此义山在王茂元家窃窥其闺人而为之。"（冯浩《玉溪生诗集笺注》卷一引）冯《注》亦曰："定属艳情，因窥见后房姬妾而作，得毋其中有吴人邪？"（案冯氏说"阊门"云："取与下吴王苑相应。"又说"吴王苑内花"云："暗用西施。"精审可信也。）李为王婿，而窃窥其后房，此真干犯名教之事，乌可显言？故于所见之人，始以有世缘之女仙"萼绿华"代之，继以居深宫之丽质"吴王苑内花"代之，以见其可望而不可即之意。犹恐人之弗审，则前举阊门，后言吴苑，以相关合焉。（《玉溪生年谱会笺》卷二解此诗云："此初官正字，歆羡内省之寓言。……萼绿华以比〔李〕卫公。"案其说附会，兹所不取。）此以嫌于意及感情而用代语者也。杜甫《奉同郭给事汤东灵湫作》："坡陀金虾蟆，出见盖有由。至尊顾之笑，王母不肯收。复归虚无底，化作长黄虬。"案蔡梦弼《草堂诗笺》曰："盖伤杨贵妃养禄山为义子，私通之。每年幸汤泉，为禄山作生日，以金盆盛汤，禄山裸浴其中。

贵妃佯为庆诞之辰，百端取乐。明皇全不悟。案唐史：禄山为范阳府节度，与杨国忠争权。国忠表禄山必叛，玄宗不信。国忠谓帝：幸温泉，遣人召禄山，禄山必不来，以此验之。帝如其言。……后禄山至温泉。玄宗视禄山面，大喜。国忠谏帝：命壮士缚之，不然必反。帝既不疑禄山，贵妃复宠爱之，岂肯从其言而收缚之。谒帝罢，辞归范阳，……遂反。（案钱谦益《杜工部诗集笺注》卷一引《安禄山事迹》，与此互有详略，可参。）'坡陀'，高大之貌，禄山腹大而涨。……金乃西方，禄山胡人，故云'金虾蟆'。（案金虾蟆事，诸家所说各异。钱《注》云："《酉阳杂俎》：'有人夜见月光属于林中，如匹布。寻视之，见一金背虾蟆，疑是月中者。'月者，阴精，后妃之象。禄山谄约杨妃，誓为子母，通宵禁掖，昵狎嫔嫱。和士开之出入卧内，方此为疏；蓟城侯之获厕刑余，又奚足尚？方诸虾蟆之入月，诗人之托喻，不亦婉而章乎！"此一说也。赵翼《陔余丛考》卷二十四则驳之云："案《潇湘录》：'唐高宗患头风。宫人穿地置药炉，忽有虾蟆跃出，色如黄金，背有朱书武字。宫人奏之。帝惊异，命放苑池。'则杜诗所咏，正此实事，而非如注家所云也。"杨伦《杜诗镜铨》卷三引钮琇说，又宋长白《柳亭诗话》卷六《金虾蟆》条皆与赵同。宋氏并云："虞山以《酉阳杂俎》……注之，乃长庆年间事，老杜作古久已。"此又一说也。仇兆鳌《杜少陵集详注》卷四引潘鸿云："案《五行志》：'神龙中，渭水有虾蟆，大如鼎。里人聚观，数日而失。'此韦后时事。'坡陀金虾蟆'，盖其类也。禄山浊乱宫闱，故有此应。可与翟泉鹅出，同类并观，故曰'出见盖有由'。又载：虾蟆色如金。或云：骊山上有古碑载之。"此又一说也。审此诸事，钱氏所举，后于杜公，其误不待论。赵、纽、宋三氏所举，则金虾蟆乃指武后，设杜公用之，亦当以指杨妃，而诗中明指禄山，是亦不合。潘氏所举，更无由与诗关连。蔡《笺》但据诗辞为说。似反较胜也。）'至尊'，指玄宗也。'王母'，指贵妃也。明皇为贵妃制羽衣霓裳以象西王母之会。……'虚无底'，谓范阳也。（唐长孺先生云："案虚无底，即无穷也。《赵策》：'武灵王出无穷之门。'无穷，亦即无终。其地在燕，故云尔。"）……帝验国忠之言，以卜其来与不来，故曰：'出见盖有由。'及禄山至，玄宗乃欢喜而大笑。虽国忠谏，命壮士收缚之，贵妃决不肯也。续遣归范阳，禄山遂反。岂非'复归虚无底'，而'化作长黄虬'乎？"（卷十三）沈德潜《杜诗偶评》论此数句曰："难显言者，以隐语出之，诗人之体。"（卷一）此以"金虾蟆"与"长黄虬"代"禄山"，以"虚无底"代"范阳"，盖惧触时讳而用代语者也。唐珏《梦中作》四首之一："亲拾寒琼出幽草，四山风雨鬼神惊。"案陶宗仪《辍耕录》

曰:“岁戊寅,有总江南浮屠者杨琏真伽,……帅徒役顿萧山,发赵氏诸陵寝,至断残支体,攫珠襦玉柙,焚其胔,弃骨草莽间。时(珏)年三十二岁,闻之,痛愤,亟……邀里中少年若干辈……收遗骸共瘗之。……四郊多暴骨,取窜以易。……乃斫文木为匮,复黄绢为囊,各署其表曰某陵、某陵,分委而遣散之,蕝地以藏,为文而告,诘旦事讫。……越七日,总浮屠下令,裒陵骨,杂置牛马枯骼中,筑一塔压之,名曰镇南。杭民悲切,不忍仰视,了不知陵骨之犹存也。”(卷四《发宋陵寝》条。案此事隐秘,传闻多异辞。中山大学《语言文学专刊》第二卷第一期载詹安泰《杨髡发陵考辨》论之甚详,可参阅。又郑元祐《遂昌山樵杂录》谓收骨者为林景熙,《梦中》诗亦林作。兹从厉鹗说定归唐氏。其辨证见《宋诗纪事》卷七十五,不具详。)诗即咏其事,题曰《梦中作》,特故为缪悠之辞以免祸耳。此以“寒琼”代“白骨”,(《唐音癸签》卷十九诂笺四云:“谢惠连《雪赋》:‘庭列瑶阶,林挺琼树。’善《注》:‘琼,赤玉也。琼树恐误。’按琼之为赤玉,见《说文》。但毛《〈诗〉传》言琼非一,惟云:‘玉之美者。’非以为玉色名。《〈诗〉传》在《说文》前,尤可据。谢盖用《〈诗〉传》,不用《说文》耳。陈张正见:‘睢阳生玉树,云梦起琼田。’隋王衡:‘璧台如始构,琼树似新栽。’以及李贺:‘白天碎碎堕琼芳。’李义山:‘已随江令夸琼树,又入卢家妒玉堂。’并从谢作白用,似为不误。”案唐用寒琼,亦同此例。)盖恐干厉禁而用代语者也。

九曰,所以明分际也。夫人之相与,莫不有尊、卑、长、幼之殊,贵、贱、亲、疏之别。表之文字,差别较然。或缘相对以鸣谦,或缘特见以示异者,代语之中,所在多有。观之若不经意,寻之即审其由焉。如杜甫《奉赠韦左丞丈二十二韵》:“丈人试静听,贱子请具陈。”案《易·师》曰:“丈人,吉。”王弼《注》曰:“丈人,严庄之称也。”《论语·微子篇》曰:“遇丈人。”包咸《注》曰:“丈人,老人也。”(何晏《集解》引)《汉书·游侠传》曰:“称贱子。”颜师古《注》曰:“言以父礼事。”此以“丈人”代“韦”,而以“贱子”代“己”,出以相对之辞,而二人之关系可见。此所以表尊、卑、长、幼者也。唐文宗《宫中题》:“上林花发时。”案司马相如有《上林赋》,以谓天子之苑囿也。称“上林”以代“游赏之地”,则知其非臣民矣。秦韬玉《咏贫女》:“蓬门未识绮罗香。”案蓬门犹言柴门,以谓贫者之室屋也。称“蓬门”以代“居处所在”,则知其非贵家矣。此所以表贵、贱、富、贫者也。贾岛《送无可上人》:“蛩鸣暂别亲。”案李怀民《重订中晚唐诗主客图》曰:“无可在俗为浪仙从弟，故诗中用亲字，非泛下也。”（卷下，嘉庆乙丑刘大观刊本）此以“亲”代“无可”。又前举李商隐《无题》第三句：“岂知一夜秦楼客。”案《太平广记》引《〈神仙传〉拾遗》曰：“萧史，不知得道年代，貌如二十许人，善吹箫，作鸾凤之声。……秦穆公有女弄玉善吹箫。公以弄玉妻之，遂教弄玉作凤鸣。居十数年，吹箫似凤声。凤皇来止其屋。……一旦，弄玉乘凤，萧史乘龙，升天以去。”（卷四）此以“秦楼客”代“己”，实所以表其与王茂元之婚媾关系。一诗之中，既用“萼绿华”与“吴王苑内花”以远嫌疑，复用“秦楼客”以明分际，斯可谓极微显、志晦之能事。此则所以表亲、疏者也。

如上所疏，代语缘起，虽有九端，然大别之，则惟两类。前五事，缘起之系乎辞者也；后四事，缘起之系乎义者也。前者或偏于韵文，后者则无间散录。盖以韵文格律较严，而散录规式无定；其体性既别，故张弛亦殊耳。次则前举诸例，其所归纳，每为臆测，非尽真诠。盖作者神思之运，非有成心；而述者科条所关，必加分析。故如“忍将行雨换追风”之句，兹以为除复重；然谓为矫熟俗，亦可也。“遥知更解青牛句”之句，兹以为矫熟俗；然谓为调声律，亦可也。用知凡上所述，其大要在示人以代语缘起，有此诸端。非谓入于甲者必出乎乙，系之丙者不得归丁。斯二者，一以见文章之体性有异，则审察代语所施，不得从同。一以见作述之情况不侔，则推度代语所由，虑难尽合。亦论其缘起既竟，所当申述者也。

（三）

兹事缘起，已如上说。缘起既明，效用自显。效用既显，则其价值乃可见焉。然古今学人所见，于此或不尽同，犹有当讨论者。闲者，历览故书，如魏际瑞《伯子论文》（《人以文字就质于人》条）、顾炎武《日知录》（卷十九《文人求古之病》条），颇有非之之议；而沈义父《乐府指迷》论词，则以为必用代语，“方见妙处”。顾皆未深言其故。《四库提要》评沈说云：“其意欲避鄙俗而不知转成涂饰，亦非确论。”（卷一百九十九《乐府指迷》条）王国维《人间词话》更申之曰：“沈氏云云，若惟恐人不用代字者。果以是为工，则古今类书具在，又安用词为邪？宜其为《提要》所讥也。”又曰：“其所以然者，非意不足，则语不妙也。盖意足则不暇代，语妙则不必代。”（卷上，《王静安先生遗书》本）章公《辨诗》则曰：“唐人多憙造辞，近人或以为戒。余以为造辞非始唐人。自屈原以逮南朝，谁则不造辞者？古者多见子夏、李斯之篇，故其文章都雅。造之自我，皆合典言。后世字书既已乖离，而好破碎妄作，其名不经。雅俗之士，所由以造辞为戒也。若其明达雅故，善赴曲期，虽造辞则何害？不然，因缘绪言，巧作刻削，呼仲尼以龙蹲，斥高祖以隆准，指兄弟以孔怀，称在位以曾是，（案后二者于修辞学为藏辞，与代语少异，此统举之。）此虽原本经纬，非言而有物者也。”（《国故论衡》卷中，《章氏丛书》本）是数说者，意各有重，而皆持之有故，言之成理。括其涵蕴，可得四科：代语之存废，一也；代语之资料，二也；代语之方术，三也；代语之传导，四也。请依次加之平议，庶可明其是非。

夷考代语之由来，本有客观之需要，如前所述。故上起姬周，下逮今日，典重若经传，通俗若说部，代语猥多，久成事实，则其存废，似可不论。顾修辞之业，各有杼机。历祀不同，众体有别，斯固然矣。即人各具其匠心，篇各申其惠巧，则施用之程度，亦有差焉。此事实上之确定存在，与理论上之倡言废除，固并行而不悖，所以有明辨之必要也。王氏之斥非兹事，自意之足不足，语之工不工立言，以为意足则不暇代，语工则不必代。其辞极辩，乍聆殊无以相解。顾慎思之，亦不尽然。何则？文心善变，善变则靡穷。文事求达，求达则多术。“其限于书语，有不得尽言者，则必借表象以出之。《〈易〉传》所谓‘曲中肆隐’者是也。其揆之事理，有不欲尽言者，则必赖曲指以明之。庄生所谓‘缪悠荒唐’者是也。”（拙撰《文论要诠》卷下）杨慎《谭苑醍醐》云：“夫意有浅言之而不达，深言之乃达者；详言之而不达，略言之乃达者；正言之而不达，旁言之乃达者；俚言之而不达，雅言之乃达者。”（卷七《辞达》条）斯可谓妙解情理之言。准此所说，则知所谓意足则不暇代，有之矣，然亦有以用代语而意转足者；语工则不必代，有之矣，然亦有以用代语而语转工者。此谛审旧文，有时而可覆按者也。王氏《〈宋元戏曲史〉自序》云：“凡一代有一代之文学：楚之骚，汉之赋，六代之骈语，唐之诗，宋之词，元之曲，皆所谓一代之文学，而后世莫能继焉者也。”然自屈、宋下逮关、马、白、郑之徒，用代语者何限，岂皆意不足而语不工乎？若然，而犹称一代之文学，何吾国文学之贫乏若是邪？又览其自定《观堂长短句》，存词仅二十余阕，可谓至精之择矣；而其间代语，已不一而足，则又何说？盖王氏持论，实远绍钟嵘《〈诗品〉序》“古今胜语，多非补假，皆由直寻”之说；而不知仲伟生际六叔，其时文章匿采，故有激云然，斯固不得为定程耳。由是言之，代语之施用与否，虽属作者之自由；而自其本身观之，则事实上无废除之可能，理论上无废除之必要也。

次则王氏又以为若如沈义父之意，殆惟恐人不用代语，诚如是，则类书具在，安用词为？案此亦似是而非之论也。寻代语资料，包罗甚广。有以事物与事物之特征或标记相代者，有以事物与事物之所在或所属相代者，有以事物与事物之作者或产地相代者，有以事物与事物之资料或工具相代者，皆所谓旁借也。有以部分与全体相代者，有以特定与普通相代者，有以具体与抽象相代者，有以原因与结果相代者，皆所谓对代也。（详陈望道《修辞学发凡》第五篇第四节）而其有取于类书者，独成语、故事而已。此宁可尽代语所资邪？且即局就二端言之，固亦裨于文事，发于本然。黄君《〈文心雕龙·事类篇〉札记》曰：“夫以言传意，自古始已有不能吻合之患，是故譬喻众而假借繁。……言期于达，而不期于与本义合，则故训之用，由此滋多。若夫累字成句，累句成文，而意仍有时而疐碍，则兴道之用，由此兴焉。道古语以剀今，道之属也；取古事以托喻，兴之属也。意皆相类，不必语出于我；事苟可信，不必义起乎今。引事、引言，凡以达吾之思而已。……逮及汉、魏以下，文士撰述，必本旧言。始则资于训诂，继而引录成言，（原注：“汉代之文，几无一篇不采录成语者，观二《汉书》可见。”）终则综辑故事。爰至齐、梁，而后声律、对偶之文大兴，用事采言，尤关能事。……文胜而质渐以漓，学富而才为之累，此则末流之弊，故宜去甚、去奢，以节止之者也。然质、文之变，华、实之殊，事有相因，非由人力。故前人之引言、用事，以达意、切情为宗；后有继作，则转以去故、就新为主。……然浅见者临文而踌躇，博闻者裕之于平素。天资不充，益以强记；强记不足，助以钞撮。自《吕览》、《淮南》之书，《虞初》、百家之说，要皆探取往书，以资博识。后世《类苑》、《书钞》，则输资于文士，效用于谀闻。以我搜辑之勤，祛人翻检之剧。此类书所以日众也。”此论类书之出，由于成语、故事之多；成语、故事之多，由于兴、道之用；兴、道之用，由于辞、义之不尽吻合，可谓精卓矣。如是，则代语之取资成语、故事，岂非事有必至乎？且也，文辞固需资料，而资料非即文辞。王氏并代语、类书为一谈，殊嫌疏阔。至沈氏惟恐人不用代语，王氏惟恐人用代语，各执一偏，初不计其宜称，是则所谓楚既失之，而齐亦未为得者，殆亡是公之所笑也。

若夫代语本造辞之一端，章公以为造辞者，初无碍于文事，而要当明达雅故，善赴曲期；不宜因缘绪言，巧作刻削。其论诚善。然造铸辞语，亦复多门，隐括代语，即以十数。善赴曲期者，岂尽明达雅故？巧作刻削者，未必因缘绪言。随时应心，以成变化，盖有之矣。《〈事类篇〉札记》又云：“文之为用，自喻、喻人而已。自喻奚贵？贵乎达。喻人奚贵？贵乎信。”若代语之施，自喻而达，喻人而信，则善赴曲期与巧作刻削者，其间或不能以寸也。《文心雕龙·定势篇》曰：“近代辞人，率好诡巧，……厌黩旧式，故穿凿取新。”又曰：“密会者以意新得巧。苟异者以失体成怪。”是则代语日繁，亦属新变代雄之理。其能达、信，是谓密会；翩其反而，是谓苟异，其胜劣宁尽系于明达雅故与因缘绪言哉？盖文辞构造，各有本原。代语以引申事物间之联想为法式，则与因仍典言、雅故者，根株自异，又不能一概齐也。

《提要》以《指迷》所论，其意欲避鄙俗，而不知转成涂饰，此则属于文辞传导。夫欲避鄙俗，作者之意旨也；转成涂饰，读者之感觉也。读者之感觉既不能同符作者之意旨，是即未尝相喻之征。作者之与读者，其于文辞，本各有其职责。“作者之职责，在求表见之充分与完整。其方术时直、时曲，或显、或隐，固非读者所能干预。读者之职责，在求欣赏之正确与精密。其程度有深、有浅，见知、见仁，亦非作者所能指点。”（拙撰《文论要诠》卷下）然以避鄙俗之意旨，而获得转成涂饰之感觉，则其过自应由作者任之。顾作者万千，岂皆如是？其施用代语而自喻能达，喻人能信者，数亦至众。若以此而罪及代语之本体，又岂非因噎废食之见乎？

与代语缘起相关诸问题，为前人所论及者，已依愚见，平议如上。要之，人类之语言、文字，根本不能与事物绝对密合，故不得不有所表象。其在文字，则有象形以表象具体之事物，有假借、引申以表象抽象之思想。其在修辞之术，则譬喻之语，犹之乎象形也；贸代之语，犹之乎假借、引申也。文明日进，则庶事日滋。修辞之术益精，则代语之用益广。此亦理之固然，非一二人之力所可进退者也。用是辑比诗辞，略明因果。世之论家，倘有取焉。

1945 年 4 月　成都

《古诗》“西北有高楼”篇“双飞”句义

以鸟喻人，以鸟飞喻人之行动，以鸟之双飞喻二人之一致行动，乃吾国诗歌中常用之表见方式。汉、魏古诗，尤所习见。如旧题苏武诗四首之二：“黄鹄一远别，千里顾徘徊。……愿为双黄鹄，送子俱远飞。”（《文选》卷二十九）旧题苏武《别李陵》：“双凫俱北飞，一凫独南翔。”旧题李陵诗八首之五：“尔行西南游，我独东北翔，……双凫相背飞，相远日已长。”（已上《古文苑》卷八。次则以“相背飞”喻行动之不一致，其根株仍在以双飞喻行动之一致，故连举之。）《古诗》“步出城东门”：“愿为双黄鹄，高飞还故乡。”（《诗纪》卷二十，汉第十）曹丕《清河一首》：“愿为晨风鸟，双飞翔北林。”（《玉台新咏》卷二）曹植《送应氏诗》二首之二：“愿为比翼鸟，施翮起高翔。”（《文选》卷二十）胥其例证。凡上诸诗所指双飞之鸟，意义均极明确。盖一则自谓，一则谓所致意之人。此不俟烦言而解者也。次如徐幹《为挽船士与新娶妻别》：“愿为双黄鹄，比翼戏清池。”（《艺文类聚》卷二十九。按《玉台新咏》卷二以此诗为曹丕作。兹据《历史语言研究所集刊》第十二本逯钦立《〈古诗纪〉补正叙例》之说，定归徐氏。）则比翼双鹄者，一以喻挽船士，一以喻其妻，似若少殊。然此本诗人代挽船士立言，则亦实与前述无异。又如《古诗》“东城高且长”：“思为双飞燕，衔泥巢君屋。”（《文选》卷二十九。《玉台新咏》卷一题枚乘作，非。）“双飞”燕而外，又出“君”字，遂若有三人者，义较含糊。但衡以全诗文义，则此双飞之燕，一则荡涤放情之作者，一则容颜如玉之佳人。所云“君”者，仍即指此佳人。故陆机拟之，乃直作：“思为河曲鸟，双游沣水湄。”（案《文选》卷三十载陆拟古诗十二首，其九曰《拟东城一何高》。《玉台新咏》卷三载陆拟古七首，其二曰《拟东城高且长》。二诗即一首。审其辞义,实系拟今十九首中《东城高且长》篇,而选题有异者,未悉是古诗旧有异文,抑或传写之讹也。)是则未尝不与旧题苏、李诸篇以次从同也。

《古诗》"西北有高楼"篇全文云:"西北有高楼,上与浮云齐。交疏结绮窗,阿阁三重阶。上有弦歌声,音响一何悲!谁能为此曲,毋乃杞梁妻?清商随风发,中曲正徘徊;一弹再三叹,慷慨有余哀。不惜歌者苦,但伤知音稀,愿为双鸣鹤,奋翅起高飞。"(《文选》卷二十九及《玉台新咏》卷一。鸣鹤,《玉台》及五臣本《文选》作鸿鹄。)起写所见,中写所闻,结写所感。此孙鑛《评》所以称为"叙事有次第,首尾完净"也。(今人隋树森《〈古诗十九首〉集释》搜采旧说颇备。本文所引前贤之论,凡未别著出处者,悉见此书。)而就此诗整体言之,则无论见闻,均属作者假以表意之象,结四句始为意之所存。昔人说此,盖有歧义。吴淇云:"'不惜'二句,是由其声之哀,而知其意之苦。于是听者代为之词,若曰:歌之苦,我所不惜,难得者知音耳。如有知音者,愿与同归矣。"张庚则曰:"吴氏以为此听者代之之词。……然以上文文势观之,此接代词觉突且无味。盖此诗本就听者摹写,则'不惜'仍是听者不惜。起六句是叙述,'谁能'六句是拟议,结四句乃发论见意也。若谓我听其歌,悲哀慷慨,亦何苦也!然我不惜其苦,所可伤者,世有如此音声而竟不得一知者耳。因自露意气,遂慨然曰:我与若人所抱既同,所遇又同,若得化为双鹤,奋翅俱飞,以去此人间,诚所愿矣。"案说"不惜"以下文义,自以张氏为长。然无论如吴氏之说,以为此乃楼外之人代楼中之女所言;抑如张氏之说,以为此乃楼外之人所自言。其认诗中双飞鸣鹤,即指斯二人,则无两致。盖此类诗句向来之一定解释固如是也。

余初说此诗,亦沿旧义。顷者细加寻绎,乃觉其非。今就厥情理,更为探究,别进一解,以求教于海内知诗者。

姚鼐谓:此诗盖"伤知己之难遇,思远引而去。"方东树说之曰:"'不惜'二句,乃是本意交代,而反似从上文生出溢意,其妙如此。收句深致慨叹,即韩公《双鸟诗》、《调张籍》'乞君飞霞佩'二句意也。……不过言知音之难遇,而造语造象奇妙如此。"张庚亦云:"此抱道而伤莫我知之诗,借歌者极写之,而结以'愿为'二句见意,格局甚好。"案姚氏语简,合以方、张二家之论,则其大旨略可了然,然据此以推情求理,则谓双飞鸣鹤为如旧义所指,有可疑者三焉。

此诗自首至尾,皆写楼外之人所见闻感慨,当从张氏之说,已如前述,则其属于片面之观察与情绪甚明。易言之,则楼外之人虽知有楼中之女,而楼中之女则始终不知有楼外之人也。(张氏又云:"先出歌声,后出人者,高楼之上,交疏之中,人之有无不得知,因歌声知之也。而于人则曰'谁',曰'无乃',作猜拟之词者,盖虽因歌声而知楼上有人,然终不知其为何如人,因即歌声拟料之。古人用笔之仔细如此。"此申片面之义尤为精密。)方氏以韩诗相比,考《双鸟诗》有曰:"双鸟海外来,飞飞到中州。鸟落城市,一鸟集岩幽,不得相伴鸣,尔来三千秋。……还当三千秋,更起鸣相酬。"(《全唐诗》卷十二,页六十九)曾国藩《十八家诗钞》云:"朱子以《双鸟诗》指己与孟郊而作。落城市者,己也。集岩幽者,孟也。《韵语阳秋》已有此说。"(卷九。案此诗解者纷如,兹取其足以证成方说者。)《调张籍》曰:"乞君飞霞佩,与我高颉颃。"(《全唐诗》卷十二,页七十)君者,张籍;我者,韩公自称。斯更览题可知,无可疑惑。顾孟之与张,皆韩旧识深交。此与本篇之二人初不相识,且一人于另一人毫无所知之情况,实不相同。则方氏连类而谈,殊未精审。盖此二人者,固有李商隐《无题》所谓"身无彩凤双飞翼"之境,实无其所谓"心有灵犀一点通"之情。(《全唐诗》卷二十,页三十七)故陆时雍评之曰:"抚衷徘徊,四顾无侣。……空中送情,知向谁是?言之令人悱恻。"由是言之,此楼外之人又何所托以致其思,而欲与此楼中之女为双鸣鹤以奋翅高飞乎?斯则事势之不同,可疑者一也。

次则此楼外之人,虽无由定其确切之身份,然如朱筠所云:诗"写音响之悲,淋漓尽致。'随风发',曲之始;'正徘徊',曲之中;'一弹三叹',曲之终"。则其人实以弦歌之移情,而低徊楼畔甚久,是必非古乐府《相逢狭路间》所写"黄金络马头,观者满路旁"之流。(《玉台新咏》卷一)至楼中之女,尤属虚摹,然以其所居处绮窗、阿阁、高楼、重阶而推之,是当为王维《洛阳女儿行》所写"良人玉勒乘骢马,侍女金盘脍鲤鱼"之流。(《全唐诗》卷五,页八)盖一则可能为贫士,一则必其为贵家也。由是言之,此楼外之人又何所恃以致其思,而欲与此楼中之女为双鸣鹤以奋翅高飞乎?斯则境遇之不同，可疑者二也。

复次，如诗所陈，楼外之人固有失志之感，而自伤知音之稀；楼中之女，据其直觉，亦复如此。斯则然矣。而申言之，二人虽可能皆具失志之感，其所以致感之由，抑又不必从同。夫楼外之人所愿望，虽无法确知，而最可能者当为闻达。楼中之女所愿望，亦末由悬揣，然最可能者当为爱情。盖贫士沦落之感既深，自以闻达为先；贵女衣食之资无缺，容以爱情为重。(诗用杞梁妻事以喻其弦歌之悲，亦一暗示也。)此固可推度者也。洪迈《容斋五笔》云："白乐天《琵琶行》一篇，读者但羡其风致，敬其词章，至形于乐府，咏歌之不足，遂以谓真为长安故倡所作。予窃疑之。唐世法网虽于此为宽，然乐天尝居禁密，且谪官未久，必不肯乘夜入独处妇人船中，相从饮酒，至于极弹丝之乐，中夕方去。(案诗云："移船相近邀相见，添酒回镫重开宴。千呼万唤始出来，犹抱琵琶半遮面。"则是邀此妇人过客船，非乐天等入妇人船，甚明。容斋语微误。)岂不虞商人者它日议其后乎？乐天之意，直欲摅写天涯沦落之恨尔。东坡谪黄州，赋《定惠院海棠》诗，有'陋邦何处得此花，无乃好事移西蜀'、'天涯流落俱可念，为饮一尊歌此曲'之句。其意亦尔也。或谓：殊无一话一言与之相似。是不然。此真能用乐天之意者，何必效常人章摹句写而后已哉？"(卷七《〈琵琶行〉、〈海棠〉诗》条)《琵琶行》本事之有无，非此所欲置论，然洪氏之言，则实超卓。今依其说以衡此篇，则亦不过作者借所闻弦歌以寄其惆怅失志之感耳。其他非所重也。由是言之，此楼外之人又何所求以致其思，而欲与此楼中之女为双鸣鹤以奋翅高飞乎？斯则希冀之不同，可疑者三也。

准此三疑，则张氏所云"我与若人所抱既同，所遇又同"之说，殊难成立。"若得化为双鹤，奋翅俱飞"云云，更无依据。今谓此之所咏"愿为双鸣鹤，奋翅起高飞"者，当分别宾主、虚实言之：其属于楼外之人者，乃衷心之愿望，是主，是实；而属于楼中之女者，则代谋之拟议，是宾，是虚。此人因己本有失志之悲，遽闻此女弦歌，遂生同病相怜之感。若谓：二人者，志各有所失，心各有所愿。故不特望自身能得知音之援引而跻攀于闻达，亦同时盼此女能得知音之怜惜而满足其爱情。设假定楼外之人为甲，则主中之主也；能援引之而使跻攀于闻达者为乙，则主中之宾也；楼中之女为丙,则宾中之主也;能怜惜之而使满足其爱情者为丁,则宾中之宾也。如是,则此诗所指双飞鸣鹤,当有两组:一者甲乙,二者丙丁。而初不若旧说之仅二人,即以楼外之人与楼中之女当之,此或较得其实。盖虽自心理观点论之,丙实为甲之投影,丁亦为乙之投影;但丙之与甲,则难言其有若何固定之联系也。

或曰:"如子所言,揆诸情理,自亦可通。然诗人感物,连类不穷,比兴之辞,尤难意必。自汉以来,此类诗句多矣。究厥蕴涵,均不若是。今子独标新义,无征不信,宁免附会穿凿之失乎?"应之曰:阮籍《咏怀》八十二首之十二云:"昔日繁华子,安陵与龙阳,夭夭桃李花,灼灼有辉光,悦怿若九春,磬折似秋霜。流盼发姿媚,言笑吐芬芳,携手等欢爱,宿昔同衣裳。愿为双飞鸟,比翼共翱翔,丹青著明誓,永世不相忘。"安陵为楚王幸臣,龙阳为魏王幸臣,《国策》、《说苑》载其事详矣。是诗所谓双飞鸟者,亦当为两组:安陵、楚王,一也;龙阳、魏王,二也。阮公之作,盖即本古诗而更加以变化耳。若循旧说,则双飞鸟当指安陵与龙阳,宁复可通?此余说之确证也。

抑尤有进者,此类诗句之原始用法,自系直指禽鸟本身。如古乐府《双白鹄》:"飞来双白鹄,乃从西北来。"《古诗为焦仲卿妻作》:"中有双飞鸟,自名为鸳鸯。"(均见《玉台新咏》卷一)是其例也。少进乃以喻人,如篇首所举是。至如"西北有高楼"篇中所喻,有主有宾,有实有虚,其事必更后起。自《玉台新咏》以古诗中之九首为枚乘作,世人多有攻驳之论,而求外证者多,求内证者少。此似亦其甚可注意之一端也。

1945 年 5 月　成都

曹孟德《蒿里行》“初期会盟津，乃心在咸阳”解

以乐府咏时事为曹孟德新启之异境，此治诗者之所共知也。兹篇用意，在刺袁绍、袁术兄弟行事。史传具在，疏解非难。闻人倓《古诗笺》、黄节《汉魏乐府风笺》等既略征引之，无俟更论。独“初期”二语，黄氏云：“即沮授说绍所谓‘迎大驾于长安，复宗庙于洛邑’也。”（《风笺》卷九）谨案：沮授之语，乃首次为绍画策。绍闻其言，喜曰：“是吾心也。”事在初平二年，见《后汉书·袁绍传》。《传》又载绍上献帝书，自陈其勤王之状，有云：“故遂引会英雄，兴师百万，饮马孟津，歃血漳河。”盟、孟古通，盟津之即孟津，学人已有考论。（详《禹贡半月刊》第四卷第十期载王树民《孟津》及第五卷第二期载童书业《盟津补证》二文。《风笺》亦云。）而咸阳之与长安，不过一水之隔。既皆旧都，诗又用冬、阳、庚通韵，则以此代彼，揆诸诗辞恒例，亦属当然。是如黄说，此二句者，上以谓陈师之事，下以称效忠之情，宜若怡然理顺矣。顾详稽史迹，则有窒阂难通者。

盖此篇之作，未悉何时。考之《后汉书·献帝纪》：“建安元年，……秋七月……车驾至洛阳。……八月，……迁都许。……二年春，袁术自称天子。”诗有“淮南弟称号”之语，明指术言，则至早当在建安二年春末。又《袁绍传》云：“兴平二年，拜绍右将军。其冬，车驾为李傕等所追于曹阳。沮授说绍曰：‘将军累叶台辅，世济忠义。今朝廷播越，宗庙残毁。观诸州郡，虽外托义兵，内实相图，未有忧存社稷恤人之意。且今州城粗定，兵强士附，西迎大驾，即宫邺都，挟天子而令诸侯，稸士马以讨不庭，谁能御之？’绍将从其计。颍川郭图、淳于琼曰：‘汉室陵迟，为日久矣。今欲兴

之，不亦难乎？且英雄并起，各据州郡，连徒聚众，动有万计，所谓秦失其鹿，先得者王。今迎天子，动辄表闻。从之则权轻，违之则拒命，非计之善者也。'授曰：'今迎朝廷，于义为得，于时为宜。若不早定，必有先之者焉。夫权不失几，功不厌速，愿其图之。'帝立既非绍意，竟不能从。……建安元年，曹操迎天子都许，乃下诏书于绍，责以地广兵多而专自树党，不闻勤王之师，而但擅相讨伐。……绍每得诏书，患有不便于己，乃欲移天子自近，使说操以许下埤湿，洛阳残破，宜徙都甄城，以就全实。操拒之。"《魏志·武帝纪》云："建安元年，……秋七月，杨奉、韩暹以天子还洛阳。奉别屯梁。太祖遂至洛阳，卫京师。暹遁走。……洛阳残破。董昭等劝太祖都许。九月，车驾出轘辕而东。……自天子西迁，朝廷日乱。至是，宗庙社稷制度始立。"则自董卓胁迫，徙都长安，乘舆播荡，累易行在。迄建安初元，还洛迁许，乃成定局。汉家之政，遂亦由曹氏出。袁绍始闻授议，虽善其言，然以首鼠两端，终失挟天子以令诸侯之机会。此实曹、袁成败枢纽之一端，史册所载，良彰彰也。今执范、陈所记以较黄说，则有不合之点二焉。一者：沮授之言，就袁方言之，则所云乃谋士之长策，非权臣之实事。自初平之元，至建安之始，前后七载，绍但尝声讨倡乱之贼党，而未曾奉迎败绩之皇舆。就曹方言之，则起兵之际，虽未迎大驾于长安；作诗之时，固已复宗庙于许下。此则事实有未符也。二者：挟天子，令诸侯，纵尽人皆知之心迹；迎大驾，复宗庙，亦尊王定乱之嘉猷。此事曹操既躬行之，何乃忽于赋咏之中，归美于其政敌？（至诗首句称绍为"义士"者，正斥其为德不卒，乃深致讥切之辞。"初期"句则以讨贼兴兵，绍本盟主，时操方行奋武将军，初无权势。《武帝纪》所载甚明。此类皆非归美，故不得与迎驾复庙比论也。）此又情理有未安也。

余以闲燕反复寻绎，窃疑二语之在本诗，实乃用事而非叙事，乃间接之比喻而非直接之纪录。"初期会盟津"，犹言始冀纠合诸侯，吊民伐罪。"乃心在咸阳"，犹言继竟攻城争地，树党营私。《史记·周本纪》云："武王……东观兵，至于盟津。……是时诸侯不期而会盟津者，八百诸侯。诸侯皆曰：'纣可伐矣。'武王曰：'女未知天命，未可也。'乃还师归。居二年，闻纣昏乱，暴虐滋甚。……于是武王遍告诸侯，……东伐纣。……师毕渡盟津，诸侯咸会。”此上句所用之故事也。《袁绍传》云：“初平元年，绍遂以勃海起兵，以从弟后将军术、冀州牧韩馥、豫州刺史孔伷、兖州刺史刘岱、陈留太守张邈、广陵太守张超、河内太守王匡、山阳太守袁遗、东郡太守桥瑁、济北相鲍信等，同时俱起，众各数万，以讨（董）卓为名。……约盟，遥推绍为盟主。”则其所喻之时事也。《史记·项羽本纪》云：“怀王与诸将约曰：‘先破秦入咸阳者，王之。’”又云：“沛公已破咸阳，项羽大怒，使当阳君等击关。项羽遂入，至于戏西。沛公军霸上，未得与项羽相见。沛公左司马曹无伤使人言于项羽曰：‘沛公欲王关中，使子婴为相，珍宝尽有之。’项羽大怒曰：‘旦日飨士卒，为击破沛公军。’”此下句所用之故事也。前引《袁绍传》，操既专柄，即矫诏责绍地广兵多，专自树党，不闻勤王，擅相讨伐，而《魏志·武帝纪》初平元年条亦云：“绍又尝得一玉印，于太祖坐中举向其肘。太祖由是笑而恶焉。”（案此事亦可与本诗言及袁术得玺相发。）则其所喻之时事也。盖上句指其起义讨罪，乃承“关东有义士，兴兵讨群凶”为言。下句指其变节自雄，则启“军合力不齐，踌躇而雁行。势利使人争，嗣还自相戕”为言。后来律体，颈腹二联，通例以偶丽成文，而亦或有单句承先，双句启后之格。（兹以杜、苏二公之作证之，如《杜诗镜铨》卷三《官定后戏赠》云：“不作河西尉，凄凉为折腰。老夫怕趋走，率府且逍遥。耽酒须微禄，狂歌托圣朝。故山归兴尽，回首向风飙。”此诗颈联上句承一、二，下句启五、六。又卷四《送郑十八虔贬台州司户，伤其临老陷贼之故，阙为面别，情见于诗》云：“郑公樗散鬓成丝，酒后常称老画师。万里伤心严谴日，百年垂死中兴时，仓皇已就长途往，邂逅无端出饯迟。便与先生应永诀，九重泉路尽交期。”此诗腹联上句承三、四，下句启七、八。《苏文忠诗编注集成》卷四《中隐堂诗》五首之二云：“径转如修蟒，坡垂似伏鳌。树从何代有，人与此堂高。好古嗟生晚，偷闲厌久劳。王孙早归隐，尘土污君袍。”此诗亦腹联上句承三、四，下句启七、八。又卷十一《苏州闾邱江君二家雨中饮酒》二首之一云：“小圃阴阴偏洒尘，方塘潋潋欲生纹。已烦仙袂来行雨，莫遣歌声便驻云。肯对绮罗辞白酒，试将文字恼红裙。今宵记取醒时节，点滴空阶独自闻。”此诗亦颈联上句承一、二，下句启五、六。皆其例也。）古诗尤多变化，自可随意错综，此类是矣。至所比方，未尽精确，则断章取义，用事常科，抑又不足病也。

《颜氏家训·文章篇》云：“沈隐侯曰：‘文章当从三易：易见事，一也。……’邢子才常曰：‘沈侯文章用事不使人觉，若胸臆语也。’深以此服之。”此篇所运典实，固皆近在耳目。徒以地名之混同，致有《风笺》之误解，则真用易见事不使人觉之例。故特表而出之，待证定焉。

1948年6月　武昌

左太冲《咏史》诗三论

左太冲诗今存者十有四篇。(据冯惟讷《诗纪》。丁福保《全晋诗》同。)《咏史》八首,最为杰构。故《文心雕龙·才略篇》云:"左思奇才,业深覃思。尽锐于《三都》,拔萃于《咏史》,无遗力矣。"余往岁说诗上庠,曾就其旨趣、年代、渊源三事,有所考论。兹略加诠次,俟达者取裁焉。

(一)

太冲此诗,原以言志。昔之论者,已有甄明。如何焯《义门读书记》云:"题云《咏史》,其实乃咏怀也。"(《文选》第二卷。后引同。)是其一例。然诵习之余,窃意犹有当推寻者,则诗辞所陈,已颇显豁,舍此而外,有无深衷是也。闲尝反复本文,参稽时事,乃悉八首之作,盖太冲自其妹芬入宫,颇思则效前代外戚之立功名,取富贵。所怀不遂,因假古人以寓言。其择题征事,胥有用意。请申论之:

按《晋书·文苑》本传云:"父雍,起小吏,以能擢授殿中侍御史。"(考《北堂书钞》卷一百二引王隐《晋书》云:"左思父雍起卑吏。"《〈世说新语·文学篇〉注》引《太冲别传》云:"父雍起于笔札。"皆略同《新晋》。惟洛阳出土《左芬墓志》云:"父熹,字彦雍。"名字与史传异,未知孰是也。)是太冲家世本属寒微。魏、晋以降,门阀制度已渐形成。太冲设欲自致隆高,以其资地,实非易事。值厥妹入宫,先拜修仪,后为贵嫔,(见《晋书·后妃传》)始骤以寒门跻于外戚。本意功名,因求闻达。及乎蹭蹬经年,终无厚望,遂寄情柔翰,以抒愤思。衡之情理，亦势所必至也。《后汉书·窦宪传》尝以宪与西京卫青、霍去病并举，为之论曰："二三子得之不过房幄之间，非复搜扬仄陋，选举而登。……东方朔称：'用之则为虎，不用则为鼠。'(按此《汉书·东方朔传》载所撰《答客难》之文。)信矣！以此言之，士有怀琬琰以就煨尘者，亦何可支哉？"蔚宗此说，适如太冲意中所欲言，殆可视为八首之总赞。

今览本诗，以"铅刀贵一割，梦想骋良图"始，以"巢林栖一枝，可为达士模"终。所表见者，乃一由积极而消极、由希冀而幻灭之过程，披文可见。而谓其深衷所存，必如鄙说者，则有三譣焉。其一，诗云："济济京城内，赫赫王侯居。冠盖荫四术，朱轮竟长衢。"又云："列宅紫宫里，飞宇若云浮。峨峨高门内，蔼蔼皆王侯。"是作诗之地，实在洛阳。而太冲之居洛，则缘左芬之入宫。本传云："会妹芬入宫，移家京师。"是也。至作诗之时，则据余所考，上距其妹入宫，已有八载。(下详)尔时干禄，盖已甚久，然空庐抱影，卒无所成。诗云："出门无通路，枳棘塞中涂。计策弃不收，块若枯池鱼。"殆属情实。若其谓："自非攀龙客，何为欻来游？被褐出阊阖，高步追许由。""饮河期满腹，贵足不愿余。"则又幻灭以后排遣之辞，非其初心然也。(按太冲功名之心，至老不衰。故其后更附贾谧，为二十四友之一，见《晋书·贾谧传》。又《全晋文》卷七十四载其《白发赋》云："咨尔白发，观世之途，靡不追荣，贵华贱枯。赫赫阊阖，蔼蔼紫庐，弱冠来仕，童髫献谟。……曩贵耆耋，今薄旧齿。皤皤荣期，皓首田里。虽有二毛，河清难俟。"《全晋诗》卷四载其《杂诗》云："高志局四海，块然守空堂。壮齿不恒居，岁暮常慨慷。"用意皆与《咏史》相发。)其二，诗中史事，纷然杂出，而细加条理，则友纪较然。析而言之，冯唐、主父偃、朱买臣、陈平、司马相如为一系。潜郎终身汩没，四贤初仕屯蹇，则作者所引为况譬者也。段干木、鲁仲连一系，功成身退，爵赏不居，则作者所引为仰慕者也。许由、扬雄一系，当时尊隐，来叶传馨，则作者所引为慰藉者也。苏秦、李斯一系，福既盈矣，祸亦随之，则作者所引为鉴戒者也。独荆轲之事，若无关涉，殆可谓寂寥中之奇想，而归本于自贵自贱，是与他篇固亦相通。其标举虽繁，要以出处穷通为枢纽。凡诸称说，或始否而终泰，或先荣而后枯，或享当时之富贵，或博后来之声名。而卒以知止、知足、立德、立言为其结论。斯盖悔吝之余，非如是不足以消释其内心之矛盾与苦闷耳。其三，诗云：“世胄蹑高位，英俊沈下僚，地势使之然，由来非一朝。”此于富贵之基于门第，若有微辞；然其《别传》云：“思……颇以椒房自矜，故齐人不重也。”则连姻帝室，太冲实引以为荣。所谓“朝集金张馆，暮宿许史庐”，与夫“金张籍旧业，七叶珥汉貂”之豪门，（按许、史之为贵戚，固不待言。金、张则《汉书·张汤传》所云“亲近贵宠，比于外戚”者也。）其在太冲，乃欲之而不能，非能之而不欲，故终发“何世无奇才，遗之在草泽”之叹。（考《太冲别传》谓其“无吏干而有文才”。《晋书·左芬传》谓芬“姿陋无宠，以才德见礼”。而武帝好色，元后性妒，后父骏专擅朝政，或皆为太冲仕宦不进之由。兹不备论。）由是言之，诵此诗者，当知其中实有作者之“情意综”存焉，固不得如《义门读书记》之执“饮河期满腹”四句，辄云：“太冲之于二十四友，特以身托戚属，难以自疏，然非有所附丽乾没，读此足以知其志也。”

由本诗之时地及题材，作者之内心与行事，可以推见其微旨者，如此。其寄情在出处，故作者托之史事而易明；其结念在穷通，故读者加之分理而可晓。在昔《诗品》之论左诗，谓其“文典以怨，颇为精切，得讽谕之致”。（卷上）陈仲子先生《注》云：“此指《咏史》诗。”（古直《钟记室〈诗品〉笺》亦云）斯说殊谛。盖典指其征材，怨指其用意。典怨二字，固八首之的评。《义门读书记》但就其风格，以“挥洒激昂顿挫”称之，说虽不误，犹非揣本之论也。

（二）

至本诗年代，惟第一首可为推断之资。《义门读书记》尝据其“长啸激清风，志若无东吴”，及“左眄澄江湘，右盼定羌胡”诸句，为之说云：“诗作于武帝时，故但曰‘东吴’；凉州屡扰，故下文又云‘定羌胡’。”按自晋武受禅，迄树机能为马隆所斩，孙皓为王濬所平，其间羌胡、东吴，与晋数相攻伐。史册所载，斑斑可稽。（参《晋书》卷三及《资治通鉴》卷七十九、八十《武帝纪》，又《通鉴纪事本末》卷十一《晋灭吴》条、《羌胡之叛》条。）何说诚是。然《晋书·后妃传·左芬传》云：“芬少好学，善缀文。……武帝闻而纳之。泰始八年拜修仪，受诏作愁思之文，因为《离思赋》曰：‘生蓬户之侧陋兮，……

谬忝厕于紫庐。’”（按《太平御览》卷一百四十五引《晋起居注》云：“咸宁三年，拜美人左嫔为修仪。”吴士鉴《〈晋书〉斠注》录此文于《左芬传》中，意其与史异也。然考《御览》同卷又引《晋诸公赞》云：“旧制：贵嫔、夫人比三公，假金紫。淑媛、淑仪、修容、修仪、婕妤、容华、充华为九嫔，比九卿，假银青。”是贵嫔之位，高于修仪；而九嫔之中，又无美人之目。则芬固不得先为贵嫔，后为修仪，亦不得同时为美人及九嫔，疑《起居注》所载，别是一人，嫔或其名也。）如前所论，此诗实太冲缘妹入宫移家洛阳后作，则不得在泰始八年之前。又《晋书·武帝纪》云：咸宁五年，“十二月，马隆击叛虏树机能，大破，斩之。凉州平”。太康元年，“三月，王濬以舟师至于建邺之石头。孙皓大惧，面缚舆榇，降于军门”。而诗方期“澄江湘”，“定羌胡”，斯亦不得在咸宁五年后也。更加寻究，则泰始八年迄于咸宁五年，其中相距，亦有八岁。八首之作，定属何时，固犹有待于考证。

余尝取史文与诗辞对勘，乃决其必作于咸宁五年十一月。所以知其然者，则《武纪》载：是年“十一月，大举伐吴”。其诏曰：“吴贼失信，比犯王略；胡虏狡动，寇害边垂。……自宣皇帝以来，以吴、蜀为忧，边事为念。今孙皓犯境，夷虏扰边，此乃祖考之遗虑，朕身之大耻也。故缮甲修兵，大兴戎政，内外劳心，上下戮力，以南夷句吴，北威戎狄，然后得休牛放马，与天下共飨无为之福耳。今调诸士，家有二丁三丁取一人，四丁取二人，六丁以上三人，限年十七以上，至五十以还。先取有妻息者。其武勇散将家亦取如此比，随才署武勇掾史。乐市马比为骑者，署都尉司马。中间以来，内外解弛。吏寡尽忠之心，将无致命之节。……今当大修戎政，以混壹六合。赏功罚惰，明罚整法。其宣敕中外，使各悉心毕力，明为身计。”（《全晋文》卷五）此诏所称，与本诗第一首所咏，情事若合符节。如诏云：“吴贼失信，比犯王略；胡虏狡动，寇害边垂。”云：“孙皓犯境，夷虏扰边。”云：“南夷句吴，北威戎狄。”诗则云：“边城苦鸣镝，羽檄飞京都。”云：“长啸激清风，志若无东吴。”云：“左眄澄江湘，右盼定羌胡。”诏云：“其武勇散将家……随才署武勇掾史。乐市马比为骑者，署都尉司马。”诗则云：“虽非甲胄士，畴昔览穰苴。”诏云：“内外劳心，上下戮力。”云：“使各悉心毕力，明为身计。”诗则云：“铅刀贵一割，梦想骋良图。”诏云：“然后得休牛放马，与天下共飨无为之福耳。”诗则云：“功成不受爵，长揖归田庐。”设非针对立言，安能如此巧合。则此诗乃太冲奉读纶音，发为咏叹无疑。且其年十二月，凉州即平，观诗中尚以定羌胡为言，尤足知其作于《伐吴诏》下不久也。

抑有进者，览诗中“何世无奇才，遗之在草泽”，及“计策弃不收，块若枯池鱼”诸语，颇疑诏书初颁，太冲闻风兴起，曾有请缨求试之事，而武帝不纳，故退以声诗抒其愤思。特遗文零落，末由征譣耳。然诗中微旨，则固可由年代之证定而益彰焉。

（三）

若夫欲明其渊源之自来，则当先审其特征之所在。此诗特征，大可两端。胡应麟《诗薮》云：“咏史之名，起自孟坚，但指一事。魏杜挚《赠毌丘俭》，叠用八古人名，堆垛寡变。太冲题实因班，体亦本杜，而造语奇伟，创格新特，错综震荡，逸气干云，遂为古今绝唱。”（外编卷二。又同书内编卷二云：“《鰕䱇篇》，太冲咏史所自出也。”则谓太冲此诗用意在求自试，与子建彼诗同符，非兹所论。）则杂陈先典，不专一事，一也。《义门读书记》云：“咏史不过美其事而咏叹之，檃括本传，不加藻饰。此正体也。太冲多自摅胸臆，乃又其变。”则题为咏史，实寓衷怀，二也。胡氏兼陈体制所从出，何氏但及法式之有异。辄以愚管所窥，并加订补焉。

检胡氏所举杜挚诗云：“骐骥马不试，婆娑槽枥间。壮士志未伸，坎轲多辛酸。伊挚为媵臣，吕望身操竿；夷吾困商贩，宁戚对牛叹；食其处监门，淮阴饥不餐；买臣老负薪，妻叛呼不还；释之宦十年，位不增故官。才非八子伦，而与齐其患。无知不在此，袁盎未有言。被此万病久，荣卫动不安。闻有韩众药，信来给一丸。”（《全三国诗》卷三）其中叠用古事，诚如所说。然余考曹公父子乐府，于此已开其端。魏武《短歌行》二首之二云：“周西伯昌，怀此圣德，三分天下，而有其二。修奉贡献，臣节不坠。崇侯谗之，是以拘系。（一解）后见赦原，赐之斧钺，得使征伐，为仲尼所称。达及德行，犹奉事殷，论叙其美。（二解）齐桓之功，为霸之首，九合诸侯，一匡天下。一匡天下，不以兵车。正而不谲，其德传称。（三解）孔子所叹，并称夷吾。民受其恩，赐与庙胙，命无下拜。小白不敢尔，天威在颜咫尺。（四解）晋文亦霸，躬奉天王，受赐珪瓒秬鬯，彤弓卢弓矢千，虎贲三百人。（五解）威服诸侯，师之者尊。八方闻之，名亚齐桓。河阳之会，诈称周王，是以其名纷葩。（六解）”又《善哉行》二首之一云：“古公亶父，积德垂仁，思弘一道，哲王于豳。（一解）太伯仲雍，王德之仁，行施百世，断发文身。（二解）伯夷叔齐，古之遗贤，让国不用，饿殂首山。（三解）智哉山甫，相彼宣王。何用杜伯，累我圣贤。（四解）齐桓之霸，赖得仲父。后用竖刁，流虫出户。（五解）晏子平仲，积德兼仁，与世浮沉，未必思命。（六解）仲尼之世，王国为君。随制饮酒，扬波使官。（七解）”魏文《煌煌京洛行》云：“夭夭园桃，无子空长。虚美难假，偏轮不行。（一解）淮阴五刑，鸟尽弓藏。保身全名，独有子房。大愤不收，褒衣无带。多言寡诚，只令事败。（二解）苏秦之说，六国以亡，倾侧卖主，车裂固当。贤矣陈轸，忠而有谋，楚怀不从，祸卒不救。（三解）祸夫吴起，智小谋大，西河何健？伏尸何劣？（四解）嗟彼郭生，古之雅人。智矣燕昭，可谓得臣。峨峨仲连，齐之高士，北辞千金，东蹈沧海。（五解）”（均见《全三国诗》卷一）此诸篇所出史迹，贤愚各异，得失互陈，则与太冲之取材同。篇中分解，或每解咏一事，或二解咏一事，或一解咏数事。则与太冲之联章同。特其法式尚系檃栝本传，近于班固原作，太冲则更加以扩充、藻饰、变化、错综耳。是则谓其体出杜挚，无宁谓为推本曹公父子也。

次则假史言怀，实此作尤要之点。沈德潜《古诗源》云：“太冲咏史，不必专咏一人，专咏一事。咏古人而己之性情俱见。”（卷七）张玉谷《古诗赏析》更加之剖判，谓其“或先述己意，而以史事证之。或先述史事，而以己意断之。或止述己意，而史事暗合。或止述史事，而己意默寓”（卷十一）。二家所论，均极精当。试执其说，以绳汉、魏诸作，而求太冲之先驱，则鄙见所及，惟有孔融《杂诗》。其辞云：“岩岩钟山首，赫赫炎天路。高明曜云门，远景灼寒素。昂昂累世士，结根在所固。吕望老匹夫，苟为因世故。管仲小囚臣，独能建功祚。人生有何常，但患年岁暮。幸托不肖躯，且当猛虎步。安能苦一身，与世同举厝。由不慎小节，庸夫笑我度。吕望尚不希，夷齐何足慕？”(《全汉诗》卷二)加之比量，太冲八首，不独风骨、辞气有类此诗，其标举史事，但期发扬襟抱，尤无二致。盖自太冲而后，六代咏史，不乏名篇，而涂径所经，多遵斯轨，有同后世所谓“六经皆我注脚”者。溯其远源，固当推文举兹篇。

1948年4月　武昌

郭景纯、曹尧宾《游仙诗》辨异

自灵均唱《骚》，后人拟之以为《远游篇》、《大人赋》，吾华文学取资仙道者始众。其在声诗，作者尤多，而晋郭景纯、唐曹尧宾《游仙》之造最称盛业，吟咏之徒莫不敛衽取则焉。此学林之所共知也。顾二家创作之旨意、产生之背景、承受之传统俱各不同，则尚未见有具体指陈之者。故历来称说，或至习而不察，并为一谈，（如厉鹗《樊榭山房文集》卷四《〈前后游仙百咏〉自序》有云："但以俗缘羁绁，尘网撄缠，与其作白眼以看人，何如问青天而搔首？于是效颦郭璞，学步曹唐，前后所为，数凡三百。"郭、曹交举，其一例矣。）淄、渑无分，亦未见其可也。辄因愚管，聊事剖析，撰《辨异》一篇，以备谈艺者之搴采。

今传二家《游仙》之诗，皆有缺佚。（据《全晋诗》卷五，景纯所制，存者完篇十，残篇四，而《诗品》卷中所引"奈何虎豹姿"及"戢翼栖榛梗"二句皆不在内。《唐诗纪事》卷五十八云："唐……作游仙诗百余篇。"《唐才子传》卷八云："作《大游仙诗》五十篇，又《小游仙诗》等。"今《全唐诗》卷二十四所载尧宾《大游仙诗》七律自《汉武帝将候西王母下降》迄《汉武帝思李夫人》，仅十七首。张为《主客图》摘录"箫声欲尽月色苦，依旧汉家宫树秋"、"一曲哀歌茂陵道，汉家天子葬秋风"及"谁知汉武无仙骨，满灶黄金成白烟"诸句，除首二语注明为"《游仙》句"外，余者亦可能为汉武二题佚篇中之断句，而缺者尚众。又《小游仙诗》七绝计九十八首，《唐诗纪事》所有"靖节先生几代孙"一绝亦不与其列。以此推之，知二家篇简均有零落也。）但据见存，加之探究，则其旨意，实不相侔。先就郭诗言之，观其引辞敷藻，固皆玄胜之谈，而忖彼表旨抒情，终系出处之际。前贤于此，虽有所会，然研虑难周，余蕴待发。说之者既属疏而不密，览之者遂亦明而未融。今请依据本诗，更为诠论。窃谓欲明此作真谛，传世诸制，第五篇乃厥枢机。谨首说是篇，次及余作。案其诗云：“逸翮思拂霄，迅足羡远游。（李善《〈文选〉注》卷二十一云：“逸迅思拂霄及远游，以喻仙者愿轻举而高蹈。”）清源无增澜，安得运吞舟。（《注》：“清源不能行运吞舟之鱼，以喻尘俗不足容乎仙者。”）珪璋虽特达，明月难暗投。（《注》：“珪璋、明月，皆喻仙也。言珪璋虽有特达之美，而明月之珠难暗投，以喻仙者虽有超俗之誉，非无捕影之讥。”之珠，胡刻本作皆喻。《〈文选〉考异》卷四云：“袁本、茶陵本皆喻作之珠，是也。”今据改。）潜颖怨青阳，陵苕哀素秋。（《注》：“言世俗不娱求仙，而怨天施之偏，又叹浮生之促，类潜颖怨青阳之晚臻，陵苕哀素秋之早至也。”）悲来恻丹心，零泪缘缨流。（《注》：“悲俗迁谢，故恻心流涕。”）”寻李善作《注》之方，原重解故训，疏典实。其有涵义渊深，必待曲畅精微，旁通要眇者，始为之发挥消释，此细玩全书而可知者也。《注》于昭明所选，六篇皆止于疏解故实，独于兹首详申作意，是李氏固亦知其费解，辄出所见，以诏世人。然其所言，殊多附会，后之学者，要难餍心。故何焯于此，直评云：“‘珪璋’以下未喻。”（海绿轩本《文选》引。下引同。）自余诸家所说，亦皆皮相之谈。惟先师蕲春黄君独标胜义，谓：“此伤年暮无知音之辞。《离骚》曰：‘老冉冉其将至，恐修名之不立。’《思玄》曰：‘既姱丽而鲜双，非是时之攸珍。’此物此志也。《注》未憭。”（手批李注《文选》，传钞本。下引同。）先师此论，已得龙珠。若赓李《注》义例，逐句释之，则逸翮、迅足，以喻才士。思拂霄、羡远游，期大用于世也。吞舟之鱼，非巨浸则不能运行；故才士不遇明主良时，自亦无由展其抱负。珪璋特达，固属可羡；明月暗投，尤为可伤。则出处所当特慎矣。潜颖结怨于青阳，谓求达之未能。陵苕兴哀于素秋，谓已达而得祸。幽潜与冈陵，则穷通之喻。青阳与素秋，则福祸之比。才士生世，知遇难必，则进退之顷，即倚伏之机。我瞻四方，蹙蹙靡骋，又安得不恻心流涕乎？意之所存，较然可见矣。景纯别有《答贾九州愁诗》云：“自我徂迁，周之阳月。乱离方炊，忧虞匪歇。四极虽遥，息驾靡脱。愿言齐衡，庶几契阔。虽云暗投，珪璋特达。绵驹之变，何有胡越？子固乔楚，我伊罗葛。无贵香明，终自瀐渴。未若遗荣，闳情丘壑。逍游永年，抽簪收发。”（其三，《全晋诗》卷五）此与上篇辞意大同，独用比用赋为异。取以证成，尤见其情。更推而及于他篇，则知其云：“愧无鲁阳德，回日反三舍。(反,李《注》本作向。黄先生云:“向当作反。六臣作令,亦讹字耳。”今据改。)临川哀年迈,抚心独悲吒。”(其四)即日月逝矣,岁不我与之悲也。其云:“灵妃顾我笑,粲然启玉齿。蹇修时不存,要之将谁使?”(其二)即叩阍无路,致身末由之痛也。其云:“仰思举云翼,延首矫玉掌,啸傲遗世罗,纵情在独往。”(其八)则欲摆落世纷,以求仙道。其云:“虽欲腾丹溪,云螭非我驾。”(其四。注引魏文帝《典论》云:“夫生之必死,成之必败。然而惑者望乘风云,冀与螭龙共驾,适不死之国。——国即丹溪。其人浮游列缺,翱翔倒景。——然死者相袭,丘垄相望。逝者莫反,潜者莫形。足以觉也。”景纯此二语不仅采其辞,亦正用其意。)“燕昭无灵气,汉武非仙才。”(其六)又觉书传多妄,长生无稽。至其谓:“灵溪可潜盘,安事登云梯?”(其一。注:“灵溪,溪名也。庾仲雍《荆州记》曰:‘大城西九里,有灵溪水。’云梯,言仙人升天因云而上,故曰云梯。”)乃明言傥能尊隐,即是游仙矣。而其一云:“京华游侠窟,山林隐遁栖。朱门何足荣?未若托蓬莱。”(程瑶田《通艺录·释草小记·释藜一》:“《玉篇》:‘莱,藜草也。’《广韵》亦云:‘莱,藜草。’《诗》:‘北山有莱。’说者谓:‘莱即藜也。’余案:莱藜一声之转。今不治之地多生藜,藜莱相通,故治荒薉之地曰辟草莱也。如《左传》、庄周、《管子》、太史公之书、《月令》、《韩非子》所云,〔原注:《月令》:“孟春行秋令,则藜莠蓬蒿并兴。”《韩非子》:“孟献旧相鲁,堂下生藿藜,门外长荆棘。”〕皆言其生于不治之地。故三神山其一曰蓬莱,以其人迹罕至,望之有蓬莱诸草而已,因遂以蓬莱名之,而修辞家亦用以氏贫者之庐云。〔原注:《后汉书·边让传》,让作《章华赋》云:“举英奇于仄陋,拔髦秀于蓬莱。”〕”案:此条承赵国璋先生举示,至感。又案:程氏举证仅及《章华赋》而不及景纯此诗,则郭氏诗旨亦久晦矣。)其七云:“王孙列八珍,安期炼五石。长揖当涂人,去来山林客。”则更以游侠、朱门、王孙、当涂人与隐遁、蓬莱、安期、山林客对举。其冀高蹈风尘之外,肥遁林薮之中,不益可征验乎?合诸诗以观,则谓景纯乃由入世之志难申,故出世之思转炽,因假《游仙》之咏,以抒尊隐之怀,殆无可致疑者。故黄先生又曰:“景纯斯篇,本类《咏怀》,聊以摅其忧生愤世之情。其于仙道,特以寄言。游仙实隐遁之别目耳。”斯言谅矣。

若夫曹氏之为,虽视郭诗远为繁博,而吟叹流连,实结念在天人情感一端,用意反较明豁。如《大游仙》者,乃取若干仙道故事,分题咏之,每事数章,各为首尾。(若刘、阮入天台之事则分《刘晨阮肇游天台》、《刘阮洞中遇仙子》、《仙子送刘阮出洞》、《仙子洞中有怀刘阮》及《刘阮再到天台不复见仙子》等五题是也。今所残存，亦或每事仅有一篇。然就其题目观之，则有一见即知其有佚篇者，如览《张硕重寄杜兰香》之“重寄”二字，知此前必有他作；览《皇初平将入金华山》之“将入”二字，知此后必有下文是也。亦有推测可能尚有佚篇者，如《织女怀牵牛》之后，或有牵牛酬答之篇；《汉武帝思李夫人》之后，或有方士招魂之什是也。据此论之，则《大游仙》五十首中应无以一首咏一事者矣。又案近世治戏曲史者，均以赵德麟《侯鲭录》卷五所载咏会真故事之〔商调·蝶恋花〕十二阕为戏曲之先河。今观尧宾此作，每事以数章分咏。题为叙事，诗则抒情，实与赵词大类，而时代适在其前，傥又其所自出乎？余于戏曲之学，未涉藩篱，不敢妄有论列，谨附著鄙见于此，俟专家考定焉。）寻其所存，故事凡有十一。其咏仙家与仙家之爱情者，则有牵牛与织女之事。其咏仙家与仙家之友谊者，则有王远与麻姑之事。咏仙家与尘界之爱情者，则有萧史与弄玉、许真人与萼绿华、张硕与杜兰香、刘阮与天台仙女之事。其咏仙家与尘界之友谊者，则有周穆王与王母、汉武帝与王母之事。独咏汉武帝与李夫人者，若全属尘界。然汉武好仙，夫人死后，魂魄尝为方士所招致，正史、小说俱有纪载，殆以是而附及之与？此外，惟《紫河张休真》及《皇初平将入金华山》二题于男女间之情感若无与耳。（《四库全书总目》卷一百五十一《〈曹祠部集〉附〈曹唐诗〉提要》谓尧宾此作“盖本颜延之《为织女赠牵牛》诗，而曼衍及诸女仙，各拟赠答”。案考之原诗，所咏既非尽属女仙，亦非尽是赠答，其言实误。）至《小游仙》九十九绝，前后虽无连系，而涉及情感，披文可见者，亦达三之一强。则其重心，初无殊异。如云：“赤龙停步彩云飞，共道真正海上归。千岁红桃香破鼻，玉盘盛出与金妃。”（其五十三）则神仙眷属之生活也。“东妃闲著翠霞裙，自领笙歌出五云。清思密谈谁第一，不过邀取小茅君。”（其二十）则世外友朋之过从也。“新授金书八素章，玉皇教妾主扶桑。与君一别三千岁，却厌仙家日月长。”（其九十五）则离索之感也。“海树灵风吹彩烟，丹陵朝客欲升天。无央公子停鸾辔，笑泥娇妃索玉鞭。”（其四十二）则爱悦之情也。“月影悠悠秋树明，露吹犀簟象床轻。嫔妃久立帐门外，暗笑夫人推酒声。”（其二十一）则狎媟之辞也。“云鹤冥冥去不分，落花流水恨空存。不知玉女无期信，道与留门却闭门。”（其四十八）则惆怅之志也。“玉皇赐妾紫衣裳，教向桃源嫁阮郎。烂煮琼花劝君吃，恐君毛鬓暗成霜。”（其二十三）则仙凡之遇合也。“九天王母皱蛾眉，惆怅无言倚桂枝。悔不长留穆天子，任将妻妾住瑶池。”（其九十三）则天人之睽隔也。略举八篇，可资三反。要之，《大》《小游仙》所写景物情况固极虚无、缥缈、灵异、芳菲之致，而诸凡君臣、朝廷、夫妇、友朋、尊卑、贵贱之序，车骑、服饰、宫室、饮食、婚媾、游燕之事，悲欢、离合、死生、得丧、爱恋、愁恨之怀，虽云天上，不异人间。故朱孟实先生谓其所为，乃使极超人间性之景象与极人间性之情感沆瀣一气。（见《文学杂志》第三卷第四期载朱撰《游仙诗》）斯则与景纯之作，不亦大有径庭乎？其异一矣。

次就两作背景论之，则征诸《晋书》景纯本传，其涉世之年，适值戎、狄乱华，中原多故，西朝倾覆，五马南浮。迨入仕江左，以才学为元帝所知，始累上章疏，多所匡益。明帝之在东宫，与温峤、庾亮并有布衣之好，景纯见重，亦埒二公。然峤、亮胥以贵仕为中兴名臣，景纯独偃蹇不进，自有才高位卑之叹。此《客傲》之所由作也。（文亦载《传》）又览其《赠温峤》云：“子策骐骏，我按骀辔。进不要声，退不傲位。遗心隐显，得意荣悴。尚想李严，逍遥柱肆。”（其三，《全晋诗》卷五）虽貌若自甘澹泊，实不免吝情去留。及为王敦记室参军，以敦在朝权势，无难借以通显，顾敦之逆谋，又景纯所洞烛机先。“珪璋虽特达，明月难暗投。”其意傥在斯乎。《传》载：“颍川陈述为大将军掾，有美名，为敦所重，未几而没。璞哭之哀甚，呼曰：‘嗣祖！嗣祖！焉知非福。’未几而敦作难。”又称：“敦将举兵，又使璞筮。璞曰：‘无成。’敦……又……问璞曰：‘卿更筮吾寿几何？’答曰：‘思向卦，明公起事，必祸不久；若住武昌，寿不可测。’敦大怒曰：‘卿寿几何？’曰：‘命尽今日日中。’敦怒，收璞诣南冈斩之。”景纯既明知早死之为福，当并审迟去之为祸，讵意迁延忘反，卒以杀身。故王夫之《古诗评选》论之曰：“步兵一切皆委之《咏怀》，弘农一切皆委之《游仙》。弘农之以自全者，不逾善乎？而终以不免。处逆流，逢横政，正当揭日月而行，徒为深人之色以幸两全，无益也。虽然，弘农之于此，亦可哀已。”（卷四，《船山遗书》本。案王敦平后，景纯追赠弘农太守，见本传。）王氏，朱明遗老，有激云然，而于景纯进退维谷之情，固已洞见。若陈沆《诗比兴笺》云：“殉物者系情，遗世者冥感。系情者难平尤怨，冥感者但任冲玄。取舍异途，情词难饰。今既蝉蜕尘寰，霞举物外；乃复肮脏权势，流连蹇修，匪惟旨谬老、庄，毋亦卜迷詹尹。是知君平两弃，非必无因；夷、叔长辞，正缘笃感云尔。……景纯劝处仲以勿反，知寿命之不长，《游仙》之作，殆是时乎！青溪之地，正在荆州，斯明证也。”(卷二。案《文选》载《游仙诗》第二首李善《注》引庾仲雍《荆州记》云：“临沮县有青溪山。山东有泉。泉侧有道士精舍。郭景纯尝作临沮县，故《游仙诗》嗟青溪之美。”又第一首之灵溪并是荆州地名，亦见庾《记》，前已引之。是《游仙诗》颇有作于荆州之可能，而王敦又尝镇荆州，故陈氏推断其时、地如此。)则于其思想感情之矛盾冲突，揭表尤明。章学诚《诗教》上尝论古今文人，情深《诗》、《骚》，盖缘“遇有升沈，时有得失。畸才汇于末世，利禄萃其性灵。廊庙、山林，江湖、魏阙，旷世而相感，不知悲喜之何从”。(《文史通义》卷一，《章氏遗书》本)夫旷世相感，悲喜且不知何从，则当时处境，去住又安能遽定。徬徨瞻顾，发为咏歌，又岂非事有必至者与？斯固历祀才士之所同，有难独责景纯者也。

至于尧宾行实，诸书所载甚简。(《唐诗纪事》、《昭德先生郡斋读书志》卷四中及《唐才子传》均略同)除尝为道士，后反初服一事外，殆无足据以推寻此作所由来者。《唐才子传》云：“唐始起清流，志趣澹然，有凌云之骨，追慕古仙子高情，往往奇遇，而己才思不减，遂作《大游仙诗》……《小游仙诗》等，纪其悲欢离合之要，大播于时。”论其动机，诚为近是。然于所谓高情奇遇，究属何等，则仍郁而未宣，斯亦有待于疏通证明者也。窃谓欲晓诸篇所以发生，必先知“仙”之一字与“游仙”一语在当时之特殊意义。按元稹《莺莺传》，(见《太平广记》卷四百八十八)为唐稗名篇。其中假托张生尝赋《会真诗》三十韵，而稹又制《续会真诗》三十韵，故此传亦有《会真记》之名。顾“会真”二字，作何解释，则世人鲜有注意及之者。近日陈寅恪丈始发其覆，谓：“《庄子》称关尹、老聃为博大真人，(原注：《天下篇》语)后来因有《真诰》、《真经》诸名，故真字即与仙字同义，而‘会真’即遇仙或游仙之谓也。又六朝人已侈谈仙女杜兰香、萼绿华之世缘，流传至于唐代，仙(原注：女性)之一名遂多用作妖艳妇人或风流放诞之女道士之代称，亦竟有以之目娼妓者。其例证不遑悉举。”(《读莺莺传》，载《历史语言研究所集刊》第十本第二分)寻以仙字代妖艳妇人或娼妓者，丈曾举蒋防《霍小玉传》：“有一仙人，谪在下界，不邀财货，但慕风流”(《太平广记》卷四百八十七)之语，及施肩吾《及第后访月仙子》、《赠仙子》(《全唐诗》卷十八，页七十一及七十八)诸诗为证。若目女冠为仙者，则如秦系《题女道士居》云："共知仙女丽，莫是阮郎妻？"（《全唐诗》卷九，页九十二）赵嘏《赠女仙》云："水思云情小凤仙，月涵花态语如弦。不因金骨三清客，谁识吴州有洞天。"（《全唐诗》卷二十，页一百二）皆是也。《大》《小游仙》所咏之人，不尽女仙，而实以女仙为主；所咏之事，不尽情感，而实以情感为多。唐世所谓仙人，含义既或如此，则谓尧宾之作，虽用古代神仙故事为题材，实以当时女冠生活做影本，或非不根之谈。考自汉以来，方士窃取柱史绪言，以创道教，老子久经神化。李唐握纪，自谓老后，其于道教，极致尊崇。（参《唐会要》卷五十《尊崇道教》条）故以帝女之贵，入道不嫁者，由睿迄穆，八朝之中，竟达十三人之众，（据《文献通考》卷二百五十八，帝系九。《唐会要》卷六，《公主》条所计少三人。又敬宗以次，两书均不载，或史之阙文也。）而《送宫人入道》尤为诗人习有之题。夫上有好者，下必有甚焉，则民女皈依，数当更夥。人数既多，流品必杂。洁身自好，岂乏其人；放诞风流，亦难尽免。为时既长，浸成风气，故"仙"与"游仙"之特殊意义生焉。韩愈《华山女》云："街东街西讲佛经，撞钟吹螺闹宫庭，广张罪福资诱胁，听众狎恰排浮萍。黄衣道士亦讲说，座下寥落如明星。华山女儿家奉道，欲驱异教归仙灵，洗妆拭面著冠帔，白咽红颊长眉青，遂来升座演真诀，观门不许人开扃。不知谁人暗相报，訇然振动如雷霆，扫除众寺人迹绝，骅骝塞路连辎軿。观中人满坐观外，后至无地无由听。抽簪脱钏解环珮，堆金叠玉光青荧。天门贵人传诏召，六宫愿识师颜形。玉皇颔首许归去，乘龙驾鹤来青冥。豪家少年岂知道，来绕百匝脚不停。云窗雾阁事恍惚，重重翠幕深金屏。仙梯难攀俗缘重，浪凭青鸟通丁宁。"（《全唐诗》卷十二，页七十二）此于女冠之妖艳妄诞，众生之颠倒风狂，描摸甚悉，然犹系不慊于心，故微文刺讥之也。若刘言史《赠成炼师》云："等闲何处得灵方，丹脸云鬟日月长。大罗过却三千岁，又向人间魅阮郎。"（四首之三。《全唐诗》卷十七，页八十五）李洞《赠庞炼师》云："家住涪江汉语娇，一声歌戛玉楼箫。睡融春日柔金缕，妆发秋霞战翠翘。两脸酒醺红杏妒，半胸酥嫩白云饶。若能携手随仙去，皎皎银河渡鹊桥。"（《全唐诗》卷二十七，页二十一）则竟以淫媟之辞，施诸投赠，言之者既毫无顾忌，听之者亦视若故常。此辈身分，在时人心目中为何若，概可知矣。王谠《唐语林》载："宣宗微行至德观，有女道士盛服浓妆者。赫怒归宫，立召左街功德使宗叔京，令尽逐去，别选男子二人，住持其观。”（卷一，按此则出裴庭裕《东观奏记》）盖尤女冠不守清规之显证。夫女仙之世缘，既为人所艳羡，女冠之行迹，又如彼其风流，则视女冠为女仙，以尘界为清境，一经交接，自以为便通仙籍，已遂双修，亦过屠门之大嚼也。裴铏《传奇》载樊夫人答裴航诗有云：“蓝桥便是神仙窟，何必崎岖上玉清。”（《裴航》条，见《太平广记》卷五十）此虽小说家语，实尔时人人意中所欲言。《唐才子传》所谓“高情奇遇”，固此类也。（案景纯诗云：“灵溪可潜盘，安事登云梯。”与“蓝桥”二句，正可互证。晋人之所谓仙与仙境，或与唐人不同，而以为除人外别无仙，除人间外别无仙境，固不异也。）尧宾尝为道士，于彼教典籍，窥览必多，加之唐代女冠，风气如此，则其假借天人情感之咏歌，以迎合当日社会之心理，“大播于时”，诚不足怪。此则二氏之作，推其缘起，亦复了无关涉，其异二矣。

复次，以二家承受之传统相较，则《楚辞》郁起，即杂仙心。《离骚》一篇，斐然称首。迹其要义，不外两端：其一，则以淑世之不能，乃转而思遁世。故既称：“老冉冉其将至兮，恐修名之不立。”复谓：“何离心之可同兮，吾将远逝以自疏。”其二，则以仙界之多妄，仍归本于人间。故既称：“驾八龙之婉婉兮，载云旗之委蛇。”复谓：“陟升皇之赫戏兮，忽临睨乎旧乡。”汉、晋诸家，咸遵遗则。如以《游仙》名篇，据今存史料，盖始曹植。（见《全三国诗》卷二。他作若《升天行》、《仙人篇》、《五游咏》、《平陵东》、《苦思》、《远游》、《飞龙篇》，皆其类也。）而植志存淑世，明见《求自试表》、《与杨德祖书》（《文选》卷三十七及四十二）诸文；不信神仙，则《辨道论》一篇言之尤切。（丁晏《曹集诠评》卷九载论有云：“夫神仙之书、道家之言乃云：傅说上为辰尾宿。岁星降下为东方朔。淮南王安诛于淮南，而谓之获道轻举。钩弋死于云阳，而谓之尸逝柩空。其为虚妄甚矣哉！”又云：“世有方士，吾王悉所招致，……诚恐此人之徒接奸诡以欺众，行妖恶以惑民，故聚而禁之也。岂复欲观神仙于瀛洲，求安期于边海，释金辂而顾云舆，弃文骥而求飞龙哉？”）景纯作意，亦与同符。是游仙诗之本来面目固如此也。乃旧之论者，于此殊有未明。始《诗品》评郭已云：“《游仙》之作，辞多慷慨，乖远玄宗。……乃是坎壈咏怀，非列仙之趣也。”李善《〈文选〉注》更申厥旨，谓：“凡游仙之篇，皆所以滓秽尘网，锱铢缨绂，餐霞倒景，饵玉玄都。而璞之制，文多自叙。虽志狭中区，而辞兼俗累。（兼，原作无。《考异》云：

“无当作兼。各本皆讹。”今据改。)见非前识,良有以哉!”所云“前识”,即指记室而言。然二家所说,实以后来作风,衡量古昔,其谬甚显。(案六代以来作者,不乏游仙之篇,其内容即大略如李善所云,此览文而可知者。视向来传统则有异矣。至其转变,别有因缘,兹不暇及。)是以何焯辨之曰:“景纯之《游仙》,即屈子之《远游》也。章句之士安足以知之。”(案《诗比兴笺》称焯为“知言”。贝琼《清江贝先生文集》卷七《游仙诗序》则云:“游仙诗何所始乎?始于《离骚》、《远游》之作也。天下固无神仙之说,而屈子不得于其君,放乎湘潭,盖将隘六合,陋薄俗,排风御气,超然物表。……后有何敬宗、郭景纯者,互为《游仙诗》,不过托安期、羡门之高,假蓬莱、方丈之胜,而欲去此适彼。其于屈子……有得否乎?”方东树《昭昧詹言》卷一复云:“余谓屈子以时俗迫厄,沈浊污秽,不足与语,托言己欲轻举远游,脱屣人群,而求与古真人为侣,乃夷、齐西山之歌,《小雅》病俗之旨,孔子浮海之志,非真欲服食求长生也。至其所陈道要,司马相如《大人赋》且不能至,何论景纯?若景纯此诗,正道其本事。钟、李乃讥之,误也。义门更失之矣。”二君所论,颇见是处,然亦有当辨正者,则屈子之为,景纯所作,仅形式上之差异与艺术上之高下而已,精神本质,初无不同。景纯固属自道本事,屈子何遽不然?何说殆未可非议。至《远游》一篇,虽据近人考证,并非屈作,而其文辞旨趣实《离骚》之延长,固亦无妨于何说也。)厉鹗《〈前、后游仙百咏〉自序》亦云:“至于弘农之始唱,实为屈子之余波。事虽寄于游仙,情则等于感遇。”何、厉之说,差可谓洞悉渊源者焉。

反观尧宾之所作,则得屈子之一偏。盖《离骚》轸怀肥遁,托意仙游,颇及览观四极、周流天庭、奏《歌》舞《韶》、屯车发轫之乐;而浮游求女,尤竭其心,《文心·辨骚》所云:“丰隆求宓妃,鸩鸟媒娀女”者是也。(王逸《楚辞章句》谓宓妃以喻隐士,娀女以喻贞贤。此盖不明屈子原兼有儒家及神仙家之思想,故欲统一解释之。此之所举,实非如逸所云,而系神仙家享乐思想之具体描绘。自兹厥后,则真有以求女喻求贤者,此则受汉儒训说之影响,非其本然,当分别观之。)下逮曹植则有“仙人翔其隅,玉女戏其阿”之句。(《远游篇》)景纯亦有“灵妃顾我笑,粲然启玉齿”之辞。虽用意或不尽同,而行文固无以异。及至尧宾,乃专就此点扩而充之耳。伊古神仙思想之产生,盖人类数种基本欲望之无限度伸张所致,(参闻一多《神仙考》,《全集》第一卷)其中原具浓厚之享乐色彩。而房中之术,方士又以为长生要诀。故男女之事,本所不讳。及神仙家言发展而成道教,则不特合籍双修之传说因之出现,且修真炼道,亦竟以此为譬喻矣。即以唐人诗歌征之，吕岩洞宾，俗传为八仙之一。今传其《渔父词·沐浴》云："卯酉门中作用时，赤龙时蘸玉清池。云薄薄，雨微微，看取妖容露雪肌。"《灿烂》云："四象分明八卦周，乾坤男女论绸缪。交会处，更娇羞，转觉情深玉体柔。"(《全唐诗》卷三十一，页六十五)皆以猥亵之辞，喻精微之理，其明据也。夫长生与情欲，实人类最基本之欲望，而神仙眷属，则合而一之，世人向往，职由于此。皇甫枚《三水小牍》载女冠鱼玄机婢绿翘谓玄机曰："炼师欲求三清长生之道，而未能忘解佩荐枕之欢。"(卷下《绿翘》条，《抱经堂丛书》本)不知二者自道教观点视之，不特鱼与熊掌，无妨兼得，且亦一当然之事。此则自屈子以来有取于神仙家享乐观念之大略，至尧宾乃尽情发挥之，较景纯之全绍灵均，不失矩矱者，又别。其异三矣。

如上所陈，则就传统言，景纯得屈子之全，而尧宾得屈子之偏。就背景言，则景纯为一己政治生涯，尧宾为当时社会风气。就旨意言，则景纯乃出处犹豫之吟叹，尧宾乃天人情感之咏歌。譬诸草木，区以别矣。固不得以景纯精于阴阳、五行、天文、卜策(亦见本传)，而尧宾尝为道士，遂谓二人皆笃信神仙，各具"灵见"，其诗其人同属一类也。庸昧之见，或异高贤。傥曰不然，请待来哲。

1949年8月　上海

陶诗“结庐在人境”篇异文释

《饮酒》二十首为陶公名篇。其五云：“结庐在人境，而无车马喧。问君何能尔？心远地自偏。采菊东篱下，悠然见南山。山气日夕佳，飞鸟相与还。此中有真意，欲辩已忘言。”尤推绝作。故当齐、梁之际，举世诗风皆不宗陶，而昭明《文选》，仍加第录，列入杂诗。盖洵美矣。然自来陶集、《文选》于此，即有异文二事：其一，“悠然见南山”句，“见”，《选》作“望”。宋绍熙壬子本陶集亦云：“一作望。”其二，“此中有真意”句，“中”，《选》及绍熙本作“还”。宋绍兴庚申本陶集亦云：“一作还。”尚考魏、晋以来，诗歌声色渐开。词人才子，多渐留心字句。于是一篇之中，有句可摘；一句之中，有字可指。《文心雕龙·章句篇》云：“篇之彪炳，章无疵也；章之明靡，句无玷也；句之清英，字不妄也。”则其具体之理论。陶公于此，固尝措意焉。强行父《唐子西文录》云：“晋人工造语，而元亮其尤。”（《历代诗话》本）王世贞《艺苑卮言》云：“渊明托旨冲澹，其造语有极工者。”（卷三，《历代诗话续编》本）此视其他论者但以朴质目陶者，自为有见。执此以绳，兹二异文既宋椠已然，又无一祖本足以定真面目之何若，则律以作者之命意遣辞，以判其孰为近是，似亦堪供读者循省之助。盖底本之是非设无由确知，则义理之是非固不妨推度，此校勘家之所习知也。

分言之：“见”之与“望”，前人论者颇多。《鸡肋集》云：“诗以一字论工拙。……记在广陵日，见东坡云：‘陶渊明意不在诗，诗以寄其意耳。采菊东篱下，悠然望南山。则既采菊，又望山，意尽于此，无余蕴矣。非渊明意也。采菊东篱下，悠然见南山。则本自采菊，无意望山，适举首而见之。

故悠然忘情，趣闲而景远。此未可于文字精粗间求之。’”（胡仔《苕溪渔隐丛话》前集卷三引，《四部备要》本。案《津逮秘书》本《东坡题跋》卷二《题渊明〈饮酒〉诗后》云：“‘采菊东篱下，悠然见南山。’因采菊而见山，境与意会，此句最有妙处。近岁俗本皆作望南山，则此一篇神气都索然矣。古人用意深微，而俗士率然妄以意改，此最可疾。”此与《鸡肋集》所载略同，特更言“望”字是俗士妄改耳。据此，知北宋本已有异文矣。）《蔡宽夫诗话》云：“‘采菊东篱下，悠然见南山。’此其闲远自得之意，直若超然邈出宇宙之外。俗本多以见字为望字。若尔，便有褰裳濡足之态矣。乃知一字之误，害理有如是者。”（同上引）沈括《梦溪续笔谈》云：“陶渊明《杂诗》：‘采菊东篱下，悠然见南山。’（案：本集题《饮酒》，《文选》改题《杂诗》，沈氏从《选》耳。）往时校定《文选》，改作‘悠然望南山’，似未允当。若作望南山，则上下句意全不相属，遂非佳作。”（《学津讨原》本）此皆以“见”字为佳也。何焯《义门读书记》云：“就一句而言，望字诚不若见字为近自然。然山气飞鸟皆望中所有，非复偶然见此也。悠然二字，从上心远来。东坡之论，不必附会。”（《文选》第三卷）先师蕲春黄君之评，亦申何说，谓：“望字不误。不望南山，何由知其佳邪？无故改古以申其谬见，此宋人之病。”（手批李注《文选》，传钞本。案苏、沈二氏以为字本作“见”，后人改“望”。黄君则以为字本作“望”，后人改“见”。今以皆无征验，未敢置论。）是又以“望”字为胜也。至若“中”之与“还”，说者较少。陶澍注陶集，收录校语颇详，而于此句则径作“中”，不出“还”字。何焯云：“此还不若此中。”（见海绿轩本《文选》。《义门读书记》无此条。）亦未明言其故。黄君则谓：“此还当不误。观《注》引狐死首丘说之，（案李善《注》：“《楚辞》曰：‘孤死必首丘，夫人孰能反其真情。’王逸注曰：‘真，本心也。’”）则还仍即上飞鸟之还也。或作中，殆非。还之真意，安其故常也。”诸家所说殊异，大略如此。

孟子曰：“诵其诗，读其书，不知其人，可乎？”又曰：“说诗者，不以文害辞，不以辞害志。以意逆志，是为得之。”（《万章》篇）此明示学者，诵诗读书，必由文辞以求义蕴；而不可遗其义蕴，徒拘文辞也。陶公之人若诗，固非此短文所得而详。然设此篇之大旨能先通解，则于异文之抉择，自亦有所裨补。盖由意得象，由象知言，庶几虽不中不远焉。葛立方《韵语阳秋》云：“东坡拈出渊明谈理之诗，前后有三。一曰：‘采菊东篱下，悠然见南山。’二曰：‘啸傲东轩下，聊复得此生。’（《饮酒》之七）三曰：‘客养千金躯，临化消其宝。’(《饮酒》之十一)皆以为知道之言。”(卷三,《历代诗话》本)案《饮酒》之十四有云:“不觉知有我,安知物为贵。”又可视为苏氏所举三诗之总赞。夫千金自奉之与啸傲东轩,虽有富贵贫贱之殊,而有宝亦化之与聊复得生,其同归于尽则一也。若是,则百年鼎鼎,物我交役,果何为哉?东坡之所以亟称此数语,正以其二、其三为陶公所说无我超物之理,其一则其所标物我两忘之境耳。然物我两忘之境,故非一几可及。要必滞累既去,而后自然可反;和谐之极,而后迹象全无。即以此诗论之,起四句,绝对唯心之言。王安石评之云:“渊明诗有奇绝不可及之语。如‘结庐在人境’四句,有诗人以来无此句。”(李公焕《注》引)其推许甚至。以今观之,则此但述其去滞累而反自然之所得,以唤起下文。次四句,乃借篱菊、南山、岚光、飞鸟,以表见极和谐而无迹象之境界。前者为平日之修持,为抽象之哲理。后者为当时之情事,为具体之景物。末二句始就此境界而赞叹之。盖其要领实在中四句也。昔之论者,于此殊多未明。如方东树《昭昧詹言》云:“此但书即目即事,而高致高怀可见。起四句言地非偏僻,而吾心既远,则地随之。境既闲寂,景物复佳,然非心远,则不能领其真意味。既领于心,而岂待言?所谓造适不及笑,献笑不及言,有曾点之意。后六句即心远地偏之实事。”(卷四)所言亦是。然以特重首尾心远忘言之理,而于中四语情景,为陶公临文所感发者,顾不之详,似犹有遗憾焉。

试就作者当时之情景推求之:其初来东篱,本为采菊;采菊之次,偶然见山。是采菊原在意中,看山则在意外。王安石《书湖阴先生壁》绝句有云:“两山排闼送青来。”(《王荆文公诗》卷四十三,大德本)颇足与此相证成。盖皆示人在悠然之际,山灵色相忽呈。虽句法有殊,而境界若一。陶诗中人之所见,即王诗中山之所送也。本事采菊,山色忽呈。采菊之心情遂移为看山之心情。继复由欣赏山气之佳,而及于飞鸟之还。此时或已忘其初乃为采菊而来篱下矣。斯缘胸次冲夷,原无意必,故得随其所寓,而含一片化机之妙。殆观赏既久,始觉其境之胜,其意之真,而有欲辩忘言之叹。察其所由,则又原于心远地偏。故“结庐在人境”四句,虽在一篇之首,而实为至物我两忘之境界以后,所获得之观照与解释。此心灵之发展,固有异于文章之组织者也。黄庭坚《跋渊明诗卷》云:“渊明不为诗,写其胸中之妙耳。”(李《注》总论引。《后山诗话》以此为东坡语。)若此真所谓胸中之妙,识之者鲜矣。准斯而谈,则陶公此诗,于菊于山,虽无意为宾主之分;然论其时情事.则实先采菊,后见山。悠然一句,无意之见。山气二句,有意之望。当其初见南山,则固未凝望也。此点既明,乃可进审下列两说之是非。《复斋漫录》云:“东坡以元亮‘悠然见南山’,无识者以见为望。予观乐天《效渊明》诗曰:‘时倾一壶酒,坐望东南山。’然则流俗之失久矣。唯韦苏州《答长安丞裴说》诗云:‘采菊露未晞,举头见秋山。’乃知真得渊明诗意,而东坡之言为可信。”(又见吴曾《能改斋漫录》卷三《悠然见南山》条。案:《能改斋漫录》在南宋初尝毁板。南宋人引《能改斋漫录》多作《复斋漫录》。陶《注》此条,引自《苕溪渔隐丛话》后集卷三,故亦题《复斋》也。)吴菘驳之云:“见改为望,神气索然,固已。但以乐天‘时倾一樽酒,坐望东南山’为流俗之失,此却不然。如渊明采菊之次,原无意于山,乃忽见山,所以为妙。若对山饮酒,何不可云望,而必云见耶?且如其言,剿说雷同,有何妙处?”(二则均陶《注》引)平章二说,吴氏为长。盖白诗以山为主,酒为宾,故用“望”字;韦诗则全规原作,由菊而山,故用“见”字。(《四部丛刊》本阮阅《诗话总龟》后集卷二十五引葛常之云:“韦应物诗拟陶渊明而作者甚多,然终不近也。《答长安丞裴税》诗云:‘临流意已凄,采菊露未晞。举头见秋山,万事都若遗。’盖效渊明‘采菊东篱下,悠然见南山。……此怀〔还〕有真意,欲辨已忘言’之句也。然渊明〔遗〕落世纷,深入理窟,但见万象森罗,莫非真亲〔境〕。故因见南山而真意具焉。应物乃因意凄而采菊,因见秋山而遗万事。其与陶所得异矣。”案此说分析二家作诗时心理之异,亦极致密。然采菊之次,无意见山,则仍所同也。又案《历代诗话》本《韵语阳秋》卷四所载此条残缺,仅存首二十字。裴税,当作裴说。《全唐诗》卷七,页十六亦作说)。斯衡以宾主之区别,著意之轻重,而知其并行不悖者。且更足以证明陶公原作,亦以作“见”为佳焉。何、黄二君所言,殆未审作者视力之转移,乃自无意而有意。用“见”字,则“望”义亦在其中。由见而望,正有层次;始见继望,为尤切合也。

若夫黄君引李善《〈选〉注》以证“中”当为“还”,窃以注家顺释成文,但依所据之本,此例恒有,难为确论。刘履《〈选〉诗补注》于二异文,一作“见”,一作“还”,为之说曰:“此篇乃写其休闲自得之趣。言心志超远,不为尘物所滞,则耳旷目清,虽居人境,自无喧杂矣。故于东篱采菊之际,悠然见夫南山。初不经意，而景与意会。况山气日夕清佳，而飞鸟亦相与还，各遂其自然之性，则我于此，岂不陶然自乐也哉？夫鸟倦飞则知还，人不得志则卷而怀之。此意甚真，人莫之察；然欲与之辩，则又有非言说可得而尽者。意味含蓄，最宜潜玩。"（卷五）此以《归去来辞》"鸟倦飞而知还"说诗"还"字，与黄君"安其故常"之论大类。然细加寻绎，"中"字所包，殆尤弘广。所指不特为欲辩忘言之情景，即心远地偏之哲理，亦隐寓焉。若局就鸟还，谓有真意，则欲辩忘言者，岂仅此区区乎？苏轼云："孔子不取微生高，孟子不取於陵仲子，恶其不情也。渊明欲仕则仕，不以求之为嫌；欲隐则隐，不以去之为高；饥则叩门而乞食；饱则鸡黍以延客。古今贤之，贵其真也。"（李《注》总论引）则倦飞知还，亦不过陶公出处之一节。陈沆《诗比兴笺》尝称其"早岁肥遁，匪关激成；老阅沧桑，别有怀抱"（卷二）。以性分遭际二者兼言，最为卓见。则诵此诗者，固无庸胶执"此还"始"有真意"也。且就修辞而论，则此"中"清空，此"还"质实。其间又自有胜劣，不独所指目有广狭之殊而已。计有功《唐诗纪事》云："（王）贞白，唐末大播诗名。《御沟》为卷首，云：'一派御沟水，绿槐相荫清。此波涵帝泽，无处濯尘缨。鸟道来虽险，龙池到自平。朝宗心本切，愿向急流倾。'自谓冠绝无瑕，呈僧贯休。休曰：'甚好，只是剩一字。'贞白扬袂而去。休曰：'此公思敏。'书一字于掌中。逡巡贞白回，忻然曰：'已得一字，云：此中涵帝泽。'休将掌中字示之，正同。"（卷六十七，《四部丛刊》本。《诗话总龟》前集卷十一引《青琐后集》同。又《唐子西文录》云："皎然以诗名于唐。有僧袖诗谒之。然指其《御沟》诗云：'此波涵圣泽，波字未稳，当改。'僧艴然作色而去。僧亦能诗者也。然度其去必复来，乃取笔作中字掌中，握之以待。僧果复来，云：'欲更为中字，如何？'然展手示之，遂定交。"盖一事而传闻异辞也。）此亦以"中"为优，盖与陶诗无异，可参证也。（以二"中"字相提并论，系承朱自清先生之指示。谨此致谢。）

如上所疏，异文二事，断以作"见"、作"中"为是。（此篇旧尝寄呈徐哲东先生乞教。先生复书云："弟昔读此诗，于'悠然见南山'句，以为见字自然而浑成，有全不著意而得情景交融之妙。望字不免著意，神致少逊矣。于'此还有真意'句，以为作此中义虽周匝，然还字随顺笔势，似率实佳。盖诗贵以意逆志，则作者虽就一端措辞，观者自可由偏而会其全。斯为余味曲包。故见必不可易为望；而中之与还，还字似胜。然直出胸臆而已，初未详加考索也。今读大作，益欣望当作见，更有论据。至于中之与还，犹有异同之见存。兄谓‘此中清空，此还质实。’弟以为若由以偏会全之意观之，还字反觉清空，中字转落质实。辄贡拙见，奉质高明，尚希正之。”此书商榷周详，极可感念。因敬录之，俾读者并览观焉。）昭明《文选》于原作颇有改易增省，为治此书者所共知。余往校读王士禛《唐人万首绝句选》及李怀民《重订中晚唐诗主客图》，辄讶其字或异旧本，而义转胜；初不知其所从出；久乃悟文士之狡狯，不以窜易为嫌也。若陶集、《文选》，俱有宋刊，又非其比。是故不得不据义蕴以定从违耳。再先儒治学，每以校勘、训诂为通义蕴之邮，斯固然矣。而苟能触类旁通，先识义蕴，则亦未尝不可为校勘诸科之助。如陶公此诗，乃表见一物我两忘之境界。其心灵之发展，文章之组织，皆有轨辙可寻。循是以求，乃知异文何从为胜。其一例也。

1944 年 4 月　成都

陶诗“少无适俗韵”的“韵”字说

陶公《归田园居》第一首起句云：“少无适俗韵。”此韵字，诸家注皆无说，蓄疑久矣。近者，重阅《世说新语》，偶会典午以来，题目流品，率用为称。粗加辑比，乃得其解。因辄疏记，以备忽忘。若夫六代文笔，习用其字，籀览所及，亦复猥多；而索其义训，不出刘书之外。又义庆之作，孝标之注，甄录当时话言，最为近真，是故尤不烦覙缕焉。

韵之朔义，专属声音。《文心雕龙·声律篇》所云：“异音相从谓之和。同声相应谓之韵。”是也。然斯二者，兼指虽异其诂，偏举则韵亦包和。阮元《文韵说》考之详矣。（见《揅经室续集》卷三）相从、相应，声音之美，事本专系听觉之和谐。引而申之，触类而长之，则凡耳之所闻，目之所视，或综诸天官之所及，而获得优美之印象、和谐之感觉者，亦目为韵。《文选》卢谌《赠刘琨》诗云：“光阐远韵。”李善《注》曰：“韵，谓德音之和。”（卷二十五）犹今通云人之风度矣。《世说·任诞篇》云：“阮浑长成，风气韵度似父。”《赏誉篇》云：“庾公（谓孙兴公）曰：‘卫（君长）风韵虽不及卿，诸人倾倒处亦不近。’”此泛指风度。《〈言语篇〉注》引《高坐别传》云：“和尚……风韵遒迈。”《〈雅量篇〉注》引《阮孚别传》云：“孚风韵疏诞。”则以风度各殊，更为区别。斯其涵义之一变也。

推之，则或以专指放旷之风度。此缘尔时尤尚“作达”耳。《品藻篇》云：“杨淮二子乔与髦，俱总角为成器。淮与裴𬱟、乐广善，遣见之。𬱟性弘方，爱乔之有高韵。……广性清淳，爱髦之有神检。……论者评之，以为：乔虽高韵，而检不匝。”《注》引荀绰《冀州记》云：“乔……爽朗有远意。

髦……清于有贵识。”又引《晋诸公赞》云：“乔似淮而疏。”《任诞篇》云：“罗友有大韵。”《注》引《晋阳秋》云：“友……不持节检。”寻绎词条，弘方之与清淳、爽朗之与清平、疏之与检、高韵之与神检、大韵之与节检，义正相对，则韵之专属放旷可知。《言语篇》云：“支道林常畜数匹马。或言：‘道人畜马，不韵。’支曰：‘贫道重其神骏。’”或人之意，盖谓方外当具放旷之风度，不应事此龌龊琐屑，故法师以神骏可重解之。斯其涵义之又一变也。

次则或有以为思理之义者。《〈政事篇〉注》引《晋阳秋》云：“何充……思韵淹通。”(《〈赏誉篇〉注》引同，惟通作济。)又引宋明帝《文章志》云：“刘惔……识局明济。……王濛每称其思理淹通。”《品藻篇》云：“世目殷中军思纬淹通。”此三语所论，其义实一。独或曰思韵，或曰思理，或曰思纬，为异。然理为条理之称，纬则经纬之旨。字既明晓，又相通贯；以之证成思韵一词具有条理、经纬之意，当无穿凿之嫌。斯其涵义之又一变也。

复次，则或有以为性情之义者。《〈言语篇〉注》引《卫玠别传》云：“玠……天韵标令。”《〈贤媛篇〉注》引《郗昙别传》云：“昙……性韵方正。”此二韵字，乃与天、性连举。所指自属根生于心，非由外铄者。斯其涵义之又一变也。

又推之，则或以专指放旷之性情。《〈任诞篇〉注》引宋明帝《文章志》云：“(谢)尚性轻率，不拘细行。兄葬后，往墓还。王濛、刘惔共游新亭。濛欲招尚，先以问惔曰：‘计仁祖(尚字也。)正不当为同异耳。’惔曰：‘仁祖韵中，自应来。’”刘惔之言，盖谓尚胸次放旷，不至以守丧礼而拒游燕。下之韵中，即上之性轻率。此揆之词理而可知者。斯其涵义之又一变也。

由是言之：韵之一字，其在晋人，盖由其本训屡变而为风度、思理、性情诸歧义，时或用以偏目放旷之风度与性情，所谓愈离其宗者也。然考验所及，则义虽歧出.而皆以指抽象之精神，不以指具体之容止，是则其大齐矣。

今取以证陶公之句，则性情一义，最为吻合。次云风度，亦复可通。尚论陶之为人、出处、去就，胥无意必，循性而动，惟心所安。昔贤言之已详。此诗据旧谱，作于义熙二年，即赋《归去来》之次岁。殆深感涉世之不宜，故尤幸归田之得计。则“少无适俗韵”者，释为自来无谐俗之性情，为尤确矣。（此文尝写呈刘弘度丈乞正。丈云：“以性情说此韵字，自亦可通。惟如解作趣味之义，则更圆融。”谨案：所谓趣味者，本心理状态中对于事物之一种良好反应。性情之动，斯生趣味；趣味所本，仍在性情。故情趣、韵味、性韵、情韵皆得连文。特性情指其蕴涵，趣味指其举发，以有微异。并著于此，供印证焉。）至其于此句不用性情字，而用韵字，厥故亦有可言。魏、晋以来，文囿日辟，字句求工，蔚成风气。陶虽笃意真古，而大势所趋，固有未能自外者。其集具存，可以覆按。此句之下，即次以“性本爱丘山”。如用性字，即蹈重复。而性之与情，施之于此，名殊意一。如上用情而下用性，则不生新。避复、求新，诗笔通例，是以有取于韵字也。

《文心雕龙·指瑕篇》有言：“立文之道，惟字与义。字以训正，义以理宣。而晋末篇章，依希其旨。……悬领似如可辩，课文了不成义。斯实情讹之所变，文浇之致弊。”其论谅矣。况乃时运推移，古今间隔，若斯之属，更所难详。陶诗此字，特其一例。今取证《世说》，犹可推知，岂非幸事欤？

1945 年 12 月　乐山

王摩诘《送綦毋潜落第还乡》诗跋

圣代无隐者，英灵尽来归，遂令东山客，不得顾采薇。既至君门远，孰云吾道非？江淮度寒食，京洛缝春衣。置酒临长道，同心与我违。行当浮桂棹，未几拂荆扉。远树带行客，孤村当落晖。吾谋适不用，勿谓知音稀。

此王摩诘《送綦毋潜落第还乡》诗也。沈德潜《唐诗别裁》评之曰："反复曲折，使落第人绝无怨尤。"(卷一)谨案：此论精矣。惟沈氏生于清世，科举犹存。其制度虽有异李唐，然同为向来士子之"正途出身"，则无二致。故出语虽简，而当时览者，尚易会心。今者，世易时移，事制久改。初学诵此，不特于摩诘立言之妙，未能尽窥；或即于《别裁》持说之审，亦不甚解。至于《别裁》所未详者，更无论矣。余顷为诸生说诗，窃本古先知人论世之义，聊就故事，加之疏释。庶几前典既显，而作者立言之妙得章；本诗既明，而评者持说之审可复。愚管所及，亦附见焉。若夫米盐博辩之诮，不敢辞也。

杜佑《通典》云："大唐贡士之法，多循隋制。……其常贡之科有秀才，有明经，有进士，有明法，有书，有算。……初，秀才科等第最高。……贞观中，有举而不第者，坐其州长，由是废绝。自是，士族所趣向，唯明经、进士二科而已。"(卷十五，选举三，历代制下)考明经、进士虽皆常科，(常科之外，尚有制科。以与本题无关，不论。)而进士尤为时尚。王定保《摭言》云："永徽已前，俊秀二科犹与进士并列。咸亨之后，凡由文学举于有司者，竞集于进士矣。”(卷一《述进士上篇》条,《雅雨堂丛书》本。)又云:“进士科始于隋大业中,盛于贞观、永徽之际。搢绅虽位极人臣,不由进士者,终不为美,以至岁贡常不减八九百人。其推重谓之‘白衣公卿’,又曰‘一品白衫’。其艰难谓之‘三十老明经,五十少进士’。(《守山阁丛书》本王谠《唐语林·识鉴篇》云:“李珏……举明经。华州刺史李绛见而谓之曰:‘日角球庭,非常人也,当掇进士科。明经碌碌,非子发迹之地。’”案此亦唐人贱明经、贵进士之证。)……其有老死于文场者,亦所无恨。”(卷一《散序进士》条。同书卷十《海叙不遇》条云:“刘得仁,贵主之子。自开成至大中三朝,昆弟皆历贵仕,而得仁苦于诗,出入举场三十年,竟无所成。尝自述曰:“外家虽是帝,当路且无亲。’既终,诗人争为诗以吊之。唯供奉僧栖白擅名。诗曰:‘忍苦为诗身到此,冰魂雪魄已难招。直教桂子落坟上,生得一枝冤始销。’”案由今观之,栖白此作,就诗论诗,了无佳处,而独能擅名者,正以其最得尔时士流及得仁之意耳。此可为“老死于文场者,亦所无恨”之证。)览此所述,略见一斑。至风会所由成,与夫历久不改之故,亦有可征者。沈既济曰:“初,国家自显庆以来,高宗圣躬多不康;而武太后任事,参决大政,与天子并。太后颇涉文史,好雕虫之艺。永隆中,始以文章选士。(王溥《唐会要》卷七十六,贡举中,《进士》条云:“调露二年四月,刘思立除考功员外郎。先时,进士但试策而已。思立以其庸浅,奏请帖经及试杂文。自后因以为常式。”案此即沈氏所指。曰文章,曰杂文,皆诗赋统称耳。《旧唐书·高宗纪下》:“八月……乙丑……改调露二年为永隆元年。”知二者所举,年号虽殊,实一事也。)及永淳之后,太后君临天下二十余年。当时公卿百辟无不以文章达。因循日久,浸以成风。至于开元、天宝之中,上承高祖、太宗之遗烈,下继四圣治平之化;贤人在朝,良将在边;家给户足,人无苦窳;四夷来同,海内晏然。虽有宏猷上略无所措,奇谋雄武无所奋。百余年间,生育长养,不知金鼓之声,烽燧之光,以至于老。故太平君子,唯门调户选,征文射策,以取禄位。此行己立身之美者也。父教其子,兄教其弟,无所易业。大者登台阁,小者任郡县,资身奉家,各得其足。五尺童子,耻不言文墨焉。是以进士为士林华选。四方观听,希其风采。每岁得第之人,不浃辰而周闻天下。”(《通典》卷十五,选举三,历代制下,注引。后引同。)此论风气之成,职由时世之承平,与君主之提倡也。《新唐书·选举志》云:“大抵众科之目,进士尤为贵;其得人亦最为盛焉。方其取以辞章,类若浮文而少实。及其临事设施,奋其事业,隐然为国名臣者,不可胜数。遂使时君笃意，以谓莫此之尚。及其后世，俗益偷薄，上下交疑。因以谓：按其声病，可以为有司之责；舍是，则汗漫而无所守，遂不复能易。”此论历久不改，职由约定俗成也。而上之所好，下有甚焉。多士竞趋，仍缘利禄。李肇《国史补》云：“进士为时所尚久矣，是故俊乂实集其中。由此出者，终身为闻人。……位极人臣，常十有二三；登显列，十有六七。”（卷下《叙进士科举》条，《学津讨原》本）封演《封氏闻见记》云：“大抵非精博通赡之才，难以应乎兹选矣。故当代以进士登科为登龙门，解褐多拜清紧，十数年间，拟迹庙堂。轻薄者语曰：‘及第进士，俯视中黄郎；落第进士，揖蒲华长马。’又云：‘进士初擢第，头上七尺焰光。’”（卷三《贡举》条，《雅雨堂丛书》本。后引同。案“揖蒲华长马”句，《畿辅丛书》本作“揖蒲华良马”，《学海类编》本作“萑蒲弃道旁”。王鸣盛《十七史商榷》卷八十一《偏重进士立法之弊》条，引《闻见记》之文，与《雅雨堂》本同，为之说曰：“此段似有误。‘揖’上疑脱‘平’字，‘马’字疑衍。及第进士，俯视中书、黄门两省郎官。落第尚可再举，一得即躐清要，故平揖近畿蒲州、华州之令长也。”周勋初先生云：“王说非也。《北梦琐言》卷四：‘蜀相庾公传素，与其从弟凝绩，曾宰蜀州唐兴县。郎吏有杨会者，庾氏之昆弟深念之。洎迭秉蜀政，为杨会除长马以酬之。杨会曰：“某之吏役，远近皆知，忝冒为官，宁掩人口？岂可将数千家供待，而博一长马虚名乎？”虽强假军职，除授检校官，竟不舍其役。’《唐语林》卷七亦有此文。据此，长马盖当时某一军职之俗称。”此说甚是。《畿辅》本作“良马”，“良”乃“长”字之误，《学海》本五字皆异，则后人不得其解而妄改者也。）斯其明证。据上可知，进士一科，初以时君笃意，故由此出身者，多登显列；及风会既成，则虽登显列，而不由此出身者，终觉歉然。（孙止强先生云：“唐无名氏《玉泉子·李德裕》条：‘李德裕以己非由科第，恒嫉进士举者，及居相位，贵要束手。德裕尝为藩府从事日，同院李评事以词科进，适与德裕官同。时有举子投文轴，误与德裕。举子既误，复请之曰：某文轴当与及第李评事，非与公也。由是德裕志在排斥。’可为此点作证。”）斯其互为因果之大较也。

进士每岁应举人数，与夫登第名额，亦有可稽者。开元十七年，杨玚上言云：“伏闻承前之例，每年应举常有千数；及第两监，（案《摭言》卷一《两监》条云：“案《实录》：西监，隋制；东监，龙朔元年所置。开元以前，进士不由两监者，深以为耻。”）不过一二十人。”（《册府元龟》卷六百三十九，贡举部，条制一）《通典》云：“开元以后，四海晏清。士无贤不肖，耻不以文章达。其应诏而举者，多则二千人，少犹不减千人，所收百才有一。”柳宗元《送辛殆庶下第游南郑序》云：“朝廷用文字求士。每岁布衣束带，偕计吏而造有司者，仅半孔徒之数。（旧注：“孔门有三千之徒，今半其数。”）春官上大夫擢甲乙而升司徒者，于孔氏高第，亦再倍焉。（案此云“孔氏高第”，盖谓十哲，非七十子。“再倍”，则三十人也。观下文自明。）仆在京师，凡九年于今。其间得意者，二百有六十人。”（《河东先生集》卷二十三）赵匡《举选议》云：“举人大率二十人中方收一人。故没齿而不登科者，甚众。其事难，其路隘也如此。”（《通典》卷十七，选举五，杂议论中。后引同。）诸家所述，大略从同。其载在功令者，则如德宗建中十八年敕。“自今以后，每年考试所收人，明经不得过一百人，进士不得过二十人。如无其人，不必要满此数。”（《册府元龟》卷六百四十，贡举部，条制二。案建中仅四年。建中十八年疑为贞元十八年之误。）文宗开成三年敕：“进士每岁四十人。其数过多，则乖精选。官途填委，要窒其源。宜改每年限放三十人。如不登其数，亦听。”（《旧唐书·高锴传》引。案《册府元龟》卷六百四十一，贡举部，条制三云：“太和九年，中书门下奏：‘进士元格不得过二十五人。今请加至四十人。’……可之。”《唐会要》卷七十六，贡举中，《进士》条所载，“元格”作“太和四年格”。是太和中增二十人为二十五人，再增至四十人，旋又减为三十人也。）武宗会昌三年敕：“礼部所放进士及第人数目，今后但据才堪者，即与，不要限人数。每年止于十人五人总得。”（《册府元龟》卷六百四十一，贡举部，条制三。《唐会要》卷七十六，贡举中，《进士》条所载，末句作“止于二十五人”。）皆可互证。设更就马端临《文献通考》所载《唐登科记总目》加之统计，（见卷二十九，《选举考》二，《举士》条，后引同。）则其事尤显。据《总目》，开元十四年以前，贡举进士计八十有八次。其登第人数在三十五人以上者，仅十八年；在三十人以上者，亦仅二十四年。终唐之世，贡举进士计二百有六十次。其登第人数在三十五人以上者，仅二十六年；在三十人以上者，亦仅五十三年。大抵人数之多寡，其先差别较巨，多或至七十余人，（咸亨四年七十九人。开元元年七十一人。）少则一人而已。（永徽五年、调露二年、永隆二年并一人。）其后则以严诏屡颁，故多局于二十人至三十人之间，鲜有逾越。盖斯科既为时尚，则应试者日见其多。而举子无穷，官职有限，朝廷乃转思所以限之。限制愈严，则其登第者尤贵。此又一互为因果之现象，吾人固可于"官途填委,要窒其源"二语中,窥见其消息所在也。

进士之贵重既如彼,登第之艰难又如此,故奔竞之事大行。沈既济曰:"忠贤隽彦,韫才毓行者,咸出于是。而桀奸无良者,或有焉。故是非相陵,毁称相腾;或扇结钩党,私为盟歃,以取科第,而声名动天下;或钩摭隐匿,嘲为篇咏,以列于道路。迭相谈訾,无所不至焉。"《举选议》云:"收人既少,则争第急切。交驰公卿,以求汲引;毁訾同类,用以争先。故业因儒雅,行成险薄。非受性如此,势使然也。浸以成俗,亏损国风。"此泛言当时之风气也。《封氏闻见记》云:"玄宗时,士子殷盛。每岁进士到省者,常不减千余人。在馆诸生,更相造诣,互结朋党,以相渔夺,号之为棚。推声望者为棚头。(案《国史补》卷下《礼部置贡院》条云:"天宝中,则有刘长卿、袁成用分为朋头。"此当时棚头之可考者。)权门贵盛,无不走也。以此荧惑主司视听。其不第者,率多喧讼。"此专述一朝之情状也。其载在功令者,则如穆宗长庆元年诏曰:"国家设文学之科,本求才实。苟容侥幸,则异至公。访闻近日浮薄之徒,扇为朋党,谓之关节,(案《国史补》卷下《叙进士科举》条云:"造请权要,谓之关节。")干扰主司。每岁策名,无不先定。永言败俗,深用兴怀。"(《册府元龟》卷六百四十,贡举部,条制二)案穆宗上距玄宗,时逾百岁。斯风所扇,知非一朝。长庆之诏,降于变本加厉之余,亦诚非得已也。《文献通考》云:"唐科目考校,无糊名之法。故主司得以采取誉望。"(卷二十九,选举考二,举士条)其钓誉之方,则有所谓"求知己"与"温卷"。江陵项氏述其状曰:"风俗之弊,至唐极矣。王公大人,巍然于上,以先达自居,不复求士。天下之士,什什伍伍,戴破帽,骑蹇驴,未到门百步,辄下马,奉币刺,再拜以谒于典客者,投其所为之文,名之曰'求知己'。如是而不问,则再如前所为者,名之曰'温卷'。如是而又不问,则有执贽于马前,自赞曰'某人上谒'者。"(《通考》同卷引)赵彦卫《云麓漫钞》亦云:"唐之举人,先借当世显人以姓名达之主司,然后以所业投献。逾数日,又投,谓之'温卷',如《幽怪录》、《传奇》等,皆是也。盖此等文备众体,可以见史才、诗笔、议论。至进士则多以诗为贽。今有唐诗数百种行于世者,是也。"(卷八,《涉闻梓旧》本)览此二则,可见梗概。兹更举一实例,以尽其情。孙光宪《北梦琐言》云:"唐咸通中,前进士李昌符有诗名,(案顾炎武《日知录》卷十六《进士》条自注云："唐人未第称进士，已及第则称前进士。《雍录》引唐人诗云：'曾题名处添前字。'《通鉴》：'建州进士叶京尝预宣武军宴，识监军之面。既而及第，在长安与同年出游，遇之于途，马上相揖，因之谤议谊然，遂沈废终身。'是未及第而称进士也。"）久不登第。常岁卷轴，怠于装修，因出一奇，乃作《婢仆诗》五十首，于公卿间行之。……诸篇皆中婢、仆之讳。浃旬，京师盛传其诗篇。……是年登第。"（卷十《李昌符咏婢仆》条，《雅雨堂丛书》本）热中仕途，不惜出此，固知沈、赵以次诸家所述，非过甚焉。

至进士试期，究在何月，史无明文。徐松《登科记考·叙例》云："正月乃就礼部试，……通于二月放榜。"（《南菁书院丛书》本）盖亦隐栝之言，非是定制。考柳宗元《送苑论登第后归觐诗序》云："八年冬，余与马邑苑言扬联贡于京师。……明年春，同趋权衡之下，并就重轻之试。……二月丙子，有司题甲乙之科，揭于南宫，余与兄又联登焉。……夏四月，告归荆衡。"（《河东先生集》卷二十二）其所述时月甚悉。而证以唐人别记，尚有参差。如岑参《送杜佐下第归陆浑别业》云："正月今欲半，陆浑花未开。出关见青草，春色正东来。"（《全唐诗》卷七，页五十四）则放榜在二月以前。王泠然《与高昌宇书》云："今年春三月及第。"（《摭言》卷二《恚恨》条引）则放榜在二月以后。要之，皆在春季。验之今传当时进士登第、落第诗文，其所赋物色，鲜出春日外者；而"春闱"、"春榜"之名，又唐世习用，是可证也。若柳《序》言其冬日入贡，此则较一般情形为迟。案进士应举资历，或属生徒，或为乡贡。（《新唐书·选举志》云："由学馆者曰生徒。由州县者曰乡贡。"）生徒肄业两京，固不必论；而乡贡每年就道，则多在秋初。此不徒以道里遥远，跋涉需时。盖不早至长安，必无暇从事"求知己"与"温卷"也。权德舆《送郑秀才贡举》云："西笑意如何，知随贡举科。……晚色平芜远，秋声候雁多。"（《全唐诗》卷十二，页十八）郑巢《送人赴举》云："篇章动玉京，坠叶满前程。旧国与僧别，秋江罢钓行。"（《全唐诗》卷十九，页十六）此送人当秋赴举之篇什也。李贺《送沈亚之歌》云："请君待旦事长鞭，他日还辕及秋律。"（原序云："沈亚之……以书不中第，返归于吴江。……乃歌一解以劳之。"见《全唐诗》卷十四，页六十七。）赵嘏《裴延翰下第归觐滁州》云："一枝攀折回头是，莫向清秋惜马蹄。"（《全唐诗》卷二十，页九十六）此劝人来秋再试之篇什也。《国史补》云:“退而肄业,谓之过夏。执业以出,谓之夏课。”原注:“亦谓之秋卷。”(卷下《叙进士科举》条。案《学津讨原》本及《逮津秘书》本《国史补》此条均无注;《摭言》卷一《述进士下篇》条及《太平广记》卷一百七十八《总叙进士科》条所引,则均有之。惟此注又仅见《摭言》,《广记》未出。)盖夏指其撰卷之时,秋指其行卷之时。姚合《送崔约下第归扬州》云:“春风下第时称屈,秋卷呈亲自束归。”(《全唐诗》卷十八,页八十)李洞《龙州送人赴举》云:“献策赴招携,行宫积翠西。挈囊秋卷重,转栈晚峰齐。”(《全唐诗》卷二十七,页十五)前者谓携客秋之卷反里,后者谓挈今秋之卷赴京。此可知应举者秋以为期之故矣。《举选议》云:“大抵举选人以秋初就路,春末方归。休息未定,聚粮未办,即又及秋。”所言仆仆道途之状,证以诸诗,良信。

《举选议》又云:“羁旅往来,縻费实甚。非惟妨阙正业,盖亦隳其旧产。未及数举,索然已空。”夫应举之士,未必家尽素封。即素封之家,亦无力供此长期之耗费。故当时悉索敝赋,以求一逞者,其生事每极困难。《摭言》云:“白乐天初举,名未振,以歌诗谒顾况,况谑之曰:‘长安百物贵,居大不易。’”(卷七《知己》条。案乐天名居易,故况以“居大不易”戏之也。)长安居大不易,恐为举子之共同感觉,虽谑语,亦实情也。及乎放榜不售,则受官获禄之希冀又绝,积年食贫之辛苦更无由取偿。故唐人落第诗中,每言困窘之情。如王维《送丘为落第归江东》云:“为客黄金尽,还家白发新。”(《全唐诗》卷五,页十一)姚合《送狄兼谟下第归故山》云:“赁舍应无直,居山岂钓声。”(《全唐诗》卷十八,页八十三)此言人落第之困窘也。卢纶《落第后归终南别业》云:“交疏贫病里,身老是非问。”(《全唐诗》卷十,页八十二)贾岛《下第》云:“下第只空囊,如何住帝乡。”(《全唐诗》卷二十一,页五十四)此言已落第之困窘也。而朱庆馀《送顾非熊下第》云:“惜为今日别,共受几年贫。”(《全唐诗》卷十八,页五十四)斯二语者,尤足见急于求第之故,不仅为得名,亦并为获利。盖尔时进士登第,实一名利双收之事也。

唐代进士贡举之制度,与其习俗,有关本诗者,略如上述。取以证成,盖有可得而言者。其一,诗题但言落第,不云所试何科。考顾况《监察御史储公集序》云:“开元十四年,严黄门知考功,以鲁国储公进士高第,与崔国辅员外,綦毋潜著作同时。”(《全唐文》卷五百二十八)辛文房《唐才子传》云:“潜,字孝通,(孝,《全唐诗》、《全唐文》小传并作季。)荆南人,开元十四年严迪榜进士及第。”(卷二,《佚存丛书》本。后引同。)则知诗所指,亦举进士不售也。其二,潜此次落第,不悉何年。易言之,即不知摩诘此诗,何年所作。然据上引二证,要在开元十四年以前。兹姑假定其为开元初元以迄十三年之间作,当无大误。斯时上距永徽元年,盖已六七十年;距调露二年,(或永隆元年。)亦已三四十年。正贵重进士之风会已成,而奔竞之事尤急之日也。其三,潜之应进士举,不审自何时始。原为学馆生徒,抑属荆南乡贡,亦无可详。其《冬夜寓居寄储太祝》云:“自为洛阳客,夫子吾知音。”(《全唐诗》卷五,页四十二)又《早发上东门》云:“十五能行西入秦,三十无家作路人。时命不将明主合,布衣空染洛阳尘。”(同上,页四十四)二首未知是否同时之作。如系同时,则潜之始应进士举,当在景龙之末,开元之初;且十五西上,居于洛阳,亦或为东监生徒。然此二诗有不足为据者,则以《全唐诗》皆互见于薛據诗中,今日文献不足,固难以定其谁属也。今但据诸本诗,则起句有曰:“圣代无隐者,英灵尽来归,遂令东山客,不得顾采薇。”此见潜初盖蛰居乡邑,此次始行赴试。若迭应贡举,久而不中,则此数语为无著矣。又有曰:“江淮度寒食,京洛缝春衣。”江、淮以指北上之路。(下详。)潜之故里则在荆南。《旧唐书·地理志》云:“荆州江陵府,隋为南郡。武德……四年,……改为荆州。……在京师东南一千七百三十里,至东都一千三百一十五里。”寒食已近暮春,而荆南之距长安或洛阳,又逾千里,则二句无缘为同年事。是潜实于年前北上,年后南归;落第之前一岁,犹在故里。综斯二端,则其为荆南乡贡,初次赴举之可能性固较多也。(设此推测成立,则《早发上东门》一诗不得属潜,亦可证知。)其四,唐代举子,率以秋初就道,春末方归,前已言之。然观此诗江、淮、京、洛之句,则潜之北上南下,或竟同在春日,特年次有异而已。所据以推知者,则此二句,乃相对为文。“度寒食”与“缝春衣”,特变文以避复,其实皆言暮春也。前者,宋之问《途中寒食题黄梅临江驿寄崔融》云:“马上逢寒食,愁中属暮春。”(《全唐诗》卷三,页二十三)可以推本;后者,则《论语·先进篇》:“暮春者,春服既成。”与陆机《为顾彦先赠妇》：“京洛多风尘，素衣化为缁。”（《文选》卷二十四）两者之综合意象也。江、淮、京、洛，固皆世人习用之地理成词。然荆南之地，与淮无涉。潜由荆南至长安，当由今湖北以入河南，由河南以入陕西。而古淮西、淮右之地，固在今河南境。则“江淮度寒食”者，亦犹“马上逢寒食”之意，谓度寒食于江、淮之间，正指北上之时、地也。“京洛缝春衣”句，则作诗时之情事，不待烦言。《唐才子传》赞潜曰：“荆南分野，数百年来，独秀斯人。”是潜之乡邑，文风未盛。（案《摭言》卷二《海述解送》条云：“荆南解比号‘天荒’。大中四年，刘蜕舍人以是府解及第。时崔魏公作镇，以破‘天荒’钱七十万资蜕。”此亦其地文风不振之证。大中上距开元，又一百三十余年矣。魏公，崔铉也。）其初次赴举，早游上都，冀收激扬声气之效，傥亦事所可有者也。大抵潜之始以乡贡应进士举，于前一年春末至长安；及举而不第，复以春末言反荆南，可据本诗以推见者，如此。

兹请进论摩诘斯篇立意措语之妙。案唐人落第之诗，今传世者不尠。无论言志，或用慰人，以此事既属见惯不惊，故出词亦鲜陈言务去。或归咎于命途之多舛，而结念于来岁；或迁怒于品题之不公，而积怨于主司。上者犹故示冲夷，下者则痛陈贫病。千篇一律，了无生气。此作则一洗常谈，先取远势。未言其落第，先言其应举；未言举子之赴试，先言圣代之求贤。意极郑重，笔极回转，而潜之身分自然可见。此一事也。其下折转言落第事，只于“既至君门远，孰云吾道非”二句中，略一点发，更不作正面文字；而篇末复出“吾谋适不用，勿谓知音稀”二句，以作呼应。夫“君门远”与“知音稀”，本一事也；“吾道”与“吾谋”，本一物也。今但以“孰云”与“勿谓”四字，错综其义，遂使失意者当前之怨尤得减，日后之希冀转增。此二事也。赴举之时为圣代，赴举之人为英灵。以英灵而逢圣代，宜可无憾矣。而竟遭落第者，此主司之不公欤？抑举子之不才欤？似二者必居其一。而作者于此，毫无轩轾，惟以“适不用”之适字，归之偶然，则圣代、英灵，两无所恨。此三事也。《别裁》所云“反复曲折”者，以意推之，当不外此。然犹有所不尽者，则“江淮度寒食，京洛缝春衣”二语，在全篇中之重要，沈氏似尚未审知也。详摩诘此篇部署之法，实大同陶渊明之《咏荆轲》。陶诗云：“燕丹善养士，志在报强嬴，招集百夫良，岁暮得荆卿。君子死知己，提剑出燕京。素骥鸣广陌，慷慨送我行。雄发指危冠，猛气冲长缨。饮饯易水上，四座列群英，渐离击悲筑，宋意唱高声。萧萧哀风逝，淡淡寒波生。商音更流涕，羽奏壮士惊。心知去不归，且有后世名。登车何时顾，飞盖入秦庭。凌厉越万里，逶迤过千城。图穷事自至，豪主正怔营。惜哉剑术疏，奇功遂不成。其人虽已没，千载有余情。"兹篇前幅写入秦以前事，后幅写入秦以后事。其为之连系者，则"凌厉"二句也。本诗前幅写落第以前事，后幅写落第以后事。其为之连系者，亦有"江淮"二句。此其所以同也。然又有绝异者，则渊明"凌厉"二句，其在通篇功能，止于连系情事，缩短时空，借以省略赴秦程途之铺叙，别无其他深意。而摩诘"江淮"二句，则除连系作用外，又别具昔贤所谓隐晦之旨焉。《文心雕龙·隐秀篇》云："情在词外曰隐。"（张戒《岁寒堂诗话》卷上引，《历代诗话续编》本。今本《文心雕龙》此篇残缺，复遭后人窜补，无是语。）《史通·叙事篇》云："晦也者，省字约文，事溢于句外。……言近而旨远，辞浅而义深，虽发语已殚，而含意未尽。使夫读者望表而知里，扪毛而辨骨，睹一事于句中，反三隅于字外。"此隐晦之说也。斯二句者，就表面观之，不过谓客春潜始启程北上，今春潜又启程南下，物候虽同，来去自异而已。然试一寻究，则潜之来，乃应进士举也；潜之去，乃举而落第也。而进士及第，又当时士流最贵重之"正途出身"也。已有令人难以为情者矣。如进而为之设身处地，则一年来居长安之困窘也，求知己之艰难也，名额之少也，奔竞之烈也，事前希冀之切也，事后怨尤之深也，皆可不言而喻矣。而作者于此，皆不置词，但就物候同而来去异一点，略作暗示而已。岂非所谓"情在词外"、"言近旨远"者乎？其所以如此者，盖不徒顾全落第者之身分，亦不欲刺激落第者之感情，理固当尔也。殷璠《河岳英灵集》评摩诘诗，谓其"意新理惬"。张戒《岁寒堂诗话》亦云："摩诘古诗能道人心中事，而不露筋骨。"（卷上）二家之说，证以本诗，岂非精当而不可易者欤！

由是言之，世之诵此诗者，设于李唐一代之贡举制度与其习俗，所知甚悉，则吟讽之际，联想必多，感兴亦自然深厚。反之，设于此事茫无所知，则亦必以常语视之，漠然无动于中。此余所以不惮词费而详说之也。余杭章公《文学总略》云："凡感于文言者，在其得我心。是故饮食移味，居处缊愉者，闻劳人之歌，心犹怕然。大愚不灵，无所愤悱者，睹眇论则以为恒言也。身有疾痛，闻幼眇之音，则感慨随之矣。心有疑滞，睹辨析之论，则悦怿随之矣。”(《国故论衡》卷中，《章氏丛书》本)此言境遇不同，则哀乐不能相感以通；贤愚各别，则知识不能相悦以解，可谓至论矣。谨引之以束斯篇。

1947 年 2 月　武昌

少陵先生文心论

（一）

评诗之作，常后于诗。其在吾华，则评诗之文，视评诗之诗又后。稽古诗制作，滥觞三百五篇，而《大雅·崧高》云："吉甫作诵，其诗孔硕，其风肆好，以赠申伯。"《烝民》云："吉甫作诵，穆如清风。仲山甫永怀，以慰其心。"皆以诗评诗者也。（案章学诚《文史通义》内篇卷五《诗话篇》云："此论诗而及辞也。"）论文之业，导源于《诗序》，扬波于《典论》，逮仲伟《诗品》，彦和《文心》，斯为极盛。然上规《诗·雅》，其事靡闻。至唐而得老杜。《偶题》、《戏为六绝句》诸篇，希踪往哲；李白《古风》，韩愈《荐士》、《调张籍》，亦要为羽翼矣。自兹以后，此体遂开。踵武前修，代有名作。举其尤著，若金元好问《论诗》三十首，及清王士祯《戏仿元遗山论诗绝句》三十二首是也。

杜公成就，在唐世已获公认。如朱翌《猗觉寮杂记》所云："李、杜诗，当时名公皆心服。退之云：'勃兴得李杜，万类困凌暴。'又云：'少陵无人谪仙死，才薄将奈石鼓何！'又云：'昔年曾读李白、杜甫诗，长恨二人不相从。'又云：'李杜文章在，光焰万丈长。'又云：'远追甫白感至诚。'（案洪迈《容斋四笔》卷三《韩公称李杜》条所举，尚有"近怜李杜无检束，烂漫长醉多文辞"二句。）杜牧之云：'李杜泛浩浩。'又云：'天外凤皇谁得髓，无人解合续弦胶。'韦苏州亦称颂。元微之云：'杜甫天才颇绝伦，每寻诗卷似情亲。怜渠直道当时语，不著心源傍古人。'又与乐天书云：'得杜诗数百首，爱其浩荡津涯，处处臻到；始病沈、宋之不存寄兴，而讶子昂之未暇旁备。'"（卷上，《知不足斋丛书》本）则其实证。逮宋以降，尤极推崇。若吴瞻泰《杜诗提要略例》言："黄鲁直则推为诗中之史。（案《历代诗话续编》本《孟启本事诗高逸第三》云："杜逢禄山之难，流离陇、蜀，毕陈于诗，推见至隐，殆无遗事，故当时号为诗史。"是诗史之说，唐人已有之。）罗景纶则推为诗中之经。杨诚斋则推为诗中之圣。王凤洲则推为诗中之神。"又其例也。颂扬既备，研讨亦多。编次则樊晃开其端。（《旧唐书·文苑传》甫传云："甫有集六十卷。"《新唐书·艺文志》云："《杜甫集》六十卷。"又云："《小集》六卷，润州刺史樊晃集。"今传樊氏《小集》序云："文集六十卷，行于江、汉之南，……故不为东人之所知。……今采其遗文，凡二百九十篇，各以志类，分为六卷，且行于江左。君有宗文、宗武，近知所在，漂寓江陵。冀求其正集，续当论次云。"又宋王洙《杜工部集序》云："甫集初六十卷。今秘府旧藏，通人家所有，称大小集者，皆亡逸之余，人自编摭，非当时第叙矣。"是杜集六十卷之祖本，亡逸甚早。今所流传，皆樊氏以次诸家搜辑所得者也。）笺注托王洙居其首。（《四部丛刊》三编本晁公武《郡斋读书志》卷四上云："本朝自王原叔以后，学者喜杜诗。世有为之注者数家，皆鄙浅可笑。有原甫名，其实非也。"案"有原甫名"句，《文献通考·经籍考》引作"有托名原叔者"。当从，王氏虽尝编次杜诗，而初未作注，今传诸宋注率称"洙曰"者，皆依托也。拙作《杜诗伪书考》，辩证甚详。）年谱之作，昉自汲公吕大防。（载《四部丛刊》本《分门集注杜工部诗》及《古逸丛书》本《草堂诗笺》卷首）诗话之兴，始于莆田方深道。（陈振孙《直斋书录解题》卷二十二载方深道诸家老杜诗评五卷、续一卷）宋、元迄于胜朝，诗话丛杂，评骘先贤，莫不以少陵为口实。多逞臆说，无益后生。语其大者，终莫逾于元稹《墓志》。（《新唐书·文艺传》甫传赞及秦观《进论》，皆本元为说者也。）然元文格于体例，不克缕陈。今辄就杜公之诗，探其文心所在。后来眇论，兼取证明。绳是以求，玄珠可得。公尝谓："文章千古事，得失寸心知。"（《偶题》）若此之为，以杜还杜，亦惧聆法来稗贩之诃，期说诗有解颐之乐耳。

（二）

杜公蓄积，元自儒家。故语于生事，则曰："儒术诚难起，家声庶已存。"（《奉留赠集贤院崔于二学士》）"兵戈犹在眼，儒术岂谋身。"（《独酌成诗》）

语于文学，则曰："法自儒家有，心从弱岁疲。"(《偶题》)"应须饱经术，已似爱文章。"(《又示宗武》)刘熙载《艺概》云："太白早好从横，晚学黄、老。少陵一生，却只在儒家界内。"(卷二《诗概》)此诚卓识。世之好抑扬李、杜者，不可不知也。

儒者之流，用世是务。若杜公者，固亦莫能外之。览其遗文，志业有足悲者。如《奉赠韦左丞丈二十二韵》云："纨袴不饿死，儒冠多误身。丈人试静听，贱子请具陈。甫昔少年日，早充观国宾，读书破万卷，下笔如有神，赋料扬雄敌，诗看子建亲，李邕求识面，王翰愿卜邻。自谓颇挺出，立登要路津，致君尧舜上，再使风俗淳。此意竟萧条，行歌非隐沦。"又《自京赴奉先县咏怀五百字》云："杜陵有布衣，老大意转拙，许身亦何愚，窃比稷与契。居然成濩落，白首甘契阔。盖棺事则已，此志常觊豁。穷年忧黎元，叹息肠内热，取笑同学翁，浩歌弥激烈。"篇中立意，类是者尚众。此特其尤彰著者耳。

自许稷、契一念，从来论者纷纭。葛立方《韵语阳秋》云："老杜高自称许，有乃祖之风。上书明皇云：'臣之述作，沈郁顿挫，扬雄、枚皋，可企及也。'《壮游》诗则自比于崔、魏、班、扬。(徐哲东先生云："案杜诗原文为'斯文崔魏徒，以我似班扬。'揆之句义，崔、魏不当与班、扬连文，且亦非自比。立方此语实误。")又云：'气劘屈贾垒，目短曹刘墙。'《赠韦左丞文》则曰：'赋料扬雄敌，诗看子建亲。'甫以诗雄于世，自比诸人，诚未为过。至'窃比稷与契'，则过矣。史称：'甫好论天下大事，高而不切。'岂自比稷与契而然邪?"(卷八，《历代诗话》本)周必大《二老堂诗话》云："子美诗：'自比稷与契。'退之诗云：'事业窥稷契。'子美未免儒者大言；退之实欲践之也。"(《韩、杜自比稷契》条，《历代诗话》本)此不之许者也。黄徹《䂬溪诗话》云："老杜送严武云：'公若登台辅，临危莫爱身。'寄裴道州、苏侍御云：'致君尧舜付公等，早据要路思捐躯。'此公素所蓄积而未及设施者，故乐以告人耳。……自比稷与契，岂为过哉?"(卷一，《知不足斋丛书》本)又云："观《赴奉先咏怀五百言》，乃声律中老杜心迹论一篇也。……禹、稷、颜子不害为同道，少陵之迹江湖，而心稷、契，岂为过哉？孟子曰：'穷则独善其身，达则兼善天下。'其穷也，未尝无志于国与民；其达也，未尝不抗其易退之节。蚤谋先定，出处一致矣。……昔人目元和《贺雨诗》为谏书，余特目此诗为心迹论也。”(卷十)苏轼《东坡题跋》云：“子美自比稷与契，人未必许也。然其诗云：‘舜举十六相，身尊道益高。秦时用商鞅，法令如牛毛。’此自是稷、契辈人口中语也。”(卷二《评子美诗》，《津逮秘书》本)此许之者也。平章四子之言，东坡为达。盖儒者所存，固应如此。至其能逮与否，又当别论。洪亮吉《北江诗话》曰：“杜工部之救房琯，则生平许身稷、契之一念误之。”(卷三，《粤雅堂丛书》本)斯微至之谈，足以解难息喙矣。

杜公之为儒者，既明之如上矣。儒家的论文，又可得而闻也。盖自孔子已称：“行有余力，则以学文。”(《论语·学而篇》)降及汉、魏，扬雄致讥于雕篆，以为：“诗人之赋丽以则，辞人之赋丽以淫。如孔氏之门用赋也，则贾谊升堂，相如入室矣。如其不用何！”(《法言·吾子篇》)曹植恢弘其绪论，亦谓：“辞赋小道，固未足以揄扬大义，彰示来世也。昔扬子云，先朝执戟之臣耳，犹称：‘壮夫不为。’”(《与杨德祖书》)故公亦云：“文章一小技，于道未为尊。”(《贻华阳柳少府》)又曰：“辞赋工何益。”(《陪郑广文游何将军山林》十首之四)诚有所本也。乃刘辰翁评“文章”二句云：“此甫谦辞，以答柳侯尊己。……由世之谈道者借甫自文，不可不辨。”(胡应麟《诗薮》杂编第五引)其然，岂其然与？

夫儒者学优而仕，志在蒸黎。若当厥道不行，沦诸草野，则江湖魏阙，廊庙山林，必有往复驰思，哀乐无端者。此杜公所以既称：“本无轩冕意，不是傲当时。”(《独酌》)而复叹“平生飞动意，见尔不能无”也(《赠高氏颜》)。诚以丹陛雍容，则余事为诗；浩歌激烈，则以文传意。或出或处，易地皆然。故其“清诗近道要”(《贻阮隐居昉》)及“道消诗兴废”(《哭台州郑司户、苏少监》)之句，与文章小技辞赋何益之说，实相反而相成。陆游诗曰：“千载诗亡不复删，少陵谈笑即追还。尝憎晚辈言诗史，清庙生民伯仲间。”(《读杜》)放翁之咏，或亦有见于此耳。

虽然，此老苍茫感咏，固由失志当时，而使束带立朝，终于名宦，则坛坫鸿业，必谢今兹。相彼慷慨之谈，是又未易言其孰得而孰失者也。

（三）

每观杜公言作诗所由，未与常人有异。其曰："有情且赋诗，事迹可两忘。"(《四松》)"箧中有旧笔，情至时复援。"(《客居》)则动中形言之说也。其曰："自吟诗送老，相劝酒开颜。"(《宴王使君宅题》二首之二)"老来多涕泪，情在强诗篇。"(《哭韦大夫之晋》)则贤人失志之感也。其曰："东阁官梅动诗兴，还如何逊在扬州。"(《和裴迪登蜀州东亭逢早梅相忆见寄》)"登临多物色，陶冶赖诗篇。"(《秋日夔府咏怀，奉寄郑监李宾客一百韵》)则缘情体物之意也。若"愁极本凭诗遣兴，诗成吟咏转凄凉"(《至后》)，"药裹关心诗总废，花枝照眼句还成"(《酬郭十五判官》)，尤能曲达放言遣辞之两境。然此诸事，理之固然，禀气怀灵，应无苟异。是知杜之为杜，自别有真。今疏其辞，约可三术，试论如次：

其一，则识足以会通变也。泥古苦拘，倍古伤犷，历来文论，固皆莫衷一是矣。杜公于此，最具特识。大旨具见于《偶题》及《戏为六绝句》诸篇。《六绝句》前人说者已多，如翁方纲《石洲诗话》(卷一，《粤雅堂丛书》本)、汪师韩《诗学纂闻》(《论杜戏为六绝》条，《历代诗话续编》本)，且各专为论列，是处终鲜。盖因不明其文学通变之观念耳。兹请先就此点释之。

《偶题》云："作者皆殊列，声名岂浪垂。"此言文章之事，贵乎通变。历祀作家千百，所造各殊，凡能信今传后者，必各有其卓然自立之道，要非幸致也。次云："骚人嗟不见，汉道盛于斯。"此言姬周以还，体制递变。《诗》、《骚》已远，五、七渐兴。今之所行，犹汉旧章也。次云："前辈飞腾入，余波绮丽为。"此言文体盛衰，殆有恒规。初起则气势相高，末流则雕绘自喜也。次云："后贤兼旧制，历代各清规。"此言前朝之成业，每为后世之遗产。作者要当取彼精华，更加陶铸，乃能各具英奇，无复雷同之患也。

《戏为六绝句》除一、四两首外，亦皆论文辞与时会之攸关。其二云："王杨卢骆当时体，轻薄为文哂未休。尔曹身与名俱灭，不废江河万古流。"其三云："纵使卢王操翰墨，劣于汉魏近《风》、《骚》。龙文虎脊皆君驭，历块过都见尔曹。"考杜公之美卢、王，人多致议。《韵语阳秋》云："李不取建安七子，而杜独取垂拱四杰，何邪？南皮之韵，固不足取。而王、杨、卢、骆，亦诗人之小巧者尔。至有‘不废江河万古流’之句，褒之岂不太甚乎？”（卷三）宋长白《柳亭诗话》则以为此“少陵虚怀乐善，为后来轻于毁誉者戒”（卷十《万古流》条）。余谓斯皆未得公意也。详此二首所说，仍与《偶题》历代清规之义相同。盖谓四杰所诣，虽或视汉、魏诸家为劣，然其新变代雄，何异《风》、《骚》？宜此当时之体，亦足以垂后矣。胡震亨《唐诗谈丛》云：“‘当时自谓宗师妙，今日唯观对属能。’义山自咏尔时之四子。‘尔曹身与名俱灭，不废江河万古流。’杜少陵自咏万古之四子。”（卷一，《学海类编》本）是说也，庶几近之。其五云：“不薄今人爱古人，清词丽句必为邻。窃攀屈宋宜方驾，恐与齐梁作后尘。”其六云：“未及前贤更勿疑，递相祖述复先谁？别裁伪体亲风雅，转益多师是汝师。”此二首谓文辞之道，但期清丽，无间古今。而前代作家，多已造极，虽加趋步，难可追攀。则后之学者，宜博习于多方，勿拘虚于一孔。徒事模拟，恐贻伪体之讥。《风》、《雅》所以独绝，（此言《风》、《雅》，即上言《风》、《骚》，变文以合律耳。）即缘辞自己出，故觉可亲。若能绍《风》、《雅》之精神，祖历朝之矩镬，既得多师，自成家数，乃可上迈屈、宋，下谢齐、梁。此则通变之大数也。逮夫近世，发明斯意，鄙见所及，盖有二家，则明方孝孺《谈诗》、清赵翼《论诗》两绝是。方曰：“举世皆宗李杜诗，不知李杜更宗谁？能探风雅无穷意，始是乾坤绝妙辞。”赵曰：“李杜诗篇万口传，至今已觉不新鲜。江山代有才人出，各领风骚数百年。”二子者，庶与老杜莫逆于心焉。

其二，则才足以严律令也。辞条文律，杜公所重。故曰：“诗律群公问。”（《承沈八丈东美除膳部员外，阻雨未遂驰贺，奉寄此诗》）又曰：“文律早周旋。”（《哭韦大夫之晋》）若自谓：“晚节渐于诗律细。”（《遣闷戏呈十九曹长》）誉人：“思飘云物外，律中鬼神惊。毫发无遗憾，波澜独老成。”（《敬赠郑谏议十韵》）则持说为尤具体矣。

夫律令出以精严，则思力自然沉厚；经营由于惨澹，则出语迥不犹人。若事义以之精纯，音韵从而流美，又其余事也。赵翼《瓯北诗话》云：“宋子京《唐书·杜甫传赞》，谓其诗‘浑涵汪茫，千汇万状，兼古今而有之’。大概就其气体而言。此外如荆公、东坡、山谷等，各就一首一句，叹以为不可及,皆未说着少陵之真本领也。其真本领仍在少陵诗中'语不惊人死不休'一句。盖其思力沉厚,他人不过说到七八分者,少陵必说到十分,甚至有十二三分者。其笔力之豪劲,又足以副其才思之所至,故深人无浅语。"(卷二)斯论可谓洞极隐微。次如《韵语阳秋》谓:"杜子美云:'为人性癖耽佳句,语不惊人死不休。'则凡是子美胸中流出者,无非惊人之语矣。"(卷四)虽略嫌其泥,要亦揣本之谈也。

今考集中言苦吟者,屡见不一,实启元和以降三年二句之风。《江上值水如海势聊短述》一篇,葛、赵两家既征之矣。若《解闷十二首》之七云:"陶咏性情须底物? 新诗改罢自长吟。熟知二谢能将事,颇学阴何苦用心。"亦足与相发明。至投赠之篇,或云:"知君诗苦缘诗瘦。"(《暮登西安寺钟楼寄裴十》)或云:"清诗近道要,识子用心苦。"(《贻阮隐居昉》)又善与人同之意。《柳亭诗话》云:"陆机《文赋》:'意司契而为匠。'老杜用之《丹青引》,曰:'意匠惨澹经营中。'即此可悟'语不惊人死不休'之句。"(卷二《下句申上句》条)兹言谅矣。

其三,则学足以达标准也。杜公诗云:"示我百篇文,诗家一标准。"(《赠郑十八贲》)此公自言诗文有标准也。而诗法多门,标准亦随之各异。局就抽象之风格而论,则吾人今日即诗中所得,神、秀、清、新四者,略可概之。综名各异,析理旁通,皆其所持以为多士之衡量,一己之圭臬者也。

案公品诗衡文,揭橥神字最夥。如"文章有神交有道"(《苏端薛复筵简薛华醉歌》),"诗成觉有神"(《独酌成诗》),"诗兴不无神"(《寄张十二山人彪三十韵》),"诗应有神助"(《游修觉寺》),"挥翰绮绣场,篇什若有神"(《八哀诗·赠太子太师汝阳郡王琎》),"义方兼有训,词翰两如神"(《奉贺阳城郡王太夫人恩命加邓国夫人》),皆其著例。旁及其他艺事,亦莫不然。故论画则曰:"将军善画盖有神。"(《丹青引》)论书则曰:"书贵瘦硬方通神。"(《李潮八分小篆歌》)乃至师旅之事,亦称:"用急始如神。"(《观安西兵过赴关中待命二首》之一)其涵蕴亦至广矣。次及秀字者,如"题诗得秀句,翰札时相投"(《送韦十六评事充同谷防御判官》),"平公今诗伯,秀发吾所贪"(《石砚诗》),"诗家秀句传"(《哭李尚书之芳》),"才士得神秀"(《和江陵宋大少府暮春雨后诸公及舍弟宴书斋》),诸句是也。及清字者,如"清文动哀玉"(《奉酬薛十二丈判官见赠》),"篇终语清省”(《八哀诗·故右仆射相国曲江张公九龄》),“清诗近道要”(《贻阮隐居昉》),“不意清诗久零落”(《追酬故高蜀州人日见寄》),诸句是也。及新字者,如“诗清立意新”(《奉和严将军西城晚眺十韵》),“清新庾开府”(《天末怀李白》),诸句是也。

以上所举,犹有未周,然杜公宗尚,已可概见。寻此数名之义,但能意会,难可言诠。惟仍与前论会通变、严律令之旨,豁然一贯。要之,杜公所持者,乃所谓积储之说也。盖文章后起,取径苦狭。得观念于通变,则不至徒工模拟;以苦吟为律令,则可以自致英奇,而神、秀、清、新之境,不难逮矣。吕本中《童蒙训》曰:“陆士衡《文赋》:‘立片言以居要,乃一篇之警策。’此要论也。文章无警策,则不足以传世。……子美诗曰:‘语不惊人死不休。’所谓惊人语,即警策也。”(蔡梦弼《草堂诗话》卷一引,《古逸丛书》本)余案公诗云:“尚怜诗警策。”(《戏题寄上汉中王三首》之三)则固已自道之。所谓警策,其亦致神、秀、清、新之道耳。如《奉赠韦左丞丈二十二韵》云:“读书破万卷,下笔如有神。”《寄薛三郎中》云:“乃知盖代手,才力老益神。”斯其理也。所以然者,则以积学既富,则出语务去陈言;陈言既去,则作风自异凡响。《文心雕龙·神思篇》曰:“积学以储宝。”神、秀、清、新,其文家之瑰宝乎!若《丹青引》“将军善画盖有神”之句,实承上“意匠惨澹经营中”。《观安西兵过赴关中待命》“临危经久战,用急始如神”之联,实出上“老马夜知道,苍鹰饥著人”。用知厥理,罔不同符。连类而及,宜无间然矣。

凡此三事,皆杜公诗法之尤精尤大者。观其综贯超卓,知非徒以篇章为百代雄也。后贤才学与识,每难兼赅,所诣宜乎不及。至侈言辞气,易蹈空疏;毛举章句,多伤碎琐,此不更详云。

(四)

前论积储之说,兹请得更证之:

黄庭坚云:“老杜作诗,退之作文,无一字无来处。盖后人读书少,故谓韩、杜自得此语耳。”(胡仔《苕溪渔隐丛话》前集卷九引,《四部备要》本)又《东皋杂录》云:“有问荆公:老杜诗何故妙绝古今?公曰:老杜固尝言之,‘读书破万卷,下笔如有神’。”(同上后集卷五引)若依半山、涪翁之言,则杜诗之佳,似全由学力。然前人固有持异议者。邵博《河南邵氏闻见后录》曰:“予谓少陵所以独立千载之上者,不但有所本也。《三百篇》之作,果何本哉?”(卷十七,《津逮秘书》本)此致疑于前说也。若《瓯北诗话》则云:“微之谓其薄《风》、《雅》,该沈、宋,夺苏、李,吞曹、刘,掩颜、谢,综徐、庾,足见其牢笼万有。秦少游并谓其不集诸家之长,亦不能如此。则似少陵专以学力集诸家之大成,明李崆峒诸人遂谓:李太白全乎天才,杜子美全乎学力。此真耳食之论也。思力所到,即其才分所到,有不如是则不快者。此非性灵中本有是分际,而尽其量?出于性灵所固有,而谓其全以学力为胜乎?”(卷二)斯言可谓博辩。然天才学力,实有两途。于杜则并臻极峰,在他则不无偏至。故其所论,疑未尽莹。于此,余盖有取乎元好问也。其《杜诗学引》曰:“切尝谓子美之妙,释氏所谓学至于无学者耳。今观其诗,如元气淋漓,随物赋形;如三江五湖,合而为海,浩浩瀚瀚,无可涯涘;如祥光庆云,千变万化,不可名状。固学者之所以动心而骇目。及读之熟,求之深,含咀之久,则九经百氏,古人之精华,所以膏润其笔端者,犹可仿佛其余韵也。夫金屑、丹砂、芝、术、参、桂,识者例能指名之。至于合而为剂,其君臣佐使之互用,甘苦酸咸之相入,有不可复以金屑、丹砂、芝、术、参、桂而名之者矣。故谓杜诗为无一字无来处,亦可也;谓不从古人中来,亦可也。前人论子美用故事,有著盐水中之喻,(案《说诗乐趣》卷一引《古今诗话》云:“作诗用事,要如水中著盐。饮食乃知盐味,此说诗家秘藏也。杜少陵诗如‘五更鼓角声悲壮,三峡星河影动摇’,人徒见凌轹造化之工,不知乃用事也。《祢衡传》:‘渔阳掺声悲壮。’《汉武故事》:‘星辰影动摇。东方朔谓:民劳之应。’则善用事者,如系风捕影,岂有迹耶?”即好问此之所指。)固善矣,但未知九方皋之相马,得天机于灭没存亡之间。物色牝牡,人所共知者,为可略耳。”(《元遗山集》卷三十六,《四部丛刊》本)此真洞烛幽微,独标名隽,可谓定论矣。

元稹为杜公志墓,于其诗渊源,论列甚详。《旧唐书·文苑传》引之,且云:“自后属文者,以稹论为是。”(卷一百九十下)反复其说,知所据皆在本集,初无阿私所好之言,故得精确如此。秦观《进论》,(《草堂诗话》卷一引。

即《淮海集》卷十一《韩愈论》之文也。)亦视元志小异大同。尝取二家之言,证以公句,若合符节,试列举之。元云:"上薄《风》、《雅》。"(雅,《元氏长庆集》作骚)其在集中,则"词场继《国风》"(《奉寄河南韦尹丈人》),"文雅涉《风》《骚》"(《题柏大兄弟山居屋壁二首》之一),"《风》《骚》共推激"(《夜听许十损诵诗,爱而有作》),"有才继《骚》《雅》"(《陈拾遗故宅》),"先生有才过屈宋"(《醉时歌》),"摇落深知宋玉悲,风流儒雅亦吾师"(《咏怀古迹五首》之二)诸句是也。元云:"言夺苏、李。"秦云:"昔李陵、苏武之诗长于高妙。"其在集中,则"李陵苏武是吾师"(《解闷十二首》之五)是也。元云:"气吞曹、刘。"秦云:"曹植、刘公幹之诗长于豪逸。"其在集中,则"赋诗时或如曹刘"(《秋述》),"曹刘不待薛郎中"(《解闷十二首》之四),"方驾曹刘不啻过"(《奉寄高常侍》),"目短曹刘墙"(《壮游》),"诗看子建亲"(《奉赠韦左丞丈二十二韵》)诸句是也。元云:"掩颜、谢之孤高,杂徐、庾之流丽。"秦云:"陶潜、阮籍之诗长于冲澹,谢灵运、鲍照之诗长于峻洁,徐陵、庾信之诗长于藻丽。"此除阮步兵外,皆属六代作者,集中称说尤多。若"宽心应是酒,遣兴莫过诗。此意陶潜解,吾生后汝期"(《可惜》),"陶谢不枝梧"(《夜听许十损诵诗,爱而有作》),"焉得思如陶谢手"(《江上值水如海势,聊短述》),"新文生沈谢"(《哭王彭州纶》),"沈谢得同行"(《寄彭州高三十五使君适、虢州岑二十七长史参三十韵》),"何刘沈谢力未工,才兼鲍照愁绝倒"(《苏端薛复筵简薛华醉歌》),"沈范早知何水部"(《解闷十二首》之四),"往往凌鲍谢"(《遣兴五首》之五),"流传江鲍体"(《赠毕四》),"还披鲍谢文"(《戏寄崔评事表侄、苏五表弟、韦大少府诸侄》),"谢朓每篇堪讽诵"(《寄岑嘉州》),"诗接谢宣城"(《陪裴使君登岳阳楼》),"熟知二谢能将事,颇学阴何苦用心"(《解闷十二首》之七),"阴何尚清省"(《秋日夔府咏怀奉寄郑监李宾客一百韵》),"李侯有佳句,往往似阴铿"(《与李十二白同寻范十隐居》),"清新庾开府,俊逸鲍参军"(《春日忆李白》),"庾信平生最萧瑟"(《咏怀古迹五首》之一),"庾信文章老更成"(《戏为六绝句》之一)皆是。视元、秦所举,略有出入,大体无殊。次如"续儿诵《文选》"(《水阁朝霁奉简严云安》),"熟精文选理"(《宗武生日》),亦其类也。元云:"下该沈、宋。"公诗亦有"沈宋欻连翩"(《秋日夔府咏怀奉寄郑监李宾客一百韵》)。此皆具见篇章,足证元、秦之论者。若公所尝道,而两家未及者,亦有之。如"赋或似相如"(《酬高使君相赠》),“赋料扬雄敌”(《奉赠韦左丞丈二十二韵》),“以我似班扬”(《壮游》),“视我扬马间”(《送颜八分文学适洪吉州》)则追踪于西汉。“曾是接应徐”(《秋日荆南送石首薛明府辞满告别,奉寄薛尚书颂德述怀斐然之作三十韵》)亦致美于建安。“潘陆应同调”(《暮春江陵送马大卿公恩命追赴阙下》)乃绳武于太康。胥其例也。至惜卢、王于国初,文凡四见。(《戏为六绝句》之二、之三,已见前引。又《寄彭州高三十五使君适、虢州岑二十七长史参三十韵》云:“近代惜卢王。”《寄刘峡州伯华使君四十韵》云:“学并卢王敏。”)尊厥祖之家法,亦有二篇。(《赠蜀僧闾丘师兄》云:“吾祖诗冠古。”《宗武生日》云:“诗是吾家事,人传世上情。”)则不独上溯周朝,亦且下沿唐代。凡此种种,或用誉人,或以述己,要之皆平素涉笔之楷模,而取资之渊海。夫其广漠若兹,知元氏称其“尽得古人之体势,而兼人人之所独专”,秦氏称其“实集众流之长”,(众流,集作诸家。)诚可信也。

杜诗之浸润古先者如此。盖其含咀众妙,转益多师,故能地负海涵,金声玉振,高标灵采,独运匠心。夫读书不博,取径不弘,则固不足言与古人合,亦不知当与古人离。此神、秀、清、新之为警策,与警策之出自积储,其说有似碍而实通者也。

(五)

《新唐书·文艺传》本传赞曰:“恃华者质反,好丽者壮违。人得一概,皆自名所长。至甫,浑涵汪茫,千汇万状,兼古今而有之。它人不足,甫乃厌余。残膏剩馥,沾丐后人多矣。”(卷二百一)此言公诗之源远而流长也。其渊源既上详之,若时人之心服,后世之推尊,皆足以见流委,前亦既引朱新仲诸君之言矣。至后来注家之多,亦堪旁证,余别有《杜诗书目考证》之作,属稿未定。兹姑据旧闻,略举历祀学杜者,以参《新唐》之论。

六一、温公以次,诗话多矣。其论后贤学杜,每多寻行数墨之谈,丛脞艰于具举。翻帑故籍,间见朗列之言。如孙仅《读杜工部诗集序》云:“公之诗支而为六家:孟郊得其气焰;张籍得其简丽;姚合得其清雅;贾岛得其奇癖;杜牧、薛能得其豪健;陆龟蒙得其赡博。皆出公之奇偏尔。尚轩轩然自号一家。……是知唐之言诗，公之余波及尔。”此言唐人之学杜也。王士禛《池北偶谈》云：“宋、明以来，诗人学杜子美者多矣。予谓退之得杜神，子瞻得杜气，鲁直得杜意，献吉得杜体，郑继之得杜骨。它如李义山、陈无己、陆务观、袁海叟辈，又其次也。陈简斋最下。”(《带经堂诗话》卷一引)此杂举唐、宋及明三代言之也。王世贞《艺苑卮言》云：“国朝习杜者凡数家：华容孙宜得杜肉，东郡谢榛得杜貌，华州王维桢得杜一支，闽州郑善夫得杜骨。然就其所得，亦近似耳。唯梦阳具体而微。”(卷六，《历代诗话续编》本)此言明人之学杜也。虽所举多谢周全，所论尚资商兑，而取以为例，则杜诗流委之盛，亦可见焉。

尤有进者，杜之自负，亦见必传。此风所由，权舆乃祖。《砦溪诗话》云：“唐史载杜审言尝云：‘吾文当得屈、宋作衙官。’其孙乃有‘读书破万卷，下笔如有神’。谓：‘苏味道见吾判且羞死。’甫乃有‘集贤学士如堵墙，看我落笔中书堂’。谓：‘为造化小儿所苦。’甫有‘日月笼中鸟，乾坤水上萍’。所谓是以似之也。”(卷六)他如：“才力应难跨数公，凡今谁是出群雄？或看翡翠兰苕上，未掣鲸鱼碧海中。”(《戏为六绝句》之四)虽曰㧑谦，实含嗤点。“百年歌自苦，未见有知音。”(《南征》)“同调嗟谁惜，论文只自知。”(《赠毕四》)犹是寸心千古之意。“岂有文章惊海内，漫劳车马驻江干。”(《有客》)“名岂文章著，官应老病休。”(《旅夜书怀》)亦言有大而非夸矣。苏轼诗云：“天下几人学杜甫，谁得其皮与其骨？”(《次孔毅夫集古人诗见赠》)执是以绳，则谓杜公之于诗，乃盛之而又衰之，其亦可也。

1936 年 5 月　南京

杜诗伪书考

章学诚云："以己之所作伪托古人者，奸利为甚，而好事次之。好事则罪尽于一身，奸利则效尤而蔽风俗矣。"（《文史通义》卷二《言公》中）此言造作伪书者之过也。崔述云："伪造古书，乃昔人之常事。所赖达人君子，平心考核，辨其真伪。"（《考信录提要》卷上）此言吾人对伪书所应持之态度也。其说视实斋尤进矣。

余年来辑杜诗目录，遘阻既多，杀青无期。（此书迄未毕功，其未成稿已捐赠成都杜甫草堂。1981 年秋补记。）然缘以得知伪书数种。胡应麟《四部正讹》、姚际恒《古今伪书考》，既少所甄明，而其目又不止世所周知之苏、虞两注。缀拾旧文，得成此篇。所惜原书今不尽可见耳。

夫前人辨伪，多以经、子为先。本末重轻，抉择良是。然盛名之下，附骥者多。依托之书，遍于四部。即此事事，诚有取乎古人识小之意云尔。

王洙：《杜工部集注》

今传世杜诗宋注得见者，若《集千家注分类杜工部诗集》，若《分门集注杜工部诗》，若《王状元集百家注编年杜少陵诗史》，若《九家集注杜诗》，率多称"洙曰"。"洙曰"者，谓王洙原叔注也。（杨慎《词品》卷三："孙洙字巨源，尝注杜诗，注中'洙曰'是也。元丰间为翰林学士。"案杨说不知何据，姑附识于此，以俟更考。）

然案今传原叔《记》云："甫集初六十卷。今秘府旧藏，通人家所有，称大小集者，皆亡逸之余，人自编摭，非当时第叙矣。搜裒中外书凡九十九卷，（原注："古本二卷，蜀本二十卷，《集略》十五卷，樊晃序《小集》六卷，孙光宪序二十卷，郑文宝序《少陵集》二十卷，别题《小集》二卷，孙仅二卷，《杂编》三卷。"按共九十卷，疑衍九字。）除其重复，定取千四百有五篇：凡古诗三百九十有九，近体千有六。起太平时，终湖南所作，视居行之次，若岁时为先后，分十八卷。又别录赋笔杂著二十九篇为二卷，合二十卷。意兹未可谓尽，他日有得，尚副益诸。"言编纂之事甚详，而独无一语及注。

原叔此记，成于宝元二年十月。及嘉祐四年四月，王琪君玉复刻原叔书于姑苏，撰为《后记》。有云："原叔虽自编次，余病其卷帙之多而未甚布。暇日与苏州进士何君琢、丁君修，得原叔家藏，及古今诸集，聚于郡斋而参考之，三月而后已。义有兼通者，亦存而不敢削。阅之者固有浅深也。而又吴江邑宰河东裴君煜取以覆视，乃益精密。遂镂于板，庶广其传。或俾余序于篇者。曰：如原叔之能文，称于世，止作记于后，余窃慕之，且余安知子美哉！但本末不可阙书，故概举以附于卷终。原叔之文，今迁于卷首云。"言复刊之事又甚详，亦无一语及注也。

然则其为后出，殆无疑矣。

今究伪书之出，约在南渡之初。其时原叔自编无注本与后出伪注即已并行于世。所据以考知者，则自绍兴以迄端平，论列王本，不下十余家，其见无注本者有之，见伪书而信者亦有之，其不信者亦有之。各尊所闻，盖纷然淆乱矣。其原叔自编，本非伪书，故兹但据前人文献以辨伪注。

王观国《学林》卷五云："近世有小说《丽情集》者，首序子美因食牛肉白酒而卒。此无据妄说不足信。今注子美诗者，亦假王原叔内翰之名，谓甫一夕醉饱卒者，毋乃用小说《丽情》之语耶！"（《武英殿丛书》本）晁公武《郡斋读书志》卷四上云："（杜甫）集有王洙原叔、王琪君玉序。本朝自王（《文献通考·经籍考》引无"王"字）原叔以后，学者喜杜（《通考》"杜"作"观甫"二字）诗，世有为之注者数家，率皆鄙浅可笑。有原甫名，（《通考》此句作"有托原叔名者"，当从。）其实非也。"（《四部丛刊》三编本）已皆言其伪，而不及作伪者之为谁何。

元好问《中州集》卷二《祝太常简》条引吴激《东山集》载《赠李东美诗

引》乃云："元祐间，秘阁校对黄本邓忠臣，字慎思，余柳氏姨之夫。今世所注杜工部诗，乃慎思平生究竭心力而为之者，镂板家标题，遂以托名王原叔。翰林两王公《前》《后记》初无一语及此注，而《后记》又言：'如原叔之能文，止作记于后。'则原叔不注杜诗，为可见矣。举世雷同，无为辨之者。宣和近贵李东美，有才藻，善行书，且喜作小楷，所写杜集，精密遒丽，有足嘉赏。为作古诗一篇纸尾，因记邓公事。后人闻此，其谁不疑？然予少时目击，不可不识，姑以告李侯，非求信后人也。"然洪驹父又以为非邓所作，吴曾虎臣《能改斋漫录》卷五引洪氏诗话云："世所行注老杜诗，云是王原叔，（本作"叔原"，刊误。）或云邓慎思。所注甚多疏略，非王、邓书也。其甚纰缪者：顾恺之小字虎头，（案虎头，将军名，非小字，吴曾即辨其误，以与本文无关，不录。）维摩诘是过去金粟如来。故《乞瓦棺寺顾恺之画维摩诘像诗》卒章云：'虎头金粟影，神妙独难忘。'乃注云：'虎头，僧相。金粟，金地当饰。'此殊可笑也。"（《武英殿丛书》本）今日文献散失，是否邓作，殆无能深考矣。

其书虽伪，然列在丑夷，犹为佼佼，流布甚广，非但假王洙名以行。故淹雅如胡仔，且信其书。郭知达校定集注杜诗，本为廓清伪注，而所集九家，此书反见收录，则考订之难也。

若夫匡谬补缺，前辈多有。取诸成说，录如下方：

吴曾《能改斋漫录》卷六云："杜诗：'草阁临无地，柴扉永不关。'今世注本无说。王原叔云：他本又为荒芜之芜，遂两存之。然《文选》云：'飞阁下临于无地。'"胡仔《苕溪渔隐丛话》前集卷九云："苕溪渔隐曰：《清明日》诗：'争道朱蹄骄啮膝。'王原叔注：'朱廷平善相马。魏文帝将出，取马入。廷平曰：此马今日死矣！及将乘，马恶香，啮帝膝。帝怒，遣使杀之。'余谓其事非是。王褒《圣主得贤臣颂》云：'驾啮膝。'注云：'良马低头至膝，故曰啮膝。'子美之意当出于此。盖前事非佳也。"同上卷十三云："苕溪渔隐曰：《严氏溪放歌》云：'剑南岁月不可度，边头公卿仍独骄。'按王原叔注云：'郭英乂代严武镇蜀，粗暴不能容甫，故有公卿独骄之句。'予谓是说殊无所据。质之《唐书》及小说，严武卒，郭英乂代之，未几有崔旰之乱。甫未尝为英乂幕客，何为不见容！唐史云：'严氏以世旧待甫甚善。甫尝醉登武床，瞪视曰：严挺之乃有此儿！武虽暴猛，外若不为忤，中衔之。一日，欲杀甫，集吏于门。武将出，冠钩于帘者三。左右白其母，奔救得止。’以此知边头公卿仍独骄之句当为此也。”杨慎《升庵诗话》卷八云：“《后汉·郑玄传》：袁绍总兵冀州，遣使要玄，大会宾客。玄最后至，乃延升上座，饮酒一斛。绍客多豪俊，并有才说。玄依方辨对，咸出问表，莫不嗟服。杜诗：‘江上徒逢袁绍杯。’公以玄自比，为儒而逢世乱也。须溪批云：‘如此引袁绍事，不晓。’噫！须溪眯目之言，不晓真不晓也。王洙注引河朔饮事，尤无干涉。不读万卷书，不能解读杜诗。信哉！”(《函海》本)王国维《宋刊分类集注杜工部诗跋》云：“此书所集诸家注，其名重者，率伪作也。东坡注之伪，宋洪容斋已言之。余如王原叔，仁宗时人，征引新史，犹可说也；乃引沈存中《梦溪笔谈》，岂不可笑。盖书肆中人一手所为也。”(《海宁王忠悫公遗书》初集《观堂别集》补遗)此皆匡谬者也。

《苕溪渔隐丛话》前集卷十一云：“苕溪渔隐曰：余读史传及旧闻，于知识间得少陵诗事甚多，皆王原叔所不注者。如《冬狩行》云：‘自从献宝朝河宗。’《穆天子传》：‘天子西征至阳纡山——河伯冯夷之所居，是为河宗。天子乃沉璧礼焉。河伯乃与天子披图视典以观天下宝器。’《秋日夔府咏怀》云：‘穲多栗过拳。’《西京杂记》：‘上林苑峄阳栗大如拳。’又云：‘门求七祖禅。’《传灯录》：‘北宗神秀门人普寂立其师为第六祖而自称七祖。’《秋日题郑监湖上亭》云：‘高唐寒浪减，仿佛识昭丘。’《荆州图记》：‘当阳东南七十里有楚昭王墓，登楼即见，所谓昭丘也。’《夔府书怀》云：‘藻绘忆游睢。’魏文帝《与曹洪书》：‘游睢涣者，学藻绘之彩。’注云：‘睢涣之间出文章。’《枯柟诗》：‘涷雨落流胶。’《楚辞》：‘使涷雨兮洒尘。’注云：‘江东呼夏月暴雨为涷雨，音东。’《八哀》张九龄诗：‘仙鹤下人间，独立霜毛整。’《张九龄家传》：‘九龄初生，母梦九鹤从天而下。’恐少陵用此事。《西京杂记》：‘元封中，雪，大寒。牛马皆蜷缩如猬。’故《前苦寒行》云：‘汉时长安雪一丈，牛马毛寒缩如猬。’《述古诗》：‘邪赢无乃劳。’张平子《西京赋》：‘邪赢优而足恃。’注云：‘邪伪之利自饶足恃也。’一作嬴，一作羸，非是。《腊日》云：‘口脂面药随恩泽，翠管银罂下九霄。’唐制，腊日赐北门学士口脂，盛以碧镂牙筒。《酉阳杂俎》亦云。《滟滪堆》云：‘如马戒舟航。’《水经》：‘白帝山城门西江有孤石，冬出二十余丈，夏即没，有时才出。’又《十道志》曰：'滟滪大如马，瞿塘不可下。'《秋兴》云：'昆吾御宿自逶迤。'事见《扬雄传》：'武帝开广上林，南至宜春鼎湖，御宿昆吾。'《旧唐书》：郭子仪上言：吐蕃、党项不可忽，宜早为备。广德元年，遣李之芳等使于吐蕃，为虏所留，二年乃得归。故《哭李之芳诗》云：'奉使失张骞。'盖此事也。代宗自楚王徙封成王，《洗兵马》云：'成王功大心转小。'代宗时为元帅故也。《自京赴奉先县咏怀》云：'君臣留欢娱，乐动殷樛嶱。'半山老人刊作胶葛，未详其事所出。后读《上林赋》：'张乐乎胶葛之寓。'寓，屋也。胶葛，旷远深貌。乃出此也。《梅雨》云：'南京犀浦道，四月熟黄梅。'今本犀作西，非是。犀浦在成都府二十五里，太守李冰作五石犀沉江以压水怪，因以名县。出《成都记》。《赠射洪李四丈》云：'丈人屋上乌，人好乌亦好。'《六韬》：'武王登夏台以临殷民。周公曰：爱人者爱其屋上乌，憎人者憎其储胥。'《和贾至舍人早朝大明宫》云：'五夜漏声催晓箭。'《颜氏家训》：'或问：一夜五更何所训？答云：汉魏以来谓甲夜乙夜丁夜戊夜，又谓之五鼓，亦谓之五更。皆以五为节也。'《风疾舟中伏枕书怀》云：'疑惑樽中弩。'乐广乃弓影，此云弩影，事见《风俗通》：'应抑为汲令，夏至日赐主簿杜宣酒。北壁上有悬赤弩照杯中形如蛇，因得疾。抑知之，使宣于旧处设酒，犹有蛇。抑指曰：此弩影耳。'《解闷》云：'复忆襄阳孟浩然，清诗句句尽堪传。即今耆旧无新语，漫钓槎头缩项鳊。'《襄阳耆旧传》：'岘山下汉水中出鳊鱼，味极肥美，常禁人采捕，以槎断水，因谓之槎头鳊。宋张敬儿为刺史，作六橹船献齐高帝，曰：奉槎头缩项鳊一千八百头。'孟浩然尝有诗云：'试垂竹竿钓，果得槎头鳊。'用此事也。《饮中八仙歌》云：'天子呼来不上船。'按范传正《李太白墓碑》云：'明皇泛白莲池，召公作序，——公已被酒——命高将军扶以登舟。'恐少陵用此事。或云：蜀人呼衣襟纫为船。有以见太白醉甚，虽见天子，披襟自若。其真率之至也。"此则补缺者也。

又其时有王宁祖者，病原叔书之违失，尝著《改正王内翰注杜工部集》，规弼必多。惜其久佚，今单存其目于《苕溪渔隐丛话》后集卷九。然亦正见宋人之重是书矣。

盖自伪注既出，后人不善读两王公《记》，多以为原叔真注杜诗。郭知达自任去取是非，而知一遗二，则元史臣修《宋史·艺文志》，但著录王洙

《注杜诗》三十六卷，诚无足讥矣。陈振孙《直斋书录解题》卷十六称："《杜工部集》二十卷，唐左拾遗检校工部员外郎剑南节度参谋襄阳杜甫子美撰。案《唐志》：六十卷，小集六卷。王洙原叔搜裒中外书九十九卷，除其重复，定取千四百五篇：古诗三百九十九，近体千有六。起太平时，终湖南所作，视居行之次，若岁时为先后。别录杂著为二卷，合二十卷，宝元二年记，遂为定本。王琪君玉嘉祐中刻之姑苏，且为《后记》。元稹《墓铭》亦附第二十卷之末，又有遗文九篇，治平中太守裴集（"集"，"煜"之误）刊附集外。蜀本大略同；而以遗文入正集中，则非其旧也。"（《武英殿丛书》本）述无注本甚详，而为郭知达书作解题，于其刊削伪注，又甚致称颂，则于王本究竟有注无注，亦未之深考。惟蔡梦弼于嘉泰间纂《草堂诗笺》，跋尾叙列诸家，于王本仅取刊正同异。则其书虽晚出，而此事转属可取。此宋人所记无注本大略也。其书南渡以后，盖无刊本。故清人所述，犹是君玉旧椠。自毛扆、钱曾以迄时人邓邦述，庋藏源流，有可考者。以与伪注无与，盖从缺焉。（1957 年，张元济菊生将传世钱、毛二本合并配全，摄影精印，列入《续古逸丛书》，原叔原本之真面目，遂为世人所共见。今人万曼《唐集叙录》据毛氏宋椠补抄本中避讳至桓〔原误作"完"〕、构字，谓其"刊刻当在南宋初年"，然安知非南渡初坊肆重印此书时所挖改乎？1981 年秋补记。）

苏轼：《老杜事实》

宋人假东坡名所注杜诗，其始殆有单刻本，而不见于诸家著录。今则惟散见诸宋注中，其妄谬在在可以覆按。今掇拾旧文，以见大凡。

《苕溪渔隐丛话》前集卷十一云："苕溪渔隐曰：余观注诗史是二曲李歜，述其自序云：'歜上书之明年，言狂意妄。圣天子不赐镬樵，全生弃逐岭表。东坡先生亦谪昌化。幸忝门下青毡，又于疑误处授先生指南三千余事，疏之编简，聊自记其遗忘尔。'然三千余事，余尝考之史传小说，殊不略见一事。宁尽出于异书邪？以此验之，必好事者伪撰以诳世。所谓李歜者，盖以诡名耳。其间又多载东坡语。如"草黄骐骥病'，则注云：'陈畯卧疾，梁拘过门曰：霜经草黄，骐骥病矣；驽骀何以快驶？盖言君子不得时，小人自肆也。’‘少游一日来问余曰：某细味杜诗，皆于古人语句，补缀为诗，平稳妥贴，若神施鬼设。不知工部腹中，几个国子监邪？余喜此谭，遂笔寄同叔（子由一字同叔），使知少游留心于老杜。’‘意欲铲叠嶂’，则注云：‘袁盎曰：诸侯欲铲连云叠嶂，而造物夫复如何！余因舟中与儿子迨同注检书，倦先卧。余继烛至晓，遂疏之。’似此等语甚众。此聊举其一二言之。当亦是伪撰耳。”此胡仔述伪注缘起，盖妄人假李歜、苏轼之往返，以为成书所由，故朱新仲或称“东坡注杜诗李歜编”（见后引）。然李歜本无其人，而坡公名重天下。于是伪书乃反缘苏得传，及无单刻本行世，人莫由得见李序，乃群称“苏曰”耳。此据旧文而可知者一也。

郭知达于淳熙八年自序其《九家集注杜诗》云：“杜少陵诗，世号诗史。自笺注杂出，是非异同，多所抵牾，致有好事者掇其章句，穿凿傅会，设为事实，托名东坡，刊镂以行，欺世售伪。有识之士，可为浩叹。”此见其书作伪之特征乃在“掇其章句，设为事实”，盖受当时所谓杜诗无一字无来处说之影响，而妄造物语以证明之。此据旧文而可知者二也。

《晦庵题跋》卷三云：“章国华过予山间，出所集注杜诗示予。其用力勤矣！然其所引东坡《事实》者，非苏公所作，闻之长老，乃闽中郑昂尚明伪为之。所引事皆无根据，反用老杜诗见句，增减为文，而傅其前人名字，托为其语，至有时世先后颠倒失次者。旧尝考之，知其决非苏公书也。”（《津逮秘书》本）此朱熹述作伪者之为谁何也。《墨庄漫录》卷二云：“近时传一书曰《龙城录》，……乃王铚性之伪为之。……又作《云仙散录》，尤为怪诞，殊误后之学者。又有李歜注杜甫诗及注东坡诗事，皆王性之一手。殊可骇笑！”（《四部丛刊》本）此张邦基之又一说也。案郑别有《杜少陵诗音义》，其书今佚，而序尚传，末署：“绍兴改元辛亥，长至后五日，长乐郑卬序。”又《四库提要》卷一百三十七《补侍儿小名录》条称：“（王）铚字性之，汝阴人，自称汝阴老民，绍兴初以荐诏视秩史官，给札奏御，为枢密院编修官。”则为郑为王，今虽莫定，而伪书之出，其在南渡之间，与伪王《注》同科乎！此据旧文而可知者三也。

《容斋随笔》卷一云：“俗间所传浅妄之书，如所谓《云仙散录》、《老杜事实》、《开元天宝遗事》之属，皆绝可笑。然士大夫或信之，至以《老杜事实》为东坡所作者。今蜀本刻杜集，遂以入注，……颇能疑误后生。”（《四部丛刊》续编本）此洪迈述伪书入注之经过，据旧文而可知者四也。

《宾退录》卷一云：“《容斋随笔》谓近世所传《云仙散录》、《开元天宝遗事》、《老杜事实》皆浅妄，绝可笑，而颇能疑误后生，然但辨《遗事》中数事，余二书无说。《老杜事实》，世不多见。”（《学海类编》本）则赵与旹述其书在宋时固未甚流布，其能传至今日，实缘入注。此据旧文而可知者五也。

至前辈指摘之语，散见尤多。

葛立方《韵语阳秋》卷十六云：“老杜诗云：‘东阁官梅动诗兴，还如何逊在扬州。’案逊传无扬州事，而逊集亦无扬州梅花诗，但有《早梅》诗云：‘兔园标物序，惊时最是梅。衔霜当露发，映雪凝寒开。枝横却月观，花绕凌风台。应知早飘落，故逐上春来。’杜公前诗乃逢早梅而作，诗故用何逊事。又意却月、凌风皆扬州台观名尔。近时有妄人，假东坡名，作《老杜事实》一编，无一事有据。至谓逊作扬州法曹，廨舍有梅一株，逊吟咏其下，岂不误学者？”（《历代诗话》本）又杨慎《升庵诗话》卷八，说本常之，而引据较备，略云：“宋世有妄人，假东坡名作杜诗注一卷，刻之。一时争尚杜诗，而坡公名重天下，人争传之，而不知其伪也。其注此诗云：‘逊作扬州法曹，廨舍有梅一株，逊吟咏其下；后居洛思之，因请再任；及抵扬州，梅花盛开，相对彷佛终日。’按何逊未尝为扬州法曹。是时南北分裂，逊为梁臣，何得复居洛阳？洛阳乃魏地也。既居魏，何得又请再任？请于梁乎？请于魏乎？其说之脱空无稽如此，略晓史册者知其伪矣。”此一事也。（案《墨庄漫录》卷一：“杜甫诗：‘东阁观梅动诗兴，还如何逊在扬州。’多不详逊在扬州之说。以本传考之，但言逊天监中为尚书水部郎，南平王引为宾客，掌书记室。荐之武帝，与吴均俱进幸，后稍失意，帝曰：‘吴均不均，何逊不逊。’逊卒于庐陵王记室，亦不言在扬州也。及观逊有梅花诗，见于《艺文类聚》、《初学记》云：‘兔园标节物，惊时最是梅。衔霜当路发，映雪拟寒开。枝横却月观，花绕凌风台。朝洒长门泣，夕注临邛杯。应知早雕落，故逐上春来。’余后见别本逊文集，乃有此诗。而集首有梁王僧孺所作序，乃云：——张元济《〈四部丛刊〉影印江安傅氏双鉴楼藏明钞本〈漫录〉跋》云：“逊文集”至“所作序乃云”二十字《稗海》高〔瑞南〕钱〔遵王〕二本俱脱。——‘逊，东海郯人，举本州秀才，射策为当时之魁，历官奉朝请。时南平王殿下为中权将军、扬州刺史，望高右戚，实曰贤主，拥彗分庭，爱客接士，东阁一开，竞收扬、马，左席暂起，争趋邹、枚。君以词艺早闻，故深亲礼，引为水部，行参军事，仍掌文记室云云。’乃知逊尝在扬州也。盖本传但言南平引为记室，略去扬州耳。然东晋、宋、齐、梁、陈，皆以建业为扬州，则逊之所在扬州，乃建业耳，非今之广陵也。隋以后始以广陵名州。”又《能改斋漫录》卷六：“杜子美《和裴迪早梅诗》：‘还如何逊在扬州。’旧注云：‘《梁史·何逊传》不见扬州事，前辈多引逊《早梅诗》。……按此诗见《初学记》，不见在扬州意耳。予按《三辅决录》云逊在扬州，见官梅乱发，赋四言诗，人得传写，乃知杜指此事。”据此则葛说亦未为得也。）

赵与旹《宾退录》卷六引孙仲益觌答曾端伯慥书云：“东坡《橄榄》诗云：‘已输崖蜜十分甜。’惠洪以崖蜜为樱桃。又有俗子假东坡名注杜诗，云金城土酥净如练为芦菔根者。东坡《地黄》诗云：‘崖蜜助甘冷，山姜发芳辛。’制地黄法当用姜与蜜，而用樱桃，可乎？黄师是守泗时，以酥酒遗东坡。答诗云：‘关右土酥黄似酒，扬州云液却如酥。’谓土酥为芦菔根，可乎？公著论斥其妄，（案谓曾编《百家诗选》。）良有益于后人耳目也。”此二事也。

严羽《沧浪诗话·诗证》云：“杜集注中坡曰者，皆是托名假伪。渔隐虽尝辩之，而人尚疑者，盖无至当之说以指其伪也。今举一端，将不辩而自明矣。如‘楚岫八（千）峰翠’，注云：‘景差《兰亭春望》：“千峰楚岫碧，万水郢城阴。”’且五言始于李陵、苏武，或云枚乘，则汉以前五言古诗尚未有之，宁有战国时已有五言律句邪？观此可以一笑而悟矣。虽然，亦幸其有此漏逗也。”（《历代诗话》本）此三事也。

陈鹄《西塘集耆旧续闻》卷九云：“世有伪作东坡注杜诗，内有《遭田父泥饮》篇‘欲起时被肘’，云：‘孔文举就里人饮，夜深而归，家人责其迟，曰：欲命驾，数被肘。工部选诗要妙，胸中无国子监书者，不可读其书。’此大疏脱处。不知国子监能有几书，亦何尝有此书邪。……后以语容斋，遂共发一笑。”（《知不足斋丛书》本）此四事也。

杨慎《升庵诗话》卷八云：“伪苏注中，如谓‘不分桃花红胜锦’为李夫人之语；‘十年厌见旌旗红’为四皓语；皆架空妄说。……又谓碧山学士为梁章褒；又‘昏黑应须到上头’为隋常琮语；并人名亦杜撰之。又妄撰景差五言律一联，尤可笑。苏、李始有五言古诗，而楚襄王时乃有五言律乎？其人信白丁也。而读者不之悟，其奈之何！”此五事也。

朱翌《猗觉寮杂记》卷上云："世所传东坡注杜诗李歜编者，诞妄无根，不可名状。其言某书某论者，今皆无此书。一妄也。且古人语各不同：如三国时与西汉人语，西汉人与六朝人语，各有体格，今皆一律。此二妄也。诗人用古语三字两字或全句，多矣。取其自然。不如是切当，是撰字贴时，唯恐句中漏一两字，使人觉之，甚可笑。此三妄也。其大妄者有三。有灼然有出处而歜不知者。又东坡《杂说》中论杜诗及录出处者极多，无一字及此。以是知其尤诞妄。小儿辈好奇，未多读书，真以为东坡所注，故为辨之。"(《知不足斋丛书》本)则综析为尤具体矣。

陈振孙《直斋书录解题》卷十九云："《杜工部诗集注》三十六卷，蜀人郭知达所集九家注。世有称东坡《杜诗故事》者，随事造文，一一牵合，而皆不言其所自出；且其辞气首末若出一口。盖妄人依托以欺乱流俗者。书坊辄剿入集注中，殊败人意。此本独削去之。"又杨守敬《日本访书志》卷十四云："《集千家注杜诗》二十卷，文集二卷……《提要》称篇中所集诸家之注，真赝错杂，(案语见《四库全书总目》卷一百四十九《〈集千家注杜诗〉提要》。)盖指伪东坡注而言。不知此编绝不载东坡注，刘将孙序已明言之。《提要》未见刘序，(案今传世本，多无此序，余亦未见。)又未暇细核全书，故意此千家注中必有东坡注，遂漫为此说也。"固知宋、元以来，伪注早已不齿于世矣。

然嗜痂者流，世所多有，稽诸旧籍，亦有可征。其一，则元之刘壎也，其所著《隐居通义》卷七云："家藏小册一本，字画甚古。题曰东坡《老杜诗史事实略举》。杜句有曰：'贱子请具陈。'引毛遂云：'公子试听吴、越之事，容贱子一一具陈；公子可行即行，可止则止。'杜句曰：'下笔如有神。'引仲舒答策：'下笔疑有神助。'杜句曰：'青冥却垂翅。'引李斯曰：'丈夫如提笔鼓吻，取富贵易若举杯。何青冥之翮与鹨共垂翅乎？'杜句：'崆峒小麦熟，且愿休王师。'引武帝欲讨西羌，耿逊谏曰：'今崆峒小麦方熟，陛下宜休王师。'如此者凡十卷。乃知杜句皆有根本，非自作语言也。山谷云：'杜诗、韩文，无一字无来处。今人读书少，故谓韩、杜自作此语。'予初未以此说为然；今观此集，则此言信矣。后世作诗者，无根之言耳。"(《读画斋丛书》本)其二，则明之邵宝也。杨慎《升庵诗话》卷八云："近日邵文庄宝乃手抄其注入杜诗七言律刻行，岂不误后学耶？伪苏注之谬，宋世洪容斋、严沧浪、刘须溪父子、马端临《经籍考》皆力辨其谬；而文章巨公如邵文庄者，乃独信之，亦尺有所短也。”

又案胡仔《苕溪渔隐丛话》前集卷八载释惠洪《冷斋夜话》、王观国《学林新编》论杜句“江莲摇白羽，天棘梦青丝”，而断以己意曰：“余按《本草》载《抱朴子》云：天门冬或名颠棘，即不云或名天棘。冷斋、学林二说，遂以天棘为天门冬。何也？其引王元之诗（冷斋引）云：‘天棘蔓金丝。’又以天棘为柳。不知亦何所据邪？《少陵诗总目》云‘天棘梦青丝’之句，最疑学者。或曰：梵语名柳为天棘。又近传号东坡《杜诗事实》一篇，更以王逸少诗云‘湖上春风舞天棘’为证。固（案疑当作“因”）悟梦字乃由舞字之讹缺。况以上句考之，政应用一草木为对偶，非有奥义也。”此则缘伪撰诗句，反得校勘一字之讹，虽云愚得，亦寸有所长矣。（案天训为颠，近在《说文》，韵部既同，诂释相假，元任以为不可通，殆疏于小学耳。）

黄庭坚：《杜诗笺》

此书元以前无所闻。元末陶宗仪始刻之《说郛》中，明嘉靖本《豫章黄先生集》亦尝收入。近时日本人近藤元粹复刊之《萤雪轩丛书》中，并为评订。都六十则；皆截取杜诗一二句，著其出处故实。（此外，今人曹树铭著《杜集丛校》，亦首列是书，题曰《〈杜诗笺〉增校》，取嘉靖本黄集、顺治本《说郛》及《古典文学研究资料汇编·杜甫卷》综合校勘，乃此伪书最善之本。1981 年秋补记。）

案魏庆之《诗人玉屑》卷十四引山谷云：“予谪居黔州，尽书子美两川、夔峡诗以遗丹棱杨素翁，俾刻之石。使大雅之音久湮没，而复盈三巴之耳。素翁又欲作高屋广楹庇此石，因请名焉。予名之曰大雅堂，仍为作记。其略云：由杜子美以来四百余年，斯文委地。文章之士，随其所能，杰出时辈，未有能升子美之堂者，况室家之好耶？余尝欲随欣然会意处，笺以数语，终以汩没世俗，初不暇给。虽然，子美诗妙处，乃在无意于文。夫无意而意已至，非广之以《国风》、《雅》、《颂》，深之以《离骚》、《九歌》，安能咀嚼其意味，闯然入其门耶？故使后生辈自求之，则得之深矣。使后之登大雅堂者能以余说而求之，则思过半矣。彼喜穿凿者，弃其大旨，取其发兴于所寓林泉、人物、草木、虫鱼，以为物物皆有所托，如世间商度隐语者，则子美之诗委地矣。”（案与《豫章黄先生集》卷十七《大雅堂记》文字小有出入。）论子美诗固精，其未尝作笺，亦昭昭明甚。故王士禛《戏仿元遗山论诗绝句》所云：“杜家笺注太纷拿，虞赵诸贤尽守株。若为《南华》求向郭，前惟山谷后钱卢。”翁方纲《石洲诗话》卷八为之作笺，但云：“山谷《大雅堂记》自是高识，然不能与后人注杜者并论。”不及此书，诚知所取舍矣。

《四库全书总目》卷一百二十三《〈说郛〉提要》论其书条例，以为“宗仪是书，实仿曾慥《类说》之例，每书略存大概，不必求全。亦有原本久亡，而从类书中钞合其文，以备一种者”。其言固当，而真伪杂糅，固不得概以旧籍目之，此其例也。

盖山谷虽未尝注杜，而宋人注本及小说杂记，多称引其说。至郭知达集九家注，豫章先生乃与诸有书行世者并列。流风余韵，或缘口耳之传，仰企旧文，亦修绠可汲矣。此戋戋者，名实既乖，而引申肤廓，无所甄明，尤不当于“欣然会意”之旨。暇日尝在龙蟠里假得殿本郭《注》，及诸宋本，逐一校勘，管见所疑，更有三事：凡所征引，或今时诸注所无。如“更须慎其仪”（《送高三十五书记》），引《陶侃传》：“诸参佐当正其衣冠，摄其威仪。何有乱头养望，自谓旷达耶？”又“曾冰延乐方”（《登历下古城新亭，亭本北海太守李邕作》），引傅毅《舞赋》云：“朱唇纡清扬，抗音高歌为乐方。”此其一也。或有之，又属他人之语。如“纵有健妇把锄犁”（《兵车行》），引古乐府：“健妇持门户，胜一大丈夫。”郭《注》作赵次公说。又“新鬼烦冤旧鬼哭”（同上），引《左传》：“夏父弗忌曰：吾见新鬼大，故鬼小。”诸本并作王洙说，无“夏父弗忌曰”字。此其二也。至有今本明载庭坚之言，取衡此书，亦无一相合。如“得兼《梁父吟》”（《登历下古城新亭，亭本北海太守李邕作》），引诸葛武侯《梁父吟》：“步出齐东门。”诸本无黄此注，郭《注》卷一则引黄言：“观此诗乃小曹公专国，杀杨修、孔融、荀彧云。”又“许生五台宾，业白出石壁”（《夜听许十一损诵诗，爱而有作》），引《宝积经》：“若纯黑业得纯黑报，纯白业得纯白报。”亦诸本所无。而郭《注》卷二则引赵次公云：“言许生客居五台，行业精白而出也。达磨尝曰：‘当勤白业，护持三宝也。’《列子》载：赵襄狩于中山，籍芿燔林，熻赫百里，有一人从石壁中出，随烟上下也。五台山，阿罗汉所在。谓许生为五台宾，因其隐迹五台而名之。遂云‘出石壁’，乃所以神异之也。黄鲁直却变用入石壁事自赞其画云：‘前世寒山子，后身黄鲁直，颇遭俗人恼，思欲入石壁。’夫石壁之可出可入，非神异者能之乎？”鲁直既用《列子》事，何《笺》乃又不之及耶？此其三也。

以上所拈六例，皆在前十则中。伪迹既章，无俟详辨。此盖不学之徒，杂取诸书，夤缘《大雅堂记》之言，求售其技。虽传本易得，而称者终鲜。以余所知，惟杨慎《升庵诗话》卷五云：“杜诗一箭正坠双飞翼，黄山谷注作一笑。盖用贾大夫妻射雉事也。”与伪《笺》：“箭一作笑，盖用贾大夫射雉事。”正合。升庵博洽好奇，故著其语于《诗话》耳。

虞集：《杜律注》

是书今存，刊本颇众。首杨士奇序，有云：“百年之前，赵子昂、（案金集凤坡序赵虞选注杜律，以为是元赵昉字子常之误。）虞伯生、范德机诸公，皆擅近体，亦皆宗于杜。伯生尝自比汉庭老吏，谓深于法律也。又尝取杜七言律为之注释。伯生学广而才高，味杜之言，究杜之心，盖得之深矣。观其《题桃树》一篇，自前辈以谓不可解，而伯生发明其旨，了然仁民爱物以及夫感叹之意，非深得于杜乎？或疑此篇非出于虞，盖谓欧阳原功所撰墓碑不见录也。伯生以道学文章重当世，碑之所录，取其大而略其小。故录此未足以见伯生，然必伯生能为此也。”杨公此序，大为伪书张目。后若高儒《百川书志》卷十四云：“《杜律虞注》二卷，元雍虞集伯生注，仿朱子《诗经》、《楚辞》例，训解集览，一视详明，得诗本旨。惜止七言律耳。”（《观古堂书目丛刻》本）遂极推服之意矣。

其书在明时盖甚盛行。周弘祖《古今书刻》上编纪其时刻杜诗者，府院行省十有一，凡二十四种。而二十四种之中，虞《注》占六之一。此可觇矣。士奇之序妄加揄扬，或不能辞咎也。

然反观辜榷之语，亦不胜其多。胡震亨（《唐音癸签》卷三十二）、胡应麟（《诗薮》外编第六）、王夫之（《姜斋诗话》卷下）、姚际恒（《古今伪书考》），片言折狱,服人为难。惟杨慎《闲书杜律》云:"杜诗可以意解,而不可以辞解。必不可已而解之,可以一句一首解,而不可以全帙解。全帙解必有牵强不通,反为作者之累。世传虞伯生注杜七言律,本不出自伯生笔,乃张伯成为之。后人驾名于伯生耳。其注首解《恨别》云:'杜公初至成都,未得所依,故以别为恨。'不知唐室板荡,故园陷虏,虽得所依,岂不以别为恨?公岂如江估淮商,'风水为乡船作宅,一得醉饱不思家'者乎?解'摇落深知宋玉悲'云:'惟深知其故,故千年之后,且为悲叹。惟其亦吾之师,故闵其萧条。'解'生长明妃'一首云:'惟其去紫台,故春风面不可见;惟其独留青冢,故环佩声归月下闻。'此乃村学究腐烂讲套语,岂可笺杜乎?解'曾闪朱旗北斗闲'云:'亦尝树旌旗于北斗城中,以享安闲之富贵。'北斗闲三字而上下添十二字乃成文,何异世传'怒挥门不报,打铺路无笼'之谑谣耶?'织女机丝虚夜月,石鲸鳞甲动秋风。'本言乱离萧条之状,而解云:'织女不能机杼,故曰虚;石鲸相传有灵,故曰动。'此何异眯目而道黑白者。'彩笔昔曾干气象',本说登山,(案此解非是。此句即"往时文采动人主"意耳。)而云:'以文彩弄笔干动时贵,以拟飞腾。'此又视老杜为钻刺乞哀之徒矣。'幽栖地僻'一首,本是喜客至之意,乃云:'亦姑以觇其诚意否。'是杜之阴险逆诈也。岂所谓以小人之心而度君子者乎?'预传籍籍新京兆,新史无劳数赵张。'本是期以求贤,乃注云:'此去朝廷,定有升擢。既为京兆少尹,必升三辅大尹。'此何异星士寿书预写赏帖耶?可恶!可厌!其他尚多,聊举一二耳。牵缠之长,实累千里。此既晦杜意,又污虞名。曷镵其板,勿误人也。"(《续说郛》卷三十四)首从本书纠其违失。(按郎瑛《七修类稿》卷三十五有《杜律虞注差处》一条,略称"予尝读杜诗《秋兴》八首,虞《注》之谬者半焉。似皆穿凿,随正《注》下,今录之于稿"云云。匡谬亦与此类,辞繁不更备录。)又《四库全书总目》卷一百七十四别集类存目《〈杜律注〉提要》云:"旧本题元虞集撰。……是编所注杜诗,凡七言近体一百四十九首。卷首杨士奇序称其解《题桃树》一篇,了然于仁民爱物之旨,深得杜意,必伯生所为。然欧阳元撰集墓碑,不载其有此书。观其词意,亦皆浅近。考元赵汸学诗于集,而所注杜诗,乃无一语及其师。董文玉为赵《注》作序,亦疑虞《注》之非真。然不云实出谁手。案曹安《谰言长语》称元进士临川张伯成著《杜诗演义》，曾昂夫作传，有此名，又有刊版，惜其少传，往往误以为虞伯生。李东阳《怀麓堂诗话》亦云：徐竹轩以道尝谓予曰：杜律非虞伯生注，宣德初已有刊本，乃张姓某人注，渠所亲见。合二家之说观之，则此注实出张伯成手，特后人假集之名以行耳。王士禛《池北偶谈》谓伯成名性，江西金溪人，尝注《尚书补传》。吴伯庆有挽诗云：'笺疏定令传杜律，志铭谁与继唐碑。'此尤可为明征也。"则援引旧说，辨证綦详。皆信美矣。（余嘉锡《四库提要辨证》卷二十四于《提要》之说，有所补证，可参阅。1981年秋补记。）

然泛览所及，有不能不为张性鸣冤者，则又前辈名公所未及也。

盖余尝考之明、清以来书目，知虞、张二《注》并载，屡见不鲜。如晁瑮《宝文堂书目》（案此目《明史·艺文志》作三卷，世鲜刊本。国立北平图书馆曾得钞本，印之馆刊第三卷中，即予此所据也。）既有《杜律虞赵注》，又有《杜律演义》（凡二见）。李廷相《李蒲汀书目》（《玉简斋丛书》本）既有《杜律虞注》四本（又一部二本），又有《杜律演义》。赵琦美《脉望馆书目》（《玉简斋丛书》本）既有《张伯成注杜律》一本，又有《虞注杜律》一本。黄虞稷《千顷堂书目》（《适园丛书》本）卷三十二既有虞集《杜律七言注》二卷，又有张性《杜律演义》二卷，并注云："字伯成，临川人，乡贡进士，又尝著《尚书补传》。见曾昂夫撰《张先生传》。"王闻远《孝慈堂书目》（《观古堂书目丛刻》本）既有《杜律演义》（张伯成）二卷（一册，棉纸），又有《赵虞注杜诗五七律》共四卷（赵昉虞集，三册，棉纸）。《四明范氏天一阁藏书目录》（《玉简斋丛书》本）既有《杜律虞注》二本（凡二见），又有《杜律演义》二本。此皆昭昭可见者也。以上著录，大率家藏之书，果二者全部雷同，焉有贸然钞录，毫无辨证者。此大可疑也。

考张书传本虽鲜，未尝无稽，除上所引，尚有明人都穆，盛称其注之佳，所著《南濠居士文跋》卷一《〈杜诗类选〉跋》云："昔之注杜诗者凡数十家：黄鹤《注》最下，而最盛行。余取得惟刘会孟之《评点》，董养性之《选注》，单元阳之《愚得》，此外又有张伯成《演义》。……伯成之注善矣，然惟律诗七言，而其他未之及也。"（《江氏聚珍版丛书》本）而王士禛《池北偶谈》则称"予在京师，曾得张注旧本"（《带经堂诗话》卷十七引）。近北平《文奎堂书目》（1935年本）载有此书旧钞本，索值四十元，予尝商诸刘衡如师，请以归金陵大学图书馆，及去函询之，已为捷足者先得。遂终不得取与虞《注》对勘。古缘坐失，良可惋叹。然私意所存，终疑二注或相剿袭，未必雷同。徐以道、王士禛虽见张注，或未尝取校世传虞本。《提要》决断，故有可商者焉。

抑更有言者，伯成本自著书，初未尝有假人以传之意，此观之《提要》，便有可征。故二者若相剿袭，自虞袭张；若相雷同，亦张不出虞。若清人黄生《杜诗说》卷首云："杜诗莫谬于虞《注》，莫莽于刘《评》。若黄鹤、梦弼之类，纰缪虽多，然其名不甚著，人亦未尝称之。惟刘与虞公然以评、注得名，反得附杜公不朽，是可恨也。虞《注》本元人张伯成伪撰，假虞以行。此则非独杜不幸，并虞亦不幸矣。"则竟以伯成等之郑印、王铚，可谓茫于论古者矣。

杜举：《杜陵诗律》

此书今存，见收于吴景旭《历代诗话》，见该书卷四十，已集七，杜诗卷下之上，而书名则作《律诗法》，署"门人吴成、邹遂、王恭编次"。前冠以杨仲弘序，其辞曰："予少年从叔父杨文圭游西蜀，抵成都，过浣花溪，求工部先生之祠而观焉。有主祠者，工部九世孙杜举也。居于祠之后，予造而问之曰：'先生所藏诗律重宝，不犹有存者乎？'举曰：'吾鼻祖审言，以诗鸣于当世；厥后言生闲，闲生甫，甫又以诗鸣。至于今，源流益远矣。然甫不传诸子，而独于门人吴成、邹遂、王恭传其法。故予传之三子者。虽复先生之重宝，而得之不易也。今子自远方来，敢不以三子所授者与子言之。子其谨之哉！'予遂读之，朝夕不置。久之，恍然有得，益信杜举所言非妄也。京城陈氏子有志于诗，故书举之传予、戒予者贻之。时至治壬戌四月望书。"

仇兆鳌《杜律重宝辨》引仲弘此序而断之曰："按仲弘忆记此事，在英宗至治壬戌年。上距代宗大历间，约计五百四十载。其世次应不止九代。且诗法所载杜律五十一首，注释议论，皆肤浅寡识，未窥作者之意。况《宗武生日》诗言'诗是吾家事'，言'熟精《文选》理'，岂可云诗法不传于其子乎？俱未可信也。"（《杜诗详注》附录）

沧柱虽辨此书之诬，然所记尚不及渔洋之悉。《带经堂诗话》卷十八云："偶于故书肆买得《诗法源流》一帙，乃元人傅汝砺若金述范德机语也。后附《杜诗律格》，（有接项、纤腰、充股、连珠、单蹄、双蹄等。）有元至治壬戌杨仲宏序，略云：'少从叔文圭游成都，过浣花，求工部之祠而观焉。有主祠者，子美九世孙杜举，居祠之后。造而问之。举之言曰：甫不传诸子，而独于门人吴成、邹遂、王恭传其法；予传之三子者。子从远方来，敢不以三子所传者，与子言之。'按举之名，不见于书传。吴、邹、王三子，亦不见于诸家志、序中。且子美全家避乱下峡，不应复有裔孙留居成都。又所拈《秋兴》、《燕子来舟中》等篇，载三子之说，大抵如村学究语。如'仙侣同舟晚更移'一句，解为明皇与贵妃诸臣泛舟渼陂。可笑至此，余可例推。第不知仲宏之序，何人伪造，如醉人梦呓，可恨也。"参伍二说，可得其大概矣。

考诸明人著录，祁承爜《澹生堂书目》卷十四载："《诗家要法》、《杜陵诗律》（范梈）。"（《绍兴先正遗书》本）不著卷数，与王士禛所记全同。又高儒《百川书志》卷十八载："《杜陵诗律》一卷，元杨仲宏作。律止四十三首。此不知出于何人。首著一格，凡五十一格。"亦确为是书。他则黄虞稷《千顷堂书目》卷三十二补有"元杨士宏《杜陵诗律》一卷"（《适园丛书》本）。"士"当系"仲"之误。此皆可稽者也。清人之目，则不复见有其书。

分格说杜，始于宋人。《四库全书总目》卷一百九十七诗文评类存目《〈少陵诗格〉提要》云："宋林越撰。……是篇发明杜诗篇法，穿凿殊甚。如《秋兴》八首，第一首为接项格。谓'江间波浪兼天涌'为巫峡之萧森，'塞上风云接地阴'为巫山之萧森，已牵合无理。第二首为交股格。三首曰开合格。四首曰双蹄格。五首曰续后格，六首曰首尾互换格。七首曰首尾相同格。八首曰单蹄格。随意支配，皆莫知其所自来。后又有《咏怀古迹》、《诸将》诸诗，亦间及他家。每首皆标立格名，种种杜撰。此真强作解事者也。"当即此书所本。其引《秋兴》为例，有接项、双蹄、单蹄等格，每首标立格名，皆两书所同。疑元时妄人，获此旧籍，伪造新序，用骇世俗。苦林书今未之见，不能取证耳。

按仲弘，杨载字。《元史》卷一百九十《儒学传》云："初，吴兴赵孟頫在翰林得载所为文，极推重之。由是载之文名，隐然动京师。凡所撰述，人多传诵之。其文章一以气为主,博而敏,直而不肆,自成一家言,而于诗文尤有法。尝语学者曰:‘诗当取材于汉、魏,而音节则以唐为宗。’自其诗出,一洗宋季之陋。”又《新元史》卷二百三十七《文苑传》云:“载与虞集友善,每言集不能作诗。一日,集载酒问诗法于载,酒酣尽为集言之。后集作诗送袁桷扈驾上都,介他人质于载。载曰:‘此诗非伯生不能作也。’或问:‘君谓伯生不能作诗,何以有此?’载曰:‘伯生学问高,予以诗法授之,余莫能及也。’”知仲弘当日,盖亦侈谈诗法者。造序托名于彼,良非偶然也。

1936 年 8 月　南京

韩诗《李花赠张十一署》篇发微

文学之事，不外二端：内在者情，外在者物。耳目所及，情以物生；翰藻呈材，物随情显。钟嵘《诗品·序》云："气之动物，物之感人。"前之谓也。"照烛三才，辉丽万有。"后之谓也。夫生民毓灵，厥有觉解；万类坌集，是生异同。《荀子·正名篇》有言："凡同类同情者，其天官之意物也同。"又曰："心有征知。征知，则缘耳而知声，可也；缘目而知形，可也。"斯其理矣。然人类之官能虽同，而所感或异；所感既异，则觉解亦殊。是则体物之浅深，状物之利钝，所由来也。六代尚文，言务精密。萧嗣《文选》，甄录赋篇，始区"物色"一类。宋玉《风赋》属之。李善《注》为之说曰："有物有文曰色。风虽无正色，然亦有声。"则物色之名，盖包罗诸种感觉；而独以色标目者，缘人类知识获之视官者为独丰也。旁及评品之书，则刘勰《文心》，亦立《物色》之篇。如云："诗人感物，联类不穷。流连万象之际，沈吟视听之区。写气图貌，既随物以宛转；属采附声，亦与心而徘徊。"造论精湛，而所涵亦不限于目击。知李《注》所释，为不谬矣。顾局就色彩一端而论，《文心》但云："《雅》咏棠华，或黄或白。《骚》述秋兰，绿叶紫茎。凡摛表五色，贵在时见。若青黄屡出，则繁而不珍。"则以《骚》、《雅》所及，仅止于斯。刘君操术虽美，固亦末由深论也。余往读退之《李花赠张十一署》诗，觉其模写物色，度越古先；体物既精，状物尤美。盖真得宛转、徘徊之妙，远轶棠华、秋兰之咏，惜旧之注家，于此皆未致详。用敢搜采旁证，略加疏说，庶乎作者苦心得以表暴焉。

诗曰："江陵城西二月尾，花不见桃惟见李。风揉雨练雪羞比，波涛翻空杳无涘。君知此处花何似？白花倒烛天夜明，群鸡惊鸣官吏起。金乌海底初飞来，朱辉散射青霞开。迷魂乱眼看不得，照耀万树繁如堆。念昔少年著游燕，对花岂省曾辞杯。自从流落忧感集，欲去未到先思回。只今四十已如此，后日更老谁论哉？力携一尊独就醉，不忍虚掷委黄埃。”谨案:“念昔”以下，感物兴怀，非是咏花；著力模写，惟在前半。析其层次，又有二焉。起句点明无月，次句以桃陪李，继乃极状李花之白且盛，皆夜景也。“金乌”四句，形容朝日映花，光采炫耀，则昼景也。语其布署，大较若斯。然其中有一句颇难索解者，则“花不见桃惟见李”是。夫花在白昼，其状之异同，色之深浅，目光所及，无不立辨。乃如退之此作，则是月黑观花，有可见，有不可见。其故何欤？

欲明此理，当就今世格致之学论之：自物理学而言，物体之有色彩，实由其所发生、或反射、或透过之光线使然。色彩皆基于光，故无光即无色。色或连称色光，职由于此。光源最巨，厥惟日球。析其光谱，大分七色。（红、橙、黄、绿、青、蓝、紫是。）其照射于诸物体也，设全部为此被照射之物体所反射，则此物体即呈白色；设全部为此被照射之物体所吸收，则此物体即呈黑色。自余则以部分之反射与吸收，而各具其色彩焉。（如一物呈红色者，即缘日光中之红色为此物所反射，而余色则为此物所吸收故。）其红、橙以次七色，为日球光谱所原具者，曰单色光。其出此七色之外，由于混成者，曰复色光。此色彩形成之大较也。次就光之强弱论，日光直射则晴，云层掩蔽则阴。月之有光，亦源于日，斯固然矣。而无月之夜，仍有微光，或亦出于日球，或别源于星宿，（日月贞明，光源之出其他星宿者，固亦存在。特为日月所掩，不易生影响耳。）要非绝对之黑暗。故常识上所谓昼、夜、阴、晴、晦、朔、弦、望云者，若局就光线之感受言之，其差别非由于光源之不同，而在其照度之有异。昼之与夜、月明之与月黑，既有照度之强弱，故视官之所感受者，亦因而各殊焉。复自心理学而言，物体反射之光线，通过人眼之角膜及三透明体，而映象于网膜时，则刺激视神经而传达于大脑之皮质部，视觉乃生。视觉之中，复有光觉、色觉之别。光觉者，所以识明暗也。（若白、黑、灰是诸光觉。）色觉者，所以辨色彩也。（若紫、绿、红是诸色觉。）光色两觉大抵相并而起，故能同时辨识物体之形状、色彩之异同、浓淡及其变化。惟光有时无色，而色必因光生。故光觉可离色觉而独存，色觉必依光觉然后显。此又视觉本身之差异矣。二者既明，则退之此句，不难了然。盖桃、李二花，攸分红白。以色光之组织言，则红为部分反射之单色光，力亦较弱；而白为全体反射之复色光，力亦特强。以视官之感受言，则红兼有光觉、色觉，而白全为光觉。昼之主要光源由日，纵有阴晴之殊，而其照度要为甚强。照度强则神经所受之刺激亦强；红色反光虽弱，影响尚微；视觉所及，并包光色；故红桃、白李，同时可见。夜之主要光源由月，以有晦明之异，故其照度强弱随之各别。有月时之照度，亦复颇强，故同时可见桃、李，与日光等。退之《寄卢仝》云："偶逢明月曜桃李。"(《全唐诗》卷十二，页六十八)可以为证。至无月时则照度弱，照度弱则神经所受之刺激亦弱；红色反光不强，即不可见；视觉所及，但有光存，故惟见白李，不见红桃。此诗所赋，时当月尾，是以云"花不见桃惟见李"也。不特此也，日光始暾扶桑，自夜而昼；旋薄虞渊，自昼而夜。其间纷纭挥霍，尤极奇丽之观。故此诗先表桃、李之别，继明昼、夜之殊，皆就色彩与光线予以强烈之对照。凡斯诸景，人所恒觏，形于歌诗，则始退之。斯不能不服其工妙，而叹为观止也。

集中别有《李花》二首。其二云："当春天地争奢华，洛阳园苑尤纷拿。谁将平地万堆雪，翦刻作此连天花？日光赤色照未好，明月暂入都交加。夜领张彻投卢仝，乘云共至玉皇家。长姬香御四罗列，缟裙练帨无等差。静濯明妆有所奉，顾我未肯置齿牙。清寒莹骨肝胆醒，一生思虑无由邪。"(《全唐诗》卷十二，页六十八)樊汝霖评曰："此诗自'夜领张彻投卢仝'而下，其所以状李花之妙者，至矣。"(魏仲举《五百家注音辩昌黎先生文集》引)所论亦是。然其前半，实写物色，与后半之虚写，异曲同工，殆未易优劣。"日光"二句，仍与前篇同法，特先昼后夜，易详为略，又有月明、月黑之异耳。而樊氏于此，未置一词，是见作者固难，知者亦复不易。自宋以来，韩集注家，实繁有徒，而于退之自辟之境，前无古人者，皆未之及，岂非解人难索哉？

自来注家虽不知此，而古来作者，则间或得其用心。泛览所及，有可考者。比而观之，亦足明昔贤通变之功；而证成文学之事，惟能乃可与知也。寻退之以后，诗人用此意者，首推李商隐。其《李花》云：“李径独来数，愁情相与悬。自明无月夜，强笑欲风天。减粉与园箨，分香沾渚莲。徐妃久已嫁，犹自玉为钿。”(《全唐诗》卷二十，页三十九)其第六句，释道源《注》曰：“李开不与莲同时，此欲仿佛其色耳。”(朱鹤龄《李义山诗注》引)所论亦知从色彩著眼，然于第三句，则未之及。其次郑谷亦尝用之。其《旅寓洛南村舍》云：“村落清明近，秋千稚女夸。春阴妨柳絮，月黑见梨花。白鸟窥鱼网，青帘认酒家。幽栖虽自适，交友在京华。”(《全唐诗》卷二十五，页三十)周紫芝《竹坡诗话》曰：“谷亦不可谓无好语。如‘春阴妨柳絮，月黑见梨花’，风味固似不浅。”(《历代诗话》本)李怀民《重订中晚唐诗主客图》亦评三四句云：“妨字见字皆造微，景与情并到。”(卷下，嘉庆乙丑刘大观刊本)二家虽知郑句之佳，而亦未明其所由也。惟吴可《藏海诗话》乃言：“‘春阴妨柳絮，月黑见梨花。’……郑谷诗此……联无人拈出。”又自注曰：“‘月黑见梨花’，此语少含蓄，不如义山‘自明无月夜’之为佳也。”(《历代诗话续编》本)马位《秋窗随笔》亦谓：“郑谷‘月黑见梨花’，佳句也。不及退之‘白花倒烛天夜明’为雄浑，读之气象自别。义山《李花》诗‘自明无月夜’，与退之未易轩轾。”(《清诗话》本)比合诸家，定其优劣，庶可谓略窥原委者焉。

逮及赵宋，王安石亦尝拟之，而明其奥窔者惟苏轼。安石《寄蔡氏女子二首》之一云：“建业东郭，望城西堠。千嶂承宇，百泉绕霤。青遥遥兮纚属，绿宛宛兮横逗。积李兮缟夜，崇桃兮炫昼。兰馥兮众植，竹娟兮常茂。柳蔫绵兮含姿，松偃蹇兮献秀，鸟跂兮上下，鱼跳兮左右。顾我兮适我，有斑兮伏兽。感时物兮念汝，迟汝归兮携幼。”(《王荆文公诗》卷二，大德刊刘评李注本)蔡絛《西清诗话》曰：“元丰中，(据王、苏年谱，此事当在元丰七年。)王文公在金陵。东坡自黄北还，日与公游，尽论古昔文字。又以近制示东坡。坡云：‘若积李兮缟夜，崇桃兮炫昼，自屈、宋没，旷千余年，无复《离骚》句法，乃今见之。’公曰：‘非子瞻见谀，自负亦如此。然未尝与俗子道也。’据东坡推公，与公自许如此，而晁无咎续《楚词》，乃独取公《历山思归赋》、《书山石词》，顾遗此不录，又何也？”(李壁《注》引)案《文心雕龙·物色篇》又曰：“《诗》、《骚》所标，并据要害，故后进锐笔，怯于争锋。莫不因方以借巧，即势以会奇。善于适要，则虽旧弥新矣。”苏公以二语为“《离骚》句法"者，当依此义释之。盖炫昼、缟夜之视绿叶、紫茎，则诚有推陈出新之妙，非谓准章酌句，取法乎屈、宋也。蔡氏顾斤斤以晁续《楚词》不录为言，岂二公之旨哉？外此如近人陈衍《宋诗精华录》云："'崇桃兮炫昼，积李兮缟夜。'写桃、李得未曾有。"(卷二)持说隐约，略与周、李之评郑诗者同，亦未详其语之所本。

王、苏而后，则有陆游、杨万里之讨论。陆氏《老学庵笔记》载其事曰："杨廷秀在高安有小诗云：'近红暮看失燕支，远白宵明雪色奇。花不见桃惟见李，一生不晓退之诗。'(案杨氏此诗，于昼夜红白之外，兼及远近。意谓夜中红虽近，仍不可见；白虽远，亦可见也。人之视野，本有定程。在视野之内，则不论远近，但以网膜接受光源与物体反光刺激之强弱，而决其色彩之可见与否。此亦今日已知之理，是作就韩诗更加推阐，亦可谓工于体会矣。)予语之曰：'此意古人已道，但不如公之详耳。'廷秀愕然问：'古人谁曾道？'予曰：'荆公所谓"积李兮缟夜，崇桃兮炫昼"是也。'廷秀大喜，曰：'便当增入小序中。'"(卷一，《津逮秘书》本)今检此诗载杨氏《江西道院集》，题为《读退之李花诗》，前有序云："桃、李岁岁同时并开，而退之有'花不见桃惟见李'之句，殊不可解。因晚登碧落堂，望隔江桃、李，桃皆暗而李独明，乃悟其妙。盖'炫昼缟夜'云。"(《诚斋集》卷二十五，《四部丛刊》本)末语盖后所增加。此由唐迄今，关于退之此诗故实，其尤大彰明较著者也。

综上而言，自退之创格，诸贤承流，后来师其词意者，则有唐之李商隐、郑谷，宋之王安石；悉其原委者，则有宋之陆游、吴可，清之马位；服其工妙者，则有宋之苏轼、周紫芝、杨万里，清之李怀民，今之陈衍。而能知其义理者，则无人焉。盖格物之学未明，则致知之功盖阙。非古今人之不相及，而时实使之也。夫科学所以格物，文学所以状物，二者若不相谋。然必格物之术愈工，则状物之精愈显，是又足以相成。故近世言批评者，往往借助于自然社会诸科学，未尝暖姝于一家之言而自画也。余此之为，不贤识小，或足资治诗学者之谈助。世有达士，傥不以其说为"索隐行怪"而斥之欤？

1944 年 1 月　成都

〔附记〕

黄濬《花随人圣庵摭忆》上海古籍出版社本第五十三—五十四页昔人咏李花条云：

> 荆公《寄蔡氏女子》诗二首，茂密悱恻，千古雄文。《西清诗话》："元丰中，王文公在金陵，东坡自黄北迁，日与公游，尽论古昔文字，又以近制示坡。坡云：'若"积李兮缟夜，崇桃兮炫昼"，自屈宋没，旷千余年，无复《离骚》句法，乃今见之。'公曰：'若非子瞻见谀，自负亦如此，然未尝与俗子道也。'"观此可知昔贤推挹之精。缟夜二句，诚未为人道过。方春野色，莫若桃李花，《石遗室诗话》称："少陵诗喜说桃花，昌黎荆公诗喜说李花，殆以桃花经日经雨皆色褪不红。一望成林时，不如李花之鲜白夺目，所以少陵之爱桃花，亦在深红间浅红时，余作法源寺丁香诗，所谓'昌黎半山总爱李，爱其缟色天不晡'也。"老人此论，阐发自无遗蕴。昌黎咏李花，至云"独绕百匝至日斜"。又以玉枝霜葩，缟裙练帨拟之，其状秾李之秾，可谓十分著力。而北宋后申论此说者，已有杨诚斋。诚斋有《读退之李花诗》，其序云："桃李岁岁同时并开，而退之有'花不见桃惟见李'之句，殊不可解。因晚登碧落堂，望隔江，桃皆暗而李独明，乃悟其妙，盖炫昼缟夜云。"诚斋此序，不唯言昌黎，且征及荆公诗矣。而予更有进者，义山《李花》诗"自明无月夜，强笑欲风天"，此十字，凝情切响，体物入微，亦何减韩、王乎？

按：秋岳此随笔，抗战前曾连载于《中央周刊》，计余当获见，而上文则数年后撰于蜀中，于《摭忆》所论已了不省记，故文中亦未及之。后四十年，朱兰客先生以新版《摭忆》见赐，始披见此条，今移写文后，以见此事固已有人先我着眼云。

1985年8月　南京

与徐哲东先生论昌黎《南山》诗记

1941年至1942年间，余旅居乐山，承乏武汉大学讲席，因得奉手于武进徐哲东先生。赏奇析疑，颇得沾丐之益。一日，过先生，蒙以其所撰《韩昌黎〈南山〉诗评释》见示。其序曰："《南山》诗汪洋瑰玮，沈博绝丽。其文理密察，章次秩如也。顾自来注家，但征故实，罕究义趣，遂令览者徒骇其奇奥，难得其条理。今搜罗评语，加以折中；摭择旧解，为之补正。聊以愚管，窥测匠心。庶通郁滞，爰臻条畅。"余持归卒读，觉其玄珠在握，胜义纷陈，盖所谓君子于其言无所苟者。后之诵此诗者，循览是作，他注殆可废焉。

独其中一事，余有所疑，因上先生书曰："大著《〈南山〉诗评释》，细绎一过，淹贯精审，佩服无似。惟'时天晦大雪，泪目苦蒙瞀'二句，尊《释》谓'天既大雪，己又病目'。窃拟别进一解。盖往者于役西康，尝闻人云：凡祁寒逾大相、飞越诸岭，必以墨晶风镜自随。不尔，则当大雪既降，遍山皆白。反光射目，恒致泪下。及戊寅嘉平经过二岭，果如所言。设韩公途中病目，似不当冒险游陟。则此泪目蒙瞀，疑大雪之所致也。案方世举《注》引《释名》、《说文》，蒙训'有眸子而失明'，瞀训'低目谨视'，亦与雪光反射，不能平视之意相合。惟南山地势及冬令温度，恐皆不侔于西陲诸雪山。其降雪时情状何若，固非践履其地弗得知矣。率尔布臆，幸乞卓裁。"

后先生语余，君说殊可备参。以柳子厚《晋问》中亦有类似之模写也。当录存之，以俟质定。至谓病目不当游陟，则犹有说。盖退之素性倔强好奇，初不以病目自沮，直至遇险乃退，亦事所可有者耳。余览《晋问》，其称晋兵器之利曰："攒之如星，奋之如霆，运之如萦。浩浩奕奕，淋淋涤涤，荧荧的的，若雪山冰谷之积。观者胆掉，目出寒液。当空发耀，英精互绕，晃荡洞射，天气尽白，日规为小，铄云破霄，跕坠飞鸟。"又称晋盐田之富曰："神液阴漉，甘卤密起，孕灵富媪，不爱其美。无声无形，熛结迅诡，回眸一瞬，积雪百里。皛皛幂幂，奋偾离析，锻圭椎璧，眩转的皪。乍似陨星及地，明灭相射，冰裂雹碎，宠嵸增益。大者印累，小者珠剖，涌者如坻，坳者如缶。日晶熠耀，萤骇电走。"(《河东先生集》卷十五)寻此两节所体之物，虽各不同，而似皆侧重于光觉之描绘。其所资以共喻，则为冰雪。盖利兵洁盐，皆有反光。其物既多，则反光尤烈。冰雪者，大地之所习见，而反光至强者也。故其模写二物，皆以形容。于盐，则有"积雪百里"之喻，而谓其使人"眩转的皪"；于兵，则有"雪山冰谷"之喻，而谓其使人"目出寒液"。一者，谓眼花；二者，谓泪下。此特程度之差，初非两致。据此以证韩诗，则有确不可易者矣。然先生犹谓当俟质定者何？曰：以其终属一种特殊经验，非人之所恒觏。按而不断，慎之至也。

盖文学之业，其所涵蕴，不外情、理、事三端。感发以动其情。思虑以明其理。考察以知其事。作者之表见，读者之欣赏，胥由是而得会通。然感发有利钝，思虑有深浅，考察有精粗，已不能齐一矣。况复各异其性情、学识、境遇；则授受之间，或有扞格，不能相悦以解，亦理之固然。如南山非人人所尝登，而登山揽景，则人多有之。此《南山》诗之所以可解也。若夫大雪而登高山，则非人所常有之事。此诗中泪目蒙瞀之句之所以费解也。斯即普通经验与特殊经验之异。用知书语所存，有非身历，殆难与知者。兹请更举旁证，以备参稽。杜甫《船下夔州郭宿，雨湿不得上岸，别王十二判官》诗有云："江鸣夜雨悬。"(《全唐诗》卷八，页七十二)王闿运《湘绮楼说诗》曰："峡中昼多阴，夜多雨。自巴以下，江声细如碎雪。乃悟杜诗'江鸣夜雨悬'之意。'悬'字状景甚工。不知者以为不稳也。"(卷二，王简辑本)此一事也。王维《使至塞上》诗有云："大漠孤烟直。"(《全唐诗》卷五，页十五)赵殿成《王右丞集笺注》曰："或谓边外多回风。其风迅急，袅烟沙而直上。亲见其景者，始知'直'字之佳。"(卷九)此二事也。黄庭坚《六月十七日昼寝》诗有云："马龁枯萁喧午枕，梦成风雨浪翻江。"(《山谷诗集注》内集卷十一)叶梦得《石林诗话》曰:“外祖晁君诚善诗。……黄鲁直常诵其‘小雨愔愔人不寐,卧听羸马龁残蔬’,爱赏不已。他日,得句云:‘马龁枯萁喧午梦,误惊风雨浪翻江。’(案集:梦作枕,误惊作梦成,均胜,当系后来改定。)自以为工。以语舅氏无咎曰:‘我诗实发于乃翁前联。’余始闻舅氏言此,不解风雨翻江之意。一日,憩于逆旅,闻旁舍有澎湃、鞺鞳之声,如风浪之历船者;起视之,乃马食于槽,水与草龃龉于槽间而为此声。方悟鲁直之好奇。然此亦非可以意索,适相遇而得之也。”(卷上,《历代诗话》本)此三事也。由斯而谈,则《文心》之论知音,谓:“圆照之象,务先博观。”释家之语修持,谓:“到一境,证一境。”诚肄业之枢机,会心之钤键矣。

赵翼《瓯北诗话》云:“韩昌黎生平所心摹力追者,惟李、杜二公。顾李、杜之前,未有李、杜。故二公才气横恣,各开生面,遂独有千古。至昌黎时,李、杜已在前,纵极力变化,终不能再辟一径。惟少陵奇险处尚有可推扩,故一眼觑定,欲从此辟山开道,自成一家。此昌黎注意所在也。”(卷三)此言殊得其实。其创体、创格、创句诸端,赵氏亦尝有所论列。然此第就表见言之耳。至若取材既广,体象尤精,于声音、颜色特为敏感,斯盖其所资以为奇险者。世人谈艺,于此尚鲜具体说明,余故数数究心焉。

余与哲东先生别且三年,学无所进。寒夜寥寂,既感离索,复忆西陲壮游。因杂缀成篇,用志岁月。

1944年12月　成都

《长恨歌》与《圆圆曲》

1944年春，义宁陈寅恪世丈违难来成都，说诗大学，论及白居易《长恨歌》、陈鸿《长恨传》，谓："明皇与杨妃之关系，虽为唐世文人公开共同习作诗文之题目，而增入汉武帝、李夫人故事，则白、陈之所特创。在白《歌》、陈《传》之前，故事大抵尚局限于人世，而不及于灵界。其畅述人天生死形魂离合之关系，似以二作为创始。此故事既不限于现实之人世，遂更延长而优美。其人世上半段开宗明义之'汉皇重色思倾国'一句，已暗启天上下半段之全部情事。文思贯彻钩结，特为精妙。"(详见《清华学报》第十四卷第一期载丈撰《〈长恨歌〉笺证》)谨案：汉武、唐玄与夫李、杨二妃之事，其迹固同，而《歌》有"汉皇重色思倾国"之语，《传》有"如汉武帝李夫人"之文，尤为本证。诗中先出汉皇之重色，后叙道士之致魂，既免突兀，而长篇布署，亦用此以见照应。丈之所论，诚属不刊。其极深研几，发千古文心之覆，非洞悉文章体制之老宿，殆不能为是言。

余饫闻绪论，既叹精卓，旋忆吴梅村《圆圆曲》有云："家本姑苏浣花里，圆圆小字娇罗绮。梦向夫差苑里游，宫娥拥入君王起。前身合是采莲人，门前一片横塘水。"此段之前，乃逆叙三桂得圆圆事；以后，则补叙圆圆入田氏事。数句居中，独以西施为圆圆之比，借作过脉。其下叙圆圆骤贵，邻里艳羡之情又有云："传来消息满江乡，乌桕红经十度霜。教曲伎师怜尚在，浣纱女伴忆同行。旧巢并是衔泥燕，飞上枝头变凤皇。长向尊前悲老大，有人夫婿擅侯王。"其结句又有云："君不见：馆娃宫起鸳鸯宿，越女如花看不足。香径尘生鸟自啼，屧廊人去苔空绿。……为君别唱吴宫曲，汉水东南日夜流。”忽悟其安章之法，实出白氏。盖《圆圆曲》之前出采莲人，即《长恨歌》之前出汉皇也；《圆圆曲》之后出伎师、女伴云云，即《长恨歌》之后出道士、太真云云也。其亦以夫差与西施事暗喻三桂与圆圆事，甚明。所以然者，不徒二女同属吴娃，亦缘三桂姓氏得借吴宫点出。《长恨歌》之用事，但在起结；而《圆圆曲》则以一事衍之为三，分置篇中。其用意在谋全诗结构之严密，尤可见焉。

次则白氏取汉武帝、李夫人故事为其作品之影本；吴氏效之，乃有取于夫差、西施故事，此固从同矣。然其运用之妙，又自小殊，亦有不可不审辨者。考《长恨歌》于道士之觅杨贵妃，有极具体之记述与描写。其与《汉书·外戚传》所载武帝望李夫人于帷中，而仅获“是邪非邪”之印象者，绝不相类。此虽远源于方技家神仙之说，近润以小说家夸诞之风，然其事实与意象之构成，固不能斥指所自。（《文选》卷二十三载潘岳《悼亡诗》三首之二云：“独无李氏灵，仿佛睹尔容。”其用此事，亦不出《汉书》所记，非《长恨歌》之比也。）若《圆圆曲》所取西施事实，则颇简单，皆见于稗史传说；而其意象之取诸前人作品，亦至显明。王维《西施咏》曰：“艳色天下重，西施宁久微。朝为越溪女，暮作吴宫妃。贱日岂殊众，贵来方悟稀。……当时浣纱伴，莫得同车归。持谢邻家子，效颦安可希。”（《全唐诗》卷五，页六）则吴氏兹作之另一来源也。

如上所析，加之推论，则知《长恨歌》所用之事，初虽假作暗喻，然其后半则由典实之比拟，进而为故事之演化。故所作之描写与所暗用之典实，始近而终远。其结果挥空成有，乃变为全诗整个本事中之一部分。是因中有创也。而《圆圆曲》所用之事，则始终居于比拟之地位。此典实非与全诗本事必不可分。故其于诗之主体，为渲染而非渗透，为陪衬而非演化。此二者同中之异，又读者所当留意也。

梅村诗尤长于歌行之体，（《四库全书总目》卷一百七十三《〈梅村集〉提要》云：“歌行一体，尤所擅长。格律本乎四杰，而情韵为深；叙述类乎香山，而风华为胜。韵协宫商，感均顽艳。一时尤称绝调。”洵笃论也。）《圆圆曲》则其此体之杰作。传诵至今，历祀三百，而其渊源所自，以余寡昧，尚未闻有人为之具体论列者。辄因隅反，陈其所见如此。历城周氏尝言：“为文章者，有所法而后能，有所变而后大。”（《惜抱轩集》卷八《刘海峰先生八十寿序》引）观于白、吴两作递嬗之迹，其说不尤可信乎？

1945年12月　成都

玉溪诗《离亭赋得折杨柳》二首说

暂凭尊酒送无憀，莫损愁眉与细腰。人世死前惟有别，春风争拟惜长条？

含烟惹雾每依依，万绪千条拂落晖。为报行人休尽折，半留相送半迎归。

玉溪诗冶少陵、昌谷于一炉，深稳精丽，中晚之际，断推大家。杨、刘以还，标举者众矣。而此两首，情真语豁，自来读者，或未留心。余披讽之余，乃颇觉其义契唱酬，辞兼往复，实蜕变于古人赠答之体，与其他连章之什殊科。谨据旧闻，略申鄙见如次：

考诗中赠答之体，稽之文献，远肇姬周。《大雅·崧高》云："吉甫作诵，其诗孔硕。其风肆好，以赠申伯。"《传》云："作是工师之诵也。"《笺》云："以此赠申伯者，送之令以为乐。"吉甫赠诗，乃令工师以为乐曲，其制度与后世固殊，褒美之义，则无分别。然吉甫之赠具在，而申伯之答未闻，则知斯事，犹是滥觞。下及春秋，其情又异。《春秋》隐元年《左传》记郑伯及其母姜氏"阙地及泉，隧而相见"之事，有云："公入而赋：'大隧之中，其乐也融融。'姜出而赋：'大隧之外，其乐也泄泄。'"《注》云："赋，赋诗也。"《疏》云："赋诗，谓自作诗也。中、融，外、泄，各自为韵。盖所赋之诗有此辞，《传》略而言之也。"此虽无赠答之名，实为赠答之事。且一赠一答，同时并出，以视吉甫之赠申伯，往而不来，抑少进矣。春秋之世，聘问称诗，其被之乐曲，更相投报，盖上二事之合流。然亦有不同者，则凡所赋诵，率皆习引前制，罕有主名。

是则会稽章氏所谓“言公”之例，世所共喻，不复详焉。此一变也。

春秋以后，角战英雄，聘问称诗，于焉衰歇。西汉之诗，或则四言旧体，或则楚调短歌。赠答之作，爰而不见。东京始兴五言，至桓帝时，乃有秦嘉、徐淑之为，《诗品》所谓“夫妻事既可伤，文亦凄怨”者也（卷中）。暨乎建安，曹公父子，领袖群流，七子之徒，为之羽翼。以其时际会之盛，游宴之频，故赠答之篇，亦隆前世。然皆辞必己出，未尝假手他人。降及太康，尤称蒸蔚，应对之际，士耻不文。则有黾勉之义，长渊借采于一潘；（《文选》卷二十四载潘岳《为贾谧作赠陆机》一首，及陆机《答贾长渊》一首。）燕婉之求，彦先乞灵于二陆。（《文选》卷二十四载陆机《为顾彦先赠妇》二首，《玉台新咏》卷三同。《文选》卷二十五载陆云《为顾彦先赠妇》二首，《玉台新咏》卷三载陆云《为顾彦先赠妇往反》四首。《文选》所载云诗，乃《玉台》之第二、第四两首。李善《〈文选〉注》机诗下云：“集云：为全彦先作。今云顾彦先，误也。且此上篇妇赠，下篇答，而俱云赠妇，又误也。”又云诗下云：“集亦云为顾彦先。然此二篇并是妇答，而云赠妇，误也。”丁福保《全晋诗》卷三于机诗下注曰：“案《晋书》，顾荣，字彦先。全彦先别无可考。二陆皆别有赠顾彦先诗，则作顾彦先似不误。士龙此题赠妇下有往反二字，士衡此题亦必尔。当是传写误脱。《文选》载士龙诗题，亦脱往反二字也。”案丁说近是。然《文选》所载云诗既并是妇答，则其题不当全同《玉台》，当作《为顾彦先妇答彦先》乃合耳。）捉刀之途既广，投瓜之美斯漓。此又一变也。

逮士衡创格，拟古始多。谢客《邺中集》，托建安而追成八章；江郎《杂体诗》，效古今而亦得卅首（见《文选》卷三十及卷三十一）。三唐以来，作者猥众。其极则拟前人之赠答，寄遥意于今兹；旁及动植，亦皆代拟。即以玉溪集中之作征之，如《代越公房妓嘲徐公主》、《代贵公主》（《全唐诗》卷二十，页五十），《代魏宫私赠》、《代元城吴令暗为答》（同上，页四十），《百果嘲樱桃》、《樱桃答》（同上，页四十一），皆其著例。其《代魏宫私赠》题下自注云：“黄初三年，已隔存殁。追代其意，何必同时？亦广《子夜》鬼歌之流。”言至明晰。此又一变也。

准此而谈，则赠答之体，自作其本。自作之外，复有三变。假前世旧制为赠答，一也；代友人作为赠答，二也；依他心拟题为赠答，三也。然此犹未尽厥蕴也。

若玉溪兹两首，所赋之地为离亭，所赋之物为杨柳，分袂之时，折柳赠别,唐世习俗则然。玉溪既拈此为题,故其于斯体,盖遗貌而师心,虽无投报之目,实含往复之意。如上云:“人世死前惟有别,春风争拟惜长条?”似但重别离之苦,何爱柔枝。而下云:“为报行人休尽折,半留相送半迎归。”则以言会合之情,尚期来日。缘情体物,借柳言愁,以我矛盾之怀,出彼异同之论。其针锋相对,机巧无方,求诸前式之中,惟有赠答为尔。岂非其所自出哉? 殆可谓其别子矣。集中又有《北齐》二首。其一云:“一笑相倾国便亡,何劳荆棘始堪伤。小怜玉体横陈夜,已报周师入晋阳。”其二云:“巧笑知堪敌万机,倾城最在著戎衣。晋阳已破休回顾,更请君王猎一围。”(同上,页三十三)机杼大同,可参照也。

案管世铭《读雪山房唐诗钞》论唐人七绝,谓玉溪“用意深微,使事稳惬,直欲于前贤之外,另辟一奇。绝句秘藏,至是尽泄,后人更无可以展拓处”(卷二十九“七绝凡例”)。上之所论,或其一证。然管《钞》于此两绝,但取首篇(见卷三十三),似于连章之法,乃用赠答意而不言其名者,未能了然。则识鉴虽精,未达一间,又信乎解人难索耳。

夫玉溪记诵浩穰,当时已著獭祭之称;(《杨文公谈苑》云:“李商隐为文,多检阅书册,左右鳞次,号獭祭鱼。”)衣被方来,后世更启挦扯之诮。(《中山诗话》云:“祥符、天禧中,杨大年、钱文僖、晏元献、刘子仪以文章立朝,为诗皆宗尚李义山,号西昆体。后进多窃义山语句。赐宴,优人有为义山者,衣服败敝,告人曰:‘我为诸馆职挦扯至此。’闻者欢笑。”)年代既远,省识为难。故遗山发唱,寄渴望于郑《笺》;贻上赓歌,致褒词于释子。而胜朝学风,特崇考据;故续加疏解,不乏其人。(《四库全书总目》卷一百五十一朱鹤龄《〈李义山诗注〉提要》云:“李商隐诗,旧有刘克、张文亮二家注本,后俱不传。故元好问《论诗绝句》有‘诗家总爱西昆好,只恨无人作郑《笺》’之语。明末释道源始为作注。王士禛《论诗绝句》所谓‘獭祭曾惊博奥殚,一篇《锦瑟》解人难。千秋毛郑功臣在,尚有弥天释道安’者,即为道源是注作也。然其书征引虽繁,实冗杂寡要,多不得古人之意。鹤龄删取其什一,补辑其什九,以成此注。后来注商隐集者,如程梦星、姚培谦、冯浩诸家,大抵以鹤龄为蓝本,而补正其阙误。”)博奥可通,盖罔不由斯道矣。惟是故实之爬梳,虽蒙休于曩彦;诗法之推阐,容有俟乎后生。因疏臆说,就正方闻云尔。

1941年2月　乐山

读《宋诗精华录》

《宋诗精华录》，石遗老人陈衍评点。老人光、宣儒林巨子，四部之学，靡不贯综，平生作述，无虑百卷，而诗若诗话尤胜。盖与弢庵、散原两翁齐名，世所尊为闽赣派三陈者是也。晚年息影吴门，钞书不辍。本书序作于丁丑初夏，未几老人即反道山。殆其生前最后刊行之作。余以七七事变前在京购得，皖、湘、康、蜀，三年展转，行箧之中，每以自随。诵习既久，略知其意。兹谨就本书，聊加申说，著于篇。至老人平生论旨大凡，具载《石遗室诗话》、《续诗话》、《谈艺录》。其书传布尤久，不更连及焉。

书分四卷，首冠自序。卷一之前，更有小引。余三卷则无之。共选一百二十九家，诗六百九十一首。每家均附小传，诗多加评语圈点。其选录大旨，由上述资料可以窥见者，约有数事，兹述如次。此老人对于宋诗之"晚年定论"，要有足供吾人之参证者也。

一曰，关于唐、宋正闰之意见。序首引《孟子》、《诗序》所称殷武丁、周宣王中兴事，而继之曰："其事虽大，可以喻小。诗文之中兴，何莫不然。清袁简斋，文人之善谑而甚辩者也。有数人论诗，分茅设蕝，争唐、宋之正闰，质于简斋。简斋笑曰：'吾惜李唐之功德不逮姬周，国祚仅三百年耳。不然，赵宋时代犹是唐也。'由斯以谈，唐诸大家，譬如殷之伊尹、仲虺、伊陟、巫咸，周之周公、太公、召公、散宜生、南宫适。宋诸大家，譬如殷之甘盘、傅说，周之方叔、召虎、仲山甫、尹吉甫矣。"详老人之意，于唐、宋分疆，未加抑扬，实持平之至论。大较言之：吾国歌诗，自两京风骨，逸步莫追，魏、晋以来，渐趋丰缛。逮梁、陈之靡曼，而唐诗以兴。唐人之诗，主情者也，情亦莫深于唐。及五季之卑弱，而宋诗以出。宋人之诗，主意者也，意亦莫高于宋。后有作者，文质迭用，固罔能自外焉。然拘虚之论，迄于近代，出主入奴，少白多黑者，亦所习见。虽微尚宁必苟同，而风会要自未达。若老人此说，庶几通识。吴之振《〈宋诗钞〉序》云："宋人之诗，变化于唐，而出其所自得，皮毛落尽，精神独存。"虽就宋立言，与老人殆有符契之合矣。

二曰，关于所谓精华之界义。序继引诸经论乐之言以喻诗，以为："声音之道，由细而大。……土、木与石，皆声音之细者。若琴、瑟、下管、鼗、鼓、笙、镛，则丝、竹、金、革，悠扬、铿锵、鞺鞳，皆声音之由细而渐大者也。……故长篇诗歌，悠扬、铿锵、鞺鞳者固多，而不无沈郁顿挫处，则土、木之音也。然如近贤之祧唐宗宋，祈向徐仲车、薛浪语诸家，在八音率多土、木，甚且有土、木，而无丝、竹、金、革，焉得命为'律和声''八音克谐'哉？"其结论谓："故本鄙见以录宋诗，窃谓宋诗精华，乃在此而不在彼也。"老人于所谓精华之界义盖如此。故入选者，近体占十之七八，古体仅十之二三。古体之中，长篇尤鲜。即此少数古诗，亦颇以"词费"为言。掎摭所及，名贤不免。如评欧阳修《沧浪亭》云："案此诗未免辞费。使少陵、昌黎为之，必多层折而无长语。《渼陂行》、《山石》可参看也。"评梅尧臣《范饶州坐中客语食河豚鱼》云："此诗绝佳者，实只首四句。（案《历代诗话》本欧阳修《六一诗话》云："河豚常出于春暮，群游水上，食絮而肥。南人多与荻牙为羹，云最美。故知诗者，谓只破题两句，已道尽河豚好处。"老人此评，盖本欧公所述也。）余皆词费。然所谓探骊得珠。其余鳞爪之而，听之而已。"（以上卷一）评王安石《哭梅圣俞》云："起二语探骊得珠，全题在握。入后不但词费，太觉外重内轻矣。"（卷二）评楼钥《石门洞》、《大龙湫》云："以上二诗有健句，但尚觉辞费。"（卷三）余若论苏轼《孙莘老求墨妙亭诗》一首，"仅有一二名句"；《自金山放船至焦山》一首，"后半用意平常"（卷二），皆即"词费"之意。则"（徐）仲车有《大河上天章公顾子敦》五古一首，长数千字，冗长不录"（卷三），无怪其然矣。观其所由，亦自有故。盖言以足志，文以足言，歌咏所兴，自生民始。然胜语直寻，谈何容易？唐人以情替汉、魏之骨，宋人以意夺唐人之情，势也。浸假而以议论入诗。夫议论则不免于委曲，委曲则不免于冗长。长则非律绝所任，此所以逮宋而古诗愈夥也。其极至句读不葺，而文采之妙无征；节奏不均，而声调之美遂阏。此宋人之短，非宋人之长。时流或宝碔砆，多士奉为圭臬。积重难反，盖有年矣。老人此录，独托喻乐音，多登近体，窃谓殆所以救世人学宋之弊焉。

三曰，关于宋诗分期之说明。卷一小引云："案此录亦略如唐诗，分初、盛、中、晚。吾乡严沧浪、高典籍之说，无可非议者也。天道无数十年不变，凡事随之。盛极而衰，衰极而盛，往往然也。今略区元丰、元祐以前为初宋。由二元尽北宋为盛宋，王、苏、黄、陈、秦、晁、张具在焉。唐之李、杜、高、岑、龙标、右丞也。南渡茶山、简斋、尤、萧、范、陆、杨为中宋。唐之韩、柳、元、白也。四灵以后为晚宋。谢皋羽、郑所南辈，则如唐之有韩偓、司空图焉。此卷系初宋。西昆诸人，可比王、杨、卢、骆。苏、梅、欧阳，可方陈、杜、沈、宋。宋何以甚异于唐哉？"老人此论，盖以宋诗于唐，有类中兴，亦分四期，用资比附。夫截断众流以分期，所以便叙述研讨也；苞举众家以分派，所以便欣赏批评也。故钱王酬唱，世以中、盛为言。（《历代诗话》本王世懋《艺圃撷余》云："唐律由初而盛，由盛而中，由中而晚，时代声调，故自必不可同。然亦有由初而逗盛，盛而逗中，中而逗晚者。何则？逗者，变之渐也。非逗故无繇变。……唐律之由盛而中，极是盛衰之介。然王维、钱起，实相唱酬；子美全集，半是大历以后。其间逗漏，实有可言，聊指一二：如右丞'明到衡山'篇，嘉州'函谷磻溪'句隐隐钱、刘、卢、李间矣。至于大历十才子，其间岂无盛唐之句，盖声气犹未相隔也。学者固当严于格调，然必谓盛唐人无一语落中，中唐人无一语入盛，则亦固哉其言诗矣。"）吕氏列图，不尽贡、章之彦。（《历代诗话续编》本刘克庄《江西诗派小序》云："吕紫微作《江西宗派》，自山谷而下，凡二十六人。……派中如陈后山彭城人，韩子苍陵阳人，潘邠老黄州人，夏均父、二林蕲人，晁叔用、江子之开封人，李商老南康人，祖可京口人，高子勉京西人，非皆江西人也。同时如曾文清乃赣人，又与紫微公以诗往还，而不入派。不知紫微去取之意云何？惜当日无人以此叩之。"《四部丛刊》本杨万里《诚斋集》卷七十九《江西宗派诗序》则云："江西宗派诗者，诗江西也。人非皆江西人也。而诗曰江西者何？系之也。系之者何？以味不以形也。"案万里年辈，早于克庄。克庄所惑，万里既解之矣。而小序仍以为言，岂偶未见杨序与？抑不然其说与？）明于此，则期派虽多，要归通变；丹素纵异，无俟平章矣。王士禛《戏仿元遗山论诗绝句》三十二首之八云："中兴高步属钱郎，拈得维摩一瓣香。不解雌黄高仲武，长城何意贬文房。”（《渔洋山人精华录》卷五，《四部丛刊》本）管世铭《读雪山房唐诗钞》亦曰：“说者多以读少陵后，继以随州，便觉厌厌无色。不知文房开、宝进士，《全唐诗》编在李、杜之前。特其诗与大历诸公并瓣香摩诘，原与子美异派。善读者自当另出一番手眼心胸。”（卷十八“七律凡例”）二家所论，针芥相契。居尝钦服，以为名言，引而申之，岂特于刘长卿一家之诗为然，诵法前修，皆当尔也。宋诗各期之内容与唐诗固不尽同，而其演进之迹，则殊有相类者。此非片语能详。然老人“宋何以甚异于唐”之论，要可作如是观耳。

上举三端，皆本书选旨之荦荦大者，余故略加申述，以明指归。至其持论精确，立说解颐，评语之中，随在而有，不更缕及。惟郑文宝《阙题》云：“亭亭画舸系寒潭，直到行人酒半酣，不管烟波与风雨，载将离恨过江南。”评曰：“案此诗首句一顿，下三句连作一气说，体格独别。唐人中惟太白‘越王勾践破吴归’一首，前三句一气连说，末句一扫而空之。此诗异曲同工，善于变化。”案老人此评郑诗是矣，而谓“唐人中惟太白……一首”云云，则未然。敖子发云：“《越中览古》诗前三句赋昔日豪华之盛，末一句咏今日凄凉之景。大抵唐人吊古之作，多以今昔盛衰构意，而从横变化，存乎体裁。”又云：“此与韩退之《游曲江寄白舍人》诗（案原题作《同水部张员外籍曲江春游寄白二十二舍人》）、元微之《刘阮天台》诗（案原题作《刘阮妻》），皆以落句转合，有抑扬，有开合。此格唐诗中亦不多得。”（王琦《李太白文集注》卷三十四，附录四，丛说引）如敖氏所言，则唐绝此格，至少有三。李白之“越王勾践破吴归，义士还乡尽锦衣，宫女如花满春殿，只今惟有鹧鸪飞”（《全唐诗》卷六，页八十一），其一也。韩愈之“漠漠轻阴晚自开，青天白日映楼台，曲江水满花千树，有底忙时不肯来”（《全唐诗》卷十二，页八十五），其二也。元稹之“芙蓉脂肉绿云鬟，罨画楼台青黛山，千树桃花万年药，不知何事忆人间”（《全唐诗》卷十五，页四十八），其三也。又晏殊《示张寺丞王校勘》云：“元巳清明假未开，小园幽径独徘徊。春寒不定斑斑雨，宿醉难禁滟滟杯。无可奈何花落去，似曾相识燕归来。游梁赋客多风味，莫惜青钱万选才。”评曰：“第二句及第五六句，见南唐中主《浣溪沙》词半阕。”案“无可奈何花落去，似曾相识燕归来，小园香（香，诗作幽）径独徘徊”一词，诸本亦皆以为晏作，独张惠言《词选》以属中主。吴曾《能改斋漫录》云："晏元献公赴杭州，道过维扬，憩大明寺，瞑目徐行，使侍史诵壁间诗板，戒其勿言爵、里、姓、名。终篇者无几。又使别诵一诗云：'水调隋宫曲，当年亦九成。哀音已亡国，废沼尚留名。仪凤终沈迹，鸣蛙只沸羹。凄凉不可问，落日下芜城。'徐问之，江都尉王琪诗也。召至同饭，又同步游池上。时春晚已有落花。晏云：'每得句书墙壁间，或弥年，未尝强对。且如"无可奈何花落去"，至今未能也。'王应声曰：'似曾相识燕归来。'自此辟置，又荐馆职，遂跻侍从矣。"（卷十一《花落去燕归来》条，《武英殿聚珍版丛书》本）宋人传说如此，则词亦晏作无疑（《词学季刊》第二卷第一期载夏瞿禅先生《晏同叔年谱》天圣五年条据《宋史·王琪传》及叶梦得《石林诗话》卷上，云："是琪仁宗时除馆职，由于上书，非以同叔擢。……同叔仁宗初至天圣五年，皆官京师，亦无杭、扬行迹。……《漫录》载续对事，或臆谈也。"又自注云："同叔'无可奈何'一联，诗题作《示张寺丞王校勘》，《漫录》或由此附会，未可知也。"案夏说可信。然即此更足证此词亦出同叔。盖如同叔用中主词语为诗，则短书小说必有记之者，而此传说亦无从产生也。）《四库全书总目·〈珠玉词〉提要》论及此事，有云："岂自爱其造语之工，故不嫌复用耶？"（卷一百九十八）斯言殆得其实。惠言盖偶误记，老人又循之也。又欧阳修《招许主客》云："欲将何物招嘉客，惟有新秋一味凉。更扫广庭宽百亩，少容明月放清光。楼头破鉴看将满，瓮面浮蛆拨已香。仍约多为诗准备，共防梅老敌难当。"评曰："案少容若作多容更佳。第七句多字可改。"（以上卷一）案诗第四句之"少"字，当读若《史记·伯夷列传》"其文辞不少概见"之"少"，今以为多少字，岂其然乎？又曾几《壬戌岁除作，明朝六十岁矣》云："禅榻萧然丈室空，薰销火冷闭门中。光阴大似烛见跋，问学只如船逆风。一岁临分惊老大，五更相守笑儿童。休言四十明朝过，看取霜髯六十翁。"评曰："第七句不可解。"（卷三）案杜甫《杜位宅守岁》云："四十明朝过，飞腾暮景斜。"（《全唐诗》卷八，页四十六）此用其语，翻其意，谓虽届四十之年，不足以言暮景也。以上四事，皆千虑之失，窃加订正，聊自附于诤臣焉。

1940 年 12 月　乐山

被开拓的诗世界

程千帆
莫砺锋
张宏生
撰

杜诗集大成说

程千帆　莫砺锋

（一）

在中国古典诗歌史上，杜甫占有特别重要的地位。前人论杜，或誉之为“集大成”①，或誉之为“诗圣”②，在封建社会中，这样的称誉是至高无上的。自从孟子用“集大成”这个词赞美孔子以来③，有哪位诗人能戴上这顶神圣的桂冠而不被认为僭越？只有杜甫。这表明，绝大多数人都承认，杜甫在中国古典诗歌史上的地位就像孔子在中国古代思想史上的地位一样，是无与伦比的。

那么，为什么本来是用来赞美孔子的“集大成”这个概念也能很恰当地移来赞美杜甫？“集大成”的哲学内涵与文学内涵有什么相通之处呢？

孟子说：“孔子，圣之时者也。孔子之谓集大成。集大成也者，金声而玉振之也。金声也者，始条理也；玉振之也者，终条理也。”④又说：“充实之谓美，充实而有光辉之谓大，大而化之之谓圣，圣而不可知之之谓神。”⑤孟子对孔子的赞颂，至少包含有这么几层涵义：一、顺应时代潮流，体现时代精神。《易经》“随”卦说：“随，元亨利贞，无咎。”《彖》曰：“随，刚

---

① 见陈师道《后山诗话》引苏轼语，又见秦观《韩愈论》，《淮海集》卷二十二。

② 见杨慎《升庵诗话》卷七《评李杜》条。

③④ 见《孟子·万章下》。

⑤ 《孟子·尽心下》。

来而下，柔动而说。随，大亨贞，无咎，而天下随时，随时之义大矣哉！”[1]可见儒家是很重视“随时”的，孟子称孔子为“圣之时者”，正是意识到孔子产生于中国思想史上第一次出现的新旧交替的大时代以及孔子承担了时代所赋予的历史使命这样两点事实。二、充实完整，也即和谐。孔子总结、发扬了他以前的一切思想遗产，他的学说构成了一个充实而完整的思想体系，颜渊惊叹这个体系的无所不包：“仰之弥高，钻之弥坚，瞻之在前，忽焉在后。”[2]孟子称其“金声玉振”，正是意识到孔子的学说有其内在的和谐性。焦循解释孟子的话说：“程大昌《演蕃露》云：‘《管子》曰：玉有九德，叩之其音清专彻远，纯而不杀乱也。’此诸家之言孔子玉振者。曰：其谓终条理者，为其叩之，其声首尾如一，不比金之始洪终杀，是为终条理。按：始条理，《音义》云：本亦作治条理……金声有杀，以玉振扬之，所谓治之使条理也。杀则细，振以终之，则其声不细矣……金，镈钟也，声以宣之于先。玉，特磬也，振以收之于后。条理是节奏次弟。金以始此条理，玉以终此条理，所为集大成也。”[3]这段话可以帮助我们理解这一点。三、崇高。孟子说：“自有生民以来，未有孔子也。”[4]《孟子》中还记载孔子弟子有若之言：“麒麟之于走兽，凤凰之于飞鸟，泰山之于丘垤，河海之于行潦，类也。圣人之于民，亦类也。出于其类，拔乎其萃，自生民以来，未有盛于孔子也。”[5]又载曾参之言：“江汉以濯之，秋阳以暴之，皓皓乎不可尚已！”[6]这说明孟子意识到孔子思想和人格的伟大，无可比拟，也就是崇高。

值得注意的是，上面所说的“集大成”的基本涵义，虽然在本质上属于哲学范畴，但同时又具有美学上的意义。无论在东方还是在西方，体现时代精神以及和谐、崇高，都是美学的基本范畴。而美学一方面“侧重文艺理论”，“根据文艺实践作出总结，又转过来指导文艺实践”，另一方面也要

---

① 《周易注疏》卷三。

② 《论语・子罕》。

③ 《孟子正义・万章下》。

④⑤ 《孟子・公孙丑上》。

⑥ 《孟子・滕文公上》。

服从认识论的总的规律,“从实践到认识,再回到实践”[①],也就是说,美学是沟通哲学和文艺学的一座桥梁。“集大成”这个具有丰富美学内涵的哲学概念可以相当顺利地转化为文学概念,而哲学家孔子头上的这顶桂冠移到诗人杜甫的头上仍显得那么合适,这无疑是主要的原因。

(二)

秦观说:“杜子美之于诗,实积众家之长,适当其时而已。……呜呼,杜氏、韩氏,亦集诗文之大成者欤!”[②]秦观所强调的“适其时”,也就是《易经》中的“随时之义”。在我们今天看来,杜甫创作中所体现的时代精神至少包括下面两方面的意义:

第一,杜甫所处的时代是社会急剧变化的大时代,正是这个时代孕育了我们的诗圣。

杜甫生于唐睿宗太极元年(712),卒于唐代宗大历五年(770),他的一生经历了玄宗、肃宗、代宗三个皇帝的统治,那正是唐帝国由盛转衰的一个急剧变化的大时代,爆发于天宝十四载(755)的安史之乱就是这一转变过程的关键。如果我们把杜甫二十岁之前的少年时代略去不计,那么安史之乱的爆发就正好是他后三十年生涯的中点。人们在谈到杜甫的时代背景时,常常强调安史之乱以后那个万方多难的大动乱时代。其实,对于诗人的成长来说,安史之乱以前的时代也同样重要。如果杜甫没有经历“开元盛世”,没有亲眼看到“稻米流脂粟米白,公私仓廪俱丰实。九州道路无豺虎,远行不劳吉日出。齐纨鲁缟车班班,男耕女桑不相失”[③]的太平景象,他就不可能对破坏那个太平盛世的乱臣贼子怀有那么深刻的仇恨。当然,如果他没有经历安史之乱,没有亲眼看到“况闻处处鬻男女,割恩忍爱还租庸。……万国城头尽吹角,此曲哀怨何时终”[④]的乱离景象,

① 见朱光潜《西方美学史》,人民文学出版社 1979 年第 2 版,第 4 页。

② 《韩愈论》,《淮海集》卷二十二。

③ 《忆昔》,《杜诗镜铨》卷十一。

④ 《岁晏行》,《杜诗镜铨》卷十九。

他就不可能对处于水深火热之中的广大人民怀有那么深厚的同情。所以我们在考察杜甫的时代时，不能把目光局限于某一个阶段，而应看到那个历史时代的整体和全貌。

唐代从贞观到开元的一百年间，虽然政治上也出现过比较混乱的阶段，整个封建经济还是在稳定地发展。到了开元时代，唐帝国达到了隆盛的顶点。但是与此同时，帝国内部所隐藏着的各种矛盾也在不停地孕育、滋生、激化。到了天宝年间，帝国实际上开始走下坡路了。皇帝昏愦荒淫，外戚骄奢淫佚，奸臣钩心斗角以争权，边将轻启边衅以邀功，朝政和整个社会日趋黑暗。正在这个时候，杜甫来到唐帝国的京城长安。仿佛是命运的有意安排，在那个以诗赋取士的时代，杜甫却偏偏科场蹭蹬。他在开元二十三年应试不第，天宝六载应制举又被李林甫黜落，天宝十载献《三大礼赋》，也没有得到一官半职。这样，诗人就在长安过了十年“卖药都市，寄食友朋”①的贫困生活。对于要想“致君尧舜上，再使风俗淳”②的杜甫来说，那是一段多么辛酸的岁月！可是对于日后要登上古典诗歌高峰的杜甫来说，那又是一段多么幸运的经历！如果杜甫科场得意，或通过其他途径而挤进了统治集团，那么，即使他能够独善其身而不同流合污，但优越的政治地位和优裕的物质生活必然会使他离帝王权贵较近而离下层人民较远。这样，他就无法看清那隐藏在花团锦簇的繁荣外表下面的人民苦难与社会危机了。在《饮中八仙歌》中，我们曾找出了杜甫最初从浪漫主义者群体中游离出来而走上了现实主义道路的依据③。而《前出塞》《兵车行》《丽人行》等一系列诗篇更表明诗人在清醒之后，立即冷静地观察社会，热情地探索社会的病根。到了安禄山叛乱的前夕，他终于写出了“朱门酒肉臭，路有冻死骨”④这样惊心动魄的诗句，不仅对当时的黑暗现象发出了沉痛的控诉，而且对整个不合理的封建社会作了深刻的揭露。

---

① 《进三大礼赋表》，《杜诗详注》卷二十四。

② 《奉赠韦左丞丈二十二韵》，《杜诗镜铨》卷一。

③ 见程千帆《一个醒的和八个醉的》，载本书。

④ 《自京赴奉先县咏怀五百字》，《杜诗镜铨》卷三。按：天宝十四载十一月安禄山反，杜甫作此诗时尚未闻其事。

“诗穷而后工”[1]，十年长安的困顿生活，对杜甫的创作发展起了决定性的影响。

安史之乱的爆发，给国家和人民带来了巨大的灾难。此后数年，杜甫始终与战乱、灾荒相纠结，凡是人民所遭受到的痛苦，他几乎都亲身经历或耳闻目睹了。他曾在深夜经过荒凉的战场，看到月光下的累累白骨。他曾被虏至沦陷的长安，闻到春风中夹杂的阵阵血腥。石壕村里官吏如狼似虎的咆哮、新安道上百姓肝肠欲绝的痛哭、新婚夫妇的生离、垂老翁媪的死别……这一幕幕惨绝人寰的景象，撕裂着诗人的心。他痛苦，他愤怒，他奋笔疾书，写出了“三吏”“三别”这样不朽的作品，代表人民对那个时代发出了最严正的控诉和谴责。正是安史之乱所造成的大动乱，使原来被遮盖着的社会黑暗面毫发无遗地暴露出来，从而使杜甫观察得更深刻、更仔细，并在现实主义的道路上继续迈进。安史之乱在八年之后基本平息了，但唐帝国从此一蹶不振，军阀割据和战乱一直波及唐末。大历五年(770)，杜甫在一叶扁舟上垂危之际，他的笔下还写着“战血流依旧，军声动至今”[2]的沉痛句子。“国家不幸诗家幸，赋到沧桑句便工”[3]，安史之乱的巨大灾难，对于诗人杜甫的成熟是一个多么重要的因素！

安史之乱前后的几十年，不仅是唐帝国由盛转衰的一个转折点，而且是整个中国封建社会的一个转折点。那个时代最重要的变化是封建统治者用以抑制土地兼并的均田制被彻底破坏了。这个作为缓和农民与地主之间矛盾的主要手段的彻底放弃，必然使两个敌对阶级之间的矛盾深刻化和复杂化。土地兼并之无限制地进行和由此而引起的租庸调制的崩溃与府兵制的变更，统治阶级内部的斗争和由此而引起的异族入侵与藩镇割据的形成，这些在安史之乱前后发生的政治社会现实，不仅严重地影响了当时人民的生活，动摇了唐帝国统治的基础，而且也在一定程度上画出了此后一千年左右中国社会发展的草图。这是具有特殊历史意义的时

---

① 欧阳修《梅圣俞诗集序》云：“然则非诗之能穷人，殆穷者而后工也。”见《欧阳文忠公文集》卷四十二。

② 《风疾舟中，伏枕书怀三十六韵，奉呈湖南亲友》，《杜诗镜铨》卷二十。

③ 赵翼《题元遗山集》，《瓯北集》卷三十三。

代，也就是杜甫所生活着的大环境。杜甫敏锐地感觉到了时代的变化，杜诗作为那样一个大变动时代的“诗史”，就具有特别深广的思想意义。

一般地说，凡是在社会急剧变动的关键时期出现的大作家，都能敏锐地感觉到时代的脉搏。不管他们对行将消逝的旧事物是哀悼还是诅咒，也不管他们对行将出现的新事物是否有明显的预感，他们的内心都因时代的疾风骤雨而引起巨大的波澜，他们的作品中充满了忠义慷慨、哀伤愤激、忧来无端、长歌当哭。在杜甫之前，有行吟泽畔的屈原，在杜甫之后，有悲歌“万马齐喑”的龚自珍和高呼“救救孩子”的鲁迅，他们都是时代所造就的文学巨人。从这个意义上说，杜甫所以能成为伟大的诗人，确实是受到了时代的玉成。

第二，杜甫所处的时代在古典诗歌史上是一个很重要的时代。

在杜甫之前，五七言古今体诗经过了由汉、魏、六朝和初盛唐诗人的长期摸索，在形式上已基本定型，在题材内容、艺术技巧、风格流派等方面积累了丰富的遗产，这就为杜甫对古典诗歌进行全面的总结提供了基础。元稹在《唐故工部员外郎杜君墓系铭并序》中说：“至于子美，盖所谓上薄风骚，下该沈、宋，言傍苏、李，气夺曹、刘，掩颜、谢之孤高，杂徐、庾之流丽，尽得古今之体势，而兼人人之所独专矣。”①宋祁在《新唐书·杜甫传赞》中说：“至甫，浑涵汪茫，千汇万状，兼古今而有之。”其实，杜甫对于他自己所继承的文学传统有相当多的论述，从《诗经》《楚辞》、汉魏乐府、汉代文人五言诗（即“李陵、苏武”），建安诗人曹植、刘桢，正始诗人阮籍、嵇康，南朝诗人陶渊明、谢灵运、谢朓、鲍照、何逊、阴铿、庾信到初唐诗人沈、宋、四杰、陈子昂等，杜甫都有诗论及他们②。仅从这些诗句就可看出，在杜甫的时代，古典诗歌已经积累了多么丰富的遗产（包括思想和艺术两个方面），而杜甫又是多么虚心地向前代诗人学习。我们不难从杜诗中找出足够的例证来证实杜甫在创作实践中确实吸收了许多前人的长处，正如

---

① 《元氏长庆集》卷五十六。

② 关于这一点，萧涤非、廖仲安先生的《别裁伪体，转益多师——纪念杜甫诞生一二五〇周年》（见《杜甫研究论文集》三辑）及程千帆《少陵先生文心论》（见《古诗考索》）均论之甚详，本文不再重复。

后人所云,“实积众家之长”,“尽得古今之体势”。但是必须指出,杜甫对文学传统的继承,不但不是零星地、机械地借鉴某几位前人,也不是把前人的长处简单地相加在一起,而是在对前代遗产全面考察以后,作出了合适的扬弃与继承,从而在自己的创作中显示出前所未有的充实与和谐。他有诗云:“文章千古事,得失寸心知。作者皆殊列,名声岂浪垂?骚人嗟不见,汉道盛于斯。前辈飞腾入,余波绮丽为。后贤兼旧制,历代各清规。”①这说明杜甫是把文学的历史发展过程当作一个整体来考察的,他对文学的源流演变有总体的认识,所以能对历代作家的功过得失了如指掌。“骚人”既逝,“汉道”代兴,文学是不停地演变、发展的。他认为后人应兼收并蓄地继承前人的优秀遗产,但是每个时代的文学仍应有自己的独特风貌。正因为杜甫对文学传统采取了正确的态度,所以他一方面继承了陈子昂的诗歌革新主张,在创作中坚持以《诗经》、汉魏乐府、建安诗歌的现实主义传统为方向,另一方面对齐梁诗歌也不全盘否定,对鲍照、庾信乃至何逊、阴铿等南朝诗人作了不同程度的借鉴。没有这种清醒的历史主义观点,杜甫是不能完成“集大成”的历史使命的。

(三)

那么,在与杜甫同时的那么多诗人中间,为什么没有其他人达到“集大成”的崇高地位呢?也就是说,除了时代的因素之外,杜甫还具备哪些成为“集大成”者的条件呢?我们试对杜甫的家庭传统和个人禀赋作一些考察,来说明为什么是杜甫而不是其他诗人承担了集古典诗歌之大成的历史使命。

对于封建社会中的文人来说,“述祖德”是一个传统,杜甫也不例外。他对自己的家世是经常引以为自豪的。他谈到远祖杜恕、杜预时说:“自先君恕、预以降,奉儒守官,未坠素业矣。”②谈到祖父杜审言,更是称扬备

① 《偶题》,《杜诗镜铨》卷十五。

② 《进雕赋表》,《杜诗详注》卷二十四。

至："亡祖故尚书膳部员外郎先臣审言，修文于中宗之朝，高视于藏书之府，故天下学士到于今而师之。"[①]杜恕是汉末贤臣。杜预是晋代的名臣兼名儒，对于《左传》有专门的研究。他们代表着杜甫家庭中的第一个传统，即坚信儒家的政治思想、钻研典籍学问的传统。杜审言是初唐著名诗人，他通过创作实践，对于由齐梁新变体演进为律诗作出了一定的贡献。他代表着杜甫家庭中的第二个传统，即文学的传统。这两种家庭传统，对于诗人杜甫的成长有着极其重要的影响。

唐代是一个思想比较解放的朝代，盛唐诗人的思想情况尤其复杂，王维信佛，李白好道，都是很著名的例子。杜甫"一生却只在儒家界内"[②]，这与他的家庭传统有很大的关系。正由于杜甫对于"奉儒守官"的家庭传统很为自豪，所以他造次必于是，颠沛必于是，始终以儒家思想作为安身立命的根本。他在诗中再三地自称"儒生""老儒""腐儒"，尽管他也有"纨袴不饿死，儒冠多误身"[③]的慨叹，有"山中儒生旧相识，但话宿昔伤怀抱"[④]的懊恼，甚至还有"儒术于我何有哉？孔丘盗跖俱尘埃"[⑤]的牢骚，但在他的内心深处，是非常珍视自己的儒者身分的。有的论者认为杜甫的这些牢骚表明他对整个儒家思想产生了怀疑[⑥]，这是被杜甫愤激的反语瞒过了。诗人在表达极端愤激的感情时，往往出之以奇诡的反语，自阮籍《咏怀》诗之后，不乏其例。如他的《醉时歌》，王嗣奭即对之有很准确的理解："此篇总是不平之鸣，无可奈何之词，非真谓垂名无用，非真薄儒术，非真齐孔、跖，亦非真以酒为乐也。杜诗'沉醉聊自遣，放歌破愁绝'，即此诗之解，而他诗可以旁通。"[⑦]其实，从这种愤激中，正可以体会到杜甫对儒术的眷恋之情。

---

① 《进雕赋表》，《杜诗详注》卷二十四。

② 刘熙载《艺概》卷二。

③ 《奉赠韦左丞丈二十二韵》，《杜诗镜铨》卷一。

④ 《乾元中寓居同谷县作歌七首》之七，《杜诗镜铨》卷七。

⑤ 《醉时歌》，《杜诗镜铨》卷二。

⑥ 西北大学中文系杜诗研究小组《论杜甫的世界观——杜诗研究第二章》（载于《杜甫研究论文集》二辑）一文持这种观点。

⑦ 《杜臆》卷一。

那么，儒家思想对杜甫的影响如何呢？关于这一点，人们已经讨论得很多了，我们觉得有两点还需要强调一下。

第一，孔子以后，特别是汉武帝接受董仲舒“独尊儒术”的建议以后，儒家思想在不同的程度上吸收了其他各家的思想，逐渐成为一个庞大而复杂的思想体系，但杜甫所接受的影响却主要来自早期儒家思想即孔孟之道，而且主要来自孔孟之道中的积极因素。所以在杜甫的思想中，不但找不到例如荀子的法家倾向和董仲舒的阴阳五行思想等等已为后期儒家所吸收的杂质，而且较少孔子旨在维护严格的等级制度的一些落后观点。杜甫所终身服膺的，实际上正是儒家思想的核心——“仁”。儒家主张行“仁政”：“尧舜之道，不以仁政，不能平治天下。”[①]杜甫则希望：“致君尧舜上，再使风俗淳。”[②]儒家主张让人民“仰足以事父母，俯足以畜妻子，乐岁终身饱，凶年免于死亡”[③]。杜甫则希望：“牛尽耕，蚕亦成，不劳烈士泪滂沱，男谷女丝行复歌。”[④]儒家反对不义战争：“争地以战，杀人盈野；争城以战，杀人盈城。此所谓率土地而食人肉，罪不容于死。”[⑤]杜甫则讽刺唐玄宗的穷兵黩武：“边庭流血成海水，武皇开边意未已！”[⑥]儒家谴责贫富悬殊的社会现象：“庖有肥肉，厩有肥马，民有饥色，野有饿莩，此率兽而食人也。”[⑦]杜甫则控诉那个时代说：“朱门酒肉臭，路有冻死骨！”应该指出，孟子那种“民贵君轻”[⑧]的可贵思想，在杜诗中有相当深刻的体现。由于时代的限制，杜甫不可能公然谴责皇帝，但我们综观全部杜诗，却不难看出，在诗人心目中，人民的地位是占有很大比重的。他有时在诗中对君主寄予厚望，正是希望通过“明君”来改善人民的生活。而当那些君主置人民死活于不顾时，诗人就毫不迟疑地把批判的笔锋刺向封建统治的最高层。可以说，在封建时代的诗人中间，杜甫最深刻地用艺术形象体现了儒

① 《孟子·离娄下》。

② 《奉赠韦左丞丈二十二韵》，《杜诗镜铨》卷一。

③⑦ 《孟子·梁惠王上》。

④ 《蚕谷行》，《杜诗镜铨》卷二十。

⑤ 《孟子·离娄上》。

⑥ 《兵车行》，《杜诗镜铨》卷一。

⑧ 《孟子·尽心下》：“民为贵，社稷次之，君为轻。”

家的进步思想。众所周知，儒家所谓“仁”，关键在“爱人”，在有“恻隐之心”，这正是杜甫热爱亲友、热爱人民乃至热爱天地间一切生命的思想基础。杜诗有云：“白鱼困密网，黄鸟喧嘉音。物微限通塞，恻隐仁者心。”① 他已经把“仁”心推而广之，近于宋儒所谓“民胞物与”②的精神了。杜诗之所以感人肺腑，就在于它所蕴涵的感情特别深厚，这不能不归功于儒家精神的熏陶。在这个方面，儒家思想对杜甫的影响是积极的，我们应该理直气壮地予以肯定。

此外，儒家思想中的其他积极因素也对杜甫有很深的影响，比如儒家要求国家统一，反对外族入侵，即所谓“尊王攘夷”的思想，无疑对杜甫在安史之乱时坚决拥护中央政府的态度是有影响的。正因如此，杜甫就一定要冒着“死去凭谁报”③的危险从沦陷的长安逃至肃宗所在的凤翔，而不肯像王维、郑虔那样为了保全自己，接受伪职。再如儒家主张积极入世，推崇“富贵不能淫，贫贱不能移，威武不能屈”④的大丈夫气概，推崇“知其不可而为之”⑤和“杀身以成仁”⑥的奋斗精神，无疑对杜甫人格的完成起了积极的影响，其事甚明，不待详加论证。

第二，儒家的文学思想对杜甫也有深刻的影响。儒家一向重视诗歌的社会功用，孔子提出的“兴、观、群、怨”说对后代影响极大。在《偶题》⑦一诗中，杜甫表述了自己的文学观点，其中“法自儒家有”之句非常明确地说明他在文学思想上接受了儒家的传统，他称赞元结的《舂陵行》等诗具有“比兴体制，微婉顿挫之词”⑧，也分明是遵循了儒家诗论的观点。儒家诗论尽管有不少缺点，但它重视诗歌的思想内容，重视诗歌的社会作用，

① 《过津口》，《杜诗镜铨》卷十九。

② 张载《西铭》（《张子全书》卷一）：“民吾同胞，物吾与也。”

③ 《喜达行在所三首》之三，《杜诗镜铨》卷三。

④ 《孟子·滕文公下》。

⑤ 《论语·宪问》。

⑥ 《论语·卫灵公》。

⑦ 《杜诗镜铨》卷十五。

⑧ 《同元使君舂陵行·序》，《杜诗镜铨》卷十二。按：唐人所谓“比兴”，往往不是指修辞手法，而是指讽谕之义，元诗即是如此。

乃是古典诗歌中现实主义传统的历史依据和理论基础，这对于杜甫走上现实主义的创作道路是起了引导作用的。

杜甫家庭中的文学传统主要体现在诗歌艺术方面。他写道："吾祖诗冠古。"①又道："诗是吾家事。"②杜甫说他的祖父"诗冠古"当然是溢美之词，但说他的家庭里具有诗歌的传统是合乎事实的。杜审言的诗现在仅有一卷，但就是从这些残存的作品中，仍然可以看出杜甫向他的祖父学习、摹仿的痕迹。比如在句法方面，杜甫作品中就显然有摹仿杜审言之处：

绾雾青丝弱，牵风紫蔓长。

——杜审言《和韦承庆过义阳公主山池五首》之二

林花著雨燕支湿，水荇牵风翠带长。

——杜甫《曲江对雨》

寄语洛城风日道，明年春色倍还人。

——杜审言《春日京中有怀》

传语风光共流转，暂时相赏莫相违。

——杜甫《曲江二首》之二

而章法上的影响，从下列两首诗的对比也可以清楚地看出来：

旅客三秋至，层城四望开。楚山横地出，汉水接天回。冠盖非新里，章华即旧台。习池风景异，归路满尘埃。

——杜审言《登襄阳楼》

① 《赠蜀僧闾丘师兄》，《杜诗镜铨》卷七。

② 《宗武生日》，《杜诗镜铨》卷九。

东郡趋庭日，南楼纵目初。浮云连海岱，平野入青徐。孤障秦碑在，荒城鲁殿余。从来多古意，临眺独踌躇。

——杜甫《登兖州城楼》

它们在章法上是极其相似的：首联点明登临的时间、地点，颔联写登临所见的阔大景象，颈联借历史遗迹抒兴亡之感，尾联写自己的惆怅之意。再如杜审言的《和康五庭芝望月有怀》："明月高秋迥，愁人独夜看。暂将弓并曲，翻与扇俱团。雾濯清辉苦，风飘素影寒。罗衣一此鉴，顿使别离难。"写月夜怀人的情景甚妙。杜甫的《月夜》一诗中"今夜鄜州月，闺中只独看"和"香雾云鬟湿，清辉玉臂寒"等句分明受其影响。当然杜甫诗从所怀之人想起，乃是他翻新出奇之处。

在联章五言律诗和排律方面，也有这种情形。在沈、宋和初唐四杰的笔下，五言律诗的形式基本上成熟了，但是还没有出现联章的律诗。在这一点上，杜审言有筚路蓝缕之功。他写过《和韦承庆过义阳公主山池五首》，从第一首的起句"野兴城中发，朝英物外求"到第五首的尾句"青溪留别兴，更与白云期"，层次分明，脉络清晰，首尾呼应，五首律诗组成了一个完整的有机体，是联章律诗这种新形式的成功尝试。这种形式在杜甫手中有了很大的发展，但他早期的一些联章律诗如《陪郑广文游何将军山林十首》《重游何氏五首》等，简直可以说是亦步亦趋地摹仿乃祖。还有，在初唐诗人中，杜审言对五言排律这种形式的发展是有贡献的。他的《和李大夫嗣真奉使存抚河东》一诗，不仅长达四十韵，而且全诗对仗严整，造句精炼，在形式上已经成熟。杜甫那么喜爱五言排律这种形式，不能不说是受到他祖父的影响。

杜甫那种"语不惊人死不休"①和"晚节渐于诗律细"②的艺术追求，与他家庭中的文学传统有一脉相承的联系。而其个人禀赋则是他成为"集大成"者的内在因素。

---

① 《江上值水如海势聊短述》，《杜诗镜铨》卷八。

② 《遣闷戏呈路十九曹长》，《杜诗镜铨》卷十五。

伟大的人格是造就伟大作家的必不可少的因素，杜甫在这方面可谓是得天独厚，前人论之已详。我们想补充的是，杜甫性格的复杂性及其矛盾必须置于我们的考察范围之内。他的性格中既有谨慎的一面，又有狂傲的一面。《新唐书》本传载其醉登严武之床口出狂言之事，是乃小说家言，但从杜诗来看，杜甫确实颇有乃祖遗风。他在“放荡齐赵间，裘马颇清狂”的少时就已经“饮酣视八极，俗物都茫茫”，在文学上自视很高：“气劘屈贾垒，目短曹刘墙。”[①]他在“骑驴十三载，旅食京华春”的困顿生活中也仍然自认为“读书破万卷，下笔如有神。赋料扬雄敌，诗看子建亲”[②]。《本事诗·高逸第三》载李白云：“梁、陈以来，艳薄斯极，沈休文又尚以声律，将复古道，非我而谁与！”杜甫虽然没有类似的话被记载下来，但我们可以推断他是早就有“会当凌绝顶，一览众山小”[③]的抱负的。因为他狂傲，所以他有勇气承担起这个重大的历史使命；因为他谨慎，所以他能踏踏实实地去完成这个使命，这正是造物赋予他的最佳性格。

人们在谈到李、杜时，总是强调李白的天才和杜甫的学力。其实，这两位大诗人都是既才高八斗又学富五车的。杜甫五十六岁时在夔州作《观公孙大娘弟子舞剑器行》，生动传神地描绘了他在四岁（开元三年，715）或六岁（开元五年，717）时看到公孙大娘舞剑器的情景。一个四岁或六岁的儿童就能欣赏舞蹈艺术且把鲜明的印象保留五十多年，可见诗人是早慧的。他在《壮游》一诗中说自己“往者十四五，出游翰墨场。斯文崔魏徒，以我似班扬。七龄思即壮，开口咏凤皇。九龄书大字，有作成一囊”，更可证明他诗才的早熟。至于杜甫学力的深厚，则是千余年来人们一直惊叹不已的。“读书破万卷”“群书万卷常暗诵”[④]的诗句可证其读书之广博精深，而“语不惊人死不休”“新诗改罢自长吟”[⑤]的诗句又可证其

① 《壮游》，《杜诗镜铨》卷十四。

② 《奉赠韦左丞丈二十二韵》，《杜诗镜铨》卷一。

③ 《望岳》，《杜诗镜铨》卷一。按：冯至《杜甫传》以为这两句诗即象征着杜甫将来之成就。

④ 《可叹》，《杜诗镜铨》卷十八。

⑤ 《解闷十二首》之七，《杜诗镜铨》卷十七。

作诗之严肃认真。后人论杜，或称其天才："杜甫天材颇绝伦，每寻诗卷似情亲。怜渠直道当时语，不着心源傍古人。"①或赞其学力："老杜作诗……无一字无来处。"②其实这两种说法并不矛盾，因为杜甫乃是一位在诗歌艺术上刻苦锤炼的天才诗人，他是在对前人的诗歌艺术兼收并蓄的基础上进入前无古人的崇高艺术境界的。

（四）

正像孔子及其思想体系一样，杜甫和他的诗歌也是一个完美的整体。在一千四百首杜诗中，伟大的人格和崇高的风格、充实的思想内容和完美的艺术形式、卓越的天才和精深的学力，这一切都极其和谐地统一起来了。如果把孟子所说的孔子是"金声而玉振之"的"圣之时者"以及"充实而有光辉之谓大"等论述移来称赞杜甫，都使人觉得极为适宜，这就是杜诗被称为"集大成"的基本原因。

然而还有更为重要的原因。

"集大成"这个词，如果从字面上理解，似乎仅仅指集过去之大成，但事实上不仅如此。孟子说："圣人，百世之师也。"③孔子在封建社会中被尊为"万世师表"，其中最主要的原因决不是他全面地总结、继承了他以前的一切思想遗产，而是他在继承遗产的基础上形成了一个新的思想体系，从而为其后长达两千年的封建社会制定了完整的指导思想。由此可见，孔子之"集大成"，最重要的意义不在于承前，而在于启后。

杜诗也有同样的情况。

元稹赞扬杜甫，只指出其"尽得古今之体势"，而没有论及杜甫的影响。这可能是由于元稹离杜甫的时代太近，那时杜甫的影响还不够明显。随着时间的推移，杜甫的影响越来越大。入宋以后，人们就对杜甫的巨大

---

① 元稹《酬孝甫见赠十首》之二，《元氏长庆集》卷十八。

② 黄庭坚《答洪驹父书》，《豫章黄先生文集》卷十九。

③ 《孟子·尽心下》。

影响愈来愈清楚从而赞不绝口了。王禹偁说:"子美集开诗世界。"[①]宋祁说:"它人不足,甫乃厌余,残膏剩馥,沾丐后人多矣。"[②]孙仅还具体地指出了杜甫对中晚唐诗人的影响:"公之诗支而为六家:孟郊得其气焰,张籍得其简丽,姚合得其清雅,贾岛得其奇僻,杜牧、薛能得其豪健,陆龟蒙得其赡博。皆出公之奇偏尔,尚轩轩然自号一家,爀世烜俗。"[③]宋代诗人基本上被笼罩在杜诗的巨大影响之内,所以黄裳说:"工于诗者,必取杜甫。盖彼无不有,则感之者各中其所好故也。"[④]张表臣也说:"有能窥其一二者,便可名家。"[⑤]在我们今天看来,如果说孔子总结、发扬了他之前的一切思想遗产又影响了在他以后历时两千年的思想史,那么也可以说杜甫总结并发展了他之前的一切诗歌遗产并影响了在他以后历时一千多年的诗歌史。他们就像位于江河中游的巨大水闸,上游的所有涓滴都到那里汇合,而下游的所有波澜都从那里泻出。

既然"集大成"作为哲学概念和文学概念都具有承前和启后的双重涵义而且重点在于启后,那么其中是否有内在的必然性呢?我们的回答是肯定的。

历史在时间上具有延续性:一个旧时代的结束意味着一个新时代的开始。在时代变换的关键时刻产生的杰出人物既标志着旧时代的终结,又标志着新时代的开端。恩格斯称但丁为"中世纪的最后一位诗人,同时又是新时代的最初一位诗人"[⑥],就是这个道理。孔子产生于中国社会从奴隶制向封建制转变的大时代,由于"任何新的学说""必须首先从已有的思想材料出发"[⑦],尽管孔子在世时已经"礼崩乐坏",他还是必须对"郁郁

---

① 《日长简仲咸》,《小畜集》卷九。

② 《新唐书·杜甫传赞》。

③ 《读杜工部诗集序》,见《草堂诗笺·传序碑铭》。按:这段话里漏掉了中晚唐诗人中学杜最有成绩的韩愈和李商隐。

④ 《陈商老诗集序》,《演山集》卷二十一。

⑤ 《珊瑚钩诗话》卷一。

⑥ 《共产党宣言1893年意大利文版序言》,《马克思恩格斯选集》,人民出版社1972年版,第一卷,第249页。

⑦ 恩格斯《反杜林论》,《马克思恩格斯选集》第三卷,第56页。

乎文哉”[①]的周代文化作全面的整理、总结，从而建立一个新的思想体系。在这个意义上，我们不妨说孔子既是中国奴隶制时代的最后一位思想家，又是封建时代的最初一位思想家。

前面说过，杜甫所处的时代也是一个急剧变化的大时代，是一个需要巨人，产生巨人的时代。在艺术上登峰造极的杜诗、韩文、颜字、吴画先后出现在那个时代，并不是偶然的[②]。苏轼最早称杜诗、韩文、颜书为“集大成者”[③]。他指出：“故诗至于杜子美，文至于韩退之，书至于颜鲁公，画至于吴道子，而古今之变、天下之能事毕矣。”[④]又说：“至唐颜、柳，始集古今笔法而尽发之，极书之变，天下翕然以为宗师，而钟、王之法益微。至于诗亦然。苏、李之天成，曹、刘之自得，陶、谢之超然，盖亦至矣。而李太白、杜子美以英玮绝世之姿，凌跨百代，古今诗人尽废，然魏晋以来高风绝尘，亦少衰矣。”[⑤]苏轼的目光是犀利的，他第一个看出杜诗是古典诗歌的一大转变。同时他也看出了“集大成者”的实践所显示的穷则变的内涵，虽然还不能对这种历史现象具有辩证的理解和准确的表述。

从东汉至盛唐，五七言诗歌经过了漫长的演变过程。这个过程的轨迹当然不是单一的直线，而是有许多旁岔分支，曲折反复，但其总的趋向却是不停地向前发展的。唐人虽然对六朝诗歌的淫靡之气颇为鄙薄，但在艺术上却正是六朝诗的直接继承者，从陈子昂到李白，并无例外。到了杜甫，则以集大成者的姿态，对前人的诗歌遗产进行了全面的总结。从表现对象到创作手法，从诗歌体裁到修辞手段，前人在诗国中留下的丰富积累都在杜诗中汇总起来了。至此，古典诗歌已经发展到了一个顶峰，它要继续向前发展，就再也不能沿袭以前的轨道了。杜甫正是感觉到了这种历史趋势并且用其创作实践为这种趋势的实现作出了艰苦探索和巨大贡献的诗人。

---

① 见《论语·八佾》。

② 参看李泽厚《美的历程》第七章《盛唐之音》第三节《杜诗颜字韩文》。

③ 见陈师道《后山诗话》。

④ 《书吴道子画后》，《东坡集》卷二十三。

⑤ 《书黄子思诗集后一首》，《东坡后集》卷九。

在杜甫之前，建安七子用力描摹动荡的社会现实，曹植、阮籍着意刻画深沉的内心律动，陶渊明善于把田园生活纳入他的恬静心境，谢灵运擅长摄取山川景物的奇丽外貌……到了杜甫，则对上述的题材内容兼收并蓄，而且使它们互相渗透、融合，从而组成了一个有机的整体。《自京赴奉先县咏怀五百字》是最深沉的内心独白，却偏偏揭露了“朱门酒肉臭，路有冻死骨”的社会惨状。秦州至同谷道中的一组纪行诗刻画山水的功力可与大谢媲美，却偏偏抒发了“再光中兴业，一洗苍生忧”①的政治理想。在杜诗中，从朝政国事到百姓生计，从山川云物到草木虫鱼，整个外部世界都与诗人的内心世界融合无间，而且都被纳入儒家的政治理想、伦理准则、审美规范的体系之中。从杜甫开始，儒家诗教的积极精神真正成为古典诗歌的指导原则。在杜甫以后的著名诗人很少不是沿着他开创的道路前进的。

在杜甫之前，建安诗歌以慷慨的气势取胜，阮籍《咏怀》以沉郁的风格见长，陶诗平淡自然，谢诗富丽精工，齐梁以降，由古变律，又从形式到风格不断地有所进展。到了杜甫，则对上述的艺术手段兼收并蓄，熔铸成一种全新的艺术风貌：格律严整而气势磅礴，字句烹炼而意境浑然，成语典故与口语俗字并得妙用，泼墨濡染与工笔细描同臻极致。不仅如此，在杜甫手里，诗歌的表现手段有了新的发展。七言律诗在艺术上臻于成熟，五言排律和各种形式的组诗开始成为重要的样式，用诗歌发议论的手法也得到了成功的尝试。后代诗人们无不在艺术上受到杜诗的熏陶和启发。

古典诗歌由唐转宋，前人或以韩愈为其关键②，其实，杜甫才是这一转变过程的真正发轫者，韩愈只是在杜甫所开创的道路上又向前迈了一步从而也很引人注目而已。“若无新变，不能代雄”③，杜甫在古典诗歌史上占有如此重要的地位，最主要的原因是他在创作实践中求新求变，从而为诗歌的继续发展开辟了道路。

---

① 《凤凰台》，《杜诗镜铨》卷七。

② 叶燮《原诗》内篇：“韩愈为唐诗之一大变，其力大，其思雄，崛起特为鼻祖。宋之苏、梅、欧、苏、王、黄，皆愈为之发其端，可谓极盛。”

③ 萧子显《南齐书·文学传论》。

综上所述，杜甫之“集大成”与孔子之“集大成”一样，最重要的意义不在于承前而在于启后。“集大成”这个概念能够从哲学领域移植到文学领域，诗国“集大成者”这顶桂冠不是由唐人而只能由宋人来奉献给杜甫，最主要的原因就在这里。

忧患感和责任感

——从屈原、贾谊到杜甫

程千帆　莫砺锋

（一）

被后人誉为“诗史”①的杜诗，不但在描写当时已经发生或正在发生的历史事实时具有惊人的准确性，而且在预见及预感当时尚未而即将发生的历史进程时，也具有惊人的准确性。而这种预见及预感又和诗人的忧患感同在。当安史之乱尚未爆发，唐王朝还呈现着花团锦簇的虚假繁荣时，杜甫已敏锐地感到了大动乱的逼近。在他困居长安时期所作的诗中，虽然有一些应酬投赠之作，也不乏流连光景之篇，但是总的说来，那些作品已带有浓重的抑郁忧愁的基调，这是山雨欲来的沉闷时代在诗人心上投下的阴影。唐玄宗好大喜功，奸臣边将轻启边衅，有时还取得暂时的胜利。这在时人眼中也许是国力强盛的表现，可是杜甫却看到了内郡凋敝、人悲鬼哭的阴惨景象。玄宗奢侈骄淫，杨氏兄妹游宴无度，这在时人眼中也许是歌舞升平的象征，可是杜甫却看到了奸臣弄权、外戚乱政的动乱征兆。透过李白“长安市上酒家眠”②的佯狂举动，杜甫影影绰绰地看出了那是贤才遭忌的悲剧。对于安禄山“主将位益崇，气骄凌上都”③的

---

① 孟启《本事诗·高逸第三》：“杜逢禄山之难，流离陇蜀，毕陈于诗，推见至隐，殆无遗事，故当时号为‘诗史’。”

② 《饮中八仙歌》，《杜诗镜铨》卷一。

③ 《后出塞五首》之四，《杜诗镜铨》卷三。

骄横表现，杜甫预言即将发生藩镇叛乱的危险。随着大动乱的日益逼近，诗人的心情也日益沉重。当他于天宝十一载(752)秋天登上慈恩寺塔时，已觉得“登兹翻百忧”①。待到天宝十四载(755)十一月赴奉先县探亲时，他就更觉得“忧端齐终南，澒洞不可掇”②了。果然，就在杜甫写下这沉痛诗句的时刻，蓄谋已久的渔阳鼙鼓终于动地而来了。

除了对于安史之乱这个大事变的酿成、发生洞若观火之外，杜甫对于一些比较小的历史事件也有先见之明。如安史之乱发生以后，唐王朝为了迅速平叛，向回纥借兵。肃宗至德二载(757)，“郭子仪以回纥兵精，劝上益征其兵以击贼”③。杜甫对此深以为忧，在《北征》一诗中，他隐约其词地说：“阴风西北来，惨淡随回纥。……圣心颇虚伫，时议气欲夺。”到乾元元年(758)回纥屯兵沙苑时，杜甫又作《留花门》④一诗，忧心忡忡地说：“花门天骄子，饱肉气勇决。高秋马肥健，挟矢射汉月。自古以为患，诗人厌薄伐。修德使其来，羁縻固不绝。胡为倾国至，出入暗金阙?”又如杜甫自同谷至成都路经剑门，对于那里地势险峻又产生了远虑。在《剑门》诗中，他写道：“惟天有设险，剑门天下壮。连山抱西南，石角皆北向。两崖崇墉倚，刻画城郭状。一夫怒临关，百万未可傍。……后王尚柔远，职贡道已丧。至今英雄人，高视见霸王。并吞与割据，极力不相让。”后来，勇悍善战的回纥兵果然成为唐王朝的心腹之患，形势险要的蜀地也果然成为军阀割据的巢穴。对于玄、肃二朝出现的乱兆，王夫之在《读通鉴论》中曾为之条分缕析，如云“无故而若大患之在边，委专征之权于边将，其失计固不待言矣”；“邪佞进，女宠兴，酣歌恒舞……度量有涯，淫溢必泛，盖必然之势矣”⑤；“借援夷狄，导之以蹂中国，因使乘以窃据，其为失策无疑也”⑥等，都与杜甫所指出者若出一辙。一个诗人在历史事件发生之前所

① 《同诸公登慈恩寺塔》，《杜诗镜铨》卷一。

② 《自京赴奉先县咏怀五百字》，《杜诗镜铨》卷三。

③ 《资治通鉴》卷二百二十。

④ 此诗或系于乾元二年，此从浦起龙《读杜心解》。

⑤ 《读通鉴论》卷二十二。

⑥ 《读通鉴论》卷二十三。

作的预言竟与后代学者的论断不谋而合,这是何等的远见卓识!

那么,这是不是由于杜甫的政治才能超人一等呢?封建时代的许多论者是肯定杜甫富有政治才能的。宋人郭印称杜诗:“诗中尽经济,秋毫未设施。”①朱翌则称杜甫:“凄其忧世心,妙若医国扁。”②陆游更慨叹说:“看渠胸次隘宇宙,惜哉千万不一施!……后世但作诗人看,使我抚几空嗟咨。”③杜诗的注家也常常对此赞叹不已,比如王嗣奭评《塞芦子》诗说:“此篇直作筹时条议,剀切敷陈,灼见情势,真可运筹决胜。”④仇兆鳌评《剑门》诗也说:“公之料事多中如此,可见其经世之才矣。”⑤我们认为,杜甫也许具有一定的没有机会施展的政治才能。但与其说他是一个有经世之才的政治家,宁可说他是一位生活感受极其敏锐的诗人;与其说他对于某些历史进程的预见预感体现了他的政治见解,宁可说那体现了他的忧患意识。安史之乱发生以后,杜甫曾多次预言叛乱即将被敉平,唐王朝即将出现一个中兴的局面⑥,可惜都没有料中。所以他在晚年痛心地说:“江边老翁错料事,眼暗不见风尘清!”⑦可见其某些预言也只是表示了诗人的主观愿望,而不一定是审时度势的结论。但是既然杜甫准确地预感到的事变全是国家和人民的祸患,我们就有理由肯定那主要是由于他有一种沉重的忧患感。一个时时刻刻在忧国忧民的诗人当然比一般人更容易觉察到国家祸患的隐伏滋生。

(二)

那么,杜甫所表现的这种忧患感是不是有所从来的呢?为了回答这

① 《草堂》,《云溪集》卷三。

② 《读杜诗至“减米散同舟,路难思共济”,舟人偶来告饥,似诗谶也》,《永乐大典》卷八百九十六引《灊山集》。

③ 《读杜诗》,《剑南诗稿》卷三十三。

④ 引自《杜诗详注》卷四,按:今本《杜臆》中未见此语。

⑤ 《杜诗详注》卷九。

⑥ 见《喜达行在所三首》《北征》等诗。

⑦ 《释闷》,《杜诗镜铨》卷十一。

个问题，首先需要回顾一下忧患意识的起源。

远在生民之初，忧患就是与生俱来的。在远古时代，人们没有足够的力量去征服自然，也没有足够的力量掌握自己的命运，意想不到的灾难随时都会降临。初民们的忧患意识，正是严酷的客观现实打在他们心灵上的烙印。中国古代传说中的氏族首领几乎都以夙夜忧勤的形象出现，并非仅仅出于儒家的虚构。到了春秋战国时期，诸侯兼并，战乱频仍，从王公大人到黎民百姓都对自己的命运忧心忡忡，因为国家的灾难和个人的不幸总是形影相随的。所以史书上记载着“嫠不恤其纬而忧宗周之陨，为将及焉”①的传说，以及鲁国的“漆室女”忧虑“鲁君老悖，太子少愚，愚伪日起，夫鲁国有患者，君臣父子皆被其辱，祸及众庶，妇人独安所避乎”②，说明忧患感是笼罩着整个时代的。在这种形势下，反映着时代意识的诸子百家都难以摆脱忧患的阴影。那些主张入世的思想流派当然无一例外地带有先天下之忧而忧的感情色彩，孔子栖栖遑遑，墨子摩顶放踵，诚如《庄子》所云：“今世之仁人，蒿目而忧世之患。”③庄子虽然把自己幻想成“登高不栗，入水不濡，入火不热”的“真人”④或“不食五谷，吸风饮露，乘云气，御飞龙，而游乎四海之外”的“神人”⑤，后人也把他看作是飘然欲仙的“南华真人”⑥，但事实上庄子逃避到幻想世界中去正是由于对现实世界充满了忧患感，这在《庄子》一书的字里行间是时有流露的。所不同的是，孔、墨等学派具有以天下为己任的责任感，他们要努力挽救那个礼崩乐坏的时代。而老、庄等学派则缺乏这种责任感，他们对现实世界感到绝望，只想用避世的方式来摆脱忧患感这种沉重负担。

在春秋战国时代，最深沉地体现了时代的忧患意识的学派首推儒家。我们读儒家经典时，总是能感觉到字里行间有一种沉重的忧患感。《易·

① 《左传·昭公二十四年》。

② 见刘向《古列女传》卷三。

③ 《庄子·骈拇》。

④ 《庄子·大宗师》。

⑤ 《庄子·逍遥游》。

⑥ 唐天宝元年二月，号庄子为南华真人，见《旧唐书·玄宗纪》及《唐会要》卷五十《杂说》。

系辞下》说:“作《易》者其有忧患乎!”《尚书·君牙》篇说:“心之忧危,若蹈虎尾,涉于春冰。”《礼记·儒行》篇说:“虽危,起居竟信其志,犹将不忘百姓之病也,其忧思有如此者。”《诗经》中更是充满了忧危之词:“人之云亡,心之忧矣”①,“大夫跋涉,我心则忧”②,“战战兢兢,如临深渊,如履薄冰”③,等等。而首次明确指出了忧患感在人生道路上的重要性和必要性的则是孔子。他说:“人无远虑,必有近忧。”④孟子甚至提出了“生于忧患”⑤的著名命题。更重要的是,儒家的忧患感是和对国家、人民的责任感紧密结合在一起的。儒家思想家们敢于面对礼崩乐坏的现实,敢于承担起救世补天的重大使命。孔、孟等人都没有真正掌握过政权,然而这并不妨碍他们以天下为己任。他们认为“禹思天下有溺者,由己溺之也。稷思天下有饥者,由己饥之也”⑥,这正是儒家高度责任感的流露。正因为有了强烈的责任感,他们在“道之不行,已知之矣”⑦的情形下仍然要“知其不可而为之”⑧,甚至不惜以“杀身以成仁”⑨的献身精神为理想而奋斗。这种以天下国家为己忧、以天下国家为己任的精神,是儒家思想体系中最积极的因素之一。杜甫一生服膺儒术,儒家的这种精神对他产生很大的影响,是不言而喻的。

杜甫忧国忧民的精神虽是来源于儒家思想,但他把这种深沉的忧患感用文学样式表达出来,却是来源于古代文学本身的传统。在杜甫以前出现的古代文学中,以忧患感为基调的作品是很多的。这些作品大致上可分为两大类:第一类所体现的主要是对于自己及亲友的命运而引起的忧患感,如从宋玉《九辩》、司马迁《悲士不遇赋》到曹植、阮籍

① 《诗经·大雅·瞻卬》。
② 《诗经·小雅·小旻》。
③ 《诗经·鄘风·载驰》。
④⑨ 《论语·卫灵公》。
⑤ 《孟子·告子下》。
⑥ 《孟子·离娄下》。
⑦ 《论语·微子》。
⑧ 《论语·宪问》。

的“忧生之嗟”[①]，都蒙上了这种忧患的浓重色调。第二类则是内涵更为深广的忧世之作，例如《诗经》中的《载驰》《正月》等篇和汉代梁鸿的《五噫》和张衡的《四愁》，所表达的忧患都不仅仅止于诗人自身。这后一种倾向可以说是我国古代文学中最优秀的传统之一，其代表人物是屈原和贾谊。

屈原的作品，无一例外地蒙着一层浓重的忧患情调。关于《离骚》，诚如司马迁所云，屈原“忧愁幽思而作《离骚》，《离骚》者，犹离忧也”[②]。关于《九章》，从首章《惜诵》“惜诵以致愍兮，发愤以抒情”，到末章《悲回风》“悲回风之摇蕙兮，心冤结而内伤”，忧患之感与《离骚》完全相同[③]。此外，《天问》仰问苍天以抒胸中之愁怨，《招魂》呼号四方而愁魂魄之不归，即使是《九歌》那样的祭神乐歌，其中又夹杂着“或以阴巫下阳神，或以阳主接阴鬼”[④]的男女恋情，然而如《云中君》曰：“思夫君兮太息，极劳心兮忡忡。”《少司命》曰：“夫人兮自有美子，荪何以兮愁苦?”《山鬼》曰：“风飒飒兮木萧萧，思公子兮徒离忧。”凡此种种，都带有哀怨忧愁的情调。司马迁说：“余读《离骚》《天问》《招魂》《哀郢》，悲其志。”[⑤]严羽说：“读《骚》之久，方识真味，须歌之抑扬，涕泪满襟，然后为识《离骚》。”[⑥]的确，屈赋对读者的强烈感染力主要来自它所蕴涵的忧患感，这种忧患感当然包含着诗人“信而见疑，忠而被谤”[⑦]的痛苦，“美人迟暮”的惆怅，但是更重要的则是诗人对于国家、人民的命运的危机感：“曾不知夏之为丘兮，孰两东门

---

① 《悲士不遇赋》载《艺文类聚》卷三十。谢灵运《拟魏太子邺中集诗》平原侯植诗序：“公子不及世事，但美遨游，然颇有忧生之嗟。”见《文选》卷三十。阮籍《咏怀》诗颜延年注：“嗣宗身仕乱朝，常恐罹谤遇祸，因兹发咏，故每有忧生之嗟。”见《文选》卷二十三。

② 《史记·屈原贾生列传》。

③ 今天看来，《九章》中或有不出自屈原之手的作品，但唐人尚无此疑。杜甫显然是从刘向、王逸所认定的全部屈原作品中来汲取这位古代大诗人所赐与的养分的。

④ 朱熹语，见《楚辞集注》卷二。

⑤ 《史记·屈原贾生列传·赞》。

⑥ 《沧浪诗话·诗评》。

⑦ 《史记·屈原贾生列传》中语。

之可芜”[1]，“宁溘死而流亡兮，恐祸殃之有再”[2]。

那么，在屈原的时代，楚国是不是已经岌岌可危了呢？据史书记载，它当时还是一个“地方五千里，带甲百万”[3]的强国。当时在说客之间流行着“从合则楚王，横成则秦帝”[4]的说法。可见它是可以与秦国相抗衡的惟一力量。即使到屈原沉江五十余年之后[5]，其时楚已损兵失地，国势衰微，但秦始皇命老将王翦率师伐楚，王翦还一定要有六十万士兵才肯出师，从中不难窥见楚国的实力。总之，在屈原生前，楚国虽然在与秦国的战争中几次失利，但并未濒于灭亡的危险。屈原作品中那种仿佛大难已经迫于眉睫的气氛，与其说是反映了当时楚国的实际形势，倒不如说是反映了诗人心中基于对现实的预感而产生的忧患意识，反映了诗人对于国家和人民的强烈的责任感。

屈原曾经被楚怀王委以重任，“入则与王图议国事，以出号令；出则接遇宾客，应对诸侯”[6]，但是他不久就失去了这样重要的政治地位，受到一连串的诬陷、疏远、放逐。在那个辩士四处奔走、朝秦暮楚的时代，屈原却偏偏不肯离开祖国，情愿在“乃猿狖之所居”[7]的流放地行吟泽畔。他明明知道黑暗的朝廷里容不下他这样的忠贞之士，自己在政治上已不可能有什么作为了，所以叹息说：“曾歔欷余郁邑兮，哀朕时之不当。”[8]又说：“阴阳易位，时不当兮！”[9]但另一方面，他仍然以“虽九死其犹未悔”[10]的坚毅精神忍受着巨大的痛苦，时时刻刻把国家、人民的命运放在心上。他十分惋惜地回忆往事：“惜往日之曾信兮，受命诏以昭时。奉先功以照下兮，明法度之嫌疑。国富强而法立兮，属贞臣而日娭。”[11]他无比痛

---

① 《九章·哀郢》。

②⑪ 《九章·惜往日》。

③④ 《战国策·楚策一》。

⑤ 此处从王夫之《楚辞通释》说，把屈原卒年定为楚襄王二十一年（前278）。王翦伐楚事在秦始皇二十三年（前224）。

⑥ 《史记·屈原贾生列传》。

⑦⑨ 《九章·涉江》。

⑧⑩ 《离骚》。

苦地注视现实："民离散而相失兮，方仲春而东迁！"①他还是强烈地感到自己对于国家、人民的责任："岂余身之惮殃兮，恐皇舆之败绩！""长太息以掩涕兮，哀民生之多艰！"②甚至当他想要以身殉国时，仍念念不忘国家的政治，并以古代的贤臣作为自己的榜样："既莫足与为美政兮，吾将从彭咸之所居！"③

贾谊生活的汉文帝时代，是被史家称为"文景之治"的盛世，西汉帝国正蒸蒸日上，日趋富强，朝廷上下都以为可以坐享太平，独有贾谊深谋远虑，时发忧世之言。他上疏文帝说："臣窃惟事势，可为痛哭者一，可为流涕者二，可为长太息者六，若其它背理而伤道者，难遍以疏举。进言者皆曰天下已安已治矣，臣独以为未也。"④贾谊的赋虽没有直陈时事，但其中充满着悲愤抑郁之情，其忧患的情调是与他的忧国之念完全一致的。当贾谊南渡湘水时，作赋吊屈原说："鸾凤伏窜兮，鸱枭翱翔。"又说："国其莫吾知兮，子独壹郁其谁语？"⑤真是声泪俱下，吊屈原正是自吊。由于贤才遭忌和忠言不纳以致使国家人民受到损害，正是屈、贾两人共同的悲剧，也是两人心中共有的深哀巨痛。司马迁在《史记》中把屈、贾合传，杜甫在诗中也常常屈、贾并称⑥，正是看到了这一点。

（三）

对于屈原，杜甫是怀有深深的敬意的。"窃攀屈宋宜方驾"⑦、"骚人嗟不见"⑧的诗句，说明杜甫是把屈原视作文学创作的典范的。但是我们把屈赋与杜诗相比一下，不难发现它们在艺术上很少相似之处。就艺术

---

① 《九章·哀郢》。

②③ 《离骚》。

④ 《汉书·贾谊传》。

⑤ 《吊屈原赋》，《汉书·贾谊传》。

⑥ 例如："中间屈贾辈，谗毁竟自取"（《上水遣怀》，《杜诗镜铨》卷十九）；"永负汉庭哭，遥怜湘水魂"（《建都十二韵》，《杜诗镜铨》卷八）。

⑦ 《戏为六绝句》之五，《杜诗镜铨》卷九。

⑧ 《偶题》，《杜诗镜铨》卷十五。

形式而言,倒是李白受屈赋的影响更深一些。这个情况前人早就看出来了。宋人曾季狸说:“古今诗人有《离骚》体者,惟李白一人,虽老杜亦无似《骚》者。”[①]明人胡应麟也说:“少陵不效四言,不仿《离骚》,不用乐府旧题,是此老胸中壁立处。”[②]而黄庭坚更一针见血地指出:“子美诗妙处乃在无意为文,夫无意而意已至,非广之以《国风》《雅》《颂》,深之以《离骚》《九歌》,安能咀嚼其意味,闯然入其门耶!”[③]这也就是说,杜甫在学习《诗经》《楚辞》这些典范时,主要的着眼点不在于它们的艺术形式而在于它们的精神实质。而《楚辞》中为杜甫所继承的那种深沉的忧世精神应当是其最核心的部分。

对于贾谊,杜甫也同样怀有深挚的敬意。当然,杜甫很重视这位前辈的文学才能和政治才能,“气劘屈贾垒”[④]、“贾傅才未有”[⑤]等诗句就说明了这一点。但是,真正在杜甫心中引起共鸣的还是贾谊那颗居安思危的忧世之心:“贾生恸哭后,寥落无其人!”[⑥]真可谓“怅望千秋一洒泪,萧条异代不同时”[⑦]。

与屈骚、贾赋一样,深沉的忧患感构成了大部分杜诗的基调。用“沉郁顿挫”四字来形容杜诗的风格[⑧],是人们所一致同意的。尽管这原是杜甫对他中年以前的作品的“夫子自道”,尽管后人所说的作为杜诗总体风格的“沉郁顿挫”中包含着许多艺术方面的因素,但毫无疑问,忧国忧民的思想感情是这种风格最本质的内涵和它形成的基础。终杜甫的一生,除了“裘马颇清狂”[⑨]的青年时代之外,几乎无时不在忧患之中。黄庭坚题杜甫画像说:“中原未得平安报,醉里眉攒万国愁。”[⑩]后人以为这两句诗

---

① 曾季狸《艇斋诗话》。

② 胡应麟《诗薮》内编卷二。

③ 《大雅堂记》,《豫章黄先生文集》卷十七。

④⑨ 《壮游》,《杜诗镜铨》卷十四。

⑤ 《发潭州》,《杜诗镜铨》卷十九。

⑥ 《别蔡十四著作》,《杜诗镜铨》卷十二。

⑦ 《咏怀古迹五首》之二,《杜诗镜铨》卷十三。

⑧ 按:“沉郁顿挫”之语见于《进雕赋表》,赋作于天宝十二载(753)。

⑩ 《老杜浣花溪图引》,《豫章黄先生外集》卷四。

"状尽子美平生矣"[①]。的确,当我们读到"登兹翻百忧"[②]、"忧端齐终南"[③]、"多忧增内伤"[④]、"独立万端忧"[⑤]之类的诗句时,浮现在眼前的不正是一位"醉里眉攒万国愁"的老人吗!

杜诗中的忧患感的内涵是十分深广的。诗人身遭丧乱,穷愁潦倒,当然不能不为自己及其亲友担忧。"却忆年年人醉时,只今未醉已先悲。数茎白发那抛得,百罚深杯亦不辞。圣朝已知贱士丑,一物自荷皇天慈。此身饮罢无归处,独立苍茫自咏诗。"[⑥]"男儿生不成名身已老,三年饥走荒山道。长安卿相多少年,富贵应须致身早。山中儒生旧相识,但话夙昔伤怀抱。"[⑦]这是杜甫为他自己的前途而忧虑。"饥卧动即向一旬,敝衣何啻联百结。君不见空墙日色晚,此老无声泪垂血。"[⑧]"强将笑语供主人,悲见生涯百忧集。"[⑨]这是杜甫为他全家的生计而忧虑。"恐非平生魂,路远不可测。魂来枫林青,魂返关塞黑。君今在罗网,何以有羽翼?"[⑩]"天台隔三江,风浪无晨暮。郑公纵得归,老病不识路。……山鬼独一脚,蝮蛇长如树。呼号傍孤城,岁月谁与度?"[⑪]这是杜甫为获罪远谪的朋友的安危而忧虑。这类忧患感显然是和上文中曾提到的"悲士不遇"和"忧生之嗟"的古老主题一脉相承的。杜诗中屡次提起阮籍:"苍茫步兵哭"[⑫]、"途穷那免哭"[⑬],说明杜甫虽然不像阮籍那样时时受到杀身之祸的威胁,但对于这位前代诗人的途穷之痛是深有会心的。然而,如果杜甫的忧患感

---

① 俞文豹《吹剑三录》。

② 《同诸公登慈恩寺塔》,《杜诗镜铨》卷一。

③ 《自京赴奉先县咏怀五百字》,《杜诗镜铨》卷三。

④ 《入衡州》,《杜诗镜铨》卷二十。

⑤ 《独立》,《杜诗镜铨》卷五。

⑥ 《乐游园歌》,《杜诗镜铨》卷二。

⑦ 《乾元中寓居同谷县作歌七首》之七,《杜诗镜铨》卷七。

⑧ 《投简咸华两县诸子》,《杜诗镜铨》卷一。

⑨ 《百忧集行》,《杜诗镜铨》卷八。

⑩ 《梦李白二首》之一,《杜诗镜铨》卷五。

⑪ 《有怀台州郑十八司户》,《杜诗镜铨》卷五。

⑫ 《秋日荆南述怀三十韵》,《杜诗镜铨》卷十九。

⑬ 《暮秋将归秦,留别湖南幕府亲友》,《杜诗镜铨》卷二十。

仅仅限于这些内容，那么他的作品虽然也会具有相当强烈的感染力，却难以逾越曹、阮诸家已经达到的深度。杜甫并没有停留在这一步，他说："舌存耻作穷途哭。"①又说："至今阮籍等，熟醉为身谋。"②诗人已经跳出了个人的小圈子，把忧郁的目光投向了远为广阔的现实。《自京赴奉先县咏怀五百字》《北征》《诸将五首》《秋兴八首》等名篇固不必说，即使在那些似乎与朝政时事无关的题目中，其忧国忧民之情也是时时有所流露的。例如在饮酒时，他写道"岂无成都酒，忧国只细倾"③；在送别时，他写道"国步犹艰难，兵革未衰息"④；在题画时，他想到"时危惨淡来悲风"⑤；在观舞时，他想到"风尘澒洞昏王室"⑥；咏月则云"干戈知满地，休照国西营"⑦；咏雨则云"不愁巴道路，恐湿汉旌旗"⑧。确如宋人所说："少陵有句皆忧国。"⑨与曹、阮等人的诗歌相比，忧国忧民的杜诗无疑包蕴了更为深广的忧患感。

与屈原、贾谊一样，杜甫对于国家、人民也具有十分强烈的责任感。他早年未入仕途时即怀有"致君尧舜上，再使风俗淳"⑩的伟大抱负。到晚年飘泊西南时仍壮心不已："济时敢爱死，寂寞壮心惊。"⑪正因为他以天下为己任，所以每每以古代的社稷之臣自命："许身一何愚？窃比稷与契。"⑫对于鞠躬尽瘁，死而后已的诸葛亮，更是无限深情地再三吟咏，他是多么希望能像诸葛亮一样，建功立业，援救苍生！当他在肃宗朝中任拾

---

① 《暮秋枉裴道州手札，率尔遣兴，寄递近呈苏涣侍御》，《杜诗镜铨》卷二十。
② 《晦日寻崔戢李封》，《杜诗镜铨》卷三。
③ 《八哀诗》之三，《杜诗镜铨》卷十四。
④ 《送韦讽上阆州录事参军》，《杜诗镜铨》卷十一。
⑤ 《题李尊师松树障子歌》，《杜诗镜铨》卷四。
⑥ 《观公孙大娘弟子舞剑器行》，《杜诗镜铨》卷十八。
⑦ 《月》，《杜诗镜铨》卷四。
⑧ 《对雨》，《杜诗镜铨》卷十。
⑨ 周紫芝《乱后并得陶杜二集》，《太仓稊米集》卷十。
⑩ 《奉赠韦左丞丈二十二韵》，《杜诗镜铨》卷一。
⑪ 《岁暮》，《杜诗镜铨》卷十。
⑫ 《自京赴奉先县咏怀五百字》，《杜诗镜铨》卷三。

遗之职时，固然时时不忘谏臣之责："虽乏谏诤姿，恐君有遗失。"①而当他远离朝廷之后，也始终"魏阙尚含情"②。他明明知道朝廷根本不可能听到自己的声音，却常常情不自禁地对军国大事表示看法，甚至提出具体的措施："愿枉长安日，光辉照北原"③；"愿闻哀痛诏，端拱问疮痍"④。当严武入朝时，杜甫希望他："公若登台辅，临危莫爱身。"⑤当韦讽到阆州去做地方官时，杜甫鼓励他："必若救疮痍，先应去蝥贼。"⑥蜀将花惊定恃功跋扈，杜甫委婉地讽谕他："李侯重有此节度，人道我卿绝世无。既称绝世无，天子何不唤取守东都？"⑦"锦城丝管日纷纷，半入江风半入云。此曲只应天上有，人间能得几回闻？"⑧东川留后章彝拥兵自重，杜甫严肃地规劝他："喜君士卒甚整肃，为我回辔擒西戎。草中狐兔尽何益？天子不在咸阳宫。"⑨"杖兮杖兮，尔之生也甚正直，慎勿见水踊跃学变化为龙。"⑩他遭遇到"入门闻号咷，幼子饿已卒"的惨痛不幸时想到的是"抚迹犹酸辛，平人固骚屑。默思失业徒，因念远戍卒"⑪；他在"床头屋漏无干处，雨脚如麻未断绝"的处境中希望的是"安得广厦千万间，大庇天下寒士俱欢颜，风雨不动安如山"⑫。杜甫的一生，可说是穷愁潦倒了，但他"忧在天下，而不为一己失得"⑬。他主动地承担起人间的一切苦难和忧患，甘愿用他

① 《北征》，《杜诗镜铨》卷四。
② 《送李卿晔》，《杜诗镜铨》卷十一。
③ 《建都十二韵》，《杜诗镜铨》卷八。
④ 《有感五首》之五，《杜诗镜铨》卷十一。
⑤ 《奉送严公入朝十韵》，《杜诗镜铨》卷九。
⑥ 《送韦讽上阆州录事参军》，《杜诗镜铨》卷十一。
⑦ 《戏作花卿歌》，《杜诗镜铨》卷八。
⑧ 《赠花卿》，《杜诗镜铨》卷八。
⑨ 《冬狩行》，《杜诗镜铨》卷十。
⑩ 《桃竹杖引赠章留后》，《杜诗镜铨》卷十。
⑪ 《自京赴奉先县咏怀五百字》，《杜诗镜铨》卷三。
⑫ 《茅屋为秋风所破歌》，《杜诗镜铨》卷八。
⑬ 黄彻语，见《碧溪诗话》卷十。

的满腔心血去喂养象征着国家太平的凤凰①,这是何等的胸襟！在杜甫笔下出现的“三顾频烦天下计,两朝开济老臣心”②的贤臣,“丈夫誓许国,愤惋复何有”③的战士,乃至“下愍百鸟在罗网”的“朱凤”④和“急难心炯然”的“义鹘”⑤,其实都是诗人的自我画像。这正是杜甫高出于同时代其他诗人的地方。

(四)

屈原生前为楚国的安危日夜忧虑,在他自沉五十年之后,楚国果然被秦国并吞了。贾谊生前虽未得重用,但后来“谊之所陈略施行矣”⑥。他所为之痛哭流涕的祸萌终于被朝廷逐一消灭,汉王朝由“文景之治”进入了鼎盛的武帝时代。而杜甫则亲身经历了他所忧惧的巨大灾难,亲眼看到了唐帝国从极盛转入衰微。也就是说,屈原、贾谊、杜甫三人所处的时代不同,其忧世预言与历史的实际进程相符合的程度也不一致。但是,他们有一个最大的共同点,即都怀着对国家、人民的命运的巨大关切,都具有对于现实生活的深邃的洞察力,因而都能够极其敏锐地觉察到当时政治、社会中各种形式的隐患。这种对于历史演变的深刻预感和忧患感是难以为常人所理解的,所以屈原的忠谏始终不被楚王采纳,贾谊遭到绛、灌之属的谗毁,杜甫则除了谏房琯一事引起肃宗大怒之外,根本没有机会让朝廷听到他的声音。这样,他们在当时就处于一种非常孤独的境地。屈原反复悲叹:“国无人莫我知兮”⑦,“举世皆浊我独清,众人皆醉我独

---

① 《凤凰台》:“我能剖心血,饮啄慰孤愁。……所重王者瑞,敢辞微命休。”《杜诗镜铨》卷七。

② 《蜀相》,《杜诗镜铨》卷七。

③ 《前出塞九首》之三,《杜诗镜铨》卷二。

④ 《朱凤行》,《杜诗镜铨》卷二十。

⑤ 《义鹘行》,《杜诗镜铨》卷四。

⑥ 《汉书·贾谊传》。

⑦ 《离骚》。

醒”[1]。贾谊则说:“国其莫我知,子独壹郁其谁语?”[2]杜甫也说:“众宾皆醉我独醒。”[3]又说:“向来忧国泪,寂寞洒衣巾。”[4]这种深沉的孤独感主要不是由于自己的才能、品德不为社会所承认,而是由于拳拳忠忱和侃侃谠言不为朝廷所接受。所以要抗拒这种孤独感,仅靠对自己的天赋和操守的孤芳自赏是远远不够的,只有对国家、人民的命运怀有强烈的责任感,对自己的事业、理想的正义性怀有强烈的自信心,才能产生足以抗拒这种孤独感的精神力量。屈、贾之赋和杜甫之诗,正是这种巨大的精神力量在古代文学中的体现,虽然其强度和影响并不完全等同。

所以,古代文学中不同内涵的忧患感不仅在深度和广度上有量的差异,而且在精神上有质的不同。这种不同就在于诗人的忧患感是否与对国家、人民的责任感融为一体。如果缺乏责任感,那么当沉重的忧患感压上心头时,有什么精神力量可以抵抗它呢?这样,即使是正直善良的人也只能佯狂避世,全身远害,就像庄子那样“以天下为沈浊,不可与庄语”[5],或像阮籍那样“不与世事”,“口不臧否人物”[6]。如果对国家、人民怀有责任感,那么忧患感与责任感就会相辅相成,融为一体。因为怀有责任感的人们更容易洞察国家、人民的隐患祸萌,从而具有更深广的忧患感。而当他们具有深广的忧患感之后,他们就更强烈地希望为国家、人民排忧解难,从而产生更强烈的责任感。这样,本来是低沉压抑的忧患感就会升华成为一种非常积极、非常坚毅的精神力量。正是这种精神力量支撑着屈原、贾谊和杜甫,使他们在国家和个人的双重苦难的压迫下仍能岿然挺立,百折不挠地执着于自己的理想,宁可以身殉志也不肯退避半步。正由于此,阮籍《咏怀》诗中的忧患感虽也具有很强的感染力,但它只能给读者带来压抑和绝望,而屈赋、杜诗中的忧患感却能给读者带来激昂和希望。

---

① 《渔父》。
② 《吊屈原赋》,《汉书·贾谊传》。
③ 《醉歌行》,《杜诗镜铨》卷二。
④ 《谒先主庙》,《杜诗镜铨》卷十二。
⑤ 《庄子·天下》。
⑥ 《晋书·阮籍传》。

前者诉说着一个正直的灵魂被浊世的重压所摧毁，后者却宣告了理性和道德对于黑暗现实的胜利。历史已经证明：自沉汨罗的屈原、痛哭流涕的贾生和穷愁奔走的杜甫在后人心目中决非是以失败者的形象而存在的。他们的作品对于后代的读者产生了巨大的鼓舞作用，特别是屈原和杜甫那些崇高壮丽的代表作，千百年来一直激励着千百万人为祖国和人民而奋斗、牺牲，成了志士仁人从中汲取精神力量的源泉。在屈骚和杜诗中所蕴涵的忧患感和责任感是我国古代文学中最具有积极性的精神财富，从这个意义上说，杜甫乃是屈原精神的最好继承者。

七言律诗中的政治内涵

——从杜甫到李商隐、韩偓

程千帆　张宏生

（一）

七言律诗，滥觞于梁、陈，成熟于初唐。其确立时期，当在唐中宗景龙年间①。这一年代，下距今存杜甫创作的第一首七律，约二十八年②。

初唐七律，虽然在形式上不断演进，声律对偶也日益精严，但其所反映的内容却变化甚少。据我们的统计，在杜甫之前，初唐或由初入盛的诗人计创作七律 246 首，除极少几首外，内容不外包括应制颂圣、即景抒怀、寄远赠别、登临怀古等几类，而尤以第一类为最多③。将这种新成熟的充满了生命力的诗歌样式仅用之于表现这些内容，虽然也不乏成功的作品，但从内容可以反作用于形式的道理来考虑，也不难发现，这些比较狭小乃至有些贫乏

---

① 见赵昌平《初唐七律的成熟及其风格溯源》，载《中华文史论丛》1986 年第 4 辑。其论述七律的形成史略谓："从梁陈间的庾信开始至初唐高宗时期为滥觞酝酿时期，这一阶段将近一个半世纪。武周时期，为七律的颖脱而未成熟时期，这一阶段约二十年时间。中宗时期由颖脱而成熟，景云（按：当作景龙，下同）年间是确立时期，这一阶段共六年余，而最终确立，仅景云二年至四年约二年时间。"

② 据浦起龙《读杜心解》卷四之一编年，杜甫第一首七律《题张氏隐居二首》作于开元二十五年（737），其时七律在形式上早已成熟。

③ 据《全唐诗》及《全唐诗外编》编排顺序统计（其中刘长卿、韦应物两人年代显在杜甫之后，因略去不计）。杜甫之前的七律亦有少量表现政治内容的，计有八首，或写边塞战事，或写人民疾苦。前者如王维《出塞》，后者如祖咏《望蓟门》。但这些作品无论在具体性、深刻性，还是在广泛性上，都远逊于杜甫。

(如应制之作)的内容也不免影响了它本身在风格体势等方面的发展。

但到了富有创造力的杜甫手里,七律这种诗体却被注入了丰富而深刻的政治内涵,使之跳出宫廷和个人生活的小圈子,成为反映政治现实的一种新手段,从而开拓了七言律诗的新境界。

不过,杜甫所开创的这一传统,在他身后相当长的一段时间里,却没有得到很好的继承。像元稹、白居易、刘禹锡、许浑、杜牧等诗人,虽都擅写七律,但考其内容,却仍然对社会政治缺少关注,而大致回到了杜甫之前的老路。一直要到晚唐的李商隐和韩偓,杜甫七律中的这一传统才得到了真正的、全面的继承和发展。这种情况使我们知道,文学发展的道路往往是有隐有显,有曲有直,有断有连的,如果不全面地加以考察,就很难如实地反映文学历史的全貌和真相。

(二)

杜诗共1458首,其中七律151首,占10%,而体现政治内容的七律共43首,占全部七律的28%①。从数量上看,杜甫是唐代第一个大力创作七律的诗人(数量上超过在他以前出现的七律总和的一半),而从质量上看,杜甫更是超过了他的前辈们。

杜甫七律中的政治内涵,按其表现角度和方式的不同,大致可分为三个不同的方面。

第一个方面是对现实政治的直接描写。杜甫生活在唐王朝动乱频仍的历史时期,对于帝国由盛而衰,人民由安乐而疾苦,他是亲眼看见的,其感受也是十分痛切的。这些,在他的笔下都有着深刻的表现,如《登楼》:

> 花近高楼伤客心,万方多难此登临。锦江春色来天地,玉垒浮云变古今。北极朝廷终不改,西山寇盗莫相侵。可怜后主还祠庙,日暮聊为《梁甫吟》。

---

① 杜诗七律总数据浦起龙《读杜心解》进行统计,其解释则参照各家注本酌定。

因吐蕃入侵,"伤时无诸葛之才,以致三朝鼎沸,寇盗频仍"[1],对现实动乱的关注和对国家命运的忧虑交织在一起。而诗人一旦跳出具体的事件,对整个历史过程进行俯瞰时,这种忧愤就更为深广了。如七律联章诗《诸将五首》是杜甫对全国"次第为自北而东而南而西为一寰区之周览"[2]。同时,其中联系着国家的过去、现在和未来,空间与时间交织,反映出严重的内忧和外患,集中地揭示了重大的社会矛盾,并提出解决这些矛盾的方法。其宏阔的反映面,准确的观察点,敏锐的思想性,都能见出杜甫运用七律时所显示的独创性。如第一首:

> 汉朝陵墓对南山,胡虏千秋尚入关。昨日玉鱼蒙葬地,早时金碗出人间。见愁汗马西戎逼,曾闪朱旗北斗殷。多少材官守泾渭,将军且莫破愁颜。

第三首:

> 洛阳宫殿化为烽,休道秦关百二重!沧海未全归禹贡,蓟门何处尽尧封?朝廷衮职虽多预,天下军储不自供。稍喜临边王相国,肯销金甲事春农。

或写吐蕃入侵的惨祸[3],或写藩镇割据的危害[4],都勾勒出一幅幅真实的历史画面。诗人的选材及其体现其中的叙述和议论,显示出他对重大政

---

① 《杜诗镜铨》卷十一。

② 罗庸《读杜举隅》,载《杜甫研究论文集》一辑。

③ 《杜诗镜铨》卷十三云:"吐蕃于广德元年一陷京师,上年永泰元年再逼京师,最为迩年大患。"又《杜诗详注》卷十六引顾注:"广德元年,柳伉上疏,谓犬戎犯关度陇,不血刃而入京师,劫宫阙,焚陵寝,即此事也。"

④ 《杜诗镜铨》卷十三云:"是时藩镇各治兵完城,自署将吏,为腹心之患。"又《读杜心解》卷四之二云:"藩镇之祸,河北最甚,延至末造,卒以亡唐。而其祸皆成于代宗之初。时成德则李宝臣,魏博则田承嗣,相卫则薛嵩,卢龙则李怀仙,淄青则李正己,各治兵完城,自署将吏,不供贡赋,其可忧更切于吐蕃、回纥。"

治事件的深切关注，也反映出他将七律赋予“诗史”含义的用心。

第二个方面是在巨大的现实政治背景中所反映出的身世之感。杜甫素怀大志，早年便具有“致君尧舜上，再使风俗淳”[①]的抱负。但他的政治理想和才能并没有受到应有的赏识，而本人更由于社会的动乱，到处漂泊，这种经历，使得他把自己的命运与祖国的命运联系起来，与现实的社会政治联系起来。在安史之乱时，杜甫与广大人民一样，妻离子散，辗转流离，曾写下许多沉痛的悲歌[②]，并时刻密切注视着平叛战争的进行。广德元年，叛乱被初步平定了，杜甫以欢快的心情写下了《闻官军收河南河北》，表现出他对结束流离生活的憧憬：

> 剑外忽传收蓟北，初闻涕泪满衣裳。却看妻子愁何在？漫卷诗书喜欲狂。白日放歌须纵酒，青春作伴好还乡。即从巴峡穿巫峡，便下襄阳向洛阳。[③]

诗人的喜极而泣，是为自己家庭的幸福前景而高兴，同时，更是为国家局势出现转机而振奋。这样，诗人对祖国复兴的期待和对社会发展的希望，便完全融汇在自己举家庆贺将返故乡的喜悦之中了。然而，这种喜悦不过是暂时的，由于遗留问题过多，虽然安史乱定，政治社会矛盾仍然非常尖锐，动乱仍然经常发生，杜甫也就仍然难免漂泊之苦。而由于这种希望与幻灭的变迁，诗人的作品中就更经常地出现由于频繁的动乱而带来的感情痛苦。如《恨别》对于家乡和亲人的思念，《九日》感慨乱世羁旅的辛酸，《暮归》表达前路漫漫的悲哀……这些诗，都有着具体的政治背景，反映了处在乱世的人们的共同命运；同时，又表现了诗人独特的身世之感，这就使得诗歌内容超越了一己的悲欢，而成为时代的、社会的缩影。在

① 《奉赠韦左丞丈二十二韵》，《杜诗镜铨》卷一。

② 如《月夜》《得舍弟消息二首》《一百五日夜对月》，并见《杜诗镜铨》卷三。

③ 按：《资治通鉴》卷一百二十二，宝应元年（762）十月唐“取怀州”，“克东京及河阳城”，十一月，“薛嵩以相、卫、洛、邢四州降”，“张忠志以赵、恒、深、定、易五州降”。广德元年（763）一月，范阳节度使李怀仙降，史朝义败死，此即题中“收河南河北”事。

杜甫之前，以七律感怀身世的作品并不少，但只是到了杜甫，才有意识地使之与现实社会政治联系起来，并且获得成功。这不能不说是一个创造。

第三个方面是以咏叹史事来表现政治内涵。这又可分为怀古与哀时两个方面。前者如《咏怀古迹五首》，咏叹庾信、宋玉、王昭君、刘备、诸葛亮等历史人物，表达或同情、或哀悯、或向往的感情。后者如《秋兴八首》，围绕着十数年间唐代社会的政治中心长安的盛衰史，进行了回忆和反省，表现出诗人深沉的历史感和鲜明的时代感。在另外一篇文章中，我们对这两组诗曾有着较为详细的分析。如《咏怀古迹五首》，我们曾认为，“杜甫将他所关注的对象赋予了历史的延续性，同时又有意无意地将诗中人物的命运进行比较，暗示应当联系现实来进行反省”，并进而指出，这组诗“写对怀才不遇的同情和对能够识才、用才的赞美……诗人针砭当世的用意是显而易见的”。而分析《秋兴八首》时，则认为在这组诗中，诗人“将多年来翻腾于胸中无法摆脱的由各种事实构成的历史过程充分立体化，并多向延伸出去”，反映了安史作乱，吐蕃、回纥入侵，安史余党负固不臣，官军内讧害民，人民横遭涂炭等种种情事，从而“把这一段浸透作者的追求和痛苦、怀恋和怅惘的历史，多角度、多层次地”[①]展现出来。而且，这一历史过程所凝聚着的，都是消逝不久、且与现实发生着千丝万缕联系的事实，因此，其中的政治内涵就更为鲜明。这样，杜甫不仅突破了单纯咏史的传统，而且，更以强烈的现实感，将古今贯通起来，使其作品打上了时代的烙印，从而赋予了它们以更为深厚的思想内容。

---

① 参看程千帆、张宏生《晚年：回忆和反省——读杜甫在夔州的长篇排律和联章诗札记》，载本书。

(三)

前人评价李商隐诗,每谓其上承杜甫[①],并特别指出李商隐的七律,与杜诗有着直接的渊源,是杜诗在唐代的最好继承者[②]。的确,我们检索李商隐那些表现政治内容的七律,可以发现杜甫所开创的这一传统,正是在李商隐诗中得到了真正的继承,并在某种程度上得到了发展。即使认为李之学杜取得显著成功的正在这一点,也不为过。

李诗今存595首,其中七律116首,占20%,而体现政治内容的七律共29首,占全部七律的25%[③]。这些诗,政治内涵的反映面是相当广阔的。上述杜诗的三个方面,在李诗中也同样得到了表现。

李商隐所处时代的社会矛盾,有着与杜甫时不尽相同但仍然非常尖锐、复杂的内容。宦官的把持朝政和藩镇的拥军割据,成为比安史乱前更为重大的政治问题。这使得晚唐的社会局势愈益动荡不安。作为一个社会责任心非常强烈的诗人,李商隐敏感地注意到了这些问题。如反映甘露之变的两首七律:《重有感》和《楚宫》,前者写刘从谏"三上疏问王涯罪名"[④]、"誓以死清君侧"[⑤]事,深恨宦官的横暴,盼望刘从谏能兴师除恶,"早晚星关雪涕收",使得朝政大权回到皇帝手中。后者写"仇士良使盗窃发其(王涯等)冢,投骨渭水"[⑥]事,感叹王涯等人无辜被杀。"空归腐败犹难复,更困腥臊岂易招"一联,直书其事,控诉了宦官的凶残。此外,《哭刘

---

① 蔡居厚《蔡宽夫诗话》云:"王荆公晚年亦喜称义山诗,以为唐人知学老杜而得其藩篱者,惟义山一人而已。"吴乔《围炉诗话》卷三云:"少陵诗是义山根本得力处。"薛雪《一瓢诗话》云:"有唐一代诗人,惟李玉溪直入浣花之室。"

② 翁方纲《石洲诗话》卷二云:李商隐"七律则远合杜陵"。方东树《昭昧詹言》卷十九云:"玉溪七律,前人谓能嗣响杜公。"管世铭《读雪山房唐诗钞》卷十八"七律凡例"云:"善学少陵七言律者,终唐之世,惟李义山一人。"

③ 李诗七律总数据叶葱奇《李商隐诗集疏注》统计,其解释则参酌诸本。

④ 《旧唐书·文宗本纪》。

⑤ 《新唐书·仇士良传》。

⑥ 《新唐书·王涯传》。

蕡》为因反对宦官而遭贬死的刘蕡大声申诉:“上帝深宫闭九阍,巫咸不下问衔冤”,悲愤地“并将添恨泪,一洒问乾坤”①,鲜明地表示了对宦官专权的态度。又如反对藩镇割据的两首七律:《井络》和《行次昭应县道上送户部李郎中充昭义攻讨》。前者因“蜀地恃险,自古多乘时窃据,宪宗时尚有刘辟之乱,诗特戒之”。正如田兰芳所说:“足褫奸雄之魄,而冷其觊觎之心。”②后者写平定刘稹叛乱事,断言割据者“鱼游沸鼎知无日,鸟覆危巢岂待风”,期待着平叛之师“早勒勋庸燕石上,伫光纶綍汉廷中”。藩镇割据是晚唐的大患之一,李商隐的这些篇章正反映了诗人对这种现象的深切忧虑。除了以上两大类外,李商隐对其他社会矛盾也有所反映。如《碧城三首》讽刺武宗求仙,《汉南书事》批判朝廷的扩边政策。这些,都见出诗人对现实的关注是广阔的和深邃的。

同杜甫一样,李商隐也有着“欲回天地”③的宏伟抱负。但是,他所处的时代虽无安史之乱那样天翻地覆的变化,可一切足以导致唐朝走向灭亡的矛盾无不在加紧酝酿着,而他本人,则长期被卷入党争的漩涡中,终其一生,或任微官于秘省,或供薄职于幕府,始终没有施展政治抱负和才能的机会,这使得他非常痛苦,经常感怀身世,为自己的命运而叹息。在《野菊》中,他感慨自己“已悲节物同寒雁,忍委芳心与暮蝉”。在《圣女祠》中,他指出“人间定有崔罗什,天上应无刘武威”,对牛党的不知奖掖人才表示不满。在《荆门西下》中,他更将自己的身世比作风中片叶,感叹自己“骨肉书题安绝徼,蕙兰蹊径失佳期”的境遇,甚至因“洞庭湖阔蛟龙恶”而“却羡杨朱泣路歧”④。当此之际,诗人真感到无路可走了。历史地看,朋党之争是统治集团内部矛盾加深的结果。由于两党互相排挤,不问是非,客观上影响了朝政的施行,加速了王朝的分化瓦解。连皇帝都看到了这

① 李商隐《哭刘司户二首》之二,《李商隐诗集疏注》卷上。

② 冯浩《玉溪生诗集笺注》卷二引。

③ 李商隐《安定城楼》,《李商隐诗集疏注》卷中。

④ 叶葱奇《李商隐诗集疏注》卷七释此二句云:“商隐此时回京,则令狐绹嫌怨正深;欲往成都,则杜悰那面希望又少,正是途穷路尽之时,所以反羡杨朱的多遇歧路。”能得诗意。

一点，说“去河北贼非难，去此朋党实难”①，可见其危害之深。李商隐一生处于党争漩涡中，深受其害，对此体会更深。他对萧澣等人构于党祸被贬深致不平：“初惊逐客议，旋骇党人冤。”②他甚至把朋党比作“虎踞龙蹲纵复横”③的乱石，可见其对朋党之争的态度。反观他那些在朋党之争背景中的感怀身世之作，其中显然浸透着深厚的政治内涵。

李商隐的七律咏史诗也是其反映政治内容的重要组成部分。如果说杜甫作为这类作品的创始人，只是初具自觉意识的话，那么，李商隐则完全是有意为之的。他的七律咏史诗共十余首，大致可分为二类。第一类是借咏史直接影射现实。如：《咏史》为甘露之变而发，写文宗“运去不逢青海马，力穷难拔蜀山蛇”的悲剧；《隋师东》写讨伐李同捷事，对诸将玩寇冒功深致愤慨，而有“军令未闻诛马谡，捷书惟是报孙歆”之叹。第二类是追怀先朝盛世，抒发今昔之感。如：《九成宫》写出“云随夏后双龙尾，风逐周王八骏蹄。吴岳晓光连翠巘，甘泉晚景上丹梯”的景象，“感当世之衰而追思贞观太平之盛”，“望古遥集，声在弦外”④。其批判锋芒指向现实的社会政治，具有鲜明的倾向性。

从以上三个方面可以看出，李商隐对杜甫的学习和继承是全面的，其观察问题的角度显然受到了他的这位前辈的启发，而在进行表现时，则从具体的情况出发，显示了特定的时代特色与个人风格特色。于此，我们既看到了诗人对杜甫传统的继承，也看到了时代和个性在其作品中打下的烙印。不仅如此，有些内容，杜甫只用其他诗体写的，李商隐则引入七律中。如《曲江》：

> 望断平时翠辇过，空闻子夜鬼悲歌。金舆不返倾城色，玉殿犹分下苑波。死忆华亭闻唳鹤，老忧王室泣铜驼。天荒地变心虽折，若比伤春意未多。

---

① 《旧唐书·李宗闵传》。

② 李商隐《哭遂州萧侍郎二十四韵》，《李商隐诗集疏注》卷下。

③ 李商隐《乱石》，《李商隐诗集疏注》卷中。

④ 纪昀《玉溪生诗说》卷上。

“发端言修曲江宫室，本升平故事，今则望断矣。第三言当时仅妃子不返，天子犹复归南内。若今之椓人制命，宰相骈首拏戮，王室将倾，岂止天宝之乱，藩将外叛，平荡犹易乎？故落句反复嗟惜，有倍于天荒地变也。”①的确，李商隐看到了唐王朝的日趋没落，形势甚于安史之乱，因而深感“夕阳无限好，只是近黄昏”②，唱出了一曲挽歌。相似的主题和内容，杜诗中并非没有，如其《哀江头》：

> 少陵野老吞声哭，春日潜行曲江曲。江头宫殿锁千门，细柳新蒲为谁绿？……人生有情泪沾臆，江水江花岂终极？黄昏胡骑尘满城，欲往城南望城北。

所反映的感情与李诗是相通的，于此可以窥见这两位处于不同时代的诗人运用两种不同诗体表现相近的政治内容时所产生的对应关系。

（四）

韩偓是比李商隐晚一辈的诗人。他的创作不仅远绍杜甫，而且更受到李商隐的直接影响③。

韩诗共227首，其中七律122首，占54%，而反映政治内容的七律约

---

① 沈厚塽《李义山诗集辑评》卷下何焯评。

② 李商隐《乐游原》，《李商隐诗集疏注》卷上。

③ 李商隐是韩偓的姨父，有诗题云《韩冬郎即席为诗相送，一座尽惊，他日余方追吟“连宵侍坐徘徊久”之句，有老成之风，因成二绝寄酬，兼呈畏之员外》，诗中有“雏凤清于老凤声”之句（《李商隐诗集疏注》卷中），可见李商隐对他的这位姨甥的推奖。赵衡《韩翰林集叙》谓“盖公（偓）诗法，初受之义山”，夏敬观《唐诗说·说韩偓》同意赵说。赵《叙》又云：“其忠孝大节形于文墨者，非惟义山不能与抗颜行，而调适上遂追及杜公轶尘，并殿全唐为后劲。”虽对李商隐的评价有未允处，但他指出了韩偓与杜甫、李商隐之间的一脉相承的关系，确是一个很好的见解。

42首，占全部七律的34%[①]。从这个数字来看，韩偓在自己的创作中不仅对七律表示了更大的兴趣，而且习惯于以这种样式表现政治性的题材和主题。

与杜甫和李商隐分别处于唐王朝由盛而衰和大乱将至前夕，因而作品各自反映其特定的致乱的社会矛盾和情形不同，韩偓七律中的政治内涵比较集中，即描写唐亡前后的情事和感受[②]。这固然使他的作品所反映的范围不如两位前辈那么广阔，但也可以看出，唐朝的灭亡，对于这位较有气节的封建士大夫来说，引起了多么巨大的心灵感应。这就使得他在题材的选择上与杜甫和李商隐区别开来。但这并不妨碍他在学习前人遗产时，真正得到了精神上的继承，并使自己的作品显示出全新的时代特色和个人特色。他的这些作品大致可以分为以下三个方面。

第一个方面是对唐末大乱以迄唐亡的直接描述。韩偓入朝任职的八九年间，正是"天子孤危，威令尽去"[③]之际。他所辅佐的唐昭宗，曾先后因藩镇和宦官作乱而被迫三次离京，一次被囚[④]。这表明唐帝国的统治

① 韩诗七律总数据《四部丛刊》本《玉山樵人集》进行统计，其解释则以吴汝纶《韩翰林集》评语为主，参照其他论述确定。按：韩偓尚有《香奁集》一卷，本文未予统计。关于此集，千百年来聚讼纷纭。贬之者谓其"皆艳词也"（葛立方《韵语阳秋》卷五）。褒之者谓其为"有唐之《离骚》《九歌》"，"夷考其辞，无一非忠君爱国之忱"（震钧《香奁集发微自序》）。陈伯海先生根据《香奁集·自序》，认为这些诗歌"基本上作于二十岁至三十八九岁之间"，难以影射后来的事变，故应为"写男女之情的诗歌"（见《韩偓生平及其诗作简论》，《中华文史论丛》1981年第4辑）。施蛰存先生则根据集中自注年代（如《深院》注云"辛未年在南安作"），认为"韩偓此作序，亦为掩人耳目之计"，其"托忠愤于丽语"，"非真为赋艳而作矣"（见《读韩偓词札记》，载《词学论稿》）。施先生的观察是细致而敏锐的，但仍嫌太绝对。我们认为，《香奁集》中的作品，多写艳情。其中虽不乏有比兴寄托者，但终因词旨微茫，难以指实，故在这里存而不论。

② 据韩偓《香奁集·自序》："自庚辰辛巳之际，迄己丑庚子之间，所著歌诗，不啻千首……大盗入关，缃帙都坠。"则他青壮年时期的作品多有遗失，现存作品题材的集中性，可能与此有关。

③ 《新唐书·崔胤传》。

④ 昭宗于乾宁二年(895)因避李茂贞和王行瑜所部之犯，逃到终南山。次年，又因李茂贞攻陷长安，逃到华州。天复元年(901)，被宦官韩全诲劫持到凤翔。又光化三年(900)，宦官刘季述发动政变，昭宗曾被幽囚。

已是摇摇欲坠，朝不保夕。韩偓的诗中对这些事件都有着真实的反映。如《乱后却至近甸有感》和《冬至夜作》，前者写乾宁二年(895)昭宗避李茂贞和王行瑜所部之乱，自终南山返京后，诗人的感受①。这次动乱，“狂童容易犯金门，比屋齐人作旅魂”。乱兵相攻，“城中大乱，互相剽掠”，甚至“矢拂御衣，著于楼桷”②。而乱后，更是一片荒凉：“夜户不扃生茂草，春渠自溢浸荒园。”史载，昭宗还京后，“时宫室焚毁，未暇完葺，上寓居尚书省，百官往往无袍笏仆马”③。可见，韩诗所写，皆是实录。后者写天复元年(901)宦官韩全诲劫持昭宗至凤翔，朱温发兵相救事。“是时昭宗幸凤翔，朱全忠自河中率兵围凤翔，奉表迎驾，所谓‘阴冰莫向河源塞’也。‘阳气今从地底回’者，谓李茂勋救凤翔，王师范讨朱全忠，诈为贡献，包束兵仗，入汴西，至陕华也。末句(‘却忧蚊响又成雷’)恐勤王之师又将尾大不掉尔。”④韩偓还有《八月六日作四首》，以联章的形式，伤悼昭宗被弑事⑤。诗中对叛臣篡逆的猖狂、宗国将亡的悲惨以及自己回天无力的悲愤，都进行了真实的描写。如其二云：

> 金虎挻灾不复论，构成狂猘犯车尘。御衣空惜侍中血，国玺几危皇后身。图霸未能知盗道，饰非唯欲害仁人。黄旗紫气今仍旧，免使老臣攀画轮。

---

① 韩诗原注“乙卯年(乾宁二年)作”，吴汝纶《韩翰林集》卷三评云：“乙卯字误……此疑昭帝发凤翔至长安，公未贬濮州时随驾还京之作，事在天复三年癸亥也。”按：乾宁二年昭宗出逃终南山，长安陷于兵火，事见《资治通鉴》卷二百六十，与诗正合，似不误。

②③ 《资治通鉴》卷二百六十。

④ 吴汝纶《韩翰林集》卷一评。

⑤ 按：此四首诗吴汝纶认为写于乾化二年(912)，时韩偓在闽，“梁主被弑，八月六日，闽中始知之耳，于是昭宗死十年矣”(《韩翰林集》卷二)。陈寅恪先生则认为：“唐昭宗被弑于天祐元年壬寅，是年八月壬辰朔，壬寅为八月十一日，‘六’字殆由‘十一’两字联一之讹，盖形近致误。又，所谓‘十一作’者，非真此日所作，不过以此为题耳，实作于天祐元年八月十一日昭宗被弑之后，哀帝犹未禅位之前。”(《陈寅恪先生编年事辑》第75—76页，上海古籍出版社1981年版)关于此诗，陈先生还有许多具体论证，极可据信，今从之。

通过对昭宗被弑后宫廷内外的悲惨情景的描写①，控诉了朱温的这一行径给社会造成的危害，从而将唐末政权转移的实况反映了出来。

第二个方面是对唐亡的伤悼，表现深沉的故国之思。自从天复三年(903)韩偓被排挤出朝后，次年，朱温即强迫昭宣帝迁都洛阳，天祐四年，篡唐自立，建立梁朝。短短几年中，宗国终于沦亡，诗人不能不悲愤交集，故其篇什也独多。其中或直接抒发故国今昔之感，如《故都》；或借咏物表达亡国之痛，如《惜花》。《故都》写诗人遥望长安，一片荒凉，其情景连上帝也"深疑亦自迷"。往日繁盛的都城，现在是"塞雁已侵池籞宿，宫鸦犹恋女墙啼"。而想到朱温伪装效忠，"掩鼻计成"，自己虽有所察觉②，却无可奈何，惟有"空垂涕"而已，同时，感叹自己"冯驩无路学鸣鸡"，无法使皇帝摆脱困境，全诗悲凉慷慨，写出了种种复杂的感受。《惜花》首写将落之花："皱白离情高处切，腻红愁态静中深"；次写正落之花："眼随片片沿流去，恨满枝枝被雨淋"；再写已落之花："总得苔遮犹慰意，若教泥污更伤心"；末结以对春天消逝的伤感："临轩一盏伤春酒，明日池塘是绿阴"。全诗逐层深入地写出了对落花的惋惜和对春天的留恋，非常沉痛，正是"伤唐亡之旨"③。

第三个方面是感怀身世之作。韩偓早年不得志④，直到龙纪元年

---

① "侍中血"指"敕裴枢、独孤损、崔远、陆扆、王溥、赵崇、王赞等并所在赐自尽"及"全忠聚枢等及朝士贬官者三十余人于白马驿，一夕尽杀之"事；"几危皇后身"指昭帝被弑后，"又欲杀何后，后求哀于玄晖，乃释之"及"何太后泣遣宫人阿虔、阿秋达意玄晖，语以他自传禅之后，求子母生全"事。并见《资治通鉴》卷二百六十五。

② 天复三年(903)，韩偓被贬为濮州司马，临行前对昭宗说："是人(按：指朱温)非复前来之比，臣得远贬及死乃幸耳，不忍见篡弑之辱！"见《资治通鉴》卷二百六十四。

③ 吴汝纶《韩翰林集》卷二吴闿生评。按：吴乔《围炉诗话》卷一对此诗有详细评论，其文云："余读韩致尧《惜花》诗结联，知其为朱温将篡而作，乃以时事考之，无一不合。起语云'皱白离情高处切，腻红愁态静中深'，是题面。又曰'眼随片片沿流去'，言君民之东迁也。'恨满枝枝被雨淋'，言诸王之见杀也。'总得苔遮犹慰意'，言李克用、王师范之勤王也。'若教泥污更伤心'，言韩建之为贼臣弱帝室也。'临轩一盏伤春酒，明日池塘是绿阴'，意显然矣。"是则认为此诗作于唐亡前。惟其句句比附，似过于坐实，姑录于此，以资参考。

④ 韩偓《与吴子华侍郎玉堂同值，怀恩叙恳，因成长句四韵，兼呈诸同年》有"二纪计偕劳笔砚"之句，可证。见《韩翰林集》卷一。

(889)近五十岁时才中进士，后又长期受排挤，仅能供职幕府。回朝以后，参与朝政，表现出一定的政治才能，深得昭宗的信任和依赖①，但却因效忠唐室，触怒朱温，一贬再贬，而又目睹唐亡，回天无力，只能入闽依靠王审知，忧伤终老。韩偓是有着很大的政治抱负的②，但终其一生，既难以兴国，复拙于谋身，晚年还不免颠沛流离，这就使他的诗歌多抒身世之感。其中有的写政治上的失意，如《安贫》；有的写生活上的痛苦，如《伤乱》。《安贫》写自己“手风”“眼暗”，生活无聊，而之所以如此，则是因为“谋身拙为安蛇足，报国危曾捋虎须”③。由此慨叹“举世可能无默识，不知谁拟试齐竽”。意即自己空有满腹经纶，却无从施展，只能眼看着国家衰亡罢了。《伤乱》写诗人致慨于“一枝一影寒山里，野水野花清露时”，那“故国几年犹战斗”的不堪情景，而漂流在外，仍是“异乡终日见旌旗”，如此时局，何况又加上“交亲流落身羸病”，终于只能沉痛地叹息着“谁在谁亡两不知”了。如果我们把这种身世之感放到当时那种具体的政治环境中去，就可以看出，从这位诗人的感喟中，处处反映了唐末那段惨痛的历史，显然，这些篇章是不能仅仅看作是属于韩偓个人的。

由上可见，韩偓七言律诗从根本上继承了杜、李的传统，即集中反映社会的重大政治问题，而具体的表现对象则完全是从其所处的时代出发的。但是，我们也发现，比起杜、李来，韩偓较缺少深沉的历史感，尤其未能将历史与现实加以沟通。这表现在，他的咏史之作不多，仅有的几首，也不够深刻。这也许是因为黍离、麦秀之悲对他的打击太沉重，以至于他长时间未从这种打击中解脱出来，没来得及结合历史来对现实进行反省。但无论如何，他运用七律来表现政治内容，却还是表现得很突出的，是与其两位前辈一致的。

---

① 据《新唐书·韩偓传》，昭宗谋尽诛宦官，韩偓以为不可，“帝前膝曰：‘此一事始终属卿。’”又，“帝反正，励精政事，偓处可机密，率与帝意合，欲相者三四，让不敢当”。又，韩偓被贬时，“帝执其手流涕曰：‘我左右无人矣。’”

② 韩偓《朝退书怀》：“孜孜莫患劳心力，富国安民理道长。”见《韩翰林集》卷三。

③ 《资治通鉴》卷二百六十四：“上返自凤翔，欲用偓为相，偓荐(赵)崇及兵部侍郎王赞自代。上欲从之，崔胤恶其分己权，使朱全忠入争之。全忠见上曰：‘赵崇轻薄之魁，王赞无才用，韩偓何得妄荐为相！’上见全忠怒甚，不得已，癸未，贬偓濮州司马。”此即“捋虎须”事。

（五）

杜甫突破七言律诗仅用于表现宫廷和个人生活的旧传统，用它来反映广阔而深刻的政治内容，这种做法，如前所述，是将七律赋予了“诗史”的含义。李商隐和韩偓认识到了这一点，并有意识地进行学习，因此，这三位诗人的七律都具有反映当时重大的政治事件和社会矛盾的特色。

具体地说，杜甫主要抓住安史之乱来写。这一对唐代乃至整个封建社会的进程都有着重大影响的事件给杜甫的思想和生活打下了深刻烙印，杜甫笔下唐帝国由盛而衰的整个画面都和这场大变乱分不开。而李商隐则始终围绕着四个方面来写：藩镇割据，宦官持政，皇帝之荒淫，朋党之争斗。这四个方面都在不断加剧着社会的内部矛盾，促使唐王朝趋于灭亡。至于韩偓，他的作品再现了唐亡前后的一段历史，而且几乎是一部编年史。正如毛晋所说，其诗“自辛酉迄甲戌凡十有四年，往往借自述入直、扈从、贬斥、复除，互叙朝廷播迁、奸雄篡弑，始末历然如镜，可补史传之缺”①。可见，对重大政治矛盾表现的集中性是他们的作品所同，而李、韩在向其前辈学习时，脱略枝节，抓住精髓，结合自己的具体情况，在题材的开掘、主题的发挥等方面，都作了适合于各自的时代和个人风格的处理。这既表现了每个作家的独特性，也显示出历史的延续性。

此外，这三位诗人的七律作为“诗史”，不仅只叙述政治事件，而且，其中还蕴含着作者的史识，即比较深刻的政治见解。杜甫所处的时代，社会的主要矛盾是安史之乱，但杜甫却能跳出具体的事件，对社会进行更为深广的思考。如《诸将五首》之三：“沧海未全归禹贡，蓟门何处尽尧封？”又之四：“越裳翡翠无消息，南海明珠久寂寥。殊锡曾为大司马，总戎皆插侍中貂。”对朝廷纵容藩镇、宠信宦官的危害，提出了虽然朦胧、但却很敏感的预见，其思想锋芒只有联系唐朝中后期的历史才能见出②。李商隐在

① 毛晋《韩翰林诗别集跋语》，载《汲古阁书跋》。

② 仍请参看《晚年：回忆和反省——读杜甫在夔州的长篇排律和联章诗札记》一文。

反映重大社会矛盾时，有着他独特的认识。如《井络》一诗，举向来受到赞扬的刘备作为反证，说明虽有刘备、诸葛亮之贤，但割据者终必要亡，这就揭示了国家统一、中央集权的必要性和必然性，使诗中反对藩镇割据的思想内涵得到了升华。又如《重有感》，诗人认为“窦融表已来关右，陶侃军宜次石头”，希望刘从谏言出兵随，采取行动，这虽被人讥为“竟以称兵犯阙望刘从谏”[①]，但实则是诗人对唐王朝一贯姑息乃至纵容宦官政策的强烈批判，开出了一剂正本清源的良药。韩偓也是一位头脑很清醒的诗人。在他辅政的时候，唐王朝已危在旦夕，此时的主要矛盾是朱温的势力已十分强大，伺机而动，准备亡唐，而皇帝却只从片面的历史经验出发，一味准备对付宦官。韩偓曾写有《论宦官不必尽诛》[②]一文，还曾多次与昭宗论及此事，点明主要危机所在。他的《故都》《安贫》中对“掩鼻计成终不觉”和“报国危曾捋虎须”的描写，就是表达他曾发表的“只拟诛黄皓，何曾识霸先”[③]的识见。他的政治主张虽无法实行，见解却是高于时人的。

由于这些七言律诗既是诗史，又具史识，这就使得由杜甫开其端，并得到李商隐、韩偓继承的这一传统，在反映生活的深度和广度上都达到了前此所无的很高的成就，并启发后代一些诗人踏上了他们所开辟的广阔道路。

（六）

用七言律诗来表现政治内容，也就使得这一样式在风格上发生了与之相适应的变化。

杜甫之前的七律，由于内容的局限，风格或工丽，或高华，变化较小。只有到了杜甫，将政治内容引进七律，才使得这种诗体中也出现了浸透着诗人的忧患感和责任感的沉郁顿挫的风格。管世铭评云：“七言律诗，至杜工部而曲尽其变。盖昔人多以自在流行出之，作者独加以沉郁顿

① 《四库全书总目》卷一百五十一《李义山诗注》提要。

② 见《全唐文》卷八百二十九。

③ 韩偓《感事三十四韵》，《韩翰林集》卷二。

挫。"[1]管氏以"沉郁顿挫"赞美杜甫七律，说明他注意到了杜甫七律在内容上的更新所引起的风格上的变化。因此，在这个意义上，我们说，杜甫开拓了七言律诗创作的新境界。

李商隐的七律诗风，受到了杜甫的直接影响。王安石曾举其"雪岭未归天外使，松州犹驻殿前军""永忆江湖归白发，欲回天地入扁舟"等诗句，以为"虽老杜无以过也"[2]。沈德潜也指出"义山近体……长于讽谕，中有顿挫沉著、可接武少陵者，故应为一大宗"[3]。方东树则举《筹笔驿》等诗，认为"义山此等诗，语意浩然，作用神魄，真不愧杜公"[4]。这些，略见李商隐与杜甫的直接渊源。然而，纵观李商隐的七律，其学杜者虽能略具面目，但真正代表他的创作特色的并不全在于此。他的主要成就，在于结合自己的创作个性去学习杜甫，因而能够在某种程度上超越前人，自成一家。正如吴乔所说："义山初时亦学少陵……到后来力能自立，乃别走《楚辞》一路，如《重感》七律亦为甘露之变而作，而体格迥殊也。"[5]正因为如此，他的七律才能"秾丽之中时带沉郁"[6]，别创一境界。朱弁曾谈到李商隐学杜的方法："李义山拟老杜诗云'岁月行如此，江湖坐渺然'，直是老杜语也。……然未似老杜沉涵汪洋，笔力有余也。义山亦自觉，故别立门户成一家。后人挹其余波，号西昆体，句律太严，无自然态度。黄鲁直深悟此理，乃独用昆体工夫，而造老杜浑成之地。"[7]夏敬观释云："朱氏谓'义山亦自觉，故别立门户成一家'，正义山善学杜之诀。……山谷学义山之学杜，固不期其貌似义山，义山学杜，岂期貌似少陵者耶？"[8]李商隐学杜，也表现在他继承了杜甫的创新精神，以更丰富的手法去表现政治内容，使杜甫所开

---

① 管世铭《读雪山房唐诗钞》卷十八"七律凡例"。

② 蔡居厚《蔡宽夫诗话》。

③ 沈德潜《唐诗别裁》卷十五。

④ 方东树《昭昧詹言》卷十九。

⑤ 吴乔《答万季野诗问》。吴乔说李商隐学《楚辞》，诚然是不错的，但我们还要注意到，李贺是他们之间的一座桥梁。

⑥ 施补华《岘佣说诗》。

⑦ 朱弁《风月堂诗话》卷下。

⑧ 夏敬观《唐诗说·说李商隐》。

创的七言律诗的新境界得到进一步拓展，所谓“义山善学杜”正在于此。

韩偓遭际乱离，更甚于杜甫。他的许多忧时伤乱、感怀身世的七言律诗，或慷慨悲凉，或情致缠绵，深受杜诗影响，是杜诗在唐末的最好继承者。但其诗歌语言平易自然，往往直抒胸臆，却又有着自己的特色，并不是杜诗风格的简单模仿者。韩偓的七律也不时显示着李商隐的影响，已如前述。赵衡说：“（韩）公诗法初受之义山，最为深隐难读。及其后国亡家破，身世乱离所感，公乃别创一境。”①由于韩诗，特别是其早期作品保留下来的较少，对于赵衡所云之“深隐”，我们今天还难以完全指证，但他认为李、韩二人反映政治内容的诗歌在风格上有不同处，指出韩偓避同求异，走出了与他的姨父不同的路子，还是正确的。总之，韩诗“虽局于风气，浑厚不及前人，而忠愤之气，时时溢于语外”②。因此，他才能够把由杜甫开创的并得到李商隐继承的诗歌传统接了过来，并有所变化发展。

杜甫不仅更新了七律的思想内涵，开拓了七律的创作风格，而且在七律的表现形式上也有所发展。这集中表现在，他创造了七律联章诗（组诗）的形式，并以之表现重要的政治内容。他集中七律联章诗共十组，其中《咏怀古迹五首》《诸将五首》《秋兴八首》等鸿篇巨制，内容深广，结构严谨，完整地描绘了历史的和现实的社会风貌，成功地表现了自己的思想感情。这说明，杜甫是有意赋予七言律诗以新的功能，即将其进行一定的组合，构成联章的形式，以期在深度和广度上都发挥其表现重要政治内容的优势。在这方面，他获得了很大的成功。然而，杜甫所开创的这一传统在唐代却没有得到很好的继承。李商隐集中仅四组七律联章诗③，而且多为二章相联；韩偓虽有《八月六日作四首》这样的反映现实政治内容的七律联章诗，但并非成功之作，而且集中另外三组七律联章诗也仅为二首相联。这意味着，杜甫所运用的七律联章的表现形式，李、韩二人或因才力

① 赵衡《韩翰林集叙》。

② 《四库全书总目》卷一百五十一《韩内翰别集》提要。按：韩诗不够深厚，固然是局于时代风气，但和他自己的气质、个性也不无关系。

③ 李商隐尚有若干首《无题》七律排列在一起者，或系后人编集时所合并，为慎重起见，略去不计。

不足而未能继承，或因不够重视而不愿学习。面对这种情况，我们是否可以说，在运用七律表现政治内容时，杜甫是既着重了点，同时又着重点和面的结合的，而李、韩则只注意了点。这不能不使人感到是一种缺陷。这种缺陷，在后代诗人如元好问、钱谦益、吴伟业等人的作品中，获得了弥补①。可惜我们在这里无法涉及这个问题。

---

① 元、钱、吴三家多用七律联章诗的形式表现政治内容，今按本文所讨论的三个方面（即直接写时事、身世之感和咏史），依次各举一例为证。

元好问《岐阳三首》之一："突骑连营鸟不飞，北风浩浩发阴机。三秦形胜无今古，千里传闻果是非？偃蹇鲸鲵人海涸，分明蛇犬铁山围。穷途老阮无奇策，空望岐阳泪满衣。"又《卫州感事二首》之二："白塔亭亭古佛祠，往年曾此走京师。不知江令还家日，何似湘累去国时？离合兴亡遽如此，栖迟零落竟安之？太行千里青如染，落日阑干有所思。"又《四哀诗·王仲泽》："太学声华弱冠驰，青云岐路九霄飞。上前论事龙颜喜，幕下筹边犬吠稀。壮志相如头碎柱，赤心嵇绍血沾衣。从来圣牍褒忠义，谁为幽魂一发挥？"

钱谦益《冬至后京江舟中感怀八首》之六："项城师溃哭《无衣》，闻道松山尚被围。原野萧条邮骑少，庙堂镇静羽书稀。拥兵大将朱提在，免胄文臣白骨归。却喜京江波浪偃，蒜山北畔看斜晖。"又《后秋兴八首》之四："闺阁心悬海宇棋，每于方罫系欢悲。乍闻南国车攻日，正是西窗对局时。漏点传稀更鼓急，灯花驳落雨声迟。还期一着神头谱，姑妇何人慰我思？"又《西湖杂感》二十首之十八："冬青树老六陵秋，恸哭遗民总白头。南渡衣冠非故国，西湖烟水是清流。早时朔漠翎弹怨，它日居庸宇唤休。苦恨嬉春铁崖叟，锦兜诗报百年愁。"

吴伟业《闻台州警》四首之二："野哭山深叫杜鹃，阆风台畔羽书传。军扪绝磴松根火，士接飞流马上泉。雁积稻粱池万顷，猿知击刺剑千年。桃花好种今谁种？从此人间少洞天。"又《和王太常西田杂兴韵》八首之五："乱后归来桑柘稀，牵船补屋就柴扉。游鱼自见江湖阔，野雀何知身体微？听说诗书田父喜，偶谈城市醉人围。昨朝换去机头布，已见新缝短后衣。"又《钟山》八首之《台城》："形胜当年百战收，子孙容易失神州。金川事去家还在，玉树歌残恨未休。徐邓功勋谁甲第？方黄骸骨总荒丘。可怜一片秦淮月，曾照降幡出石头。"

从三家写作七律联章诗的总数量上，也能看出他们对杜诗传统的继承。据我们的统计，元好问创作七律 327 首，其中联章 29 组，计 66 首；钱谦益创作七律 1067 首，其中联章 180 组，计 795 首；吴伟业创作七律 284 首，其中联章 45 组，计 179 首。（元好问诗据施国祁《元遗山诗集笺注》统计；钱谦益诗据《四部丛刊》本《牧斋初学集》《牧斋有学集》和宣统三年风雨楼刻本《投笔集》统计，后二种或有互相重复者，则予以删除；吴伟业诗据程穆衡《吴梅村诗集笺注》统计。）这些数字，比起创作七律 151 首，而联章仅 10 组、37 首的杜甫来说，是大大超过了。

（七）

诗歌不仅是政治的工具，因而政治内容决不应成为诗歌的惟一表现对象，这是非常明确的。但是，诗歌，与其他文学样式一样，以反映社会生活为主，而政治活动或政治事件，正是社会生活的最重要的内容之一。因此，一位诗人如果能够有意识地为其诗歌注入与广大人民的利益一致的政治内涵，则必然会提高其创作的价值。在这个意义上，我们说，杜甫以七言律诗表现政治内容，进行了开创性的努力，取得了空前的成就，而他的继承者李商隐和韩偓，则巩固和拓展了杜甫所开创的这一领域，赋予了七言律诗更为深刻的内涵。他们的创作，在七言律诗，乃至整个中国诗歌发展史上，都有着重大的意义。

然而，当我们回过头来检索这三位诗人的七言律诗时，我们发现，他们表现政治内容的特别是那些直接反映政治事件或政治活动的作品，在全部七律中只占少数。这就给我们提出一个问题，即：如何看待文学作品中数量与创造性的关系。

一般说来，一个作家较多表现某种主题、题材或较多采用某种手法，常表示他的主要着眼点所在，表示他对那些事物的特殊的兴趣，这当然是我们评价他的创作成就的重要依据。但是，文学史是一个漫长的过程，前代传统的凝固性往往积淀在后代作家的作品中，使之产生某种程度或某些层次上的循环重复。在这种情况下，一个作家写得最多的东西，往往又并不能代表他的独特创作成就。这种矛盾，在文学观念、文学思想和文学形态发生变化时，表现得最为鲜明。这种历史现象告诉我们，考察一个作家的成就，主要应该看他比他的前人多提供了些什么，而不是看他哪些东西写得最多。列宁很早就说过："判断历史的功绩，不是根据历史活动家没有提供现代所要求的东西，而是根据他们比他们的前辈提供了新的东西。"①有时候，某些因素即使是偶然出现，但只要它在文学史的发展中有

① 列宁《评经济浪漫主义》，《列宁全集》第2卷，人民出版社1959年版，第150页。

着全新的价值,并为其后的文学实践所注意和发展,就应该得到特殊的肯定。杜、李、韩诸家的非政治性的七律中有很多成就很高、脍炙人口的名篇杰构,当然应当受到后代读者的尊重和爱赏,但他们的那些为数不多的具有政治内涵的七言律诗,却为文学史增添了新的内容。特别是杜甫,他的创造使得注入了新鲜内容的七言律诗的发展有了坚实的基础,其作品的意义,就更不能以数量的多少来论定了。

当一位作家进行了超越前人的、哪怕是非常微小的创造时,其成果往往被后代那些最敏感的作家首先发现,并加以继承和发展。文学历史就是这样虽有起伏,却不间断地发展着、前进着的。正如我们所看到的,杜甫所开创的这一传统,经过一段时间,才被李商隐和韩偓接了过来,并在各个方面作了适合于自己特点的发展,而在数百年后,我们又读到了有意识地继承这三位唐代诗人这一传统的元好问、钱谦益、吴伟业诸人的作品。于此,我们也可以窥见文学史发展的某种规律。

火与雪:从体物到禁体物

——论白战体及杜、韩对它的先导作用

程千帆　张宏生

(一)

文学是以包括他人的心灵活动在内的客观世界作为自己反映的对象的。客观世界,特别是在长期延续的和封闭的我国古代封建社会里,有着相对的凝固性。所以作家们往往不能仅从题材或主题的开拓上来推陈出新,还有必要通过表现角度的转换来显示自己的创造力。和这一点密切相关而又有所不同的是表现方法的变更。比起表现角度来,表现方法具有更强的稳定性和延续性。前者主要体现着每一位作家的才性、学力、生活经验等,而后者则往往沉积着也许已有千百年历史的传统。摆脱在长时期中行之有效因而定了型的表现方法,显然需要更高强的本领,才能取得成功。这,就迫使人们思考一个问题,即:当前代作家所遵循的传统已经达到难以企及的高度时,后代作家怎样突破传统,从而体现出新的时代特色与个人特色。

这是一个既属实践性、也属理论性的非常广泛而复杂的问题。我们没有能力对其进行全面的研究。本文只想"管中窥豹",通过杜、韩、欧、苏几首诗中所反映的从体物的巧似之作到禁体物的"白战体"①的发展过

① 禁体物诗,世人简称之为禁体;因为苏轼诗中有"白战不许持寸铁"之句,又被称为"白战体"。在中国古代文论中,"体"兼有样式、风格及表现手法诸义。禁体、白战体之体,系指表现手法。

程,来对古代诗歌表现方法的更新问题进行一些初步的探讨。

(二)

体物,即真实地再现客观事物的外部特征,是语言艺术和造型艺术的基本手段之一。但这种手段,对于一件具体的作品来说,其所起的作用,是有整体和局部之不同的。从我国文学史上看,局部体物之篇,莫先于诗,常见于诗;整体体物之篇,早著于赋,多见于赋。

《文心雕龙·物色》云:"诗人感物,联类不穷,流连万象之际,沉吟视听之区。写气图貌,既随物以宛转;属采附声,亦与心而徘徊。故'灼灼'状桃花之鲜,'依依'尽杨柳之貌,'杲杲'为出日之容,'瀌瀌'拟雨雪之状,'喈喈'逐黄鸟之声,'喓喓'学草虫之韵。……并以少总多,情貌无遗矣。"刘勰在这里论述了诗人体物的情况与事例。但我们阅读《诗经》中《桃夭》《采薇》《伯兮》《角弓》《葛覃》《草虫》诸篇时,就会发现,这些诗并非以桃花、杨柳、日、雪、黄鸟、草虫为表现的主体。它们的出现,只不过是服务于诗篇主题的某种比喻、陪衬或背景描写。所以刘勰所举以为例的,乃是部分体物之作。

尽管如此,这种技巧还是创作所需要,甚至是必要的。因而从《诗经》以后,不断在实践中得到发展。建安以下,直到齐、梁,就不仅习见于作品,而且也形成了诗风,入之于评论了。钟嵘之于张协、谢灵运、颜延之、鲍照,颜之推之于何逊,都特别指出他们"尚巧似"或"形似"的特色[①]。《文心雕龙·物色》还总结说:"自近代以来,文贵形似。……体物为妙,功在密附。故巧言切状,如印之印泥,不加雕削,而曲写毫芥。故能瞻言而见貌,即[②]字而知时也。"同书《明诗》亦云:"情必极貌以写物,辞必穷力而追新。此近世之所竞也。"

---

① 《诗品》"张协"条称其"巧构形似之言","谢灵运"条及"颜延之"条均称其"尚巧似","鲍照"条称其"善制形状写物之词","贵尚巧似"。《颜氏家训·文章篇》称"何逊诗实为清巧,多形似之言"。

② 即,原作印,据何焯校改。

和诗之体物最初多见于篇章的局部不同，赋之体物一开始就有不少是以某一客观事物为其主体而加以铺叙描摹的。也就是说，所赋之物为其主体而非局部（当然，这并不排斥其中每每含有作家的讽谕）。自《荀子·赋篇》所载《礼》《智》《云》《蚕》《针》五赋及《楚辞·九章》中的《橘颂》以下，八代体物之赋，虽有亡佚，严可均《全上古三代秦汉三国六朝文》所收全篇及残文还是不少。再以《文选》入录的赋而言，这类作品也在其中占有较大的比重。小至鸟兽，大至山岳江海，包罗颇广。若就诗来说，则仍沿《三百篇》及《楚辞》的传统，以抒情为主。虽然，以咏物为主体或整体写物之诗也有出现较早的。据逯钦立《先秦汉魏晋南北朝诗》所载，东汉即有班固《东都赋》后所附《宝鼎》《白雉》二诗，蔡邕有《翠鸟诗》，建安以下，咏物之诗也时有出现，但为数不多，名篇尤少。《文选》所录，也只有陆机《园葵》、沈约《应王中丞思远咏月》《咏湖中雁》等寥寥数首，也都算不上杰作。由此可见，《文赋》所云“诗缘情而绮靡，赋体物而浏亮”，是先唐诗、赋这两种文学样式互相区别的一个准确的高度概括。当然，诗也有体物的，特别在篇章局部中存在着大量体物的描写；赋也有缘情的，而且体物之赋也往往涵蕴着一些抒情因素。这是由于它们在功能上存在的某种差异，不可避免地会在长期的创作和欣赏过程中经过作者和读者的共同努力而互相影响、互相渗透的结果。

诗人从体物之赋中得到了启发，于是诗中以客观事物为主体对象的咏物之作由少而多，由细而巨。唐人开拓了这类题材，取得了远远超过六朝人的成就。到了精通八代文学并对其作了取精用宏的继承与发展的杜甫的手里，则又将它发展到了一个新的高度。杜甫的咏物诗，数量多，取材广，命意深，逼真的形象与绝妙的讽谕是其统一的基调，充分地表现了诗人的英雄主义和人道主义，显现了阳刚之美和阴柔之美。关于杜甫咏物诗的全面论述，不是本文的任务。在这里只是想要指出，这位诗人在其咏物诗中力图巧似客观事物并已取得卓越的艺术效果之后，又进一步作了摆脱尚巧似的传统，即由体物进而走向禁体物的探索，接着韩愈也加入了这个探索者的行列。这种禁体物的表现方法，到了宋代欧阳修、苏轼的作品问世之后，才得到诗坛的普遍关注。

(三)

唐代宗大历年间,杜甫流离夔州,适逢大旱,作了好几首诗,其中题为《火》的一首五古,是写当地“大旱则焚山击鼓”①的风俗的,诗如下:

> 楚山经月火,大旱则斯举。旧俗烧蛟龙,惊惶致雷雨。爆嵌魑魅泣,崩冻岚阴昈。罗落沸百泓,根源皆万古。青林一灰烬,云气无处所。入夜殊赫然,新秋照牛女。风吹巨焰作,河棹腾烟柱。势欲焚昆仑,光弥焮洲渚。腥至焦长蛇,声吼缠猛虎。神物已高飞,不见石与土。尔宁要谤讟,凭此近荧侮。薄关长吏忧,甚昧至精主。远迁谁扑灭,将恐及环堵。流汗卧江亭,更深气如缕。

此诗在艺术上颇有特色,旧注中浦起龙《读杜心解》卷一分析尤详。这里无需重复。最后他说:“韩、孟联句,欧、苏禁体诸诗皆出于此。”前者不属本文讨论范围,可以存而不论。但他说此诗为欧、苏禁体诸篇所自出,确属极敏锐的观察。可惜他还没有注意到韩愈在欧、苏之间所起的承先启后的桥梁作用。

《火》几乎无遗漏地写到了一场山火所具备的特征,如光强、色赤、温高、烟浓等。但这些特征,又完全不是通过对它们个别本体的直接描摹,即运用传统的体物巧似之言表现出来,而全是通过展现一场对大自然施加暴力的愚昧行为的总过程所表现出来的。这样,就如浦起龙所分析的,是“逐层刻露,逐层清晰”。而这样写来,效果却比分别刻画某些个别而彼此不一定有联系的事物的特征要强。

在艺术技巧上讲究趋避,是诗人们不断追求有所创新的手段之一。无论在主题、题材或表现方法上都有一个趋避的问题。趋新避旧,趋生避熟,往往能使得艺术获得新的生命。前面已经说过,诗之体物多属局部,

① 《火》题下原注:“楚俗,大旱则焚山击鼓,有合《神农书》。”各旧本皆同。

重在巧似。这种写法，是包括杜甫在内的许多诗人所优为的。但如果将赋的传统即体物着重其整体，重在环境的铺叙、氛围的烘托，用于诗中，不也正是一种趋避，即一种革新吗？杜甫写火，不着意于它的某些特征的巧似，甚且有意加以忽略，而从整体着眼来写这一客观事物，这就使得它远于传统的诗的体物手法，而如杨伦在《杜诗镜铨》卷十三眉批中所说的“近赋”了。这是“晚节渐于诗律细”的杜甫的又一创造，虽然，其对后来的影响直到今天也还有待于详细研究，才能弄得清楚。

《易·系辞下》说：“天下同归而殊涂，一致而百虑。”当杜甫在写火的诗中作了上述探索以后，韩愈也在写雪的诗中作了几乎同样的尝试。贞元、元和之际，韩愈写了好几首咏雪的诗，如《咏雪赠张籍》、《喜雪献裴尚书》、《春雪》（“看雪乘清旦”）、《春雪》（“片片驱鸿急”）等。在这些作品中，我们很容易看出它们的共同点，即对雪的外形刻画由重要变为不重要，而逐步被以赋的手法，即铺叙、烘托落雪时的周遭环境，人和物在雪中的精神和肉体的感受的写法所代替了。《咏雪赠张籍》是一首长达四十韵的五言排律。为了说明上述情况，全抄如次：

只见纵横落，宁知远近来？飘飖还自弄，历乱竟谁催？座暖销那怪？池清失可猜。坳中初盖底，垤处遂成堆。慢有先居后，轻多去却回。度前铺瓦陇，奔发积墙隈。穿细时双透，乘危忽半摧。舞深逢坎井，集早值层台。砧练终宜捣，阶纨未暇裁。城寒装睥睨，树冻裹莓苔。片片匀如翦，纷纷碎若挼。定非焊鹄鹭，真是屑琼瑰。纬缅观朝萼，冥茫瞩晚埃。当窗恒凛凛，出户即皑皑。润野荣芝菌，倾都委货财。娥嬉华荡漾，胥怒浪崔嵬。碛迥疑浮地，云平想辗雷。随车翻缟带，逐马散银杯。万屋漫汗合，千株照耀开。松篁遭挫抑，粪壤获饶培。隔绝门庭遽，挤排陛级才。岂堪裨岳镇，强欲效盐梅。隐匿瑕疵尽，包罗委琐该。误鸡宵呃喔，惊雀暗徘徊。浩浩过三暮，悠悠匝九垓。鲸鲵陆死骨，玉石火炎灰。厚虑填溟壑，高愁撇斗魁。日轮埋欲侧，坤轴压将颓。岸类长蛇搅，陛犹巨象豗。水官夸杰黠，木气怯胚胎。著地无由卷，连天不易推。龙鱼冷蛰苦，虎豹饿号哀。巧借奢豪

> 便，专绳困约灾。威贪陵布被，光肯离金罍。赏玩捐他事，歌谣放我才。狂教诗硉矶，兴与酒陪鳃。惟子能谙耳，诸人得语哉？助留风作党，劝坐火为媒。雕刻文刀利，搜求智网恢。莫烦相属和，传示及提孩。

过分注意排比铺张，脉络也不够清晰，构成了这首诗的缺陷，因此不能算是成功之作①。但却可以认为，它是韩愈在探索这种新的表现方法时的一个阶段性的成果。它比杜甫的《火》更靠近"白战体"一步。在全篇八十句诗中，诗人虽然使用了白色的丝织物：练、纨、缟，白色的鸟类：鹄、鹭，白色的矿物：琼瑰②、银、盐、玉，白色的花：梅，以及专门形容白色的词：皑皑，形容动作的词：舞，似乎还在极力刻画雪的外部特色，意图获得巧似的结果；但当我们反复诵读之后就会感到，这些直接描摹雪色和雪态的句子在全诗中并不占有重要地位。如果将这些句子删去或改写，将完全无损于通篇的布局、效果和达到的水平。这就是说，它们事实上是可有可无的。这就促进了禁体物诗作为一个有独立性质的客体而存在。

另外几首咏雪的诗，也是排除了或基本上排除了形容雪的白色特征的作品。今举《喜雪献裴尚书》为例：

> 宿云寒不卷，春雪堕如簁。骋巧先投隙，潜光半入池。喜深将策试，惊密仰檐窥。自下何曾污，增高未觉危。比心明可烛，拂面爱还吹。妒舞时飘袖，欺梅并压枝。地空迷界限，砌满接高卑。浩荡乾坤合，霏微物象移。为祥矜大熟，布泽荷平施。已分年华晚，犹怜曙色随。气严当酒换，洒急听窗知。照耀临初日，玲珑滴晚澌。聚庭看岳耸，扫路见云披。阵势鱼丽远，书文鸟篆奇。纵观罗艳黠，列贺拥熊

---

① 钱仲联《韩昌黎诗系年集释》卷二引何焯《义门读书记》云："开宝近体，初不以多为贵，观此益信。"又引姚范《援鹑堂笔记》云："余谓公此等诗无一语佳者，'盖底''成堆'，凡陋可笑。"也是对这首诗表示不满的议论。

② 琼瑰，这里指美玉，而玉通常是白的。"琼"字不当依旧说作赤玉解。辨详《集释》。

螭。履弊行偏冷，门扃卧更羸。悲嘶闻病马，浪走信娇儿。灶静愁烟绝，丝繁念鬓衰。拟盐吟旧句，授简慕前规。捧赠同燕石，多惭失所宜。

这一首诗，除了“妒舞时飘袖，欺梅并压枝”一联及“拟盐吟旧句”①一句证明韩愈还没忘记曾经有过尚巧似的手法外，其余通篇再也没有触犯宋人咏雪禁用诸字之处。这就见出他对体物的传统有意忽略，也就和欧阳修、苏轼的公开提出禁体相距极近了。

韩愈在写这些有关雪的诗时，是否从杜甫的《火》中得到启发，我们无从知道。但他在写另外一篇非常出名的作品《陆浑山火，和皇甫湜用其韵》时，心中有《火》在，却是可以推定的②。韩愈实在是位有意思的诗人，有时像个好胜的孩子。一方面，在写诸雪诗时，他实践了自己悟出来的或受杜甫启发的从体物到禁体物的道路；而另一方面，他又对杜甫写火而没有充分突出它的外部特征感到不满足。于是濡染大笔，将陆浑山涂抹成一片红海洋，有意强化了杜甫所故意淡化的色觉描写。

红色是火的最昭著的外部特征。韩愈写火，在这一点上是十分着力的。如“彤幢绛旃紫纛幡，炎官热属朱冠裈”“缇颜韎股豹两鞬，霞车虹靷日毂幡。丹蕤縓盖绯繙帑，红帷赤幕罗脤膰”诸句，竟使得读者会感觉到，诗人在绘制《陆浑山火》这一巨幅图像时，他的调色板上只有一种颜色，即红色。而反观杜诗，则全篇涉及火的红光的只有一句“崩冻岚阴昈”③。

① 《世说新语·言语篇》：“谢太傅（安）寒雪日内集，与儿女讲论文义。俄而雪骤。公欣然曰：‘白雪纷纷何所似？’兄子胡儿（朗）曰：‘撒盐空中差可拟。’兄女（道蕴）曰：‘未若柳絮因风起。’公大笑乐。”

② 将两诗作一比较，不难看出，韩愈是在力图跨越自己的前辈。如杜云：“爆嵌魑魅泣。”韩则云：“神焦鬼烂无逃门。”“命黑螭侦焚其元。”杜云：“崩冻岚阴昈。”韩则云：“赫赫上照穷崖垠。”杜云：“势欲焚昆仑。”韩则云：“天跳地踔颠乾坤。”杜云：“腥至焦长蛇，声吼缠猛虎。”韩则云：“虎熊麋猪逮猴猿，水龙鼍龟鱼与鼋。鸦鸱雕鹰雉鹄鹍，燖炰煨爊孰飞奔。”如此等等，在在可见。他写了野烧横扫一切的威势后，笔力尚强，于是又进一步将读者引入神界，凭空创造了水火之神的矛盾和上帝充当和事老的情节，这就远不是杜甫所能范围的了。

③ 《文选》张衡《西京赋》李善注引《埤苍》：“昈，赤文也。”

杜甫也是一位对色觉很敏感的诗人，其集中以色彩见长而为人传诵的佳句是不少的。他在这个正适合发挥他善于着色的才能和可以着重形容红色的题材里，竟断然有意淡化（即使不说回避）这一点，这难道是偶然的吗？据此，更可以反证杜甫写《火》时有意背离体物传统的用意。

韩愈通过《陆浑山火》及咏雪诸篇分别证明，从诗来的局部体物和从赋来的整体体物，以及由它变化出来的禁体物等各种表现方法，都是富有生命力的。

真是无独有偶。在浦起龙的《读杜心解》指出杜甫的《火》与禁体的渊源之后，程学恂的《韩诗臆说》又指出了韩愈咏雪诸作与这一表现方法的关系。其评《咏雪赠张籍》一篇云："此与诸雪诗，皆以开欧、苏白战之派者。"又评《喜雪献裴尚书》一篇云："白战之令虽出于欧，盛于苏，不知公已先发之。咏雪诸诗可按也。"①

这样，杜、韩通过自己写火、咏雪的诗篇，对于晚唐以来逐步形成而到北宋便受到人们关注的一种新的表现方法，即由重视体物转向禁体物，所起的"导夫先路"的作用，就比较清楚了。

（四）

欧阳修《六一诗话》载："当时有进士许洞者，善为辞章，俊逸之士也。因会诸诗僧分题，出一纸，约曰：'不得犯此一字。'其字乃山、水、风、云、竹、石、花、草、雪、霜、星、月、禽、鸟之类，于是诸僧皆阁笔。"《唐宋诗醇》曾认为，这是欧、苏"白战体"之始。其实，它们只是相近，并不相同。因为许洞要求于那些和尚的，乃是不许涉及自然界中的习见之物，借以针砭他们风花雪月摇笔即来之病，而并非要求他们不许用习见的传统的巧似手段去形容自然风物②。但欧阳修晚年把这则佚闻记录下来，却足以证明他

① 引自《韩昌黎诗系年集释》卷二、卷三。

② 《唐宋诗醇》卷三十七引《六一诗话》载许洞事及欧集颍州雪诗序后，作结论说："禁体物语非是欧阳创之也。特以颍州宾主一时之盛，遂成佳话耳。"显然对两者的异同没有细加区别。

对这种禁条感兴趣。他之正式从事禁体的创作，除了从他所崇拜和熟习的杜、韩诗中获得启迪外，许洞这种刁难和尚们的举动，也很可能给他以暗示，使其略加改变，创为新体。

被世人公认的禁体诗的代表作品，首先是欧阳修在宋仁宗皇祐二年(1050)写的《雪》，诗序云："时在颍州作。玉、月、梨、梅、练、絮、白、舞、鹅、鹤、银等事皆请勿用。"其次是苏轼的两篇，其第一篇题为《江上值雪，效欧公体，限不以盐、玉、鹤、鹭、絮、蝶、飞、舞之类为比，仍不使皓、白、洁、素等字，次子由韵》。由上可知，这种禁体所禁，约有以下几个方面：一是直接形容客观事物外部特征的词，如写雪而用皓、白、洁、素等；二是比喻客观事物外部特征的词，如写雪而用玉、月、梨、梅、盐、练、素等；三是比喻客观事物的特征及其动作的词，如写雪而用鹤、鹭、蝶、絮[①]等(因为它们不但色白，而且会飞翔和舞动，有如雪花飞舞)；四是直陈客观事物动作的词，如写雪而用飞舞等。这些限制，对于崇尚"巧言切状""功在密附"的传统体物手段来说，确实是一种新的挑战。如果说，杜甫、韩愈只是让骆驼部分地进入阿拉伯人的帐篷，那么，欧阳修和苏轼却是鼓励骆驼全身投入而将阿拉伯人挤出帐篷之外了。

现在让我们看一看他们的创作实践。欧诗云：

> 新阳力微初破萼，客阴用壮犹相薄。朝寒棱棱锋莫犯，暮雪緌緌止还作。驱驰风云初惨淡，炫晃山川渐开廓。光芒可爱初日照，润泽终为和气烁。美人高堂晨起惊，幽士虚窗静闻落。酒垆成径集瓶罂，猎骑寻踪得狐貉。龙蛇扫处断复续，猊虎团成呀且攫。共贪终岁饱麰麦，岂恤空林饥鸟雀。沙堮朝贺迷象笏，桑野行歌没芒屩。乃知一雪万人喜，顾我不饮胡为乐？坐看天地绝氛埃，使我胸襟如洗瀹。脱遗前言笑尘杂，搜索万象窥冥漠。颍虽陋邦文士众，巨笔人人把矛槊。自非我为发其端，冻口何由开一噱。[②]

---

① 絮，指柳絮，见前注引《世说新语·言语篇》。

② 《欧阳文忠全集》卷五十四、外集卷四。

诗从春天将到、余寒犹厉写起，旋即转入一场大雪的来临。大自然的美丽在初日普照、雪光眩目的广阔天宇下，充分地显示出来；同时也使人感到雪水润泽了大地，预示了丰收的远景。接着诗中出现了美人惊喜，处士安闲，肆酒雪后易售，禽兽雪中易猎，居民扫雪，儿童玩雪等情景，使不同身分、不同处境的人对这场雪的心理、态度都得到极为简略然而精确的展现。然后又转回“一雪万人喜”，以宰相上朝贺雪，农夫蹑屩行歌，与上文“润泽”句暗接。最终陈述了自己愉悦的诗情，而以希望唤起僚友的吟兴结束。这首诗，的确如作者自己所承诺的，没有犯那些平常写雪的诗所用的词，他只是写雪时、雪后的环境、气氛以及人物在此时此地的活动和感受。他确实没有像过去咏雪的作品一样，局限于刻画其外部特征，但依然能够使读者感受到这位诗人笔下所创造的活跃的雪的世界①。

嘉祐四年（1059），苏轼侍亲携弟出蜀，沿途写了不少的诗。从这些尚未形成自己独特风格的作品中，我们看到，他在向前辈诗人刻意学习来加强自己的工力。如《荆州十首》学杜，面貌宛然。而《江上值雪》一篇，他自己则明白地说是“效欧公体”：

> 缩颈夜眠如冻龟，雪来惟有客先知。江边晓起浩无际，树杪风多寒更吹。青山有似少年子，一夕变尽沧浪髭。方知阳气在流水，沙上盈尺江无澌。随风颠倒纷不择，下满坑谷高陵危。江空野阔落不见，入户但觉轻丝丝。沾裳细看巧刻镂，岂有一一天公为。霍然一挥遍九野，吁此权柄谁执持？世间苦乐知有几，今我幸免沾肤肌。山夫只见压樵担，岂知带酒飘歌儿？天王临轩喜有麦，宰相献寿嘉及时。冻吟书生笔欲折，夜织贫女寒无帏。高人著屐踏冷冽，飘拂巾帽真仙

① 朱弁《风月堂诗话》卷上：“聚星堂咏雪……杜祁公（衍）览之嗟赏，作诗赠欧公云：‘尝闻作者善评议，咏雪自言匪精思。及窥古人今人诗，未能一一去其类。不将柳絮比轻扬，即把梅花作形似；或夸琼树斗玲珑，或取瑶台造嘉致；撒盐舞鹤实有徒，吮墨含毫不能既。深悼无人可践言，一旦见君可卓异！’”又云：“万物驱从物外来，终篇不涉题中意。宜乎众目诗之豪，便合登坛排作帅。回头且报郢中人：‘从此《阳春》不为贵。’”这种推崇是如实的。

姿。野僧斫路出门去，寒液满鼻清淋漓。洒袍入袖湿靴底，亦有执板趋阶墀。舟中行客何所爱？愿得猎骑当风披。草中咻咻有寒兔，孤隼下击千夫驰。敲冰煮鹿最可乐，我虽不饮强倒卮。楚人自古好弋猎，谁能往者我欲随。纷纭旋转从满面，马上操笔为赋之。①

我们应当承认，出自二十四岁的苏轼之手的这篇作品是相当出色的。它生动地描写了雪的姿容、动态和其所引起的人们的听觉和视觉感应，以及朝野各类人物如山夫、野僧、书生、贫女、猎骑、行客等对这场雪的反应和他们在雪中、雪后的活动。这些都显示了青年诗人的才华。《唐宋诗醇》评云："岩壑高卑，人物错杂，大处浩渺，细处纤微，无所不尽。可抵一幅王维《江干初雪图》。"不算过分。

但如果进一步将它和欧作细加比较，就可以发现，其摹仿的痕迹是比较重的。不但在结构上，前半写雪，后半写人，不无雷同；而且出场的人物以及他们的哀乐也大致相类。如"天王临轩喜有麦，宰相献寿嘉及时"，即"沙墀朝贺迷象笏"之意，"舟中行客何所爱，愿得猎骑当风披。草中咻咻有寒兔，孤隼下击千夫驰"，显然是"猎骑寻踪得狐貉"的扩大。考虑到当时苏轼的年龄因素，这一点是不难理会因而也不应苛求的②。

苏轼青年时代对禁体物这种诗歌表现方法的兴趣，很久以后还保持着。他写《江上值雪》二十六年后，在颍州做太守时，追想已经去世的老师欧阳修的故事，便又写了一首《聚星堂雪》。其引云："元祐六年(1091)十

---

① 王文诰《苏文忠公诗编注集成》卷一。

② 冯应榴《苏文忠诗合注》卷五十收《雪诗八首》，注云："《锦绣万花谷·雪类》载：东坡以声、色、气、味、富、贵、势、力为八章，仍效欧公体，不使盐、玉、鸥、鹭、皓、鲜、白、素等字，考先生《南行集》内有《江上值雪》诗，效欧公体。此八章或系同时所作，故云'仍效'也。但《万花谷》所采诗家姓氏舛误甚多，未可全信。且诗意浅俗，不似先生手笔。故查氏不采耳(按：王文诰本亦不采)。今姑附录。"考郑清之《安晚堂集》卷八《和葺芷雪韵》云："坡公笑效六一体，八章联翩韵声色。"自注："坡效欧公白战体，以声、色、气、味、富、贵、势、力作八章。"则此诗纵属伪作，亦出现甚早，且已流传。但其水平确实不高，即令真出苏轼之手，我们在讨论"白战体"的艺术特色时，也可存而不论。

一月一日,祷雨张龙公,得小雪,与客会饮聚星堂。忽忆欧阳文忠公作守时,雪中约客赋诗,禁体物语,于艰难中特出奇丽。尔来四十余年,莫有继者。仆以老门生继公后,虽不足追配先生,而宾客之美殆不减当时。公之二子,又适在郡,故辄举前令,各赋一篇。”诗云:

> 窗前暗响鸣枯叶,龙公试手初行雪。映空先集疑有无,作态斜飞正愁绝。众宾起舞风竹乱,老守先醉霜松折。恨无翠袖点横斜,只有微灯照明灭。归来尚喜更鼓永,晨起不待铃索掣。未嫌长夜作衣棱,却怕初阳生眼缬。欲浮大白追余赏,幸有回飙惊落屑。模糊桧顶独多时,历乱瓦沟裁一瞥。汝南先贤有故事,醉翁诗话谁续说?当时号令君听取,白战不许持寸铁。①

正如人们所说的:后出转精。这首诗不但显然超过了诗人自己所写的同体少作,便是比起他的老师来,也不妨说有过之而无不及。那两首诗虽然以一定的篇幅写了雪的本体,但更多篇幅却被各色人等对雪的感受所占据了。这当然起了烘托作用,有助于展现雪的形象,但究竟不是它的面目。而通过禁体物语将所咏之物生动地再现出来,乃是这种新的表现方法的主要目的,所以苏轼写聚星堂的雪,除了刻画雪的细微的特征外,还将写雪和写人在诗中的比重作了调整,这也是一种推陈出新。这篇诗从初下之雪写起,依次写夜间之雪、清晨之雪、风中之雪、树顶之雪、瓦沟之雪,写得神采飞扬,淋漓尽致。正如纪昀所评:“句句恰是小雪。体物神妙,不愧名篇。”②

朱熹曾举禅语教诲门人云:“如载一车兵器,逐件取出来弄,弄了一件,又弄一件,便不是杀人手段。我只有寸铁,便可杀人。”③刘勰举《诗

---

① 《苏文忠公诗编注集成》卷三十四。可能由于疏忽,苏轼在本诗“作态斜飞正愁绝”一句中,犯了“飞”字。至于“众宾起舞风烛乱”句的“舞”字,属人不属雪;“欲浮大白追余赏”和“白战不许持寸铁”两句中的“白”字,非指雪色,均不算犯禁。

② 王文诰注引。

③ 《朱子语类》卷八。

经》中的一些形容词如“灼灼”“依依”之类，称之为“以少总多，情貌无遗”。这可算是寸铁杀人。王国维指出宋祁《玉楼春》“红杏枝头春意闹”，“着一‘闹’字而境界全出”；张先《天仙子》“云破月来花弄影”，“着一‘弄’字而境界全出”①。这种对动词的极为漂亮的使用，当然也要算寸铁杀人。但以“白战不许持寸铁”为标榜的禁体，却好比现代战争中的化学武器，它并不使用任何锋刃，却在总体上取得了特殊的战果。

禁体物诗和咏雪或咏火有关，显然带有偶然性。自晚唐以下，以这种方法写的咏物诗也时有出现。如韩偓《咏手》：

暖日肤红玉笋芽，调琴抽线露尖斜。背人细撚垂胭鬓，向镜轻匀衬眼霞。怅望昔逢褰绣幔，依稀曾见托金车。后园笑向同行道，摘得蘼芜又一杈。

赵与时《宾退录》卷九录此诗，指出其除首句外“皆言手之用”的特点。这与韩愈赠张籍一首的体物语与禁体物语并存一篇之中而以后者所占比重为大，是一致的。

再如五代刘章的《咏蒲鞋》：

吴江浪浸白蒲春，越女初挑一样新。才自绣窗离玉指，便随罗袜上香尘。石榴裙下从容久，玳瑁筵前整顿频。今日高楼鸳瓦上，不知抛掷是何人？

还有南宋杨万里的《霰》：

雪花遣汝作前锋，势颇张皇欲暗空。筛瓦巧寻疏处漏，跳阶误到暖边融。寒声带雨山难白，冷气侵人火失红。方讶一冬暄较甚，今宵敢叹卧如弓。

① 《人间词话》卷上。

这两篇,魏庆之《诗人玉屑》卷九收入白战类①。与出现于晚唐的韩偓之作相比,就更可见出它们是完整的禁体了。

(五)

《诗人玉屑》是一部侧重记录诗歌艺术的诗话。它特立“白战体”,证明宋代“白战”已自成一体,被世人所公认。但这种新的表现方法,在后来并没有继此而获得较大的发展。这个情况值得探讨。

我们认为,从事这方面的探讨,必须将全篇用禁体物语的诗与篇中个别句子用间接铺叙、烘托来替代直接刻画的诗区别开来。前者如上节所举,是诗篇整体的问题,而后者则只是一首诗中的某些句子的问题。

关于句法的新变,是唐以来诗人所普遍重视的。见于创作而为论家所优劣其高下、归纳为类型的不少。其中如《诗人玉屑》卷三“影略句法”条引冷斋云:“郑谷咏落叶,未尝及凋零飘坠之意,人一见之,自然知为落叶。诗曰:‘返蚁难寻穴,归禽易见窠。满廊僧不厌,一个俗嫌多。’”又同卷“象外句”条引同人云:“唐僧多佳句,其琢句法,比物以意,而不指言一物,谓之象外句。如无可上人诗曰:‘听雨寒更尽,开门落叶深。’是落叶比雨声也。又曰:‘微阳下乔木,远烧入秋山。’是微阳比远烧也。用事琢句,妙在言其用而不言其名耳。”②郭辑本吕本中《童蒙诗训》“黄陈学义山”条云:“义山《雨》诗:‘摵摵度瓜园,依依傍水轩。’此不待说雨,自然知是雨也。后来鲁直、无已诸人,多用此体,作咏物诗,不待明说尽,只仿佛形容,便见妙处。如鲁直《酴醿》诗云:‘露湿何郎试汤饼,日烘荀令炷炉香。’”又

① 与《诗人玉屑》编者魏庆之约略同时或稍前的郑清之《安晚堂集》中也出现了“白战体”一词,见其书卷八《和葺芷雪韵》诗自注,前已引之。又卷十一《和林治中雪诗五首》之一云:“老尽青山真是幻,从渠白战更无诗。”可见此词在南宋诗话、诗集中已流行使用。

② 这里的“名”,乃形名、名相之义,略同现在所谓形象。“言其用而不言其名”的表现方法,究其远源,可以上溯《荀子》五赋。但从它到唐宋诗,其间的传承关系是不清晰的,所以只能存而不论。

"赋诗必此诗"条云:"东坡诗云:'赋诗必此诗,定知非诗人。'此或一道也。鲁直作咏物诗,曲当其理。如《猩猩(毛)笔》诗'平生几两屐? 身后五车书',其必此诗哉?"除了无可二例别是一法外,其余都是一篇之中的局部禁体物语。虽有"言其用而不言其名"之妙,但仍然属于句法范围。

但"白战体"却是属于另外一种,它自始就规定了全篇必须禁止使用体物语,即具有表现方法上的独占性,因而具有强烈的排他性,也就产生了它的局限性。这些特性使它能够"于艰难中特出奇丽",如苏轼所说;也使它虽然令人"往往阁笔不能下","若能者,则出入纵横,何可拘碍"①,如叶梦得所说。但达到这种水平的诗人终究是少数,这就是一方面欧、苏诸篇创造了一些难以重复的奇迹为历代所尊仰,而另一方面这种新的表现方法终究不能盛行的原因所在。类似情况在文学史上并非罕见。如杜甫的《饮中八仙歌》《同谷七歌》皆属创体,成就极高,后人学步者不多。虽偶有效颦之徒,也绝无胜蓝之誉。

这样,白战一体及其代表作尽管丰富了古典诗歌的宝库,但多数诗人通过实践终于发现,在创作中将体物语与禁体物语随宜酌情地使用,而不走向极端,乃是一种最佳选择。正如我们在漫长的诗歌发展史上所见到的,这两种方法都具有强大的生命力,兼而用之,从来不曾给诗人们带来损失。

(六)

禁体物语作为一种新的表现方法出现于诗坛,其作者们并未提供任何直接的理论依据。但这不等于当时的文艺理论对这种表现方法的出现没有影响。

首先,咏物诗与绘画有着天然的亲密关系。它们有着"存形"的共同目标,虽然诗是写动态的时间艺术,而画则与之恰恰相反,是写静态的空间艺术。但从中国文学艺术理论的历史考察,古人似乎更着重它们之间

① 《石林诗话》卷下。

的同而非异。如何由应物象形到形神兼备，再到遗貌取神，是由粗而精、由外而内的三个不同的层次，也自来是诗人和画家共同的追求。这种理论可以上溯到《淮南子·道应篇》和伪《列子·说符篇》所载九方堙（皋）相马的故事，经过长期流传和发展，晚唐司空图便直接提出了“超以象外，得其圜中”和“脱有形似，握手之违”以及“离形得似，庶几斯人”的具体要求①。这种见解，为宋人所继承，以之评画，也以之论诗。如葛立方《韵语阳秋》卷十四云：“欧阳文忠公诗云：‘古画画意不画形，梅诗写物无隐情。忘形得意知者寡，不若见诗如见画。’东坡诗云：‘论画以形似，见与儿童邻。赋诗必此诗，定知非诗人。’或谓：‘二公所论，不以形似，当画何物？’曰：‘非谓画牛作马也，但以气韵为主尔。’谢赫云：‘卫协之画，虽不该备形妙，而有气韵，凌跨雄杰。’其此之谓乎？陈去非作《墨梅》诗云：‘含章檐下春风面，造化工成秋兔毫。意得不求颜色似，前身相马九方皋。’后之鉴画者，如得九方皋相马法，则善矣。”这些事例和意见，对于“白战体”的要求摆脱巧似，以用代名当然是有启发的。如我们所看到的，正是欧阳修和苏轼创造和发展了禁体物语这种表现方法，应非偶然。

其次，我们注意到了北宋人对于如何写富贵的讨论，也可与禁体物语的手法相参照。胡仔《苕溪渔隐丛话》前集卷二十六云：“王禹玉诗，世号至宝丹，以其多使珍宝，如黄金必以白玉为对。有人云：‘诗能穷人，且试强作富贵语看如何？’其人数日搜索，云止得一联曰：‘胫挺化为红玳瑁，眼睛变作碧琉璃。’为之绝倒。晏叔原小词云：‘舞低杨柳楼心月，歌尽桃花扇底风。’晁无咎云：‘能作此语，定知不住三家村也。’”郭辑本张镃《诗学规范》“晏元献论富贵诗”条云：“晏元献公喜评诗，尝云：‘“老觉腰金重，慵便枕玉凉”，未是富贵语；不如“笙歌归院落，灯火下楼台”，此善言富贵者也。’人皆以为知言②。公虽起自田里，而文章富贵出乎天然。尝览李庆《富贵曲》云：‘轴装曲谱金书字，木记花名玉篆牌。’公曰：‘此乃乞儿相，未尝谙富贵者。’故公每吟咏富贵，不言金玉锦绣，而惟说其气象。若曰：‘楼

① 见司空图《诗品》中的《雄浑》《冲淡》《形容》。

② 按：以上见《苕溪渔隐丛话》前集卷二十六引欧阳修《归田录》。魏庆之《诗人玉屑》卷十一“善言富贵”条亦载。

台侧畔杨花过，帘幕中间燕子飞。’又云：‘梨花院落融融月，柳絮池塘淡淡风。’故公以此句语人云：‘穷儿家有此景致也无？’”就咏富贵言，直说居处饮食服用之华美，即是体物；不涉及朱楼画图、玉食锦衣等等，而只说富贵人家那种养尊处优、雍容闲雅的派头，便是禁体物。值得注意的是，欧阳修是晏殊知举时的门生，平生对他这位受知师十分尊敬，他在《归田录》中记录晏殊的意见，而且说：“人皆以为知言。”这个复数的人当然包括他自己在内。说这种实践和评论对于禁体的形成不无影响，当然也是一种合理的推断。

不知道是不是上述这些零星意见被严羽注意到了，他在《沧浪诗话·诗法》中提出了作诗“不可太着题”的看法。陶明濬释之云：“着题太过，局促如辕下之驹，屈盘如枯木之柯，又何能纵横自如，宛转遂志，润色形容，错综尽变乎？”①这当然不是专门作为禁体诗的理论提出来的，其涵义还要广泛一些。但它却可以用来说明这种新的表现方法也具有使诗不太着题的意图在内。

如上所论述，禁体物语这种手段，用意在于使咏物诗在表现中遗貌取神，以虚代实；虽多方刻画，而避免涉及物的外形。它只就物体的意态、气象、氛围、环境等方面着意铺叙、烘托，以唤起读者丰富的联想，从而在他们心目中涌现所咏之物多彩多姿的形象。这在诗歌史上，是一种新的审美要求。而晚唐以来的诗人和诗论家从各种不同角度提出的那些意见，对于这种诗体的产生，都有着一定的关系。

莱辛曾经指出：“凡是不能就组成部分去描绘的，荷马就使我们从效果上去感觉到它。”②欧阳修和苏轼的禁体诗，用意与此相近。可惜的是，做得太绝对了，以致后难为继，其道不昌。但他们继承杜、韩，努力创新的精神和业绩，在中国文学史上，都是不能埋没的。他们是成功者，虽然也

---

① 引自郭绍虞《沧浪诗话校释》第115页。《诗人玉屑》卷五“不可太着题”条引《漫叟诗话》云：“世有《青衿集》一编，以授学徒，可以喻蒙。若《天》诗云：‘戴盆徒仰止，测管讵知之。’《席》诗云：‘孔堂曾子避，汉殿戴冯重。’可谓着题。乃东坡所谓‘赋诗必此诗’也。”这个例子可能绝对了一些，但也可见“太着题”之病。

② 莱辛《拉奥孔》第21章《诗人就美的效果来写美》，朱光潜译本第120页。

许要对后来追随他们的失败者负一定的责任。

由上可以概见，表现方法的更新虽然出于文学历史的客观要求，但使用某一新的表现方法的成败，在很大的程度上，取决于作家个人的心思才力，同时，新的表现方法的出现，并不意味着旧的表现方法的消亡，它们往往为作家们所兼容并蓄，为百花齐放创造条件。

老去诗篇浑漫与

——论杜甫晚期今体诗的特点及其对宋人的影响

莫砺锋

（一）

杜甫入蜀以后，他的诗歌创作产生了明显的变化。今体诗（五、七言律诗和律化了的绝句）所占的比重大大地增加，在艺术上也更加臻于纯熟，乃是这种变化的要点之一。我们知道，在初、盛唐时期，今体诗各种样式的发展是不平衡的。在杜甫的时代，五、七言绝句和五言律诗已经进入了全面繁荣的时期，孟浩然、王维、李白、王昌龄等人已经在这几种诗体的写作中取得了惊人的成绩。七言律诗的发展稍为迟缓一些，它的真正成熟是在杜甫手中完成的。管世铭云："七言律诗至杜工部而曲尽其变。……其气盛，其言昌，格法、句法、字法、章法无美不备，无奇不臻，横绝古今，莫能两大。"①诚为确论。但即使如此，我们仍然可以说今体诗的各种诗体都已经由盛唐诗人（包括杜甫）建设起来了。这种建设包括格律的确立，也包括题材范围、表现手法以及艺术风格等更为精微的诸方面。杜甫说自己"晚节渐于诗律细"②，就是泛言今体诗艺术，而不仅仅指格律：杜甫对于他自己在今体诗（特别是七律）的建设上所作出的贡献是"得

① 《读雪山房唐诗钞》卷十八"七律凡例"。

② 《遣闷戏呈路十九曹长》，《杜诗镜铨》卷十五。

失寸心知”[1]的。但与此同时，杜甫又说过：“老去诗篇浑漫与。”[2]对于上引两句似乎是互相矛盾的话，仇兆鳌解释说：“律细，言用心精密。漫与，言出手纯熟。熟从精处得来，两意未尝不合。”[3]这样的解释在字面上可谓周匝，但我们觉得就杜甫晚期今体诗的实际情况而言，只说他能“出手纯熟”地运用今体诗的诗律是不够的。事实上，杜甫在经过苦吟而达到“诗律细”的程度后并没有固步自封，他在今体诗艺术的领域里还作了进一步的探索。

（二）

一般说来，诗歌的样式和内容之间并不存在固定的对应关系。但五、七言今体诗在发展的初期却有一个约定俗成的题材范围。在初、盛唐时，题材范围最狭窄的要算是七律，它一开始几乎主要是以应制诗的面目出现的。稍后，它的题材范围渐渐扩大到文人唱酬、流连光景等等，但仍是畛域甚小。五律与五、七言绝句的情况要好一些，但也不外是抒写性灵、描摹景物和咏史怀古等，与五、七言古诗相比，它们的题材范围仍是不够宽广的。我们读初、盛唐人的今体诗作，总觉得它们高华超妙，雍容闲雅，就是因为这些诗的题材总是比较“高雅”的。在杜甫之前，这基本上已成了一种风会。杜甫的早期诗作也显示出他接受了这种风会的影响，但他后来却逐渐用他的创作实践将这一藩篱打破了。在诗人的晚年，他把今体诗的题材范围扩大到几乎与古体诗同样广阔的程度。其中最重要的有以下三个方面。

第一，写时事。杜集中五律如《警急》《王命》《征夫》等，七律如《诸将五首》《闻官军收河南河北》等，都是直接反映当时军国大事的杰作，这是人所共知的。

---

① 《偶题》，《杜诗镜铨》卷十五。

② 《江上值水如海势聊短述》，《杜诗镜铨》卷八。按：此诗作于上元二年(761)，而《遣闷戏呈路十九曹长》作于大历二年(767)。

③ 见《杜诗详注》卷十八。

第二，发议论。用今体诗尤其是用绝句发议论，在杜甫之前罕有所闻，杜甫却一再为之。其中用七绝来论诗，更是杜甫首创的一类诗论形式，除了著名的《戏为六绝句》之外，像《解闷十二首》中的一部分也都是既有见解、又富风趣的论诗绝句。

第三，写日常生活琐事。杜甫入蜀以后，很喜欢用今体诗来写日常生活中的琐细之事。连向人乞求竹木①、野人送来樱桃②等琐事也一一入诗。尤其值得注意的是，有些事情在其他诗人看来也许是相当村俗而绝不肯将其写入今体诗的，杜甫却欣然吟咏：

> 堂西长笋别开门，堑北行椒却背村。梅熟许同朱老吃，松高拟对阮生论。
>
> ——《绝句四首》之一

可惜，杜甫开拓今体诗诗境的尝试在很长一段时期内没有得到足够的响应。杜甫之后直到晚唐，仿效者寥若晨星。到了宋初，杨亿还说杜甫是“村夫子”③，或许就是因为杜甫的诗歌打破了将题材限于“高雅之事”的畛畦。但是宋代的诗人终于认识了这种尝试的价值，王禹偁说：“子美集开诗世界。”④张戒更具体地说：“李义山诗只知有金玉龙凤，杜牧之诗只知有绮罗脂粉，李长吉诗只知有花草蜂蝶，而不知世间一切皆诗也。惟杜子美则不然，在山林则山林，在廊庙则廊庙。遇巧则巧，遇拙则拙，遇奇则奇，遇俗则俗。或放或收，或新或旧，一切物，一切事，一切意，无非诗者。”⑤两人对杜甫开拓诗境之举给予极高的评价。更重要的是，宋人继承而且发展了杜甫的做法。

---

① 《从韦二明府续处觅绵竹》，《杜诗镜铨》卷七；《凭何十一少府邕觅桤木栽》，《杜诗镜铨》卷七。

② 《野人送朱樱》，《杜诗镜铨》卷九。

③ 见刘攽《贡父诗话》。

④ 《日长简仲咸》，《小畜集》卷九。

⑤ 《岁寒堂诗话》卷上。

在用今体诗特别是七绝写时事、发议论这两方面，宋人学杜的成绩是很显著的。如果说苏轼的《山村五绝》在抨击新政时还有些转弯抹角的话，那么在黄庭坚笔下已出现了直书政见的作品，如《病起荆江亭即事十首》之四希望新、旧两党消除门户之见以选拔人才，确是代表了旧党中开明之士的心声。到了南宋，山河破碎的严酷现实使诗人们更加倾向于这种手法。刘子翚的《汴京纪事》二十首和陈与义的《邓州西轩书事十首》就是两个成功的例子。前一组诗犹如一幅历史画卷，生动地描绘了汴京沦陷的巨大事变。后一组诗则对国土沦丧的原因表达了非常鲜明的见解。需要指出的是，陈与义的这组诗与他集中的其他七绝风格迥异：语句刚健古朴，声调律拗相兼，这分明是有意追踪黄庭坚学杜的结果。除此之外，吕本中身陷围城时所作的二十九首五律①，范成大出使金国时所作的七十二首七绝②，汪元量在南宋亡国后所作的一百零八首七绝③，都是应该载入文学史册的好诗。清人潘德舆在评范成大那组七绝中的《州桥》一诗时说："沉痛不可多读。此则七绝至高之境，超大苏而配老杜者矣。"④说这类诗是"七绝至高之境"，未必妥当，但指出它们与杜诗之间的传承关系是很有见地的。

用七绝来论诗，在宋代是屡见不鲜的。如李觏《戏题玉台集》⑤、王安石《题张司业诗》⑥、杨万里《跋徐恭仲省干近诗》⑦等都很有名。而陈师道的《绝句》则连声调语气都极类杜诗：

此生精力尽于诗，末岁心存力已疲。不共卢王争出手，却思陶谢与同时。

---

① 《兵乱后自嬉杂诗》，《东莱外集》卷三。

② 从《渡淮》到《会同馆》，《范石湖集》卷十二。

③ 《醉歌》十首、《湖州歌》九十八首，《水云集》。

④ 《养一斋诗话》卷九。

⑤ 《直讲李先生文集》卷三十六。

⑥ 《临川先生文集》卷三十一。

⑦ 《诚斋集》卷二十六。

南宋的戴复古和金代的元好问更使之成为大规模的组诗，从而演变成后代诗论的一种特殊形式①。

用今体诗来写日常生活琐事，更是为宋人开辟了无比广阔的诗境。北宋的梅尧臣、欧阳修、王安石、苏轼、黄庭坚、陈师道，南宋的陆游、杨万里、范成大，这些在宋代诗坛上具有广泛代表性的诗人几乎把日常生活的每一个方面都看作是诗材。这样做固然难免产生一些琐屑细微而无深情远韵的平庸作品，但总的说来，这不但极大地提高了今体诗的表现功能，而且也使诗歌更为平易近人。例如苏轼的下面这首诗：

> 半醒半醉问诸黎，竹刺藤梢步步迷。但寻牛矢觅归路，家在牛栏西复西。
>
> ——《被酒独行，遍至子云、威、徽、先觉四黎之舍三首》之一

把“牛矢”写入绝句，恐怕是绝大多数的唐人所难以想象的。然而不避俚俗正是此诗成功的关键，否则的话，诗人只好把这种生趣盎然的农村生活情景摒弃于诗国之外了。再如范成大的“白头老媪簪红花，黑头女娘三髻丫。背上儿眠上山去，采桑已闲当采茶”②，陆游的“城南倒社下湖忙，阿姥龙钟七十强。犹有尘埃嫁时镜，东涂西抹不成妆”③，杨万里的“岸旁燎火莫阑残，须念儿郎手脚寒。更把绿荷包热饭，前头不怕上高滩”④，这些诗与李白、王昌龄、李商隐、杜牧等人的七绝大异其趣。总之，在宋人笔下，今体诗的疆域大大地扩展了，究其原委，杜甫实有不可忽视的筚路蓝缕之功。

---

① 《昭武太守王子文日与李贾、严羽共观前辈一两家诗及晚唐诗，因有论诗十绝。子文见之，谓无甚高论，亦可作诗家小学须知》，《石屏诗集》卷七。《论诗绝句三十首》，《遗山先生文集》卷十一。

② 《夔州竹枝歌九首》之五，《范石湖集》卷十六。

③ 《阿姥》，《剑南诗稿》卷四十三。

④ 《竹枝歌七首》之五，《诚斋集》卷二十八。

（三）

前面说过，在杜甫的时代，今体诗的格律已经确立，其中七律格律的确立，正是在杜甫手中完成的。格律的确立使今体诗具有声律相间相重，文句或散或骈，既工整又有变化的形式美。从此，诗人们纷纷醉心于这种经过前人几百年的艰苦探索才建立起来的新诗体，在这片新开辟的艺术天地里各逞才思，争奇斗妍。杜甫当然也不例外，但与此同时，他又向前迈出了新的步伐。

平仄规律是今体诗格律中最重要的一条，杜甫的大部分今体诗是很注意平仄和谐的，但在另一些作品中，他又有意识地打破这种已为诗人和读者所习惯的和谐，写入一些不尽合律的拗句，这在他的七律中体现得最为明显，例如《即事》：

> 天畔群山孤草亭，江中风浪雨冥冥。一双白鱼不受钓，三寸黄甘犹自青。多病马卿何日起，穷途阮籍几时醒？未闻细柳散金甲，肠断秦川流浊泾。

此诗首句拗一字，尾联先拗后救，颔联则拗得相当厉害。更有甚者，如《愁》：

> 江草日日唤愁生，巫峡泠泠非世情。盘涡鹭浴底心性？独树花发自分明。十年戎马暗万国，异域宾客老孤城。渭水秦山得见否？人今疲病虎纵横。

除了第八句之外，通首都由拗句组成，而且不甚注意粘对。诗人在题下自注：“强戏为吴体。”[①]说明这不像崔颢的《黄鹤楼》那样是格律尚未严格的

---

① 吴体就是最早出现的拗体，郭绍虞先生认为吴体和拗体“亦微有分别：拗体可该吴体，吴体不可该拗体，这全是义界大小的关系”（《论吴体》，《照隅室古典文学论集》下编）。那是后来才发生的情况。

七律，而是有意识地打破格律的创新。值得注意的是，杜甫晚期的拗体七律有十九首①，而这些诗都不是率尔之作。比如上面所举的《愁》，宋人蔡居厚评曰："虽若为戏，然不害其格力。"②其他如《滟滪》一诗则被后人称为"超绝"③，《白帝城最高楼》也被后人称为"冥心刻骨，奇险至十二三分者"④，说明它们是杜甫惨淡经营的作品，也说明了拗体确实取得了很好的艺术效果。

杜诗的这一特点，对宋人特别是以黄庭坚为首的江西派诗人产生了重大的影响。《王直方诗话》"山谷佳句"条记载说："山谷谓洪龟父云：'甥最爱老舅诗中何等篇？'龟父举'蜂房各自开户牖，蚁穴或梦封侯王'及'黄流不解涴明月，碧树为我生凉秋'，以为绝类工部。山谷云：'得之矣。'"洪朋所举两联黄诗的"绝类工部"之处即它们都是七律中的拗句，可见黄庭坚对他自己学杜所得的这一成效是颇为得意的。拗体确实使黄庭坚乃至整个江西诗派的七律具有一种奇峭劲挺、矫然绝俗的独特风格，例如黄庭坚的《题落星寺》：

> 落星开士深结屋，龙阁老翁来赋诗。小雨藏山客坐久，长江接天帆到迟。宴寝清香与世隔，画图妙绝无人知。蜂房各自开户牖，处处煮茶藤一枝。

这首诗成功地写出了一个幽僻清绝的境界，典型地体现了黄诗瘦硬奇峭的风格，除了文字的清奇之外，声调的拗峭无疑是一个重要原因。

对仗也是今体诗重要的格律。一般来说，律诗中间两联必须对仗，而绝句则不要求对仗。可是在杜甫晚期的作品中，却有两种特殊的情况值得我们注意。

第一，绝句多对仗。如《八阵图》是前半首对仗的：

---

① 据元人方回的统计，见《瀛奎律髓》卷二十五"拗字类"。

② 《蔡宽夫诗话》。

③ 见叶梦得《石林诗话》卷上。

④ 见赵翼《瓯北诗话》卷二。

功盖三分国，名成八阵图。江流石不转，遗恨失吞吴。

而《奉和严郑公军城早秋》则是后半首对仗的：

秋风袅袅动高旌，玉帐分弓射虏营。已收滴博云间戍，欲夺莲婆雪外城。

而杜集中数量更多、更值得注意的则是通首对仗工稳的绝句，如：

迟日江山丽，春风花草香。泥融飞燕子，沙暖睡鸳鸯。

——《绝句》

两个黄鹂鸣翠柳，一行白鹭上青天。窗含西岭千秋雪，门泊东吴万里船。

——《绝句四首》之三

第二，律诗对仗灵活而不拘滞。例如“樽蚁添相续，沙鸥并一双”①，“江上形容吾独老，天涯风俗自相亲”②，句法似对非对。又如“他乡就我生春色，故国移居见客心”③，“念我能书数字至，将诗不必万人传”④，所对之词不属同类。再如“即从巴峡穿巫峡，便下襄阳向洛阳”⑤，“岂谓尽烦回纥马，翻然远救朔方兵”⑥，用流水对使对句呈流动之姿。更其甚者，则如《晓发公安》：

① 《季秋苏五弟缨江楼夜宴崔十三评事韦少府侄三首》之三，《杜诗镜铨》卷十七。
② 《冬至》，《杜诗镜铨》卷十八。
③ 《舍弟观至蓝田迎妻子到江陵喜寄三首》之二，《杜诗镜铨》卷十八。
④ 《公安送韦二少府匡赞》，《杜诗镜铨》卷十九。
⑤ 《闻官军收河南河北》，《杜诗镜铨》卷九。
⑥ 《诸将五首》之二，《杜诗镜铨》卷十三。

北城击柝复欲罢，东方明星亦不迟。邻鸡野哭如昨日，物色生态能几时？舟楫眇然自此去，江湖远适无前期。出门转盼已陈迹，药饵扶吾随所之。

音律既属拗体，句法又疏宕流转，竟有些像古体诗了。

上述的第一点对宋人有不小的影响，这在欧阳修、苏轼、黄庭坚、陆游、范成大、杨万里的诗中都有体现。王安石的情况尤其值得我们注意，他有不少以对仗精工而著称于世的句子都出自七绝而不是七律，如“一水护田将绿绕，两山排闼送青来”①，“含风鸭绿粼粼起，弄日鹅黄袅袅垂”②，而下面这首《木末》则通首出之以工整的对仗：

木末北山烟冉冉，草根南涧水泠泠。缫成白雪桑重绿，割尽黄云稻正青。

王安石对杜甫非常推崇，他的七绝具有杜诗的这一特色大概不是巧合。

第二点对宋人影响更大一些。对于杜甫的《晓发公安》一诗，王嗣奭评曰：“七言律之变至此而极妙，亦至此而神。此老夔州以后诗，七言律无一篇不妙，真山谷所云‘不烦绳削而自合’者。”③的确，黄庭坚很注意学习这一点，他的七律中除前洪朋所举一联外，他如“舞阳去叶才百里，贱子与公俱少年”④、“未尝终日不思颍，想见先生多好贤”⑤等比较流动的对句很多。后来的江西派诗人也都有这个倾向，到了陈与义，“句律流丽”⑥还成了他的一大特色。比如他的“客子光阴诗卷里，杏花消息雨声中”⑦一联，就大得方回之称赞：“以‘客子’对‘杏花’，以‘雨声’对‘诗卷’，一我一物，

---

① 《书湖阴先生壁二首》之一，《临川先生文集》卷二十九。

② 《南浦》，《临川先生文集》卷二十七。

③ 《杜臆》卷十。

④ 《次韵裴仲谋同年》，《山谷外集》卷一。

⑤ 《郭明甫作西斋于颍尾请予赋诗二首》之一，《山谷外集》卷二。

⑥ 元人吴师道评陈与义诗语，见《吴礼部诗话》。

⑦ 《怀天经、智老因访之》，《陈与义集》卷三十。

一情一景，变化至此。”①

杜甫在今体诗的写作中故意打破常规，从而丰富了这种新诗体的表现手段，这对于诗歌艺术是一种贡献。我们知道，绝句不用对仗，其长处是流转疏畅，所以不容易写得工整凝重，李白、王昌龄这些七绝圣手的创作实践都证明了这一点。如果在绝句中加入对仗，就使它得到与律诗相似的特点，王安石的绝句所以“雅丽精绝”②，应当认为是有得于此的。律诗的平仄和对仗格律实质上是一种以对称为原则的结构美，它的长处是和谐、工整，它的可能产生的缺点是圆熟、滑易。为了避免这种缺点，能够采取的补救方法就是局部地打破格律的束缚，在基本对称的结构中有意识地掺入一些不对称的因素。杜甫在律诗中引入拗句和放宽对仗，正是起到了这样的作用。值得注意的有两点：一、如果说杜甫在绝句中多用对仗是打破他人建立的成规，那么，局部地破坏七律的对称性却是打破了他亲自参加建立的格律之束缚。也就是说，杜甫不但敢于突破他人已取得的成就，而且敢于突破自己取得的成就。二、在杜甫的时代，今体诗的格律刚刚确立，还没有产生极严重的流弊，比如说在七律的写作中一味追求声调和谐、对仗工稳而流于熟滑的现象是在中晚唐才出现的。杜甫却仿佛预见到会发生这样的情况而事先在探索补救方法，这说明杜甫在诗歌艺术上确实具有高人一着的深远眼光。

（四）

杜甫晚期的今体诗在艺术风格上呈现着两种不同的倾向。第一种是与大多数盛唐诗人的风格基本一致的：绝句如《江南逢李龟年》《赠花卿》等，蕴藉高华，不减李白、王昌龄。律诗如《秋兴八首》《咏怀古迹五首》等，绵密深厚，沈博绝丽，代表了当时律诗的最高水平。这些作品历来受到人们众口一辞的赞扬，无须多说。第二种则是与多数盛唐诗人大异其趣的，

---

① 见《瀛奎律髓》卷二十六。

② 黄庭坚语，见《苕溪渔隐丛话》前集卷三十五。

对这些作品，历来毁誉不一。明人胡应麟说“子美于绝句无所解”，又说“少陵不甚工绝句”①。清人黄子云却认为杜甫的七绝“高驾王、李诸公多矣”②。宋人叶适批评“杜甫强作近体，以功力气势掩夺众作，然当时为律诗者不服，甚或绝口不道”③；而清人姚鼐却称赞“杜公七律，含天地之元气，包古今之正变，不可以律缚，亦不可以盛唐限者”④。显然，这些话都是指杜甫第二种风格的今体诗而言。那么，这种风格究竟有哪些具体的特征呢？

第一，敢于用俗字俚语入诗。前面说过，在多数盛唐诗人手中，今体诗是用来写比较“高雅”的题材的。与之相适应，它的语言总是相当典雅的。诗人们在写古体诗时或许能运用一些稍为俚俗的字句，但是断断不能让它们登上今体诗的大雅之堂。杜甫却对此独持异议。宋人孙奕说：“子美善以方言里谚点化入诗句中，词人墨客口不绝谈。”⑤他所举出的例子中，“客睡何曾着，秋天不肯明”⑥，“汝去迎妻子，高秋念却回”⑦，“枣熟从人打，葵荒欲自锄”⑧，“掉头纱帽侧，曝背竹书光”⑨，“家家养乌鬼，顿顿食黄鱼”⑩，“一夜水高二尺强，数日不可更禁当”⑪，“不分桃花红似锦，生憎柳絮白于绵”⑫，“负盐出井此溪女，打鼓发船何郡郎”⑬，“老妻画纸为棋

① 《诗薮》内篇卷六。

② 《野鸿诗的》。

③ 《习学记言》卷四十九。按：叶适此论，可能据唐人所选总集而发。在今存的十种唐人所选唐诗总集中，除了晚唐韦庄所选的《又玄集》以外，都没有选杜甫的作品。又，今体诗，宋人亦称“近体”。

④ 《五七言今体诗钞·序目》。

⑤ 《履斋示儿编》卷十。

⑥ 《客夜》，《杜诗镜铨》卷九。

⑦ 《舍弟观归蓝田迎新妇送示二首》之一，《杜诗镜铨》卷十六。

⑧ 《秋野五首》之一，《杜诗镜铨》卷十七。

⑨ 《秋野五首》之三，《杜诗镜铨》卷十七。

⑩ 《戏作俳谐体遣闷二首》之一，《杜诗镜铨》卷十七。

⑪ 《春水生二绝》之二，《杜诗镜铨》卷八。

⑫ 《送路六侍御入朝》，《杜诗镜铨》卷十。

⑬ 《十二月一日二首》之二，《杜诗镜铨》卷十二。

局，稚子敲针作钓钩”[1]，都出自杜甫晚期的今体诗。其实杜诗中还有更为俚俗的字句，如“梅熟许同朱老吃”[2]、“两个黄鹂鸣翠柳”[3]、“鹅儿黄似酒”[4]、“青青竹笋迎船出，白白江鱼入馔来”[5]等等。而下面这两首几乎通首用口语写成：

江月去人只数尺，风灯照夜欲三更。沙头宿鹭联拳静，船尾跳鱼拨剌鸣。

——《漫成一首》

巫山秋夜萤火飞，疏帘巧入坐人衣。忽惊屋里琴书冷，复乱檐前星宿稀。却绕井栏添个个，偶经花蕊弄辉辉。沧江白发愁看汝，来岁如今归未归？

——《见萤火》

口语、俗语的运用使这类作品呈现出清新活泼的风格，这在今体诗中是前所未有的新现象。

第二，七律中出现一气盘旋、清空如话的境界。例如：

堂前扑枣任西邻，无食无儿一妇人。不为困穷宁有此？只缘恐惧转须亲！即防远客虽多事，便插疏篱却甚真。已诉征求贫到骨，正思戎马泪沾巾。

——《又呈吴郎》

此诗后六句都用虚字斡旋，语气贯若连珠，读来简直忘了它是一首律诗。

---

[1] 《江村》，《杜诗镜铨》卷七。

[2] 《绝句四首》之一，《杜诗镜铨》卷十二。

[3] 《绝句四首》之三，《杜诗镜铨》卷十二。

[4] 《舟前小鹅儿》，《杜诗镜铨》卷十。

[5] 《送王十五判官扶持还黔中得开字》，《杜诗镜铨》卷十。

杜集中如《江村》《南邻》《舍弟观自蓝田迎妻子到江陵喜寄三首》等七律在风格上也都具有这种清空疏宕的特点。

第三，工拙相半。宋人范温说："老杜诗，凡一篇皆工拙相半，古人文章类如此。皆拙固无取，使其皆工，则峭急无古气，如李贺之流是也。"①这个特点十分显著地体现在杜甫晚期的今体诗中。他时常在一篇诗中安排一联或一句极其精警的诗句，而让其余的部分呈现比较朴拙的面貌。例如：

> 昔闻洞庭水，今上岳阳楼。吴楚东南坼，乾坤日夜浮。亲朋无一字，老病有孤舟。戎马关山北，凭轩涕泗流。
>
> ——《登岳阳楼》

此诗一向被推为咏洞庭湖的绝唱，但实际上只有颔联最为警拔。然而正因如此，此联就在全诗中显得非常突出醒目，从而使全诗的文气有张弛跌宕之妙：开阔雄奇的景色与黯淡凄惋的心情形成了鲜明的对比，这才是斯时斯人眼中的洞庭，绝非他人的异时异地之作。这种手法正是大历以降的许多诗人所缺乏的。

上述三个方面的因素综合起来，就使杜甫晚期的今体诗具有朴实无华、疏宕之中自饶浑厚的独特艺术风貌，从而与盛唐其他诗人的风格异趣。可以说，杜诗的这种风格是不符合中晚唐诗人的审美观念的。杜甫在唐代没有受到足够的重视，这可能是一个重要的原因。

到了宋代，情况发生了很大的变化。一方面，经过唐代诗人的不断努力，今体诗在传统手法和传统风格方面已经达到了巅峰境地，如果宋人不想跟在唐人后面亦步亦趋，就必须另辟蹊径。另一方面，今体诗由于格律和传统表现手段所引起的缺点已暴露得比较充分，宋人清醒地认识到应该对之进行矫正。这样，他们中间一些敏锐的目光就自然而然地集中到早已在这方面进行了卓有成效的尝试的杜甫身上。三百年来一直被人忽

---

① 《潜溪诗眼》。

视、误解甚至诋毁的这一部分杜诗终于被宋人发现了其价值之所在。张戒说:“世徒见子美诗之粗俗,不知粗俗语在诗句中最难。非粗俗,乃高古之极也。”[①]陈模说:“人皆知杜诗之工而好者,而少能知其拙而好者也。”[②]而对杜甫晚期今体诗的特殊风格首先从整体上给予高度评价的则是黄庭坚。他晚年谪居黔州时,曾“欲属一奇士而有力者,尽刻杜子美东西川及夔州诗,使大雅之音久湮没而复盈三巴之耳”[③]。他在指点后学时说:“但熟观杜子美到夔州后古律诗,便得句法简易,而大巧出焉。”[④]又说:“观杜子美到夔州后诗,韩退之自潮州还朝后文章,皆不烦绳削而自合矣。”[⑤]他如此欣赏杜甫的晚期作品,就是因为此时的杜甫在诗歌艺术上已经达到炉火纯青、从心所欲的境界,已经摆脱了诗歌格律和传统表现手法的束缚,从而使他的作品呈现一种“豪华落尽见真淳”[⑥]那种特殊的美,这恰恰是黄庭坚一生刻意追求而自己感到未能达到的境界。杜诗的这个特点不但被黄庭坚及江西派诗人奉为学习的楷模,而且对整个宋代诗坛产生了深刻的影响。为了行文方便,我们仍从三个方面来作些论证。

第一,如果说杜甫在今体诗中用俚俗字眼还只是一种尝试,那么到了宋人手中,这已成为有理论根据的普遍做法了。王琪说:“诗家不妨间用俗语,尤见工夫。……此点瓦砾为黄金手也。”[⑦]陈师道更明确主张要“以俗为雅”[⑧]。从梅尧臣开始,俚俗的字句就不断地出现在宋人的今体诗中。宋祁是受西昆派影响很深的诗人,但也在七绝中嘲笑刘禹锡作诗不敢用俚俗的“糕”字:“刘郎不敢题糕字,虚负诗中一世豪。”[⑨]苏轼、黄庭坚

---

① 《岁寒堂诗话》卷上。

② 《怀古录》卷上。

③ 《刻杜子美巴蜀诗序》,《豫章黄先生文集》卷十六。

④ 《与王观复书》之二,《豫章黄先生文集》卷十九。

⑤ 《与王观复书》之一,《豫章黄先生文集》卷十九。

⑥ 元好问《论诗绝句三十首》之四,《遗山先生文集》卷十一。按:此本元氏评陶诗语,这里借用。

⑦ 见《西清诗话》。

⑧ 《后山先生集》卷二十三《诗话》。

⑨ 《九日食糕》,《景文集》卷二十四。参看唐韦绚《刘宾客嘉话录》和宋邵博《邵氏闻见后录》卷十九。

是读破万卷、极其博雅的诗人，他们集中却有“三杯软饱后，一枕黑甜余”①和“闻道狸奴将数子，买鱼穿柳聘衔蝉”②等“以俗为雅”的好例。这方面最值得注意的要推杨万里。罗大经指出：“杜陵诗亦有全篇用常俗语者，然不害其为超妙。……杨诚斋多效此体，亦自痛快可喜。”③俚语俗字的运用是造成杨万里“死蛇解弄活泼泼”④的诗风的重要因素。例如：

晴明风日雨干时，草满花堤水满溪。童子柳阴眠正着，一牛吃过柳阴西。

——《桑茶坑道中》

红紫成泥泥作尘，颠风不管惜花人。落花辞树虽无语，别倩黄鹂告诉春。

——《落花》

这样的诗之所以清新、活泼，一方面固然是由于构思之新巧，但更重要的原因还是语言极其通俗，从而与所写的寻常之景、寻常之情完全吻合。值得注意的是，这些诗在语言上是受到杜甫影响的。第一首中的“着”“吃”，第二首中的“颠”“告诉”等字，都是杜诗中曾用过而其他诗人很少用的俚俗字眼⑤。杨万里有诗云“一卷杜诗揉欲烂”⑥，其集中还有集杜诗⑦，他受到杜甫的影响是很自然的。杜甫曾被人诋为“村夫子”，而杨万里诗也

① 《发广州》，《苏轼诗集》卷三十八。

② 《乞猫》，《山谷外集》卷七。

③ 《鹤林玉露》（十六卷本）卷三。

④ 葛天民《寄杨诚斋》，《葛无怀小集》。

⑤ 例如：“客睡何曾着”（《客夜》，《杜诗镜铨》卷九）、“梅熟许同朱老吃”（《绝句四首》之一，《杜诗镜铨》卷十二）、“晓来急雨春风颠”（《逼侧行赠毕曜》，《杜诗镜铨》卷四）、“无处告诉只颠狂”（《江畔独步寻花七绝句》之一，《杜诗镜铨》卷八）。

⑥ 《与长孺共读杜诗》，《诚斋集》卷四十二。

⑦ 例如《类试所戏集杜句跋杜诗，呈监试谢昌国察院》，《诚斋集》卷十九。

被人批评为“满纸村气”[1]，这从反面说明了他们之间的共同之处。

第二，流转自如是宋人七律的风格特征之一，这与晚期杜诗有一脉相承的关系，前人多有论及。例如杜诗《江村》，杨伦评曰：“潇洒清真，遂开宋派。”[2]又如杜诗《和裴迪登蜀州东亭送客逢早梅相忆见寄》，吴东岩评曰：“用意曲折飞舞，自是生龙活虎，不受俳偶拘束者，然亦开宋人门庭。”[3]这里仅在苏、黄的名篇中各举一首为例：

> 初惊鹤瘦不可识，旋觉云归无处寻。三过门间老病死，一弹指顷去来今。存亡惯见浑无泪，乡井难忘尚有心。欲向钱塘访圆泽，葛洪川畔待秋深。
>
> ——《过永乐文长老已卒》

> 今人常恨古人少，今得见之谁谓无？欲学渊明归作赋，先烦摩诘画成图。小池已筑鱼千里，隙地仍栽芋百区。朝市山林俱有累，不居京洛不江湖。
>
> ——《追和东坡题李亮功归来图》

苏诗首联即用流水对，颔联虽然对得很工整，但是“老、病、死”和“去、来、今”的时间流逝过程给人以流动之感。黄诗的颔联也是流水对，而且“欲学”“先烦”“已筑”“仍栽”连用四处虚词斡旋，使语气贯若连珠。而且这两首诗的语言都相当平易，娓娓而谈，全诗呈现流转自如的风姿。

第三，清人叶燮云：“宋诗在工拙之外，其工处固有意求工，拙处亦有意为拙。”[4]这个特点在江西派诗人身上体现得最为明显。前面说过，黄庭坚推崇杜甫晚年诗风华落尽的风格。陈师道更明确地指出：“宁拙毋

---

① 清人李慈铭语，见《越缦堂日记》光绪乙酉十月初四日。

② 见《杜诗镜铨》卷七。

③ 《杜诗镜铨》卷八引。

④ 《原诗·外篇》下。

巧，宁朴毋华……诗文皆然。"[1]他们在创作中也不断地向这个目标努力。就总体而言，黄诗还没有避免过奇过巧的缺点，但他在晚年显然已写出了相当质朴的作品，如：

中年畏病不举酒，孤负东来数百觞。唤客煎茶山店远，看人获稻午风凉。但知家里俱无恙，不用书来细作行。一百八盘携手上，至今犹梦绕羊肠。

——《新喻道中寄元明用觞字韵》

此诗没有一个奇字，没有一处典故，写景抒情俱用淡淡之语。七律的中间两联本是诗人可以炼字琢句，大显身手之处，黄庭坚早年也曾在这方面极费心力，但此诗的中间两联却质朴无华。显然，这是黄庭坚经过归真返朴的艺术升华而达到的豪华落尽的艺术境界，这是他努力学习杜甫晚期诗风的结果。

陈师道在这方面走得更远一些，朴拙已成了陈诗的主体风格，如：

城与清江曲，泉流乱石间。夕阳初隐地，暮霭已依山。度鸟欲何向？奔云亦自闲。登临兴不尽，稚子故须还。

——《登快哉亭》

此诗成功地写出了黄昏时分登临所见的浑然景象：首联写地，颔联写山，颈联写天，都挑选了带有动态的景物，虽然写的是苍茫暮色，却并无枯淡静止之感。"度鸟"二句不但气象阔大，而且动中见静，寓有诗人淡泊宁静的胸怀。显然，此诗外现的形象和内涵的感情都很丰满，是诗人着意推敲的作品。但由于陈师道挑选了十分质朴的语言，所以全诗仍呈现浑朴沉雄的风格，有效地避免了那种雕琢过甚从而显得纤巧细弱的缺点。陈师

---

① 《后山先生集》卷二十三《诗话》。

道曾说："黄诗韩文有意，故有工。老杜则无工矣。"[①]他在诗歌创作中"有意为拙"的艺术追求，无疑是受到了杜甫的启迪。

（五）

综上所述，杜甫晚期的今体诗在题材、格律、艺术手法诸方面进行了一系列的探索。由于这一尝试在当时是空谷足音，以后三百年间也绝少嗣响，论者往往认为这是今体诗发展过程中的"变体"，比如宋人胡仔云："律诗之作，用字平侧，世固有定体，众共守之。然不若时用变体，如兵之出奇，变化无穷，以惊世骇目，如老杜诗云……"[②]清人沈德潜则云："杜陵绝句，直抒胸臆，自是大家气度，然以为正声，则未也。"[③]我们认为，就今体诗在唐代的发展来看，说杜诗是"变体"也不算过分。然而，文学的发展本来就有赖于作家不断地求新求变，如果能写出艺术上超群拔俗的"变体"作品，总要比墨守成规的"正体"好得多。更何况杜甫的这一尝试到宋代就产生极其深刻的影响，就今体诗的整个发展过程而言，杜诗的滥觞之源终于发展成了波澜壮阔的长江大河，可见所谓"正变"在不同的时代是有不同的涵义的，"变体"云云，又何足为杜甫之疵病？宋人"工于诗者，必取杜甫"[④]，一方面固然是因为杜诗中跳跃着一颗忠君爱国之心，另一方面则是因为杜诗为宋人的艺术探索提供了有益的启迪。

---

① 《后山先生集》卷二十三《诗话》。

② 《苕溪渔隐丛话》前集卷七。

③ 《唐诗别裁》卷二十。

④ 黄裳《陈商老诗集序》，《演山集》卷二十一。

一个醒的和八个醉的

——读杜甫《饮中八仙歌》札记

程千帆

(一)

天宝五载(746),杜甫结束了他的长期漫游生活,在长安住了下来,一住就是十年,销磨掉了他的整个生命的约六分之一,而在这约六分之一的时间里,他创作了现存诗篇约十分之一。在这十年中写的诗虽不算多,但却有一些杰作,为安史乱后诗人攀登祖国五、七言古今体诗的顶峰作了思想上和艺术上的充分准备。

在这个时期的作品中,写于天宝十四载(755)冬天的《自京赴奉先县咏怀五百字》特别引人瞩目,有人认为它是杜甫长安十年生活的总结,是诗人跨越自己和别人前此已达到的境界的一个新起点①。诗篇本身发射的强烈光芒证明,这一点是无可置疑的。然而,我们也不难看出,这篇大诗的出现,并非一个突如其来的、孤立的现象。在诗人写成这篇总结式的杰作之前,他已经过一段很长的探索历程,才由迷茫而觉醒,成就了他的最清醒的现实主义。写于与此同时的许多其他诗篇,足以互证。

但《饮中八仙歌》在长安十年,甚至在杜甫毕生的诗作中,都是很独特的。评注家们早已注意到它在艺术上的创造性②。不断地在艺术上进行

---

① 如冯至《杜甫传·长安十年》。

② 参看王嗣奭《杜臆》卷一、沈德潜《唐诗别裁》卷六、仇兆鳌《杜诗详注》卷二、浦起龙《读杜心解》卷二之一、吉川幸次郎《杜甫诗注》卷一等。

新的探索，是杜甫自己规定的、死而后已的任务。这篇诗体现了他在诗形上一次独一无二、几乎是空前绝后的大胆尝试，这是很明显的。但这篇诗是作者在什么心情之下写成的？其所采用的这种特殊形式和诗篇内在意义的关系又是如何？都还是需要进一步探索的问题。

讨论到诗人写作这篇诗的心情，就不能不涉及它产生的年代。浦起龙《读杜心解》卷首《少陵编年诗目谱》天宝五载至十三载(754)下云："开、宝间诗，于全集不过十分之一，有不得专系某年者。"这似乎不是浦氏一家之言，从宋以来，为杜诗编年的学者，对安史乱前的作品，大都采取了这种宜粗不宜细的想法和做法。如黄鹤《黄氏补千家集注杜工部诗史》卷二论《饮中八仙歌》年代云："蔡兴宗《年谱》云天宝五载，而梁权道编在天宝十三载。按史，汝阳王天宝九载(750)已薨，贺知章天宝三载(744)、李适之天宝五载、苏晋开元二十二年(734)并已殁。此诗当是天宝间追忆旧事而赋之，未详何年。"此说不失为闳通之论，故为仇氏《杜诗详注》所采。

当代学人始有申蔡说，认为"这大概是天宝五载杜甫初到长安时所作"的，理由是他"往后生活日困，不会有心情写这种歌"①。说得详细一点，则是这种论点的持有者认为：《饮中八仙歌》乃是杜甫以自己的欢乐心情描绘友人们的欢乐心情的作品。而诗人这种欢乐的心情，只有初旅长安那一段时期中才可能具有，因而这篇诗的作期也决不会太迟。

由于史料的限制，今天要考证出《饮中八仙歌》的确实作期，不免近于徒劳。但杜甫写这篇诗时的心理状态却还是可以探索的，值得探索的。如果这些问题得到了正确的答案，反过来，也有助于我们确定此诗的大体年代。

---

① 萧涤非《杜甫研究》(山东人民出版社本)卷下第10页。根据这卷书改订重新出版的《杜甫诗选注》第14页同。陈贻焮《杜甫评传》第5章《"应诏"前后》第5节《"李杜文章在，光焰万丈长"》中说："(萧)这估计是可信的。"山东大学中文系古典文学教研室选注《杜甫诗选》第8页也说："这首诗大约是他到长安头一二年里所写的。"此外，四川省文史研究馆编《杜甫年谱》系此诗于天宝三载，竟全然不顾诗中已明文提到天宝五载李适之罢相之事，未免太疏忽了。

（二）

八仙原是汉、晋以来的神仙家所幻设的一组仙人。旧题后汉牟融的《理惑论》中就提到“王乔、赤松八仙之箓”①。陈沈炯《林屋馆记》也提到“淮南八仙之图”②。先友浦江清教授据此二证指出：“汉、六朝已有八仙一词，所以盛唐有‘饮中八仙’。”又云：“据李阳冰说：当时李白‘浪迹纵酒，以自昏秽，与贺知章、崔宗之等目（或作自）为八仙之游，朝列赋谪仙人诗凡数百首’③。所以‘饮中八仙’一名非杜甫所创。而且杜甫诗中有苏晋而无裴周南。一说有裴周南④。而八仙之游在天宝初，苏晋早死了⑤。要之，唐时候有八仙一空泛名词，李白等凑满八人，作八仙之游，而名录也有出入。”⑥

浦先生还认为，所谓“饮中八仙”，并非固定的哪八个人，而且也并非同时都在长安。这是事实。由此，我们也无妨推断，这不固定的八个人，乃至杜甫和他们，也不一定彼此都是朋友，都有往来⑦。浦先生对我们的宝贵启示是：杜甫虽然极为成功地塑造了这八位酒徒的形象，但诗篇所要显示的主要历史内容，并非是他们个人的放纵行为，而是他们这种放纵行为所反映的当时政治社会情况、一种特定的时代风貌。有的学者注意到了这一点，以为诗篇所写的是盛唐诗人们所共有的“不受世情俗务拘束，憧憬个性解放的浪漫精神”⑧。从表面上看，是可以这么理解的。但如根

---

① 释僧祐《弘明集》卷一，引牟融《理惑论》第二十八篇。

② 载《艺文类聚》卷七十八。

③ 据李阳冰《草堂集序》，载王琦注《李太白全集》卷三十一。

④ 范传正《唐左拾遗翰林学士李公新墓碑》：“时人又以公及贺监、汝阳王、崔宗之、裴周南等八人为酒中八仙。”此文亦载王注《李太白全集》卷三十一。

⑤ 据《旧唐书·苏珦传》附子晋传，晋以开元二十二年卒，年五十九。

⑥ 浦江清《八仙考》，载《清华学报》第 11 卷第 1 期，又《浦江清文录》。

⑦ 叶梦得《避暑录话》卷上：“（李）适之以天宝五载罢相，即贬死袁州，而子美十载方以献赋得官，疑非相与周旋者，盖但记能饮者耳。”此说甚通。

⑧ 参见陈贻焮《杜甫评传》第 5 章第 5 节。这一意见，与胡适《白话文学史》及刘大杰《中国文学发展史》有关此诗的论点相近。

据现有史料，将这些人的事迹逐一稽检，就不难看出，这群被认为是“不受世情俗务拘束，憧憬个性解放”之徒，正是由于曾经欲有所作为，终于被迫无所作为，从而屈从于世情俗务拘束之威力，才逃入醉乡，以发泄其苦闷的。这当然也可以认为具有个性解放的憧憬，但这种憧憬，却并不具有富于理想的、引人向上的特征。如果按照通常的说法，浪漫精神有积极的和消极的之分，则“饮中八仙”的浪漫精神很难说是从属于前者。李阳冰说李白“浪迹纵酒”，是“以自昏秽”，是很深刻的。事实上，“饮中八仙”都是如此。

现在，让我们来依次看看这八个人。

从唐史所载简略行事来看，贺知章是一位善于混俗和光的官僚，“言论倜傥”，“风流之士”，“晚年尤加纵诞，无复规检”①。天宝三载(744)，他出家当了道士，回到家乡会稽，不久就以八十六岁的高龄逝世。他流传的事迹既少，作品也不多，但仍然可以看出，就文学才名来说，他在当时颇有地位，而就政治来说，他却是以开元盛世的一个点缀品而存在的。他晚年辞了官，出了家，还了乡之后，曾以愉快的心情作了题为《还乡偶书》的七绝二首。第一首即“少小离家……”，是人们所熟知的。但更能表达他脱离了名利场以后的轻松心绪的，却是第二首：“离别家乡岁月多，近来人事半销磨。惟有门前镜湖水，春风不改旧时波。”②这首诗，一个善于吟咏的读者，是应当可以体会其十分丰富的内涵的。元稹在《连昌宫词》里，濡染大笔，以浓墨重彩直写开、天治乱：“姚崇宋璟作相公，劝谏上皇言语切。燮理阴阳禾黍丰，调和中外无兵戎。长官清平太守好，拣选皆言由相公。开元之末姚宋死，朝廷渐渐由妃子……”③而在贺知章笔下，却出之以淡墨点染。“近来人事半销磨”寥寥七字，不也透露着当时政局的大转折吗？不同的是，贺知章虽然身当其境，而他所作出的反应，却不过是“常静默以养闲，因谈谐而讽谏”④。讽谏既无实效，剩下的也就只是养闲

① 《旧唐书·文苑传》本传。

② 《全唐诗》卷一百十二。

③ 《元稹集》卷二十四。

④ 《旧唐书·文苑传》载肃宗乾元元年(758)追赠贺知章礼部尚书诏。

了。但这一点轻轻的感喟,也可以证明,他并不以自己所处的时代和遭际为满足。

杜甫笔下的汝阳王李琎是兼有狂放和谨慎两重性格的矛盾统一体,或一位貌似狂放实极谨慎的贵族。《饮中八仙歌》所写"三斗始朝天"的狂者和《八哀诗》中所写"谨洁极"的郡王就是一个人,不仅是符合事实的,也是可以理解的①。从唐朝开国起,在皇位继承这个对于封建政权来说是至关重要的问题上,激烈的权力斗争始终没有中断过。从高祖到睿宗的皇子们,由于直接或间接卷入这种性质的斗争而死于非命的,不在二分之一以下,也从没有一位长子能够身登大宝②。李琎的父亲李宪本是睿宗的长子,可是在讨平韦后及太平公主,兴复唐室的事业中,第三子隆基即后来的玄宗却立了大功。于是明智的李宪便坚决要求根据立贤不立长的原则,推让玄宗做太子,从而避免了重蹈高祖时代长子建成与太宗之间所发生的那种家庭悲剧的覆辙,并获得了一个很体面的下场,死后被破例谥为"让皇帝"。但李琎,作为李宪的长子,是天然处在一种嫌疑地位的。更使得这位郡王感到尴尬的,则是他相貌出众,又长了一部和他高祖父太宗一般的"虬须"③。认为人的相貌体现富贵贫贱并和命运很有关系这种迷信,起源甚早,先秦以来,颇为流行。以致唯物主义思想家如荀况、王充都不得不在他们的著作中作出专题批判④。可是这种习惯的落后思想,在它还对统治阶级有利的时候,是无法清除的。据两《唐书》本纪,开国皇帝高祖李渊就是"骨法非常,必为人主"。而且,"贵人必有贵子"。太宗李世

① 杜甫提供的有关李琎的史料,比两《唐书》丰富,除《饮中八仙歌》外,《赠特进汝阳王二十韵》《八哀诗·赠太子太师汝阳郡王琎》都较详细地描写了这位贵族。

② 太宗是高祖次子,高宗是太宗第九子,中宗是高宗第七子,睿宗是高宗第八子,玄宗是睿宗第三子。

③ 杜甫《八哀诗》:"汝阳让帝子,眉宇真天人。虬须似太宗,色映塞外春。"又其《送表侄王砅评事使南海》云:"次问最少年,虬髯十八九。"少年指太宗。此外,段成式《酉阳杂俎》前集卷一《忠孝》云:"太宗虬须,常戏张弓挂矢。"钱易《南部新书》癸卷:"太宗文皇帝虬须上可挂一弓。"亦可互证。

④ 参看《荀子·非相篇》《论衡·骨相篇》及姚振宗《隋书经籍志考证》卷三十六子部五行家。

民更是“龙凤之姿，天日之表”。李琎既然如杜甫所写的那样，自然也就难为嫌猜。唐人小说记载玄宗精于相术，曾判断安禄山只不过是一条猪龙，成不了大气候①。又判断李琎虽然仪表堂堂，却并不是帝王之相②，但这并不能排除别人对此作出相反的判断，如果在政局变化中，有人需要利用李琎的天人眉宇作号召的话。李琎显然意识到这一点，故而就明智而机警地以“谨洁”和狂放来表示自己既非做皇帝的坯子，也绝无那种野心。他终于在富贵尊荣中得保首领以没。这位郡王看来品德不错，也能礼贤下士，所以杜甫对他颇有好感。但在送他的两篇篇幅不算短的诗中，竟除谏猎一事外，举不出他对朝廷有何献纳，而谏猎，也不过是沿袭司马相如的老一套而已③。我们可以推测，李琎对当时政治社会问题不可能没有意见，但他也不可能提出来。因为喝酒总比进谏安全，这一点他十分明白。

李适之是恒山王承乾之后，官至左相，故《新唐书》将其列入《宗室宰相传》。他“以强干见称”，“性简率，不务苛细，人吏便之”。虽然嗜酒，但“夜则宴赏，昼决公务，庭无留事”。然而由于性格粗疏，终于被口蜜腹剑、不学有术的阴谋家李林甫所排挤，服毒自杀了④。诗篇特地概括了这位宗室宰相下台后写的诗句⑤，泄露了杜甫对他的悲剧的丰富同情。

---

① 姚汝能《安禄山事迹》卷上：“玄宗……尝夜宴禄山，禄山醉卧，化为一黑猪而龙首。左右遽言之。玄宗曰：‘猪龙也，无能为者。’”

② 《守山阁丛书》本南卓《羯鼓录》：“琎，宁王长子也。姿容妍美，秀出藩邸，元(玄)宗特钟爱焉。……夸曰：‘花奴(琎小字)姿质明莹，肌发光细，非人间人，必神仙谪堕也。’宁王谦谢，随而短斥之。上笑曰：‘大哥不必过虑，阿瞒自是相师。(上于诸亲，常自称此号。)夫帝王之相，且须有英特越逸之气，不然，有深沈包育之度。若花奴但端秀过人，悉无此相，固无猜也。而又举止淹雅，当得公卿间令誉耳。’”

③ 司马相如上书谏猎，见《史记》本传。

④ 《旧唐书》本传。

⑤ 《汉书·张冯汲郑传》：“下邽翟公为廷尉，宾客亦填门，及废，门外可设爵罗。后复为廷尉，客欲往，翟公大署其门曰：‘一死一生，乃知交情；一贫一富，乃知交态；一贵一贱，交情乃见。’”适之罢相后赋诗云：“避贤初罢相，乐圣且衔杯。为问门前客，今朝几个来？”即用其事。诗见《旧唐书》本传及孟启《本事诗·怨愤第四》。

崔宗之曾被喜欢识拔后进的前辈韩朝宗所引荐①。为人“好学，宽博有风检”②。后以侍御史谪官金陵，与李白交游唱和③。侍御史“掌纠举百僚，推鞫狱讼”④。他以“有风检”的性格来从事这种工作，在政治不够清明的时代，必然无法忠于职守，为所当为。这也许就是他后来被贬谪的原因。《世说新语·言语篇》：“谢太傅（安）问诸子侄：‘子弟亦何预人事，而正欲使其佳？’诸人莫有言者。车骑（谢玄）答曰：‘譬如芝兰玉树，欲使其生于庭阶耳。’”诗美宗之为“玉树”，正暗示他是齐国公崔日用之子，注家或未留意⑤。同书《简傲篇》“嵇康与吕安善”条注引《晋百官名》：“（阮）籍能为青白眼，见凡俗之士，以白眼对之。”此事人所共知。“白眼望青天”，可见在这位出身高门的“潇洒美少年”目中，人间无非凡俗，所以只好不看厚地而看高天了。这就刻画出了他内心的寂寞。

苏晋“数岁能属文”，被人誉为“后来王粲”。开元十四年，知吏部选事。当时已用“糊名考判”，而他却“独多赏拔”，即不以弥封的考卷，而以平日的名声为重，来选拔做官的人。因此“甚得当时之誉”⑥。可是后来与世推移，却皈依佛法，吃长斋了。但又常常要喝酒，这便破坏了佛教信徒应当坚持的戒律。我们不妨认为：以禅避世，以醉逃禅，是苏晋思想感情变化的三个阶段。禅可因酒而逃，说明宗教对他来说不过是一种寄托。信教是寄托，饮酒又何独不然？所以诗篇写的虽只是酒与禅之间的矛盾，而实质上则是二者与其用世之心的矛盾。

李白是人们所熟知的。《饮中八仙歌》所写有关他的情节，亦见范传正所撰《李公新墓碑》⑦，可能是诗人受玄宗尊宠时的事实。但其所写是

---

① 《新唐书·韩朝宗传》：“喜识拔后进，尝荐崔宗之、严武于朝。当时士咸归重之。”

② 见《新唐书·崔日用传》。

③ 见《旧唐书·文苑传》及《新唐书·文艺传》李白传，计有功《唐诗纪事》卷十九。

④ 《旧唐书·职官志三》。

⑤ 仇注引《世说新语·容止篇》：“毛曾与夏侯玄共坐，时人谓蒹葭倚玉树。”所谓失之毫厘。

⑥ 两《唐书·苏珦传》附晋传。

⑦ 《碑》云：“他日，泛白莲池，公不在宴。皇欢既洽，召公作序。时公已被酒于翰苑中，仍命高将军扶以登舟，优宠如是。”

李白醉后失态，如此而已，决非如苏轼所说的“戏万乘若僚友”①。这在以皇帝为天然尊长的封建时代里，是绝无可能的。这种错误的想法与将李白当成一个完全超现实人物的观点有关。王闿运曾经指出：“世言李白狂，其集中《上李长史书》但以误认李为魏洽，举鞭入门，乃至再三谢过，其词甚卑，何云能狂乎？又自作荐书令宋中丞上之，得拜拾遗，诏下已卒，亦非轻名爵者。”②可见李白不仅不能做到“戏万乘若僚友”，即苏轼同时说的另一句“视俦列如草芥”也难于真正做到。我在另外一个地方，曾经这样地评论李白：“自从贺知章称之为谪仙人，后人又尊为诗仙，这就构成了一种错觉，好像李白之所以伟大，就在他的人和诗具有他人所无的超现实性。这是可悲的误会。事实上，没有一位伟大的浪漫主义者是完全超现实的，李白何能例外？开元、天宝时代的其他诗人往往在高蹈与进取之间徘徊，以包含希冀的痛苦或欢欣来摇荡心灵，酝酿歌吟。李白却既毫不掩盖他对功名事业的向往，同时又因为自己绝对无法接受那些取得富贵利禄的附加条件而弃之如敝屣。他热爱现实生活中一切美好的事物（当然也包括物质享受在内），而对其中不合理的现象毫无顾忌地投之以轻蔑。这种已被现实牢笼，却不愿意接受，反过来却想征服现实的态度，乃是后代人民反抗黑暗势力与庸俗风习的一股强大的精神力量。这也许就是李白的独特性。”③所以，《饮中八仙歌》中李白的形象也只是不胜酒力，并非愿意装乔。杜甫恰如其分地透露了他尊敬的前辈性格中固有的世俗性成分与突出的超现实性成分的巧妙融合。这与王闿运之观人于微，即微知著相同，都比苏轼及其追随者故意抬高李白的论点更有助于我们完整地理解李白。

---

① 苏轼《李太白碑阴记》，载王注《李太白全集》卷三十三。案：“戏万乘若僚友，视俦列如草芥”二语，见《文选》卷四十七夏侯湛《东方朔画赞》。李白一向倾心东方朔，所以苏轼也就以夏侯赞东方之语赞美他。

② 《湘绮楼日记》光绪五年己卯(1879)三月十日。

③ 《〈唐诗鉴赏辞典〉序言》。

对于张旭的生平，特别是他在政治方面的事迹，今日所知甚少。宋朱长文称其“为人倜傥闳达，卓尔不群，所游者皆一时豪杰”①。大概也是根据现存关于他的书法艺术史料加以概括之辞。但《饮中八仙歌》所写这位书家的形象，证以现存其他记载，却是真实的②。书法作为客观世界的形体和动态美的一种反映，它必然（尽管是非常曲折而微妙的）会表现出书家对整个生活的看法和自己的审美趣味与理想。他“善草书，而好酒，每醉后呼叫狂走，索笔挥洒，变化无穷”③。“或以头濡墨而书，既醒自视，以为神，不可复得也”④。又曾对邬彤说：“‘孤蓬自振，惊砂坐飞。’予师而为书，故得奇怪，凡草圣尽于此矣。”⑤“孤蓬”二句，出鲍照《芜城赋》⑥，它成功地写出了在荒寒广漠的境界中大自然的律动。张旭用来形容自己草书的风格，是值得玩味的。从诸书所载及易见的张书真迹如《古诗四帖》等看来，他所追求的是对已经成型的书法规范的突破，要以自己创造的点画与重新组合的线条来征服空间。这也就反映了他对现实世界的不驯服态度。

除《饮中八仙歌》外，焦遂仅以隐士形象出现于唐人小说袁郊《甘泽谣》中⑦。但在杜甫笔下，焦遂主要的却是一位思辨者。赵彦材云：“《世说》载……诸名贤论《庄子·逍遥游》，支道林卓然标新理于二家之表。又

---

① 《吴郡图经续记》卷下。

② 参看唐张怀瓘《书断》、宋阙名《宣和书谱》卷十八、宋陈思《书小史》卷九、元陶宗仪《书史会要》卷五。

③ 《旧唐书·文苑传》贺知章传。

④ 《新唐书·文艺传》李白传附张旭传。

⑤ 陈思《书小史》卷九。

⑥ 载《文选》卷十一。

⑦ 《分门集注杜工部诗》卷十师古注引《唐史拾遗》：“遂与李白号为酒八仙，口吃，对客不出一言，醉后酬结如注射，时目为酒吃。”钱谦益《注杜诗略例》云：“注家所引《唐史拾遗》，唐无此书，亦出诸人伪撰。”又云：“蜀人师古注尤可恨。……焦遂五斗，则造焦遂口吃，醉后雄谈之事。流俗互相引据，疑误弘多。”《康熙字典》丑集下口部吃字下即引《唐史拾遗》此文，盖不免于流俗之见。又吉川幸次郎《杜甫诗注》亦及师注引《唐史拾遗》，虽不信其说，然误以师古为师尹（即师民瞻），亦非。

江淹拟张廷尉诗云：‘卓然凌风矫。’……《新唐书》云：‘李白自知不为亲近所容，益骜放不修，与焦遂等为酒八仙。’则遂亦平昔骜放之流耳。饮至五斗而方特卓，乃所以戏之，末句又以美之。”[①]仇兆鳌云：“谈论惊筵，得于醉后，见遂之卓然特异，非沉湎于醉乡者。”所释能得诗意。简单地说，焦遂是酒后吐真言，只有喝到一定程度，才能无拘束地发挥他那骜放的风格和高谈雄辩的才能，树义高远，不同凡响[②]。这和描写张旭醉后作草，用意正同。即他们平时的性格是受抑制的，只有借酒来引爆，才能产生变化，完成本性的复归[③]。

如果我们对这八个人的思想行为的论述不甚远于事实，那就可以断定，“饮中八仙”并非真正生活在无忧无虑、心情欢畅之中。这篇诗乃是作者已经从沉湎中开始清醒过来，而以自己独特的艺术手段对在这一特定的时代中产生的一群饮者作出了客观的历史记录。杜甫与“八仙”之间的关系可以归结为：一个醒的和八个醉的。

（三）

《旧唐书·李林甫、杨国忠等传论》云：“开元任姚崇、宋璟而治，幸林甫、国忠而乱。”这和元稹《连昌宫词》的论调是一致的。这种意见虽不无将历史变革的原因简单化之嫌，但他们指出玄宗一朝之由治而乱，其转变并不开始于天宝改元以来，而是开元时代就已经开始，这却是正确的。如果我们把开元二十二年(734)李林甫拜相作为这一重大转变的显著标志，大致不会与史实相差过远。

杜甫是玄宗登基那一年(712)出生的。他在高宗、武后以来封建经济日益上升、国势日益发展的大环境中度过了自己的童年和青年时代。所以从唐帝国的繁荣富强中形成的社会风气在杜甫笔下也有所反映。在

① 郭知达《九家集注杜诗》卷二引。

② 《汉书·成帝纪》：“使卓然可观。”颜注：“卓然，高远之貌也。”

③ 杨伦《杜诗镜铨》卷一评云：“独以一不醉者作结。”似失诗旨。

《忆昔》中，他详细地描写过“开元全盛日”的情况[①]；在《壮游》中，他又详细地叙述了自己从幼至长的浪迹生涯[②]。这就是说，他在到长安之前，乃至初到长安的时候，是和当时的许多诗人一样，沉浸在盛唐时代“那种不受世情俗务拘束，憧憬个性解放的浪漫精神”中的。如果我们将杜甫的《今夕行》[③]与李白的《行路难》[④]、王维的《少年行》[⑤]合读，就可以非常清楚地看出这一点。

但与此同时，我们却从杜诗里察觉到一点与众不同的生疏信息，那就

---

① 《忆昔二首》之二：“忆昔开元全盛日，小邑犹藏万家室。稻米流脂粟米白，公私仓廪俱丰实。九州道路无豺虎，远行不劳吉日出。齐纨鲁缟车班班，男耕女桑不相失。”载《杜诗镜铨》卷十一。

② 《壮游》：“往者十四五，出游翰墨场。斯文崔魏徒，以我似班扬。七龄思即壮，开口咏凤皇。九龄书大字，有作成一囊。性豪业嗜酒，嫉恶怀刚肠。脱略小时辈，结交皆老苍。饮酣视八极，俗物多茫茫。东下姑苏台，已具浮海航。到今有遗恨，不得穷扶桑。王谢风流远，阖闾丘墓荒。剑池石壁仄，长洲荷芰香。嵯峨阊门北，清庙映回塘。每趋吴太伯，抚事泪浪浪。枕戈忆勾践，渡浙想秦皇。蒸鱼闻匕首，除道哂要章。枕戈忆勾践，渡浙想秦皇。越女天下白，鉴湖五月凉。剡溪蕴秀异，欲罢不能忘。归帆拂天姥，中岁贡旧乡。气劘屈贾垒，目短曹刘墙。忤下考功第，独辞京尹堂。放荡齐赵间，裘马颇清狂。春歌丛台上，冬猎青丘旁。呼鹰皂枥林，逐兽云雪冈。射飞曾纵鞚，引臂落鹙鸧。苏侯据鞍喜，忽如携葛强。快意八九年，西归到咸阳。……”载《杜诗镜铨》卷十四。

③ 《今夕行》：“今夕何夕岁云徂，更长烛明不可孤。咸阳客舍一事无，相与博塞为欢娱。冯陵大叫呼五白，袒跣不肯成枭卢。英雄有时亦如此，邂逅岂即非良图？君莫笑，刘毅从来布衣愿，家无儋石输百万。”载《杜诗镜铨》卷一。

④ 《行路难》三首之一：“金樽清酒斗十千，玉盘珍羞直万钱。停杯投箸不能食，拔剑四顾心茫然。欲渡黄河冰塞川，将登太行雪满山。闲来垂钓碧溪上，忽复乘舟梦日边。行路难！行路难！多歧路，今安在？长风破浪会有时，直挂云帆济沧海。”载王琦注《李太白全集》卷三。

⑤ 《少年行》四首：“新丰美酒斗十千，咸阳游侠多少年。相逢意气为君饮，系马高楼垂柳边。”“出身仕汉羽林郎，初随骠骑战渔阳。孰知不向边庭苦，纵死犹闻侠骨香。”“一身能擘两雕弧，虏骑千重只似无。偏坐金鞍调白羽，纷纷射杀五单于。”“汉家君臣欢宴终，高议云台论战功。天子临轩赐侯印，将军佩出明光宫。”载赵殿成注《王右丞集》卷十四。

是一种乐极哀来的心情，例如《乐游园歌》①、《渼陂行》②之类。这是由于他通过自己的生活实践逐步认识到：当时政治社会情况表面上似乎很美妙，而实际上却不很美妙乃至很不美妙。他终于作出了《自京赴奉先县咏怀五百字》那样的总结。

《乐游园歌》《渼陂行》等写诗人自己之由乐转哀，由迷茫而觉醒，显示了形象思维和逻辑思维的和谐一致，所以篇终出现了“此身饮罢无归处，独立苍茫自咏诗”和“少壮几时奈老何，向来哀乐何其多”这种发自内心深处的富有思辨内蕴的咏叹。而《饮中八仙歌》则在很大的程度上是直觉感受的产物。杜甫在某一天猛省从过去到当前那些酒徒之可哀，而从他们当中游离出来，变成当时一个先行者的独特存在。但他对于这种被迫无所为，乐其非所当乐的生活悲剧，最初还不是能够立即体察得很深刻的，因此只能感到错愕与怅惋。既然一时还没有能力为这一群患者作出确诊，也就只能记录下他们的病态。这样，这篇诗就出现了在一般抒情诗中所罕见的以客观描写为主的人物群像。同样，这篇诗也就很自然地成为《今夕行》与《乐游园歌》《渼陂行》的中间环节。它是杜甫从当时那种流行的风气中挣扎出来的最早例证。在这以后，他就更加清醒了，比谁都清醒了，从而唱出了安史之乱以来的时代的最强音。从《自京赴奉先县咏怀五百字》起，杜甫以其前此所无的思想深度和历史内容，显示了无比的生命力，而且开辟了其后千百年现实主义诗歌的道路。列宁说过：“当然，在具

---

① 《乐游园歌》：“乐游古园崒森爽，烟绵碧草萋萋长。公子华筵势最高，秦川对酒平如掌。长生木瓢示真率，更调鞍马狂欢赏。青春波浪芙蓉园，白日雷霆夹城仗。阊阖晴开詄荡荡，曲江翠幕排银榜。拂水低回舞袖翻，缘云清切歌声上。却忆年年人醉时，只今未醉已先悲。数茎白发那抛得，百罚深杯亦不辞。圣朝已知贱士丑，一物自荷皇天慈。此身饮罢无归处，独立苍茫自咏诗。”载《杜诗镜铨》卷二。

② 《渼陂行》：“岑参兄弟皆好奇，携我远来游渼陂。天地黤惨忽异色，波涛万里堆琉璃。琉璃汗漫泛舟入，事殊兴极忧思集。鼍作鲸吞不复知，恶风白浪何嗟及。主人锦帆相为开，舟子喜甚无氛埃。凫鹥散乱棹讴发，丝管啁啾空翠来。沉竿续蔓深莫测，菱叶荷花净如拭。宛在中流渤澥清，下归无极终南黑。半陂以南纯浸山，动影袅窕冲融间。船舷暝戛云际寺，水面月出蓝田关。此时骊龙亦吐珠，冯夷击鼓群龙趋。湘妃汉女出歌舞，金支翠旗光有无。咫尺但愁雷雨至，苍茫不晓神灵意。少壮几时奈老何，向来哀乐何其多！”载《杜诗镜铨》卷二。

体的历史环境中，过去和将来的成分交织在一起，前后两条道路互相交错……但是这丝毫不妨碍我们从逻辑上和历史上把发展过程的几大阶段分开。”[①]杜甫的创作，在安史之乱前后显然不同，至少应当分为两个大阶段来研究。但如果我们注意到《饮中八仙歌》是杜甫在以一双醒眼看八个醉人的情况之下写的，表现了他以错愕和怅惋的心情面对着这一群不失为优秀人物的非正常精神状态，因而是他后期许多极为灿烂的创作的一个不显眼的起点，这并非是不重要的。这也正是过去和将来交织在一起，前后两条道路互相交错的一例。

由于我们认为《饮中八仙歌》的产生过程有如上述，所以也认为它不可能写于初到长安不久的年代里，而应当迟一些，虽然无法断定究竟迟多久。

（四）

关于本篇在艺术上的创造，前人所论已多，无须重复。我们只想着重地指出一点，即诗人在这里找到了最恰当的、能够突出地表现那个正在转变的时代的素材和与之相适应的表现方法和表现形式。

沉湎于酒，是这八个人所共同的，但在杜甫笔下，他们每一个人都显示了各自行为、性格的特点，因而在诗篇中展现的，就不是空泛的类型，而是个性化了的典型。他们的某些事迹，如上文所已经涉及的，莫不显示了自己不同于他人的生活道路和生活观点，虽然最后总起来可以归结为“浪迹纵酒”，“以自昏秽”，或如颜延年之咏刘伶：“韬精日沉饮，谁知非荒宴。”[②]如贺知章“骑马似乘船”，以切吴人；李琎“恨不移封向酒泉”，以切贵胄；以及宗之仰天，苏晋逃禅，张旭露顶，焦遂雄辩，都是其习性在某些特定情况下的自然流露，而为诗人所捕捉。如果不是非常熟悉他们，是很难了然于心中，见之于笔下的。由于将深厚的历史内容凝聚在这一群酒

① 《社会民主党在民主革命中的两种策略》，载《列宁全集》第9卷，人民出版社1959年版，第70页。

② 颜延年《五君咏·刘参军》，载《文选》卷二十一。

徒身上，个性与共性得到高度统一，所以开元天宝时代的历史风貌在诗篇中便显得非常突出。

《饮中八仙歌》在形式上的最大特点便是，就一篇而言，是开头无尾的，就每段言，又是互不相关的。它只是就所写皆为酒徒，句尾皆押同韵这两点来松懈地联系着，构成一篇。诗歌本是时间艺术，而这篇诗却在很大的程度上采取了空间艺术的形式。它像一架屏风，由各自独立的八幅画组合起来，而每幅又只用写意的手法，寥寥几笔，勾画出每个人的神态。这也说明，杜甫在写这篇诗时，有他独特的构思，他是想以极其简练的笔墨，描摹出一群富有个性的人物形象，从而表现出一个富有个性的时代——开元天宝时代。

我们都很熟悉杜甫善于用联章的方式来表现广阔的生活内容，因此很钦佩他晚年所写的《八哀》《诸将》《秋兴》等组诗，《饮中八仙歌》却反过来，将一篇诗分割为八个相对独立的组成部分，而又众流归一地服从于共同的主题。虽然其后这种形式没有得到继续的发展，但终究是值得重视的创造①。

一位能够将自己的姓名在文学史上显赫地留传下来的诗人，其成长过程几乎无例外地是这样的：他无休止地和忠实地观察生活、体验生活，与此同时，也不倦怠地和巧妙地反映生活、表现生活。为了能够这样，他不得不煞费苦心，在生活中不断深入，在艺术上不断创新，努力突破别人和自己所已达到的境界。他所走过的人生道路和创作道路，每每留下了可供后人探索的鲜明轨迹。而这些纵横交错的轨迹的总和便体现了文学史的基本风貌。

《饮中八仙歌》是杜甫早期诗作发展轨迹上一个值得注意的点——清醒的现实主义的起点。

---

① 吉川幸次郎《杜甫诗注》曾举出清吴伟业的《画中九友歌》是摹仿《饮中八仙歌》之作。这也许是事实。但我们不能不遗憾地指出，吴作只是狗尾续貂，他作为一个内行，根本不应当做这样一件不自量力的事。

他们并非站在同一高度上

——读杜甫等同题共作的登慈恩寺塔诗札记

程千帆　莫砺锋

(一)

中国是一个诗的国度,在汉以后的封建社会中,几乎所有的士大夫都能够“赋诗言志”。所以,“同题共作”,就是几位乃至几十位诗人在同时同地就同一个题目写诗,这在中国古典诗歌史上并不是一个罕见的现象。自从建安时代以来,凡是朝廷有什么庆赏典礼,与会群臣往往要赋诗以歌颂朝廷之休明。而在达官贵人的宴席上,与宴者也往往要赋诗以赞扬主人之盛德。在这种风气影响之下,即使是赳赳武夫也不愿被排除在这个诗人圈子之外,例如梁朝的大将军曹景宗在梁武帝的宴会上以“竞”“病”为韵脚赋诗就曾成为一时佳话①。我们只要检阅一下汉以后历代的诗歌总集,就可发现这类作品的数量是不少的。特别是六朝诗人和初唐诗人集中,“应诏”“被命”之类的题目是经常可见的。文士们在这种场合下作诗,除了献颂邀宠之外,往往还有逞才争胜的目的。比如宋之问和东方虬

---

① 《南史・曹景宗传》:“景宗振旅凯入,帝于华光殿宴饮连句,令左仆射沈约赋韵。景宗不得韵,意色不平,启求赋诗。……时韵已尽,唯余竞病二字。景宗便操笔,斯须而成,其辞曰:‘去时儿女悲,归来笳鼓竞。借问行路人,何如霍去病。’帝叹不已。约及朝贤惊嗟竟日。”

在武后面前争夺锦袍[1]，肯定怀有要在诗名上压倒对方的企图。然而，由于他们是在帝王、权贵的俯视下作诗，即使不至于战战兢兢，也肯定不能畅所欲言，就像谢灵运所说："楚襄王时，有宋玉、唐、景。梁孝王时，有邹、枚、严、马。游者美矣，而其主不文。汉武帝徐、乐诸才，备应对之能，而雄猜多忌，岂获晤言之适？"[2]所以，虽然诗人们各自的境遇、胸襟、才能千差万别，但他们笔下的"应诏""被命"诗却大同小异。在谢灵运写《拟魏太子邺中集诗》时，尽管他很清楚地指出了那些诗人各自的特点：王粲"家本秦川，贵公子孙。遭乱流寓，自伤情多"；徐幹"少无宦情，有箕颍之心事，故仕世多素辞"；阮瑀"管书记之任，故有优渥之言"；曹植"不及世事，但美遨游，然颇有忧生之嗟"。但他摹拟当时的情势所拟作的诗中却无一例外地以颂扬曹魏之盛德为主旨。在这种场合下的"同题共作"是难以展现诗人们的个性和他们各自拥有的独特艺术的真实面貌的。

如果离开了帝王、权贵的威慑，诗人们比较自由地在一起赋诗，情况就完全不同了。在这种场合下，他们可以各抒怀抱，自吐心声。各不相同的个性、胸襟、才华乃至经历会使他们的同题共作的篇章呈现万紫千红的面貌。对这样的文学现象作一些研究，将会有助于我们理解不少有关的理论问题，诸如时代背景、个人经历和世界观对作家的影响、艺术才能对作品的影响等等。

在古典诗歌史上，诗人们自由集会时同题共作的篇章并不罕见，例如东晋时王羲之、孙绰等名士在兰亭聚会时所作的《兰亭诗》，至今保留完整的还有五家，保留不完整的有二十一家[3]。但由于受到当时整个诗坛上崇尚玄风的影响，这些作品都写得很不成功，从而也不容易比出高低来。所以，只有选择一群比较杰出的诗人的同题共作的篇章来作为讨论的对象，才能较好地说明问题。出于这样的目的，我们选取了杜甫、高适、岑参

① 刘餗《隋唐嘉话》卷下："武后游龙门，命群官赋诗，先成者赏锦袍。左史东方虬既拜赐，坐未安，宋之问诗复成，文理兼美，左右莫不称善，乃就夺袍衣之。"

② 《拟魏太子邺中集诗·序》，《先秦汉魏晋南北朝诗·宋诗》卷三。

③ 见《先秦汉魏晋南北朝诗·晋诗》卷十二。

和储光羲四人的“登慈恩寺塔诗”来加以比较研究①。

(二)

唐玄宗天宝十一载(752)的一个秋日,高适、薛据、杜甫、岑参、储光羲等五位诗人一起登上了长安城东南的慈恩寺塔②。高适、薛据首先赋诗③,杜甫等三人随即继作,这是文学史上很值得纪念的一件盛事。时过九百年之后,王士祯还不胜景慕地说:“每思高、岑、杜辈同登慈恩塔,高、李、杜辈同登吹台,一时大敌,旗鼓相当,恨不厕身其间,为执鞭弭之役。”④

据《两京新记》《长安志》等书记载,慈恩寺本是唐高宗李治当太子时为他母亲文德皇后祈福而建立的,故名“慈恩”。寺中的浮图(塔)则是永徽三年(652)玄奘所立。其后一百年间,此塔曾经毁而复建,其层数则有五层、十层和七层的变迁。塔前东阶立有褚遂良书写的二碑:唐太宗亲撰的《三藏圣教序》碑和唐高宗亲撰的《述圣记》碑。这一建筑群乃是当时长安的游赏胜地之一。

所游之地如此不凡,游赏之人更为一时之俊杰。杜甫、高适、岑参三人名垂千古,毋庸赘述,储光羲和薛据在当时的诗名也很大,在唐人殷璠

---

① 盛唐诗坛上名家辈出,他们之间的交游也很密切,“同题共作”的现象是不少的。就以杜甫等诗人而言,早在天宝三载(744),高适、杜甫和李白曾同游单父县琴台,当时肯定都有诗作,但现在只有高适集中还保留着一首《同群公秋登琴台》,而李、杜集中仅能找到他们后来回忆那次交游的诗(李白《梁园吟》“访古始及平台间”;杜甫《昔游》“昔者与高李,晚登单父台”)。至于天宝十一载(752)秋,即杜甫等人写“登慈恩寺塔诗”之时,这些诗人之间过从唱和甚密,当时肯定有不少同题共作的篇章,比如高适集中有《同薛司直诸公秋霁曲江俯见南山作》,而储光羲集中也有《同诸公秋霁曲江俯见南山》,即为其例。但是那些同题共作之诗中保存作品较多、质量较高的首推这一组登慈恩寺塔诗。

② 此事只可能发生在天宝十一载,闻一多《岑嘉州系年考证》论之甚详。诸家年谱也无异说。

③ 杜诗题下注云:“时高适、薛据先有此作。”

④ 《池北偶谈》卷十八“慈恩塔诗”条。

所选《河岳英灵集》中，储光羲诗计入选十二首，薛据诗入选十首，可证其诗颇为时人所重。所以，这一次同题共作确是诗人们吐露胸臆、驰骋才思的良机。他们留下来的四首诗(薛据诗已佚)，争奇斗胜，各有千秋，而杜诗则压倒群贤，展示了这位伟大诗人多方面的过人之处。

关于这四首诗的优劣，后人曾有不少评论。多数论者都认为杜诗独擅胜场，但也有持异议的。如明人胡震亨云："诗家拈教乘中题，当即用教乘中语义。旁撷外典补凑，便非当行。……唐诸家教乘中诗，合作者多，独老杜殊出入，不可为法。"自注："如'慈恩塔'一诗，高、岑终篇皆彼教语，杜则杂以'望陵寝''叹稻粱'等事，与法门事全不涉，他寺刹及赠僧诗皆然。"[①]胡氏所云，纯是从慈恩寺乃佛家建筑这一点着眼，所以强调必须限于佛教语义才算当行。今天看来，这种议论当然是没有意义的。诗人并非僧徒，他们到慈恩寺去的目的也是登览而非礼佛，他们所写的诗当然应是述我所见、抒我所感，何须全用"教乘中语义"？像杜诗中用"方知象教力，足可追冥搜"二句点明所登是佛寺浮图，就足够了。如果通篇皆用"教乘中语义"，就很可能成为佛教的"玄言诗"了。这四首诗中储光羲的一首用"彼教语"最多，而成就也最低，就说明了胡震亨这番议论的不足取。

况且当诗人们登上慈恩寺塔的那个时候是一个什么样的时代呢？或者说，那时的唐帝国呈现着怎样一个面貌呢？为了看清这一点，需要把时间从天宝十一载往前推五六年。天宝五载(746)，"口蜜腹剑"的李林甫排斥了贤相张九龄、李适之等人，开始独揽大权，朝政日益黑暗。凡是正直的、有才能的人无不受到排斥陷害。天宝六载(747)李邕、裴敦复被杖死。杜甫等参加制举的士子全被李林甫黜落，造成"无一人及第"的局面。与此相反，一些奸邪小人却纷纷得到朝廷的宠爱、重用。天宝七载(748)，加高力士骠骑大将军，赐安禄山铁券，而杨国忠竟"以聚敛骤迁，岁中领五十余使"。大臣擅权而钩心斗角，边将邀勋而轻开边衅，安禄山之流在加紧准备谋反。唐帝国的统治已经危机四伏了，而唐玄宗却以为天下仍是太平盛世，高枕无忧地过着穷奢极欲的荒淫生活。"织绣之工专供贵妃院者

① 《唐音癸签》卷四。

七百人”，“贵戚竞以进食相尚……水陆珍羞数千盘，一盘费中人十家之产”，杨氏兄妹“竞开第舍，极其壮丽，一堂之费，动逾千万；既成，见他人有胜己者，辄毁而改为”①。在这样的一个时代，任何一位有正义感、愿意睁开眼睛看世界的人，肯定会对帝国的前途忧心忡忡，更何况是对时代脉搏感受特别敏锐的诗人呢？所以，当他们在天宝十一载秋日登上慈恩寺塔的时候，展现在他们眼前的世界（不仅指自然景物）决不是一幅赏心悦目的画面。杜诗说“登兹翻百忧”，其中并无杞人忧天的成分。如果说胡震亨的那番议论在一般情况下也不正确的话，那么，针对这样一个特定的时代背景，就更是大谬不然了。

（三）

诗人们登慈恩寺塔的时代背景有如上述，这是他们共有的大环境。现在再让我们看看他们的小环境即个人这时的生活如何。

天宝十一载那年，杜甫四十一岁。他自从天宝五载来到长安，已在京城里过了六年“卖药都市，寄食友朋”②的困顿生活。他的这种小环境如陆游《题少陵画像》③一诗所说：“长安落叶纷可扫，九陌北风吹马倒。杜公四十不成名，袖里空余三赋草。车声马声喧客枕，三百青铜市楼饮。杯残炙冷正悲辛，仗内斗鸡催赐锦。”诗人早已告别了“裘马颇清狂”④的壮游生活，他正越来越深刻地体验着人生的艰辛。在天宝六载应制举被黜后，十载献《三大礼赋》也未能得到一官半职。他的物质生活是“饥卧动即向一旬，敝衣何啻联百结”⑤，他不能自已地发出了极为愤激的牢骚：“纨袴不饿死，儒冠多误身。”⑥

---

① 参看《资治通鉴》卷二百十五、二百十六的记载。

② 《进三大礼赋表》。

③ 《剑南诗稿》卷十六。

④ 《壮游》，《杜诗镜铨》卷十四。

⑤ 《投简咸华两县诸子》，《杜诗镜铨》卷一。

⑥ 《奉赠韦左丞丈二十二韵》，《杜诗镜铨》卷一。

这一年，高适已经五十三岁[①]。他虽从二十岁起就谋求入仕，但终因无人援引而沉沦潦倒，长期过着渔樵和漫游生活。直到天宝八载登有道科之后，才得到封丘县尉的微职，然而那种“拜迎官长心欲碎，鞭挞黎庶令人悲”[②]的生活使诗人内心十分痛苦，他不久就弃官了。天宝十一载秋，高适尚未被荐入哥舒翰幕而在长安闲居，他此时的心情是很抑郁忧愤的。

岑参其时三十六岁[③]。他虽然在天宝三载就已进士及第，但仅得到一个兵曹参军的微职。天宝八载，赴安西入高仙芝幕。虽说塞外雄浑奇丽的自然风光和紧张豪壮的军中生活给他的诗歌提供了异常丰富的新鲜主题和题材，但诗人在仕途上并不得意。他在天宝十载写的一首诗中说“塞花飘客泪，边柳挂乡愁。白发悲明镜，青春换敝裘”[④]，可见其心情也还有比较抑郁的一面。天宝十载秋高仙芝兵败回朝，岑参也随之回到长安闲居，此时他心中的抑郁情绪肯定有了发展。

储光羲那年四十六岁，正在下邽县任县尉，也是一个沉沦下僚的不得志文人[⑤]。

薛据生平不详，其登慈恩寺塔诗亦不存，但他既然与杜甫、高适等交往甚密，可以推知其境遇也不会十分得意。

总之，这一群诗人的身世虽不尽相同，但在那个特定的年代里基本上都可算是落魄文人。这也就是说，他们的小环境是基本相同的。

虽然大环境是五位诗人共有的，小环境也是大同小异的，但是我们读了现有的四首登塔诗后，却明显地感觉到它们的思想倾向是大相径庭的。

---

① 据周勋初《高适年谱》。按：孙钦善谱（《高适集校注》附录）作五十二岁，刘开扬谱（《高适诗集编年笺注》卷首）作四十九岁，阮廷瑜谱（《高常侍诗校注》卷首）作四十六岁，周说为确。

② 《封丘县》，《高适诗集编年笺注》第一部分。

③ 据陈铁民、侯忠义《岑参年谱》，闻一多《岑嘉州系年考证》作三十八岁。

④ 《武威春暮闻宇文判官西还已到晋昌》，《岑参集校注》卷二。

⑤ 按：闻一多《岑嘉州系年考证》说天宝十一载储光羲“宜官监察御史”，似不确，谭优学《唐诗人行年考·储光羲行年考》据储诗《哥舒大夫颂德》中有“来朝芙蓉阙”之语，知此诗作于天宝十一载冬哥舒翰入朝之后。末云：“顾我抢榆者，莫能翔青冥。游燕非骐骥，踯躅思长鸣。”推测其时储光羲“仍为下邽县尉”，可从。

这是什么原因呢?

岑参和储光羲的两首诗有一个共同的特点,它们的重点在于写一个佛寺中的浮图,把登塔时所看到的景物与佛家教义紧密地联系在一起。这也是胡震亨所说的,“用教乘中语义”。岑诗结尾云:“净理了可悟,胜因夙所宗。誓将挂冠去,觉道资无穷。”虽也隐约地表示了对现实的不满,但毕竟是要逃到佛家净域中去。储诗结尾云:“俯仰宇宙空,庶随了义归。崱屴非大厦,久居亦以危。”更是认为世间万物皆为虚无,只有佛家的“了义”才是最后的归宿。所以说,岑、储二人用很大的力量、很多的篇幅来描写浮图之高耸与景物之广远,都是为了象征或衬托佛教教义之高与法力之大,换句话说,他们缺乏直接面对那个危机四伏、险象环生的现实社会的勇气(至少在作此诗时是如此),却希望皈依佛门,逃避现实。

高适的诗则与之不同。高适是很有用世之志的,高诗中虽然也有“香界泯群有,浮图岂诸相”之类的话,但毕竟不是“终篇皆彼教语”,特别是结尾四句:“盛时惭阮步,末宦知周防。输效独无因,斯焉可游放。”说明诗人在登临佛寺浮图时并没有忘记要为朝廷效劳。这无疑要比岑、储两人的态度积极得多。但是,高适着眼的只是他个人的前途,当时的社会现实并没有在其诗中留下痕迹。

杜甫的诗就完全不同了。它一开头就说:“高标跨苍穹,烈风无时休。自非旷士怀,登兹翻百忧。”仇兆鳌注:“‘百忧’,悯世乱也。”穷愁潦倒、衣食艰难的诗人并没有把目光限于他个人的生活。他一登高望远,就立即将眼前景物与整个社会现实联系起来,如浦起龙所说:“乱源已兆,忧患填胸,触境即动。一登眺间,觉河山无恙,尘昏满目。”①在这里,我们不仅可以看到杜甫胸襟、见识的过人之处,而且可以听到诗人在现实主义的创作道路上坚定地迈进的足音。杜甫自从天宝五载来到长安以来,一方面固然也在为衣食而奔走,为谋官而事干谒(我们不必为贤者讳);但是另一方面,诗人已开始日益清醒地观察社会,为大唐帝国的命运而忧虑,也为黎

---

① 《读杜心解》卷一。

民百姓的遭遇而悲痛。当“杨国忠遣御史分道捕人，连枷送诣军所”[1]去侵略南诏的时候，诗人来到哭声震天的咸阳桥边，细细询问被迫从军的征夫们的痛苦。当杨国忠兄妹前呼后拥地出游时，诗人又来到花团锦簇的曲江池畔，冷眼观察那些贵人们骄奢淫逸的丑态。对于一个立志要“致君尧舜上，再使风俗淳”[2]的诗人来说，有什么比朝政昏乱、人民遭殃更使人痛苦、更使人愤慨呢？他愤怒地举起如椽之笔，《兵车行》《丽人行》《前出塞》……这些充满了人道主义和现实主义精神的光辉诗篇诞生了。这不仅是杜甫本人创作道路中的一个里程碑，也是整个唐诗发展过程中的一个里程碑。这标志着诗人杜甫在思想上已达到了一个远远超过自我、也超过其他诗人的高度。

所以，当四位诗人登上慈恩寺塔举目远眺时，对于观察自然景物来说，他们都站在同样高度的七级浮图之上，可是对于观察社会现象来说，杜甫却独自站在一个迥然挺出的高度上。这样，岑参、储光羲所看到的是佛寺浮图的崇丽，所感到的是佛教义理的精微，高适所看到的与岑、储同，所感到的则是个人命运的蹭蹬。而杜甫除了高塔远景之外还看到了“尘昏满目”，除了个人命运蹭蹬之外还感到了国家命运的危机。这正是杜甫的独特之处。

从上面的分析可以看出，在完全相同的大环境（社会历史背景）和基本相同的小环境（个人生活经历、社会地位等因素）下，四位诗人的“同题共作”在思想倾向上的差别却是非常大的。这说明影响作家创作倾向的因素是多方面的。长期以来，我们总是不恰当地强调社会背景和作家的阶级属性等外在因素，甚至把它们看作决定作家创作倾向及其成就的惟一原因。其实，这些外在因素固然不能忽视，但是更重要的还是作家的胸襟、品格、个性等内在因素，诚如清人薛雪所说，“有胸襟然后能载其性情智慧”，“具得胸襟，人品必高。人品既高，其一謦一咳、一挥一洒，必有过人处”[3]。只有明白了这一点，才能理解文学史上的许多现象。这是这一

---

① 《资治通鉴》卷二百十五。

② 《奉赠韦左丞丈二十二韵》，《杜诗镜铨》卷一。

③ 《一瓢诗话》。

组“同题共作”诗给我们的第一点启示。

（四）

诗歌虽然是诗人们心声的流露，但是如果没有完美的艺术形式与之结合，那么，即使是一位胸襟阔大的人的心声也并不就是一首好诗。尤其是“登慈恩寺塔诗”这种登览诗，光有胸襟、品格还是远远不够的，诗人还必须具有高妙的写景抒情的艺术手腕，简而言之，就是必须做到“情景交融”。清人王夫之云：“情景名为二，而实不可离。神于诗者，妙合无垠。巧者则有情中景、景中情。”又云：“不能作景语，又何能作情语耶？”①下面我们就从写景这个角度来考察一下这一组“登慈恩寺塔诗”。

前面说过，慈恩寺塔是当时的登览胜地，高、杜等诗人又是一时之才俊，所以这一次“同题共作”确实是一个逞才使气、争胜于毫厘之间的良机。就体物写景而言，现存的四首登塔诗都不愧是大家手笔。把这四首诗与后来其他诗人的登眺之作相比一下，就可说明它们确实是诗坛上的大将旗鼓。

例如在高、杜等人登慈恩寺塔数十年之后，章八元也作了一首《题慈恩寺塔》②：“十层突兀在虚空，四十门开面面风。却怪鸟飞平地上，自惊人语半天中。回梯暗踏如穿洞，绝顶初攀似出笼。落日凤城佳气合，满城春树雨蒙蒙。”据说元稹和白居易很赞赏这首诗③，甚至于“吟咏尽日不厌，悉令除去诸家牌，惟留章诗”④。但后来的诗论家大多对章八元此诗甚为轻视。宋人张戒就认为：“此乞儿口中语也。”⑤清人王士祯也说：“章作真小儿号嗄耳。”并诘责说：“不知元、白何以心折如此？”⑥我们同意后

---

① 《姜斋诗话》。

② 见《全唐诗》卷二百八十一。按：章八元乃大历六年(771)进士，其登慈恩寺塔的年代失考。

③ 见《唐诗纪事》卷二十六。

④ 《竹庄诗话》卷十三引何光远《鉴诫录》。

⑤ 《岁寒堂诗话》卷上。

⑥ 《池北偶谈》卷十八“慈恩塔诗”条。

一种看法。章诗首联写塔之外表,“十层突兀”“四十门开”,构思造句已很凡庸、呆滞。颔联虽欲竭力摹写寺塔之高,但正如力小者负重则蹶,实在缺乏相应的笔力。颈联写登塔过程,“如穿洞”“似出笼”,诗人又将自己的形象写得极为卑微、猥琐,简直是匍匐在这一巨大的建筑物面前。尾联写春城细雨,也缺乏登高望远所应有的开阔气象。总之,章八元面对着高耸入云的宝塔与在塔顶所见的阔大景象,缺乏与之相适应的胸襟、气魄,他在雄伟的大自然面前就只能处于屈服俯从的地位。张戒讥之为“乞儿语”,确是深中其病的。

张戒在《岁寒堂诗话》卷上中还批评了刘长卿《登西灵寺塔》、王安石《登景德寺塔》、苏轼《真兴寺阁》等诗,认为他们都比不上杜甫的“登慈恩寺塔诗”,也都言之成理,限于篇幅,不更详引。总之,后人写的登塔诗,在气象上很少有超过杜、岑诸公的。

那么,杜甫等人的四首诗,在体物写景方面是不是并驾齐驱呢?前人对此有不少议论,王士祯说:“盛唐高、岑、子美诸公同登慈恩寺塔赋诗,或云‘秋色从东来,苍然满关中。五陵北原上,万古青蒙蒙’;或云‘秋风昨夜至,秦塞多清旷。千里何苍苍,五陵郁相望’;或云‘秦山忽破碎,泾渭不可求。俯视但一气,焉能辨皇州’,此是何等气概!”[①]这位神韵派的诗论家对追幽逐险、强弓硬弩的杜、韩诗风是不以为然的,所以他在这里议论的次序是岑、高、杜,虽然不一定就是以之为高下之等第,但至少说明他并不认为杜诗最擅胜场。王士祯对于这四首诗的思想倾向完全没有注意,他所着眼的仅仅是对特定景物的描写,而且仅仅推崇那些似乎不甚用力而气象阔大、风格浑然的句子,这是由他那种与司空图、严羽一脉相承的诗学审美观所决定的。王氏这种看法未免失之偏颇,但他能指出这三首诗的共同优点是有“气概”而不及储诗,还是很有见地的。

多数论者则认为杜、岑二诗的成就在高、储二诗之上。例如高步瀛《唐宋诗举要》中选了杜、岑二首,并于岑诗下注曰:“气象阔大,几与少陵一篇并立千古。”又引沈德潜的话说:“登慈恩塔诗,少陵下应推此作,高达

---

① 《池北偶谈》卷十八“慈恩塔诗”条。按:岑诗原作“秋色从西来”,“东”字误。

夫、储太祝皆不及也。”[①]高、沈有一点比王士祯高明，他们不仅仅着眼于诗中的某几个句子，而是对诗的整体进行评论。的确，如果单看王士祯指出来的那几句，那么岑、高二诗是势均力敌的(暂且不论杜诗)。但是从全诗看，后者显然笔力较弱。高诗开头说：“香界泯群有，浮图岂诸相。”起得平平。而岑诗开篇说：“塔势如涌出，孤高耸天宫。”雄伟不凡。下面同样是形容塔之高，高诗说：“登临骇孤高，披拂欣大壮。言是羽翼生，迥出虚空上。顿疑身世别，乃觉形神王。宫阙皆户前，山河尽檐向。”前六句写得很抽象，没有把登临所见的形象鲜明地展现在读者眼前，而“宫阙”二句又稍嫌平庸。岑诗则不同：“登临出世界，蹬道盘虚空。突兀压神州，峥嵘如鬼工。四角碍白日，七层摩苍穹。下窥指高鸟，俯听闻惊风。连山若波涛，奔凑似朝东。青槐夹驰道，宫观何玲珑。”塔势之高耸、建筑之精丽，诗中都作了很精细、生动的描绘，使人读之如在目前。而“连山”二句写从高处俯视群山所得印象，更是气势飞动。所以就写景这一点而言，岑诗是远远胜于高诗的。

那么，岑诗与杜诗相比又如何呢？应该承认，它们在写景方面确是争胜于毫厘之间的。

杜诗开端说：“高标跨苍穹，烈风无时休。”清人施鸿保认为：“塔虽高，岂可云跨过天上乎？盖亦倒字句，当云‘苍穹跨高标’，谓仰望塔之高，去天甚近，若天但跨其上也。惟正言之，则句不奇伟，与通首不类，故倒其字，使人读开首一句即意夺神骇，所谓‘语不惊人死不休’也。”[②]施氏说杜诗“使人读开首一句即意夺神骇”是对的，但对于此句的意思却理解错了。艺术是允许夸张的，有时还是非夸张不可的。老杜“语不惊人死不休”的精神并非仅仅体现于造句，而是经常体现于塑造惊人的艺术形象的。塔“跨”苍穹，正是极言其高，与后面“七星在北户，河汉声西流”两句互相呼应。正因为塔已经凌跨苍天，所以登临者才能从北门里面平视(而不是仰视)北斗七星，而银河的水声也从西边(而不是从上方)传来。也就是说，

① 沈语见《唐诗别裁》卷一。

② 《读杜诗说》卷一。

登临者已经与星辰河汉处于同一高度，至于他头顶上的塔尖，当然已跨过这一高度了。“七星”两句与杜诗《白帝城最高楼》①“扶桑西枝对断石，弱水东影随长流”等句子一样，都是所谓“冥心刻骨，奇险至十二三分者”②。相形之下，岑诗中“四角碍白日”两句就稍嫌平弱了。

以上说的是“仰观于天”，以下再说“俯视于地”的情况。岑诗在这一点上是写得相当成功的。上面说过，“连山”两句气势飞动，而为王士祯所激赏的“秋色从西来”四句更是气象阔大，笔力雄健。“青蒙蒙”的迷茫景象正是诗人站在想象中的“碍白日”“摩苍穹”的高度上下瞰时所应该看到的。可是，当诗人写到“青槐夹驰道，宫观何玲珑”两句时，他却在不知不觉之中把自己所置身的高度大大地降低了，因为只有站在一个较低的高度上，才有可能看清楚驰道青槐和玲珑宫观。所以说，在形容塔之高峻这一点上，“青槐”两句与全诗的艺术意境是不统一的。而杜诗就不同了。它写俯视的四句：“秦山忽破碎，泾渭不可求。俯视但一气，焉能辨皇州？”与前面“跨苍穹”“七星在北户，河汉声西流”等描写完全合拍。朱鹤龄《杜诗辑注》注前两句曰：“秦山谓终南诸山，登高望之，大小错杂，如破碎然。泾渭二水从西北来，远望则不见其清浊之分也。”既然远望山川已觉模糊，那么近瞰城郭当然也只能看到一片烟雾了。这使我们不能不惊叹：诗篇展现在我们面前的是一幅何等穷高极远的景象，其所描摹的景物又是何等地和谐。

总的来说，杜诗的境界、气象都比岑诗更为阔大，想象比岑诗更为奇特，结构也比岑诗更为完整，正如李子德评这首诗时所说：“岑作高，公作大。岑作秀，公作奇。岑作如浩然《洞庭》，终以公诗‘吴楚东南坼，乾坤日夜浮’为大。”③

前面说过，在实际生活中，几位诗人是站在同一个高度上观察自然景物的。但是当他们各自展开想象的翅膀在艺术构思的天地里遨游时，当他们把眼中所见的实际景象（属于客观的物质世界）升华为虚构的艺术境

① 《杜诗镜铨》卷十二。

② 《瓯北诗话》卷二。

③ 《杜诗镜铨》卷一引。

界(属于主观的精神世界)时,却又不在同一个高度上了。储诗云“宫室低逦迤”;高诗云“宫阙皆户前”;岑诗云“宫观何玲珑”,他们三人都说看到了塔下的宫室城阙。而杜诗却说:“俯视但一气,焉能辨皇州?”就实际情形而言,当然是储、高、岑三诗写得较真实,慈恩寺塔虽高,也不过“崇三百尺”①,站在那样的高度上是应该能看清塔下的城阙宫室的。然而就艺术而言,杜诗却是更高的真实,它不仅极力夸张了慈恩寺塔高标耸立的形象,而且有意忽略视力所及,将塔下景物缩小为不可辨识的“一气”,从而构成了统一的艺术境界。杜诗所以在写景方面也压倒群贤,就因为老杜艺术构思的才力比其他诗人更为雄鸷。

由此可知,在描写对象完全相同的情况下,四位诗人同题共作的篇章在艺术水平上却有如此分歧的差别。张戒说得好:“人才各有分限,尺寸不可强。同一物也,而咏物之工有远近;皆此意也,而用意之工有浅深。”②我们在考察文学现象时,如果忽视了作家的艺术才能这个因素,是无法导致任何科学的结论的。这是这一组“同题共作”诗给我们的第二点启示。

(五)

为了论述的方便,我们分别从思想倾向和艺术描写两个方面对四首登慈恩寺塔诗作了分析,但是事实上,任何艺术品都是不可分割的整体,要评判它们的优劣也必须从整体上来把握。那么,就整体而言,或者说就思想性和艺术性相结合的情形而言(用传统的术语来说,就是情景交融),杜诗是不是这组诗中的压卷之作呢?回答也是肯定的。

我们只需要把四首诗中较佳的杜、岑两首来作些比较。

岑诗的主旨在于描写一个佛寺浮图,并抒发诗人要皈依佛门的志趣。诗人写浮图“突兀压神州”,正是暗示佛国高于人间,而似乎纯是写自然之

---

① 《长安志》(《经训堂丛书》本)卷八。

② 《岁寒堂诗话》卷上。

景的“秋色从西来”四句，既展示了广阔的空间又展示了悠久的时间，也正是以广漠无垠的时空来暗示佛法之广大。所以说岑诗中思想倾向和艺术描写是结合得很紧密的。

杜诗的主旨也在于写他登塔的所见所感，但他所关心的不是佛国而是人间。胸怀百忧的诗人登上高塔，当然无法像“旷士”那样的忘怀现实。在诗人看来，一切景物都蒙上了一层惨淡的颜色。“烈风无时休”固然是高处的应有之景，但又何尝不是政局飘摇、天下将乱的征兆①？胡舜陟解此诗曰：“《登慈恩寺塔》诗，讥天宝时事也。山者，人君之象，‘秦山忽破碎’，则人君失道矣。贤不肖混淆而清浊不分，故曰‘泾渭不可求’。天下无纲纪文章，而上都亦然，故曰‘俯视但一气，焉能辨皇州’。”②胡氏认为全诗都隐含讥刺，当然穿凿过甚，所以施鸿保批评他说：“通首皆作喻言，屑琐牵合。”且指出：“前十六句，皆但写景。”③那么，“秦山忽破碎”这几句是单纯的写景还是有所寓意呢？我们认为其中还是有所寓意的，但是不能像胡氏那样逐句比附、处处落实。就是说，这些句子确是写景，但这是写的一个胸怀百忧的诗人眼中的景，所以诗人胸中的忧愁之情与眼中的苍茫之景已在下意识中融为一体，我们不必也不能再把它们分开来，这正是情景交融的最高境界。不但如此，杜诗中“回首叫虞舜”以下八句，注家都认为是由写景转为寓意，但是它与岑诗的结尾不同。岑诗结尾虽是从前面的写景中引申出来的，但它本身（即希冀皈依佛门）却与登塔事并无交涉。而杜诗的结尾虽然转为忧国忧时之语，却仍然与登塔事密不可分，何焯评“回首”以下八句云：“此下意有所托，即所谓‘登兹翻百忧’也。身世之感，无所不包，却只是说塔前所见，别无痕迹，所以为风人之旨。”④这段话说得很有识见，我们试作一些诠释。

---

① 王嗣奭云：“余观‘烈风无时休’一语，必非无为而发，分明有忧明危盛之思。”（《杜臆》卷一）这种体会是多数读者都会有的。

② 《三山老人语录》，见《苕溪渔隐丛话》前集卷十二。

③ 《读杜诗说》卷一。

④ 《杜诗镜铨》卷一引。按：《义门读书记》中未见此语。

“回首”二句，旧注认为是以虞舜比唐太宗，是不错的[①]。慈恩寺既是一个佛教的重要场所，又是唐帝国鼎盛时期的一个象征，当忧国忧时的诗人登上寺塔时，就自然而然地眺望太宗的昭陵而缅怀唐帝国的全盛时代。可是盛世已经消逝，尽管诗人满怀希望地呼唤它，也不会复返了，所剩下的只是愁云惨雾而已。

“惜哉”二句是以周穆王和西王母游宴于瑶池之事以刺玄宗、杨妃，注家于此均无异说。虽说诗中的“瑶池”并不一定是用来比喻骊山温汤[②]，诗人登塔时玄宗、杨妃也并不在华清池[③]，但诗人远眺骊山，即景生情，不由得对玄宗沉湎于酒色淫乐感到惋惜、愤慨。

“黄鹄”四句虽然不一定是当时在塔上实见之景，却是在高处可能见到之景，所以它们虽是“忧乱之词”，但都是从艺术形象（包括虚构的）触发出来的。“黄鹄哀鸣”的景象且与篇首“烈风无时休”一句密切呼应。

如果以上的理解不甚违反诗旨，那么，我们就可以说，杜诗从头至尾都紧紧围绕着登塔这个题目，尽管诗中抒情的成分是那么重，想象的天地是那么宽，却一句也没有离开塔上所见之景，实在是情景交融的典范，它在这方面也是压倒群贤的。

以上我们对杜甫等四人的“登慈恩寺塔诗”这一组同题共作作了一番考察，考察的结果似乎可以证明：在社会历史背景和作家个人的社会地位、生活经历等外在因素基本相同的情形下，决定作家创作成就高低的原因是作家的内在因素，包括世界观、政治态度、艺术才能、性情学识等等，

---

① 仇兆鳌《杜诗详注》卷二引王道俊《杜诗博议》云：“高祖号神尧皇帝，太宗受内禅，故以虞舜方之。”可从。

② 仇兆鳌《杜诗详注》卷二引程嘉燧云：“明皇游宴骊山，皆贵妃从幸，故以‘日晏昆仑’讽之。”又引钱谦益云：“唐人多以王母喻贵妃。‘瑶池日宴’，言天下将乱，而宴乐不可以为常也。”二说略同，然程说坐实瑶池以比骊山温泉，似不如钱说之圆通。又杜集中他篇如《奉同郭给事汤东灵湫作》云“倒悬瑶池影，屈注沧江流。……至尊顾之笑，王母不肯收”，亦可与此互证。

③ 温汤疗疾，故玄宗之幸骊山必在冬季或初春寒冷时节（见陈寅恪《元白诗笺证稿》第一章）。据《资治通鉴》卷二百十六所纪，天宝十一载冬十月戊寅（初五日）至十二月丁亥（十六日）玄宗幸华清宫。

用传统的术语来说，就是沈德潜所云："有第一等襟抱、第一等学识，斯有第一等真诗。"①正因为杜甫的胸襟和才学在四位诗人中最为杰出，所以其成就迥出三家之上。也正由于这个原因，尽管那么多诗人经历了安史之乱前后的大时代(或者说受到时代的"玉成")，却只有杜甫一人登上了古典诗歌的顶峰。

① 《说诗晬语》卷上。

英雄主义和人道主义

——读杜甫咏物诗札记

程千帆　张宏生

（一）

咏物诗在中国起源甚早。从现存作品来看，《诗经》中的《鸱鸮》，《楚辞》中的《橘颂》已肇其端。魏晋以后，作者渐众，作品渐多。衍至唐代，更得到了很大的发展。

杜甫对大自然有着深厚的感情和亲切的体验，“一重一掩吾肺腑，山鸟山花吾友于”①，常为“物微意不浅”而“感动一沉吟”②。因此，他的咏物诗继承了前代的丰厚遗产，并经过自己的创造性的努力，取得了空前的成就。

这表现在，他的咏物诗数量多、题材广、命意深。举凡山川日月，花鸟虫鱼，无不摄入毫端，以之吟咏情性。这些诗，反映了杜甫多方面的思想倾向，是诗人思想历程某一侧面的、然而是深刻的记录，同时，在艺术上也有很高的价值。本文不拟对杜甫的咏物诗进行全面评价，而只略事讨论其中的英雄主义和人道主义内涵，并初步探索一下与此相关的诸问题。

---

① 《岳麓山道林二寺行》，《杜诗镜铨》卷十九。

② 《病马》，《杜诗镜铨》卷六。

（二）

前人评杜甫咏物诗，谓其“说物理物情，即从人事世法勘入，故觉篇篇寓意，含蓄无限”[①]。这是说这些作品都是有所感、有所为而作，而决非徒事形容模写。这一评价，从整体上把握了杜甫咏物诗的特点，大体上是如实的。

杜甫素怀大志，自许甚高。他立志要“窃比稷与契”[②]，“致君尧舜上，再使风俗淳”[③]。他对自己的力量和抱负充满信心，自觉地赋予自己以时代的使命感。因此，他登泰山，眺齐鲁，豪迈地宣称：“会当凌绝顶，一览众山小。”[④]流露出自致隆高、凌跨世俗的强烈愿望。这样的一种气度不能在他的咏物诗中没有表现。试看其《房兵曹胡马》：

> 胡马大宛名，锋棱瘦骨成。竹批双耳峻，风入四蹄轻。所向无空阔，真堪托死生。骁腾有如此，万里可横行。

这首诗，“四十字中，其种其相，其才其德，无所不备”[⑤]，而“词语矫健豪纵，飞行万里之势，如在目前”[⑥]，充分表现了杜甫一往无前，以天下为己任的英雄主义。这篇诗，诸家均定为安史乱前的作品，可见这种思想感情成熟得很早。

欲展济世的抱负，就要先有除恶的心胸，所谓“必若救疮痍，先应去蝥贼”[⑦]，杜甫于此体认甚切。他在作品中常以鹰自比，不仅是“掀身思狡

① 仇兆鳌《杜诗详注》卷十七引黄生语。
② 《自京赴奉先县咏怀五百字》，《杜诗镜铨》卷三。
③ 《奉赠韦左丞丈二十二韵》，《杜诗镜铨》卷一。
④ 《望岳》，《杜诗镜铨》卷一。
⑤ 《杜诗详注》卷一引张綖语。
⑥ 杨伦《杜诗镜铨》卷一引赵汸语。
⑦ 《送韦讽上阆州录事参军》，《杜诗镜铨》卷十一。

兔，侧目似愁胡”，更期待着“何当击凡鸟，毛血洒平芜”①。这种气魄，老而弥盛，甚至更增强了不妥协之心。如在四川写的《王兵马使二角鹰》：

> 角鹰翻倒壮士臂，将军玉帐轩翠气。二鹰猛脑绦徐坠，目如愁胡视天地。杉鸡竹兔不自惜，溪虎野羊俱辟易。……恶鸟飞飞啄金屋，安得尔辈开其群，驱出六合枭鸾分。

这首诗为永泰元年崔旰叛乱，王兵马使前来刮寇而作。诗中极写角鹰务除恶鸟，力分枭鸾，借物言志，虽归美于王兵马使，却也见出他本人除恶务尽，再造升平的情怀。

如上所述，杜甫咏物诗中的英雄主义主要表现为致远雄心和嫉恶刚肠，其出发点和最后归宿，都在于报国的满腔热忱。而在当时的历史条件下，忠君爱国与仁民爱物的一致性，又使得关心王室安危，期望报效朝廷，因而歌颂具有英雄气概的事物的诗人，也必然同时对人民的命运怀着深切的关注，从而使其作品中也充满着人道主义精神。

对人民的关怀，贯穿着杜甫生命的始终。十年困守长安时期，他曾发出“穷年忧黎元，叹息肠内热”②的浩叹，安史之乱期间，他曾唱出“三吏”“三别”的悲歌。在他生活稍稍安定的时候，他想到的是“安得广厦千万间，大庇天下寒士俱欢颜”③，而在他穷愁潦倒、生命的最后关头，忧虑的却仍是“战血流依旧，军声动至今”④的现实。他对人民的无私的、充满深情的爱，是其人道主义的核心。

杜甫的人道主义精神渗透在他的咏物诗中，其最全面、最集中的表现，则在于他所具有的广泛的同情心。这种广泛的同情心是杜甫咏物诗中人道主义的基础，由此出发，杜甫笔下的物象就显得百态千姿，使得他的思想得到了形象的揭示。下面从四个方面来谈。

---

① 《画鹰》，《杜诗镜铨》卷一。

② 《自京赴奉先县咏怀五百字》，《杜诗镜铨》卷三。

③ 《茅屋为秋风所破歌》，《杜诗镜铨》卷八。

④ 《风疾舟中，伏枕书怀三十六韵，奉呈湖南亲友》，《杜诗镜铨》卷二十。

首先是对漂泊流离的悲伤。杜甫一生数罹战乱，他与广大人民一样，亲身经历了漂泊流离的苦难，因此，他对这种感情也通过咏物诗而进行了表达。如《孤雁》：

孤雁不饮啄，飞鸣声念群。谁怜一片影，相失万重云。望尽似犹见，哀多如更闻。野鸦无意绪，鸣噪亦纷纷。

此诗就视觉言，“望断矣而飞不止，似犹见其群而逐之者”；就听觉言，“哀多矣而鸣不绝，似更闻其群而呼之者”①。全篇皆以审美主体对客体的观照立言，将主体的感情明显注入客体之中，使其意象的显示更有明确性。孤雁的形象也许有着“兄弟相睽”的意思，如浦起龙所说②。但是，就诗中的思想容量来看，它显然超越了自己一家的痛苦，而成为广大人民离乡背井、四处漂泊的生动写照。于此，诗人的同情之心由于被置于广阔的社会背景中而得到了升华。

其次是对生灵涂炭的悲悯。作为一个积极入世者，杜甫虽具有远大的抱负，但其政治理想落到实处，往往是反映了人民大众生活中的一些最基本的要求，即所谓“几时高议排金门，各使苍生有环堵”③。但是，就是这一点可怜的愿望也难以实现。诗人所看到的，总是“万国尽征戍”④、“不息豺狼斗”⑤的景象，这使他的心灵充满悲愤。因此，他对笼罩着杀机的社会现实极为厌恶，对无辜者的不幸命运，更是充满了同情。如他的《观打鱼歌》，“可当一篇戒杀文”⑥。他的《又观打鱼》还写道：

苍江渔子清晨集，设网提纲万鱼急。能者操舟疾若风，撑突波涛挺叉入。小鱼脱漏不可记，半生半死犹戢戢。大鱼伤损皆垂头，屈强

①② 浦起龙《读杜心解》卷三之五。

③ 《寄柏学士林居》，《杜诗镜铨》卷十七。

④ 《垂老别》，《杜诗镜铨》卷五。

⑤ 《暮春题瀼西新赁草屋五首》之五，《杜诗镜铨》卷十五。

⑥ 《杜诗详注》卷十一引钟惺语。

> 泥沙有时立。……干戈格斗尚未已，凤凰麒麟安在哉？吾徒胡为纵此乐？暴殄天物圣所哀。

通过描写弱小生命被横加杀戮的惨象，表现了“盈城盈野，见者伤心，而暴殄天物，俱可悲痛”①的感情，对黑暗的社会现实进行了深刻的批判。

复次是对物力衰竭的惋惜。杜甫所处的是一个多灾多难的时代。不仅兵祸连年，而且剥削深重。面对这种现实，早在安史乱前，诗人就曾感慨道：“彤庭所分帛，本自寒女出。鞭挞其夫家，聚敛贡城阙。”并揭露了“朱门酒肉臭，路有冻死骨”②那种惊心动魄的阶级对立。作为一个杰出的现实主义者，杜甫深切关注着那饿殍遍野、民生凋敝的状况，悉心感受着人民的痛苦，并将这种感情融入他的咏物之作中去。如后来在四川写的《枯棕》云：

> 蜀门多棕榈，高者十八九。其皮割剥甚，虽众亦易朽。徒布如云叶，青青岁寒后。交横集斧斤，凋丧先蒲柳。伤时苦军乏，一物官尽取。嗟尔江汉人，生成复何有。有同枯棕木，使我沉叹久。死者即已休，生者何自守！啾啾黄雀啄，侧见寒蓬走。念尔形影干，摧残没藜莠。

此诗从棕榈的生机盎然，写到它被摧残殆尽。其枝干高大，更易割剥；数量众多，却早衰朽；虽有如云茂叶而难禁斧斤，空有岁寒之名却凋先蒲柳。加以黄雀之啄，狂风之吹，因而诗人终于不得不发出“念尔形影干，摧残没藜莠”的叹息。在他看来，枯棕的命运正像“伤时苦军乏，一物官尽取”的“江汉人”，虽已穷困不堪，仍被诛求无度。处于这样的境遇之中，人民怎样生活下去呢？“死者即已休，生者何自守”二句，真是字字血泪。

最后是对博施济众的赞美。杜甫对人民，悯之深而爱之切。他同情

---

① 王嗣奭《杜臆》卷四。

② 《自京赴奉先县咏怀五百字》，《杜诗镜铨》卷三。

人民的痛苦，更希望减轻人民的痛苦；不仅愿意以整个身心拥抱之、庇护之，甚至可以牺牲自己，以造福人民，就像他对那只"饥寒日啾啾"的雏凤所表达的"我能剖心血，饮啄慰孤愁"[①]的愿望一样。这种仁民爱物、博施惠济之心，是贯穿杜甫整个生命的一根红线。如其《题桃树》云：

小径升堂旧不斜，五株桃树亦从遮。高秋总馈贫人实，来岁还舒满眼花。帘户每宜通乳燕，儿童莫信打慈鸦。寡妻群盗非今日，天下车书正一家。

这五株桃树，实可馈贫，花可悦目，乳燕可巢，慈鸦得庇，凡此种种，莫不于他人有益。这种无私的奉献，不正是杜甫的品格的写照吗？杜甫之所以能"就现前景物，写出一番仁民爱物之意"[②]，正是因为他时时处处胸怀"仁民爱物"之心。于此，可以看到人道主义的力量所在。

在另外一篇文章中，我们曾指出，逼真的形象与绝妙的讽谕是杜甫咏物诗的统一的基调[③]。这一点，在上面的讨论中，基本上得到了证实。在杜甫笔下，不论是描写场面，还是刻画细节，都无不生动逼真，而思想则在形象塑造中自然流露。在这些诗中，崇高的思想作为形象的内核，增强了它的生动性和深刻性。由于二者的完美结合，使得杜甫在运用咏物诗表现英雄主义和人道主义内容时，在思想性和艺术性两个方面都取得了很高的成就。

（三）

杜甫咏物诗中的英雄主义和人道主义，如前所述，反映着杜甫思想中的两个重要方面。但是，如果我们作一点纵向考察，就会发现，它们并不

---

① 《凤凰台》，《杜诗镜铨》卷七。

② 《杜诗详注》卷十三。

③ 参见程千帆、张宏生《火与雪：从体物到禁体物——论白战体及杜、韩对它的先导作用》，载本书。

是与生俱有的，也不是一成不变的。同杜甫整个思想的走向一样，它们也随着杜甫在生活道路上的前进，不断变化着，发展着。

杜甫早年很少写咏物诗，仅有的几首，也绝无反映人道主义内容的。这一现象，如杜诗所昭示的，是杜甫思想实际的表现。写于开元二十九年(741)的《临邑舍弟书至，苦雨黄河泛滥堤防之患，簿领所忧，因寄此诗，用宽其意》一诗，叙黄河泛溢的景象后，末四句有云："吾衰同泛梗，利涉想蟠桃。赖倚天涯钓，犹能掣巨鳌。"朱鹤龄评云："末因临邑滨海，故用蟠桃巨鳌事。……盖戏为大言以慰之，题所云'用宽其意'也。"[①]朱氏所评，颇不以其大言为然。这是因其早岁之作"关心民瘼不足，乃始有此大言"[②]。杜甫早年的咏物诗中没有出现人道主义内容，与他当时还"关心民瘼不足"是不无关系的。安史之乱前后，杜甫咏物诗的数量增多了，而且，随着社会条件的不断变化，其中的人道主义的精神大量增加，入蜀以后，就更得到了极大的发展。通观这些咏物诗，其中的一个重要主题，便是反映着杜甫对人民不幸命运的同情和悲悯。如《病橘》云：

> 群橘少生意，虽多亦奚为？惜哉结实小，酸涩如棠梨。剖之尽蠹虫，采掇爽所宜。纷然不适口，岂止存其皮。萧萧半死叶，未忍别故枝。玄冬霜雪积，况乃回风吹。……

"此借病橘以喻穷黎之不足任征徭，所当急为轸恤也"[③]。诗中形象描写了病橘的悲惨处境，表现了杜甫对人民命运的深深关切。而到了晚年，杜甫的人道主义进一步向深层发展，即对于人民，他不仅同情、悲悯，而且，立志要拯救他们，为了做到这一点，他不惜献上自己的全部身心。这，在《朱凤行》中表现得很清楚：

> 君不见潇湘之山衡山高，山巅朱凤声嗷嗷。侧身长顾求其曹，翅

---

① 《杜诗镜铨》卷一引。

② 程千帆《〈杜诗镜铨〉批抄》。

③ 佚名《杜诗言志》卷六。

垂口噤心甚劳。下愍百鸟在罗网，黄雀最小犹难逃。愿分竹实及蝼蚁，尽使鸱鸮相怒号。

朱凤已是穷愁潦倒，而犹愿将竹实分及蝼蚁，其品格胸怀，得到了深刻的揭示，而杜甫的精神世界也显露无遗。杜甫的人道主义当然并不一定只用咏物诗来表达，但从其现存的咏物诗来看，仍能发现诗人思想演进的轨迹，虽然这一点也许是不太清晰的。

在那些体现英雄主义的咏物诗中，也同样能够发现杜甫思想的变化和发展。如其所写咏马诗，集中就有九首，创作于他的人生道路的各个阶段。在那首《房兵曹胡马》中，青年杜甫以其豪迈的意气，赞美着骏马“所向无空阔”的气度和“真堪托死生”的品质，最后归结为“万里可横行”那种目空一切的精神。在这里，杜甫渴望建功立业，渴望身当重任的心情得到了淋漓尽致的刻画。然而，安史之乱宣告了唐朝由盛而衰，时代的巨变将杜甫抛到严酷的现实中去，这不能不给他的激情注入更为深沉的内容。一方面，他的满怀壮志因为艰难时世而加强了力挽狂澜的期待；另一方面，他的才华又一直不被赏识，价值得不到肯定。于是，他开始为“闻说真龙种，仍残老骕骦”而叹息了。但即使如此，他仍然豪情不减：“哀鸣思战斗，迥立向苍苍。”①这种英雄气概，已由超越历史的清狂，变为贴切时代的苍劲，风格内涵也由豪迈变为悲壮。及至杜甫晚年，国势益难挽回，壮志益难舒展，裘马轻狂的气度和“致君尧舜”的理想，都变得非常遥远，已成为激流中瞬息即逝的浪花。于是，他写道：

忆昔巡幸新丰宫，翠华拂天来向东。腾骧磊落三万匹，皆与此图筋骨同。自从献宝朝河宗，无复射蛟江水中。君不见金粟堆前松柏里，龙媒去尽鸟呼风。②

① 《秦州杂诗二十首》之五，《杜诗镜铨》卷六。

② 《韦讽录事宅观曹将军画马图歌》，《杜诗镜铨》卷十一。

这是英雄末路的感喟，因此，更加苍凉，更加悲壮，但仍洋溢着永不衰竭的激情。由此看来，没有理由说，英雄主义只属于杜甫的青少年时期，事实上，作为一种与生命同在的用世热情和强烈的价值要求，它贯穿着杜甫的一生，只是其内容和层次不同而已，而这种不同也正反映着诗人生活和心态的变化发展。

（四）

杜甫在咏物诗中所表现的英雄主义和人道主义固然是他的独特的生活经历和对生活的深刻感受的产物，但这并不意味着前代思想遗产对他没有影响。即以人道主义而言，如果我们将其限制在最基本的意义上，即对万物的广泛的同情心，那么，我们可以发现，杜甫这一思想的来源是很广泛的。如墨家的兼爱："视人之国若视其国，视人之家若视其家，视人之身若视其身"①；道家的齐物："天地与我并生，而万物与我为一"②；佛家的众生平等："一切众生，悉有佛性"③，"但识众生，即能见佛"④。从杜甫对待人与我、物与我的关系上，以及他在心物交感时所进行的一系列生发中，我们不难看到这些思想的烙印。然而，"少陵一生却只在儒家界内"⑤，对杜甫影响最深的，当然还是儒家思想。

儒家创始人孔子的思想核心是仁。孟子曰"仁也者，人也"；又曰"恻隐之心，仁之端也"⑥。可见，在儒家思想中，人是被放在核心位置的，因而对人的态度也就是确立价值标准的根本。"恻隐之心"便是爱心，所谓"仁者爱人"⑦，即是一种最广泛、最普遍的爱。不仅如此，儒家的仁爱更由人进一步推及到物。孟子曰"亲亲而仁民，仁民而爱物"；又曰"万物皆

① 《墨子·兼爱》。

② 《庄子·齐物论》。

③ 《大般涅槃经》卷二十七，雍正十三年刊本。

④ 《坛经校释》，中华书局 1983 年版，第 108 页。

⑤ 刘熙载《艺概》卷二。

⑥ 《孟子·尽心下》，又《公孙丑上》。

⑦ 《论语·颜渊》。

备于我”,“上下与天地同流”①。这样,仁爱之心便无所不在,这正是“民吾同胞,物吾与也”②所达到的极致。从这种极广泛的同情心出发,则整个世界都能闪烁着人道主义的光辉。儒家的仁爱思想在这里表现了超越一切差别的意义。杜甫对“物微限通塞,恻隐仁者心”③的体认当然与此是一脉相承的。下面一首诗也能恰当地说明这一点:

> 秋野日疏芜,寒江动碧虚。系舟蛮井络,卜宅楚村墟。枣熟从人打,葵荒欲自锄。盘飧老夫食,分减及溪鱼。④

王嗣奭评云:“枣从人打,则人己一视……盘飧及溪鱼,则物我一视。非见道何以有此?”⑤所谓“见道”,即是其中所体现的广泛而深沉的同情心。在杜甫看来,不仅要仁民,而且要爱物,只有用整个身心去拥抱宇宙,才算具有充实光辉的仁爱之心。在杜甫的许多咏物诗中,可以看到这位伟大的诗人对儒家这种传统的继承和发扬。

对杜甫的思想产生直接影响的,除了仁爱思想外,儒家的恕道也是一个重要的方面。“夫子之道,忠恕而已矣。”⑥所谓恕,便是“推己及物”⑦。孔子曰:“己欲立而立人,己欲达而达人。能近取譬,可谓仁之方也矣。”⑧这种思想所要求的,就是人们应该将自己的是非得失之心、喜怒哀乐之感推及他人,从而达到心与心、心与物之间的沟通。在咏物诗中,杜甫每将所咏之物人格化,有时并使客观事物成为自己的代言者,都可称为儒家这一传统思想的具体化、形象化的表现。

如果将观察面扩展到杜甫的整个人生道路上,对这一点也许能看得

---

① 《孟子·尽心上》。
② 张载《西铭》,载《张子全书》卷一。
③ 《过津口》,《杜诗镜铨》卷十九。
④ 《秋野五首》之一,《杜诗镜铨》卷十七。
⑤ 《杜臆》卷九。
⑥ 《论语·里仁》。
⑦ 朱熹《论语集注》卷二引程子语。
⑧ 《论语·雍也》。

更清楚些。如杜甫常以己之乐推人之忧。他在“课隶人伯夷、辛秀、信行等入谷斩阴木”时，感于“尔曹轻执热，为我忍烦促”，遂“报之以微寒，共给酒一斛”①，表现出“民吾同胞之思”②。杜甫也常以己之忧推人之忧。在《自京赴奉先县咏怀五百字》中，他描写了自己家庭的不幸：“入门闻号咷，幼子饿已卒。”而他在深味自己的痛苦后，却放开了悲愤的目光：“抚迹犹酸辛，平人固骚屑。默思失业徒，因念远戍卒。”因此，感到“忧端齐终南，澒洞不可掇”。有时，他甚至表示愿意添己之忧以成人之乐。如他在茅屋漏雨时所表现的“敢辞茅苇漏，已喜黍豆高”③的感情，又如他在行船遇险时所表现的“减米散同舟”④的义举，无不如此。他的忧乐观的确立，使他无论何时何地都能产生由己及人的思想，而由此反观他的咏物诗，便会认识到，二者在本质上正是一致的，虽然方式上还有不同。

要之，杜甫的人道主义在广泛接受前代文学遗产的同时，还受到了儒家仁、恕思想的影响。惟其能仁，所以物与心会；惟其能恕，所以随处“移情”，这使他的作品被赋予了理性的深度。

杜甫的英雄主义也受到了儒家思想的影响。孟子云：“我善养吾浩然之气。”这种浩然之气的典型特征是“至大至刚”⑤。如上所述，杜甫的英雄主义主要表现为致远雄心和嫉恶刚肠，这在“大”与“刚”两个方面，都显示出儒家思想道德的要求，因而有着充实与高远的内涵。

同时，从英雄主义与人道主义的内在联系上，也能看到这种影响。孔子云“唯仁者能好人，能恶人”，“恶不仁者，其为仁矣”；又云“仁者必有勇”⑥。这使得仁民爱物作为一种思想基础，成为英雄主义的本质表现。由此出发，必然产生豪迈的气魄和昂扬的斗志，并使之得到进一步深化。在《自京赴奉先县咏怀五百字》中，杜甫“窃比稷与契”的志向由于“穷年忧

---

① 《课伐木》，《杜诗镜铨》卷十六。

② 《杜臆》卷七。

③ 《大雨》，《杜诗镜铨》卷九。

④ 《解忧》，《杜诗镜铨》卷十九。

⑤ 《孟子·公孙丑上》。

⑥ 《论语·里仁》，又《宪问》。

黎元”的思想而更加显得气吞山河，二者交相辉映，揭示出诗人思想境界的伟大和崇高。在《壮游》中，杜甫曾回忆了自己青少年时的“性豪业嗜酒，嫉恶怀刚肠”“饮酣视八极，俗物多茫茫”的精神状态，这种不可一世的气概，也由于“上感九庙焚，下悯万民疮”的思想感情而更加得到了升华。要之，在儒家仁民爱物的思想基础上，杜甫咏物诗中的英雄主义和人道主义作为一个有机的整体，共同放射出灿烂的光辉。

为了进一步说明这一点，不妨举《义鹘行》为例：

> 阴崖有苍鹰，养子黑柏颠。白蛇登其巢，吞噬恣朝餐。雄飞远求食，雌者鸣辛酸。力强不可制，黄口无半存。其父从西归，翻身入长烟。斯须领健鹘，痛愤寄所宣。斗上捩孤影，噭哮来九天。修鳞脱远枝，巨颡拆老拳。高空得蹭蹬，短草辞蜿蜒。折尾能一掉，饱肠皆已穿。……

雌鹰无望的悲鸣，“黄口”遭噬的惨象，雄鹰“西归”后的悲愤，健鹘“斗上捩孤影，噭哮来九天”的勇武，种种不同的形象交织在一起，显示出丰富的思想感情。对于健鹘来说，因扶弱而更见刚勇，刚勇中即渗透着强烈的同情心；而对作者来说，对雏鹰的怜悯和对健鹘的赞美也是互相生发的。这里，可以看到，英雄主义和人道主义，就某些角度说，往往是一种思想本质在两个不同方面的表现。二者虽有着外在的区别，但更多的却是内在的联系，这种结合，便使得杜甫的咏物诗更具有了深刻性。

（五）

杜甫咏物诗体现着中国传统审美观念中的所谓阳刚之美和阴柔之美。

清人姚鼐在《复鲁絜非书》中对文学作品的阳刚之美有过这样一段描述：

> 其得于阳与刚之美者，则其文如霆，如电，如长风之出谷，如崇山峻崖，如决大川，如奔骐骥；其光也，如杲日，如火，如金镠铁；其于人也，如凭高视远，如君而朝万众，如鼓万勇士而战之。①

这一段描述，揭示了阳刚之美的外在气魄和内在力量。杜甫咏物诗中的阳刚之美主要反映在对英雄主义内容的表现上。在这些诗篇中洋溢着的豪迈俊逸的气度、一往无前的精神和百折不挠的意志，正是这种美感特征的生动显现。

阳刚之美的深层内涵是作者的思想境界。孟子云："充实之谓美，充实而有光辉之谓大。"②"充实而有光辉"，便是对"大"美即阳刚之美的内在规定。杜甫的一生，不管穷与达，安与危，都始终充满了一种义不容辞的责任感和使命感，抱着以自己的生命去殉自己所热爱、所从事的事业的坚定信念。这是他的作品中的阳刚之美的思想基础。

同时，作品的美学倾向与作家的创作选择也不是没有关系的。在论述杜甫的纪行诗时，我们曾在这一点上对杜甫的阳刚之美进行了一定的讨论，指出，从内在因素看，杜甫雄豪的性格，伟大的抱负，高尚的人格，阔大的胸怀，决定了杜甫在审美意趣上往往倾向于阳刚之美。而从创作倾向看，杜甫推崇笔力雄强、气象阔大之作，这也使他在创作实践上追求阳刚之美③。这些，必然要表现在具体的物象选择上。杜甫从小就喜爱吟咏壮丽的事物："七龄思即壮，开口咏凤凰。"④这一倾向，贯穿他生命的始终。通观杜甫的咏物诗，我们发现诗人常对具有阳刚之美的物象进行选择，尤以对马、鹰、鹘、雕一类动物的歌咏为多，其原因，正如黄彻所云："盖其致远壮心，未甘伏枥；疾恶刚肠，尤思排击。"⑤"同声相应，同气相求"⑥，

---

① 姚鼐《惜抱轩文集》卷六。

② 《孟子·尽心下》。

③ 参见程千帆、莫砺锋《崎岖的道路与伟丽的山川——读杜甫纪行诗札记》，载本书。

④ 《壮游》，《杜诗镜铨》卷十四。

⑤ 黄彻《䂬溪诗话》卷二。

⑥ 《易·乾》。

壮阔的胸襟必然对壮阔的事物表示关切，因此，诗人的心灵以及由这种心灵出发而对客观事物进行的观照与选择，就达到了美学意义上的高度统一，从而使得他的那些作品愈益显得生气灌注。

再者，如同杜甫咏物诗中的英雄主义的内容一样，其阳刚之美也既有一贯性，又有起伏性。随着时代、社会、个人生活的改变，诗人的思想不断受到撞击，因而也造成了风格形态的不同。例如，《房兵曹胡马》《瘦马行》和《题壁上韦偃画马歌》，这三首诗的风格便既相同又相异；同样，《画鹰》《义鹘行》和《呀鹘行》，这三首诗也能看到一条贯穿始终而又有所变化的线索。胡应麟评价杜诗的壮美，指出有“壮而闳大”“壮而高拔”“壮而豪宕”“壮而深婉”“壮而飞动”“壮而整严”“壮而典硕”“壮而秾丽”“壮而奇峭”“壮而精深”“壮而瘦劲”“壮而古淡”“壮而感怆”“壮而悲哀”等十四种风格[①]，虽然其界说还不够明确，但他对壮美的多种面貌的体认，还是很有见解的，因而对我们讨论杜甫咏物诗中阳刚之美的多样化也是富于启发性的。

当然，我们说杜甫主要倾向于阳刚之美，这并不意味着杜甫拒绝对阴柔之美的理解和领会，事实上，杜甫对二者往往是兼容并包的，区别仅在于，他在具体创作中是根据物象和自己的感情，视具体情况而有所轻重的，因此，其咏物诗中对阴柔之美的表现也非常出色。

在讨论这一点时，仍先引上述姚文对阴柔之美的一段描述：

> 其得于阴与柔之美者，则其文如升初日，如清风，如云，如霞，如烟，如幽林曲涧，如沦，如漾，如珠玉之辉，如鸿鹄之鸣而入寥廓；其于人也，漻乎其如叹，邈乎其如有思，暖乎其如喜，愀乎其如悲。

可见，这种美感特征以韵味深美、情调婉约见长。杜甫的反映人道主义内容的咏物诗，大致上体现着这种风格。

---

① 《杜诗镜铨》卷十九引。按：胡氏虽是指七言诗而言，但显然也可移评全部杜诗。

与阳刚之美一样，阴柔之美也要求对对象进行选择。当我们对杜甫的咏物诗进行检讨时，就可以发现，其体现了诗人人道主义精神的篇章，所咏之物多半是微小的、柔弱的，或被摧残、被遗忘的。如《促织》《萤火》《废畦》《铜瓶》等。当诗人以充满了人道主义的笔墨去描绘它们时，诗句也就自然流露出阴柔之美。下面试以《鹦鹉》等八首联章诗为例。这组诗的反映面很宽，不是我们所讨论的问题所能包举的。但对蒙受苦难的细微的小生命的关切是这组诗的重要内涵，而这种关切中又浸染着作者的人道主义，因此，它们是有一定的代表性的。如《鹦鹉》寓失路羁栖之感；《孤雁》有同气分离之悲；《鸥》则羡其闲适自得；《猿》则奇其智能全生；《麂》慨乱世之危；《鸡》表殊乡之俗；《黄鱼》悯长大难容；《白小》伤细微不免[①]。总之，这八首诗在整体上笼罩着杜甫所具有的广泛的同情心，其题材、角度和层次的转换与变化，都是围绕着这一主题的，而感情则细腻深婉，表现出作者独特的审美体验。这里不妨举其中的一首——《白小》：

白小群分命，天然二寸鱼。细微沾水族，风俗当园蔬。入肆银花乱，倾箱雪片虚。生成犹拾卵，尽取义何如！

柔婉的笔触与深沉的悲悯交织在一起，在对这种小生命的观照中，形象地展现着诗人的精神世界。

因此，可以看到，杜甫咏物诗的阴柔之美的内涵也不是空泛的。由于诗人具有广泛的同情心，所以他在进行创作时，才能与大自然达成不期然而然的契合。一竿新竹，一片芦苇，一群小鱼，一只小鹅，都能引起他的审美激情，而这些事物本身具有的易折、易败、易残、易伤的属性，正好萌发了他心中胞与为怀的爱。这种爱，既执着，又纯真，既热烈，又缠绵，通过诗人不可重复的艺术手段表现出来，就使他的咏物诗中的阴柔之美，具有了既深婉而又高华的境界。

当然，美感与题材的联系不是绝对的，英雄主义与人道主义内容与题

---

① 八首诗的解释，大体上参照了浦起龙之说，见《读杜心解》卷三之五。

材的联系性也不能绝对化。即以《病马》而言，虽属于杜甫咏物诗中的马的系列，但它体现的却是人道主义而非英雄主义。《蕃剑》虽是微物，却体现着英雄主义，而与人道主义无关。这是我们在具体分析作品时所应该特别注意的。尽管如此，总的说来，杜甫咏物诗中题材与内容的联系的明确性还是显而易见的，特色也是非常突出的。这些，都从一个方面反映了杜甫咏物诗的巨大成就。

崎岖的道路与伟丽的山川

——读杜甫纪行诗札记

程千帆　莫砺锋

（一）

唐肃宗乾元二年(759)七月，杜甫抛弃了华州掾的微职，携带家小前往秦州。诗人弃官西去的原因，一方面固然是“关畿乱离，谷食踊贵”①；另一方面也是对于朝廷政治的失望。他怀着“唐尧真自圣，野老复何知”②的满腹牢骚，永远离开了疮痍满目的关辅地区，也永远离开了漩涡险恶的政治中心，开始了他终于“飘泊西南天地间”③的晚年生命旅程。

“满目悲生事，因人作远游”④，杜甫此时的生活十分艰难，心境也极其悲苦。在饥寒的逼迫下，他先投秦州，继投同谷，都没有得到希冀中的接济，全家几濒绝境，最后不得不向蜀中进发。“白头乱发垂过耳”⑤的诗人带领着弱妻幼子在深山穷谷中跋涉了两个多月，这真是一段伤心惨目的艰难历程。可是诗人在手持长镵挖黄独充饥的同时并没有放下诗笔。他给我们留下了“发秦州”“发同谷”两组纪行诗，以狮子搏兔之全力描绘

---

① 《旧唐书·文苑传》。

② 《秦州杂诗二十首》之二十，《杜诗镜铨》卷六。

③ 《咏怀古迹五首》之一，《杜诗镜铨》卷十三。

④ 《秦州杂诗二十首》之一，《杜诗镜铨》卷六。

⑤ 《乾元中寓居同谷县作歌七首》之一，《杜诗镜铨》卷七。

秦陇山川，而且打并入身世之感、生事之艰，成为古代纪行诗中的空前绝后之作。

（二）

严格地说，纪行诗与山水诗是两种不同的题材。但是诗人们在纪行时往往会涉及所经历的山水，在描摹山水时也往往会写到行役之情，所以早在谢灵运和谢朓的笔下这两种题材已有融合的趋势。而到了杜甫，则更是合纪行诗与山水诗为一个有机的整体，最显著的例子就是“发秦州”“发同谷”这两组诗。正因为它们是以联章纪行诗的形式来描绘山水的，所以他们与杜甫以前的山水诗相比有一个显著的特点：在时间和空间上具有很强的连续性。

山水诗的第一位大师谢灵运，由于在政治上不得意，“遂肆意游遨，遍历诸县，动逾旬朔”，“所至辄为诗咏”[①]。他所游历和描写的山水都在浙东一带，时间也比较集中，所以具有一定的连续性。例如宋武帝永初三年(422)，谢灵运出为永嘉太守，一路上有诗纪行，从《初往新安至桐庐口》《富春渚》《七里濑》《夜发石关亭》等诗可以大致上看出他此行的路线。但是这样的诗在谢灵运集中为数不多。他在永嘉期间虽然写了不少山水诗，所咏及的绿嶂山、岭门山、石鼓山、白石山和瓯江孤屿都在永嘉境内，地理上相当集中。但是诗人究竟是一次还是数次出游，所游的地点孰先孰后，都已不可考知。也就是说，谢灵运山水诗中体现出来的连续性是不够清晰的。谢灵运之后，用联章诗即组诗的形式对一个地区内的山水风景分别予以描写的诗人虽然不少，但是一路写去、次序井然的山水组诗罕有所闻。可以说，谢灵运诗中偶一现之的这个特点在杜甫之前并未得到发展。

杜甫的“发秦州”“发同谷”是两组结构严整的联章纪行诗。他在秦州到同谷途中共作诗十二首。（写于两组诗之间的《乾元中寓居同谷县作歌

① 《宋书·谢灵运传》。

七首》为述怀的七言歌行,《万丈潭》乃冬游纪胜的单篇,不在纪行之数。)首章《发秦州》开宗明义,说明南行的原因:“我衰更懒拙,生事不自谋。无食问乐土,无衣思南州。”接下来从《赤谷》到《凤凰台》,皆以所到地名为诗题。同样地,他在同谷到成都途中也作诗十二首,首章《发同谷县》说明“奈何迫物累,一岁四行役”之原因,接下来从《木皮岭》到《成都府》也皆以所到地名为诗题,以《成都府》作结,表明此次行役之结束。时间是从十月至岁末,地点是从秦州到成都,井然有序,历历可考。宋人说“杜陵诗卷是图经”①,诚非虚语。

然而,这两组纪行诗的长处并不仅仅在于它们所叙述的行役过程在客观上具有时间的连续性,也不仅仅在于它们清晰地勾勒了一条没有间断的行役路线,而在于它们采取了化整为零又合零为整的艺术手法,形象地展现了空间跨度极大的秦陇山水和历时三月的行役过程。正如苏轼所云:“老杜自秦州越成都,所历辄作一诗,数千里山川在人目中,古今诗人殆无可拟者。”②

蜀道山川,自古闻名遐迩。从张载的《剑阁铭》到李白的《蜀道难》,无数骚人墨客咏叹过它的险峻雄壮。但是这些作品往往未能展示它的全貌,因为它确实不是一篇诗或文的篇幅所能包涵的。只有当杜甫找到了联章纪行诗这种方式,极大地扩展了诗的容量之后,才有可能对蜀道山水的全貌作出富有典型性的描绘。读这两组诗时,无异展开了一幅山水长卷,赤谷、铁堂峡、盐井……一一接踵而至,进入眼帘,使我们仿佛跟随着诗人登绝顶、穿峡谷、经栈道、渡急流,最后来到沃野千里的天府之国。很难想象,除了这种联章纪行诗的方式之外,还能有什么别的诗歌形式能够描摹出这千里蜀道的全部雄姿。应当肯定,这是杜甫在谢灵运的基础上对山水诗表现形式之发展所作出的一大贡献。

---

① 刘克庄《后村先生大全集》卷一百八十二《诗话新集》中引网山《送蕲师》诗句。按:网山,宋林亦之号。

② 朱弁《风月堂诗话》卷上引。

（三）

如果我们打开一轴山水长卷而竟发现所画的峰峦溪壑都呈现着大同小异，甚至基本相同的面貌，那么，不管画家勾勒点染的技法有多高明，也难免使人产生厌怠之感。同样地，如果杜甫的这二十多首纪行诗都从同样的角度或用同样的手法来摹写秦陇山川，那么也是无法引人入胜的。可是杜甫毕竟是“巨笔屠龙手”①，他没有用同一的模式来写这些诗，从而使这组纪行诗与其所反映的对象一样的气象万千②。

首先，杜甫的这组纪行诗在题材的安排上是颇见匠心的。虽然山川之险壮与道路之艰难是贯穿整个组诗的主要内容，但是具体到每一首诗上，却各有侧重，而且还融入了许多其他内容，诸如国步之艰危、民生之凋敝等等。这就使得这些诗不仅在内容上无一雷同，而且十分充实。

《发秦州》《发同谷县》这两首诗分别是一组纪行诗的首篇，以申明行役之因。但是前者着重写了诗人对于物产丰富的秦州所寄的希望以及希望破灭之后被迫南行的怅惘之情。“大哉乾坤内，吾道长悠悠”的结句，情绪苍凉而气势悲壮，足以振起以下诸篇。而后者则对同谷之山川物产不着一语，却以主要的篇幅抒写“奈何迫物累，一岁四行役”的愤慨，结句“去住与愿违，仰惭林间翮”也已是喟然长叹了。

《赤谷》《铁堂峡》《寒峡》等十六首诗都是写山川之险与道路之艰的，然而侧重各有不同。例如《赤谷》仅用“乱石无改辙，我车已载脂”两句略示溪谷之险，又用“山深苦多风，落日童稚饥”等四句写道中饥寒之状，写景叙事俱不十分用力，而首尾抒情，语甚凄惋，是一篇之用力处。《泥功山》则着力刻画道路之艰。“白马为铁骊，小儿成老翁。哀猿透却坠，死鹿力所穷”四句，把泥功山那种泥泞深积，路滑难行的特点写得惟妙惟肖。《龙门阁》则极言其险。当诗人在“危途中萦盘，仰望垂线缕。滑石欹谁

① 苏轼《次韵张安道读杜诗》，《东坡集》卷二。

② 为了论述的方便，下面把“发秦州”“发同谷”两组诗看作一个整体。

凿，浮梁袅相拄”的栈道上蹑足而行时，但觉“目眩陨杂花，头风吹过雨”，他此时的忧虑集中于一点：“百年不敢料，一坠那复取？”对于饥寒等事都已置之度外，无暇顾及了。而《石柜阁》又于心弦屡张之后故作一弛，虽然诗人仍在栈道之上，但所见之景甚为隽秀：“蜀道多早花，江间饶奇石。……清晖回群鸥，暝色带远客。”诗人的慨叹也变成“优游谢康乐，放浪陶彭泽。吾衰未自由，谢尔性所适”，词气显得甚为舒缓了。此外，《铁堂峡》中有“生涯抵弧矢，盗贼殊未灭。飘蓬逾三年，回首肝肺热”的伤乱之叹；“龙门镇”中有“胡马屯成皋，防虞此何及？嗟尔远戍人，山寒夜中泣”的忧时之嗟；而《石龛》一诗更用一半篇幅来描写途中所见山民冒险伐竹为供官府征求的情景：“苦云直竿尽，无以充提携。奈何渔阳骑，飒飒惊蒸黎！”身处深山穷谷中的诗人的目光并未局限于自身的艰难历程，动乱的时代在这些纪行诗上也投下了浓重的阴影。这已远非寻常的纪行诗所具有的内容了。

《凤凰台》《剑门》《鹿头山》三首诗对所见之景仅略作点染。它们都侧重于发议论，然而议论的方式又迥然相异。《凤凰台》实为述怀之诗。诗人明知同谷境内的凤凰台决非周文王发迹之地，但还是借题发挥，以披露他欲以心血哺育作为王者之瑞的凤凰的深衷。《剑门》事实上是用诗写的政论。诗人对着自古成为割据者之屏障的剑门大发感叹，深以蜀地形势险要易生叛乱为忧。而《鹿头山》则因地近成都，险阻已尽，就只对成都的形势作了一番评说。

此外，《盐井》一诗是对途中所见的蜀地特产的描述，《成都府》是这一组纪行诗的终篇，内容都与上述几类诗不同。这种在内容的结构上变化多端的情况与谢灵运山水诗“首多叙事，继言景物，而结之以情理”①的固定模式是不可同日而语的。

其次，杜甫在描写山川景物时也没有采取单一手法，而是从不同的角度、不同的层次来写景的。可以看出，他在实践中注意到了如下几点：

第一，概括与具体之分。同是写山峰之险峻，《积草岭》中是“连峰积

---

① 黄节语，见《读诗三札记》。

长阴,白日递隐见。飕飕林响交,惨惨石状变”;而《铁堂峡》中则是“硖形藏堂隍,壁色立精铁。径摩穹苍蟠,石与厚地裂。修纤无垠竹,嵌空太始雪”。同是写水势之浩渺,《寒峡》中是“寒峡不可度”,“溯沿增波澜”;而《水会渡》中则是“大江动我前,汹若溟渤宽”,“回眺积水外,始知众星干”。显然,前一种写法比较概括,是粗加勾勒的远景;而后一种写法相当具体,是工笔细描的近景。

第二,有比较与无比较之分。这组诗中有许多首是用比较的方法来写的,如《青阳峡》:“忆昨逾陇坂,高秋视吴岳。东笑莲华卑,北知崆峒薄。”这是用诗人已经经历过的其他高山来烘托此山之高。又如《龙门阁》:“饱闻经瞿塘,足见度大庾。终身历艰险,恐惧从此数。”这是用诗人未曾经历过的著名险地来形容此地之险。但与此同时,也有仅仅对所咏对象着力刻画而不用它物作比较的,如《铁堂峡》《飞仙阁》等诗。

第三,实写与虚写之分。这组诗中大部分诗都用实写的手法,但也有一些例外,如《泥功山》写青泥岭之路滑难行:“白马为铁骊,小儿成老翁。哀猿透却坠,死鹿力所穷。”就是用虚笔渲染的方式。而如《凤凰台》之出以寓言,《剑门》之杂以议论,都是就景物生发,而远离了景物本身。这也是虚写。

写法的灵活多变,是这组纪行诗使人百读不厌的原因之一。

(四)

黄庭坚曾感叹说:“诗意无穷,而人之才有限。”[①]梅尧臣则认为:“诗家虽率意,而造语亦难。若意新语工,得前人所未道者,斯为善也。必能状难写之景,如在目前;含不尽之意,见于言外,然后为至矣。”[②]如果把这些诗学原理具体运用到山水诗上,则不妨说:自然界的山川景物变化无穷,而诗人用来描写它们的艺术手段却有限。一定要能“意新语工”,且

---

① 见惠洪《冷斋夜话》卷一。

② 见欧阳修《六一诗话》。

"状难写之景,如在目前",才能算是山水诗中的大手笔。用这个标准来衡量历代的山水诗人,可以发现,杜甫的造诣是前无古人的。

从谢灵运以来,山水诗蔚为大国,名章佳句屡见不穷。但是如果把这些山水诗与它们所反映的对象即真实的山川比较一下,显然前者远不如后者那样千姿百态、变幻无穷。换句话说,就是大多数山水诗人有一个共同的缺点,他们的观察角度比较单一,描写手法不免雷同,往往只写出了山川景物的某些共性,而对于它们各自的个性揭示得不够。这个缺点在谢灵运的山水诗中已见端倪。谢诗中有些篇章如《入彭蠡湖口》《登江中孤屿》等,刻画山川景物颇能见其特点,王夫之称谢诗"取景则于击目经心、丝分缕合之际,貌固有而言之不欺"①,如果仅指这些诗而言,确非过誉。但是谢集中还有许多作品,甚至包括一些为人传诵的名篇在内,在写景上仍然失之于笼统概括。比如"林壑敛暝色,云霞收夕霏"②、"密林含余清,远峰隐半规"③等,历来称为佳句,但是它们显然没能写出所咏山川的独特之处,因为这是任何地方都能见到的景色。谢朓诗亦然。"余霞散成绮,澄江静如练"④并非大江上特有之景,"威纡距遥甸,巉岩带远天"⑤也不妨从宣城移置他处。二谢之外的南朝诗人更是如此,他们的山水诗通常都是极力摹写山之高峻或水之深广:"层峰亘天维,旷渚绵地络"⑥,"洞涧窥地脉,耸树隐天经"⑦,"金峰各亏日,铜石共临天。阳岫照鸾采,阴溪喷龙泉"⑧,等等。这些描写都是置之任何名山大川而皆可的。到了唐代,虽然产生了以王、孟为首的山水田园诗派,但这些诗人所着力摹写的往往并非客观世界的明山秀水,而是他们主观世界中的静谧意境。所

① 《古诗评选》卷五。
② 《石壁精舍还湖中作》,《先秦汉魏晋南北朝诗·宋诗》卷二。
③ 《游南亭诗》,《先秦汉魏晋南北朝诗·宋诗》卷二。
④ 《晚登三山还望京邑》,《先秦汉魏晋南北朝诗·齐诗》卷三。
⑤ 《宣城郡内登望》,《先秦汉魏晋南北朝诗·齐诗》卷三。
⑥ 刘骏《游覆舟山诗》,《先秦汉魏晋南北朝诗·宋诗》卷五。
⑦ 鲍照《登庐山》,《先秦汉魏晋南北朝诗·宋诗》卷八。
⑧ 江淹《游黄檗山》,《先秦汉魏晋南北朝诗·梁诗》卷三。

以，尽管王、孟诗中的写景名句历来为人传诵："天边树若荠，江畔舟如月"①，"明月松间照，清泉石上流"②；但是他们笔下很少有对某地山水的具体而确定的描写。这种情形或许与王维首创的写意画有某种相通之处，即"当以神会，难可以形器求也"③。

杜甫则与众不同。当然也应指出，就在杜甫的这一组《发秦州》纪行诗中，也不是完全没有类似上述情形的例子，比如写山之高峻的"连峰积长阴，白日递隐见"④、"山峻路绝踪，石林气高浮"⑤等句，但就其总体而言，杜诗却呈现着与上述山水诗完全不同的风貌：杜诗对于山川景物的描写是具体的、明确的、体现了鲜明个性的。试以《发秦州》一组诗中的《青阳峡》为例：

> 塞外苦厌山，南行道弥恶。冈峦相经亘，云水气参错。林迥峡角来，天窄壁面削。磎西五里石，奋怒向我落！仰看日车侧，俯恐坤轴弱。魑魅啸有风，霜霰浩漠漠。忆昨逾陇坂，高秋视吴岳。东笑莲华卑，北知崆峒薄。超然侔壮观，已谓殷寥廓。突兀犹趁人，及兹叹冥漠。

杜甫自从"迟回度陇怯"⑥来到"莽莽万重山"⑦的秦州，又离开秦州向同谷进发以来，已经翻越了无数的高山峻岭了。作为亲受跋涉之苦的诗人，当然希望地势能变得平缓些。而作为读者的我们，在读过了《赤谷》《铁堂峡》等诗之后，也满以为不会出现更为险峻的山岭了。可是造物仿佛是有意识地显示其伟力，而诗人也仿佛欲以其雄强的笔力与造物比个高低，出

---

① 孟浩然《秋登万山寄张五》，《全唐诗》卷一百五十九。
② 王维《山居秋暝》，《全唐诗》卷一百二十六。
③ 沈括评王维画语，见《梦溪笔谈》卷十七。
④ 《积草岭》，《杜诗镜铨》卷七。
⑤ 《凤凰台》，《杜诗镜铨》卷七。
⑥ 《秦州杂诗二十首》之一，《杜诗镜铨》卷六。
⑦ 《秦州杂诗二十首》之七，《杜诗镜铨》卷六。

现在我们眼前的句子偏偏是“南行道弥恶”！这就给读者已经绷得很紧的心弦又加上了很大的张力。那么，此处的山岭到底是怎么个恶法？下面就展开了具体的描写：重岩叠嶂，云水迷茫。乱云嶙峋，铺天塞地。如果说这些描写已经不同寻常，那么下面两句就更惊心动魄了：“磎西五里石，奋怒向我落！”韩愈的《南山》诗写终南山之高峻，虽竭尽全力铺陈排比，但后人仍以为“凡大山皆可当，不独终南也”①。而杜甫此诗则绝无他山可当，因为他写出了青阳峡独有的奇险之景。在这种地方，正可看到杜甫的心思与笔力过人之处。正因为有了如此深刻的具体描写，诗中称此山压倒众山才令人信服而不失之浮泛。

不在这组联章诗之内而写于同谷的《万丈潭》也具有这种特征：

> 青溪含冥寞，神物有显晦。龙依积水蟠，窟压万丈内。跼步凌垠堮，侧身下烟霭。前临洪涛宽，却立苍石大。山危一径尽，岸绝两壁对。削成根虚无，倒影垂澹瀩。黑知湾澴底，清见光炯碎。孤云到来深，飞鸟不在外。高萝成帷幄，寒木垒旌旆。远川曲通流，嵌窦潜泄濑。造幽无人境，发兴自我辈。告归遗恨多，将老斯游最。闭藏修鳞蛰，出入巨石碍。何当暑天过，快意风雨会！

此诗写潭，着力于环境之刻画和气氛之渲染。《杜臆》评曰“起来二句有大力量”，其实下面两句更是如此，“窟压万丈内”的“压”字何等笔力！是什么东西把龙“压”在万丈深潭之中呢？诗人没有说，而从下面的描写来看，应是指整个的环境和气氛。此潭既大且深，四周绝壁如削，草木繁密，这一切组成了一个与外界完全隔绝的封闭环境，连云彩和飞鸟都被锁在这个环境之内，更不用说深藏潭底的龙了。此诗所展现的雄奇、险怪、幽僻、阴森兼而有之的环境，是万丈潭的独特之景，换句话说，此诗写出了万丈潭的个性。

为什么杜甫描写山水能达到如此独特的造诣呢？我们认为在于诗人

---

① 王履语，见《杜诗详注》卷八《万丈潭》后附注。

的写实手法。虽然杜甫在具体描写时也不排斥夸张和想象，但这些手法都是用来形容人间的真山实水的。就总体而言，杜甫和李白的山水诗有很大的不同。李白的山水诗中当然也有纯属写实之作，但他那些神思飞扬、词采壮丽的长诗却有不少是出于虚构的。李白梦游天姥，即吟成长歌；神驰蜀道，亦写出巨篇。毫无疑义，这些诗都是传诵人口的杰作。诗人用惊人的想象力在读者面前展示了一幅幅烟云明灭、变幻莫测的奇山异水，具有极高的审美价值。但是，“翻空易奇”而“征实难巧”①。相比之下，杜甫那种写实的方法难度更大。王嗣奭云：“盖李善用虚，而杜善用实。用虚者犹画鬼魅，而用实者工画犬马，此难易之辨也。”②如果把此语仅仅用来评论李、杜的山水诗，那么是很确切的。因为虚写可以忽略许多细节，可以仅勾勒其大体而不必显示其个性，而实写就必须刻画出某一处真山实水的特点。显然，后者需要更细致的观察和更雄强的笔力。我们把杜甫的这组纪行诗与李白的《蜀道难》比较一下，就不难看出这个差别。李白诗中虽然对蜀道之艰难三致意焉，那些充满着想象、夸张的惊人之语也确实使人叫绝，但是蜀道山川到底是怎样的壮伟，其道路又是怎样的艰难，诗中并没有具体而细致的描写。而杜甫的这组纪行诗则使读者觉得“分明如画”③，而且“如陪公杖屦而游”④，这正是杜甫的独到之处。

（五）

杜甫没有公然像李白那样，说自己是“五岳寻仙不辞远，一生好入名山游”⑤，但早年壮游吴、越、齐、赵，晚年漂泊秦、陇、蜀、楚，也经历了许多名山大川。如果把杜甫所游历过的山川与杜诗中所描写过的山川统计对照一下，我们可以发现，诗人并不是有见必书的，他在用诗笔赞颂祖国的

---

① 此处借用《文心雕龙·神思》中语，但与刘勰原意无关。

② 《杜诗笺选旧序》，《杜臆》卷首。

③ 见《朱子语类》卷一百四十。

④ 鲁訔《编次杜工部诗序》语，见《草堂诗笺·传序碑铭》。

⑤ 《庐山谣寄卢侍御虚舟》，《李太白全集》卷十四。

山川时是有所选择的。

杜甫于开元十九年(731)南游吴越，至二十三年(735)方归，他那时正是“裘马颇清狂”①的贵介公子，可以优游不迫地观赏山水。但是在杜集中并未留下咏吴越山水的诗篇。当然这也许是由于少作未能保存下来，可是在他晚年所作的《壮游》诗中，虽然说“剡溪蕴秀异，欲罢不能忘”，而从全诗来看，引起他回忆的与其说是吴越山川，倒不如说是那里的历史人物。由此我们可以推测，吴越一带秀丽妩媚的山水也许并没有引起杜甫多少吟兴。杜集中最早的山水诗是诗人游吴越归来的次年(开元二十四年)所作的《望岳》，咏的是与吴越山水风格迥异的泰山，看来并不是偶然的。杜甫的山水诗中以咏秦陇和夔巫两处雄伟山川的为最多最好，也不是偶然的。

就题材内容的广泛性来说，杜诗是前无古人的。单就咏物的范围来说，杜诗也是前无古人的。巨至山川日月，微至草木虫鱼，在杜甫笔下都成了绝妙的诗料。王安石对此惊叹说：“浩荡八极中，生物岂不稠？丑妍巨细千万殊，竟莫见以何雕锼。”②并非过誉之词。当杜甫在成都过着较为平静的生活时，他的笔下出现了诸如《舟前小鹅儿》《题桃树》等诗题，他也曾咏过“花浓春寺静，竹细野池幽”③、“小院回廊春寂寂，浴凫飞鹭晚悠悠”④等细巧婉丽之景，但是相对而言，杜甫对于那些雄伟壮丽的事物有着特殊的爱好。这是什么原因呢？

首先，这和诗人的性格、胸襟有关。从本质上说，咏物诗也是抒情诗。咏物诗的创作过程就是诗人用他的主观世界去观照、拥抱客观事物的审美过程。在这个意义上，只有当诗人的主观世界与他所咏的客观事物相吻合时，诗人的笔下才可能创造出和谐的美。杜甫从小就喜爱吟咏那些壮丽的事物：“七龄即思壮，开口咏凤凰。”⑤他青年时代怀有远大的抱负

① 《壮游》，《杜诗镜铨》卷十四。
② 《杜甫画像》，《临川先生文集》卷九。
③ 《上牛头寺》，《杜诗镜铨》卷十。
④ 《涪城县香积寺官阁》，《杜诗镜铨》卷十。
⑤ 《壮游》，《杜诗镜铨》卷十四。

和雄伟的气概:“会当凌绝顶,一览众山小。”①他在政治上自视甚高:“许身一何愚,窃比稷与契。”②他在文学上更是气冲斗牛:“赋料扬雄敌,诗看子建亲。”③雄豪的性格、伟大的抱负、高尚的人品、阔大的胸怀,这些内在因素决定了杜甫在审美情趣上往往倾向于阳刚之美即壮美,因为只有雄伟壮丽的审美对象才能与审美主体的上述特性达成默契。而就山水而言,只有秦陇、夔巫那样雄奇伟丽的高山巨川才能真正拨动杜甫的心弦,从而发出最和谐的共鸣。

其次,这和诗人的创作倾向有关。如上所述,杜甫的性格特点使他倾向于阳刚之美,这与他诗歌的艺术风格是一致的。杜甫批评当时某些诗人说:“或看翡翠兰苕上,未掣鲸鱼碧海中。”④可见他对笔力细弱、风格纤巧的倾向是不满的。他推崇的是笔力雄强、气象阔大之作。杜甫的创作实践与他的文学观点完全一致,其中最主要的体现就是如赵翼所指出的:“盖其思力沉厚,他人不过说到七八分者,少陵必说到十分,甚至有十二三分者。其笔力之豪劲,又足以副其才思之所至,故深人无浅语。”⑤毫无疑问,“思力沉厚”“笔力豪劲”的诗人并不是不能描写细小、寻常的事物。但是,真正能让这样的诗人驰骋其才思、显露其笔力的还是那些奇伟不凡的事物。就山水而言,只有秦陇、夔巫那样雄奇伟丽的高山巨川才能与诗人的才思笔力相称。上文所分析的两组纪行诗证实了这一点,杜甫晚年在夔州、巫峡一带写下的许多山水诗也可证实这一点。当然,“发秦州”“发同谷”这两组纪行诗与咏夔巫山川的诗有不少相异之处,但是就其构思之深刻、用力之沉厚而言,两者是很接近的。

综上所述,我们认为杜甫的“发秦州”“发同谷”这两组纪行诗在古代的山水诗中是空前绝后的。杜甫虽不以山水诗人而著称,但他在山水诗上的造诣却不应当被忽视。

---

① 《望岳》,《杜诗镜铨》卷一。

② 《自京赴奉先县咏怀五百字》,《杜诗镜铨》卷三。

③ 《奉赠韦左丞丈二十二韵》,《杜诗镜铨》卷一。

④ 《戏为六绝句》之四,《杜诗镜铨》卷九。

⑤ 《瓯北诗话》卷二。

杜甫在夔州诗中所反映的生活悲剧

张宏生

人生的道路曲折艰难。痛苦和欢乐彼此更替，绝望与希望互相交织。杜甫敏感的心灵，洋溢着多少落寞的情思和不甘落寞的追求。他旅居长安十年，是那样地渴望着“致君尧舜上，再使风俗淳”①，而终于发出“无才日衰老，驻马望千门”②的感慨，离开了这个他希望有所作为的政治中心。这一份惓惓之情，始终折磨着他。华州途中的血泪，秦州塞上的风烟，成都草堂的彷徨——歌喉由高亢而深沉，感情由热烈而浓郁。大历元年(766)，他又伴着阵阵沉重的叹息来到了夔州，以整个身心，更深地感受着人生巨大的痛苦。

人生最大的痛苦，大概莫过于压抑之痛了。慷慨淋漓，长歌当哭，这痛苦也会呈现出光辉，含蕴着快感；而如果落寞的情怀只能是愁肠百转，郁结心中，那会是怎样的一种悲哀！杜甫正是如此。这个悲剧性的人物来到夔州后，一生的悲剧达到了高潮。人们也许不愿意接受这样一个事实，即彼时彼地的杜甫，个性上发生了一些变化：他似乎是更多地收起了自己的棱角，而表现出对喜剧因素的倾心。在夔州的两年时间里，杜甫的生活较为安定。他有公田百顷，柑林四十亩，还有一些奴仆，如獠奴阿段，隶人伯夷、辛秀、信行，女奴阿稽等。可这一切，都是一个名叫柏茂琳的小军阀赐予的，而杜甫对于这种仰人鼻息的生活，竟又表现出一种异乎寻常

---

① 《奉赠韦左丞丈二十二韵》，《杜诗镜铨》卷一。

② 《至德二载，甫自京金光门出间道归凤翔。乾元初，从左拾遗移华州掾，与亲故别，因出此门，有悲往事》，《杜诗镜铨》卷五。

的顺应。这就使我们不免大为惊讶了。不错，杜甫一直是穷愁潦倒的，几乎一生都没有摆脱依附的状态；但是，在这同时，杜甫又是不甘心的，他总是要大声唱出自己的委屈和不平，带着一种不加掩饰的愤懑。十年的困守长安，他“朝扣富儿门，暮随肥马尘。残杯与冷炙，到处潜悲辛”①。虽然悲痛，而那种愤怒的感情，却使人感到他发自内心的、迫切要求改变现状的愿望。即使是在成都草堂，依附好友严武，他还是不能使自己那不屈己、不干人的素质稍加改变：“白头趋幕府，深觉负平生”②；“强将笑语供主人，悲见生涯百忧集”③。他那波动的心灵是多么难以平息！他那强烈的屈辱感是多么难以排遣！这才是杜甫的本来面目。从这一点出发，人们也许会惋惜他的变化，惋惜他会那样轻易而又平静地以千秋诗笔为一个小军阀写出一批颂美之作：《览柏中丞兼子侄数人除官制词，因述父子兄弟四美，载歌丝纶》《览镜呈柏中丞》《陪柏中丞观宴将士二首》《奉送蜀州柏二别驾将中丞命，赴江陵起居卫尚书太夫人，因示从弟行军司马位》《为夔府柏都督谢上表》等。且看其中一首：

渭水流关内，终南在日边。胆销豺虎窟，泪入犬羊天。起晚堪从事，行迟更学仙。镜中衰谢色，万一故人怜。

——《览镜呈柏中丞》

往昔，是多么悲哀；现状，又是多么凄凉。相形之下，对于杜甫来说，似乎能在此地得到“频分月俸”④的柏氏的庇护，真是天大的幸事了。

生活把一个伟大诗人逼到这个地步，不是天大的悲剧又是什么？哪个有情的读者对此不为之一掬同情之泪。然而，杜甫毕竟是杜甫。如果忽视了他心灵的那份潜在意念而仅仅着眼于外观，那也不过是误会而已。确切地说，他的个性表面上的改观，只是由于感情遭压抑而对现实妥协的

---

① 《奉赠韦左丞丈二十二韵》，《杜诗镜铨》卷一。

② 《正月三日归溪上有作，简院内诸公》，《杜诗镜铨》卷十二。

③ 《百忧集行》，《杜诗镜铨》卷八。

④ 《峡口二首》自注，《杜诗镜铨》卷十五。

一种表现。正因遭此压抑，他那从扭曲的心灵中发出的微弱呻吟暂且被淹没了。想想看，诗人敏感的心灵怎能经受住这种折磨？他心中郁结的痛苦又该是多么深沉！所以，一离开夔州，他马上像摆脱瘟神一般地欢快轻松，并对两年的夔州生活作了反省："艰危作远客，干请伤直性。"①能够为自己"直性"的复归大声歌唱，这对杜甫是一件多么振奋的事！而再回过头来想想他的那种貌似恬淡的"干请"，又是融汇了多少血泪！杜甫的个性没有变，他只是在"自哂"（《久客》"衰颜聊自哂"）。他内心的一切都以这种"自哂"的形式表现出来了，所以，杜甫的悲剧才那么令人惊心动魄。同时，在我们对这个悲剧感到震惊之余，不禁要问：是谁把伟大诗人逼成这样的？杜甫的悲剧，实在是时代的悲剧，杜甫的消沉，也恰似时代的剪影罢了。从这个观点出发，人们就同样不应当，也不会忍心去责备杜甫往日的锐气的丧失了。如果说，安史之乱前夕，杜甫就已经看出这个王朝不配有更好的命运，那么，现在，他更加感到了它的衰落，而这个王朝又是那样地与杜甫息息相关。在这个意义上，我们对杜甫晚年一再哀叹着"年年非故物，处处是穷途"②、"百年同弃物，万国尽穷途"③，就会深深地同情，深刻地理解了。

压抑，是杜诗在夔州的重要内蕴。他个性的压抑，造成了感情的畸形，而思想上的压抑，又带来了诗歌格调上的苍凉。经历了长年的颠沛流离后，从安居于成都草堂开始，杜甫就和陶潜有了共鸣④，而来到夔州后，这种共鸣就更其强烈。不仅在诗篇中经常提到陶，也不仅在用典时经常引到陶⑤，更主要的是许多诗的格调情趣酷似陶。显然，杜甫是有意为之。但是，他的学陶，虽然有时也能具有陶诗面目，却并不能真正与陶诗融成一体，不过是借陶潜表现自己而已。因为，杜甫做不到陶潜那样恬

---

① 《早发》，《杜诗镜铨》卷十九。

② 《地隅》，《杜诗镜铨》卷十九。

③ 《舟中出江陵南浦，奉寄郑少尹审》，《杜诗镜铨》卷十九。

④ 《可惜》："宽心应是酒，遣兴莫过诗。此意陶潜解，吾生后汝期。"《杜诗镜铨》卷八。

⑤ 杜诗提到陶潜其人其事的地方有三十九处，而仅在夔州的两年时间里，就提到十处之多。

淡。陶潜虽然有时也难以忘怀现实社会，可社会的黑暗已使他深深失望了。因此，复归自然的生活给他带来的是真正的快乐。而杜甫是并不愿意隐居的，他忘不掉自己的理想和抱负。在他心中，寂寞的悲凉和执著的热情非常奇妙地糅合在一起。他不甘寂寞而又不得不寂寞，这就使他和自然并不能完全和谐。实际上他的学陶只不过是压抑自己心中热情的一种特殊的手段。所以他的这类作品，就呈现出一种恬淡中的悲哀。与陶诗相比，这种悲哀更为深沉。黄生已看出了这一点，他说："杜田园诸诗，觉有傲睨陶公之色，其气力沉雄，骨力苍劲处，本色自不可掩。"①所谓"气力沉雄，骨力苍劲"，尽管有些抽象，却也道出了某些具有丰富内蕴的、与田园这一主题似矛盾又似统一的属于杜甫的东西，这就是杜甫的"本色"。下面举两首诗为例来看一下杜甫的情怀。

> 穷老真无事，江山已定居。地幽忘盥栉，客至罢琴书。挂壁移筐果，呼儿间煮鱼。时闻系舟楫，及此问吾庐。
>
> ——《过客相寻》

> 众壑生寒早，长林卷雾齐。青虫悬就日，朱果落封泥。薄俗防人面，全身学《马蹄》。吟诗重回首，随意葛巾低。
>
> ——《课小竖锄斫舍北果林，枝蔓荒秽净讫，移床三首》之二

第一首是恬淡的，可我们如果同陶潜的诗略加比较的话，便会发现恬淡之下隐藏着火一样的激情。陶潜逃离了腐朽混浊的官场，重新回到宁静的田园生活中以后，他是真的庆幸自己的"归园田居"："野外罕人事，穷巷寡轮鞅。白日掩荆扉，虚室绝尘想。"②由于心灵的淡泊，在他的眼中，一切社会人事显得多么无足轻重，他的环境，在他看来，完全是和心灵起伏的节奏相和谐的，因此，他悠然自得，感到其乐无穷。这是只有远离了

---

① 《杜诗详注》卷十九引《杜诗说》。

② 陶潜《归园田居》之二，《先秦汉魏晋南北朝诗·晋诗》卷十七。

生活激流的人才能持有的态度。而杜甫就不同了。“地幽忘盥栉”，颇有点超然、物我两忘的意味；终日价抚琴、读书，也可以说是优哉游哉。可是，“穷老真无事，江山已定居”。原来，“穷老”而“无事”只是一种无可奈何的慨叹，而终于认为“江山已定居”，又是带有多少的自嘲！字里行间，表现出难以排遣的无聊和忧郁。因此，对于客人的来访，他表示了那样巨大的、抑制不住的兴奋，甚至不顾自己的老病之身，亲自“挂壁移筐果”，又急忙“呼儿问煮鱼”——一个个的细节，是多么平淡而又倾注了他多少热情和蕴含着多少悲凉！正因为客人的来到，给他那凝滞的、灰暗的生活染上了人间的情趣和色彩，所以，送客时他才会那样热切地叮咛着：“时闻系舟楫，及此问吾庐。”他是多么地盼望有人来安慰他枯寂的心灵！他的一腔热情被自己久久压抑着，甚至连他自己都不敢承认还有这种热情，于是，他就人为地煎熬着自己。我们由此对杜甫的品格和思想可以了解得更深刻了。

讨论第二首时，不妨与杜甫写于成都的《独酌》一诗进行参照：

步屧深林晚，开樽独酌迟。仰蜂粘落絮，行蚁上枯梨。薄劣惭真隐，幽偏得自怡。本无轩冕意，不是傲当时。

两首诗的情趣是有相同之处的，特别是“仰蜂粘落絮，行蚁上枯梨”同“青虫悬就日，朱果落封泥”两联，闲适的格调，很难使人认为竟是写于两个时期。但是，两首诗在根本上又是不同的。在成都时，杜甫虽然苦闷，但还有着信心，处于一种彷徨状态。因此，他既能够领略大自然的甘美，又敢于承认自己“薄劣”，不是“真隐”，只是以“幽偏”之“怡”自慰罢了；同时，他又在自得的叙述中透露了欲盖弥彰的消息：“本无轩冕意，不是傲当时。”以自嘲的形式，表现了一种失望中的强烈的向往。而夔州诗则恬淡中带着悲凉，恬淡中渗透着不自然，并不是真恬淡。一面在欣赏着“青虫悬就日，朱果落封泥”的自然情趣，一面又念念不忘过去的雄心壮志，“重回首”之余，强迫自己“全身学《马蹄》”，“随意葛巾低”。这个“随意葛巾低”的形象与陶潜相比多不协调。同是一方葛巾，同是“随意”，可戴在杜甫头上，就塑造出了一个饱经忧患、绝望之中燃烧着希望的火焰而又极力迫使自己平息这种火焰的具有丰富内蕴性格的形象。任何一个有情之人无不感受到这种压抑的沉重而为杜甫深深地叹息。

但是,感情的外壳又不是高度密封的。我们固然可以从内蕴上去了解杜甫,而那透过感情外壳的隙缝流露出的低吟,甚至更可以说明当着杜甫的思想由奔放而变为浓郁时,他的一切自我压抑是多么痛苦,实际上是多么的事与愿违。杜甫的悲剧就在于他不能完全超脱(这也正是他的伟大之处),在他的夔州诗里有一些有趣的现象,即虽然出现了许多试图"遣闷""解愁"的诗,可实际上并没有一首是达到预期效果的。这一类作品虽然长短不一,其结构形式却几乎完全一样,且看其中一首:

故跻瀼岸高,颇免崖石拥。开襟野堂豁,系马林花动。雉堞粉似云,山田麦无陇。春气晚更生,江流静犹涌。四序婴我怀,群盗久相踵。黎民困逆节,天子渴垂拱。所思注东北,深峡转修耸。衰老自成病,郎官未为冗。凄其望吕葛,不复梦周孔。济世数向时,斯人各枯冢。楚星南天黑,蜀月西雾重。安得随鸟翎,迫此惧将恐。

——《晚登瀼上堂》

"瀼岸"之下,崖石拥仄,好像压得人透不过气,又加上情绪的不佳,于是"为遣闷"[①]而"故跻瀼岸高",果然,系马山林,触目春景:白色的城墙像云彩一样,随着山势延伸起伏;山田里种的麦子,是那样绿油油一片,以至于看不出麦陇来。夕阳照着群山,照着大地,更感到春意盎然,而远远地看过去,那汹涌的江流好像不再流动了,显得平缓而又宁静。这是一幅多美的春色图,杜甫怎能不为之"开襟"呢?但是,这位诗人最大的特点,就在于他尽管陶醉于自然景色,但只能是暂时的,他永远也忘不了国家,忘不了人民;有时候,他心灵的负担太沉重了,便试图迫使自己忘掉这些,结果,随之而来的是更郁烈的忧愁。他似乎已净化在忧国忧民的情感之中,

① 《杜诗详注》卷十八。

以至于那有意识的心灵喘息只延续了片刻，马上便被那不自觉的、下意识的思维活动所代替。萦绕在他脑海里的，是蜀中大小军阀的相继叛乱给国家造成的危害，给人民带来的灾难。他热切地希望能出现往昔吕尚、诸葛亮那样的“济世”之才，来挽救这危乱的时局。而想想自己，“衰老自成病”，已是“无力正乾坤”[①]了，这一片忠爱之情，除了不断地发出“凄其”的哀叹，又能向谁诉说！为遣闷而出游，结果其闷更甚，这正是杜甫形象的生动刻画。显然，这首诗里的自然景色，已经不像“感时花溅泪，恨别鸟惊心”[②]那样鲜明地情景交融了。杜甫是很想使自己沉浸在大自然中，忘掉人世间一切忧患的，因此，联系实际情形，我们看到，那极恬淡、极自然、极真切的景物描写，只是更沉痛地宣告了杜甫压抑自己的企图终告失败，仅此而已。沉重的压抑，终于从心灵的隙缝中迸发出感情的全部，杜甫就是这样在折磨自己，社会就是这样在折磨这位千古诗人的。类似的写作手法，还见于《解闷十二首》《入宅三首》《复愁十二首》《雨》等诗。到底还是杜甫自我认识正确，他将这种状况归纳为“愁极本凭诗遣兴，诗成吟咏转凄凉”[③]。如果说，“遣兴”是愿意微笑的话，那么，这种微笑也是含着眼泪的。这就是悲剧力量之所在。

问题的关键是杜甫不能完全和光同尘，他偏要在已经注定了的悲剧结局里挣扎着去寻求对喜剧的憧憬，这样，个性上和思想上的压抑，就使他的诗风苍凉多了；而那在压抑的隙缝里迸发的感情，又显示了悲愤的色调——这就是杜甫夔州诗的风格：苍凉、悲愤。这是感情的深化，因而也就带有更大的悲剧色彩。

杜甫夔州诗的内容非常丰富，本文所探讨的生活悲剧，只是其中的一个侧面。其他如杜甫为反省当代历史而写下的《八哀诗》和一批回忆过去的诗以及七律联章诗的创造性运用等，都很有特色。这些，本文都暂不置论。

---

① 《宿江边阁》，《杜诗镜铨》卷十三。

② 《春望》，《杜诗镜铨》卷三。

③ 《至后》，《杜诗镜铨》卷十一。

晚年:回忆和反省

——读杜甫在夔州的长篇排律和联章诗札记

程千帆　张宏生

(一)

伟大的文学家杜甫,一生在诗歌创作道路上进行着孜孜不倦的追求,大历元年来到夔州以后,他的艺术创造力仍然十分旺盛①。这一时期他所写的一些长篇排律和联章诗②,以它独特的风貌,标志着作者对这些诗体的运用达到了全新境界,构成他诗歌创作的新成就。

---

① 据浦起龙《少陵编年诗目谱》,杜甫现存诗作,始于25岁,终于59岁,共1458首。诗人在夔州生活了两年,共作诗432首。这些数字表明,杜甫在其创作生涯的约6%的时间里,写出了全部诗篇的约30%的作品。

② 对于排律和各体联章诗,杜甫虽然早年便曾尝试使用,但以这些样式所写出的作品,其成熟期却无疑是在他的晚年。这不仅指其质,便是在量上也能反映出来。下面我们试以夔州为分界线,将杜甫一生创作联章诗的情况列表比较如下:

联章诗体 / 数量 / 时期	五古	七古	五律	七律	五排	七排	五绝	七绝
夔州前	十六	六	三十四	三	五十七	二	三	十三
夔州后	三	三	三十二	七	六十五	五	一	四

说明:(一)本表据浦起龙《读杜心解》对杜诗的编年和分类制成。(二)表中的“五排”和“七排”都是单篇作品,当然不是一般意义上的联章诗,但由于它们的长篇往往可以包涵一组联章诗的内容,故将二者一并列入表内,以便比较。自杜甫五十五岁(大历元年)来夔州,到五十九岁(大历五年)去世,不过才几年,竟创作了这么多的五排和近体联章诗,足证他晚年对这些诗歌样式的重视。

当我们仔细检点杜甫晚年的这些作品时，发现它们笼罩着一种浓厚的怀旧情愫，也就是体现着由现在回溯过去的反省[①]。对于这一现象，如果不是视其为一种巧合，就应该深入考察它形成的原因及其在杜甫创作发展道路上的意义。同时，也有必要对诗人所处的时代和他的心境同这一现象的关系作出合理的解释。

（二）

大历以后，唐帝国崩溃的危机总算成为过去，但整个政治社会的状况仍然没有什么太大的改观。虽距平定安史之乱已将近十年，而唐王朝的各种矛盾却日趋尖锐复杂，出现了一系列并发症。仅在大历元年前后不长的时间里，就有吐蕃、回纥、党项等族不断侵扰，又有安史余党和各藩镇拥兵作乱，真是“万方多难”[②]。这种局面，充分暴露了最高统治者的腐败无能。他们既无力抵御外侮，又一味姑息迁就由叛将变成的地方军阀，并不断加重剥削[③]，使广大人民继续承受深重的苦难。

---

① 杜诗中回忆和反省的诗篇并非全是长篇排律和联章诗，而其长篇排律和联章诗也并非全用以写回忆和反省这一主题。前者如《壮游》《昔游》，后者如《夔州歌十绝句》《戏为六绝句》。

② 《登楼》，《杜诗镜铨》卷十一。

③ 广德元年（763），吐蕃“入长安”。“宦官广州市舶使吕太一发兵作乱。”

永泰元年（765），“党项寇富平，焚定陵殿”。“时承德节度使李宝臣，魏博节度使田承嗣，相卫节度使薛嵩，卢龙节度使李怀仙……各拥劲卒数万，治兵完城，自署文武将吏，不供贡赋……朝廷专事姑息，不能复制。……仆固怀恩诱回纥、吐蕃、吐谷浑、党项、奴剌数十万众俱入寇。”大历元年（766），周智光叛，“擅留关中所漕米二万斛，藩镇贡献，往往杀其使者而夺之”。“（张）献诚与（崔）旰战于梓州，献诚军败。”杜鸿渐至蜀，闻献诚败而惧，“数荐之于朝，因请以节制让旰……上不得已从之”。“京兆尹第五琦什一税法，民苦其重，多流亡。”

大历二年（767），“淮西节度使李忠臣入朝，以收华州为名，帅所部兵大掠，自潼关至赤水二百里间，财畜殆尽，官吏有衣纸或数日不食者”。

大历三年（768），“幽州兵马使朱希彩、经略副使昌平朱泚、泚弟滔共杀节度使李怀仙，希彩自称留后”。“朝廷不得已宥之。”“吐蕃十万众寇灵武。”以上均见《资治通鉴》卷二百二十三、卷二百二十四。

历尽人生艰辛的杜甫，此时虽已远离政治斗争中心，可他那双充满忧患的眼睛却时刻注视着动荡不安的社会，常为那“不息豺狼斗”“时危人事急”的景况而“中宵泪满床”①。他这种饱受压抑而又感到无能为力的强烈的忧世之心，几乎给他日常生活的每一个细节都打上了深刻的烙印。当有客远道而来时，他一不道乏，二不叙旧，而是焦急地打听两京的情况：

> 有客归三峡，相过问两京。函关犹出将，渭水更屯兵。设备邯郸道，和亲逻逤城。幽燕惟鸟去，商洛少人行。
>
> ——《柳司马至》

他打听所得的，又常是这样令人忧虑的消息，使他貌似平静的生活，一次又一次地感受着深深的痛苦。

这痛苦对杜甫别具深沉的滋味。在他豪迈的青少年时代②，曾亲历“开元全盛日”③的辉煌，今昔盛衰对比鲜明，他永远难忘盛世的繁荣，就同他忘不了安史之乱的惨象一样。他一再表达对那已逝岁月的留恋：“本朝再树立，未及贞观时。”④“武德开元际，苍生岂重攀？”⑤这常使他沉浸在强烈的历史感中，以大量的诗篇来回忆和反省。

前面我们探讨过杜甫夔州诗中所体现的生活悲剧，指出诗人由于对精神上的痛苦长期自我压抑，致使个性发生了一些变化，并影响到诗风的

---

① 《暮春题瀼西新赁草屋五首》之五，《杜诗镜铨》卷十五。

② 《壮游》：“往者十四五，出游翰墨场。斯文崔魏徒，以我似班扬。七龄思即壮，开口咏凤凰。九龄书大字，有作成一囊。性豪业嗜酒，嫉恶怀刚肠。脱略小时辈，结交皆老苍。饮酣视八极，俗物都茫茫。东下姑苏台，已具浮海航。到今有遗恨，不得穷扶桑。……放荡齐赵间，裘马颇清狂。春歌丛台上，冬猎青丘旁。呼鹰皂枥林，逐兽云雪冈。射飞曾纵鞚，引臂落鹙鸧。……”《杜诗镜铨》卷十四。

③ 《忆昔二首》之二：“忆昔开元全盛日，小邑犹藏万家室。稻米流脂粟米白，公私仓廪俱丰实。九州道路无豺虎，远行不劳吉日出。齐纨鲁缟车班班，男耕女桑不相失。”《杜诗镜铨》卷十一。

④ 《咏怀二首》之一，《杜诗镜铨》卷十九。

⑤ 《有叹》，《杜诗镜铨》卷十八。

变化[1]。他在这个时期所写的回忆和反省的诗篇，自然也不能和他的悲剧生涯及心理状态无关。回忆往事，反省那些事实的成败是非，对家国之事进行历史性总结，这是诗人晚年人生道路已快走到尽头时的心理反映。在现实生活中遭罹难以承受的压抑，就难免会避开现实，让过去那些令人怀念和激动的日子来填充空虚的、哀愁的心灵，使压抑的精神暂时得到缓解。这种心理上的流向是很自然的，容易理解的。有不少人认为，杜甫之所以在夔州写出大量回忆和反省的诗，是由于这两年中他的生活比较安定之故[2]。这种解释似乎缺乏说服力。因为诗人在成都的生活也是安定的，甚至比在夔州还要安定一些，可是并没有写出这样一些作品来。

我们认为，夔州的回忆和反省诗，是杜甫生活在特定时期中的特定心情的产物，而且，他之所以较多地采用了长篇排律和联章诗，也正是为了表达在这一特定时期中的特定心情。在这些诗篇里，杜甫对过去理想破灭的怅惘，对现在时局纷乱的忧虑和对未来道路的朦胧希望，都纷纷交织在一起了。

（三）

在祖国历史上，杜甫主要是作为一个文学家的形象出现的，而伟大的文学家往往同时是伟大的思想家，二者的区别，只不过是思维方式的不同

---

① 参看程千帆、张宏生《杜甫在夔州诗中所反映的生活悲剧》，载本书。

② 如冯至云："除了歌咏山川和人民生活外，杜甫在这时（按：指在夔州时）有了充裕的时间，回忆他的青年时代。他在这偏僻的山城里与外边广大的世界隔绝，朋友稀少，生活平静，因此过去的一切经历在他的面前活动起来。"（《杜甫传》第162页）冯文炳云："杜甫在夔州的两年，因为生活单调，又比较地安闲，一方面是一组一组的往事回忆（《诸将》、《八哀》、《秋兴八首》、《洞房》等八首、《往在》、《昔游》、《壮游》，还有《夔州百韵》）……"（《杜诗讲稿》，载《杜甫研究论文集》二辑）缪钺云："杜甫居住在夔州时已是五十五六岁的晚年，而又生活平静，所以经常回忆往事。"（《杜甫夔州诗学术讨论会开幕词——综述杜甫夔州诗》，载《草堂》1984年第2期）陈贻焮也持同样的意见，他说："自从老杜来到夔州，村居多闲，旧事萦怀。"（《夔艺雌黄》，载《草堂》1984年第2期）

罢了。杜甫的伟大在于，他能够将深刻的思想和完美的艺术形象巧妙地结合起来，在每一个特殊的层次上，十分真实地反映世界。这到了他晚年生活在回忆中对历史进行再认识时，表现得尤为鲜明，下面试从纵、横两个方面讨论他的这种再认识。

首先讨论纵的方面。依据历史推移由近而远的时间差距可区分为三个层次。杜甫的回忆已将自己嵌进历史之中，并对历史深深地注入了自己的喜怒哀乐，所以不仅时间被大大浓缩了，历史也因此被赋予了强烈的主观色彩。这三个层次可用三组联章诗为代表，它们分别是《诸将五首》《八哀诗》和《咏怀古迹五首》。

《诸将五首》中描写的人物和事件，是离杜甫最近的层次。诗人以忧伤的目光，凝视着全国，“次第为自北而东而南而西为一寰区之周览。第一首北望长安，独标泾渭。第二首极目三城，特点潼关。第三首东望洛阳，兼及海蓟。第四首专言南海，第五首专言蜀中”[①]。诗人以其博大的胸怀拥抱了多灾多难的祖国母亲的整体。目光所及，思绪也随之飞扬，似乎任何一个方向都能勾起他痛心的回忆。如他北望长安，想到的是“昨日玉鱼蒙葬地，早时金碗出人间。见愁汗马西戎逼，曾闪朱旗北斗殷”，表现了他对吐蕃入寇，皇陵遭掘的惨象难以释然，对国家面临着的外患有着深广的忧虑。又如他东望洛阳，想到的是“洛阳宫殿化为烽，休道秦关百二重！沧海未全归禹贡，蓟门何处尽尧封”，表现了对安史之乱和对安史余党继续割据祸国所进行的严正谴责。这些祸乱虽然已经过去，但却与现实有着千丝万缕的联系。作为一个封建社会的知识分子，杜甫不可能批评最高统治者，他只能追究那些身系社稷存亡的将相对这种状况应负的直接责任，另一方面，则热切地期待着“出群”的“忠良”来“翊圣朝”。为了强调忠良翊国的重要性，杜甫举了王缙和严武为例。他们两人，一位是“募耕劝农”[②]的良相，一位是“军令分明”的良将。诗中并未详细写他们

① 见罗庸《读杜举隅》，载《杜甫研究论文集》一辑。

② 《钱注杜诗》卷十五云：“如王缙者，不过募耕劝农，修承平有司之职业而已。曰‘稍喜’者，盖深致不满之意，非褒词也。”按：在“天下军储不自供”之时，能够劝农以供军需，所以“稍喜”。似不能谓诗意为“深致不满”。钱笺求之过深，往往类此。

的功业成就，但在与那些被谴责的“诸将”的对比中，显然寄托着杜甫心中的这种热切期望。

《八哀诗》较之《诸将五首》，是离杜甫稍远些的层次。杜甫表达了对近数十年中八个著名人物的追忆。他们依次是王思礼、李光弼、严武、李琎、李邕、苏源明、郑虔、张九龄。在唐帝国由盛而衰的特定历史环境中，他们都曾在社会大舞台上献演过自己的人生悲剧，给杜甫的心灵带来了难以平息的激动。这八位人物大都有着宏伟的抱负、卓越的才具和磊落的气节。杜甫与他们或为至交，或曾谋面，或仅闻名，但对他们都怀着很深的敬意。在作为具有传记性质的这八首诗中[①]，杜甫对他们各自的生活道路有着较为全面的描写，又极力避免了流水账式的记载。这就是说，杜甫在描写他诗中的主人公时，往往选取了那些最富于代表性的、最震撼自己心灵的和最易于借此抒发自己主观感受的事件作为表现的对象。因此，贯穿主人公一生事迹的，并不是若干事件的逻辑联系，而是作者的感情。他通过自己独特的感受提炼了典型事件，使得人物性格更加鲜明。如他描写李光弼在安史之乱时扼守太原、力阻叛兵之势的伟业：

司徒天宝末，北收晋阳甲。胡骑攻吾城，愁寂意不惬。人安若泰山，蓟北断右胁。朔方气乃苏，黎首见帝业。

据《旧唐书・李光弼传》：“（至德）二年，贼将史思明、蔡希德、高秀岩、牛廷玠等四伪帅率众十余万来攻太原。光弼经河北苦战，精兵尽赴朔方，麾下皆乌合之众，不满万人。……（坚守）月余，我怒而寇怠，光弼率敢死之士出击，大破之，斩首七万余级。”这对唐王朝扭转局势、扫平叛乱来说，是一次关键性的战役[②]。正是在国家生死存亡的关头，李光弼作为一个良将所具有的才干和胆略，得到了充分的体现。又如杜甫对李邕立朝风节的描述：

---

① 王嗣奭《杜臆》卷七：“此八公传也，而以韵语纪之，乃老杜创格。”

② 仇兆鳌《杜诗详注》卷十六云：“当时安史称乱，禄山从河北而向潼关，思明从山右以瞰秦陇。自光弼西扼贼冲，故朔方无虞，而肃宗得起业灵武。”

往者武后朝，引用多宠嬖。否臧太常议，面折二张势。衰俗凛生风，排荡秋旻霁。

杜甫举了两个例子来渲染李邕对“衰俗”的“排荡”。《旧唐书·韦巨源传》：“太常博士李处直议巨源谥曰‘昭’。户部员外郎李邕驳之……而论者是之。”又同书《李邕传》：“(邕)拜左拾遗。俄而御史中丞宋璟奏侍臣张宗昌兄弟有不顺之言，请付法推断。则天初不应，邕在阶下进曰：‘臣观宋璟之言，事关社稷，望陛下可其奏。’则天色稍解，始允宋璟所请。”这两件事集中体现了李邕刚直不阿的风范和嫉恶如仇的品格，倾注了杜甫对这位前辈的深深敬慕。

杜甫对这八位历史人物的回忆，是带有他独特的体验的。这表现在，他不仅注意了他们才干的卓越和事业的辉煌，而且，还注意了他们的才智不被了解和事业难以发展的悲哀，这也就是杜甫将这组诗题为《八哀》的原因。他写李光弼忠而见谤，“死泪终映睫”的忧愤；写李琎这位“让帝子”在“谨洁极”的外表之下隐藏着的忧畏的内心①；写李邕虽才名甚盛，而终于“忠贞负冤恨”“坡陀青州血”的不幸；写张九龄“乃知君子心，用才文章境”的悲剧②。要而言之，“哀八公，非独哀其亡逝，大半皆有惜其不能尽用于时之戚”③。在杜甫看来，这些优秀人物都因生不逢时，才没有做出他们本来可以取得的更大成就。这样，杜甫就赋予了他们以时代的哀痛，而将这组诗的意蕴升华到一个更高的境界。

《咏怀古迹五首》是这三组诗中最远的层次。杜甫跳荡的思绪往复于祖国悠久的历史之中，而由于自己的行踪到达了或接近了他非常熟悉、非常敬仰的五位历史人物所生活过的地区，他的心灵律动因而发生了新的震颤。前人曾评这五首诗是“借古迹以自咏其怀抱”④，这原是不错的。

① 关于汝阳王李琎的精神状态，参看程千帆《一个醒的和八个醉的》，载本书。
② 《杜诗详注》卷十六云：“‘君子’二句，惜其抱济世之才，退而用心于文章也。”
③ 见佚名《杜诗言志》卷九。
④ 见《杜诗言志》卷十。

但既然这“五首托兴最远，有纵横万古、吞吐八极之概”[①]，那么，所谓咏怀，也就决不限于杜甫一己的情怀。像宋玉，他“以不世之才，遭荒淫之主，虽乃心宗社，而于治无补”[②]，这一悲剧足使千古贤臣感喟不已。而王昭君的遭遇，更能引起才高见忌者的强烈共鸣[③]。末二章，分咏刘备和诸葛亮，揭示出一种理想的君臣关系，于二人的明良相际，深有会心。杜甫将他所关注的对象赋予了历史的延续性，同时又有意无意地将诗中人物的命运进行比较，暗示应当联系现实来进行反省，使他的思想锋芒得到较为充分的显示。如第三首咏王昭君云：

画图省识春风面，环佩空归月夜魂。千载琵琶作胡语，分明怨恨曲中论。

金圣叹认为：“咏明妃，为千古负才不偶者十分痛惜。”又说这首诗是“从来弃才之主一面照胆镜”[④]。负才不偶的痛苦，有才不识的危险，这些沉痛的历史教训，一一从杜甫笔下流出，表现了杜甫对古代历史的远见卓识，也表现了他对时局的忧虑。

通过对以上纵向的三个层次的分析，不难看出，杜甫对于历史上的治乱兴衰，特别是导致治乱兴衰的人才问题，表示了极大的关心。《诸将五首》，写理想人才对于国家的重要性；《八哀诗》，写有才而难尽其用的悲哀；《咏怀古迹五首》，写对怀才不遇的同情和对能够识才、用才的赞美。联系唐代贞观、开元之时在上者知人善任所起的作用[⑤]，再看以

---

① 李子德语，杨伦《杜诗镜铨》卷十三引。

② 见《杜诗言志》卷十。

③ 程千帆、沈祖棻《古诗今选》：“在古代传说中，王昭君是一个为国家的利益而献身的妇女，也是一个不愿意为着个人地位而丧失正直品行的人物，所以人民自来非常同情她。”（第272页）

④ 金圣叹《杜诗解》卷三。

⑤ 用人和纳谏是唐太宗取得贞观之治、唐玄宗取得开元之治的两个主要原因。参看范文澜《中国通史简编》（修订本）第3编第1册第2章的有关论述，人民出版社1965年版。

上这些诗的写作年代，诗人针砭当世的用意是显而易见的。我们不能不佩服杜甫对历史与现实的洞察力，以及将这种洞察力表现于创作的巨大才能。

下面，我们再来讨论横的方面，它也有三个层次，这可以从《夔府书怀四十韵》与《秋日夔府咏怀奉寄郑监李宾客一百韵》①、《洞房》八首以及《秋兴八首》等这些篇章中看出来。它们之所以构成一个系列，是因其在某种意义上反映了杜甫在回忆过去时思维空间的不断扩展。

第一个层次是两首大型的五言排律。作为咏怀诗，诗人所表达的思想感情当然是多方面的。但是，从整体上看，则忆旧无疑是这两首诗的主要倾向，而这种倾向又集中在诗人所亲身经历的安史之乱前后的事件上。他回忆道：

> 昔罢河西尉，初兴蓟北师。……扬镳惊主辱，拔剑拨年衰。社稷经纶地，风云际会期。血流纷在眼，涕泗乱交颐。四渎楼船泛，中原鼓角悲。贼壕连白翟，战瓦落丹墀。……
>
> ——《夔府书怀四十韵》

这一段往事，在他心中沉积着无限的悲痛。因为那天翻地覆的历史进程在他身上打下的烙印是永远无法消失的。在叛乱初起的时候，他曾为叛军所掳，在沦陷了的长安城中过了一段困苦的日子，而侥幸逃脱，奔赴行在，又经历了非常的艰辛，以至于“麻鞋见天子，衣袖露两肘”②。作为一个当事人，他目睹了这个他曾寄予无限希望的王朝竟然如此迅速地土崩

---

① 朱东润《杜甫叙论》第九章：“这（按：指《夔府书怀四十韵》）是大篇的开始，以后还要发展。从今天看，律诗已经成为强弩之末，更不必说四十韵甚至百韵或更长的律诗了；但是在杜甫的时代，或是白居易、李商隐的时代，五言律诗正有强大的生命力，在长律中，更见得作者诗才的峻拔、雄肆及浩荡。时代在不断地演变，因此我们对于文学作品的评价，也必然要随时有所转变，倘使我们能按照时代的要求，加以适当地评骘，究竟比抛开时代，凭臆武断要更加合适些。”（第 171 页）我们赞赏这一见解。

② 《述怀》，《杜诗镜铨》卷三。

瓦解，这不能不强烈地震撼着他的心灵。甚至到了晚年，他还是难以忘怀自己的人生经历中这惨酷的一幕，对那“胡星一彗孛，黔首遂拘挛”[①]的巨变怅恨不已。在这样一种精神状态中，他用自己的笔再现了唐帝国由盛而衰的转折点上所展开的一段历史，并进而追思这段历史所延续下来的恶性反应，对“恒山犹突骑，辽海竞张旗。田父嗟胶漆，行人避蒺藜。总戎存大体，降将饰卑词。楚贡何年绝？尧封旧俗疑。长吁翻北寇，一望卷西夷”[②]所表示的深沉的忧虑，就能够得到读者的同情和理解了。

如果说，上面两首五排作为第一个层次，是杜甫融汇了自己的经历而反映了安史之乱前后的历史面貌的话，那么，第二个层次——《洞房》八首则是诗人站在一个较高的角度，从宏观着眼，拓展思路，使自己的反省面更为开阔而创作的一组诗。八首诗各有小标题，依次为《洞房》《宿昔》《能画》《斗鸡》《历历》《洛阳》《骊山》《提封》[③]。这种结构上的匠心，表现了作者有意将安史之乱作为一种历史的必然去进行考察，因而其思想方式是多维型的。面对历史中那曲折的一页，诗人看到的是多种事实之流向一个集中的低点倾斜，汇到一处，然后喷射出来，形成大变。这种理解，使他的观察和反省，远远超过安史之乱本身。在八首诗中，诗人所思考的主要问题在于：这场大乱何以会发生？他的历史感和责任感，使他在一定程度上摆脱了封建关系的桎梏，而将批判的矛头对准了最高统治者。如：“落日留王母，微风倚少儿”[④]；“能画毛延寿，投壶郭舍人。每蒙天一笑，复似物皆春”[⑤]；“斗鸡初赐锦，舞马既登床”[⑥]。将这些所谓“乐事”置于大乱的

---

① 《秋日夔府咏怀奉寄郑监李宾客一百韵》，《杜诗镜铨》卷十六。

② 《夔府书怀四十韵》，《杜诗镜铨》卷十五。

③ 杜诗有的本子，如钱谦益注所据吴若本，在《斗鸡》之后，《历历》之前，有《鹦鹉》一首。管世铭《读雪山房唐诗钞》卷十四“五律凡例”云：“《洞房》以下八章，皆取篇首二字为题，盖联章也。俯今仰昔，与《有感》《伤春》诸作，异曲同工。俗选有止登《洞房》一首而遗其下七章，殊不可解。（又《鹦鹉》一篇，系误行编入，不与前后诸章相首尾也。）”

④ 《宿昔》，《杜诗镜铨》卷十七。

⑤ 《能画》，《杜诗镜铨》卷十七。

⑥ 《斗鸡》，《杜诗镜铨》卷十七。

前夕，显然，杜甫认为，皇帝的淫游无度、恣意行乐、宠幸小人、不修德政，乃是祸乱产生的根本原因。那么，在“洛阳”已“陷没”，“胡马犯潼关”之时，“天子”才“初愁思”，又何以自解呢？金圣叹云：“‘初愁思’，妙，言天子直至是日初有愁思，写得最好笑。一向‘花骄’‘龙喜’，何等快活，却变出愁来。”①一个“初”字，写尽昏君情态，而那“历历开元”盛事，一朝化为云烟，所谓“无端盗贼起”②，也不过是正话反说而已。所谓“无端”，正是有端。如此着笔，更见百感交集。可是，即使在这种极端的忧伤、痛苦与感慨中，诗人对祖国的前途也没有丧失信心。因此，在这组诗的最后一首《提封》中，他提出要崇“俭德”，“征俊乂”，加恩四海。八首诗于未乱之前，隐隐写出将乱；正乱之时，写出致乱之由；已乱之后，写出弭乱之方。诗中历史过程的开阔，正反映出杜甫胸怀的开阔，而作为文学家的杜甫和作为思想家的杜甫，也就在此时更紧密地结合起来了。

《秋兴八首》是这三个层次中反映面最广的一组诗。杜甫以飞动的思绪，将多年来翻腾于胸中无法摆脱的由各种事实构成的历史过程充分立体化，并多向延伸出去。前人评这八首诗，以为“每依北斗望京华”是通篇主旨③，是很有道理的。长安，这个杜甫曾希望以之作为建功立业出发点的政治中心，始终寄托着他对祖国的无限忠爱。一个“每”字，形象地写出了他的执着。不仅如此，“望”既是视觉活动，又是心灵活动。在感情极端凝聚的时候，他的心也就不期然而然地从“夔府孤城”随着“万里峰烟”飞到了长安的“曲江头”，陷入对个人、社会和历史的沉思。他重温那消逝不久的“百年世事”，想到大唐帝国由盛而衰，都是亲闻亲见，不禁由衷地感到了“不胜悲”。在那烽火连天的岁月里，自己施展抱负的机会固然是谈不上了，而社会的动乱则更有可伤者。其间安史作乱，吐蕃、回纥入侵，安史余党负固不臣，官军内讧害民，以及由此导致的“城社丘墟，人民涂炭”，“宫庭丧乱，骨肉抛离”④，种种情事，一齐搅动着他的情思。抒情诗，不是

① 金圣叹《杜诗解》卷三。

② 《历历》，《杜诗镜铨》卷十七。

③ 见《钱注杜诗》卷十五。

④ 见《杜诗言志》卷十一。

叙事文学，杜甫对此不可能、也没有必要进行具体描绘，但他富有暗示性的极为精练的语言，仍然勾勒出了一幅幅生动的画面。如：

花萼夹城通御气，芙蓉小苑入边愁。珠帘绣柱围黄鹄，锦缆牙樯起白鸥。

又如：

织女机丝虚夜月，石鲸鳞甲动秋风。波漂菰米沉云黑，露冷莲房坠粉红。

如果将这一幅幅画面连接起来，铺展开去，就可以把这一段浸透作者的追求和痛苦、怀恋和怅惘的历史，多角度、多层次地在自己心目中展现出来，其场景的壮阔，在杜诗中是不多见的。关于这一点，张綖评论说："《秋兴八首》，皆雄浑丰丽，沉着痛快。其有感于长安者，但极摹其盛，而所感自寓于中。徐而味之，则凡怀乡恋阙之情，慨往伤今之意，与夫外夷乱华，小人病国，风俗之非旧，盛衰之相寻，所谓不胜其悲者，固已不出乎意言之表矣。"①他的话虽还不够全面，但他能从诗的容量着眼，看到这八首诗对历史的回顾，一切都"不出乎意言之表"，确是很有见地的②。

---

① 《杜诗详注》卷十七引。

② 杜甫回忆过去，不仅想得多，而且想得深，这就是说，他不仅仅满足于对过去的惆怅和思考，而是希望对今后的历史走向有所发现，有所预见，虽然这种发现和预见也许是很朦胧的。如他在诗中经常对朝廷纵容藩镇、宠信宦官进行指责："沧海未全归禹贡，蓟门何处尽尧封"（《诸将五首》之三）；"越裳翡翠无消息，南海明珠久寂寥。殊锡曾为大司马，总戎皆插侍中貂"（《诸将五首》之四）；"青蝇纷营营，风雨秋一叶。内省未入朝，死泪终映睫"（《八哀诗·故司徒李公光弼》）；"君臣尚论兵，将帅接燕蓟。朗咏《六公篇》，忧来豁蒙蔽"（《八哀诗·赠秘书监江夏李公邕》）。联系唐朝中后期因纵容藩镇和宠信宦官所造成的危害，应该说，杜甫是相当敏感的。这是一位伟大的思想家通过观察历史而对社会趋向的一种沉思。

(四)

通过前面的讨论,显然可以看出,杜甫晚年对于长篇排律和联章诗的创造和运用是十分重视的。他在内容上拓展了诗的境界,在形式上也进行了大胆探索,而二者的完美结合,又集中体现了他的独创精神。

作品的形式和内容是一对不可分割的、互相制约的范畴,前者对后者既是"传达"的关系,又是"组成"的关系。为了表现内容,作家总是要选取最完美的形式,因此,从本质上看,作品的形式是从内容获得的①。杜甫晚年沉浸在对过去的回忆中,其内心的动荡是难以抑制和排遣的。在这种心态中,他认为单篇小诗已难以表达自己的感情,就尝试着方法上的更新和提高,而终于找到了最适合表现当时心情的诗体。歌德说:"艺术要通过一种完整体向世界说话。但这种完整体不是他在自然中所能找到的,而是他自己的心智的果实。"②五言排律和联章诗,作为诗歌艺术的完整体,只是到了杜甫的晚年才成熟,它代表了杜甫创作的全新阶段,是杜甫进行了多年的艺术追求后,在晚年的特定精神状态中所获得的"心智的果实"。

独特的表现形态一旦固定下来,就必然反映着作者独特的审美体验。杜甫这些诗歌的共同主题,借用屈原的篇题,是"惜往日"。但他的表现手段却是十分丰富的:或写人,或写事,或写景,或抒情,或刻画场面,或进行议论,或古体,或近体,或大篇,或联章,将独特的历史风貌和作者的思想感情密切结合起来,达到了宏观与微观、主观与客观的高度和谐统一,充分体现了长篇排律和联章诗在表达深厚丰富的历史内容时所特有的开放式结构,显示了大笔濡染和穿插点缀相间的效果,情采亦复绚烂多姿,准确生动地表现了那样一个风云变幻的时代,使杜甫在诗歌创作史上又攀登了一座新的高峰。

① 见凯塞尔《语言的艺术作品》第7章、第9章,陈铨译,上海译文出版社1984年版。参看陈伟《什么是文学作品的内容》,载《读书》1985年第4期。

② 见《歌德谈话录》,人民文学出版社1978年版,第137页。

后 记

从 1979 年开始，我们先后来到南京大学跟千帆师学习古典文学，学习的重点是古典诗歌。在千帆师亲自给我们讲授的课程中，杜诗是一门重点课。除了课堂上的讲授之外，平时也常与我们讨论杜诗。在讲课和讨论的过程中，我们固然常有经过点拨顿开茅塞之感，千帆师也偶有“起予者商也”之叹。渐渐地，海阔天空的漫谈变成了集中的话题，若有所会的感受变成了明晰的语言。收在这个集子中的十一篇文章，都是在这个教学过程中产生的。我们现在把它们呈献给广大读者，既作为我们师生共同研读杜诗的一份心得，也作为千帆师指导我们学习的一份教学成绩汇报。

自从宋代以来，研究杜诗的专著汗牛充栋，今人所撰的单篇论文更是浩如烟海。在杜诗研究领域里，前代学者的努力主要集中在校勘、考证、注释方面。新中国成立以后，学术界比较重视对杜诗思想意义的阐发，同时也不废对杜诗艺术造诣的分析。我们对于前代和当代的学者们在杜诗研究中付出的辛勤劳动和取得的杰出成绩都深感钦佩，但同时也认为，杜诗是一个取之不竭的艺术宝藏，并不因为前人发掘已所得甚多，后人就会空入宝山。所以当我们从杜诗包蕴丰赡的艺术世界中漫游归来时，仍有不虚此行的感觉。

我们讨论的一个重点是杜甫在古典诗歌发展过程中的作用问题。有比较才能有鉴别，对于文学史上的任何一位重要作家，只有把他置于文学史演变的长河中进行全面考察，才有可能对他的地位作出比较公允的评价。而对于杜甫这样一位“集大成”式的重要诗人，就更应该如此。所以，我们用了较多的篇幅对杜甫与其前后的诗人进行比较。我们考察了屈原、贾谊的忧国忧民精神对杜甫的影响，也考察了杜甫在七言律诗中注入政治内涵的尝试对李商隐、韩偓的启迪。我们考察了杜甫的山水诗对谢灵运等人既有继承又有革新的现象，也考察了杜甫的咏物诗如何演变成宋人的“禁体物语”的过程。此外，我们还通过对一组“同题共作”诗歌的分析，论述了为什么在灿若繁星的盛唐诗人中只有杜甫登上了现实主义诗歌的顶峰。

我们讨论的另一重点是杜甫本人创作的发展过程问题。杜甫并非生来就是“诗圣”，杜诗在思想意义和艺术造诣两方面登峰造极的成就决不是一蹴而就的。我们把考察的目光集中于杜甫创作生涯中前后两个重要时期：困居长安时期和漂泊夔巫时期。对于前者，我们着重探索了杜甫是怎样从盛唐诗人的浪漫主义群体中游离出来而走上现实主义道路的。对于后者，我们着重探索了杜甫是怎样在艺术上达到“无意为文”的老成境界以及杜诗怎样由对现实的愤怒控诉而转变成深沉的内心独白。

最后，作为总结，我们对前人称杜诗为“集大成”的问题谈了我们的看法。我们认为，杜甫之所以被称为诗国的集大成者，最重要的意义不在于承前而在于启后。古典诗歌在盛唐之后仍能继续发展并最终由唐转宋，固然离不开中晚唐及宋代诗人的共同努力，但杜甫作为这一转变过程的始发轫者，其功绩是不可低估的。杜甫通过艰苦卓绝的艺术探求，在极大的程度上开拓了古典诗歌的世界，同时也就为后代诗人开辟了广阔的求新求变之路，诚如宋人王禹偁所云：“子美集开诗世界。”我们要探索的正是杜甫对诗歌世界的开拓过程及其前前后后，所以取王禹偁诗意，把本书题作《被开拓的诗世界》。

上面所说的就是本书的主要内容。读者很容易发现，这些文章中并没有多少独得之秘，更没有什么惊人之论。但我们可以自信地说，这里呈献给读者的是在较长时期中独立思考和实事求是的结果。在那些与别人相同的地方，我们没有为了趋时媚众而人云亦云；在那些与别人相异的地方，我们也没有为了一鸣惊人而标新立异。

对于这些文章本身，读者自会作出恰当的评判，不用我们饶舌。但既然本书实际上是一份教学成绩汇报，我们觉得有必要对千帆师指导我们研治古诗的方法稍谈几句。

长期以来，千帆师一直主张在古典文学的研究中应该采取将考证和批评密切结合起来的方法。他认为，没有考证方面的过硬本领，就会使研究流于粗疏空洞而难以求其实；而缺乏批评方面的深厚功力，又会使研究流于烦琐浅薄而难以极其深。在长达半个世纪的治诗过程中，千帆师正是从这两方面努力的。他从年轻时起，就在校雠学、史学等方面用功甚深。新中国成立以后，他又在新文艺理论和思维方式上不断拓宽治学之路。“旧学商量加邃密，新知培养转深沉”，这就是他在古典诗歌研究中获取重要成就的缘故，学术界对此是有目共睹的。除此之外，我们觉得还应该指出一点：千帆师不仅是一位勤勉的学者，而且是一位深有造诣的诗人。这样，当他探索古典诗歌艺术海洋的奥秘时，就不仅仅是站在海边远眺帆影，俯拾贝壳，而能亲自驾舟入海，领略起伏波涛之宏伟壮观与曼衍鱼龙之怪怪奇奇。千帆师出生于诗人之家，从小与诗结下了不解之缘。即使在那些风雨如磐的黑暗岁月中，也始终不废吟事。由于人所共知的原因，他数十年的诗作如今只残存薄薄的一册《闲堂诗存》，钱仲联先生为之题序云：“余循读数过，绝叹弥襟。其神思之窅远、藻采之芊绵，不懈而及于古。空堂独坐，嗣宗抚琴之怀也；天地扁舟，玉溪远游之心也。时复阑入宋人，运宛陵、半山、涪皤于一手。”我们自惭浅薄，不足以知千帆师之诗。但从钱先生的序中可以看出，老师对于诗艺不但造诣精深，而且转益多师，绝无宗唐宗宋的门户之见。正因如此，他在研究、批评古典诗歌时，就既能抉其精微，又不会为个人艺术趣味所左右而失之于偏颇。

当千帆师于八年前重新开始招收研究生之后，他就运用自己治诗的经验精心指导学生。在他为我们开设的课程中，包含着两方面的内容：一是他亲自给我们讲授校勘、版本、目录等一系列基础课，指导我们如何收集材料并进行去伪存真、去粗取精的整理；二是要我们熟读李、杜、苏、黄等大家的诗集,并且学着写些旧体诗,以提高诗学功力。只因我们的根底太浅,忝列门墙虽已数年,未能登堂入室。然而我们决心沿着老师所指引的道路继续前进,像老师一样,永远在祖国古典诗歌艺术海洋中不懈地探索。

莫砺锋 张宏生

1987 年 11 月 19 日

杜诗镜铨批抄

程千帆
撰

杜诗镜铨批抄

清人注杜者，钱、朱、仇、浦、杨五家为善。西河《镜铨》尤简明便于初学。往岁授徒，即用此本。隅照所及，书之简端。比来小暇，因略事简汰，抄为一帙。昔先师蕲春黄君之批萧《选》，不事繁辞，或仅缀片言，或但注一字，而其义自出。高山仰止，用是步趋。览者幸勿病其略也。癸亥九月，识于南京。

卷 一

《临邑舍弟书至……》(上海古籍出版社排印本〔下同〕页八)

〔利涉想蟠桃。朱鹤龄曰："末因临邑滨海，故用蟠桃巨鳌事。……盖戏为大言以慰之，题所云用宽其意也。"〕此谓辄欲因川涨之便，采仙桃食之。朱解末句是。然忧川涨而戏为大言以慰人，究非所宜。此公早岁之作之所以异于后来者也。关心民瘼不足，乃始有此大言。

《李监宅二首》(页一〇)

第一首

〔女婿近乘龙〕微有语病。后人因而不改。

《同李太守登历下古城员外新亭》(页一三)

〔气冥海岳深。注："言亭之气象远与海岳冥接。"〕当是谓气象冥漠与海岳俱深耳。

〔圆荷想自昔，遗堞感至今〕拙句。古人有和人之诗辄效其语者，此类是矣。

《与李十二白同寻范十隐居》（页一五）

〔入门高兴发，侍立小童清。评："入门句从对面写，侍立句从侧面写，偶然事只拈出便妙。"〕小童句但谓无声伎耳。评凿。

《郑驸马宅宴洞中》（页一六）

〔主家阴洞细烟雾〕浦二田云："起四字不雅。"此真《世说》所谓"卿居心不净"也。

《赠比部萧郎中十兄》（页二一）

〔魁梧秉哲尊〕秉哲犹云有德。

〔儿童惠讨论〕谓幼而相友共学。

《赠韦左丞丈济》（页二三）

〔有客虽安命，衰容岂壮夫〕叹老嗟卑，杜公未能免俗。

〔君能微感激，亦足慰榛芜〕谓略与嘘拂。

《奉赠韦左丞丈二十二韵》（页二四）

〔骑驴三十载〕当作十三载。

〔尚怜终南山，回首清渭滨〕即小杜之"欲把一麾江海去，乐游原上望昭陵"。

《春日忆李白》（页三一）

〔重与细论文。蒋云："细字对三四句看，自有微意。"〕此评穿凿。白年长于甫。甫从游时，白负大名久矣。岂有于赠诗中微文刺讥之理？

《送孔巢父谢病归游江东，兼呈李白》（页三二）

〔蓬莱织女（赵云："当从别本作玉女。"）回云车〕赵说是。玉女乘车，始见《惜誓》："载玉女于后车。"仇引相如《大人赋》，非其朔。仇又云："蓬莱在东海之中，织女为吴越分野，故用之。别本作仙人玉女，稍泛。"不思如以织女指分野，又何以回车乎？殆不可从也。

〔几岁寄我空中书〕朱注引《梁高僧传》，是。空中书与上蓬莱关合。玉女乘车是一事，蓬莱道人寄书又是一事，捏合用之。唐人每如此，不似后来用古之拘束也。

〔几岁寄我空中书〕"空中书"亦与上"蓬莱玉女"应。

《同诸公登慈恩寺塔》（页三五）

〔方知象教力，足可追冥搜〕此谓象教既行，乃始建塔。此塔既建，乃可登之以冥搜景物也。冥搜在此为景物之代词。追冥搜犹探胜穷景矣。

《投简咸（一作成）**华两县诸子》**（页三六）

但嗟己之贫，不及生民之困，非高作也。

〔鹤注："梁权道编成都诗内，以咸华为成都、华阳两县。"〕盖梁本咸作成，故随文释之。

《病后过王倚饮，赠歌》（页三七）

略同陶公《乞食》而更细致。

《示从孙济》（页三九）

〔小人利口实〕利口字出《论语》，实字足句。

《元都坛歌寄元逸人》（页四〇）

〔知君此计诚长往〕诚长往犹言实久计。

卷　二

《敬赠郑谏议十韵》(页四五)

〔毫发无遗憾,波澜独老成。旁批:“杜老自谓。”〕此仍美郑,非自谓也。然郑不足以当之。

《白丝行》(页四七)

为乐天《缭绫》诸篇所自出,而别有寄托,又与白之直赋其事者不同。

《前出塞九首》(页四七)

罗膺中云:此九首乃咏天宝六载高仙芝征小勃律事。盖据岑参从征归来,口述见闻成篇,与《后出塞》之咏安禄山征契丹同,非泛指边塞征伐之事。其说甚创,惜所著《前出塞本事说》迄未发表,无以窥其考证之详为憾尔。

第二首

〔走马脱辔头,……俯身试搴旗〕《扬旗》云:“庭空六(一作四)马入,駊騀扬旗旌。回回偃飞盖,熠熠迸流星。来缠风飙急,去擘山岳倾。材归俯身尽,妙取略地平。虹蜺就掌握,舒卷随人轻。”原注:“(广德)二年夏六月,成都尹严公置酒公堂,观骑士试新旗帜。”睹此则走马四句乃可了然,此之谓以杜证杜。

第三首

〔磨刀呜咽水,水赤刃伤手〕心不在焉。

第五首

〔军中异苦乐〕“战士军前半死生,美人帐下犹歌舞。”实写,此虚写。

第六首

此首是第一首“君已富土境,开边一何多”二语注脚。

太冲《咏史》,突出荆轲;公《游何将军山林》,独咏戎王子,与此篇同一机杼。而出之以议论，又于同中见异。

第九首

〔能无分寸功〕问语，启下。

《送高三十五书记十五韵》(页五〇)

〔饥鹰未饱肉〕此喻高未立功名，如持旌麾，则可云饱肉矣。非直以达夫比吕奉先也。大概古人用典，不甚拘忌，颇符德谚凡喻皆跛之旨。

《送韦书记赴安西》(页五三)

三已，四韦，五韦，六已，皆分承上云泥，脉络甚细。

《故武卫将军挽词三首》(页五四)

第一首

〔壮夫思果决〕壮夫指将军部曲。果决谓其慷慨成仁，视死如归。

《丽人行》(页五八)

前篇(《奉赠鲜于京兆二十韵》)叩阍无路，欲得国忠之援引，此篇又深讥之。于此见公在天宝乱前思想上之矛盾。

《醉时歌》(页六〇)

〔但觉高歌有鬼神，焉知饿死填沟壑〕《汉书·朱买臣传》："常艾薪樵，卖以给食，担束薪，行且诵书，其妻亦负戴相随，数止买臣毋歌呕道中。买臣愈益疾歌，妻羞之，求去。买臣笑曰：'我年五十当富贵，今已四十余矣。女苦日久，待我富贵，报女功。'妻恚怒曰：'如公等，终饿死沟中耳，何能富贵？'买臣不能留，即听去。其后，买臣独行歌道中。"二句即用此事，此真沈隐侯所谓使人不觉也。

《陪李金吾花下饮》(页六三)

〔醉归应犯夜，可怕李金吾〕此类调侃，下开宋贤。东坡每效之。

《陪郑广文游何将军山林十首》(页六三)

第四首

〔碾涡深没马。注:“碾涡,碾硙间水涡漩也,当指水磨,仇注非。”〕杨说是。《旧唐书・李元纮传》:“诸王公权要之家,皆缘渠立硙,以害水田。”庄园中立水硙,盖以作农产品加工之用。害水田,缘阻扼其水,蓄泄非时。

〔来问尔东家〕求田问舍之问。

第五首

〔绿垂风折笋,红绽雨肥梅〕此游在夏,诸篇所写,皆夏景也。独此二句阑入春景,其故何哉?弟子质疑,竟莫能答,甚愧。

〔银甲弹筝用。注:《古诗》:“十五学弹筝,银甲不曾卸。”〕此玉溪《无题》,非《古诗》也。十五当作十二。

第七首

〔阴益食单凉〕铺食单棘树之下,因得其荫。

第十首

〔幽意忽不惬,归期无奈何〕上果下因。

《重游何氏五首》(页六七)

第一首

〔高枕乃吾庐〕何氏山林,地堪高枕,犹吾庐然。

第二首

〔山雨樽仍在,沙沈榻未移〕盖雨后转晴,始命驾重游,故此首一二句后继以五六句也。

第四首

〔雨抛金锁甲,苔卧绿沈枪〕演武遇雨,遂卸甲置枪,可也,然何必置之雨中苔上。懒朝参,耽野趣,何故又贯甲挺枪山林之中?此岂得谓之用幽意乎?与上“将军不好武”句亦自矛盾。何义门摘其“家才足稻粱”句,谓“非但言其知足,正羡其无求于世”,其诠本句是矣,然未察及全首之疵。

《陪诸贵公子丈八沟携妓纳凉……》（页六九）

第一首

〔应是雨催诗。评：胡夏客云：“公子作诗，催之亦未必即就。……调笑中却有含蓄。”〕作公自谓，有何不可，而必谓雨催公子作诗耶？

《崔驸马山亭宴集》（页七四）

〔诗成得绣袍〕用当代事，开宋人先河。

《与鄠县源大少府宴渼陂》（页七五）

〔饭抄云子白。仇注：“北人谓匕为抄。”〕今吴语亦然。

〔主人情烂漫〕此云烂漫，犹今云热烈矣。

《渼陂行》（页七六）

〔沉竿续蔓深莫测〕此句极言陂水之深，非当时实有测水之举也。

《渼陂西南台》（页七七）

〔天水相与永〕从王子安文来。

〔仿像识鲛人，空蒙辨渔艇〕二句远景。上句幻，下句真。

〔乘陵惜俄顷〕转。

〔知归俗可忽〕知归，犹知退、知足。

《九日寄岑参》（页七九）

〔维南有崇山，恐与川浸溜〕恐终南为川浸所溺，极形雨势可忧，从《书》“怀山襄陵”来。

《苦雨奉寄陇西公，兼呈王征士》（页八一）

〔仲月来寒风〕仲月，仲秋之月。

《秋雨叹三首》(页八二)

第二首

〔相许宁论两相直〕此与结婚无关,乃形容米价踊贵耳。

第三首

〔长安布衣谁比数〕谓困穷无与伦比。

《夜听许十一诵诗,爱而有作》(页八八)

〔业白出石壁〕谓既得白业乃出五台。

《沙苑行》(页九一)

〔伏枥在垧空大存〕大存,大量存在。大犹多。

卷　三

《赠田九判官梁邱》(页九七)

〔宛马总肥春苜蓿〕马总缘食苜蓿而肥。

〔将军只数汉嫖姚〕誉其府主而幕客之贤自见。通首皆主客连言。

《送蔡希鲁都尉还陇右……》(页九八)

〔汉使黄河远,凉州白麦枯〕上句地,下句时。蔡归当在麦秋。

《桥陵诗三十韵,因呈县内诸官》(页九八)

〔即事壮重险〕事指奉安。

《后出塞五首》(页一〇二)

第一首

〔含笑看吴钩〕相视而笑,非但对吴钩而笑也。

《奉同郭给事汤东灵湫作》（页一〇五）

〔中夜窟宅改，移因风雨秋〕注引《剧谈录》咸通九年事，乃以后证前。

《自京赴奉先县咏怀五百字》（页一〇八）

〔蚩尤塞寒空〕蚩尤，雾之代词。注引《甘泉赋》，非。

《奉先刘少府新画山水障歌》（页一一二）

〔堂上不合生枫树，怪底江山起烟雾〕以画为真，此老惯技。

〔得非玄圃裂，毋乃潇湘翻〕曰裂曰翻，有截取玄圃、潇湘之景以成图意。

《晦日寻崔戢李封》（页一一三）

〔尸寝惊弊裘〕《曲礼》："坐如尸。"尸寝疑谓坐而假寐也。

《送率府程录事还乡》（页一一五）

〔抱病昏忘集〕因病故昏忘集于其身。

《白水崔少府十九翁高斋三十韵》（页一一六）

〔浩荡无与适〕谓前路渺茫，莫知所往。与下"逍遥展良觌"对衬。

〔铁马云雾积〕言其多，与太白《上皇西巡南京歌》之十"上皇归马若云屯"同意。

《三川观水涨二十韵》（页一一八）

〔火云无时出〕谓穷阴。

〔浦二田云：每述一事，必极其情状，仿像飞动，雕镂刻深〕今云细节描写。

《避地》（页一二〇）

〔诗书遂墙壁〕遂，竟也。

《哀王孙》(页一二〇)

〔昨夜春风吹血腥〕以下告王孙语。

《月夜》(页一二六)

〔何时倚虚幌〕虚幌谓疏帷。

《得舍弟消息二首》(页一二九)

第二首

〔生理何颜面〕是何颜面耶?

《忆幼子》(页一三〇)

〔忆渠愁只睡,炙背俯晴轩〕极形其无聊。东坡《大风留金山半日》结语云:"灊山道人独何事,半夜不眠听粥鼓。"石遗老人《宋诗精华录》卷二评之曰:"收无聊。"不知此正东坡自形其无聊也。但推己以及人耳。有此一衬,则此前"细思城市有底忙,却笑蛟龙为谁怒。无事久留童仆怪,有风聊得妻孥许"四语皆有着落矣。

《大云寺赞公房四首》(页一三二)

信斋徐先生以前二首未及战祸,疑为收京后拜拾遗时作,与后两首不同时。然细玩四篇,风格如一,未必为后之编集者所合并。近阅《湘绮楼日记》光绪十五年己丑四月十一日云:"宿赞公房是罢官后作,仇注编之陷贼,其愦愦如此。"则以为四首皆不作于贼中。惜先生已殁,无从更与细论矣。书此怆然。

第二首

〔自顾转无趣,交情何尚新〕自觉了无风趣,赞师何乃以新知见许?

第三首

〔钟残仍殷床〕此即《秦州杂诗》"秋听殷地发"之殷。

《雨过苏端》(页一三六)

湘绮日记同日又云:"《雨过苏端》则未授官时残杯冷炙之慨也。杜好吃而多怪,殊无名士风流。"余谓此评亦甚怪也。

〔诸家忆所历,一饭迹便扫〕见其时得食之难。

《喜晴》(页一三六)

〔春夏各有实〕即"高秋总馈贫人实"也。

《郑驸马池台喜遇郑广文同饮》(页一三七)

〔不谓生戎马。注:"谓当此戎马而犹得生存也。"〕注非。此用《老子》四十六章:"天下无道,戎马生于郊。"

〔重对秦箫发,俱过阮宅来。留连春夜舞,泪落强徘徊〕此写降贼诸人,尝于郑潜曜宅行乐。其后公游其地,遇郑同饮赋诗,因及尔时情事。重对秦箫,留连夜舞,皆追忆之辞,非二人身与其事也。泪落之句,犹摩诘凝碧之咏矣。

《喜达行在所三首》(页一三八)

〔眼穿当落日。朱注:"凤翔在京师西,故曰当落日。"〕落日当是即目之辞,非必指方位。

《述怀》(页一四〇)

〔尽室岂相偶〕谓难全保。

《送樊二十三侍御赴汉中判官》(页一四一)

此下送别诸篇,皆当作公之政论观。公拜拾遗后所建白,今虽不多见,然诵此诸篇,知其乃情帝室深矣。

〔豺狼沸相噬〕谓安史自残。以沸形容相噬,奇。此东坡《夜行观星》"小星闹若沸"所本。

〔使者纷星散〕谓奔走各方。

〔坐知七曜历〕犹谓知天文历数。

《送从弟亚赴河西判官》（页一四四）

〔崆峒地无轴，青海天轩轾。注："轩轾乃翻覆之义。"〕地无轴则倾斜，亦形容翻覆也。

《送韦十六评事充同谷防御判官》（页一四六）

〔古邑沙土裂〕谓苦寒。

《奉送郭中丞兼太仆卿充陇右节度使三十韵》（页一四八）

〔凄凉余部曲，燀赫旧家声〕上悼知运，下勉英乂。

〔雕鹗乘时去，骅骝顾主鸣〕上赴任，下恋阙。

〔勇决冠垂成〕谓在功败垂成之役，其勇决仍冠于一军也。

〔径欲依刘表，还疑厌祢衡〕二句冀英乂之援引。

《送杨六判官使西番》（页一五一）

〔兵甲望长安〕望其出兵收复长安也，然句未醒豁。

〔伤时即据鞍〕此下皆悬拟之辞。

卷　四

《留别贾严二阁老、两院补阙，得云字》（页一五四）

〔山路晴吹角，那堪处处闻〕《曲礼》："四郊多垒，此卿大夫之辱也。"下《独酌成诗》云："兵戈犹在眼。"意同。

《羌村三首》（页一五八）

第二首

〔畏我复却去〕畏我还去也。复却义同，皆训还，重言以足句耳。与"汉使徒空到"同。

《北征》（页一五九）

〔益叹身世拙〕叹不若琐细之山果，犹能各遂其生。

〔我行已水滨，我仆犹木末〕公盖假得李特进马，故行速也。参上《徒步归行》。

〔问事竞挽须〕此即《羌村》所云“娇儿不离膝，畏我复却去”也。

〔几日休练卒〕问语。

《彭衙行》（页一六五）

〔卑枝成屋椽〕露宿。

《喜闻官军已临贼境二十韵》（页一六七）

〔鼎鱼犹假息〕假息即借命。邱希范《与陈伯之书》：“靦颜借命。”与注引《后汉书·谢夷吾传》“游魂假息”意同。

《收京三首》（页一六九）

〔须为下殿走，不可好楼居〕谓本应自警，不当自逸也。此联追述丧乱所由。

《送郑十八虔贬台州司户……》（页一七二）

〔邂逅无端出饯迟〕无端，犹无由。盖虔被罪后，与公相见亦不易。故有是语。

《曲江二首》（页一八〇）

第一首

〔莫厌伤多酒入唇。注：“言莫以伤多而不饮也。”〕伤多即过多。玉溪《俳谐》：“柳讶眉伤浅，桃猜粉太轻。”可证。此唐人俗语。注非。

《奉陪郑驸马韦曲二首》（页一八三）

第一首

〔何时占丛竹〕占丛竹犹专一壑意。

〔头戴小乌巾〕野服。

《因许八奉寄江宁旻上人》（页一八六）

〔闻君话我为官在〕闻，使之闻也。君指旻公。

《得舍弟消息》（页一八七）

〔犹有泪成河，经天复东注〕注引《世说》顾长康哭桓宣武，泪如倾河注海，是也。然公诗中之河则指银河而非黄河，故得云经天。此暗用谢希逸《月赋》"隔千里兮共明月"之意。

拟《焦仲卿妻》调。

《送李校书二十六韵》（页一八八）

〔清峻流辈伯〕伯即文章伯之伯。

《义鹘行》（页一九二）

此诗取材民间传说。

〔翻身入长烟〕长烟即长云、高空。

《端午日赐衣》（页一九四）

〔意内称长短〕称字，于律当读平，于义当读去。

卷　五

《望岳》（页一九八）

〔安得仙人九节杖，拄到玉女洗头盆〕望而思登也。

《观安西兵过，赴关中待命二首》（页二〇〇）

第一首

〔用急始如神。邵长蘅云："急字，兵法所谓巧迟不如拙速也。"〕此谓用之危急之际，始见其制胜如神。用急与上句临危文义互足。急非缓急之急，邵说非。

《崔氏东山草堂》（页二〇三）

〔高秋爽气相鲜新〕玉山草堂，既隔尘嚣，高秋游历，亦增爽气，相得益彰，故曰相鲜新也。

《瘦马行》（页二〇四）

〔细看六印带官字〕非谓此马必具六印，乃检视其躯体当印之六处耳。

《遣兴三首》（页二〇五）

第一首

〔岂无柴门归〕柴门，指东京田园，启下。故次首即写念故居。

第三首

〔岂无一日还〕岂无言归之一日。

《至日遣兴奉寄北省旧阁老……》（页二〇六）

〔有时颠倒着衣裳。注："句言心意迷乱，正写穷愁之况，似不必拘定诗旨。"〕此用其辞不用其意耳。

《阌乡姜七少府设鲙，戏赠长歌》（页二〇九）

周减斋《因树屋书影》卷五云："古技艺中所不传者，弹棋；饮食中所不传者，斫脍。斫脍虽不传，然以意度之，或是闽广人所为鱼生之类；若弹棋则茫无影似矣。"据此，知斫脍之法，明末清初人已鲜知。其云即鱼生，证以杜公此篇所描绘，意或然也。然不知用何佐料耳。今闽粤人食鱼生粥，则细切鱼肉，沃以沸粥，使之半生熟，盖亦自食脍衍变而来。

〔无声细下飞碎雪。注:“言犹生也。”〕此注与上句注重出,盖衍文,当删。

〔于我见子真颜色〕真颜色即真感情,所谓盎于面,见于背。

《戏赠阌乡秦少府短歌》(页二一〇)

〔每语见许文章伯〕谓已每有议论辄为秦所称许,文章伯指秦。

〔多才依旧能潦倒〕多才而如此潦倒,则失意可知。先友夏瞿禅《杜诗札丛》:“今苏浙方言:‘能’字读阴平声,作‘如此’、‘这样’解,如‘能好’、‘能大’,殆即现在的‘恁’字。”其说至确。

《李鄠县丈人胡马行》(页二一一)

〔侧身注目长风生。张评:“侧身注目,写出英雄未遇,磊落自负光景。”〕如张评,是以注目属之胡骝矣。然玩诗意,似公与李并辔东驰,李骑胡骝,而公乘驽骀。以胡骝之瘦削,故公初亦未以为意,乃屡日同行,于马上侧目注视,乃始觉长风每生于其足下,迅疾可贵也。故上句云:“凤臆麟鬐未易识。”

《忆弟二首》(页二一二)

第二首

〔不问邺城围〕谓指日可下,不足问也。

《得舍弟消息》(页二一二)

〔乱后谁归得,他乡胜故乡〕庞石帚先生尝为余诵明李世熊《寒支集》句云:“怀人惟故鬼,作客在家乡。”盖黍离之悲,尤胜杜公之际遇也。

《观兵》(页二一三)

〔边隅今若何。注:“朱注以边隅为邺城,浦注谓指延州、雁门等。今按,只浑说为是。”〕诗结句云“斩鲸辽海波”,则边隅当指辽海亦即范阳乃合。

《独立》（页二一四）

〔容易往来游〕问语。

前四与五六比喻不统一，虽如杨云“独立偶有所见”，然施之律体，少觉形象支离。

《洗兵马》（页二一五）

〔关中既留萧丞相。注：“萧丞相谓房琯自蜀奉册，留相肃宗。一说：蔡梦弼谓指杜鸿渐。《唐书》：肃宗按军平凉，鸿渐首建朔方兴复之谋，且录军资器械储庤上之。肃宗喜曰：“灵武吾关中，卿乃吾萧何也。”按鸿渐为人无勋德，且非公所喜，自当指琯为是。”〕仍以据肃宗语指鸿渐为是。此联以萧比杜，良比镐，而以下四句则但及镐，不更及杜，知公非无所轩轾也。

《潼关吏》（页二二一）

〔艰难奋长戟，千古用一夫。注：《剑阁铭》：“一人荷戟，万夫趑趄。”〕此谓其地险仄，奋戟维艰。于孟阳铭亦但用其辞。

《新婚别》（页二二二）

〔久致罗襦裳〕久而始致也，下启秦韬玉“蓬门未识绮罗香”。

〔仰视百鸟飞。旁批：“比结。”〕人不如鸟之叹，乃反比也。

《垂老别》（页二二三）

〔杏园度亦难〕谓贼不易过。

〔忆昔少壮日，迟回竟长叹〕包含无尽。

《夏日叹》（页二二六）

〔夏日出东北〕此东北指寅时，亦犹《古诗》“玉衡指孟冬”，孟冬指西北。皆以方位与时辰相代。或者不解，故多歧说。

《立秋后题》(页二二八)

诸编年本多以此篇为华州作,其后即秦州诗。华州至秦州途中诗不少概见,岂有所遗佚,抑本未有纪行之什如《发秦州》、《发同谷》者耶?

《贻阮隐居》(页二二八)

〔清诗近道要〕公诗《哭台州郑司户、苏少监》又云:“道消诗发兴。”皆以诗与道连言,而意若相反。此亦批评史上文与道问题之较早资料,然论家鲜及之。

《遣兴三首》(页二二九)

第二首

此首为少数民族被征而作,知公胞与之怀,无间蕃汉。此他家所罕也。

《梦李白二首》(页二三一)

第一首

〔水深波浪阔,无使蛟龙得〕即《天末怀李白》之“魑魅喜人过”。看他如何正说反说。

第二首

〔三夜频梦君,情亲见君意〕不言己之亲白,转觉白之亲己,与《月夜》同一思路。

〔告归常局促,苦道来不易。江湖多风波,舟楫恐失坠〕告字一顿。苦字一顿。四句梦中闻白所云。苦道句当在告归句前,以用韵倒置。

〔出门搔白首,若负平生志〕二句梦中见白之状。

《遣兴五首》(页二三三)

第三首

〔评:黄山谷云:“子美尝困于三川,为不知者诟病,以为拙于生理。又往往讥议宗文、宗武失学,故寄之渊明以解嘲耳。俗人不领,便以为讥病渊明,所谓痴人前不得说梦也。”〕山谷所云,亦所谓作者何必然,读者何必不然耳。合前后四首观之，讵能谓为答俗士之病己乎？此五首自是杂咏古人，借以抒怀，若太冲《咏史》之比也。

《遣兴二首》（页二三六）

此二诗当有本事，所喻未详，朱长孺强为之说，似亦难通。

卷　六

《秦州杂诗二十首》（页二三九）

第一首

〔水落鱼龙夜，山空鸟鼠秋。注：二句亦系倒句法。〕本当作“鱼龙水夜落，鸟鼠山秋空”，以调谐声律，错综之耳。非纯倒句也。而夜水落，则水中鱼龙亦随之沉潜；秋山空，则山中鸟鼠亦因而萧索，诗境又以句法之错综化实为虚，鱼龙鸟鼠悉为群动，活泼泼地矣。此公炉锤之妙也。又此与《秋兴》“香稻”二句不同，未宜混同皆称为倒句。

第四首

〔抱叶寒蝉静，归山独鸟迟〕上句闻，下句见。上句之闻，感知时已无所闻；下句之见，感知时始有所见。非呆写闻见也。

第八首

上半怀古，下半伤今。

第九首

〔喧呼阅使星〕此句未详所指。疑谓驿亭向为使者所居，地有竹柳之胜，其阅使者之往来喧呼盖亦多矣。阅即“阅人多矣”之阅，属驿亭。

第十首

〔使节向河源〕与第六首之“奉诏发金微”同意，与第八首之“闻道寻源使”但为用事怀古有殊。

第十四首

〔长怀十九泉。朱注：“按旧志，仇池上有田百顷，泉九十九眼。此云十九泉，岂举其最胜者耶？”〕此直以便于造句作对，故省九十九为十九，亦马迁、葛亮之比耳。朱说泥。

第十六首

〔儿童未遣闻〕恐宗文辈之不欲居此也。

第十八首

〔地僻秋将尽，山高客未归。塞云多断续，边日少光辉〕一二情，三四景，而三承次句，四承首句。此亦情景交融也。求情景交融于篇则道广，求情景交融于句则径狭。读诗者不可不知也。

《月夜忆舍弟》（页二四七）

〔露从今夜白〕呆看得妙，诗人之执着，即诗人之真诚，所谓赤子之心也。

〔月是故乡明。注："谓犹是故乡月色。"〕兼谢希逸《月赋》"隔千里兮共明月"之意。

《太平寺泉眼》（页二五一）

〔山头到山下，凿井不尽土〕谓土厚泉甘，可随地凿井得泉，不烦修绠。

《山寺》（页二五三）

〔题注："《方舆胜览》：麦积山在秦州东南百里，为秦地林泉之冠。姚秦时建瑞应寺在山之后，姚兴凿山而修，千崖万象，转崖为关。"〕今麦积石窟已大显于世，惜其时公不以椽笔写之。大约为诗亦看机缘，看兴会，不能如《儒林外史》丁言志所言"我不信，那里有这些大名士聚会竟不做诗的"也。

《即事》（页二五四）

〔闻道花门破〕此破字即《送陵州路使君赴任》"战伐乾坤破"之破，谓分裂。指回纥欲以宁国公主殉可汗而唐拒之，遂失好也。

〔回首意多违〕意，谓和亲初衷。

《捣衣》(页二五六)

即《垂老别》“孰知是死别,且复伤其寒”意,特境异耳。

《归燕》(页二五七)

自此以下咏物诸篇,殆皆同时之作,可作联章诗读,而其立意各有不同,则钟伯敬评、仇沧柱注详之矣。

《空囊》(页二六三)

〔囊空恐羞涩,留得一钱看〕诙谐近陶,中实沉痛。

《病马》(页二六三)

〔物微意不浅,感动一沉吟〕二句乃公咏物诸篇之总赞也。读者处处牵合,固属附会,然谓胥无托意,亦非。要在善会之而已。仁者见之谓之仁,智者见之谓之智,此世事所恒有,强求一致则固。

《铜瓶》(页二六四)

〔评:洪容斋云:“此篇盖见故宫井内汲者得铜瓶而作……”〕此故宫瑶殿未知所确指,若隗嚣宫,不得云时清也。岂两京宫中故物以世乱遂展转流落秦州乎?是未可知也。

《佐还山后寄三首》(页二六六)

已如书启,开后成都诸绝句。

第二首

〔老人他日爱〕谓己旧所喜。古人用他日、他年字,或指往日,或指来日,但有别于今日而已,当分别观之。

第三首

〔重惠意如何〕冀佐寄黄粱之外复惠霜薤。

《秦州见敕目……》(页二六八)

〔还蜀只无补〕注引《魏志》黄权之言,仅可谓"还蜀"字有所本耳,与诗义无涉,浦氏又谓"句自谦脱贼谒上凤翔任拾遗之事",则更了不相关。此句但可存疑。

〔上将盈边鄙,元勋溢鼎铭〕即《洗兵马》"天下尽化为侯王"意,所以深讥肉食者鄙也。

〔谁定握青萍。注:"言欲佐太平,不知谁为救时利器,盖欲以济世功业望之二子。"〕此句盖连上言,指上将元勋不能以武定乱,杨说非。

《寄岳州贾司马六丈、巴州严八使君……》(页二七四)

〔小儒轻董卓,有识笑苻坚〕小儒自谓,有识谓贾、严,言所见略同也。

〔厩马解登仙。旧注:"上皇教舞马百匹,衔杯上寿。禄山克长安,皆运载诣洛阳,收京后当复旧也。"〕按《左传》庄公十一年:"大崩曰败绩,得俊曰克。"杜注:"谓若太叔段之比。(《春秋》隐四年:"郑伯克段于鄢。"《左传》:"如二君,故曰克。")才力足以服众,威权足以自固,进不成为外寇强敌,退复狡壮,有二君之难而实非二君,克而胜之则不言彼败绩,但书所克之名。"如安禄山之叛唐陷京,岂能谓之克乎? 此为失辞矣。

〔乡党敬何先。仇注:"乡党独不当先敬乎?"〕仇说是。何即何曾、何尝之意。

《寄李十二白二十韵》(页二八一)

〔独泣向麒麟〕此竟以白比宣尼,后人不敢尔也。然唐及先唐尚无此拘忌。

〔乘槎与问津〕问津,仍使子路问津之意,非问天也。

卷　七

《赤谷》(页二八八)

〔烟火何由追〕追犹寻也。

〔常恐死道路，永为高人嗤〕高人难进易退，不轻去其乡，故恐客死为其所嗤。

《寒峡》（页二九〇）

极写隆冬峡景，非可移之他地他时。

〔云门转绝岸。注："云门谓峡口。"〕云门犹天阙，形其高耳，非地名也。

《法镜寺》（页二九一）

〔愁破崖寺古〕谓聊随喜得以破愁，破字用法与《野人送朱樱》"数回细写愁仍破"同。

《龙门镇》（页二九二）

纪行诗非徒写景，亦自纪事咏怀发论，特写景是其尤工者耳。

《泥功山》（页二九四）

〔哀猿透却坠〕《说文》新附："透，跳也，过也。"

《凤凰台》（页二九五）

〔心以当竹实，炯然无外求。血以当醴泉，岂徒比清流〕无外求，谓不假之他处，不比清流，亦是此意。辞异而义同也。

纪行诗写景叙事咏怀发议无所不有，特秦陇山川得公诗始显其灵秘，故论者尤重其写景。十一首皆即景为之，独此《凤凰台》一篇，别出寓言，无正面写景之笔，亦犹太冲《咏史》特标荆卿，以发其寂寥中之奇想者比。

《乾元中寓居同谷县，作歌七首》（页二九六）

第二首

〔男呻女吟四壁静〕此即隋王籍《入若耶溪》"风定花犹落，鸟鸣山更幽"写法，乃于动中见静，若介甫反之为"一鸟不鸣山更幽"，则恒言矣。

第六首

此首别调，与《凤凰台》同。昌黎《秋怀》“秋气日恻恻”一首即则效之。

第七首

此首当与《奉赠韦左丞丈二十二韵》合读，彼铺叙而此概括，彼尚有所希冀而此则并无之，故话夙昔而但伤怀抱也。“仰视皇天白日速”，其语沉哀至极。黄仲则《绮怀》云“茫茫来日愁如海，寄语羲和快着鞭”，仿佛似之，然雄直之气则远逊矣。

《万丈潭》(页三〇〇)

〔神物有显晦〕通首皆写龙之晦，而篇末以“何当暑天过，快意风云会”作结，则冀其显。此句显字乃有着落。

〔削成根虚无〕谓两岸石壁势如削成，而其根则植于潭底也。虚无，谓潭底难穷之处。《奉同郭给事汤东灵湫作》云：“复归虚无底，化作长黄虬。”可证。

〔闭藏修鳞蛰〕此仍言其晦。

〔何当暑天过〕此冀其显。

《发同谷县》(页三〇一)

〔去住与愿违，仰惭林间翮。注：“愿本欲住而舍之去，反不如鸟之得所栖也。”〕当云反不如鸟之去住自由皆能如志也。陶公《饮酒》之四云：“栖栖失群鸟，日暮犹独飞。徘徊无定止，夜夜声转悲。厉响思清远，远去何所依？因值孤生松，敛翮遥来归。劲风无荣木，此荫独不衰。托身已得所，千载不相违。”陶公之所欣，即杜公之所惭也。

《木皮岭》(页三〇二)

〔忆观昆仑图，目击玄圃存〕此以真为画也。上，昔观之画；下，今见之真。

《白沙渡》(页三〇三)

〔高壁抵嵚崟,洪涛越凌乱〕抵嵚崟之高壁,越凌乱之洪涛。

《飞仙阁》(页三〇四)

〔叹息谓妻子,我何随汝曹〕慨家累之重也。然此特一时愤言,公固笃于亲者也。

《五盘》(页三〇五)

〔成都万事好,岂若归吾庐〕《登楼赋》:“虽信美而非吾土兮,曾何足以少留。”与此同意,然王赋于既抵荆州之后,公咏于未至成都之先,尤可哀矣。

《龙门阁》(页三〇五)

〔百年不敢料〕百年,犹生命。上寿不过百也。

〔饱闻经瞿塘,足见度大庾〕公终身未至大庾,此时亦未历瞿塘。此盖悬揣之词,故下云“终身历艰险”。

《石柜阁》(页三〇六)

〔谢尔性所适〕尔,指优游之谢,放浪之陶。

《剑门》(页三〇八)

此诗即太白《蜀道难》意。

〔至今英雄人,高视见霸王〕谓不逞之徒见霸王之高视而思则效之也。

《鹿头山》(页三〇九)

〔有文令人伤,何处埋尔骨〕伤人亦是自伤。

《凭何十一少府邕觅桤木栽》(页三一四)

〔非子谁复见幽心〕子,谓少府。幽心,谓己乐林薮之心。

《江涨》（页三二〇）

〔下床高数尺，倚杖没中洲〕极状江涨之速，惊人句也。

《野老》（页三二一）

〔城阙秋生画角哀。原注：“南京同两都，得称城阙。”〕此原注似非公自注，或宋人旧注也。

《杜鹃行》（页三二五）

〔寄巢生子不自啄〕谓不自啄食哺雏。

《戏题韦偃为双松图歌》（页三二八）

〔我有一匹好东绢，……请公放笔为直干。《杜臆》：“韦之画松以屈曲见奇，直便难工。匹绢幅长，汝能放笔为直干乎？戏之也。”〕右仲释题戏字甚确。前篇《戏题王宰画山水图歌》结句“焉得并州快翦刀，翦取吴淞半江水”，王释云：“吴淞江亦不小，而咫尺中欲剪其半，故云戏题。”所说亦是。而以“能事不受相促迫”起，以“焉得并州快翦刀”结，亦带戏意。若曰：子之于画，虽自矜重，然知我之爱好，宁不从速作之乎？古之诗人制题，每有微意，无剩语，于此亦可见。

《赠蜀僧闾邱师兄》（页三三一）

〔我住锦官城，兄居祇树园〕以实对虚。

《出郭》（页三三四）

〔远烟盐井上〕成都无盐井，此远眺虚拟之。

《恨别》（页三三四）

〔思家步月清宵立，忆弟看云白日眠。蒋云：“清宵反立，白日反眠，二句曲尽忧怀。”〕鲁迅诗“惯于长夜过春时”，盖同此意。

《散愁二首》（页三三五）

第一首

〔蜀星阴见少，江雨夜闻多。王阮亭云："三四不至蜀者不知其确。"〕山川风物，形之赋咏，读者身历其境，乃知其工。余往论昌黎《南山》，曾详言之。以研杜论，旅蜀八载，随足迹之所及，所得益多，信古人之不我欺也。

卷　八

《建都十二韵》（页三三七）

〔永负汉庭哭〕谓愧未能如贾生之极谏。

《和裴迪登蜀州东亭送客，逢早梅，相忆见寄》（页三三九）

〔朝夕催人自白头〕与上岁暮应。

《寄赠王十将军承俊》（页三四〇）

〔将军胆气雄，臂悬两角弓〕杨升庵举此，以为起句之可法者。二句诚不劣，然全首不称。大抵应酬诗以言不由衷，每每有句无篇。公他诗若"迁转五州防御使，起居八座太夫人"，"指挥能事回天地，训练强兵动鬼神"，皆其类也。

《奉酬李都督表丈早春作》（页三四一）

〔红入桃花嫩，春归柳叶新。《芥隐笔记》："荆公诗：'绿搅寒芜出，红争暖树归。'本于杜句。"〕然荆公更自凝炼。荆公字意皆炼，东坡多炼意耳。

《客至》（页三四二）

〔但见群鸥日日来〕暗用《庄子》，见乡居忘机。此亦使事使人不觉者。

《水槛遣心二首》（页三四五）

第二首

〔浅把涓涓酒〕涓涓，细流也。此句，读公《羌村》“已觉糟床注”，昌谷《将进酒》“小槽酒滴珍珠红”，自明。

《琴台》（页三五二）

此与昌谷《咏怀》二首之一皆绝唱也。长卿生平，二诗足以尽之。

《绝句漫兴九首》（页三五五）

第六首

〔懒慢无堪不出村〕无堪即不堪，言无可意者。

第九首

〔谁谓朝来不作意。注：“谓不见怜惜。”〕不作意，今云不经意，不在意。谓不知不觉中长条已被狂风挽断也。注非。

《闻斛斯六官未归》（页三五八）

〔老罢休无赖〕罢义当为疲，犹老懒也，音读如字。

《赠虞十五司马》（页三六二）

〔清谈玉露繁〕谓不觉谈之久也，承上“凄凉怜笔势，浩荡问词源”来。虞盖公后辈，故后“书籍终相与”句，以蔡邕自比，王粲比虞。

《楠树为风雨所拔叹》（页三六三）

〔行人不过听竽籁〕树为风吹，有竽籁之声，行人每伫立以听之，今不复有也。

《茅屋为秋风所破歌》（页三六四）

〔长夜沾湿何由彻。注：“彻，晓也。”〕彻，尽也，与《江畔独步寻花七绝句》之一“江上被花恼不彻”义同。盼雨止，非盼晓。

《敬简王明府》(页三六六)

〔骥病思偏秣,鹰愁怕苦笼。旁批:“倒字。”〕此弄巧反拙,遂成病句,不能为公讳。

《百忧集行》(页三六六)

〔老妻睹我颜色同〕此东坡词所云“相对无言”,而上云“强将笑语供主人”,下云“痴儿不知父子礼,叫怒索饭啼门东”之现实,则视东坡“惟有泪千行”之梦境为更惨。牛华溪人亦尝诵此篇乎?而顾以“三重茅”为言耶?

《戏作花卿歌》(页三六八)

〔天子何不唤取守东都〕注引朱鹤龄、张溍二说似皆求之过深。此但以作诗时东都失守,思得猛将如花卿者守之耳。即龙标诗“但使龙城飞将在,不教胡马度阴山”意。

《枯楠》(页三七二)

〔梗楠枯峥嵘〕谓虽枯而仍有峥嵘之势。

《入奏行赠西山检察使窦侍御》(页三七八)

〔政用疏通合典则,戚联豪贵耽文儒〕虽疏通仍合典则,虽豪贵亦耽文儒,美其有吏才又能好文下士也。

《魏十四侍御就敝庐相别》(页三八一)

〔书疏及沧浪〕草堂滨江,故云,非趁韵也。

《赠别何邕》(页三八二)

〔悲君随燕雀〕燕雀不知鸿鹄之志。悲燕雀,喻何所事不得其人,而屈于薄宦。

〔五陵花满眼,传语故乡春。顾宸云:“不曰传语乡人,而曰传语故乡春，非惟风物关心，亦见人情恶薄，同调寂寥，故国之思，亦托之无情花鸟而已。”〕此说凿。公诗怀乡者多矣。言风物则人情自在其中。云故乡人情恶薄，同调寂寥，有何根据？西河取之，未为有识。

卷　九

《江头五咏》（页三八五）

五首托意皆在末二句，章法未免雷同。

《丁香》

〔晚堕兰麝中，休怀粉身念。朱注：“丁香与幽僻相宜，晚而堕于兰麝，则非其类矣。虽粉身岂足惜哉？”〕丁香即鸡舌香，女子含之以治口气，故云“晚堕兰麝中”。“休怀粉身念”，则所谓“求仁得仁，又何怨”也。入口焉得不粉身乎？

《畏人》（页三八八）

〔三年落日低。注：“言日复一日也。”〕句晦。

〔门径从榛草〕本当作榛芜，改草以叶律耳，然榛草字生。

《屏迹三首》（页三八八）

《江头五咏》及此三首皆以古律二体合为组诗，此亦他人所少。

《奉和严中丞西城晚眺十韵》（页三九四）

〔层城临暇景〕以下入登眺，此上美严。

《中丞严公雨中垂寄见忆一绝，奉答二绝》（页三九五）

第一首

〔雨映行宫辱赠诗〕严诗今佚。

第二首

〔倚杖穿花听马嘶〕闻马嘶则倚杖穿花而出迎也。

《三绝句》（页三九六）

第二首

〔自今已后知人意，一日须来一百回〕简斋《望燕公楼下李花》："燕公楼下繁华树，一日遥看一百回。"从杜出也。

第三首

〔客至从嗔不出迎〕从嗔，谓任其嗔怪。

《野人送朱樱》（页三九九）

〔西蜀樱桃也自红〕也字直注后半。

〔金盘玉箸无消息，此日尝新任转蓬〕由愁破而复愁。

《严公厅宴，同咏蜀道画图，得空字》（页四〇〇）

通首虚写。此等题目，实写固难着笔。

《大麦行》（页四〇三）

〔问谁腰镰胡与羌〕谓种植者虽出农夫，而操镰以获者，则胡羌也。

《观打鱼歌》（页四〇七）

〔众鱼常才尽却弃，赤鲤腾出如有神〕尽却弃，谓众鱼为天所弃，故罹网罗之厄，独赤鲤腾跃漏网，若有神助也。

《又观打鱼》（页四〇八）

〔半死半生犹戢戢〕此下三句皆写网中之鱼。

〔屈强泥沙有时立。旁批："奇句入神。"〕此正直赋其状，何奇之有？西河盖未见叉鱼之事。此与牛华溪人之未尝养鹅鸭，辄讥公"鹅鸭宜长数"之句为心怀鄙吝者同。

《海棕行》（页四一〇）

〔苍棱白皮十抱文〕苍棱白皮，树纹。十抱，树围。文，树纹也。谓此棕文有苍棱白皮，大十抱耳。然造句诘屈，如此押韵，不可为法。

《又呈窦使君》（页四一一）

〔日兼春有暮，愁与醉无醒。评：“句法近晦。”〕杜有晦句、率句，学者所当引以为戒。阿其所好，非善学杜者也。

《东津送韦讽摄阆州录事》（页四一二）

〔他时如按县，不得慢陶潜。朱注：“《白帖》：录事参军即古郡督邮之职。故以慢陶潜戒之。”〕此戏语，非庄语也，与《陪李金吾花下饮》“醉归应犯夜，可怕李金吾”用意略同。韦讽能重飘泊干戈际之曹霸，苦爱其画，岂晋督邮之流乎？

《光禄坂行》（页四一二）

〔马惊不忧深谷坠，草动只怕长弓射〕谓若不忧马坠，亦恐弓射，盖地既险而世又乱也。

《宗武生日》（页四一三）

〔评：“按公祖审言《和韦承庆过义阳公主山池五首》乃杜联章律诗之祖，《和李大夫嗣真奉使存抚河东四十韵》乃杜诗长排律之祖，所谓‘诗是吾家事’也。”〕审言以诗擅名高宗武后之代，公生而欲克绳祖武，不坠家声，故自幼黾勉从事，卒底于成，因亦以勉宗武，此斯句之义也。徒以吾家事为联章律诗、五言排律，亦何见之隘乎？

《寄高适》（页四一四）

〔楚隔乾坤远，难招病客魂〕仇注以为楚即指蜀，甚是。二句谓楚（蜀）处天地中边远之区，病客（己）则飘泊西南，终恐客死，难招魂以归故乡也。

《悲秋》（页四一五）

〔始欲投三峡，何由见两京。浦注：“公前在绵州，闻蜀乱，不回家而东入梓，其意即思出峡，而中原犹未靖，故云。"〕如浦说，似公将只身由梓出峡者，恐不然也。始，尝也。言由成都而梓州，乃客中作客，无聊之甚，尝欲出峡、返京，其道竟何由耶？

《客夜》（页四一五）

〔入帘残月影，高枕远江声〕失眠见闻，应首句，非身历其境者，不知其真切也。

〔老妻书数纸〕谓为老妻作书数纸也，句未醒。

《九日奉寄严大夫》（页四一六）

〔遥知簇鞍马，回首白云间〕与《月夜》"今夜鄜州月，闺中只独看"同一机杼，而柳耆卿《八声甘州》之"想佳人、妆楼凝望，误几回、天际识归舟"则异曲同工。

《戏题寄上汉中王三首》（页四一七）

第三首

〔尚怜诗警策，犹记酒颠狂〕此忆旧游。有此十字则情事、交谊俱可知。

《玩月呈汉中王》（页四一九）

〔欲得淮王术，风吹晕已生。旁批："使事精切。"〕二句关合玩月，又以淮南王比汉中王。虽杨氏本朱长孺谓是"使事精切"，奈于全篇涉支离何？

《秋尽》（页四二〇）

〔不辞万里长为客，怀抱何时得好开〕作客又无好怀，更属不堪也。

《奉赠射洪李四丈》（页四二五）

〔游子无根株，茅斋付秋草〕谓流寓又遭乱离，不得归成都草堂。

《早发射洪县南途中作》（页四二六）

此纪行诗之余波。

《陪王侍御同登东山最高顶……》（页四三一）

〔人生欢会岂有极，无使霜露沾人衣〕当是即席所赋，故结语云然。

《闻官军收河南河北》（页四三三）

〔青春作伴好还乡〕捷报在正月，青春字非泛下也。

卷　十

《寄题江外草堂》（页四五二）

〔原注："梓州作，寄成都故居。"〕此亦非公自注。

〔自觉面势坚〕《考工记》郑司农注释面势为方面、形势。此引申为结构之义。

《喜雨》（页四五三）

〔真宰罪一雪〕谓真宰致旱虐民之罪至此始得一雪也。《剑门》亦云："吾将罪真宰。"若如伊川之言，天道尊严，不可狎侮，则公诗亦失矣。道学家之不足与论文也如是。

〔峥嵘群山云，交会未断绝〕谓云犹未散，雨或续施。公每以峥嵘字状云，以云似山也。《羌村》亦云："峥嵘赤云西。"

《陪章留后惠义寺饯嘉州崔都督赴州》（页四五七）

〔毕景遗炎蒸〕日已没而热未散。

《王阆州筵奉酬十一舅惜别之作》（页四六六）

〔此生何太劳，穷愁但有骨〕即"三年奔走空皮骨"意。

《严氏溪放歌行》（页四六八）

〔知子松根长茯苓，迟暮有意来同煮〕谓欲与严辟谷避世。

《赠裴南部》（页四六九）

〔何（一作应）须白发侵〕应字是。

《对雨》（页四七〇）

〔西戎甥舅礼，未敢背恩私。注："反词也。"〕亦非反词，但冀其不敢耳。

《王命》（页四七一）

〔血埋诸将甲〕战不胜。

〔骨断使臣鞍〕和无成。

〔牢落新烧栈〕痛今败。

〔苍茫旧筑坛〕怀昔贤。

《西山三首》（页四七二）

第二首

〔回首得无忧〕岂得无忧乎？

《早花》（页四七五）

〔盈盈当雪杏〕当，"对酒当歌"之当。雪，指其色。

《江陵望幸》（页四七五）

〔望幸欻威神〕冀帝挟其威神欻然临幸也。

《冬狩行》（页四七七）

〔杀声落日迴苍穹。注："暗用鲁阳挥戈返日意。"〕校猎方酣，不觉日之夕矣。兴犹未尽，故欲如鲁阳之挥戈以返日也。

《将适吴楚……》(页四八一)

〔既无游方恋。注:“用游必有方意。”〕谓已失怙恃。

《舍弟占归草堂检校,聊示此诗》(页四八二)

此诗疑当编在《将适吴楚……》一篇之前。盖玩其语意,尚无去蜀之意也。若已决然他适,又何必谆谆告占如诗所云乎?

卷十一

《城上》(页四八五)

〔遥闻出巡狩,早晚遍遐荒。注:“十二月帝已还京,公尚未闻也。”〕正言实反,盖深忧明皇幸蜀亦不得安居也。末句悬揣之词。

《送李卿晔》(页四八五)

〔晋山虽自弃〕谓自弃于阆。

《百舌》(页四八六)

〔知音兼众语,整翮岂多身〕谓聆其声若众鸟俱集,睹其形则惟此鸟一声也。匠百舌。

《有感五首》(页四九三)

安史平后,藩镇之乱渐萌。公忧危之念,首于此五首发之。

第二首

〔无劳问越裳〕即后《诸将》之“越裳翡翠无消息”也。公之用事,或正用之,或反用之;或显用之,或隐用之;或用其意,或用其词,变化无端,而莫不足以达难达之情,真屈刀为镜手也。

《忆昔二首》（页四九六）

第二首

〔稻米流脂粟米白〕粟米色黄，精制则白。稻米色白，种良则腴美如脂。此极言“开元全盛日”谷物之丰盛也。

〔小臣鲁钝无所能，朝廷记识蒙禄秩。周宣中兴望我皇，洒泪江汉身衰疾〕苍虬翁《读杜集》前半云：“《风》《骚》而后此英灵，飘泊江湖一客星。犹有精诚动天地，虚蒙记识到朝廷。”即概括此数句。翁自意身世类杜，故有沉哀之音，然固不相侔也。

《阆山歌》（页四九八）

〔那知根无鬼神会，已觉气与嵩华敌。《杜臆》：“阆中山多仙圣游迹。”仇云：“石根下蟠，乃鬼神所护；云气上际，与嵩华并高。”〕二句句双意单，谓阆山之根，虽无鬼神聚会，而其磅礴之气，固已匹敌嵩华也。王、仇之说，皆失诗旨。

《南池》（页五〇〇）

〔美利戒止足〕《老子》第四十四章：“故知足不辱，知止不殆，可以长久。”

《将赴荆南寄别李剑州》（页五〇七）

上半别李，下半抒怀。

〔使君高义驱今古，寥落三年坐剑州〕但言怀才不遇耳，而跌宕顿挫如此，妙绝。山谷《寄黄几复》“我居北海君南海，寄雁传书谢不能”，即学此种，不易知也。

《将赴成都草堂，途中有作，先寄严郑公五首》（页五一一）

第一首

〔但使闾阎还揖让〕即“再使风俗淳”意。公虽造次颠沛，亦有民胞物与之意，不独善其身也。

第四首

〔常苦沙崩损药栏，也从江槛落风湍。张溍注："落，杀也。言设为江槛，所以杀减风湍，则沙岸不至崩颓矣。"〕从，任也。落，坠也。任江槛坠落于风湍之中，尚未及修治，亦与岸沙为水所啮，或者有损药栏，然亦无暇固护者同。皆初返草堂，生事艰难，百废待举之况。与下文"生理只凭黄阁老"、"三年奔走空皮骨"呼应。后《水槛》诗云："既殊大厦倾，可以一木支。临川视万里，何必栏槛为？人生感故物，慷慨有余悲。"是其后于水槛但略加整治，终未复旧也。

《归来》(页五一四)

〔归来知路难〕此语包含多少情事，无限酸辛，亦如文姬《悲愤》之"流离成鄙贱"也。诗句有极平易而容量极大者，若此类是。

《寄邛州崔录事》(页五二一)

崔殆允过草堂而迄未践约，故诗云然也。

《绝句二首》(页五二二)

第一首

〔迟日江山丽〕《诗》："春日迟迟。"

《赠王二十四侍御契四十韵》(页五二三)

〔琴台隐绛唇〕即《琴台》"野花留宝靥，蔓草见罗裙"意。此云"隐"，彼云"留"，云"见"，虽若相反，其实一也。

《扬旗》(页五二七)

〔材归俯身尽，妙取略地平〕即《前出塞》"俯身试搴旗"意。故注云："略即掠字。意谓马上俯身，而旗尾略地。"句不出马、旗字者，以题已具，且上有"庭空六马入，駊騀扬旗旌"也。

《寄李十四员外布十二韵》（页五二八）

〔题注："按：诗言渚柳村花，当属成都草堂作，编从仇本。"〕公以大历三年三月到江陵，秋始移公安。以诗中"荆门好附书"句考之，编入江陵诗中为妥。渚柳村花，固非草堂所独有也。朱编大历四年，仇编广德二年，皆不妥。辨详《心解》。

《丹青引赠曹将军霸》（页五二九）

〔弟子韩幹早入室，亦能画马穷殊相。幹惟画肉不画骨，忍使骅骝气凋丧〕荆公《纯甫出释惠崇画，要余作诗》云："濠梁崔白亦善画，曾见桃花净初吐。酒酣弄笔起春风，便恐漂零作红雨。流莺探枝婉欲语，蜜蜂掇蕊随翅股。一时二子皆绝艺，裘马穿羸久羁旅。"以崔白陪惠崇，亦犹公之以韩幹陪曹霸也。然又有同中之异者，杜简而王繁，杜于曹、韩有所优劣，而王则并崇、白付之一概。故曰："为文章者，有所法而后能，有所变而后大。"

〔偶逢佳士亦写真〕谓自矜重，不轻着笔，以衬下"即今"二句。

《韦讽录事宅观曹将军画马图歌》（页五三一）

〔盘赐将军拜舞归，轻纨细绮相追飞。注："一作随。指权戚求画者。"〕谓赐盘之外，别有纨绮相将也。注非。

《太子张舍人遗织成褥段》（页五三四）

先师胡翔冬先生云：此《檀弓》曾子易箦之义。诗云："服饰定尊卑，大哉万古程。"公执秉儒术，故造次颠沛必于是。

〔愧客茹藜羹〕自愧其困也。

《过故斛斯校书庄二首》（页五三五）

〔竟无宣室召〕此语不独属斛斯，亦属自己，曹子桓所谓"既痛逝者，行自念也"也。

《遣闷奉呈严公二十韵》(页五四〇)

〔礼甘衰力就〕力就字连用,本《论语》"陈力就列"。

《送舍弟颖赴齐州三首》(页五四二)

第一首

〔绝域惟高枕〕公用高枕字或形容其乐,或形容其忧。此与《游何将军山林》之"高枕乃吾庐"异,而与《返照》之"衰年病肺惟高枕"同,当分别观之也。

第三首

〔去傍干戈觅,来看道路通〕已因干戈之危而不能去,姑、弟因道路之隔亦不能来。觅与通皆希冀之词。看,犹待也。

《初冬》(页五四七)

〔出处遂何心。注:"遂,得遂也。"〕谓有何遂心之事也。

《观李固请司马弟山水图三首》(页五四七)

第二首

〔人间常见面,老去恨空闻〕言恨不得从之,应下"何路出尘氛"。

《至后》(页五四八)

〔金谷铜驼非故乡〕洛阳本公旧居,亦即故乡,而云非者,归不得也。

《怀旧》(页五四九)

〔老罢知明镜〕谓惟明镜知其老,即揽镜而惊老也。老罢,犹今云老了。

《哭台州郑司户苏少监》(页五四九)

〔情乖清酒送,望绝抚坟呼〕谓不得临丧哭墓。

卷十二

《除草》（页五五四）

〔曾何生阻修〕谓偏生近人处。

〔转致水中央〕谓弃之水中。

〔芟夷不可阙，疾恶信如仇〕即“恶竹应须斩万竿”意。芟夷字出隐六年《左传》，亦谓除蔓草，公训诂之精如此。

《绝句六首》（页五五八）

第六首

〔溪虚云傍花〕即《渼陂行》“船舷暝戛云际寺”之意，皆形容倒影中岸边景物与水中云影相交映成趣也。或疑云际山太安寺距陂过远，不得倒映，则似昧于诗人想像之功也。

《绝句四首》（页五五九）

第一首

〔堂西长笋别开门，堑北行椒却背村。注：“行椒，椒之成行者。”〕长、行皆动词。行椒，犹行菜，谓巡行于椒树间也。注非。

《宴戎州杨使君东楼》（页五六五）

以“情忘发兴奇”起，“楼高欲愁思”结，知公衰疾羁旅之感，未尝一日去心也。

《闻高常侍亡》（页五六七）

殊不及“自蒙蜀州人日作”一篇，乃知意兴不属，虽杜老不能为工。

《题忠州龙兴寺所居院壁》（页五六九）

〔小市常争米，孤城早闭门〕荒凉贫困如画。

《承闻故房相公灵榇自阆州启殡，归葬东都，有作二首》（页五七三）

第二首

〔风尘终不解，江汉忽同流〕后山南丰挽词云“丘原无起日，江汉有东流”，即从此出而更刻挚。

《怀锦水居止二首》（页五七五）

第一首

〔不忘舜讴歌〕《孟子》：“不讴歌尧之子而讴歌舜。”玄宗本非太子，以讨韦氏有功而登帝位，故以舜为比。此公用事精切处，所不当忽也。舜讴歌，谓属于舜之讴歌。

《寄常征君》（页五八九）

〔万事纠纷犹绝粒，一官羁绊实藏身〕谓其为贫而仕，事非得已。

《上白帝城二首》（页五九四）

第一首

〔英雄余事业，衰迈久风尘〕上句属公孙，下句公自谓。

《陪诸公上白帝城头，宴越公堂之作》（页五九五）

〔落构垂云雨〕即王子安《滕王阁诗》“画栋朝飞南浦云，朱帘暮卷西山雨”意。

《谒先主庙》（页五九七）

〔孰与关张并，功临耿邓亲〕举耿邓以陪关张者，叹昭烈之割据，而思光武之中兴也。

《古柏行》（页五九九）

〔忆昨路绕锦亭东，先主武侯同閟宫。崔嵬枝干郊原古，窈窕丹青户牖空〕四句陪。凡大篇多有陪衬，然必分主客，否则喧宾夺主矣。若《公孙大娘弟子舞剑器行》自是公创格，不以恒情论也。

《同元使君舂陵行》（页六〇二）

〔序：“不意复见比兴体制，微婉顿挫之词。”〕大抵唐人言比兴者，多非指作诗之法，但取其讽喻之意而已。然元作质直，亦不见所谓“微婉顿挫”者。公以关心民瘼，故深赏之耳。

〔一字偕华星〕一字，犹每字，字字。

〔不苟飞长缨〕谓不苟仕禄。

卷十三

《忆郑南》（页六〇九）

〔石影衔珠阁。注：“阁有珠帘，故曰珠阁。”〕珠阁，犹言珠宫贝阙。以伏毒寺在江心，故云。非必有珠帘也。

《赠崔十三评事公辅》（页六一〇）

〔道屈尔何为〕何为，何故。

《贻华阳柳少府》（页六一二）

〔但愧识玙璠〕玙璠指柳，所谓君子比德于玉也。

《雷》（页六一三）

〔上天铄金石，群盗乱豺虎。二者存一端，愆阳不犹愈〕天灾人祸，胥足苦民，若但能去其一，则宁免人祸，即《檀弓》“苛政猛于虎”意。愆阳，谓阴阳愆期失调。犹愈，谓胜于群盗也。

《火》（页六一四）

〔薄关长吏忧，甚昧至精主〕句晦。

《七月三日亭午以后校热退……》(页六一七)

〔亭午减汗流,比邻耐人聒〕谓因热退,虽有人强聒,亦觉可耐,不以为烦。

〔高人炼丹砂,未念将朽骨〕高人谓元,朽骨谓己。

《牵牛织女》(页六一八)

〔蛛丝小人态〕小人,犹儿女,荆公诗所谓"更作世间儿女态"也。

〔评:邵沧来曰:"亦是翻案法,而微言大义,侃侃不磨,自见独开生面。"〕此案翻得无味,遂为后来道学诗人借口。沧来并此亦赏之,可谓阿其所好矣。

《信行远修水筒》(页六二一)

水筒者,接竹为管道以引泉,循高低而支架,以入人家,顺流不息,用代汲引,极便山居。今庐山诸寺多有之。后《园人送瓜》云:"竹竿接嵌窦,引注来鸟道。"灼然可见。

〔云端水筒坼,林表山石碎〕以押韵而倒句。

〔日曛惊未餐,貌赤愧相对〕即陶公戒子疏"此亦人子,可善遇之"之意,仁人之言也。

〔于斯答恭谨〕赐瓜饼以答信行服劳之恭谨也。

《催宗文树鸡栅》(页六二一)

〔旅次展崩迫〕《尔雅·释言》:"展,适也。"注:"得自申展皆适意。"

〔令入不得掷〕掷,跳。

〔应宜各长幼〕谓视鸡之大小强弱分笼以居。

《雨二首》(页六二七)

第一首

〔青山澹无姿〕元遗山《江城子》词:"旧见青山青似染,缘底事?澹无姿。"全衍此句。

〔白露谁能数。仇注:"雨湿多,故露难辨。"浦云:"谁能数,未详。"〕

有雨则不复有露。或谓雨滴之多,繁如露珠,故不能数也。然终未醒。

《雨不绝》(页六二八)

〔院里长条风乍稀〕由长条之不翻动见风之渐息也。

《殿中杨监见示张旭草书图》(页六二九)

〔暮年思转极〕即"文章老更成"意,谓张颠草圣老而益精。

《杨监又出画鹰十二扇》(页六三〇)

〔近时冯绍正,……无乃传其状。朱注:"谢赫《画评》:画有传移摹写,为六法之一。张彦远曰:顾恺之有摹拓妙法。古时好拓画,十得七八。亦有御府拓本,谓之官拓。此盖拓冯监画本也。"〕此画不知谁作,公以其精善,疑得冯之传授,非谓拓本也。朱注非是。(无乃是疑词,非实指。)

《夔州歌十绝句》(页六三六)

第二首

〔霸王并吞在物情〕物情犹民情,物即"物议"之物。

第八首

〔忆昔咸阳都市合〕合字不详,或有讹误。

《诸将五首》(页六三八)

第一首

〔曾闪朱旗北斗殷。张溍注:"言闪朱旗而北斗皆赤,见胡氛蔽天意。"〕张溍似以朱旗属之胡人,然赤帜朱旗,本皆汉物。此诗既从汉朝陵墓咏起,则朱旗之不属胡甚明。公此联盖以今昔对比出之。"曾闪"句当谓汉(唐)盛时,朱旗矗天,北斗亦为之殷,以见今日西戎相逼之可哀耳。别有详考。

〔多少材官守泾渭〕问句。

〔将军且莫破愁颜〕诫其不可轻敌。

第二首

〔拟绝天骄拔汉旌〕“天骄拔汉旌”五字连读。

〔胡来不觉潼关隘〕极言其多。

《秋兴八首》(页六四三)

第一首

〔塞上风云接地阴〕暗点时事。

〔丛菊两开他日泪〕他日回思,不能无泪。

第二首

〔听猿实下三声泪,奉使虚随八月槎〕三声犹多声也。然强以实字对虚字,实呆滞不自然,不能为公讳也。

第四首

〔百年世事不胜悲〕贞观之治得闻,开元之治得见,此语所包者广矣。

第六首

〔万里风烟接素秋〕以空间接时间,与“塞上风云接地阴”之接略异。

第八首

〔彩笔昔曾干气象。注:“公诗:‘赋诗分气象。’即指集中《渼陂行》诸篇。谓山水之气象,笔足凌之也。”〕彩笔句盖指献赋事。《莫相疑行》“忆献三赋蓬莱宫,自怪一日声烜赫。集贤学士如堵墙,观我落笔中书堂。往时文彩动人主”诸句,即“彩笔昔曾干气象”也。“此日饥寒趋路旁”,即“白头吟望苦低垂”也。以二句总结八篇,则国家之盛衰,一己之升沉皆得而见矣。如谓彩笔但指赋咏山水,则命意反浅,远不足以束此联章巨制。

《咏怀古迹五首》(页六四九)

第二首

〔评:蒋绍孟曰:“此因宋玉而有感于平生著述之情也。盖谓自古作者用意之深,类非俗人所解。……云雨荒台,本为讽谏,而至今行舟指点,徒结念于神女、襄王,玉之心将有不白于千秋异代者。公诗凡若此者多矣,故特于宋玉三致意焉。”一说，王嗣奭曰：“楚宫久没，而舟人过此，尚疑神女之为真，因文藻所留，足以感动后人耳。”意却似太浅。〕按六句曰“岂梦思”，已明白道出宋赋意在托讽，蒋说为胜。

第五首

〔指挥若定失萧曹〕文廷式《纯常子枝语》卷十四：“《抱朴子·臣节篇》：‘仪萧曹之指挥。’杜少陵诗‘指挥若定失萧曹’句本此。”

《西阁三度期大昌严明府同宿，不到》（页六五五）

〔早凫江槛底，双影谩飘飖。注：“用王乔凫舄事，又以早来期之。”〕此或即目，非必用事。

《西阁二首》（页六五五）

第一首

〔巫山小摇落〕小，少也。

卷十四

《覆舟二首》（页六五九）

此见公之不满求仙贡药，不得以无恻隐之心非之，与前“利涉想蟠桃”用意自别。

《奉汉中王手札》（页六六〇）

〔入期朱邸雪〕谓当以冬日至京师。

《月圆》（页六六三）

〔照席绮逾依〕依，因依。

《中宵》（页六六三）

〔落月动沙虚〕月光流映沙上，若在虚空也。柳子厚《至小丘西小石潭记》状潭水之清，则曰："潭中鱼可百许头，皆若空游无所依。"一云："俯视游鱼，类若乘空。"无乃类是。

《不寐》(页六六三)

〔多垒满山谷〕多垒犹言戎马。《曲礼》："四郊多垒，此卿大夫之辱也。"

《垂白》(页六六四)

〔无家病不辞〕既无家，而病魔又复缠身，极言其身心交瘁也。

《雨晴》(页六六五)

〔雨晴(一作时)山不改。注："言寻常或雨或晴，山容但觉仍旧。"〕作时是。诗对起，雨时正与下晴罢对。晴罢即今云晴了。

〔秋江思杀人〕非思秋江也，见秋江而思东下耳，故结以"故国愁眉外"。

《摇落》(页六六五)

〔长怀报明主，卧病复高秋〕即东坡《黄州寒食》"君门深九重，坟墓在万里。也拟哭途穷，纸灰吹不起"之意。

《草阁》(页六六五)

〔草阁临无地〕无地，谓虚空。蔡君锦芳云，语出王简栖《头陀寺碑》："飞阁逶迤，下临无地。"王子安《滕王阁诗序》遵用之，作"飞阁流丹，下临无地"也。

《返照》(页六六八)

〔返照入江翻石壁，归云拥树失山村〕陈师曾世丈尝为先君绘此二句于折扇上，设色既佳，又有尺幅千里之势。后并丈所书画他扇裱作册页。抗日战起，余奉亲入蜀，苦无资斧，遂由萧印唐兄之介，以此册归之林山腴先生。山公没后，不知流落何所矣。

《八哀诗》(页六七一)

《赠司空王公思礼》

〔飞兔不近驾,鸷鸟资远击。注:“言以思礼之才,仅为边将,其实智勇兼全,可当大任也。”〕二句泛喻,非谓思礼未尽其才。出东胡,自不得近驾,远击则本鸷鸟之责。开元以来,胡人多为边将,哥舒、安、史亦是。且为边将者,正当智勇兼全也。

〔昔观文苑传,岂述廉蔺绩。嗟嗟邓大夫,士卒终倒戟〕此见朝廷之用非其人,益思思礼之不可及也。

《赠左仆射郑国公严公武》

〔密论贞观体〕体谓治体。

《赠太子太师汝阳郡王琎》

汝阳实无功业可叙,故特写其射猎因以纳谏事,此小题大做也。

《赠秘书监江夏李公邕》

〔森然起凡例〕谓其碑版之文,求者虽众,然皆不苟作,各有义例,如《春秋》之褒贬,不妄毁誉也。

〔龙宫塔庙涌〕塔庙雄伟,若从龙宫涌出。岑嘉州登慈恩寺塔诗亦云:“塔势如涌出。”皆拔地而起之意。

〔紫骝随剑几,义取无虚岁〕马剑几杖之属,虽人所赠,然皆取之以义,应上“森然起凡例”。

〔旧客舟凝滞〕旧客,公自谓。

〔评:王嗣奭曰:“李才名甚盛,而其死甚惨,公痛之极,故云‘竟掩宣尼袂’。”〕考公始游长安,邕以夙望识拔之于稠人之中,知己之感尤深,故此篇最痛也。

《故秘书少监武功苏公源明》

〔溟涨本末浅〕此语蹇涩费解,不足为训。刘彦和云:“悬领似如可辩,课文了不成义。”即指此类。

《故著作郎贬台州司户荥阳郑公虔》

〔地崇士大夫,况乃气精爽〕谓长安乃“煌煌帝王都,赫赫走群彦”(借东坡《和子由记园中草木》句)之地也,如广文之精爽,自更见重。

〔寡鹤误一响。注:“言其久屈而稍伸也。”〕孤鹤在天,本无求于人,乃偶然一鸣,遂彻宸听,以比虔本无意闻达,因偶献三绝,遂跻仕途,终至贬死,故曰误。杨注非。

〔斑白徒怀曩〕末二字启下,想像虔之怀旧。

《故右仆射相国张公九龄》

〔讽咏在务屏〕务,指公事。屏,除也。谓公退食之暇,惟以讽咏自适。

《壮游》(页六九六)

〔群凶逆未定〕凶逆二字连文,上三下二句。

《昔游》(页七〇一)

〔隔河忆长眺〕公居夔而忆京洛旧事,故惟隔黄河而长眺。

〔青岁已摧颓〕青岁犹言青春。

〔吕尚封国邑,傅说已盐梅〕赞吕、傅之得君,以慨邺侯之尚未见用也。

卷十五

《夔府书怀四十韵》(页七〇七)

〔拙被林泉滞,生逢酒赋欺〕性情本拙,又复有泉石膏肓烟霞痼疾之患,致迂拙之性,更被其所阻滞而不得闻达。耽酒好赋,白首无成,濩落生涯,似为酒赋所欺矣。献赋为公平生大事,原意可以此致青云而卒不果,亦即所谓欺也。

〔拔剑拨年衰〕谓老犹思奋。年衰可以剑拨,启后长吉、玉溪思路。

《哭王彭州抡》(页七一一)

〔宠辱自三朝〕谓有升沉,然事不详。

〔赠诗焉敢坠〕坠谓遗失,公行箧中多藏朋旧诗札,此览集而可知者,即所谓“焉敢坠”也。

《偶题》（页七一三）

〔稼穑分诗兴〕稼穑亦能增诗兴，览陶集可知，公偶虑不及此耳。

《赠高式颜》（页七一五）

〔故人还寂寞，削迹共艰虞〕故人指式颜。削迹故寂寞，时际艰虞，乃削迹也。削迹犹屏迹。共谓已与式颜。

《李潮八分小篆歌》（页七一六）

〔吾甥李潮下笔亲〕亲，近也，谓近李、蔡。

〔吴郡张颠夸草书，草书非古空雄壮〕出张颠作陪，与《丹青引》出韩幹同法。

《瞿唐两崖》（页七二〇）

〔羲和冬驭近，愁畏日车翻〕谓双崖高峻际云，恐日车触之而翻倒也。

《瞿唐怀古》（页七二一）

〔西南万壑注，勍敌两崖开〕此即《长江》“众水会涪万，瞿唐争一门”意，谓崖束水，如水之勍敌也。

同一景物，必能以不同笔墨写之，乃极其变化。此诗法也。

《西阁口号呈元二十一》（页七二一）

〔雪崖才变石〕谓雪消而石出。

《晓望白帝城盐山》（页七二四）

〔日出清江望，暄和散旅愁〕腹联不对，公偶有之。

《西阁曝日》（页七二五）

〔朋知苦聚散，哀乐日已作〕聚散、哀乐皆复词偏义，谓苦朋知之云散，而日生哀感。

〔胡为将暮年，忧世心力弱。注：“言即此片刻逍遥，他姑可弗计耳。”〕二句盖自叹衰暮，忧世之心遂不无减弱耳。即宣尼“甚矣，吾衰也！久矣，吾不复梦见周公”之意。杨注殆非。

《览镜呈柏中丞》（页七二七）

〔起晚堪从事？行迟更学仙？〕此联皆问句。

《陪柏中丞观宴将士二首》（页七二八）

第二首

〔百戏后歌樵〕百戏之后，继以樵歌。

《王兵马使二角鹰》（页七三一）

〔悲台萧飒石巃嵸。注：“曹植诗：‘高台多悲风。’”〕以有“高台多悲风”之句，遂以悲台为高台，殆不可为训。此以对下句哀壑字而生造耳。

《见王监兵马使说，近山有白黑二鹰……二首》（页七三三）

第二首

〔万里寒空只一日〕言其日飞万里。

《立春》（页七三六）

〔菜传纤手送青丝。注：“菜缕极细，故切须纤手。”〕岂知手之纤固与缕之细无关乎？此但泛言妇功耳。

《遣闷戏呈路十九曹长》（页七四〇）

〔白鹭群飞太剧干〕《广韵》：“剧，艰也。”太剧干即太难干。

《喜观即到，复题短篇二首》（页七四九）

第二首

〔待尔嗔乌鹊，抛书示鹡鸰〕即《得弟消息》之“浪传乌鹊喜，深负鹡鸰诗”。又敦煌曲子词云:“叵耐灵鹊多谩语,送喜何曾有凭据。”盖习俗不论士民皆以为乌鹊鸣则有喜,故今犹称喜鹊。

《晚登瀼上堂》(页七五二)

〔所思注东北,深峡转修耸〕转接奇幻,似断似续。

卷十六

《柴门》(页七六四)

〔长影没窈窕。注:“谓连山为旱气所蔽。”〕两崖之影,窈窕而长,没于旱云之中也。上云“其气如焚柴”,亦指旱云。注云山瘴,大旱似不得有瘴也。

〔贫穷固其常〕“君子固穷。”

〔富贵任生涯〕“不义而富且贵,于我如浮云。”

《季夏送乡弟韶陪黄门从叔朝谒》(页七六九)

〔名家莫出杜陵人〕此意累见,唐人矜重其郡望家世,故云然也。

《七月一日题终明府水楼二首》(页七七〇)

第一首

〔秋风此日洒衣裳〕洒字炼,下开长吉。

《又上后园山脚》(页七七五)

〔骨出热中肠〕谓因忧思而瘦削。

《第五弟丰独在江左……二首》(页七八四)

第二首

〔东尽白云求〕句意未醒。或云用《唐书》狄仁杰望云思亲事,则陶公思亲友而赋《停云》亦未尝不可援据。然求云终与望云、停云有别,难相贸代也。大抵杜诗拙处往往词不达意，学者慎择焉可耳。

《赠李八秘书别三十韵》（页七八七）

〔功无礼忽诸〕亦晦句。

《别苏徯》（页七九一）

〔得食翻苍竹，栖枝把翠梧〕承上“先拂凤凰雏”来。

〔北辰当宇宙，南岳据江湖〕上句即上《赠苏四徯》“乘舆安九重”意，下句即同首“有才何栖栖”意。

《奉酬薛十二丈判官见赠》（页七九四）

〔卓氏近新寡，豪家朱门扃。相如才调逸，银汉会双星〕薛十二盖新娶一富孀。唐人不以改嫁为嫌，故公诗以相如文君为比。

〔苦厌食鱼腥。浦注：“《诗》：‘岂其食鱼，必河之鲂。’亦兴娶妻意。”〕牵合过远，且句亦不合《诗》意。

评引冯班之说，详释此诗，大略近是，然仍有不可通者，如谓公为农峡中，犹不免结梦阳台，有襄王之遇云云，殊失诗旨。“空中有白虎”以下十句，仍俟更考。

《寄狄明府博济》（页七九六）

〔在汝更用文章为〕问句。赞博济“不露文章世已惊”。

《寄韩谏议注》（页七九八）

〔美人胡为隔秋水〕应上“美人娟娟隔秋水”。起结相应近乐府。

《秋日夔府咏怀，奉寄郑监、李宾客一百韵》（页八〇〇）

〔飘零仍百里〕云安至夔州，相距颇近。虽飘零亦无过百里，盖深慨出峡之难，然岂知出峡以后，更不如在夔乎？是可哀已。

〔有时惊叠嶂〕有，谓尽有。

〔扶行几屐穿〕谓行动不便。

〔即今龙厩水，莫带犬戎膻〕双句单意。

卷十七

《秋野五首》（页八一三）

第三首

〔礼乐攻吾短〕谓礼法之士不以其旷达为然。

《课小竖锄斫舍北果林，枝蔓荒秽净讫，移床三首》（页八一四）

第三首

〔篱弱门何向〕篱不坚牢，东歪西倒，故门无定向也。

〔寒水光难定，秋山响易哀〕二句若写山水，实则写风，妙甚。

《解闷十二首》（页八一五）

第三首

首二句自抒所怀，次二句由忆己之故居因及郑之故居，谓审今方采薇南湖，则其瓜州村之旧庐当亦久芜废矣，有何人为过而觅之乎？郑瓜州，谓郑氏之瓜州村。

第四首

〔独当省署开文苑，兼泛沧浪学钓翁〕昔当省署，今泛沧浪，言外自见不遇之意。

《洞房》（页八二二）

以下八首，颉颃《秋兴》，为公集中五律联章诗之冠冕。

〔秦地应新月，龙池满旧宫〕谓月光满照旧宫与龙池。

《宿昔》（页八二三）

〔评：黄白山云："此章略见风刺，然其词微而婉。如'禄山宫里'、'虢国门前’之句（按见元稹《连昌宫词》），非惟失风人之意，亦全无臣子之礼矣。”〕微婉者反深刻，直致者反浅露，其故何哉？可深长思也。

《能画》（页八二四）

〔每蒙天一笑，复似物皆春。注：“言画之工可回春色。”〕二句即“天颜有喜近臣知”意。

〔评：《容斋三笔》：“言伎艺倡优，不应蒙人主顾盼赏接；然使政如水，恩若神，为治大要既无所损，则时或用此辈亦无害也。”〕随园诗云：“不须铃曲怨秋声，何必仙山海上行。只要姚崇还作相，君王妃子共长生。”可谓此君善盗。

《斗鸡》（页八二四）

〔女乐久无香〕不言无声而言无香，则诗之容量扩大矣。此句承三四。

《历历》（页八二六）

此首之下半首即《洞房》之下半首。要看其说法之不同。前首贴明皇说，本首贴自己说。

《骊山》（页八二七）

〔地下无朝烛〕夜台寂寞。

〔人间有赐金〕遗爱犹存。

《提封》（页八二七）

〔时征俊乂入，莫虑犬羊侵〕二句用意略同《能画》后半。诗中反复言之者，皆公用意处，非短于才也。

《鹦鹉》（页八二八）

自此以下，咏禽鱼者八篇，亦自成一组，皆有意安排，非偶然凑泊。不独匠物之工，亦见与物之量。

《鸡》(页八三一)

〔巫峡漏司南〕司南,司晨于南服也。

《自瀼西荆扉且移居东屯茅屋四首》(页八三三)

第三首

〔解缆不知年〕不得即出峡也。不知年,不知何年。

《十七夜对月》(页八三七)

〔倚杖更随人〕问句。言独赏无人相伴也。

《晓望》(页八三七)

〔叠岭宿霾云〕宿,久也。

《晚》(页八三八)

〔朝廷问府主〕身不在官,欲知朝事,但能问府主。盖自嗟流落江湖,不得与闻国政也。

《夜》(页八三九)

〔白首壮心违〕恨不能执干戈以卫社稷。

《孟仓曹步趾领新酒酱二物满器见遗老夫》(页八三九)

〔饭粝添香味,朋来有醉泥〕醉似泥,可也。有醉泥,则费解矣。倘侍座于公,当敬请其改为"饭粝香添味,朋来醉似泥",或以为孺子可教也。

《九日五首》(页八四〇)

第三首

〔秋砧醒却闻〕砧声多在向晚,此暗示沉饮甚久也。

第四首

〔他时一笑后〕此他时指过去,与玉溪诗之"清尊相伴省他年"同。

《覃山人隐居》（页八四四）

〔予见乱离不得已，子知出处必须经〕此联竟似清高宗、赵雪斋辈恶诗。公集中何所不有，异哉！

《柏学士茅屋》（页八四五）

〔富贵必从勤苦得，男儿须读五车书〕意俗，句亦俗，下开罗昭谏辈。昌黎《符读书城南》篇亦从此出。

《昔游》（页八五九）

〔评：朱鹤龄曰"《昔游》诗当与七古《忆昔行》互证。……"〕朱氏此注，以杜证杜，细入毫芒，深为可法。

《茅堂检校收稻二首》（页八六三）

第二首

〔种幸房州熟，苗同伊阙春〕上句稻，主。下句葵，客。稻种盖来自房州。

《大历二年九月三十日》（页八六四）

〔为客无时了〕此五字足以概括公在夔生活、心情。

《夜二首》（页八六七）

第一首

〔蛮歌犯星起〕谓高歌彻云。

卷十八

《虎牙行》（页八七三）

〔金错旌竿满云直〕满云直，谓多而且高，若矗立云层。

《自平》（页八七五）

〔世封刺史非时朝〕实谓其恃固不朝，而以非时朝讳之。

《郑典设自施州归》（页八七六）

〔气合无险僻〕谓气谊相合，不以道途艰险僻远为意。

《奉送韦中丞之晋赴湖南》（页八八九）

〔还将徐孺榻，处处待高人〕冀其礼贤。亦承上五六句来。王室多难则需才孔急也。

《夜归》（页八九二）

〔杖藜不睡谁能那〕《日知录》卷三十二："直言之曰那，长言之曰奈何。"

《前苦寒行二首》（页八九二）

第二首

〔楚天万里无晶辉〕晶辉，雪光，此作雪之代语。

《后苦寒行二首》（页八九三）

此二首及下《晚晴》皆有单句。

第一首

〔安得春泥补地裂〕单句。

第二首

〔不尔苦寒何太酷〕单句。

此首七句，前五句一韵，后两句一韵。

《晚晴》（页八九四）

〔六龙寒急光徘徊〕单句。此句以上七句，每句韵；以下六句，隔句韵。

《复阴》(页八九四)

此首八句三易韵,前四仄,中二亦仄,后二平。公自始即从事诗形变化之探索,创体之尤善者,《八仙歌》、《曲江三章章五句》是也。观此数首,知其革新诗体之意,投老不衰。

《又示宗武》(页八九六)

〔曾参与游夏,达者得升堂。浦注:“孔门弟子,经术之准,故举以为法。”〕举曾参、游、夏,盖兼以孝道文章勉之,非泛指经术也。浦注未憭。

《人日二首》(页八九九)

第二首

〔胜里金花巧耐寒〕言春寒花未开,胜上惟有像生之花。人工之巧,竟能制耐寒之花也。此见唐代手工艺品之精妙。

《送大理封主簿五郎亲事不合……》(页九〇一)

〔题:余与主簿平章郑氏女子〕平章,犹今言介绍。盖介绍则必优劣之子之德容言功,故得云平章也。朱长孺谓“平章盖唐人语”,甚确。

《大历三年春白帝城放船……》(页九〇三)

〔恶滩宁变色,高卧负微躯。注:“负字当作自负解,即‘忠信涉波涛’意。”〕东坡云:“赋命穷薄轻江潭。”意同而语更横肆。

〔泥笋苞初荻〕初荻,疑即梅圣俞食河豚诗所谓荻芽,然全句未详。

〔绝岛容烟雾,环洲纳晓晡〕二句字面对而意实连贯。

〔朴直乞江湖〕乞江湖谓辞蜀幕。

《春夜峡州田侍御长史津亭留宴,得筵字》(页九〇九)

〔始知云雨峡,忽尽下牢边〕谓忽已出峡。

《暮春江陵送马大卿公恩命追赴阙下》(页九一三)

〔天意高难问,人情老易悲〕芦川《贺新郎》送胡邦衡:“天意从来高难问,况人情老易悲难诉。”全本此。

《短歌行赠王郎司直》(页九一六)

此首共十句,前五句押四平韵,后五句押四仄韵,而以第五第十两句为单句,又是一格。

山谷歌行,每学此种,得其神髓,非徒以炼字琢句为能。

《忆昔行》(页九一七)

〔玄圃沧洲莽空阔〕想象、实景兼而有之。

卷十九

《夏夜李尚书筵,送宇文石首赴县,联句》(页九二〇)

联句至韩孟乃极其变,偶俪有针尖麦芒、五雀六燕之巧。公此作殊不佳,知作始者难为工也。

《舟中出江陵南浦,奉寄郑少尹审》(页九三八)

〔鸣螀随泛梗〕玉溪“薄宦梗犹泛”之句能明杜意。

《醉歌行赠公安颜少府,请顾八题壁》(页九四〇)

前四句,隔句韵。中四句换韵,亦隔句韵。后五句,句句韵。亦是创格。

《送顾八分文学适洪吉州》(页九四〇)

〔八分盖憔悴〕此八分指书体。憔悴,犹言衰落。

〔病渴污官位〕言尸位。

《呀鹘行》(页九四五)

〔病鹘孤飞俗眼丑〕谓为俗子所轻。

《公安送李二十九弟晋肃入蜀,余下沔鄂》(页九四六)

〔南纪连铜柱〕前途之远。

〔西江接锦城〕去后之思。

《过南岳入洞庭湖》(页九五四)

此题有难通处,浦二田尝辨之。如“过”字上益“欲”字或“将”字,则怡然理顺,然诸本皆无之,但可存疑。

〔岸转异江湖〕谓江之与湖,水色不同。故陈简斋《登岳阳楼》亦云:“江湖异态阑干前。”

《上水遣怀》(页九五七)

〔篙工密逞巧,气若酣杯酒〕即《水会渡》之“篙师暗理楫,歌笑轻波澜”。

《解忧》(页九五九)

〔百虑视安危〕视安危,犹云“居安思危”也。

《宿凿石浦》(页九六〇)

〔斯文忧患余,圣哲垂彖系〕“作《易》者,其有忧患乎!”

《次空灵岸》(页九六二)

〔题注:蔡曰:“空灵当作空舲,刀笔误耳。”〕蔡盖不知《楚辞》之扬灵即扬舲,西河亦不知也。

《次晚洲》(页九六四)

〔吾得终疏放〕问句。

〔评:湖南纪行诗,较蜀道诗刻炼少逊,则年力衰壮之异。……浦二田云："秦州诗多即景生情，此多抚时感事。……"〕湖南纪行亦不及陇蜀纪行两组之整饬，古律皆然，盖随事成咏，非胸中先有一定布局，如《发同谷》、《发秦州》诸作比也。

《清明二首》（页九六八）

第一首

〔虚沾周举为寒食〕谓周革寒食陋俗，虽有惠于民，而已本贫，难于举火，是虚沾此惠也。

《咏怀二首》（页九七二）

第二首

〔嗷嗷幽旷心，拳拳异平素〕二句起下，见衣食之艰，朋知之寡，皆非昔比也。

《望岳》（页九七四）

〔秩礼自百王〕自来为历代帝王所崇祀。

〔渴日绝壁出。注："渴日犹渴虹之渴。"蒋云："深山少日，绝壁最高，故日照其上，日影倒映水中，如饮水然，故曰渴。"〕渴日字出《泰誓》，《疏》以渴作竭，则公此诗借用，犹炎曦耳。蒋说似求之过深。

卷二十

《湘江宴饯裴二端公赴道州》（页九七九）

〔鄙人奉末眷〕奉末眷，犹后世言叨在爱末。

《哭韦大夫之晋》（页九八〇）

〔贡喜音容间〕贡公有喜，然音容间阻。

〔冯招疾病缠〕冯公见招，奈疾病缠绵。

〔绮楼关树顶〕关犹连也。今犹云关连。

《千秋节有感二首》(页九八四)

第一首

小杜云:"千秋佳节名空在,承露丝囊世已无。惟有紫苔偏称意,年年因雨上金铺。"用意与此首大同。然此犹伤今,彼则怀古矣。

第二首

〔罗袜红蕖艳〕玉溪诗:"家近红蕖曲水滨,全家罗袜起秋尘。"由此出也。

〔桂江流向北〕桂江,湘水上游。

《奉赠卢五丈参谋琚》(页九八五)

〔邻好艰难薄〕晦句。

〔谁云晚见招〕左太冲《咏史》云:"冯公岂不伟,白首不见招。"此反其意,言本无可采,不得云人之莫我知也。

《苏大侍御涣,静者也……》(页九九二)

静者字出《论语》"仁者静",此云静者,不云仁者,或缘孔子"若圣与仁,则吾岂敢"之言,因而避之。前《送孔巢父谢病归游江东》诗亦云:"蔡侯静者意有余。"

〔昨夜舟火灭,湘娥帘外悲。百灵未敢散,风破寒江迟〕题云:"余请诵近诗,肯吟数首,才力素壮,辞句动人。接对明日,忆其涌思雷出,书箧几杖之外,殷殷留金石声。"盖涣之诵诗,实有异于常人者。此四句亦即以想像之笔,形容其讽咏之妙。意谓涣诵诗时,与风浪之声相和,百灵聚听,湘娥衔悲,久而不散也。

〔评:卢德水云:"子美既目(涣)为静者,又目为白起……"〕按下公《入衡州》诗云:"门阑苏生在,勇锐白起强。"即卢此所指。

《奉赠李八丈曛判官》(页九九五)

〔垂白乱(一作辞)南翁,委身希北叟〕谓居南服而思北归。乱南翁者,北人居南久,习于南俗,可与南翁相乱,人莫之别也。

《北风》(页一〇〇〇)

〔吾慕汉初老，时清犹茹芝。注："时清犹隐，况乱世将焉适耶？……一说，何云：'结句自羡其有芝可茹，得以全命乱世，直至时清也。痛语乃旷逸出之。'"〕按杨注为胜，何说迂曲不可从。

《幽人》(页一〇〇〇)

〔天高无消息〕天高，犹地远。

《客从》(页一〇〇三)

〔开视化为血〕泪化为珠，珠化为血，总见征敛所得，皆人民之脂膏也。

《白凫行》(页一〇〇四)

〔黄鹄高于五尺童，化为白凫似老翁。注："自是五尺童高于黄鹄，化为老翁似白凫耳，公诗每有此倒句。"〕顾印伯先生为王湘绮翁尊经书院弟子。印伯先殁，湘绮挽诗起句云："五尺童今化老翁。"则顺而成章。

《送重表侄王砅评事使南海》(页一〇〇八)

〔寂寥人散后〕此句意属下，韵属上。

〔上云天下乱，……下云风云合〕上云，先说；下云，后说。

《小寒食舟中作》(页一〇一八)

〔春水船如天上坐，老年花似雾中看〕上句春涨，下句眼衰。上句启下第六句"片片轻鸥下急湍"，皆舟中实感实见；下句启下第五句"娟娟戏蝶过闲幔"，则皆岸上景物，出之想像者也，当分别观之。

《入衡州》(页一〇二〇)

〔聚谋泄康庄〕泄，犹发也。

《题衡山县文宣王庙新学堂，呈陆宰》（页一〇二六）

〔下可容万（一作百）人〕作百近是，观下“何必三千徒，始压戎马气”之句可知。

〔南纪改波澜〕波澜，犹言风气。

《聂耒阳以仆阻水，书致酒肉……》（页一〇二七）

〔侧惊猿猱捷，仰羡鹳鹤矫〕譬己之留滞湖南，犹不及禽兽之自由也。

《风疾舟中伏枕书怀三十六韵，奉呈湖南亲友》（页一〇三〇）

〔乌几重重缚，鹑农寸寸针〕公之困境，至此极矣。“鹑衣寸寸针”与天吴紫凤，颠倒裋褐，又未可同年而语也。乌皮几，蜀中旧物，公之所爱，虽因乱避居梓、阆，未尝忘之。故其将返成都途中寄严公诗有云“锦官城西生事微，乌皮几在还思归”也。后又携至夔州，故其《阻雨不得归瀼西甘林》诗亦有“拂拭乌皮几，喜闻樵牧音。令儿快搔背，脱我头上簪”之句，至此则乌几已全弊败矣。即此一事，可见公晚年生涯。天之报施善人，为何如哉！

读宋诗随笔

程千帆 撰

前　言

唐宋皆伟人，各成一代诗。
变出不得已，运会实迫之。
格调苟沿袭，焉用雷同词？
宋人生唐后，开辟真难为。
——蒋士铨《辩诗》

在我国诗歌的百花园中，五七言古今体诗是流行最广、生命力最强的样式。而唐、宋两代之作，则面貌各异，成就皆高，有如双峰并峙。吴之振序其《宋诗钞》云："宋人之诗变化于唐，而出其所自得，皮毛落尽，精神独存。"这一论断极为扼要地说明了宋代诗人是幸运的，又是不幸的。在他们以前，已经出现了许多大师，作为他们学习的对象；但同时，这些大师的存在，又迫使他们求变求新，不同前人，使自己成为新一代的大师。其结果是产生了出于唐又异于唐的宋诗。那么，宋代诗人是在哪些方面显示了他们的特色呢？

严羽在《沧浪诗话》中首先提出并解答了这个问题。他说："国初之诗尚沿袭唐人，……至东坡（苏轼）、山谷（黄庭坚），始出己意以为诗，唐人之风变矣。"又说："近代诸公乃作奇特解会，遂以文字为诗，以才学为诗，以议论为诗。夫岂不工，终非古人之诗也。”这些话虽有贬意，却道出了宋诗不同于唐诗的重要内涵，并且指出苏、黄是宋诗改变唐风的代表性人物。

首先，严羽指出宋人以文字为诗。文字这个词在宋代有广狭二义：广义指书面语言，狭义则指散文。这里显然是指曾经引起非议的以散文为诗；而以散文为诗，又往往和以议论为诗是紧密地联系着的。文多作为思想的载体，而诗则多作为感情的载体，因而文偏于表现逻辑思维而诗偏于表现形象思维，似乎是个约定俗成的传统。这一传统的打破，对于墨守成规的人来说，无疑地会被认为是一种生疏可疑的异端而加以反对。但如果我们不从先入为主的传统观念出发而从作品本身出发，就可发现，诗的散文化及往往包含在这个外壳中的议论，并不排斥文学艺术的最本质的特征——形象性。富有思辨性的散文，当它被移植到诗歌中之后，我们可以看到两种往往为人们所忽略的情况，一是散文化的议论本身有助于突出抒情诗的主人公——作者自己的形象。宋人大量的政治诗、咏史诗（特别是这两类诗中的翻案诗）最能证明这一点。其次，许多议论，特别是当它们被以比喻来表达时，也充满了生动活泼的形象，而并非枯燥无味的说教。思辨的形象性与其载体（结构、句法等）的散文化，构成了宋诗一个很大的特色。

严羽还论及宋人以才学为诗这个问题，这主要体现在诗中用典故方面。人类社会文化的积累和语言的反复使用，自然有不少可供后来者比拟、借鉴、沿袭、继承的故事、成语产生与流传。这也就是所谓典或典故。文士们在作品中用典，是要让读者更方便、更丰富、更深刻、更准确地体会自己所要表达的内容，而不是相反。有些作者不善于使用典故，导致其作品无法获得预期或应有的艺术效果；有些读者则因各种原因未能洞悉典故的含意，而无从体会使用者的本意。这些情况都是有的。但那都是使用者、接受者的问题，而非故事、成语本身有什么过错。用典风气的形成与流行和学术文化的隆盛是有关联的。宋代诗人多数是博学之士，他们的高层次文化修养不可避免地会体现在诗的创作中，从而出现了作者以才学为诗、作品风格繁缛、用意深曲等种种现象。这是宋诗的又一特色，但这一特色的优劣，则需要对作品进行具体分析，无法一概而论。陶渊明可算古来第一位善于用典的诗人，将陶诗囫囵读去的人，往往未能详悉。但我们即使找到它们有那么多的“来处”，也无须沾沾自喜，因为“用事而不使人觉”，也就近于或同于“胸臆语”，即创作了。我们是否可以说，以才学为诗可能是一病，而以才学读诗，每读一诗，就想忙着寻找其中所用典故，也同样是一病呢？

正因为宋人以这些特色来将自己区别于唐人，严羽才一方面反对其不似古人，而又不能不服其工。由此可见，以文字、议论、才学为诗，虽不始于宋人，但确实是到了宋代，才在创作实践中解决了以文字、议论、才学为诗，也可以写出很好的作品这个问题。而这正是通过“以故为新”的手段来实现的。

苏、黄都曾提出“以故为新”。这个“故”，恐怕不只是诗人们已经再现的生活，用过的材料，也应当包括他们创作的历史经验在内。六朝人也曾以才学为诗，被钟嵘《诗品》所指斥，这是人所共知的。但宋人腕底出现的典故，却远比六朝人为精切、巧妙；而唐人所开创的诗歌散文化与思辨性的道路，到了宋代，也有长足的延伸。如果我们将杜甫、韩愈和王安石、苏轼之作细加比较，当不难发现此点。

袁枚《续诗品·著我》云：“不学古人，法无一可。竟似古人，何处著我？字字古有，言言古无；吐故吸新，其庶几乎！”这就比较具体地说明了文学创作的传统与继承的辩证关系。宋人之变化于唐而出其所自得，也正在此。五十年前，缪彦威先生在《论宋诗》中已经扼要地指出宋人“变唐人之所已能，而发唐人之所未尽”，所以“宋诗虽殊于唐，而善学唐者莫过于宋”。他还概括而明晰地指出两者的异同：“唐诗以韵胜，故浑雅，而贵酝藉空灵；宋诗以意胜，故精能，而贵深折透辟。唐诗之美在情辞，故丰腴；宋诗之美在气骨，故瘦劲。唐诗如芍药海棠，秾华繁采；宋诗如寒梅秋菊，幽韵冷香。唐诗如啖荔枝，一颗入口，则甘芳盈颊；宋诗如食橄榄，初觉生涩，而回味隽永。譬诸修园林，唐诗则如叠石凿池，筑亭辟馆；宋诗则如亭馆之中，饰以绮疏雕槛，水石之侧，植以异卉名葩。譬诸游山水，唐诗则如高峰远望，意气浩然；宋诗则如曲涧寻幽，情境冷峭。唐诗之弊为肤廓平滑，宋诗之弊为生涩枯淡。虽唐诗之中，亦有下开宋派者，宋诗之中，亦有酷肖唐人者;然论其大较,固如此矣。”

也许严羽所举三个方面以及缪先生所作的反复形容还不能完全说明唐宋诗相异的缘由和相别的面貌,但两家之说,已为我们提供了对宋诗的基本认识。

这个小册子只选了一百多首诗,对于整个宋诗来说,它们只是沧海一粟,而且考虑到读者的接受能力等等条件,显然不可能体现宋诗发展的完整过程。这本小书只是想使读者对有异于唐诗的宋诗风味尝鼎一脔而已。再说品评的方法,由于近十年来鉴赏辞典一类的书已经很多,读者不难从其中得到教益,所以我在本书中并没有按照一般的方法进行品评,而只是在每首或几首诗后,就其所知,随手写下一点读后感,既无统一的规范,也无内容的限制,信笔所之,未免零乱,这是要请读者原谅的。

读宋诗随笔

郑文宝

绝句　三首选一

亭亭画舸系寒潭，直到行人酒半酣。不管烟波与风雨，载将离恨过江南。

【品评】

此诗，何汶《竹庄诗话》载作者为张耒，题为《柳枝词》，这里遵从多数记载。它是宋初少数脍炙人口的绝句之一。石遗老人陈衍《宋诗精华录》指出这篇诗在结构上是“首句一顿，下三句连作一气说，体格独别。唐人中惟太白‘越王勾践破吴归’一首，前三句一气连说，末句一扫而空之。此诗异曲同工，善于变化”。陈衍指出郑李两诗的联系和区别，无疑是对的。但唐人绝句除李白“越王勾践破吴归，战士还家尽锦衣。宫女如花满春殿，只今惟有鹧鸪飞”这篇《越中怀古》外，他如韩愈的《曲江寄白二十二舍人》：“漠漠轻阴晚自开，青天白日映楼台。曲江水满花千树，有底忙时不肯来？”元稹《刘阮妻》：“芙蓉脂肉绿云鬟，罨画楼台青黛山。千树桃花万年药，不知何事忆人间。”也都与李诗同格，可见此法仍非李诗所独具，但郑诗则反其道而行之，以首句启后三句，因此在表现方式上，也就有所发展。

其次，此诗末句不说画舸将怀着离恨的行客载过江南，而径直说“载将离恨过江南”，将离恨拟人化，变为一种可闻可见可触的事物，也是很独特，因而对后来影响很大。如周邦彦的《尉迟杯》词有云：“无情画舸，都不管、烟波隔前浦，等行人乍拥重衾，载将离恨归去”，即完全是郑诗改写。与周词相比，李清照的词《武陵春》：“闻说双溪春尚好，也拟泛轻舟。只恐双溪舴艋舟，载不动许多愁。”你说愁恨载得走，我却说载不动，旧曲翻新，就别饶韵味了。

我们欣赏文学作品，如能从比较着眼，必然能发现许多有意思的东西。

王禹偁

村　行

马穿山径菊初黄，信马悠悠野兴长。万壑有声含晚籁，数峰无语立斜阳。棠梨叶落胭脂色，荞麦花开白雪香。何事吟余忽惆怅，村桥原树似吾乡。

【品评】

王禹偁立朝正直，以敢于指陈朝廷得失闻名于世，他的诗在内容和风格方面都受了白居易的影响。他初学白居易，又随着白居易走的道路进而学杜甫，所以曾有诗道：“本与乐天为后进，敢期子美是前身。”又曾赞美杜甫，认为“子美集开诗世界”。他初步摆脱晚唐秾艳之体，为宋代诗歌变革开辟了有异于唐人的风气，由于才力不够雄深，出语比较平弱，成就不算很高。这首《村行》则不失为成功之作。

太宗淳化二年(991)，他因论妖尼道安事获罪，被贬为商州团练副使。此诗作于次年八月，反映了他谪居生活的一个侧面。公余之暇，信马闲游，秋色明丽而宁静，本来是可怡神悦性的。可是一想到自己忠而得罪，未免对景难排，赏景吟诗之后，反而不能不感到寂寞而思念故乡了。不念朝廷而念家园，正是暗示自己在政治上的失意。用笔极为含蓄。壑本无声，风过则闻之有声，这是真；峰不能语，静立却反似能语而不语，这是幻。闻之真与见之幻交织，从明丽宁静中显示出凄清，同时也显示出诗人的孤独。姜夔《点绛唇》上阕云："燕雁无心，太湖西畔随云去。数峰清苦，商略黄昏雨。"两篇所写天候有晴雨之异，峰峦有语默之殊，而各极其妙。

寇　准

追思柳恽汀洲之咏，尚有遗妍，因书一绝

杳杳烟波隔千里，白蘋香散东风起。日落汀洲一望时，愁情不断如春水。

【品评】

齐梁间诗人柳恽有一篇《江南曲》，其辞云："汀洲采白蘋，日暖江南春。洞庭有归客，潇湘逢故人。'故人何不返？春花复应晚。'不道新知乐，只言行路远。"这首诗非常含蓄而成功地画出一幅闺怨图。其妙处就在于只点出当这位妻子好不容易听到远在湖南的丈夫的消息后，却没有听到她最想得到的信息，即他的归期。而那位富于同情心的归客虽然确实会见了她的丈夫，可是同时还看到了这位远方游子已经有了新知（新欢），可他怎么好对她直说呢？因为怕她承受不了这个沉重的打击，便只好扯谎，推托说她的丈夫因道路遥远，一时回不来了。她听到后，是怎么个反应，柳恽不说了，这便是遗妍，即尚未完全发掘出来的美好的心灵。寇准让读者回忆柳诗中所写的景色之后，着重揭示出这位忠诚于丈夫的妻子毫未怀疑丈夫的忠诚，她只是满怀愁绪，像春水长流一样永远痛苦地盼望着。这是多么动人的形象啊！两篇合读，痴心女子负心汉的对比，就

显得更为鲜明。各种文学样式的表现方法都有其独特性，这种题材到了剧作家手中，就可能变成《王魁负桂英》之类的作品了。

寇准别有一首杂言体《江南春》云："波渺渺，柳依依。孤村芳草远，斜日杏花飞。江南春尽离肠断，蘋满汀洲人未归。"用意与本篇略同，所以也有的本子径题为《江南春》二首。

杨　亿

书怀寄刘五　二首选一

风波名路壮心残，三径荒凉未得还。病起东阳衣带缓，愁多骑省鬓毛斑。五年书命尘西阁，千古移文愧北山。独忆琼林苦霜霰，清尊岁宴强酡颜。

【品评】

杨亿学博才高，很年轻的时候便受到朝廷的重视，赋性正直，却不免恃才傲物。他曾因真宗指责他代草的诏书用字不当，便引咎辞职，连这位皇帝都说他"不通商量，真有气性"。这首诗是他对自己处境不满而发。我国古代有抱负的士大夫，走上仕途，总希望能致君泽民，而轻视文字工作（哪怕是代皇帝做这种工作）。杨亿的牢骚便由此而来。这时他也正是三十二岁，便以沈约、潘岳自比，觉得多愁多病，如届暮年，身居清要之职，却感叹名路风波，而希望归隐。这种心态，即所谓怀才不遇之感，在我国唐宋以来的士大夫身上，是很普遍的。所以此诗有其一定的代表性，有其认识作用。

杨亿和刘筠等，写诗都学晚唐的李商隐。他曾编次同人唱和之作为《西昆酬唱集》，所收都是这一流派的作品，因此被称为西昆派。李商隐的七言律诗，是晚唐一大宗。其风格以精丽沉郁为主，还有一些虽然出笔也很深婉简练，仍然用典，却无堆砌晦涩之病。此诗便是学后一种。就诗论诗，它不失为完美之作。

司马池

行　色

冷于陂水淡于秋，远陌初穷到渡头。赖是丹青无画处，画成应遣一生愁。

【品评】

作者的儿子司马光在其晚年所撰《续诗话》中，曾说他父亲这首诗系作于监安丰（今河南固始东南）酒税的赴官途中，并首先指出，它的特色是能“状难写之景”。其后张耒在《记行色诗》一文中也认为此诗有合于梅尧臣所谓“状难状之景如在目前，含不尽之意见于言外”的理论。陈衍《宋诗精华录》也赞赏它“有神无迹”，并说：“文言之，为欧公之‘平芜尽处是春山，行人更在春山外’；质言之，则为此诗第二句。”行色，指旅途中的景色以及由此而产生的情怀。这种由景入情从而达到情景交融的诗篇历来是不少的。例如吴子良《林下偶谈》便曾举出范仲淹所写《野色》一诗中第三四句“白鸟忽点破，夕阳还照开”，认为可与司马池《行色》中的似乎写景实则写情的第一句比美。这话虽然大体上也说得过去，但范仲淹此诗中出现的是凸出的实景，而欧阳修《踏莎行》中的春光，司马池《行色》中的秋意，却只是点到即止，丝毫没有从正面加以刻画。也就是以不刻画为刻画，因而有神无迹。《行色》后半指出，这行色幸而画不出，若画了出来，真会教人一辈子发愁。但他这种不从正面着笔的表现方式却更教善读者由于接受了他的导引而陷入了无穷无尽的怅惘之中，难以摆脱，这却是诗人自己当初没有想到的。

晏　殊

寓　意

油壁香车不再逢，峡云无迹任西东。梨花院落溶溶月，柳絮池塘淡淡风。几日寂寥伤酒后，一番萧瑟禁烟中。鱼书欲寄何由达，水远山长处处同。

【品评】

此诗写的是对别去情人的怀想。从用峡云之典看来，诗人所思念的显然是一位社会地位较低如歌妓一类的人物，然而他却对她一往情深，写出如此缠绵悱恻的诗来。可见爱情的力量有时是能够突破社会上许多不太合理的规范的。

诗首联写分离的事实，尾联写怀念的心情，仅此四句，便已表达了所寓之意，但如没有中二联来点出诗人所处的空间与时间，显示他在这种极为美好的时空里却极无聊赖的心情，那就无法满足诗人自己所要充分表达的心灵活动了。在今天看来，晏殊在词方面的成就似乎比诗高。他有些词和他这类的诗十分相近。如《踏莎行》云："碧海无波，瑶台有路。思量便合双飞去。当时轻别意中人，山长水远知何处？　　绮席凝尘，香闺掩雾。红笺小字凭谁附？高楼目尽欲黄昏，梧桐叶上萧萧雨。"又《蝶恋花》云："槛菊愁烟兰泣露。罗幕轻寒，燕子双飞去。明月不谙离恨苦，斜光到晓穿朱户。　　昨夜西风凋碧树。独上高楼，望尽天涯路。欲寄彩笺兼尺素，山长水阔知何处？"合而观之，情致全符，而点景布局，各有特色，可以比观，于同中求异。当然，我们永远不会知道，也无须知道晏殊这三篇作品中的峡云、意中人和要寄与彩笺的那位姑娘是否为一人。但生活在重叠，诗人的情怀也就随之而出现重叠。

宋 祁

落 花

坚素翻红各自伤，青楼烟雨忍相望？将飞更作回风舞，已落犹成半面妆。沧海客归珠迸泪，章台人去骨遗香。可能无意传双蝶，尽付芳心与蜜房。

【品评】

这是一篇构思十分精巧的咏物诗。我国古代美学认为，摹写物象，大体有三个不同的层次：首先是要形似，即能传达出客观事物的外部特征。其次就是要形神兼备，即除了事物的外部特征之外，还要进一步体现出蕴藏于事物形体中的内在精神实质来。而最高的要求则是遗貌取神，即为了更精确更丰富地表现客观事物，诗人和艺术家有时会故意忽略它们的某些外部形态以突出其内在的精神。

宋祁这篇诗，写的是绿暗红稀的时节，凄烟零雨的光景。诗人一上来便想到了不但人会惜花，花也会自惜，所以先写出首句，然后才继以次句，花既各自伤，人也就更不忍相望了。这便形成了一种令人伤感的氛围，为全诗定下了调子。

一般人都以花比喻美女，而宋祁却反过来，以美女比花，以美女的快舞形容花之飞空，以美女的残妆形容花之委地。这正是作者的匠心所在。而更重要的则是这两句诗还象征着一个人在艰难困苦中不屈不挠坚持到底的精神，因此为后世所推重。二句咏落花，只出之以比喻，与其外形全无关涉，却见出了它的品格风神。此即遗貌取神之一例。五六句写花落后为人惋惜之怀。沧海客归，章台人去，见游客聚散无常。因骨遗香，致珠迸泪，其睹物伤情则一。末联谓花经蜂采，已成蜜入房，虽然想再招引蝴蝶，已无可能了。从而进一步落实了题中落字，结束全诗。

晚清俞樾有“花落春仍在”之句，为他的老师曾国藩所激赏，因自名其居为春在堂。又黄季刚先生《灵谷寺看牡丹》二首之一云：“朱明已至绿阴稠，始向效坰补禊游。喜见危红藏叶底，有花仍可说春留。”均与此诗貌异心同，以从反面着想取胜。

曾公亮

宿甘露僧舍

枕中云气千峰近，床底松声万壑哀。要看银山拍天浪，开窗放入大江来。

【品评】

此诗首两句极写雄伟壮阔的大自然是如何向自己靠近，似已到了枕中床底可以触及的地步，但对着这种景色，诗人的心境却是异常宁静的。他以至静面对至动，仔细观赏，因为他高卧于这高山古寺中，并无丝毫危险，任凭风浪起，稳坐钓鱼台。但在范成大的诗《判命坡》中，却出现这样的句子：“侧足二分垂坏磴，举头一握到孤云。”路险山高，一至于此。而当时自己的生命却又与之紧紧关联，一失足成千古恨，所以范成大在下文写道：“早晚北窗寻噩梦，故应含笑老榆枌。”即多年以后，回忆这次征程，还不免有些后怕和后悔。两人在心情上的区别，就在于曾公亮观景时，身在景外，而范成大观景时则身在景中。自己是否介入，决定了曾诗情调雄浑而范诗风格峭拔。

此诗后半写从窗中揽景。这，作家们也有不同的写法。谢朓《郡内高斋闲坐答吕法曹》云：“窗中列远岫。”杜甫《绝句》云：“窗含西岭千秋雪。”写窗中所见之山。此诗云：“开窗放入大江来。”苏轼《南堂》云：“挂起西窗浪接天。”写窗中所见之水。虽动静不同，但都是通过一窗，内外通流，小中见大，使读者由窗中的小空间进入窗外的大空间，瞭望的角度随时不同，眼中所见也就跟着发生变化，这样，景物就无限地增多，读者所能享受的美也就无限地丰富了。至于曾诗独写人要看江，所以开窗，将它放入，与谢、杜、苏只是将窗中之景作为一个偶然入目的客观存在，其意趣又自有深浅，这是无须多加解说的。

梅尧臣

汝坟贫女

汝坟贫家女，行哭音凄怆。自言“有老父，孤独无丁壮。部吏来何暴，县官不敢抗。督遣勿稽留，龙钟去携杖。勤勤嘱四邻：‘幸愿相依傍。’适闻闾里归，问讯疑犹强。果然寒雨中，僵死壤河上。弱质无以托，横尸无以葬。生女不如男，虽存何所当！抚膺呼苍天，生死将奈向?”

【品评】

仁宗康定元年(1040)，西夏出兵攻宋，朝廷按照当时制度，正规军之外，还动员了民兵，按人口比例抽丁，团结训练，以为防守。许多官吏却借此胡作非为，不在规定范围之内的老幼也被强迫应征。此诗及其姊妹篇《田家语》便是当时暴政的实录。《田家语》写官吏横暴，人民愁怨之情，《汝坟贫女》则通过一位少女的控诉，进一步描绘了一个由于非法抽丁，使得人民家破人亡的典型事例,《诗经·周南》有《汝坟》一篇，按照先儒的解释，是用一位妇女的口气描写乱世的作品，其中说到官家的差遣虽然像火一般急，但父母在身边，还可依靠。这首诗取《诗经》旧题，也用一位妇女的口吻来写，但她的境遇却更为悲惨。杜甫、元结那些充满了对人民的爱心而语言又非常朴实的咏叹时事的诗篇，显然是梅尧臣这类作品的先导。

在梅尧臣之前，王禹偁也曾希望通过自己的创作，将诗歌纳入现实主义的轨道中来，但由于才力的限制，他的努力没有起到多大的作用，只有到了梅尧臣、欧阳修等人，才弥补了王禹偁的遗憾。吴之振《宋诗钞》引龚啸父评论梅尧臣是“去浮靡之习于西昆体极弊之际，存古淡之道于诸大家未起之先”。对这位诗人的历史地位作了很公正的评价。

在布局方面，此诗开头两句将这位贫女介绍给了读者以后，便由她直接向读者讲述自己的痛苦遭遇，直到终篇。将诗人的主观意愿通过客观记载表现出来，这也是比较特别的和值得注意的。

悼　亡　三首

结发为夫妇，于今十七年。相看犹不足，何况是长捐。我鬓已多白，此身宁久全？终当与同穴，未死泪涟涟。

每出身如梦，逢人强意多。归来仍寂寞，欲语向谁何？窗冷孤萤入，宵长一雁过。世间无最苦，精爽此消磨。

从来有修短，岂敢问苍天。见尽人间妇，无如美且贤。譬令愚者寿，何不假其年？忍此连城宝，沉埋向九泉？

【品评】

汉语诗歌的古典形式是偏于短小的。被称为今体的律诗，一般只有八句，绝句（或称小律诗）只有四句；就是古体，与各兄弟民族的以及外国的诗比较起来，也仍然是很短的。为了容纳在同一主题下的广阔生活画面，先民创造了连章的办法，即用同一形式写成多首具有相对独立性而又互相连系着的作品。它少的仅两首，多的达一百多首。这种伸缩自如的形式为诗人提供了极大的方便，也弥补了篇幅较短的缺陷，它略同于今天的文学术语所谓组诗。梅尧臣这三篇题为《悼亡》的作品，就是小型的连章诗。

恩爱夫妻突然失去了“较好的一半”，当然是一件使人极度悲伤的事情，所以历来传诵的悼亡名作不少。晋潘岳、唐元稹、宋梅尧臣的悼亡诗各三首曾被分别选入了最流行的选本萧统《文选》、孙洙《唐诗三百首》、陈衍《宋诗精华录》中，因而得到更广泛的传播。陈衍曾将潘、梅两家之作加以比较说:“潘安仁诗，以《悼亡》三首为最，然除‘望庐’二句(‘望庐思其人，入室想所历’)、‘流芳’二句(‘流芳未及歇，遗挂犹在壁’)、‘长簟’二句(‘展转眄枕席，长簟竟床空’)外，无沈痛语。盖熏心富贵，朝命刻不去怀(指第一首‘僶勉恭朝命，回心反初役’及第三首‘投心遵朝命，挥涕反就车’诸句)，人品不可与都官同日语也。”这里提出了一个古老的命题，即人品与文品具有一致性。但正是对这位潘岳，元好问就提出过不同的看法。在《论诗》中，他写道:“心画心声总失真，文章宁复见为人。高情千古《闲居赋》，争信安仁拜路尘。”(潘岳谄事贾谧，见其车出，望尘而拜。见《晋书》本传)道德与文艺的关系，永远是一个令人困惑的问题。在我们看来，一个人的思想感情虽然有其稳定性和连贯性，但也不是铁板一块，一成不变的。一个品德不高甚至很坏的人，当他处在正常心理状态的时候，也能从作品中反映出主观的真诚和客观的真实来。否则，同样熏心富贵的元稹，在回忆已经死去多年的妻子时，却能写出那么一往情深沉痛至极的悼亡诗《遣悲怀》，便不可理解了。至于作品的高下，在很大的程度上取决于作者的艺术修养，而非取决于他们的品德，这也是人所共知的。

据诗意所述，潘岳之作是他在杨氏逝世约一年以后，回家探视，又离家回朝时写的。元稹之作成于何时尚难确定，但为韦氏逝世之后若干年则无疑。而梅尧臣之作，则成于谢氏死后不久。知道这三组诗作期上的差别，对于理解它们可能是有益的。它决定了潘、元两作中有许多动人的细节，而梅作除第二首“窗冷”一联外，几乎全是对自己心境的白描。只有在将悲伤痛苦冷却一段时间之后，经过过滤的难以忘怀的生活细节才会在比较沉静的头脑中变得鲜明起来，而当时正被伤痛炙灼着的心灵，则是很难想到这些的。梅尧臣在蔡琰《悲愤诗》所谓“见此崩五内，恍惚生狂痴”的时候，对亡者发出了“见尽人间妇，无如美且贤”这种过情之誉，我们完全应当谅解，虽然无必要给以艺术上的肯定。

苏舜钦

中秋夜吴江亭上对月，
怀前宰张子野及寄君谟蔡大

独坐对月心悠悠，故人不见使我愁。古今共传惜今夕，况在松江亭上头。可怜节物会人意，十日阴雨此夜收。不惟人间重此月，天亦有意于中秋。长空无瑕露表里，拂拂渐上寒光流。江平万顷正碧色，上下清澈双璧浮。自视直欲见筋脉，无所逃遁鱼龙忧。不疑身世在地上，只恐槎去触斗牛。景清境胜反不足，叹息此际无交游。心魂冷烈晓不寝，勉为此笔传中州。

【品评】

月或月光似乎是我国作家最爱咏叹的事物之一。或诗或文，有长有短，名篇迭出，各擅胜场。如《文选》所载刘宋谢庄《月赋》有云："若夫气霁地表，云敛天末，洞庭始波，木叶微脱。菊散芳于山椒，雁流哀于江濑，升清质之悠悠，降澄辉之蔼蔼。"又唐张若虚《春江花月夜》有云："江流宛转绕芳甸，月照花林皆似霰。空里流霜不觉飞，汀上白沙看不见。"都可算得体物浏亮，刻画入微。陆机《拟古诗·明月何皎皎》中"照之有余辉，揽之不盈手"二句，更若即若离，以少胜多。但在这些名作中，作为物态的月仍只是人情的陪衬，写月色，只是为了寄托离愁。只有苏舜钦这首诗，才以大量的篇幅描写月光。设想奇特，力求生新（如写月光能够穿透事物），使月成为诗的主体。怀贤念友之情，只在首尾略作绾合。正是在这种地方，我们看出了宋人力求避熟就生、推陈出新时所下的功夫和所取得的创作实绩。

淮中晚泊犊头

春阴垂野草青青，时见幽花一树明。晚泊孤舟古祠下，满川风雨看潮生。

【品评】

诗是有声画。当然绘画艺术所要表现的某些特征如色觉和光觉也会体现在诗中。杜甫《绝句》“两个黄鹂鸣翠柳，一行白鹭上青天”，以比较和谐的四种颜色，而王安石佚句“浓绿万枝红一点”则以对照强烈的两种颜色，同样成功地描画出了灿烂的春天，而为世人所爱赏。但在有些诗中，写色觉并不像上举例中那样明显，因而往往被读者所忽略。如韦应物《滁州西涧》有云：“独怜幽草涧边生，上有黄鹂深树鸣。”幽草、深树，都是浓绿，而黄鹂则藏于深树，是难以用视觉见其形，而只有凭听觉闻其声，才知道它的存在的。这里，诗人正是引导我们，在想像中，以听觉补视觉之所不及。再如苏舜钦此诗中头两句，也颇有值得我们思考的地方。在古汉语中，明主要是指光而非指色，由于这树幽花是和阴沉的高天、青碧的平野对衬，则此花可能是白的，也可能是具有较强光感的颜色如粉红的。韦应物诗本写所见，同时也写所闻以补其不足。苏舜钦诗亦写所见，不但注意到了色，而且感受到了光，非细赏不知。

韦诗后两句云：“春潮带雨晚来急，野渡无人舟自横。”陈衍以之与苏此诗后两句相比，认为后胜于前，理由是“气势过之”。这位老诗人似乎忽略了两位作者在诗中体现的不同心态。韦应物此时信步徐行，怜幽草，听黄鹂，正处在一种极其安静闲适的心境中。因而即使春潮春雨突然来袭，自也会和那个自横的野渡孤舟一样，处之泰然。而苏舜钦却处在行役途中，沿路胜景固然堪赏，而风雨潮生，孤舟晚泊，想到明日征程，情绪是难以平静的。韦写闲游，苏写旅况，重点既异，给人的印象也自不同，因而很难说这是由于诗篇本身的气势的强弱。

我们认为，理性思维与感性思维是可以互补的。依据具体事物的具体条件所作出的分析,有时可以印证补充或修正从深厚修养中作出来的直觉判断,反之亦然。如以上对陈衍所评论的“气势”的看法,就是一例。

欧阳修

水谷夜行,寄子美、圣俞

寒鸡号荒林,山壁月倒挂。披衣起视夜,揽辔念行迈。我来夏云初,素节今已届。高河泻长空,势落九州外。微风动凉襟,晓气清余睡。缅怀京师友,文酒邀高会。其间苏与梅,二子可畏爱。篇章富纵横,声价相摩盖。子美气尤雄,万窍号一噫。有时肆颠狂,醉墨洒滂沛。譬如千里马,已发不可杀。盈前尽珠玑,一一难拣汰。梅翁事清切,石齿漱寒濑。作诗三十年,视我犹后辈。文辞愈清新,心意虽老大,譬如妖韶女,老自有余态。近诗尤古硬,咀嚼苦难嘬,初如食橄榄,真味久愈在。苏豪以气轹,举世徒惊骇。梅穷独我知,古货今难卖。二子双凤凰,百鸟之嘉瑞,云烟一翱翔,羽翮一摧铩。安得相从游,终日鸣哕哕。问胡苦思之,对酒把新蟹。

【品评】

欧阳修是北宋前期的文坛领袖。在他的影响之下,诗歌、古文乃至四六都出现了不同于唐人的新面貌。他的成功显然和他本人的创作成就、思辨能力、宽容态度都有很大的关系。历史证明,文学事业只有在不同流派风格的自由竞争中才有发展。欧阳修在宋初诗人跳不出晚唐圈子的时候,首先发现并大力肯定了与他自己作风并不相同却体现了诗中新貌的苏、梅,而感叹时人对他们还不理解,以致“举世徒惊骇”,“古货今难卖”,

这就表现出这位大作家对异量之美的赏析能力和宽容态度。这一点是特别值得我们今天重视和学习的。

《诗话》云:"圣俞、子美齐名于一时,而二家诗体特异。子美笔力豪俊,以超迈横绝为奇。圣俞覃思精微,以深远闲淡为意。各极其长,虽善论者不能优劣也。"这段文字可作为本诗论苏、梅风格的注释。其后魏泰《临汉隐居诗话》指出苏诗"奔放豪健",梅诗"虽乏高致而平淡有工","世谓之苏、梅,其实与苏相反",则显然有所偏爱,不能如欧阳修之既赏苏之豪健,又爱梅之平淡了。

杜甫创以诗论诗之体,但多以连章绝句行之,独有《偶题》五言排律二十二韵为长篇。其前七韵指出了有关诗歌发展的历史观点,其后则转入对异乡漂泊、二子失学、家国乱离的感叹。欧阳此诗大体学杜,前写行役之景,后写离别之怀,中间评赞苏、梅,先分后合。其布局经过精心结撰,自比杜甫兴到偶题者为致密。

春日西湖寄谢法曹歌

西湖春色归,春水绿于染。群芳烂不收,东风落如糁。参军春思乱如云,白发题诗愁送春。遥知湖上一尊酒,能忆天涯万里人。万里思春尚有情,忽逢春至客心惊。雪消门外千山绿,花发江边二月晴。少年把酒逢春色,今日逢春头已白。异乡物态与人殊,惟有东风旧相识。

【品评】

欧阳修晚年退居颍州。其所撰《诗话》(今通称《六一诗话》)中,载有对谢伯初及有关此诗的追忆。略云:"余谪夷陵时,景山方为许州法曹,以长韵见寄,颇多佳句。有云:'长官衫色江波绿,学士文华蜀锦张。'余答云:'参军诗思乱如云,白发题诗愁送春。'盖景山诗有'多情未老已白发,野思到春如乱云'之句,故余以此戏之也。景山诗颇多,如'自种黄花添野景,旋移高竹听秋声'、'园林换叶梅初熟,池馆无人燕学飞'之类,皆无愧于唐诸贤,而仕宦不偶,终以困穷而卒。”

当然,任何艺术品,当它被创作出来以后,就是一个客观的存在,我们的观赏或评价,首先和终极都将针对它本身的形象而作出。但这并非说,了解它产生的背景和制作它的人是不重要的。知人论世,终究是欣赏和理解任何艺术,特别是语言艺术的关键。从《诗话》中,我们至少知道欧、谢此时都处于牢落江湖,因而同病相怜的心境之中,所以欧得谢寄诗之后,才有这篇婉转关情之作。(谢来诗也载《诗话》,可参看。)

诗的头四句是写想像或传闻中的颍州西湖春色。有了这四句,五六句写谢以参军微官,逢天涯春去的惆怅之感,才有着落。七八两句作一转折,由故人之相忆,转入自己之无聊,同样是野思如云,客怀难遣。前后两段,事实上是同心友所见的春景之重叠,和共有的春心之重叠,而衔接无痕,既和谐,又跌宕。诗风俊迈流转,极近李白,而雄伟逊之。

戏答元珍

春风疑不到天涯,二月山城未见花。残雪压枝犹有橘,冻雷惊笋欲抽芽。夜闻归雁生乡思,病入新年感物华。曾是洛阳花下客,野芳虽晚不须嗟。

【品评】

景祐三年(1036),欧阳修因写信给司谏高若讷,指责他在范仲淹与吕夷简的斗争中不能主持正义,而触怒了朝廷,被贬为夷陵县令。这篇以自嘲来排遣内心苦闷的诗便作于此时。它反映了诗人被迫退出政治斗争漩涡后在平静处境中的寂寞。《宋诗精华录》说此诗“结韵用高一层意自慰。又《黄溪夜泊》结韵云:‘行见江山且吟咏,不因迁谪岂能来?’亦是”。但自慰即是自伤,于开朗中见苦闷,读者若未能体会欧阳修此时无可奈何的心情,便被他瞒过了。

万事起头难,诗篇的构成也不例外,所以钟嵘《诗品》特别指出,南齐谢朓“善自发诗端”。王夫之《古诗评选》曾评其“大江流日夜,客心悲未央”为“寥天孤出……复绝千古”，“朔风吹飞雨，萧修江上来”为“发端峻甚，遽欲一空千古”。欧阳修也颇以《戏答元珍》的发端自负。其《笔说·峡州诗说》云：“‘春风疑不到天涯，二月山城未见花。’若无下句，则上句何堪？既见下句，则上句颇工。文意难评，盖如此也。”此诗别题为《花时久雨之什》，二月已是开花时节，而久雨花迟，故有首句的疑问。初看此句，似乎突兀无根，令人莫名其妙，及读下句，又觉问得有理，实在该问。能在一转手间改变读者的思路，正是它的妙处，所以作者也颇以此自负。全诗写初春景物，刻画工切，也与发端之妙相称。

梦中作

夜凉吹笛千山月，路暗迷人百种花。棋罢不知人换世，酒阑无奈客思家。

【品评】

日有所思，夜有所梦。梦中所见，其实是日间生活的折射。从《古诗十九首》起，诗人们总是不肯将梦境排斥在其诗境之外的。十九首之十七云：“凛凛岁云暮，蝼蛄夕鸣悲。凉风率已厉，游子寒无衣。锦衾遗洛浦，同袍与我违。独宿累长夜，梦想见容辉。良人惟古欢，枉驾惠前绥。愿得常巧笑，携手同车归。既来不须臾，又不处重帷。亮无晨风翼，焉能凌风飞？眄睐以适意，引领遥相睎。徙倚怀感伤，垂涕沾双扉。”此篇以极朴实的语言，写出了一位思妇由念远而入梦，由梦醒而增悲的全过程，它带有古典诗歌早期的烙印，朴实到近于稚拙，而其在平凡中所显示的深永，却是后人所无法仿效和不能重复的。欧阳修此诗却自辟蹊径，不再实写梦境而凌空着笔，前两句点染梦中所见缥缈朦胧之境，不及世事而自见离怀，第三句喻缘境之无实，第四句写乡愁之难堪。前景后情，以凄凉而忧郁的韵味将景与情连缀起来。

赵　抃

次韵孔宪蓬莱阁

山巅危构傍蓬莱，水阁风长此快哉！天地涵容百川入，晨昏浮动两潮来。遥思坐上游观远，愈觉胸中度量开。忆我去年曾望海，杭州东向亦楼台。

【品评】

唐元稹任越州刺史时，有《以州宅夸于乐天》诗，中云："我是玉皇香案吏，谪居犹得住蓬莱。"后人因建蓬莱阁来纪念他。熙宁四年(1071)，赵抃由越州改知杭州，遗缺由孔延之继任，因而有诗赠答。

此诗第二联成功地表现了作者作为一位正直清廉的政治家的广阔胸襟。陈衍曾以之与孟浩然《临洞庭湖上张丞相》中"气蒸云梦泽，波撼岳阳城"两句及杜甫《登岳阳楼》中"吴楚东南坼，乾坤日夜浮"两句相比，以为胜于孟而可与杜一较优劣。这话固然有见解，但就整体而论，赵诗中却显得缺少孟那种用世之心，杜那种忧国之感。全篇表情直率而不沉着，布局整饬而无变化，这与作者为诗工拙随意的创作态度以及这首诗本来就是应酬之作，自然都不无关系。由此也可见，佳句与名篇还是有区别的。我们读诗，既能赏其胜境，复能烛其弱点，则欣赏能力方可不断提高。

李　觏

忆钱塘江

昔年乘醉举归帆，隐隐山前日半衔。好似满江涵返照，水仙齐着淡红衫。

【品评】

写幻觉和写梦境一样,诗人都在努力表现那种若真若幻的感觉。曹植《洛神赋》写在他眼中出现的洛水女神,费了不少笔墨,也很出色,如"翩若惊鸿,婉若游龙,荣曜秋菊,华茂春松"之类,但最令人叹赏的,还是"凌波微步,罗袜生尘"两句,因为人既不能在水上行走,而且水上更不会生尘。而曹植却将现实中的"罗袜生尘"与幻境中的"凌波微步"结合,便成为亦真亦幻,表达了女神下凡后在行动上的特色。李觏此诗写人在黄昏时船上醉眼蒙眬中所见,满江白帆经夕阳返照,幻化成了无数身着淡红衫子的水仙。这就非常精确地写出了在特定的时间空间和条件下,不同于正常生活的幻觉或想像,从而创造出新的意境来。再如元唐温如之《题龙阳县青草湖》下半云:"醉后不知天在水,满船清梦压星河。"银汉横空,星河倒影,醒时已见,这一印象的保留,使得诗人在梦中感到,所乘之船不在青草湖上,而在星河之上。由于星河倒影而梦见船不在水面却在星河之上,是幻。因人居船中,又以为梦境也如人体之有体积重量,可以直接压在船上,间接也就压在星河之上,则更是幻中之幻了。这就比李觏的设想复杂得多。但两诗以真幻交织、亦真亦幻见长,却是一致的。唐温如写得曲折,李觏则写得单纯。单纯永远是一种天然而成熟的美,它往往更难于构成。我们虽不必较量两诗的短长,但应当知道它们同中有异。

柳　永

煮海歌

煮海之民何所营?妇无蚕织夫无耕。衣食之源太寥落,牢盆煮就汝输征。年年春夏潮盈浦,潮退刮泥成岛屿;风干日曝盐味加,始灌潮波溜成卤。卤浓盐淡未得闲,采樵深入无穷山;豹踪虎迹不敢避,朝阳出去夕阳还。船载肩擎未遑歇,投入巨灶炎炎热。晨烧暮烁堆积高，才得波涛变成雪。自从潴卤至飞霜，无非假贷充糇粮；秤入官中得微值，一缗往往十缗偿。周而复始无休息，官租未了私租逼，驱妻逐子课工程，虽作人形俱菜色。煮海之民何苦辛，安得母富子不贫？本朝一物不失所，愿广皇仁到海滨。甲兵净洗征输辍，君有余财罢盐铁。太平相业尔惟盐，化作夏商周时节。

【品评】

柳永是北宋时代成就很高的词人。在词的形式上，小令发展为长调慢词，主要是通过他的创作实践而实现的。将酒边花外男欢女爱的内容有机地融入了晓风残月中羁旅行役的所经所感，从而使词中所表现的景物更加广阔，所发抒的情感更加深沉，则是他在词的内容上的贡献。和其他词人基本上过的是官僚地主生活不同，他是个江湖浪子，与城市平民有大量的接触，因而市民意识成为柳永的人和作品中不可分割的部分。他在《鹤冲天》词中认为“才子佳人自是白衣卿相”，“忍把浮名换了浅斟低唱”。这种对功名利禄的大胆挑战，显然是统治阶级所不能容忍的；而他那种想将从温、韦以来由俗趋雅的词风扭转过来，回雅向俗，也同样不能被容忍。这便是何以古来多数人对柳永每多贬抑的缘故。他的价值观与传统存在着一定的分歧。

也正由于此，柳永在他短期担任定海盐官时，才能将一般作家视而不见的事物突出出来。这是宋代少见的一首写手工业工人苦难的诗，可与唐李贺的《老夫采玉歌》比美而更为质朴。由此可见，柳永并不如许多人所想像的，是一位只知道玩乐的风流才子，他同时还是一位对苦难中的劳动人民具有深刻理解和同情，因而在这方面也是很值得尊敬的作家。

至于柳永何以用古体诗而不用他所擅长的长调来写这种题材，也是不难理解的。作家们赋予某种内容以某种形式的时候，总是非常注意它们之间的适应性。谁都会为自己找双合脚的鞋，何况敏感过人的作家？

王安石

示长安君

少年离别意非轻，老去相逢亦怆情。草草杯盘供笑语，昏昏灯火话平生。自怜湖海三年隔，又作尘沙万里行。欲问后期何日是，寄书应见雁南征。

【品评】

这是哥哥出差前与妹妹共饭的一席家常话，写得朴实沉着。作家所擅长的刻画手段与精丽作风，在这首叙述骨肉至情的诗中，完全没有展现，也可以说，全用不上了。首联虚写兄妹多年来的离合，哥哥出仕，妹妹结婚，必然使得他们分开，在心灵上产生沉重的负担，而相别三年之后的重逢，也没有给人欢快，徒然增加伤感。王安石写此诗时，才四十岁。《礼记·曲礼上》说："四十曰强，而仕。"正当强仕之年而自称老，这是宋代有些文人心态老化的一种表现，所以他们常常以老为名，如吕渭老、潘邠老之类，触目可见。次联极语淡情深之妙。在前此的这类诗中，只有杜甫《赠卫八处士》一首可比。杜诗工于铺陈，王诗长于概括，而内容同样丰富，涵蕴无穷。三联写相逢又离别，尾联预计后来情事。据雁南征之语，或者文淑不久又将回到张奎当时所在的溢浦（今九江），所以诗人在奉使归来以后，也无缘再见到他的妹妹，只有靠鸿雁传书来通消息了。这和杜诗"明日隔山岳，世事两茫茫"之语，可以互参。

楼　上

荡漾舟中客，徘徊楼上人。沧波浩无主，两桨邈难亲。

【品评】

杜牧《南陵道中》云："南陵水面漫悠悠，风紧云寒欲变秋。正是客心孤迥处，谁家红袖凭江楼。”红袖凭楼，为的是什么？诗人当然不知。她也许毫无心事，不过看看江景；也许在怀念远人，如柳永《八声甘州》中所说“想佳人妆楼凝望，误几回天际识归舟”。但正在羁旅中的作者，却不免引起自己的思家之情了。其后苏轼《蝶恋花》中也写道：“墙里秋千墙外道。墙外行人，墙里佳人笑。笑渐不闻声渐悄，多情却被无情恼。”与杜牧用意略同。他们都将自己介入了在旅途中偶见的情景，而产生了其来无端的遐想。而王安石诗中的舟中客和楼上人，则只是自己所见的客体。在他同情的笔调下，一对两心相悦的青年因江上风波而耽搁了约会的情事，就非常生动地体现了。诗中并无遐想而只有同情，所以不同于杜、苏之作。

唐崔颢的《长干曲》当为王安石这类绝句所从出。在色彩斑斓的感情世界中，寥寥数笔，既备情事，又见丰神。

雪　干

雪干云净见遥岑，南陌芳菲复可寻。换得千颦为一笑，春风吹柳万黄金。

金陵即事　三首选一

水际柴门一半开，小桥分路入青苔。背人照影无穷柳，隔屋吹香并是梅。

北陂杏花

一陂春水绕花身，身影妖娆各占春。纵被东风吹作雪，绝胜南陌碾成尘。

【品评】

这三篇七绝诗都是写春天景物的。第一篇着重咏柳，第二篇合咏柳梅,第三篇专咏杏花。但在写法上各呈特色。

写柳,先从雪干云净着笔,这显示严寒已经过去,明媚和暖的春天已经到来,千花百草都复苏了,人也就萌发了游兴。在南陌游踪中,诗人独钟情于初生的柳叶。古人多以柳叶比喻女子的眉毛,而他却反过来,以女子的眉毛比喻柳叶。千颦,指在漫长的冬天里,柳叶不能生长。一笑,指到了春天,柳叶一齐舒展。设想奇特,而又合于情理。

合写柳梅,先写周遭景物,与上首相同,而上首背景阔大,本首只及眼前,又自不同。所写之柳,为叶已尽舒之柳;梅,为正在盛开之梅,显示了已到浓春。也与上首有异。后半对结,柳则背人照影,梅则隔屋吹香,似是有意与观赏者保持着距离,从而赋予了它们以现实生活中有些羞怯的少女形象。

写杏花,是写临水的,所以岸上花身与水中花影同时出现在诗人笔下。王安石别有《杏花》五古云:“石梁度空旷,茅屋临清炯。俯窥娇娆杏,未觉身胜影。嫣如景阳妃,含笑堕宫井。怊怅有微波,残妆坏难整。”也通篇写临水杏花,侧重花影,而不着一水字,极工巧,极情韵,可以用来补充本诗。至于本诗后两句,是作者用来比喻自己不愿同流合污的刚强性格,则是非常明显的。

送和甫至龙安,微雨,因寄吴氏女子

荒烟凉雨助人悲,泪染衣襟不自持。除却春风沙际绿,一如看汝过江时。

【品评】

作者别有《泊船瓜洲》云:“京口瓜洲一水间,钟山只隔数重山。春风又绿江南岸,明月何时照我还。”据洪迈《容斋续笔》,第三句原为“春风又到江南岸”,后来他将“到”字改为“过”、“入”、“满”等字,都觉不妥,改了十多次,才定为“绿”字。这是王安石作诗讲究修辞的一个著名例子。这一“绿”字,的确很形象地写出了春风对于植物变绿的催化作用。但细加比较，却还不如本篇“除却春风沙际绿”的“绿”字。因为在那句中，春风与绿色究竟是两样东西。诗写由于春风，江南岸变绿了。与前引贺知章“二月春风似剪刀”、王安石“春风吹柳万黄金”思路相同。而这句则写出并非春风能使草木呈现绿色，而是春风本是绿色。因此它吹到之处，就无往而非绿色了。以为春风是有色的，这是诗人工参造化处。本诗写在《泊船瓜洲》之后约十余年，虽是将得意话再说一遍，但却非简单的重复。杰出的诗人不希望重复别人，伟大的诗人则是进一步力求不重复自己。

王安石诗有用典过僻、议论太多的毛病，但总的来说，瑕不掩瑜，终究是一位成就很高的诗人。叶梦得《石林诗话》云：“王荆公少以意气自许，故诗语惟其所向，不复更为含蓄。晚年始尽深婉不迫之趣。”吴之振《宋诗钞》云：“荆公诗精严深刻，皆步骤老杜所得，而论者谓其有工致，无悲壮，……余以为不然。安石遣情世外，其悲壮即寓闲澹之中。”这都是极有见解的话。读者如果能注意王诗晚作和少作、今体和古体风味各有不同，自能识得其真面目。

王　令

暑旱苦热

清风无力屠得热，落日着翅飞上山。人固已惧江海竭，天岂不惜河汉干？昆仑之高有积雪，蓬莱之远常遗寒。不能手提天下往，何忍身去游其间！

【品评】

古代儒家思想的精髓在于仁。“仁者爱人”，所以应当努力做到“推己及人”，“兼济天下”。王令在本诗中指出，昆仑、蓬莱尽管是仙境中的清凉世界，但如果不能使天下都脱离火坑，自己一个人又怎能忍心去享受呢？这就是他服膺儒学的表现。与之同时的韩琦，作为一位杰出的政治家，在

《苦热》诗中，也写道："尝闻昆阆间，别有神仙宇。……吾欲飞而往，于义不独处。安得世上人，同日生毛羽。"虽气势逊于王作，而用意相同。黄季刚师的绝笔诗《九日独吟》云："秋气侵怀正郁陶，兹辰倍欲却登高。应将丛菊沾双泪，漫借清尊慰二毛。青冢霜寒驱旅雁，蓬山风急抃灵鳌。神方不救群生厄，独佩萸囊未足豪。"1935 年正是日本帝国主义对我国进行疯狂侵略的时候。这位曾经献身于辛亥革命的爱国学者的满腔忧愤，希望挽救祖国和人民的心情，跃然纸上，也与王、韩两诗思路一致而更加富于现实意义。因为自然界的苛刻和侵略者的虐杀奴役，当然是有区别的。

王令和李贺一样，都是生命短促可是对文学创作颇有成就的作家。艺术构思奇特，富于创造性，是二人所同。如本诗第一二两句，就与李贺相近。清风无力降温和夕阳还未落山，本属常见，但在诗人笔下却写成现在这个样子，就很不寻常了。可惜他们的生命过于短促，以致其成就受到局限。这是我国文学史上无可补偿的损失。

晁端友

宿济州西门外旅馆

寒林残树欲栖乌，壁里青灯乍有无。小雨愔愔人不寐，卧听疲马啮残刍。

【品评】

叶梦得《石林诗话》载黄庭坚曾经告诉晁无咎，其《六月十七日昼寝》"红尘席帽乌靴里，想见沧洲白鸟双。马龁枯萁喧午枕，梦成风雨浪翻江"一诗的后半乃是由晁端友此诗的后半而来。叶梦得当时不懂风雨翻江的意思。一天，他在旅途中休息，听到旁边屋子里有声如风浪打船，起来一看，乃是马在槽中吃和水的草料时所发出的，才懂得了。他认为这只是黄庭坚的好奇，又说："然此亦非可以意索，适相遇而得之也。"按任渊注黄诗云："闻马龁草声，遂成此梦也。《楞严》曰：'如重睡人，熟眠床枕，其家有人，于彼睡时，捣练舂米，此人梦中闻舂捣声，别作他物，或为击鼓，或为撞钟。'此诗略采其意，以言江湖之念深，兼想与因，遂成此梦。"可见古人早已注意到生活中有此情事，所以不能说黄庭坚只是为了追求奇幻，无中生有，凭空捏造。虽然同是马在吃草，醒时所闻与梦中所闻，反应自是不同，因此所写也必然有异。叶梦得认为黄庭坚将梦境写成这样，只是为了好奇，而袁枚《随园诗话》又进一步加以优劣，谓晁诗为"静中妙境"，黄诗"落笔太狠，便无意致"，似乎都没有注意到两诗一写醒，一写梦，本来就不一样，因此不免以意爱憎。

苏　轼

庐山二胜　二首

开先漱玉亭

高岩下赤日，深谷来悲风。擘开青玉峡，飞出两白龙。乱沫散霜雪，古潭摇清空。余流滑无声，快泻双石谼。我来不忍去，月出飞桥东。荡荡白银阙，沉沉水精宫。愿随琴高生，脚踏赤鲜公。手持白芙蕖，跳下清泠中。

栖贤三峡桥

吾闻太山石，积日穿线溜。况此百雷霆，万世与石斗。深行九地底，险出三峡右；长输不尽溪，欲满无底窦；跳波翻潜鱼，震响落飞狖。清寒入山骨，草木尽坚瘦。空蒙烟霭间，澒洞金石奏。弯弯飞桥出，潋潋半月彀。玉渊神龙近，雨雹乱晴昼。垂瓶得清甘，可咽不可漱。

【品评】

《庐山二胜》总题下有小序云:“余游庐山南北,得十五六,奇胜殆不可胜(读平声)纪,而懒不作诗,独择其尤佳者作二首。”庐山,古往今来的诗人画师不知道为它消耗了多少心灵和彩笔。苏轼来游,一方面认为它“奇胜殆不可胜纪”;一方面又“独择其尤佳者作二首”,这就显示了他在选择题材和主题时,注意到了避免和前人相犯,这也就是在考虑如何推陈出新的问题。可是在落笔的时候,他写的恰是开先瀑布与栖贤激流,都是水,而且都是庐山之水。这,又是故意和自己相犯了。可是,如我们所看到的,这两篇诗写得多么富于独创性。前篇前半从虚处落笔,对瀑布没有作过多的正面刻画,后半由虚转幻,化人间为仙境。在自己久谪黄州,至此环境略有改善,而前途仍然未卜的时候,诗人产生这种出尘之想,是完全可以理解的。后篇主要是正面刻画了激流之险以及自己与之相适应的广阔胸襟。观物既工,造语尤妙。其中如“清寒入山骨,草木尽坚瘦”之写高山植物,真可谓体物浏亮,前无古人。这两篇是互相衔接的,可又各开生面。我们知道,在艺术创作中,不重复别人固然难,不重复自己则更难。作为一位伟大的作家,苏轼既考虑到避免和前人相犯,却又敢于故意和自己相犯。这正是一件事的两面,给人的启发可大了。

凤翔八观　八首选一

王维、吴道子画

何处访吴画，普门与开元。开元有东塔，摩诘留手痕。吾观画品中，莫如二子尊。道子实雄放，浩如海波翻，当其下手风雨快，笔所未到气已吞。亭亭双林间，彩晕扶桑暾。中有至人谈寂灭，悟者悲涕迷者手自扪。蛮君鬼伯千万万，相排竞进头如鼋。摩诘本诗老，佩芷袭芳荪。今观此壁画，亦若其诗清且敦。祇园弟子尽鹤骨，心如死灰不复温。门前两丛竹，雪节贯霜根，交柯乱叶动无数，一一皆可寻其源。吴生虽妙绝，犹以画工论；摩诘得之于象外，有如仙翮谢笼樊。吾观二子皆神俊，又于维也敛衽无间言。

【品评】

邵博《邵氏闻见后录》云：“凤翔开元寺大殿九间，后壁吴道子画，自佛始生、修行、说法至灭度，山林、宫室、人物、禽兽数千万种，极古今天下之妙。”拿邵博与苏轼之作对照，我们不独可以看出邵为纪实之文，苏乃咏物之诗，因此繁简有别，而且苏诗所描摹的，正是这幅大壁画上最令人关注的情节，即佛灭度前说法的一幕。而对王维的画，则写人简而深，仅及佛弟子之清癯而内心的孤寂自见；写竹明而切，繁枝乱叶似乎都在摇动，但其脉络清晰，仍可一一寻源，也正抓住了画竹的特征。这首诗是苏轼早期的杰作之一，布局于整齐中见变化，风格于清新中含浑厚（也就是他所说的“清且敦”），而且还善于把握事物中具有典型性的细节。这些，不但体现了诗人的创作能力，也体现了他的鉴赏水平。

以宗教为题材的艺术品，是祖国文化遗产中的一个重要部分。这些作品，固然意在宣传宗教，但同时也是艺术家艺术地认识生活并再现生活的成果。如这篇诗所写的王维和吴道子所绘制的壁画，其情节故事虽然是宗教的，但画面所呈现的风格却是雄放、绚烂、清新、浑朴的，其艺术构思所表达的生活真实是引人入胜的。在古典作品当中，类似情况很多，不可轻率地否定。

游金山寺

我家江水初发源，宦游直送江入海。闻道潮头一丈高，天寒尚有沙痕在。中泠南畔石盘陀，古来出没随涛波。试登绝顶望乡国，江南江北青山多。羁愁畏晚寻归楫，山僧苦留看落日。微风万顷靴纹细，断霞半空鱼尾赤。是时江月初生魄，二更月落天深黑。江心似有炬火明，飞焰照山栖乌惊。怅然归卧心莫识，非鬼非人竟何物？江山如此不归山，江神见怪惊我顽。我谢江神岂得已，有田不归如江水。

【品评】

宋神宗熙宁初年，正是王安石受到重视，其变法主张得以推行的时候。在政治上与王安石有歧见的苏轼被人诬陷，不安于在京工作，便请求外调，出任杭州通判。此诗便作于路过镇江之时。诗中的思乡之情，乃是受到一些打击，心中不无抑郁的反映。在古代诗歌中，怀归和失意两种感情常常是联系在一起的。

诗题为游寺，通篇寓情于景。其写蜀人远宦，写冬季来游，写金山特色，写登山望乡，都很分明。以下转入山僧留看落日，但以“微风”二句略作形容后，便将难见之江中炬火代替了常见之江干落日，从而抒其所见所感。至于炬火是否江神示意，则更不加以说明，留供读者推想。起结遥相呼应，不可移易地写出了蜀士之远游，而中间由泛述金山，而进写傍晚江干断霞，深夜江中炬火。笔次骞腾，兴象超妙，而依然层次分明。此诗之不可及处或在于此。

法惠寺横翠阁

朝见吴山横，暮见吴山从；吴山故多态，转侧为君容。幽人起朱阁，空洞更无物；惟有千步冈，东西作帘额。春来故国归无期，人言秋悲春更悲。已泛平湖思濯锦，更看横翠忆峨嵋。雕栏能得几时好，不独凭栏人易老。百年兴废更堪哀，悬知草莽化池台。游人寻我旧游处，但觅吴山横处来。

【品评】

此诗前半首先写诗人多次从寺中登阁，远眺吴山，因光照的明暗不同，白天看到它蜿蜒地横在眼前，而黑夜中则视线模糊，看不周全，但见高处，所以觉其非横列而系纵立。作者《题西林壁》云“横看成岭侧成峰”与此相似，可以互证。不过同是看出山形之变化，此篇是由于时间之有异，而彼篇则因为角度之不同而已。接着，在诗人想像中，吴山被人格化了。她犹如一位佳人，女为悦己者容，所以便在各种不同的时间、不同的角度中，为能够爱赏她的人，做出千姿百态。作者《和何长官六言》云：“青山自是绝色，无人谁与为容？”又《次韵答马中玉》云：“只有西湖似西子，故应宛转为君容。”均与此诗同意。以下由写山进而写阁和建阁的人，却不从正面落笔。横翠阁自非一座空屋，说它空洞无物，乃是赞美建阁人虽然修起了这座美好的阁子，其中当然也有陈设，但并不影响他之无挂无碍，四大皆空。所以只余有情的青山横列阁外，似为之作装饰而已。

诗的后半由于观赏杭州春天的美好景色，更加怀想难以回归的家乡。又由朱阁雕栏之易朽，想到光阴之短促，生命之无常，而致慨于若干年后，不仅自己早已去世，横翠阁也当不复存在。后人来游，恐怕只能找到仍然横列的吴山了。情致缠绵，有余不尽。

从布局上看，此诗前八句，五言，侧重写景；后十句，七言，侧重写情。前十二句，四句一转韵；中隔以雕栏二句，复以四句转一平韵为收，于整齐中见变化，而且声情相应。思乡的悲凉之感与处世的旷达之怀达到了巧妙的平衡。它与欧阳修的《春日西湖寄谢法曹歌》的思路和风格都很接近。苏轼是欧阳修文学事业出色的继承人。从这些地方可以看出欧苏师生诗学的传承关系。

荔支叹

十里一置飞尘灰，五里一堠兵火催。颠坑仆谷相枕藉，知是荔支龙眼来。飞车跨山鹘横海，风枝露叶如新采。宫中美人一破颜，惊尘溅血流千载。永元荔支来交州，天宝岁贡取之涪。至今欲食林甫肉，无人举觞酹伯游。我愿天公怜赤子，莫生尤物为疮痏。雨顺风调百谷登，民不饥寒为上瑞。君不见，武夷溪边粟粒芽，前丁后蔡相笼加。争新买宠各出意，今年斗品充官茶。吾君所乏岂此物，致养口体何陋耶？洛阳相君忠孝家，可怜亦进姚黄花。

【品评】

《尚书·洪范》:"惟辟(君王)作威,惟辟作福,惟辟玉食。"历代统治者都认为自己政治上的威权和生活上的享受是应当成正比的。所以从古以来便有为他们提供远方珍物的进贡制度或风气,而一切有良心的人也都没有例外地对这种额外需索加以谴责。绍圣二年(1095),苏轼贬官惠州(今属广东),初次吃到荔枝,既惊叹其美味,也不能不同时想到地方官向皇帝进贡这种尤物给人民带来的灾祸。唐人咏歌杨贵妃的诗很多,也颇有同情她的不幸结局的,但凡提及为了她的喜爱而贡荔枝的事,却同声指斥。杜甫《解闷》云:"侧生野岸及江蒲,不熟丹宫满玉壶。云壑布衣鲐背死,劳人害马翠眉须。"杜牧《华清宫》云:"长安回望绣成堆,山顶千门次第开。一骑红尘妃子笑,无人知是荔枝来。"苏诗中宫中二句,显然是受了大小杜的启发,才写得同样惊心动魄。诗中首十二句写汉唐贡荔枝之扰民,继以四句作议论,贯通前后。然后由古及今,感叹不但前代弊政未革,又复花样翻新,虽忠孝贤王风节文士也有贡茶贡花之事,以见这项弊政,有增无减。诗篇虽若叹古,实则讽今。不及贡茶贡花之扰民,而其扰民与贡荔枝无异,自在言外。

有美堂暴雨

游人脚底一声雷，满座顽云拨不开。天外黑风吹海立，浙东飞雨过江来。十分潋滟金尊凸，千杖敲铿羯鼓催。唤起谪仙泉洒面，倒倾鲛室泻琼瑰。

【品评】

此诗通首描写暴雨，而前半篇与后半篇用的是两种手法。用传统的术语来说，是前赋后比。它首联非常特征地写出了雨前一刹那的气氛。在拨不开的浓云堆积低空的时候，一声炸雷从云中钻出来了，预示暴雨即将来临。次联，三句是想像，四句是亲见。杜甫《朝献太清宫赋》有云："九天之云下垂，四海之水皆立。"苏轼在此时不能不想到他敬爱的前辈所创造的这联惊人奇句，而随风而至的雨却已从东飞来，自然凑泊。在诗的后半，作者接连用了几个比喻来形容这场暴雨。一写雨势之豪，竟如金杯中斟满的酒高出了杯面，二写雨声之急，竟如羯鼓被千支鼓杖赶着打击，充满敲铿之声。也许苏轼当时正在有美堂中宴饮，筵中有鼓乐，所以见景生情，因近取譬。但诗人飞腾的想像并没有到此为止，他忽然想到他的另一位敬爱的前辈李白的故事。这一场暴雨也许是老天爷为了使醉中的李白迅速醒来，好写出许多气势如翻江倒海的诗篇，所以特地将雨洒在他的脸上吧。从而充分地表达了他的内心活动。

八月七日初入赣，过惶恐滩

七千里外二毛人，十八滩头一叶身。山忆喜欢劳远梦，地名惶恐泣孤臣。长风送客添帆腹，积雨扶舟减石鳞。便合与官充水手，此生何止略知津。

六月二十日夜渡海

参横斗转欲三更，苦雨终风也解晴。云散月明谁点缀，天容海色本澄清。空余鲁叟乘桴意，粗识轩辕奏乐声。九死南荒吾不恨，兹游奇绝冠平生。

【品评】

苏轼在其政敌的残酷迫害之下，贬谪南方达七年之久，经受了无穷无尽的物质上的困苦与精神上的折磨，但他始终是乐观和达观的。这两首诗一写南去，一写北归，都不仅表达了他的达观和乐观，还同时表现了他的倔强和幽默。这些，正是他性格中最吸引人的地方，而如我们所看到的，他的艺术又能使自己这些性格获得充分的体现。

举例来说，前篇上半，气势显得低沉，当他过那十分凶恶令人惶恐的险滩时，忽然回想到约四十年前，初从四川取道陕西入京赶考，经过错喜欢铺的情况。年轻时功名顺遂，原以为致君泽民，大有可为，而四十年的经历却告诉自己，那些想法只不过是错喜欢，而今所有的，则是垂泪孤臣的无限惶恐而已。这是对自己一生的高度概括，却以唱叹出之，令人凄然欲绝。而下半第五六句则忽然转入开朗，以行船遇到顺风涨水，来暗示自己面对种种逆境不屈不挠，终能战胜它们，所以也没有什么值得顾虑的。第七八句以水手自喻，是对前第二第四两句的否定；又充满了自信，将上半的低沉情绪一扫而空。如此用意用笔，大阖大开，妙不可言。自己本因政治上迷了路，才被贬谪，而在贬谪中却还要自认知津，要与官充水手，未免离奇，但这正是苏轼之所以为苏轼。

比起前篇来，诗人在后篇中所体现的情绪当然更为豁达。上半篇融情于景，云散一联，用晋人典故来说明自己虽然长期被人诬蔑和陷害，但本来是清白纯洁的，所以现在终于真相大白，极为精切。第五句言迁流海外有年，愧未能在其地化民成俗，所以只能说有乘桴之事，而未能符孔子之心，因此不免遗憾。但就个人而言，却已饱览奇景，虽死无恨了。诗中没有怨，没有悔，而只是感到祸中得福，真是胸襟阔大，宠辱不惊。苏轼的作品之所以成为中国人民反抗庸俗风习和黑暗势力的精神支柱，也可以从这些地方看出来。

六月二十七日望湖楼醉书　五首选一

黑云翻墨未遮山，白雨跳珠乱入船。卷地风来忽吹散，望湖楼下水如天。

饮湖上，初晴后雨　二首选一

水光潋滟晴方好，山色空蒙雨亦奇。欲把西湖比西子，淡妆浓抹总相宜。

【品评】

苏轼两度在杭州做官，给这个美丽的风景区留下了不少富有特色和情致的诗篇。即如这两首，前写由雨转晴，后写由晴转雨，而各极其妙。

前篇写黑云还没有来得及遮山，白雨却已入船。忽然一阵风来，它们又都成为过去，终于水天合一，一片宁静。雨下过了，诗也作完了。一件事刚开头，就转到另外一件，诗论家所谓“语未了便转”，使读者眼花缭乱。苏轼以后，杨万里的创作中往往也透漏出此种秘诀。对于这首诗，苏轼是很自负的，对于这一段生活也是很怀念的。所以后来他五十多岁再到杭州时，在《与莫同年饮湖上》一诗中写道：“到处相逢是偶然，梦中相对各华颠。还来一醉西湖雨，不见跳珠十五年。”

游湖遇雨，即使不说是扫兴，总也有些麻烦，但在后篇中，胸怀坦荡的诗人却能随遇而安，认为晴固好，雨亦奇，而且异想天开，将晴天的西湖比作淡妆的西子，而雨天的西湖则比作浓妆的西子，因而写出了千载流传的欲把二句。但西湖之美人人皆知，西子之美谁也未见，所以诗人虽然说以西湖比西子，事实上却是要人以西子比西湖。这一万口流传的比喻，与《和子由渑池怀旧》中“人生到处知何似，应似飞鸿踏雪泥。泥上偶然留指爪，鸿飞那复计东西”，还有《题西林壁》中“不识庐山真面目，只缘身在此山中”一样，对读者不只是诉之于感受，同时也诉之于思考。这种由于思考而产生的奇妙比喻，乃是感情与智慧的结合，也是形象思维与抽象思维的统一。看来，这并无损而是有益于诗中所写人生和物态之美。

苏轼是宋代最伟大的诗人，也是中国文学史上有数的伟大诗人之一。他的作品“如万斛泉源，不择地而出”，但又能“行于所当行，止于所不可不止”，和吴道子一样，“出新意于法度之中，寄妙理于豪放之外”。他的缺点是用事过多,失于繁富,但这不过是白璧微瑕。宋诗到了苏轼,才走上了真正有异于唐人的道路。

苏　辙

逍遥堂会宿　二首

逍遥堂后千章木，长送中宵风雨声。误喜对床寻旧约，不知漂泊在彭城。

秋来东阁凉如水，客去山公醉似泥。困卧纸窗呼不起，风吹松竹雨凄凄。

【品评】

嘉祐六年(1061),苏轼兄弟才二十多岁,住在汴京怀远驿。当他们读到唐韦应物《与元常全真二甥》诗中"宁知风雨夜,复此对床眠"之句时,十分感动,便相约早退闲居。故韦氏诗意在苏氏兄弟作品中反复出现,如苏轼之"寒灯相对记畴昔,夜雨何时听萧瑟"、"他年夜雨独伤神"、"雪堂风雨夜,已作对床声"、"对床定悠悠,夜雨今萧瑟"、"对床贪听连宵雨"、"对床老兄弟,夜雨鸣竹屋"。苏辙则除《逍遥堂会宿》第一首外,还有"夜雨从来对榻眠"、"风雨对床闻晓钟"等等。生活中最美好的境界,往往是令人难忘的。苏氏兄弟受到韦应物的启示,不仅领略了风雨对床的宁静和谐之美,而且还将其与早退闲居之乐联系起来。这就将宁静和谐的感觉深化了,使之进一步体现了一种早日摆脱功名富贵的优雅情操。苏氏兄弟的政治态度是保守的,人品却是高洁的,他们终身难忘风雨对床之乐也显示了这一点。

次首将宦途失意的苏轼的形象突现了出来:人则一醉如泥,纸窗困卧；景则秋凉如水，风雨凄凄。这两兄弟的心情不问可知。苏轼和诗两首之一云："别期渐近不堪闻，风雨萧萧已断魂。犹胜相逢不相识，形容变尽语音存。"虽强作宽慰之语，但知味人不难尝到其中的苦涩。

黄庭坚

送范德孺知庆州

乃翁知国如知兵，塞垣草木识威名。敌人开户玩处女，掩耳不及惊雷霆。平生端有活国计，百不一试埋九京。阿兄两持庆州节，十年麒麟地上行。潭潭大度如卧虎，边人耕桑长儿女。折冲千里虽有余，论道经邦正要渠。妙年出补父兄处，公自才力应时须。春风旍旗拥万夫，幕下诸将思草枯。智名勇功不入眼，可用折棰笞羌胡。

【品评】

黄庭坚诗以艺术技巧知名，即使对他抱有偏见的人也无法否认他在这方面所取得的成就。虽然我们也可以将黄诗技巧所体现的实质抽象出来，概括地提升到理论高度，但技巧毕竟是具体的，与作品本身不可分。所以细读作品，是认识他的艺术的基本方法。

这篇诗就用意论，结构谨严，在全诗十八句中，父、兄、弟各占六句；就用韵论，又故意打破了这种均匀的局面，先是平韵八句，间以仄韵两句，又是平韵八句，换意与换韵参差错综，又与前人之换意就换韵之注重声情相应者不同。这是其创新的地方。

范德孺父兄的功业，久已昭著，而他本人则还是一位少年将领，所以诗篇主要是以父兄烘托他本人，就这一点来说，其做法又与杜甫《公孙大娘弟子舞剑器行》有相近处。杜诗"晚有弟子传芬芳"，即此诗之"妙年出补父兄处”。杜甫夸师傅即夸弟子，黄庭坚夸父兄即夸弟子，但两诗其他方面，却绝不雷同。

王充道送水仙花五十枝，欣然会心，为之作咏

凌波仙子生尘袜，水上轻盈步微月。是谁招此断肠魂，种作寒花寄愁绝。含香体素欲倾城，山矾是弟梅是兄。坐对真成被花恼，出门一笑大江横。

【品评】

相传黄庭坚在荆南客居时，曾经爱上了邻居一位幽娴美丽的姑娘，但她后来却另嫁了。在《次韵中玉水仙花》中，诗人曾将她比作水仙花，发出了“可惜国香天不管”的叹息。这篇诗可能也与这一情事有关，所以题中有“欣然会心”之语。但诗人却似乎是要从沉溺的感情中求得解脱，最后两句便体现了这一点。

杜甫《缚鸡行》：“小奴缚鸡向市卖，鸡被缚急相喧争。家中厌鸡食虫蚁，不知鸡卖还遭烹。虫鸡于人何厚薄，吾叱奴人解其缚。鸡虫得失无了时，注目寒江倚山阁。”杜、黄此二诗，确是如陈长方《步里客谈》所说“断句辄旁人他意，最为警策”。要补充的是，其所以成为警策，是由于诗中本意与他意之间，存在着内在联系，所以其彼此之间的情景初看似乎相去甚远，而由此及彼，仍属可感可知。因而这种陡峭的转折，不但能为读者所接受，进一步还会由于存在其中的矛盾的解决而使读者产生一种意外的喜悦。

诗中说，梅花、水仙、山矾都是既香且白，可以并提。我们都知道，梅花不全是白的，所以这也只是大概言之。传说清初学者毛奇龄最不喜欢苏轼。有人说，苏的“春江水暖鸭先知”可算是一句好诗。毛反驳说：为什么鹅就不先知，一定是鸭？这种反驳显然是无意义的。因为创作中所要求的精密工切不能和现实生活现象等同。如果不有意地忽略作品中的这些阔略或疏失，就将导致在文苑中游历终身而仍了无所获的后果。

戏和答禽语

南村北村雨一犁，新妇饷姑翁哺儿。田中啼鸟自四时，催人脱裤著新衣。著新替旧亦不恶，去年租重无裤著。

【品评】

我国先民很早就注意到某些鸟的叫声听上去像是汉语中某个词或短语这一现象，如《山海经》中就多次提到“有鸟焉……其名曰鹁，其名自号也”之类的话。到了唐代，就有人借与鸟叫声类似的辞意加以发挥，构成诗篇，即所谓禽言诗。在宋代，这种诗更为流行。这体现了诗人们向往大自然，希望与之融为一体，即宋儒所谓“物吾与也”的心态。它最初也许只是一种游戏文字，但严酷的现实生活却使许多作者的禽言诗变得成了讽谕诗。如布谷与脱却布裤本是一鸟，如称前名，则为劝农，如称后名，则为悯农。心随境转，诗人措辞也就各自不同了。

这篇诗虽以《戏和答禽语》即开玩笑地与鸟儿唱和为题，但基本上仍然是一篇禽言诗。作者抓住农民听到布谷鸟催他们脱却布裤时的感受，代他们宣泄了在沉重剥削之下的苦痛。诗的头两句给人以气候不坏、生活平安的印象，下面却忽然出人意外地转出完全相反的情景来。黄诗用意深曲，耐人寻味处，往往如此。苏轼《五禽言》之一云：“昨夜南山雨，西溪不可渡。溪边布谷儿，劝我脱破裤。不辞脱裤溪水寒，水中照见催租瘢。”用意同黄，而略直致。

次元明韵寄子由

半世交亲随逝水，几人图画入凌烟？春风春雨花经眼，江北江南水拍天。欲解铜章行问道，定知石友许忘年。脊令各有思归恨，日月相催雪满颠。

登快阁

痴儿了却公家事，快阁东西倚晚晴。落木千山天远大，澄江一道月分明。朱弦已为佳人绝，青眼聊因美酒横。万里归船弄长笛，此心吾与白鸥盟。

【品评】

黄庭坚《答洪驹父》书云："自作语最难。老杜（杜甫）作诗，退之（韩愈）作文，无一字无来处。盖后人读书少，故谓韩、杜自作此语耳。古之能为文章者，真能陶冶万物，虽取古今陈言入于翰墨，如灵丹一粒，点铁成金也。"文学艺术来自人类对大自然即客观事物的虔诚的模仿；作家在对大自然模仿的同时，不会也不能忘记取法于那些对大自然的模仿已经取得成功的人。从而出现了古今中外文学所同的用典现象。这本来也是无可非议的。但黄庭坚，却由于自己的独特爱好和修养，对典故十分熟悉，运用起来十分在行，竟将创作中可以用典的情况绝对化，主张作诗应当"无一字无来处"，即提倡诗必用典。这就显然是一种既不符事实也行不通的偏见了。所以他这种主张，自己也不能在实践中完全贯彻。在这两首诗中，不但如"春风春雨花经眼，江北江南水拍天"、"落木千山天远大，澄江一道月分明"之类的句子可算得"天生好言语"，谈不上有什么典故，就是已在注释中说明的用典诸句也都充实了读者的心灵，而并没有塞给他们一堆谁也不懂的东西。对于黄庭坚，我们似乎可以不必完全"听其言而信其行"。

这两篇诗在布局上各有特色。读前篇，要看它的用笔变幻难测处。首句起得平常，次句却出人意外地写到功名蹭蹬，丰富了如水一般流逝的那个半世的内涵。次联只写当前之景，而想念之情自在其中，与上下文似衔接非衔接。三联才正面写相思相寄之情。尾联又回过来，与首联相应。层层转换，无一平笔。而后一篇则首联登阁，次联揽景，三联怀友，末联思归，一气盘旋，无多曲折，而气势豪纵，与前篇之以转折取胜者不同。

雨中登岳阳楼,望君山　二首

投荒万死鬓毛斑，生入瞿塘滟滪关。未到江南先一笑，岳阳楼上对君山。

满川风雨独凭阑，绾结湘娥十二鬟。可惜不当湖水面，银山堆里看青山。

【品评】

据任渊所作黄庭坚诗谱,此二诗手迹有跋云:“崇宁之元(元年,1102)正月二十三日,夜发荆州,二十六日至巴陵(今岳阳),数日阴雨不可出。二月朔旦,独上岳阳楼。”诗人自绍圣初因修国史被政敌诬陷遭贬,到徽宗即位,政治地位才略有改善。建中靖国元年(1101),出了四川,次年(即崇宁元年),又从湖北沿江东下,经过岳阳,准备回到故乡去。这时,他已被贬七年,流转在四川、湖北一带,环境非常恶劣,又到了对于古人来说算是高龄的五十七岁。长途漂泊,旅况萧条,在风雨中独上高楼,所以一方面为自己能够在投荒万死之后平安地通过滟滪天险生还而感到庆幸,另一方面回首平生,瞻望前路,又不能不痛定思痛,黯然伤神。因而欣慨交心,凄然一笑。我们读过苏轼的《六月二十日夜渡海》中“九死南荒吾不恨,兹游奇绝冠平生”,想见此老真是胸次浩然,早已将一切忧患置之度外,真像关汉卿在套曲《南吕・一枝花・不伏老》中所说的“我却是蒸不烂、煮不熟、捶不匾、炒不爆,响当当一粒铜豌豆。”黄庭坚与之相比,似乎还未能完全忘怀得失。这种气质上的差异,很准确地表现在作品中,是读者所应当注意的。

独上高楼,可以望洞庭湖;楼在岳阳城西门上,和湖还有一段距离,则在风雨中又不能在“银山堆里看青山”,所以只好出之以想像,而将其认作湘娥鬟髻了。刘禹锡《望洞庭》云:“遥望洞庭山水翠,白银盘里一青螺。”雍陶《望君山》云:“应是水仙梳洗罢,一螺青黛镜中心。”可能给黄庭坚以某种启发，给他提供了想像的依据。

黄庭坚是江西诗派的领袖，也是文学史上一位有争议的人物。但他的业绩对我国古典诗歌的发展有着很大的影响，是无可置疑的。对他的评价，也随着历史上文艺思潮及价值观的不同而大有高低。对黄庭坚的艺术技巧，今后似乎很值得进一步研究。

道　潜

临平道中

风蒲猎猎弄轻柔，欲立蜻蜓不自由。五月临平山下路，藕花无数满汀洲。

【品评】

此诗为苏轼所激赏，见了之后，立即写了刻石。当时还有一位宗室曹夫人工于绘画，也据诗意作了一幅临平藕花图。

人所共知，莱辛在《拉奥孔》中曾指出："雕刻、绘画之类的造型艺术用线条、颜色去描绘各部分在空间中的物体，不宜于叙述动作；诗歌用语言去叙述各部分在时间上先后承续的动作，不宜于描绘静物。"但我们古典作家的追求则在于诗与画的相同、相通、相融合、相渗透，而非两者的差异、隔绝或对立，所以苏轼《书摩诘蓝田烟雨图》说："味摩诘之诗，诗中有画；观摩诘之画，画中有诗。"又《韩幹马》云："少陵翰墨无形画，韩幹丹青不语诗。"苏轼之所以激赏道潜此诗，主要是因为它所表现的恰是绝妙的画境，这也就是曹夫人见此诗而欲以画表现其中情景的原因。诗画的交融或互补，是要诗具画景，画见诗情。道潜此诗为我们提供的五月临平道中的景物，不但有风和日丽的天气，蒲草受风的猎猎之声，蜻蜓在蒲叶上站立不稳的款款之态，还有山下路旁满眼的藕花莲叶，都十分明晰地可以感知。可是它又以诗人所表现在时间中永恒的动替代了画家所表现的在空间中刹那的静，因而使两种艺术在这首诗中合二而一。

秦　观

春　日　五首选二

一夕轻雷落万丝，霁光浮瓦碧参差。有情芍药含春泪，无力蔷薇卧晓枝。

夹衣新着倦琴书，散策池塘返照初。翠碧黄鹂相续处，荇丝深处见游鱼。

【品评】

秦观的《春日》五首，是这位特别敏感的诗人记录他从不同侧面反映自己在某一个春天的心灵活动的一组诗。这里所选两首，前者写夜来细雨以及花枝在雨后晓晴时的娇惰神态，极为动人；后者则写夕晖将落，小园独步，鸟飞鱼戏，物我相忘，展示了另外一种境界。但总的说来，其风格是偏于阴柔和纤秀的（他的词在这点上表现得更加突出）。

金人元好问《论诗》绝句评此诗云："有情芍药含春泪，无力蔷薇卧晓枝。拈出退之山石句，始知渠是女郎诗。"按韩愈《山石》云："山石荦确行径微，黄昏到寺蝙蝠飞。升堂坐阶新雨足，芭蕉叶大栀子肥。"又云："山红涧碧纷烂漫，时见松枥皆十围。"显然，元好问在壮美与优美、阳刚之美与阴柔之美或男性美与女性美之间有所轩轾。我们虽然尊敬元好问在诗歌创作和理论方面所取得的成就，但就这一点而论，却不能不为了他之不知欣赏异量之美而感到惋惜。对此前人也有所议论，清薛雪云："先生休讪女郎诗，山石拈来压晚（当作"晓"）枝。千古杜陵佳句在，云鬟玉臂也堪师。"又朱梦泉云："淮海风流句亦仙，遗山（元好问号）创论我嫌偏。铜琶铁绰关西汉，不及红牙唱酒边。”而在古代作家中最鲜明地提出人们应当能够欣赏异量之美的，则是苏轼。他评书法说：“杜陵评书贵瘦硬，此论未公吾不凭。短长肥瘠各有态，玉环飞燕谁敢憎？”又云：“貌妍容有颦，璧美何妨椭？端庄杂流丽，刚健含婀娜。”前一条指出异量之美是客观存在，后一条更进一步指出异量之美不但并非完全对立而且可以互相渗透交融。这就比元好问的偏执圆通多了。当然，作为一位作家或批评家，任何人都有权标榜自己所推崇或爱好的风格，但作为一位文学史家，则必须有历史的眼光，对各种不同的作品及其风格，给以客观公正的评估，二者是有区别的。

张　耒

偶　题　二首

相逢记得画桥头，花似精神柳似柔。莫谓无情即无语，春风传意水传愁。

春水长流鸟自飞，偶然相值不相知。请君试采中塘藕，若道心空却有丝。

【品评】

在诗人笔下往往会出现一些生活中非常微妙的感情。在前面品评王安石五绝《江上》时，我曾经指出王诗中的同情与杜牧诗、苏轼词中的遐想之间的细微区别。张耒这两首诗却又是一种情况。他偶然遇到一位美丽温柔的姑娘，也许曾对她表示过好感，但姑娘的回答却是沉默，转眼又分手了。这很可能是拒绝（不管是主动的还是被迫的），但作者却一心认定她虽无语，却有情。于是写下这相思相望、一往情深的诗篇。这当然也是情诗，但这情是片面的，虽比杜牧、苏轼之完全陷于遐想的已进了一层，但其写对方的情意，仍然是假设的。“春风传意水传愁”，只能是诗人想像中那位无语姑娘的心境，而请君试采之君，当然也是指的那位姑娘了。倒是春水二句，写的是实情实景。

南朝吴歌中，常用谐声词作双关语，如以布匹之匹喻匹偶之匹，围棋之棋喻期会之期，莲花之莲喻怜爱之怜，蚕丝之丝喻相思之思，石碑之碑喻悲哀之悲，篱笆之篱喻别离之离。这组诗第二首三四句也是如此。希望这位沉默的姑娘理解他的相思之情。

怀金陵 三首选一

曾作金陵烂漫游，北归尘土变衣裘。芰荷声里孤舟雨，卧入江南第一州。

【品评】

此诗以结构论，首句平起，次句逆接，后半实写烂漫游程，又与前句绾合。这样便突出了题中怀字。

结构是伴随着作者的思路而产生的。诗人在金陵无拘无束地浪游的时候，也许并没有觉得这个地方是多么可爱，可是一经北上，洁白的衫子被扑面的风尘染成黑色的了，这就使他不能不回忆起了青山似染江水如蓝的江南来。在风沙遍地的北方想念气宇明丽的南国时，诗人不由地将自己的回忆集中在一点上，即初到金陵时的光景。他是在一种极优美的景色中，安静而悠闲地到达金陵的，对金陵的第一次印象是极好的。因此才有后来的烂漫之游。这，就对金陵可怀之处作了丰富的暗示。也就是说，该写的都写了。不用写的，又何必再费笔墨呢？在这些地方，作者是应当信任读者，让他们去驰骋各自的想像的。

陈师道

示三子

去远即相忘，归近不可忍。儿女已在眼，眉目略不省。喜极不得语，泪尽方一哂。了知不是梦，忽忽心未稳。

【品评】

元丰七年(1084)，陈师道因家境贫穷，养不活自己的家口，只好将妻子郭悟及三个儿子、一个女儿送到四川他岳父郭概处寄食。四年以后，才从四川接回到徐州。这篇诗作于妻儿们刚回来的时候。夫妻父子久别重逢之情，酝酿出了这一首好诗。

一般说来，诗贵含蓄，要有文外曲致。所以清袁枚曾经开玩笑地说，天上只有文曲星，可没有文直星。但是，这也不能绝对化。像这篇作品，就是至情无文，直抒所感，不加修饰而自然动人。唐孟郊《游子吟》云："慈母手中线，游子身上衣。临行密密缝，意恐迟迟归。谁云寸草心，报得三春晖？"歌颂母爱，以三十字抵人千百，也是如此。陈师道提倡"宁拙无巧，宁朴无华"(《后山诗话》)。因此他的诗也以质朴见长。黄庭坚却往往伤于工巧。陈说："人言我语胜黄语。"也就是在这些地方。

此诗之"去远即相忘"，就是姜夔《鹧鸪天》中的"人间别久不成悲"，"了知不是梦，忽忽心未稳"，就是晏几道《鹧鸪天》中的"今宵剩把银釭照，犹恐相逢是梦中"。一为亲子之情，一为男女之爱，对象不同，而诗词风格也有分别；但构思则不谋而合，可见人同此心。

怀远

海外三年谪，天南万里行。生前只为累，身后更须名？未有平安报，空怀故旧情。斯人有如此，无复涕纵横！

【品评】

这首诗是陈师道怀念被政敌陷害以致贬谪远方的好友苏轼而作。诗中充满了悲愤和激情。语言质朴，感情沉郁，鲜明地体现了他的风格特色。我们玩索之余，还会感到它的写法是有点特别的，这就是通篇无景语。

古人写诗论诗，情景并重。所以明谢榛《四溟诗话》说："夫情景相融而成诗，此作家之常也。"又说："作诗本乎情景，孤不自成，两不相背。"王夫之《姜斋诗话》说："夫景以情合，情以景生，初不相离，唯意所适。截分两橛则情不足兴，而景非其景。"宋范晞文《对床夜语》更举杜甫五律名作为例以明之云："老杜诗：'天高云去尽，江迥月来迟。衰谢多扶病，招邀屡有期。'上联景，下联情。'身无却少壮，迹有但羁栖。江水流城郭，春风入鼓鼙。'上联情，下联景。'水流心不竞，云在意俱迟。'景中之情也。'卷帘唯白水，隐几亦青山。'情中之景也。'感时花溅泪，恨别鸟惊心。'情景相融而莫分也。'白首多年疾，秋天昨夜凉。''高风下木叶，永夜揽貂裘。'一句情，一句景也。固知景无情不发，情无景不生。或者便谓首首当如此作，则失之甚矣。"

诸家所论情景不可分割之理，极为分明。但自来论者似更为偏重以写景作为抒情的手段，所谓融情入景。所以王夫之又说："不能作景语，又何能作情语邪？古人绝唱句多景语，如'高台多悲风'、'胡蝶飞南园'、'池塘生春草'、'亭皋木叶下'、'芙蓉露下落'皆是也，而情寓其中矣。以写景之心理言情，则身心中独喻之微，轻安拈出。"这就是说，能够表达内心曲折微妙深沉的感情的景语也就是情语。可是陈师道这首诗却是反其道而行之，他只是直抒所感，无暇旁及。而这种真诚的爱心所发出的炽热却和许多古今胜语一样都很感人。像这种诗，我们能不能够由于其中没有出现景物而就说它缺乏形象性呢？不能。因为在作者笔下，受到不公正的政治待遇而深受同情的苏轼，以及对于这种不公正深表愤慨的陈师道，这两个形象都是很鲜明的。形象性并不完全依靠自然物色的陪衬才能表达。上篇《示三子》也是如此。由此可见，文无定法，诗并不一定要兼备情景。六朝迄唐，一篇之中景语为多，乃至全篇都用景语写成的抒情诗由不少，由唐转宋，又有些诗人写出全篇用情语的诗。这似乎也是一种值得注意的变化。

谢赵生惠芍药　三首选一

九十风光次第分，天怜独得殿残春。一枝剩欲簪双髻，未有人间第一人。

【品评】

清潘德舆《养一斋诗话》："陈无己《小放歌行》云：'春风永巷闭娉婷，长使青楼误得名。不惜卷帘通一顾，怕君著眼未分明。''当年不嫁惜娉婷，傅白施朱作后生。说与旁人须早计，随宜梳洗莫倾城。'山谷曰：'无己平日诗极高古，此则顾影徘徊，炫耀太甚。'愚谓无己两诗，亦颜延年《五君咏》之流也，岂自炫哉！愤世疾俗之调耳。第一首恶悻得名位之人，必欲知我者真一著眼。第二首明独居自爱之怀，不似随时者工于早计。品甚超，词甚激，正是好高志古、不浪结纳者口吻，何为不高古哉？无己安贫守道，穷厄以死，岂肯为顾影卖弄之词？吾恨山谷久与之交，而不能因其词而察其心也。无己又有芍药诗云云，此真眼空一世、无人之见者存也。炫耀干进者，胸次有此等语耶！"

潘德舆所解，大体上能得陈师道诗意。古代服膺儒学的士人，一方面总想"达则兼善天下"，另一方面又认为"不义而富且贵，于我如浮云"。陈师道反对王氏新学新政，绝意进取，但这并不排斥他仍有仁民济世之心。被屏除在仕路名场之外的他，对自己的牢落不偶也不可能完全无动于衷。这三篇小诗，正从不同角度体现了诗人内心的苦闷和矛盾。

陈师道是江西派中仅次于黄庭坚的重要作家。他的诗用意曲折深邃，语言本色浑朴。他推重苏、黄，却不走他们的路子，是最能体现宋诗独特面貌的诗人之一。

韩　驹

九绝为亚卿作　选三

君去东山踏乱云，后车何不载红裙？罗衣浥尽伤春泪，只有无言持送君。

君住江滨起画楼，妾居海角送潮头。潮中有妾相思泪，流到楼前更不流。

妾愿为云逐画樯，君言十日看归航。恐君回首高城隔，直倚江楼过夕阳。

【品评】

中晚唐到五代，逐渐流行起了一种新型歌曲，同时也是一种新型抒情诗样式，这便是词。它从民间进入酒筵歌席，又进入更为广阔的社会生活。到了宋代便逐步与五七言诗分庭抗礼，并且在悲欢离合的男女恋情这类题材和主题中，挤占了五七言古今体诗体的市场。宋人几乎不用诗来写爱情，却在词中大显身手。只有那些写社会默认的婚外恋的词，才使我们看到宋人的爱情生活是多么多姿多彩。正因为宋人不怎么习惯于以诗写爱情，我们才选了韩驹这几首小诗，所谓物以稀为贵。它们写得朴实而又缠绵，语浅意深，凄婉可诵。

古代诗歌写男女之情的很多，而写婚外恋的在其中又占有很大的比重。这是有其历史原因的。因为在统治阶级中，婚姻实质上是一种政治行为，起决定作用的乃是家世的利益而非个人的意愿，因而其结合绝不是先有爱情后有婚姻，而是反过来。即使婚后双方有了一点爱情，那也绝不是主观的爱悦和婚姻的基础，而是客观的义务和婚姻的附加物。所以现代意义的爱情，在古代，是只有在礼法规范之外才可能有。而在男权社会中，就自然而然地表现为以娼妓(歌儿舞女)为对象的婚外恋了。这种人类对于爱情的正当要求的不正当表现是强有力的，不可遏止的。这正可说明表现这些生活内容的作品何以如此真诚，如此感人。

江端友

牛酥行

有客有客官长安，牛酥百斤手自煎，倍道奔驰少师府，望尘且欲迎归轩。守阍呼语“不必出，已有人居第一先。其多乃复倍于此，台颜顾视初怡然。昨朝所献虽第二，桶以淳漆丽且坚。今君来迟数又少，青纸封题难胜前。”持归定惭辽东豕，努力明年趁头市。

【品评】

贪污腐败是人类社会进入私有制以后，历代政权都难以克服的顽症。这种顽症的侵蚀能使政权削弱以致消亡。所以早在周朝，有识之士就已提出警告说：“国家之败，由官邪也。官之失德，宠赂章也。”(《左传·桓公二年》载臧哀伯语)北宋徽宗时代，外患频仍，吏治黑暗，已经到了除了灭亡以外无其他道路可供选择的程度。江端友的这首讽刺诗只不过是这个即将崩溃的帝国政治生活大乐章中一支小小插曲。

此诗纯用赋体。它只是如实地将一群奔竞权门无孔不入的官僚们的丑态冷静地记录下来。而正面着力刻画的又只是献牛酥的第三人，但那已做了第一次和第二次奉献者的形象，通过看门人的介绍，也就呼之欲出。至于受献者梁师成则虽丝毫没有提到，而读时自会感到他的存在，而且还感到他是这场丑剧的导演。

梁师成是个宦官，《宋史》有传，称其“阴贼险鸷”，“都人目为隐相(即有实无名的宰相)”。可见其声势显赫,手段毒辣,许多没有骨气的人既畏惧他,又趋奉他,不为无因。最奇特的是,他居然无耻地冒充是苏轼的私生子。当时元祐党禁还没有取消。苏轼列名奸党,他的文章和手迹都被禁毁。却由于梁师成冒充他的后代,在徽宗皇帝面前为他申冤,苏轼的作品才得以部分保全。历史上许多事件的因缘实在是很奇妙的。

唐　庚

张　求

张求一老兵，着帽如破斗，卖卜益昌市，性命寄杯酒。骑马好事人，金钱投瓮牖。一语不假借，意自有臧否。鸡肋乃安拳，未省怕嗔殴。坐此益寒酸，饿理将入口。未死且强项，那暇顾炙手。士节久凋丧，舐痔甜不呕。求岂知道者？议论无所苟。吾宁从之游，聊以激衰朽。

【品评】

在上诗中,江端友为读者刻画了一个有一定社会地位而品德却很卑污的官吏;在本诗中,唐庚却塑造了一个生活在社会底层而禀性正直的迷信职业者。两相对照,十分鲜明地显示出有些表面上尊贵的人骨子里是何等卑污,而有些表面上卑污的人骨子里又多么尊贵。真是好看煞人!

卜卦算命,以定吉凶,当然是迷信。但这种迷信也是依据唯心主义思维方式对客观事物作出不科学的解释,从而构成其体系的。但许多迷信职业者却连他们自己臆造出来的判断吉凶的规则或方式也不遵守,而一味逢迎主顾,报喜不报忧,这就更加不可取了。唐庚这首诗赞赏了张求卖卜,直道而行,挨骂也好,挨打也好,只肯照他的理解,说老实话,以至于没有生意,濒于饿死。诗人用大量篇幅写了这些事实之后,笔锋一转,随手带出士节之凋丧以作对比，再以赞赏张求作结，层次分明。只有深入生活而不是漂浮在生活表面的人，才有能力从一般人认为是平庸甚至卑污的事物中发现出纯洁和真诚的美，并如实地将它反映出来。此诗可以证明这一点。

读这首诗，还使我们很难忘记《史记·日者列传》中司马季主那一段议论。唐庚写此诗时想来胸中也有《日者列传》在。读者似不妨去翻翻。

惠　洪

瑜上人自灵石来求鸣玉轩诗，会予断作语，复决堤作一首

道人去我久，书问且不数，闻余窜南荒，惊悸日枯削。安知跨大海，往返如入郭？譬如人弄潮，覆却甚自若，旁多聚观者，缩头胆为落。僻处少过从，闲庭堕斗雀。手倦失轻纨，叩门谁剥啄？开关忽见之，但觉瘦矍铄。立谈慰良苦，兀坐叙契阔。谁持稻田衣，包此剪翎鹤？远来殊可念，此意重山岳，悃愊念无华，语论出棱角。为余三日留，颇觉解寂寞。忽然欲归去，破祴不容捉，想见历千峰，细路如遗索。相寻固自佳，乞诗亦不恶；而余病多语，方以默为药。寄声灵石山："诗当替余作。"便觉鸣玉轩，跳波惊夜壑。

【品评】

陈衍《宋诗精华录》评惠洪云："工诗，古体雄健振踔，不肯作犹人语，而字字稳当，不落生涩。佳者不胜录。《宋诗钞》以为宋僧之冠，允矣。近体不如也。异在为僧而常作艳体诗，又嗜食荤，句云：'鱼虾才说口生津。'"陈氏所说，略见这位才华横溢又很不安分的和尚的一斑。

这首诗作于这位诗僧晚年从海南岛北归之后。他虽已戒诗，但碰上了好题目，却忍不住要开戒，重新抓起笔来。一般说来，佛教徒是戒妄语的，而作诗总不免有妄语，所以诗歌与佛法是有矛盾的。杜甫说“问法看诗妄”，即是此意。但历代诗僧依然不少，这是因为他们首先是诗人，其次才是佛徒。惠洪写情诗，吃荤腥，两回还俗，万里投荒，这种种性格行为，使他的诗篇在云山烟水之中，自具一种若隐若现的非佛徒所应有的傲兀不平之气。在这篇诗中，他写出了自己对过去遭遇满不在乎，是容易看出的，但对同他气味相投的瑜上人，却只用剪了翎的鹤来比喻其失志遁迹；以说话仍有锋芒来暗示其本性难改，就比较隐蔽了。这两位和尚虽然寂寞，依旧热肠，可以说是两块生姜，虽老仍辣。相聚三天，不知说了些什么，想来是很值得听的。

诗篇首写瑜上人之见怀，次写其来访，再写其言归，最后以送别作结。造语句句奇警，气势跌宕。最后四句可以说明诗人的职能无非是对大自然的虔诚模仿。但在这模仿中又不以人的意志为转移地注入了每位诗人独特的个性，从而显示出其不可重复的独特的美来。

欧阳修《释秘演诗集序》称秘演为奇男子，因无所用而隐于佛，以寄其对许多雄伟非常之士怀才不遇的感慨，正可与本篇参读。那篇情韵深婉的序，是可以作为一篇优美的散文诗来看的。

王庭珪

送胡邦衡之新州贬所　二首选一

囊封初上九重关，是日清都虎豹闲。百辟动容观奏牍，几人回首愧朝班？名高北斗星辰上，身堕南州瘴海间。不待他年公议出，汉廷行召贾生还。

辰州僻远，乙亥十二月方闻秦太师病，忽蒙恩自便，始知其死，作诗悲之

辰州更在武陵西，每望长安信息稀。二十年兴缙绅祸，一朝终失相公威。外人初说哥奴病，远道俄闻逐客归。当日弄权谁敢指，如今忆得姓依稀。

【品评】

钦宗靖康二年(1127)，金兵合围汴京，徽钦二帝被掳，北宋政权灭亡。高宗在全体人民支持下，重建汉族政权，保住了半壁河山。绍兴七年(1137)，徽宗死于金国，高宗派王伦去迎还灵柩。王伦回报说，金人除了同意运返灵柩外，还愿意将高宗生母韦氏送回，并归还河南土地。宋朝信以为真，次年又派王伦为国信计议使前去申问(事实上是请求)。申问毫无结果，王伦却和金国的诏谕江南使一同来到南宋。高宗生怕他的大哥钦宗回来，夺了他的皇位，便重用秦桧等投降派，一意主和。当时胡铨任枢密院编修，立即上封事(秘密奏章)，请求斩辱国求降的王伦、秦桧、孙近，被指为凶悖，远谪新州。这事却受到敌人的重视，为了要得到这份文件的副本，不惜悬赏千金。当胡铨受祸时，一时士大夫都害怕受牵连，不敢开口，只有王庭珪作了两首诗送他，因此得罪，远窜辰溪。在秦桧死后，王庭珪又有诗惋叹秦桧虽然专权卖国近二十年，到头来其权势终于被历史的车轮碾碎，不但可恨，同时也可悲。

透过王庭珪在不同时期写的这两首诗，我们可以了解到秦桧的为人以及他在以这位正直的诗人为代表的千万人民心中的地位。杜甫被尊为诗圣，元稹评其诗说:“怜渠直道当时语，不着心源傍古人。”恩格斯赞赏巴尔扎克的小说显示了当时法国社会的全部历史。这就是说，作家笔下典型化的事例，可以少总多，由表及里，使人从其中看到当时整个社会的风貌和人们的心灵活动。从而使诸众生相按照其本来面目永生在读者的思想感情里。文学并非历史，当然更不能代替历史，但它所产生的历史作

用，却也不是历史所能代替的。

汪　藻

即　事　二首

燕子将雏语夏深，绿槐庭院不多阴。西窗一雨无人见，展尽芭蕉数尺心。

双鹭能忙翻白雪，平畴许远涨青波。钩帘百顷风烟上，卧看青云载雨过。

【品评】

这是两首写夏天景物的诗。第一首写夏日已深，不从温度升高方面形容，却从母燕已经孵出雏燕，而且还能告诉雏燕，夏日已深，虽有绿槐，但并未能布满中庭使其感到阴凉种种涉想着笔，则物候自见。接下去，又是一转，不写夏日，却写夏雨，不写雨后之凉，却写无人察觉的芭蕉之长。这一在动中见静的写法，也在读者意料之外。再者，三四两句，若写成散文，便是：一雨之后，芭蕉展尽数尺之心，而无人见到。同样，下一首的三四句则应写成：钩帘卧看，百顷风烟之上，有青云载雨飘过。我国古代诗歌，特别是今体律绝，具有严格的韵律，当语法与韵律发生矛盾无法统一的时候，诗人一般是迁就韵律而不顾语法的。

第二首写转晴之后，雨意尚未全消。在一片茫茫水域之上，细则见双鹭这样地飞，大则见清波那样地涨。而这些景物虽有巨细之殊，却都是从上向下所见，而由下朝上一看，则在广阔无际水天相接的空间中，正驶过雨云，可见雨是随时可以再下的。以卧游之人与载雨之云对照，物态动而人心静，这也就是俗语所说“心静自然凉”。再者，今体诗通常以两个字构成一个音节单位。一句五言诗便由两个半音节组成，一句七言诗便由三个半音节组成。那半个音节通常放在句尾或五言的第三个字，七言的第五个字。但偶尔也有例外，如此诗的一二句，便要读作“双鹭—能—忙翻—白雪，平畴—许—远涨—清波”，而不能读成“双鹭—能忙—翻白—雪，平畴—许远—涨清—波”。这和上首三四句一样，都有些特殊。读者应加注意。

李清照

咏　史

两汉本继绍，新室如赘疣。所以嵇中散，至死薄殷周。

【品评】

靖康元年(1126)，北宋覆灭。次年，高宗在南京(即应天府，治所在今河南商丘南)重建汉族政权，改元建炎。就在这一年，金人立张邦昌为楚帝，建炎四年(1130)，又立刘豫为齐帝，意图以这些傀儡政权来迷惑人民，但这些阴谋都以失败告终。作者在这篇小诗里，将南宋继承北宋，比作东汉继承西汉，将伪楚、伪齐比作新室，并赞赏嵇康反对司马氏篡位的言论，都体现了她热爱祖国、反对侵略的感情。这篇诗也有可能是从一篇长诗中摘取的四句，但却表现了一个统一的意境，并无割裂之痕。因此，即使如此，也不妨将它当成一篇完整的作品来欣赏。

1931年，日本帝国主义侵占东北，次年，成立伪满傀儡政权。1935年，汉奸殷汝耕又成立所谓“冀东防共自治政府”。在那严峻的岁月里，国民党政权却仍然不力图抵御外侮，反而歌舞升平，纵情享乐。当时郁达夫先生在《青岛杂事诗》中写道：“万斛涛头一岛青，正因死士义田横。而今刘豫称齐帝，唱破家山饰太平。”他赞扬了因为不肯向刘邦臣服而自杀，又以自己的侠烈行为感召了他部下的五百壮士的田横；同时，痛斥了在汉奸横行，国土沦丧时，仍然粉饰太平的南宋小朝廷，借古讽今，与李作一致。

就艺术而论，它们以两个互不相涉的典故构成一篇完整的诗，是其所同，而李诗激烈喷薄，郁诗感慨苍凉，又各有其风格特色。

李清照是文学史上最杰出的女词人。她的诗笔却清刚健拔，而且反映了许多重大的现实问题，与词异趣。大概古代多数作家，都注重文学题材与文学样式的配合，认为词宜于描写个人生活，却不适合用来反映重大社会政治题材。李清照也持有这种看法。像这种具备独特见解和带有辛辣讽刺的咏史诗，她词中就没有出现过。如果我们评价这位作家，而将这类作品排斥在外，显然有失公道。

吕本中

兵乱后自嬉杂诗　二十九首选二

万事多翻覆，萧兰不辨真。汝为误国贼，我作破家人。求饱羹无糁，浇愁爵有尘。往来梁上燕，相顾却情亲。

蜗舍嗟芜没，孤城乱定初。篱根留敝屦，屋角得残书。云路惭高鸟，渊潜羡巨鱼。客来阙佳致，亲为摘山蔬。

【品评】

这一组诗载《东莱先生诗集》外集，共二十九首，方回《瀛奎律髓》选其五首，改题作《兵乱后杂诗》。

靖康元年(1126)，金兵打破北宋都城汴梁时，吕本中同天宝乱中的杜甫一样地陷于贼中。这一组诗，当是次年四月金兵掳走徽钦二帝退出汴京以后所作，所以所写既多眼见，又出以痛定思痛之辞。杜甫的《春望》是陷贼时所写名篇。其云“国破山河在，城春草木深。感时花溅泪，恨别鸟惊心”，极写诗人面对残破的帝国首都回忆往昔的失落感。四句诗只是集中表现一个意思，即它是一座空城（国破），所剩下的，只是自然景物（山河在）而已。吕本中却就兵乱后这一主题，从不同角度展示了在敌人铁蹄践踏之后人民的生活和心情。他显然从《春望》受了启发，而其从多方面来写自己的所见所闻所感，则似取法于杜甫的《伤春》五首和《秦州杂诗》二十首。

吕本中是《江西诗社宗派图》的始作者，诗学黄庭坚、陈师道，也想跳出这两位江西派巨头的牢笼，而从李白、苏轼汲取营养。但他这类的诗却不期而然地接近了杜甫的风格。自杜甫出现以来，就很少有人不承认他是我国最伟大的诗人之一，而其对后代的影响更是无与伦比。这当然应该将他所使用的艺术样式本来就最流行、最富有生命力，还有他的艺术手段也承先启后，开辟了无数法门等等因素都加以考虑，才能加以说明，但似乎还要考虑到一点，即杜甫所生活的时代以及个人的遭际，在我国漫长的封建社会中，具有典型性，因而使后世诗人很容易觉得自己与之相近乃至相同，从而感到学习这位前辈，不但是应当的，而且也是很方便的了，方回总评此二十九首云："老杜后始有此。"纪昀总评《律髓》所选云："五首全摹老杜，形模亦略似之，而神采终不及也。"都很中肯。

陈与义

伤　春

庙堂无策可平戎，坐使甘泉照夕烽。初怪上都闻战马，岂知穷海看飞龙！孤臣霜发三千丈，每岁烟花一万重。稍喜长沙向延阁，疲兵敢犯犬羊锋。

【品评】

这首诗是建炎四年（1130）诗人避兵邵州（今湖南邵阳）时写的，正是向子諲在潭州（今长沙）进行了非常艰苦的保卫战之后。胡宏《向侍郎行状》载其事略云："敌知不可屈，大治攻具，悉众薄城。公登门誓众，激以忠义。将士协力，昼夜捍御。虽杀伤相当，而骁将皆死。凡八日而城破。公率军民入子城，巷战两日，敌纵火，烧延府舍，公犹在谯楼督战。敌兵已四合，兵民惧公之陷于敌也，拥公下楼，死战，焚敌栅，夺门以出。遂渡水，军于江西。长沙之人咸从公，以忠义自奋，无一降贼者。敌以故不敢离城纵掠，留四日而遁。公即入城，锄治强蠹，抚安良善，上章以失守自劾。”以谪宦身份在流亡中的作者对当时国家的命运十分担忧，所以对虽然败北却敢于战斗的向子諲，仍然给予赞美。诗人的心情是复杂的，他不能、不可又不甘心面对国破家亡的现实，这就形成了通篇沉郁顿挫的风格。首联平叙，谴责庙堂之无能，是全诗主旨。次联写节节败退，政权南迁。三联出以对比，人事全异而景物依然。这些事实确实令人伤感，但作者笔下，却并无颓靡衰飒之气。这就使结联的稍喜中透露着希望的曙光。

陈与义的诗是通过先对黄庭坚、陈师道的学习，然后又逐渐摆脱他们的影响而接近杜甫，最后自成一家的。所以宋元之际的方回认为杜甫是江西派的一祖，而黄及师道、与义为三宗。有人对此不以为然。一般说来，诗派的出现和形成，至少在我国古代，绝大多数是出于后人的探索，然后加以指目。它本身也就必然会随着后人的研究和理解而在内容上有所充实、变化和发展。方回根据严羽的陈与义“亦江西之派而小异”的意见，在研究杜甫以及被人指目为江西诗派的诸家作品之后，提出了一祖三宗之说。作为一家之言，当然其是非是可以讨论的，但若是认为被人归入某一流派的诸诗人，就只可以具有相同或相近的风格而忽视彼此之间发生的变异，从而否定其流派归属与传承，似乎也同样值得讨论。

怀天经、智老，因访之

今年二月冻初融，睡起苕溪绿向东。客子光阴诗卷里，杏花消息雨声中。西庵禅伯方多病，北栅儒先只固穷。忽忆轻舟寻二子，纶巾鹤氅试春风。

【品评】

此诗第三四两句是陈与义的名句，曾为高宗皇帝所赏，因此得名。魏庆之《诗人玉屑》亦将其列入宋朝警句。方回《瀛奎律髓》解释说："以客子对杏花，以雨声对诗卷，一我一物，一情一景，变化至此。乃老杜'即今蓬鬓改，但愧菊花开'，贾岛'身事岂能遂，兰花又已开'翻窠换臼，至简斋而益奇也。后山'老形已具臂膝痛，春事无多樱笋来'一联，极其酸苦，而此联有富贵闲雅之味。后山穷，简斋达，亦可觇云。"《诗人玉屑》还将这类句子称为轻重对，举出王维"江流天地外，山色有无中"之以天地对有无，唐彦谦"独来成怅望，不去泥（读去声）阑干"之以怅望对阑干，杜甫"三分割据纡筹策，万古云霄一羽毛"之以割据对云霄、筹策对羽毛，李嘉祐"门临莽苍（读上声）经年闭，身远嫖姚几日归"之以莽苍对嫖姚等为例，以见其始于唐人。声与偶是我国古代文学形式上的基本特征之一。韵文尤其注重音调和谐，对仗工稳，但在和谐工稳已经成为普遍的现象之后，作家们又自然而然地依据求变求新的通则，在一定程度上突破这种和谐与工稳，于是律诗的音调中便出现了拗体，对仗中便出现以虚对实，以轻对重，以情对景，以我对物等种种变化，以期使人耳目一新。宋诗属对，已不完全注意字面上的工整精美，而更着重上下句之间的内在关联。而这种对法的出现，显然也与此不无关系。即如陈与义此联，上句写客中无聊，惟有吟咏送日，下句则写一个初春清冷的境界来衬托，就显得一我一物，一情一景，水乳交融。至于客子与杏花，诗卷与雨声之是否的对，则宁可有意地给以忽视了。

和张规臣水墨梅五绝

巧画无盐丑不除，此花风韵更清姝。从教变白能为黑，桃李依然是仆奴。

病见昏花已数年，只应梅蕊固依然。谁教也作陈玄面，眼乱初逢未敢怜。

粲粲江南万玉妃，别来几度见春归。相逢京洛浑依旧，惟恨缁尘染素衣。

含章檐下春风面，造化功成秋兔毫。意足不求颜色似，前身相马九方皋。

自读西湖处士诗，年年临水看幽姿。晴窗画出横斜影，绝胜前村夜雪时。

【品评】

这一组诗写于政和八年(1118)，作者才二十九岁。曾敏行《独醒杂志》云："花光仁老作墨花，陈去非与义题五绝句。……徽庙(徽宗)见而喜之，召对擢用。画因诗重，人遂为此画。"仁老即超然和尚，字仲仁，住持衡山花光寺，故人称之为花光仁老。其墨梅为世所重，亦见于黄庭坚、秦观诸人的诗集中。

我国古代绘画是注意着色的，故以丹青为绘画的代称。但当作者和观者不满足于表面上的形似，进而追求精神上的神似之后，使表现力更得以充分发挥的水墨画便出现了。相传为王维所作之《山水诀》云："夫画道之中，水墨最为上。肇自然之性，成造化之功。"此语或非出自王维，但却可认为是南宗画以水墨作山水的一种理论。这种不拘形式但求意趣的倾向使绘画诗化，从而形成文人画。苏轼云："论画以形似，见与儿童邻。作诗必此诗，定知非诗人。"更鲜明地提出了作画吟诗突破形似，不但没有削弱，反而能够扩充想像力，增强表现力，取得更强的艺术效果的观点。

陈与义这五首诗，既是对花光仁老艺术成就的赞叹，也是对水墨画作出的美学解释。其云"意足不求颜色似，前身相马九方皋"，很精辟地指出了客观世界中虽无墨梅，但画家却无妨创作墨梅，反映了我国古典美学中"迁想妙得"、"离形得似"的追求，即艺术家(也包括有鉴赏力的读者)承认：为了赋予创作以更丰富的生命，自己有充分发挥各自想像力，创造性地、不拘形迹地模仿自然，由形似而达到形神兼备，再上升到遗貌取神的境界的权利。这组诗是一个著名的例子。它的备受青睐，迄今不衰，正证明了仁老的画、陈与义之诗与读者的视野是融合无间的。

刘子翚

汴京纪事　二十首选四

帝城王气杂妖氛，胡虏何知屡易君。犹有太平遗老在，时时洒泪向南云。

内苑珍林蔚绛霄，围城不复禁刍荛。舳舻岁岁衔清汴，才足都人几炬烧。

空嗟覆鼎误前朝，骨朽人间骂未销。夜月池台王傅宅，春风杨柳太师桥。

辇毂繁华事可伤，师师垂老过湖湘。缕衣檀板无颜色，一曲当时动帝王。

【品评】

在古代，一些哲学家常要排斥文学，中外皆然。希腊柏拉图主张把诗驱逐出理想国，宋儒程颐说作文害道，诗乃无用之赘言。但人类的思维和情感又确实是极为复杂的，就是这位程颐就有如下两则互相矛盾的轶事。袁文《瓮牖闲评》："程伊川（颐）一日见少游（秦观），问：'"天若有情，天也为人烦恼"，是公词否？'少游意伊川赏之，拱手逊谢。伊川云：'上穹尊严，安得易而侮之？'少游惭而退。"邵博《邵氏闻见后录》："伊川闻诵晏叔原

(几道)‘梦魂惯得无拘检,又踏杨花过谢桥’长短句,笑曰:‘鬼语也。’意亦赏之。”这位道学先生对秦观词的指摘严肃而迂腐得近乎无理取闹,而对晏几道词的欣赏,却又使人觉得他还是一个有血有肉的人,有时在生活魅力的进攻下,也会解除禁欲主义的武装。

刘子翚,《宋史》入儒林传,《宋元学案》将其列入“伊川私淑”,即虽未身受程颐之教,却是极仰慕程颐的人。可是和程颐不同,刘子翚却更富于诗人的气质,与其说他是道学家中的诗人,却不如说他是诗人中的道学家。朱熹是他的学生,受了他的影响,也曾写出一些词意清新的诗,在许多像有韵语录的道学诗中,发出稀有的光彩。

《汴京纪事》二十首,在当时就传诵颇广。从语气上看,这组诗是靖康乱后,回思往事,痛定思痛之作。每一首写一事,合起来便成为这一重大历史事件的连续画卷。入选的这四首,其一是写沦陷区遗民在敌寇统治下难忘故国之情。其二写徽宗劳民伤财,穷奢极侈,造成艮岳,到头来却落得如此下场。其三写祸国殃民的权奸王、蔡永远被人民钉在历史的耻辱柱上。其四通过一位歌妓的生活变化,反映出兴衰之感。与杜甫《江南逢李龟年》同意。杜诗云:“岐王宅里寻常见,崔九堂前几度闻。正是江南好风景,落花时节又逢君。”与此诗相较,似更沉郁。又朱敦儒《鹧鸪天》云:“唱得梨园绝代声,前朝惟数李夫人。自从惊破《霓裳》后,楚秦吴歌扇里新。　秦嶂雁,越溪砧。西风北客两飘零。尊前忽听当时曲,侧帽停杯泪满巾。”所写同是一人,正好与此诗合读,互证。

岳　飞

池州翠微亭

经年尘土满征衣,特特寻芳上翠微。好水好山看不足,马蹄催趁月明归。

【品评】

刘勰在《文心雕龙·体性》中首先提出了个性与文风一致的命题。他认为："才力居中，肇自血气。气以实志，志以定言，吐纳英华，莫非情性。"接着还举了一些名家为例，如"贾生（贾谊）俊发，故文洁而体清。长卿（司马相如）傲诞，故理侈而辞溢"，或"嗣宗（阮籍）俶傥，故响逸而调远。叔夜（嵇康）俊侠，故兴高而采烈"之类。这种意见是有事实依据因而也是可信的。但在另一方面，个性与文风之间也有不完全一致的时候，因为这两者虽然都有一定的凝固性，但又不是一成不变的。它们大体上相对应，但在特定的情况下，也会出现分歧。唐皮日休《桃花赋》序云："余尝慕宋广平（宋璟）之为相，贞姿劲直，刚态毅状，疑其铁石心肠，不解婉媚吐辞。然睹其文而有《梅花赋》，清便富艳，得南朝徐、庾体，殊不类其为人也。"这是常常被人提及的一个著名事例。

岳飞这位爱国英雄并不以文辞见长，在其传世的少数作品中，散文如《五岳祠盟记》，词如《满江红》，风格皆激烈喷薄，忠愤之气，跃然纸上，与其坚贞刚毅的个性相与一致。但如这首小诗却显示了戎马生涯中的闲情逸致，对祖国大好山河一草一木的眷恋之情，显示了他个性与文风的另外一面。这位将军还有一首《小重山》词云："昨夜寒蛩不住鸣。惊回千里梦，已三更。起来独自绕阶行。人悄悄，帘外月胧明。　白首为功名。旧山松竹老，阻归程。欲将心事付瑶筝。知音少，弦断有谁听？"陈郁《藏一话腴》："武穆（岳飞的冤狱在孝宗时平反，复原官，谥武穆王）《贺讲和赦表》云：'莫守金石之约，难充溪壑之求。'故作词云：'欲将心事付瑶筝。知音少，弦断有谁听？'盖指和议之非也。又作《满江红》，忠愤可见。其不欲'等闲白了少年头'，足以明其心事。"陈郁的话很有见解，但两首词的风格却完全不同。这也可以说明，风格的主导面与风格的多样性往往并存。忽视这种情况，将使我们对作家作品的理解简单化。

陆　游

长歌行

人生不作安期生，醉入东海骑长鲸；犹当出作李西平，手枭逆贼清旧京。金印煌煌未入手，白发种种来无情。成都古寺卧秋晚，落日偏照僧窗明。岂其马上破贼手，哦诗长作寒螀鸣？兴来买尽市桥酒，大车磊落堆长瓶。哀丝豪竹助剧饮，如巨野受黄河倾。平时一滴不入口，意气顿使千人惊。国仇未报壮士老，匣中宝剑空有声。何当凯还宴将士，三更雪压飞狐城。

【品评】

生活在南北宋之交的作家，很少有不在自己的创作中反映汉族与女真族的斗争的。但始终将这一主题像一根红线贯穿在全部创作中的，词中只有辛弃疾，诗中只有陆游。他们那些反对侵略，反对偏安，不断地号召广大人民起来和敌人战斗的充满激情的诗篇，在抵抗国内民族压迫和近代帝国主义侵略的斗争中，都起过巨大的鼓舞作用。近人梁启超在《读陆放翁集》中写道："诗界千年靡靡风，兵魂消尽国魂空。集中什九从军乐，亘古男儿一放翁。""辜负胸中百万兵，百无聊赖以诗鸣。谁怜爱国千行泪，说到胡尘意不平。"这种评价是大家所同意的。

孔子说："《诗》可以怨。"司马迁说："《诗》三百篇，大抵圣贤发愤之所为作也。"又说："屈平（屈原）之作《离骚》，盖自怨生也。"这是由于诗人们常会看见在现实生活中已经存在或者预见还处在萌芽状态中的问题，从而产生忧患意识，感到怨愤，发为牢骚。应当注意的是：如果只是怨愤牢骚，却缺少应当与之并存的信心和责任感，则只能导致消沉；反之，如果随同牢骚出现的不是消沉而是希望，就会给读者以鼓舞和教育了。陆游发了一辈子牢骚，这种牢骚痛苦地折磨着诗人的心灵，但同时，希望的火焰也不停息地在他心中熊熊地燃烧着。这首诗就是很好的例证。它意态英伟，风格清壮，笔势顿挫，确是一篇杰作。

五月十一日，夜且半，梦从大驾亲征，尽复汉、唐故地。见城邑人物繁丽，云：西凉府也。喜甚，马上作长句，未终篇而觉，乃足成之

天宝胡兵陷两京，北庭安西无汉营。五百年间置不问，圣主下诏初亲征。熊罴百万从銮驾，故地不劳传檄下。筑城绝塞进新图，排仗行宫宣大赦。冈峦极目汉山川，文书初用淳熙年。驾前六军错锦绣，秋风鼓角声满天。苜蓿峰前尽亭障，平安火在交河上。凉州女儿满高楼，梳头已学京都样。

【品评】

陆游生于宣和七年(1125)，次年即遭靖康之祸。而写此诗时，他已五十六岁了。在这半个多世纪的艰难岁月中，南宋偏安政权总算是保全下来，并且站稳了脚跟，这是很不容易的。孝宗即位之后，由于他有志恢复，朝廷的对金政策也略有不同。这使陆游看到了一线曙光，因而写出了这样一首诗。

其中洋溢着渴望民族兴复的激情和飞腾美好的想像，而广大人民无比深厚的反侵略反压迫的精神，则是诗人的激情和想像的根源。结尾以人民生活中一个细小的变化，反映出政治局势的根本改观，有“一粒粟中藏世界”之妙，非深于观察生活和工于表现生活者不能。此诗，用一般的文学术语说，是用浪漫主义手法写成的。现实主义和浪漫主义这两种手法，虽然在具体作品中不无偏重，但对一位伟大作家来说，则经常是互相结合，相须而成，很难截然分开。

登赏心亭

蜀栈秦关岁月遒，今年乘兴却东游。全家稳下黄牛峡，半

醉来寻白鹭洲。黯黯江云瓜步雨，萧萧木叶石城秋。孤臣老抱忧时意，欲请迁都泪已流。

夜登千峰榭

夷甫诸人骨作尘，至今黄屋尚东巡。度兵大岘非无策，收泣新亭要有人。薄酿不浇胸垒块，壮图空负胆轮囷。危楼插斗山衔月，徙倚长歌一怆神。

【品评】

以上两首登临之作合起来读，对我们很有启发。《登赏心亭》一首前写宦游远方多年才得东归的欣快之情；后则写登临之时，回忆前尘，忧时痛泪却不由自主地涌出，情随事迁，转换无痕。五六两句，触景生情，以景足情，恰好作为过脉，布局很见匠心，不独"意极沉着，词亦健拔"（高步瀛《唐宋诗举要》语）而已。《夜登千峰榭》写登临胜地时的忧国之情，和《登赏心亭》同，而前者着重写多年游宦的行踪，这篇则着重写前史兴亡的往事，借以抒发自己的孤愤。而对当前景物不着重渲染，则是一样。凡是登临之作，或以模山范水为主，将景物描绘得栩栩如生；或以对景抒情为主，将自己的心思向读者倾诉。这两首诗属于后者。

临安春雨初霁

世味年来薄似纱，谁令骑马客京华。小楼一夜听春雨，深巷明朝卖杏花。矮纸斜行闲作草，晴窗细乳戏分茶。素衣莫起风尘叹，犹及清明可到家。

【品评】

这首诗反映了诗人对于官场生活的厌倦心情。这当然是和他壮志难酬,心情抑郁分不开的。次联使我们想起陈与义的名句“客子光阴诗卷里,杏花消息雨声中”,虽然陈诗上句的意境,在陆诗中是通过全篇而展现的;而陆诗上下句之间,存在着明显的因果关系,也自不同。

这首诗还体现了陆游诗内容的另外一个主要方面,即他除了以忠义慷慨之怀写报国雪耻之志,取得极大的成功之外,还善于以闲适的心情,细致的手法,曲曲传出士大夫日常生活的情趣。这也同样赢得了大量读者的爱好。从南宋以后,陆诗的这两个方面,往往因各个时代社会状况的不同,而使读者有不同的选择。在外敌侵凌,国势危殆的时候,人们自然会从陆游的爱国主义篇章中汲取力量;而当生活安定的年代,人们又很容易爱好工巧而亲切的富于生活气息如本篇这样的诗。

分茶是宋代流行于社会上层的一种游艺。当时是和下围棋、写草书、弹奏乐器并列的。这种风气甚至还流入金国的宫廷。《光明日报》1987年3月28日第四版曾载浩耕先生《宋代的分茶》一文可资参证,今摘录如次:“分茶在宋代是玩得比较普遍的,宋人诗词中吟咏到‘分茶’的颇多。王之道有《西江月·和董令升燕宴分茶》;史浩《临江仙》词有‘春笋惯分茶’之句;陈与义有《与周绍祖分茶》诗。杨万里有一首《澹庵座上观显上人分茶》诗,描写他观看显上人玩分茶时的情景,十分详尽,诗云:‘分茶何似煮茶好,煎茶不似分茶巧。蒸水老禅弄泉声,隆兴元春新玉爪。二者相遭兔瓯面,怪怪奇奇真善幻。纷如擘絮行太空,影落寒江能万变。银屏首下仍尻高,注汤作势字嫖姚。’茶水相遭,在兔毫盏的盏面上呈现出怪怪奇奇的幻变来,有如悠远的景色,或是劲疾的草书。显上人玩分茶是心手相应,善幻能变。然要像他那样娴熟是很不容易的。难怪陆游在记述自己分茶时要着一‘戏’字,以示并非内行,不过试着玩玩而已。分茶这种游艺大约始于北宋初年。北宋初年人陶谷在《荈茗录》中说到一种叫‘茶百戏’的游艺。他说:‘茶至唐始盛,近世有下汤运匕,别施妙诀,使汤纹水脉成物象者。禽兽虫鱼花草之属,纤巧如画,但须臾即就散灭。此茶之变也,时人谓茶百戏。’陶谷记述的‘茶百戏’便是后来称的‘分茶’,玩法是一样的。宋代把茶制成茶饼,称为‘龙团’、‘凤饼’。冲泡时‘碾茶为末,注之以汤,以筅击拂’,此时,盏面上的汤纹水脉会幻变出各式图样来,若山水云雾，状花鸟虫鱼，却如一幅幅图画，称为'水丹青'。据说，当时有个佛门弟子叫福全的，精于分茶，有'通神之艺'。他能注汤幻茶成一句诗，若同时点四瓯，可幻成一绝句。至于变幻一些花草鱼虫之类，唾手可得。因此常有施主上门求观，福全颇有点自负，曾自咏曰：'生成盏里水丹青，巧尽工夫学不成。却笑当时陆鸿渐，煎茶赢得好名声。'蔡京在《延福宫曲宴记》里还记述了这样一件事：北宋宣和二年十二月癸巳，有'通百艺'之称的徽宗皇帝，召宰执亲王等曲宴于延福宫，徽宗兴来命近侍取茶具，亲手注汤击拂，少顷，白乳浮盏面，如疏星朗月。徽宗所玩的也是分茶。可惜的是，分茶这朵茶叶品饮艺术中的奇葩早已失传了。"

龙兴寺吊少陵先生寓居

中原草草失承平，戍火胡尘到两京。扈跸老臣身万里，天寒来此听江声！

楚　城

江上荒城猿鸟悲，隔江便是屈原祠。一千五百年间事，只有滩声似旧时。

【品评】

陆游在四川游宦多年，也曾参与军事活动，但恢复大业迄无所成，终于奉诏东归了。他经过平生敬爱的，一生都作为学习榜样的屈原、杜甫的遗迹，想到自己和他们类似的命运，不禁感慨万分。这是他此行所写这类诗中的两首。上一首从空间着想，下一首则从时间着想，略有不同。

屈原和杜甫在我国历史上，无论从思想方面还是从艺术方面说，都是最伟大的。他们最难以企及之处就在于，生活在皇帝是天然尊长的时代，心中永远有人民。司马迁曾表示对屈原的不理解："以彼其材，游诸侯，何国不容，而自令若是？"他似乎忽略了，在列国纷争的时代，作为服务对象的君主是可以改变的，而任何时代，与自己血肉相连的人民则是永远不可分割的。基于同样的原因，杜甫在人民被统治者残害的时候，他永远站在人民一边。陆游当然不会不看到这一点。同时，屈原生活的时代，楚国受秦国的欺凌；杜甫生活的时代，汉族中央政权正受到带有民族斗争性质的地方叛乱的威胁，陆游更不能不想到自己和两位先辈的境况何其相似。

古代诗歌中有咏史一类。从晋左思以来，咏史已经成为咏怀的一种常见手法。而以七言绝句咏史，则在陆游之前，唐之李商隐、宋之王安石在这方面成就尤高。陆游在他们的启发之下，也写过一些咏史的七言绝句。这两首对屈原、杜甫的不幸遭遇，寄予了无限同情，实际上是为自己年过半百而壮志难酬所发出的长叹息。

沈　园　二首

城上斜阳画角哀，沈园非复旧池台。伤心桥下春波绿，曾是惊鸿照影来。

梦断香销四十年，沈园柳老不吹绵。此生行作稽山土，犹吊遗踪一泫然。

【品评】

这两首诗是陆游回忆其亡妻唐氏而作。陆游的爱情悲剧，宋人笔记颇有记载，详略不同，事实亦有出入，今略加整齐，概述如下：

陆游早年和他的姑表妹唐氏结婚，夫妻和好，可是陆游的母亲却不喜欢这位儿媳妇，陆游与唐氏终于离婚。后来唐氏改嫁赵士程。绍兴二十五年(1155)春天，陆游到绍兴禹迹寺南的沈园游览，恰好赵士程和唐氏也在那里。陆游对景伤情，便作了一首调寄《钗头凤》的词，题在壁上。词云：“红酥手，黄縢酒，满城春色宫墙柳。东风恶，欢情薄，一怀愁绪，几年离索。错！错！错！　　春如旧，人空瘦，泪痕红浥鲛绡透。桃花落，闲池阁，山盟虽在，锦书难托。莫！莫！莫！”这时他是三十一岁。不久，唐氏便抑郁地死去了。到了宁宗庆元五年(1199)春,即四十四年之后,陆游又写了这两首《沈园》,同年还作了一首七律,有长题《禹迹寺南,有沈氏小园。四十年前,尝题小词一阕壁间。偶复一到,而园已三易主,读之怅然》。诗云:“枫叶初丹槲叶黄,河阳愁鬓怯新霜。林亭感旧空回首,泉路凭谁说断肠。坏壁醉题尘漠漠,断云幽梦事茫茫。年来妄念消除尽,回向蒲龛一炷香。”(此诗,周密《齐东野语》以为是光宗绍熙三年〔1192〕所作,但1155年到1192年,不足四十年,而《沈园》二绝和这篇七律所写情事又十分吻合,定为作于同年秋,较妥。)这年,陆游七十五岁。又过了六年,即宁宗开禧元年(1205),已经八十一岁高龄的陆游还怀念前情,形于梦寐,其《十二月二日夜梦游沈氏园亭》二绝云:“路近城南已怕行,沈家园里更伤情。香穿客袖梅花在,绿蘸寺桥春水生。”“城南小陌又逢春,只见梅花不见人。玉骨久成泉下土,墨痕犹锁壁间尘。”

在封建社会的伦理观点支配之下,父母对于子女具有绝对权威。因此,像陆、唐这类的悲剧就经常发生。诗人在这里对自己的悲剧产生的原因没有作出任何指责,他只是倾诉了一辈子也排遣不了的哀伤,而使后人对之寄予深厚的长久的同情。与《古诗为焦仲卿妻作》(《孔雀东南飞》)齐名,《钗头凤》故事也通过各种文艺形式,永远活在人们心里。

《宋诗精华录》选了庆元五年陆游所作一律二绝,评道:“古今断肠之作,无如此前后三首者。”又道:“无此绝等伤心之事,亦无此绝等伤心之诗。就百年论,谁愿有此事?就千秋论,不可无此诗。”都说得得当。

范成大

后催租行

老父田荒秋雨里,旧时高岸今江水。佣耕犹自抱长饥,的知无力输租米。“自从乡官新上来,黄纸放尽白纸催。卖衣得钱都纳却,病骨虽寒聊免缚。去年衣尽卖家口,大女临歧两分首；今年次女已行媒，亦复驱将换升斗；室中更有第三女，明年不怕催租苦。”

【品评】

这首诗愤怒地揭露了统治者的伪善，控诉了他们的凶残，而对在他们压榨之下弄得家破人亡的农民，则寄予了无限的同情。值得特别指出的是，诗人的愤怒不是直接表示的，而是通过这位老农民沉痛的自白表示的。这一自白，表面上是在为自己宽解，事实上却表明自己的走投无路。这就使得诗的揭露和控诉更加深刻有力。

在封建社会中，地主对农民的压迫剥削是最根本的社会矛盾。在《诗经·硕鼠》中，先民已有“硕鼠硕鼠，无食我黍。三岁贯汝，莫我肯顾。逝将去汝，适彼乐土。适彼乐土，(今本误作“乐土乐土”)爰得我所”的咏叹。但那时地广人稀，还有些可供选择的生活道路。到了宋代，情况可就不大一样了。范成大在其著名组诗《四时田园杂兴》中就曾写道：“采菱辛苦废犁锄，血指流丹鬼质枯。无力买田聊种水，近来湖面亦收租。”便尖锐地指出人民无所逃于天地之间这种残酷的现实。而《后催租行》则从另外一个侧面证实了这一点。(唐陆龟蒙《新沙》云：“渤澥声中涨小堤，官家知后海鸥知。蓬莱有路教人到，亦应年年税紫芝。”与范《田园杂兴》同意，而出语婉转，此亦唐宋之别。)

宜春苑

狐冢獾蹊满路隅，行人犹作御园呼。连昌尚有花临砌，肠断宜春寸草无！

州　桥

州桥南北是天街，父老年年等驾回。忍泪失声询使者：“几时真有六军来?”

市　街

梳行讹杂马行残，药市萧骚土市寒。惆怅软红佳丽地，黄沙如雨扑征鞍。

翠　楼

连衽成帷迓汉官，翠楼沽酒满城欢。白头翁媪相扶拜，垂老从今几度看！

【品评】

乾道六年(1170)，范成大出使金国，闰五月往，十月返。记叙所见所感为文《揽辔录》一卷(今残)，诗《北征集》一卷。诗计七言绝句七十二首，篇各有题。(今范集卷十二全录而佚《北征集》之名)在这七十多首中，我们可以看见中原地区在女真贵族统治下的社会面貌和民情风俗的变异，以及中原父老希望恢复的心情。这些诗也体现了作者对祖国壮丽山河的赞叹，对历史古迹的歌咏和准备为国牺牲的精神。在我国不同民族政权的分裂和对立时代，双方常有交聘之举，使臣来往间每有唱酬和记述。范成大这两卷书在这类作品中是有代表性的。

上面所选四首，《宜春苑》通过描写汴京的残破，以寄托对汉民族政权覆灭的哀思，而以元稹所见连昌宫尚有遗迹可寻而自己所见宜春苑则寸草不留，以见靖康之祸甚于安史之乱。唐朝虽经内乱终于迅速平定，而宋朝自遭外祸却恢复无期。《州桥》一首，据当日实际政治社会情况而言，所叙事实似乎不可能发生，但《揽辔录》中曾多处记载此类情事，如云“中原父老，见使者多挥涕”，“遗黎往往垂涕嗟啧，指使人曰：此中华佛国人也”，等等，则“忍泪”云云，乃是诗人对这些情事加以典型化的结果。它或为事之所无，却为情所必有。《市街》一首，恰好是《宜春苑》的补充。而《翠楼》一首则与《州桥》同意。陆游读《揽辔录》诗云：“公卿有党排宗泽，帷幄无人用岳飞。遗老不应知此恨，亦逢汉节解沾衣。”则更深广地发抒了自己的感愤，可以参看。

杨万里

池口移舟入江，再泊十里头
潘家湾，阻风不止

北风五日吹江练，江底吹翻作江面。大波一跳入天半，粉碎银山成雪片。五日五更无停时，长江倒流都上西，计程一日二千里，今逾滟滪到峨眉。更吹两日江必竭，却将海水来相接。老夫早知当陆行，错斜一帆超十程。如今判却十程住，何策更与阳侯争。水到峨眉无去处，下梢不到忘归路。我到金陵水自东，只恐从此无南风。

【品评】

杨万里人品端方，立朝清正，反对苟安，反对权奸。但他在诗歌创作上的主要兴趣却放在自然风光上，因此集中关心国家大事和民生疾苦的作品并不算多。他的诗语言平易，风格清新，富于情趣，给读者提供了为其他诗人所罕有的娱乐性。即如此诗，写乘船遇到逆风，全从江水倒流着笔，想像非常奇特而又丰富。这是诗人直接从生活中获得的素材，所以反映了出来，也是非常生新，引人注目的。作为人类生活的永恒伴侣，水自来就是常受诗人青睐的描写对象。《诗经》中的“河水洋洋，北流活活”，《楚辞》中的“袅袅兮秋风，洞庭波兮木叶下”都引起人们的遐思。司马相如《上林赋》夸耀天子上林苑，一上来就有一大段文字专门写水。更不用说木华《海赋》和郭璞《江赋》了。但这些大篇，极貌写物，穷力追新，却忘了写人面对多姿多变的水时的心态。而杨万里此篇，却正在这一方面下

了功夫。它成功地刻画了旅人面对狂风大浪的许多心理活动。

初入淮河四绝句

船离洪泽岸头沙，人到淮河意不佳。何必桑干方是远，中流以北即天涯。

刘岳张韩宣国威，赵张二将筑皇基。长淮咫尺分南北，泪湿秋风欲怨谁?

两岸舟船各背驰，波痕交涉亦难为。只余鸥鹭无拘管，北去南来自在飞。

中原父老莫空谈，逢着王人诉不堪。却是归鸿不能语，一年一度到江南。

【品评】

淳熙十六年十二月(1189 年 1 月),金遣裴满余庆来贺明年正旦,杨万里奉派为接伴使,伴送金使北返。初次到了原为北宋腹地,现在却已成为宋、金国界的淮河,不禁感慨横生,写下这一组充满忧郁气氛的诗。这时,上距靖康之祸已六十年。一方面,南宋政权已经巩固,而另一方面,收复北方失地的希望也变得更为渺茫。和陆游那种充满激情、富于想像的作品不同,杨万里集中这类涉及时事的作品,却显示出一种无可奈何的悲凉。面对现实局势,或发为悲壮的号角,或发为深沉的叹息。这两种在南宋中期文学中就已形成的倾向,似乎一直贯注到宋末。在遗民诗中,谢翱、林景熙等继承了前者,而汪元量等则继承了后者。

萧德藻

登岳阳楼

不作苍茫去，真成浪荡游。三年夜郎客，一柁洞庭秋。得句鹭飞处，看山天尽头。犹嫌未奇绝，更上岳阳楼。

【品评】

《新唐书》称张说“既谪岳州，而诗益凄婉，人谓得江山助”。江山是慷慨而公平的，她们对任何诗人都无例外地加以帮助，赋予灵感。因之历代登临岳阳楼、遥揽洞庭湖的名篇杰句也不可胜数，其中如杜甫的“吴楚东南坼，乾坤日夜浮”，黄庭坚之“满川风雨独凭阑，绾结湘娥十二鬟”，陈与义之“晚木声酣洞庭野，晴天影抱岳阳楼。四年风露侵游子，十月江湖吐乱洲”之类，都是脍炙人口之作。但诸家所作，皆系登楼以后极目抒怀，故奇丽景色，尽收眼底，而萧德藻这一首，却只描写登楼以前的浪游。他生活跋涉既广，经历亦久，细察鹭飞，宏观天末。浪游之余，仍嫌不足，所以又来登楼。诗对此楼更未用一字正面品题，而其为天下绝景自见。《宋诗精华录》甚赞此诗，谓“作者手笔直兼长吉（李贺）、东野（孟郊）、阆仙（贾岛）而有之”。似不仅指其造句之工致，即构思之独特亦应包括在内。由于萧德藻此诗给予了读者以充分驰骋想像的自由，也许洞庭湖比他正面描写出来更为奇绝。唐王之涣《登鹳雀楼》云：“白日依山尽，黄河入海流。欲穷千里目，更上一层楼。”此诗与之相较，似乎青出于蓝而胜于蓝。因为王诗是已上一层，更上一层，这个更上，只是站得高些，看得远些，所看仍是白日依山、黄河入海之景。萧诗则将视角由舟中转到楼上。舟中洞庭秋色，鹭飞天尽，虽已为人所见所知，而楼上如何，则尚是一重悬案，有待揭晓。所以这后一个更上，意味尤为深长。

朱　熹

观书有感　二首

半亩方塘一鉴开，天光云影共徘徊。问渠那得清如许，为有源头活水来。

昨夜江头春水生，蒙冲巨舰一毛轻。向来枉费推移力，此日中流自在行。

【品评】

有人以为诗是形象思维的产物，所以只宜于写景抒情而不宜于说理。这有几分道理，但不能绝对化。因为理可以用形象化的手段表现出来，从而使得它与景和情同样富于吸引力。同时，理本身所具有的思辨性往往就是非常引人入胜的。（枚乘《七发》正证明了这一点。）因此，古今诗作中并不缺乏成功的哲理诗。

朱熹是刘子翚的学生，他父亲朱松文才也很好。也许由于父、师的影响，他在道学家中对文学的评价是比较公正的，也写出过一些富于生活气息的好诗。如这两首当然是说理之作，前一首以池塘要不断地有活水注入才能清澈，比喻思想要不断有所发展提高才能活跃，免得停滞和僵化。后一首写人的修养往往有一个由量变到质变的阶段。一旦水到渠成，自然表里澄澈，无拘无束，自由自在。这两首诗以鲜明的形象表达自己在学习中悟出的道理，既具有启发性，也并不缺乏诗味，所以陈衍评为“寓物说理而不腐”。

陈　造

望夫山

亭亭碧山椒，依约凝黛立。何年荡子妇，登此望行役。君行断音信，妾恨无终极。坚诚不磨灭，化作山头石。烟悲复云惨，仿佛见精魄。野花徒自好，江月为谁白？亦知江南与江北，红楼无处无倾国。妾身为石良不惜，君心为石那可得！

【品评】

望夫石的确是一个十分激动人心的神话传说。古来诗人题咏很多。如唐刘禹锡云："终日望夫夫不归，化为孤石苦相思。望来已是几千载，只似当时初望时。"诚如前人所说，这首诗的特点是语拙而意工。王建则写道："望夫处，江悠悠。化为石，不回头。山头日日风和雨，行人归来石应语。"措辞就远胜于刘了。但这两首都只就女子一方立言，男方又如何呢？陈造此诗，在篇末另出新意，从而深化了这个悲剧的主题。李白《长干行》亦曾用此事云："岂上望夫台？"写妻子坚信丈夫之必然守约，无须登台苦望。此诗则以"君心为石那可得"结束全篇，暗示妻子不能不考虑到痴心女子负心汉也不是什么稀罕的事。两两对照，好看煞人。

林　升

题临安邸

山外青山楼外楼，西湖歌舞几时休？暖风熏得游人醉，直把杭州作汴州。

【品评】

在回答文学社问“什么是讽刺”这一问题时，鲁迅道：“一个作者，用了精练的，或者简直有些夸张的笔墨——但自然也必须是艺术的——写出或一群人的或一面的真实来，这被写的一群人，就称这作品为‘讽刺’。”他又说：“‘讽刺’的生命是真实；不必是曾有的实事，但必须是会有的实情。……它所写的事情是公然的，也是常见的，平时是谁都不以为奇的，而且自然是谁都毫不注意的。不过这事情在那时却已经是不合理，可笑，可鄙，甚而至于可恶。但这么行下来了，习惯了，虽在大庭广众之间，谁也不觉得奇怪；现在给它特别一提，就动人。”

北宋的灭亡，原因当然很多，但统治者的荒淫奢侈必居其一；南宋的偏安，原因也很多，但朝野酣嬉，醉生梦死，也必居其一；林升这首见于《西湖游览志余》的诗，所写正是当时公然的，常见的，谁都不以为奇，毫不注意的社会现象，给他一写，便觉触目惊心，令人难以为情，所以是成功的讽刺。

宋代这类小诗，颇有流传广泛，脍炙人口的。如《古杭杂记》载：“驿路有白塔桥，印卖朝京里程图。士大夫往临安，必买以披阅。有人题壁云：‘白塔桥边卖地经，长亭短驿甚分明。如何只说临安路，不较中原有几程？’”与林升之作，可谓貌异心同。又《桯史》载郑广事云：“海寇郑广，陆梁莆福间，官军莫能制，自号滚海蛟。有诏勿捕，命以官，隶师阃。广旦望趋府，群僚无与立谈者。广郁郁弗言。一日，群僚或及诗句，广曰：‘郑广粗人，有拙诗白之诸官，可乎？’众属耳，乃长吟曰：‘郑广有诗上众官，文武看来总一般。众官做官却做贼，郑广做贼却做官。’满座惭嚎。”这些小诗正是当时腐败政权的绝妙写照。

姜　夔

除夜自石湖归苕溪　十首选三

细草穿沙雪半消，吴宫烟冷水迢迢。梅花竹里无人见，一夜吹香过石桥。

千门列炬散林鸦，儿女相思未到家。应是不眠非守岁，小窗春色入灯花。

笠泽茫茫雁影微，玉峰重叠护云衣。长桥寂寞春寒夜，只有诗人一舸归。

【品评】

唐宋士子，在未能进士及第从而步入仕途之前，往往凭借自己的诗文才艺，干谒权门，奔走江湖，以博取声名和生活资料。这种风气，在宋末尤为流行。这些人被称为游士或谒客，其诗被称为江湖诗。他们之中，人品和文才也大有高下。姜夔是其中的佼佼者，当世达官名宿均对他极推重。如他曾将这组诗寄给杨万里，杨回信说："所寄十首，有裁云缝雾之妙思，敲金戛玉之奇声。"而萧德藻因为欣赏他写的《姑苏怀古》一绝，竟将侄女嫁给了他。

他的诗和词风格特色有相近处，即都能以清刚之气写绮靡之情，从而给人以一种特殊的感受。此处所选三首可见一斑。第一首写在范成大石湖别墅住了些时而今离去的留恋之情。但不写离情，只写别景。别景之中，独及吴宫遗迹与正开的梅花。写梅花，又不作正面描绘，而只写其夜中暗香，均是作者着意之处。对景钟情，则对人之怀想自见。第二首写怀念自己家人，却从对方着笔，与杜甫《月夜》"今夜鄜州月，闺中只独看"相同。而柳永《八声甘州》"想佳人妆楼凝望，误几回天际识归舟"也是如此。

第三首写归途之荒寒，心情之寂寞，以对照方式与上篇互相补充。

姑苏怀古

夜暗归云绕柁牙，江涵星影鹭眠沙。行人怅望苏台柳，曾与吴王扫落花。

【品评】

这首诗是一幅想像与幻想构成、现实与历史交织的图画。春秋时代，勃然而兴忽然而亡的吴国，许多遗迹至今犹存。数百年前的姜夔，处在南宋偏安已久之时，经行其地，自然不能无兴亡之感。但这感慨，由于它是极其含蓄的，使人简直不怎么能察觉出来。

诗首写舟行夜景。云在天空随风飘浮，它动，并不是回归，但诗人却将人的归舟和它联系在一道，认为它之所以围绕在桅杆旁边，也是和人一样，有家可归了。首句写舟之动，而次句则写江之静。星影在水，宿鹭眠沙。橹声之外，万籁俱寂。对照十分强烈，但却都是现实，三句忽由今天道旁柳条，想到昔日吴宫落花，以柳条扫花，既不可能，今天行人怅望之柳，亦绝非当日吴宫之柳。这当然都是人所共知，但诗人“摅怀旧之蓄念，发思古之幽情”（班固《两都赋・序》语），却毫不犹疑地将它们如此这般地绾合起来。虽然无理，但却有情，所以也就能为读者所欣然接受。我们都会承认这一点：排除了想像与幻想，也就没有诗了。

翁　卷

山　雨

一夜满林霜月白，亦无云气亦无雷。平明忽见溪流急，知是他山落雨来。

野　望

一天秋色冷晴湾，无数峰峦远近间。闲上山来看野水，忽于水底见青山。

【品评】

“四灵”学中晚唐，尤其重视学习姚合、贾岛的五律。他们用心很苦，而取径过狭，内涵不够丰富，始终没有达到较高水平，形成独特风格。倒是翁卷集中一些写日常生活的七言绝句意象生动，运笔轻快，更富有吸引力，如这两首即是。再如其颇为人传诵的《乡村四月》云：“绿遍山原白满川，子规声里雨如烟。乡村四月闲人少，才了蚕桑又插田。”所写也只是农民日常生活，但一经揭示，但觉劳动场面壮丽非凡。发现客观世界不平常的事物而出色地描写它，当然会使之成为对人产生魅力的艺术品，但如能在人所共见并知的日常生活中有新的发现，而将其成功地反映出来，也可以获得同样的效果。翁卷这些诗便是好例。

赵师秀

约　客

黄梅时节家家雨，青草池塘处处蛙。有约不来过夜半，闲敲棋子落灯花。

【品评】

我国初夏季节的江淮流域，每每有一段较长的阴雨天气，时值梅子初熟，因称梅雨天。李时珍《本草纲目》说，梅雨又称霉雨，因为这雨沾在衣服上，易生黑霉。这首诗写一个梅雨之夜，约客对棋，而客人却失约时的期待心情。由于久候无聊，便不自觉地拿起了棋子敲着棋盘，这时，灯心燃得过久，也恰巧落下。这是动作。而屋外绵绵不绝的雨声、蛙声和屋内断断续续的敲棋声又互相应和。这是音响。在这动作与音响之中，主人寂寞的心情便准确地透露了出来。

黄梅成熟时节，不仅雨量偏多，而且又阴晴不定。古代诗人很敏感地察觉到了这一点，就各随自己的生活实际写了出来，对景抒情，如曾纡(一说“曾几”)《三衢道中》云：“梅子黄时日日晴，小溪泛尽却山行。绿阴不减来时路，添得黄鹂四五声。”戴复古《夏日》云：“乳鸭池塘水浅深，熟梅天气半晴阴。东园载酒西园醉，摘尽枇杷一树金。”而此诗则写“黄梅时节家家雨”。写晴，写雨，写半阴半晴，都有其独特的意趣。

戴复古

织妇叹

春蚕成丝复成绢，养得夏蚕重剥茧。绢未脱轴拟输官，丝未落车图赎典。一春一夏为蚕忙，织妇布衣仍布裳。有布得著犹自可，今年无麻愁杀我。

【品评】

古代男女分工，男耕女织。这首诗代织妇发出怨叹。古代贵重的衣料是丝织品，一般的衣料则是麻织品，至于棉织品，则明清以前，因纺织技术的限制，流行不广。所以诗中织妇所倾诉的首先是自己虽织了一辈子的绢，可是绢衣从未沾身。又想到，只要有麻布可穿就也罢了，可今年连麻都没有，这才真正愁死人啊！梅尧臣《陶者》云：“陶尽门前土，屋上无片瓦。十指不沾泥，鳞鳞居大厦。”张俞《蚕妇》云：“昨日入城市，归来泪满巾。遍身罗绮者，不是养蚕人。”戴诗前六句和梅、张二作同意，也就是俗话所说:“卖油娘子水梳头。”但后两句却翻进一层,就更显出老百姓在残酷剥削之下,无路可走了。清代赵翼在其《廿二史札记》中,曾论及南宋赋税特重,前选杨万里的《后催租行》及戴复古此篇都可为证。

江阴浮远堂

横冈下瞰大江流,浮远堂前万里愁。最苦无山遮望眼,淮南极目尽神州。

【品评】

望之则不忍,不望又不能,于是深悔这次登上供北望的高堂为多此一举了。汉末王粲“家本秦川,贵公子孙”,遭乱流寓荆州,依靠刘表,曾登当阳城楼作《登楼赋》,有云:“平原远而极目兮,蔽荆山之高岑。”那是“最苦有山遮望眼”,而戴复古则是“最苦无山遮望眼”,所以其情更为可伤。又刘克庄《冶城》云:“断镞遗枪不可求,西风古意满原头。孙刘数子如春梦,王谢千年有旧游。高塔不知何代作,暮笳似说昔人愁。神州只在阑干北,几度来时怕上楼。”前六句吊古,后二句转入伤今。其言北望神州使人难堪之意亦同,而从正面说出,都不及戴语之耐人寻味。

论诗十绝　选二

意匠如神变化生,笔端有力任纵横。须教自我胸中出,切忌随人脚后行。

飘零忧国杜陵老,感遇伤时陈子昂。近日不闻秋鹤唳,乱蝉无数噪斜阳。

【品评】

用诗品评诗歌,即所谓论诗,是我国文学批评史上一种特有的形式。

它可以用古体写(如前选欧阳修《水谷夜行,寄子美、圣俞》),但更多的是用今体中七言绝句写。杜甫的《戏为六绝句》、《解闷》等是最早的联章七绝论诗诗,也是这种形式的典范作品。它所涉及的内容,可以大体分为评诗人和论诗法两类。戴复古这十首绝句,就包含有这两方面的内容。这里所选的第一首论诗法,而第二首则评诗人。

第一首论作诗必须重视创造性。这本是古代作家和批评家所最注意的。陆机云:“收百世之阙文,采千载之遗韵。”杜甫云:“后贤兼旧制,历代各清规。”韩愈云:“惟古于辞必己出,降而不能乃剽贼。”又云:“惟陈言之务去。”黄庭坚云:“文章最忌随人后。”又云:“随人作计终后人。”这些名言都为戴复古所本。但戴复古在当时写这首诗,却是有其针对性的,即为江西派末流完全脱离生活,资诗书以为诗的批判。在上引诸家中,杜甫所说最为完整,即既要继承前人,又要各具面目。不继承遗产,就没有起点;不各具面目,就难言创造。这是文学发展的一条颠扑不破的基本规律。

第二首感叹当时诗坛寥落。在内忧外患交逼之日,诗人们没有发出时代的最强音来鼓舞人民,挽救危局,而一些流连光景之作,却还能传诵一时。《诗经·鹤鸣》云:“鹤鸣于九皋,声闻于天。”鹤唳高亢清亮,故以比前者;而韩愈《荐士》中也写道:“齐梁及陈隋,众作等蝉噪。”蝉声的特点是叫得很响,可是没有多少时候就过去了,故以比后者。姜夔虽也是江湖诗人,但因出生较早,一般不将他列入江湖派。在江湖派中,戴复古和刘克庄的诗是成就较高的。

严　羽

和上官伟长芜城晚眺

平芜古堞暮萧条,归思凭高黯未消。京口寒烟鸦外灭,历阳秋色雁边遥。清江木落长疑雨,暗浦风多欲上潮。惆怅此时频极目,江南江北路迢迢。

【品评】

这首诗写登城晚眺时的怀乡思旧之感。也许这次登眺是和上官伟长同去的,上官先有诗,严羽继和。中四句写登眺所见,是此诗重点。前二远景,后二近景。明李东阳《怀麓堂诗话》颇赏三四一联,赞为"真唐句也"。在江西派推尊杜甫,继而"四灵"及江湖派学习晚唐的时候,严羽独具只眼,提倡学盛唐。但由于才力不及,并不能达到李白、杜甫、王维、孟浩然所达到的高度。如这首写得不错的诗,风格倒颇接近"大历十子"中的刘长卿。

严羽以其所著《沧浪诗话》驰名后世。他提倡学习盛唐,认为盛唐诸人之作,词理意兴,无迹可求。而要达到这一境界,则要靠妙悟。这些议论,开创了后来神韵一派。钱钟书先生《宋诗选注》说,神韵派是"以'不说出来'为方法,想达到'说不出来'的境界"。这,乃是从严羽到清初王士禛诗论的最精简的概括,值得仔细玩味。

严羽《诗话》陈义甚高,而诗作不过如此,所以不少人讥为眼高手低。这些人大概不承认理论可以独立于创作之外,而且知行合一,自来也只是一种理想的追求,特别是在文学艺术领域之内。

毛　珝

甲午江行

百川无敌大江流，不与人间洗旧仇。残垒自缘他国废，诸公空负百年忧。边寒战马全装铁，波阔征船半起楼。一举尽收关洛旧，不知消得几分愁？

【品评】

蒙古于宋理宗宝庆三年(1227)灭西夏,端平元年(1234)灭金,中国北方都被征服。从此,偏安的南宋政权面对着一个更其强大的侵略者。当时有些人昧于整个形势，认为应该借金朝覆亡的机会，收复中原，以雪靖康之耻。毛珝就是其中之一。他这首诗的确写得风格雄壮，足以鼓舞士气。但诗人却没有看到，极端腐朽的政权，是没有能力担承这一重任的。当时头脑清醒的人都知道，最重要而迫切的事，不是“尽收关洛旧”，而是如何抵御蒙古人的进攻。果然，在灭金以后，蒙古部队便挥戈南下，向江淮、湖北、四川等地进犯了。严羽在《有感》中写道：“误喜残胡灭，那知患更长。黄云新战路，白骨旧沙场。巴蜀连年哭，江淮几郡疮。襄阳根本地，回首一悲伤。”毛珝的欢欣鼓舞与严羽的思远忧深形成强烈的对照。我们当然肯定毛的爱国之情，但不能不承认严更有见识，对现实局势理解得更深刻。1279 年，蒙古终于统一了全中国，建立了享国近百年的元朝。

诗人要如实地反映生活，必须有见识和学问，不能专靠才能与激情。关于这一点，杜甫也曾为后代树立了典范。

刘克庄

国殇行

官军半夜血战来，平明军中收遗骸。埋时先剥身上甲，标成丛冢高崔嵬。姓名虚挂阵亡籍，家寒无俸孤无泽。呜呼诸将官日穹，岂知万鬼号阴风！

军中乐

行营面面设刁斗，帐门深深万人守。将军贵重不据鞍，夜夜发兵防隘口。自言“虏畏不敢犯”，射麋捕鹿来行酒。更阑酒醒山月落，彩缣百段支女乐。谁知营中血战人，无钱得合金疮药！

【品评】

汉魏乐府歌辞，本采自民间，后由文士拟作。杜甫善于以乐府体写时事，并摆脱了旧日传统，依据内容，另立新题，如《丽人行》、《兵车行》、《悲陈陶》、《哀江头》等。其后李绅、白居易、元稹等便提出了“新乐府”这一名称。李绅首先写了《新题乐府》二十首（今佚），白居易继之写了《新乐府》五十首，元稹也和了其中十九首，使我国反映现实的诗歌，又找到了一种适合的形式。宋人在这一方面的发展，在于运用新乐府体集中写某方面的生活，它不像元白之作的覆盖面那样广，所以也就能够写得更为细致。如范成大《腊月村田乐府》十首，专写农村风俗，刘克庄写了短小精悍的新乐府体诗十首。这十首没有总题，但前六首都是揭发当日边防工作的腐败的。这里所选两首很深刻地揭露了南宋末年军队中的黑暗：士兵们是忠勇的，但生前受了伤，药都没钱去配，战死以后，家庭也得不到抚恤；而将军们胆小如鼠，根本不敢和敌人进行斗争，但生活却异常奢侈淫靡。这，正是这个腐朽帝国不断地遭受到女真、蒙古贵族的侵略，而终于灭亡的重要原因之一。唐高适《燕歌行》云：“战士军前半死生，美人帐下犹歌舞。”与《军中乐》略同，但刘克庄却写得更其具体，丰富了高适那两句的内容。

北来人　二首

试说东都事，添人白发多。寝园残石马，废殿泣铜驼。胡运占难久，边情听易讹。凄凉旧京女，妆髻尚宣和。

十口同离仳，今成独雁飞。饥锄荒寺菜，贫着陷蕃衣。甲第歌钟沸，沙场探骑稀。老身闽地死，不见翠銮归。

【品评】

刘克庄有许多古体诗写得很好，但在其数量丰富的创作中，占主要地位的仍是今体律诗和绝句，尤其是五律和七绝。陈衍《宋诗精华录》说他

“专攻近体，写景、言情、论事，绝无一习见语，绝句尤不落旧套。惟律句多太对，如难对易、如对似、为对因、无对有、觉对知、疑对信之类，在在而有”。这一评论大体如实。此外，这位诗人的今体诗过于追求巧对，有时还不免掉书袋，即过多地使用典故之病。

他的五律多写日常生活，如《夜过瑞香庵作》之“问客来何暮？云僧去未归。山空闻瀑泻，林黑见萤飞”及《郊行》之“山晴全体出，树老半身枯。林转亭方见，江侵路欲无”之类，都情真景豁，非常动人。

但这两首《北来人》却大异其趣。它们是代一位从汴京逃归者抒发其愤慨与酸辛的。前一首二四两联侧重叙事，一三两联侧重述怀。交错写来，显得跌宕有致。末句与陆游梦中所见“凉州女儿满高楼，梳头已学京都样”，事同情异，哀乐全殊。后一首写他南归后对现状的失望之情，结句又与陆游《示儿》“死去原知万事空，但悲不见九州同”同意。沉郁苍凉，在刘克庄的五言律诗中别具一格。

赠江防卒　六首选二

战地春来血尚流，残烽缺堠满淮头。明时颇牧居深禁，若见关山也自愁。

一炬曹瞒仅脱身，谢郎棋畔走苻秦。年年拈起江防字，地下诸贤会笑人。

【品评】

从嘉泰四年（1204）宋韩侂（音托）胄定议伐金，一直到嘉定十七年（1224）宋金议和，这二十年中，双方经常发生战争，互有胜负。《赠江防卒》六首，以讽刺的手法，记录了当时宋朝军队中的一些阴暗面，与以乐府体写的作品《国殇行》、《军中乐》等篇相同。韩侂胄在军事条件准备得很不充分的情况下，举兵北伐，以致被金兵反扑过来，直到江边。诗中“居深禁”的“明时颇牧”，可能就是指的这位权臣。

这两首诗，第一首讽刺当时将帅虽然身居要职，却深藏禁地，从不亲临前线，因此对战场上的情况，主要是战败后的惨状，一无所知。诗人认为他们如果看到实情，也会发愁。这种写法，也就是鲁迅在回答“什么是讽刺”这个问题时所说的：“讽刺作者虽然大抵为被讽刺者所憎恨，但他却常常是善意的，他的讽刺，在希望他们改善，并非要捺这一群到水底里。然而待到同群中有讽刺作者出现的时候，这一群却已是不可收拾，更非笔墨所能救了，所以这努力大抵是徒劳的。”第二首当然也是讽刺诗，但着眼于以历史事件为对比。意在说明历史上尽有以弱胜强、以小胜大的事，如果正义是在弱小一边的话。但当时局势却并非如此，其为人谋不善可知。地下诸贤之笑，实际上是当时朝野之悲，这是不言而喻的。

方　岳

三虎行

黄茅惨惨天欲雨，老乌查查路幽阻。田家止予且勿行，前有南山白额虎。一母三足其名彪，两子从之力俱武。西邻昨暮樵不归，欲觅残骸无处所。日未昏黑深掩关，毛发为竖心悲酸，客子岂知行路难！打门声急谁氏子，束蕴乞火霜风寒。劝渠且宿不敢住，袒而示我催租瘢。呜呼！李广不生周处死，负子渡河何日是？

【品评】

《礼记·檀弓》记载了一个故事：孔子在泰山旁边走过，看到一位妇女在坟墓前痛哭，便要子路去问。子路问道：“看你哭成这样，是有非常痛苦的事情吧！”回答道：“是的。以前我公公被老虎咬死了，接着是我丈夫，现在我儿子又遭到同样的命运。”孔子说：“那你为什么不迁居呢！”回答是：

“这里没有苛政(繁重的杂税和劳役)。”于是孔子对学生们说:“要记住,苛政是比老虎更凶的。”孔子以后,几千年的生活中还反复不断地出现苛政猛于虎这一严酷的事实,就使得文学作品中也反复不断地出现这一主题。由此可见,作品的主题来自生活中的矛盾。只要生活中某种矛盾没有解决,或没有缓和,也就会产生反映这一问题的作品,作为解决它或改进它的动力。这也便是文学的社会效用。

罗与之

寄衣曲 二首

忆郎赴边城,几个秋砧月。若无鸿雁飞,生离即死别。
此身倘长在,敢恨归无日。但愿郎防边,似妾缝衣密。

【品评】

唐宋时代,出征军人的家属每到秋天,就要为在远方的亲人打点缝制寒衣。所以寄衣这个主题在诗中习见。李白《子夜吴歌·秋歌》云:“长安一片月,万户捣衣声。秋风吹不尽,总是玉关情。何日平胡虏,良人罢远征。”杜甫《捣衣》云:“亦知戍不返,秋至拭清砧。已近苦寒月,况经长别心。宁辞捣熨倦,一寄塞垣深。用尽闺中力,君听空外音。”足为这类作品的代表。但罗与之在这两首五言绝句中,却将这个习见的题材挖掘得更深了一层。他人诗中只说妻子寄衣,很少说征夫回信,而罗诗前一首中则暗示虽然丈夫数年未归,可是人还活着,因为每年收到寒衣之后,都有回信。后一首则写出了在南宋末年,大敌当前,国亡无日的时候,一位普通士兵妻子的爱国御侮之情。她不像一般妻子那样,只希望丈夫快些回家。这些新意,都是以前这类诗所希见的。

许 棐

泥孩儿

牧渎一块泥，装塑恣华侈。所恨肌体微，金珠载不起。双罩红纱厨，娇立瓶花底。少妇初尝酸，一玩一欢喜。潜乞大士灵，生子愿如尔。岂知贫家儿，呱呱瘦于鬼。弃卧桥巷间，谁复顾生死？人贱不如泥，三叹而已矣！

【品评】

这首诗中的泥孩儿，即宋元时的摩喝乐，又名摩睺罗。宋孟元老《东京梦华录》云："七月七日……皆卖摩喝乐，乃小塑土偶耳。悉以雕木彩装栏座，或用红纱碧笼，或饰以金珠牙翠，有一对直数千者。"吴自牧《梦粱录》亦云：七夕，"内廷与贵宅皆塑卖磨喝乐，又名磨睺罗孩儿，悉土木雕塑，更以造彩装栏座，用碧纱罩笼之，下以桌面架之，用青绿销金玉珠翠装饰，尤佳"。这些文献可以使我们对许棐此诗理解得更清晰一些。这种每年都展览售卖的小玩意儿，在敏感的诗人和艺术家眼中，却成为不公平的社会生活最好的实证。张乐平的连环画《三毛流浪记》中有一组题为《不如洋娃》的画，画的是一家大百货公司的橱窗里，陈列着洋娃娃，标明每个特价十万元。同时附近有穷人在卖孩子，一个标价七万元，一个标价五万元，而三毛自己则标着：我卖一万元。许棐与张乐平都看到生活中使他们毛骨悚然的现象，而将其成功地表现了出来，虽然其所用的艺术形式是各异的。（张乐平画中的物价，更打下了鲜明的时代烙印。）

叶绍翁

游园不值

应怜屐齿印苍苔，小扣柴扉久不开。春色满园关不住，一枝红杏出墙来。

【品评】

门前长有青苔，足见这座花园的幽僻，而主人又不在家，敲门很久，无人答应，更是冷清，可是红杏出墙，仍然把满园春色透露了出来。从冷寂中写出繁华，这就使人感到一种意外的喜悦。

陆游《马上作》云："平明小陌雨初收，淡日穿云翠霭浮。杨柳不遮春色断，一枝红杏出墙头。"与此诗后半词意颇同。陆游在南宋诗名极大，江湖后辈叶绍翁多半读过《马上作》而有所沿袭。在创作中，后人往往有类似和全同前人的语句。这有两种情况：一是无心偶合，一是有意借用。前者如蔡宽夫诗话云："元之（王禹偁）本学白乐天诗，在商州尝赋《春日杂兴》云：'两株桃杏映篱斜，装点商州副使家。何事春风容不得？和莺吹折数枝花。'其子嘉祐云：'老杜尝有"恰似春风相欺得，夜来吹折数枝花"之句，语颇相近。'因请易之。元之忻然曰：'吾诗精诣，遂能暗合子美邪。'更为诗曰：'本与乐天为后进，敢期杜甫是前身。'卒不复易。"后者如文天祥《集杜诗·自序》云："凡吾意所欲言者，子美先为代言之。日玩之不置，但觉为吾诗，忘其为子美诗也。乃知子美非能自为诗，诗句自是人情性中语，烦子美道耳。子美于吾隔数百年，而其言语为吾用，非情性同哉！"文天祥全集杜句以抒怀抱，这种文学现象当然是个别的，但沿袭前人创造的某些境界、手法与语言，则是较普遍的。如果在沿袭中还能够青出于蓝而胜于蓝，也许还是应该受赞赏的。正因为如此，读者便从来有意忽略晏几道《临江仙》中"落花人独立，微雨燕双飞"是这位词人攘夺五代翁宏的诗句以为己有；也不追究和苛责叶绍翁这首诗和陆游那首诗的后半何以如此相近。广大文学爱好者这种宽容，值得专业工作者深思。

家铉翁

寄江南故人

曾向钱塘住，闻鹃忆蜀乡。不知今夕梦，到蜀到钱塘？

【品评】

此诗当是作者奉使元朝，因宋亡而被羁留不能南归时所作。第一句是自己曾在南宋朝廷做官的婉曲的说法。第二句含蕴非常丰富：杜鹃鸟四川最多，叫声像“不如归去”这句话。又相传它是古时蜀国的皇帝杜宇所变。蜀中人民对这位传说中的皇帝很敬爱，每逢夜半听到杜鹃叫，就起来对它下拜。杜甫在四川的时候，因为感叹唐玄宗遭安史之乱，流离迁播，也曾按照蜀中风俗，闻鹃下拜，以表自己对祖国的忠诚。作者是四川人，这句诗写闻鹃思乡，也暗含有对已经覆灭的民族政权的深切怀念在内。后两句以不知两字领起，极妙。因为梦到钱塘故国和梦到蜀中故乡，对于诗人来说，都是向江南故人表示梦想恢复民族政权，实际上是一回事。

文天祥

过零丁洋

辛苦遭逢起一经，干戈落落四周星。山河破碎风抛絮，身世飘摇雨打萍。惶恐滩头说惶恐，零丁洋里叹零丁。人生自古谁无死，留取丹心照汗青。

【品评】

文天祥是我国历史上伟大的民族英雄。他二十岁就状元及第，少年得志，不免纵情声色。后来元兵南侵，江淮告急，便一改故态，精忠报国，至死不渝。诗风也一变为雄浑沉挚。其集中《指南录》、《吟啸集》、《集杜诗》等部分，忠义慷慨，可泣可歌，为我国文学添加了光辉的篇页。

这首诗作于宋亡的那一年。当时帝昺君臣逃到厓山，张弘范追踪袭击。最初由于另一位民族英雄张世杰防御得力，没有攻下。张弘范要被囚随军的文天祥写信劝张世杰投降，文天祥就将这首诗给张弘范看，挫败了其诱降的阴谋。但不久，厓山宋营仍然陷落了。

事后，张弘范在厓山一块石头上大书“张弘范灭宋于此”。后来有人在这行字上面加了一个宋字，成为“宋张弘范灭宋于此”。又有人在石旁题诗道：“勒功奇石张弘范，不是胡儿是汉儿。”这样，张弘范就被如实地画出了他的卖国求荣的汉奸面目。历史毕竟是公正的，暴力不能改变或掩盖真实。

郑思肖

二　砺

愁里高歌《梁父吟》，犹如金玉戛商音。十年勾践亡吴计，七日包胥哭楚心。愁送新鸿哀破国，昼行饥虎啮空林。胸中有誓深如海，肯使神州竟陆沉？

【品评】

郑思肖是南宋遗民中公然表达自己和元朝不合作态度的少数人之一。他因亡国改了名字，他坐必朝南，每逢节日，必南向野哭。他听到北语（蒙古语）就掩耳走开。他兰花画得很好，但宋亡后绝不画土，根都裸露在外面。有人问他为什么，他反诘道：土地被番人夺去了，根又栽在哪里呢？也许由于他没有参与实际反抗运动，生前也没有广泛流布那些用非奴隶语言写的诗文，所以才幸免于被迫害。

这首载于《心史》的诗，是诗人发出的庄严的誓言。正因为富于民族精神的人民决不能忍受神州陆沉，所以当蒙古贵族建立元朝以后，人民从来没有一天停止过对他们进行最坚决的斗争，终于不到一个世纪，就推翻了建立在民族压迫基础之上的蒙古贵族统治，迎来了民族解放。这不仅对汉族人民的发展前途是有利的，对蒙古族人民也同样有利。因为，如我们所熟知，任何民族，当它还在压迫别的民族时，它自己也不可能成为自由的民族。

汪元量

醉　歌　十首选二

乱点连声杀六更，荧荧庭燎待天明。侍臣已写归降表，“臣妾”佥名“谢道清”。

南苑西宫棘露牙，万年枝上乱啼鸦。北人环立阑干曲，手指红梅作杏花。

【品评】

汪元量是一位侍候宫廷贵妇的琴师，他无功名，无官职。在他的作品中，没有像文天祥、郑思肖等人那样悲壮激烈的情感，而对故国沦亡的伤痛则同。他根据当日目睹的南宋政府屈膝投降、三宫北行及临安残破等许多事实，写了一系列的联章诗，如《醉歌》十首、《杭州杂诗和林石田》二十三首、《湖州歌》九十八首、《越州歌》二十首等。除和林之作为五言律诗外，其余皆七言绝句。他的这些作品写得哀怨，充满了无可奈何的感情，可算是“哀以思”的“亡国之音”。而其从多视角勾画出来的征服者和被征服者的生活画面，则是十分真实的，具有无可比拟的史料价值。

《醉歌》杂写德祐二年(1276)襄阳失守,元兵直逼临安,宋朝派大臣向元丞相伯颜上传国玺和降表,伯颜接管政府,出示安民等事。这里选录的第一首只陈事实,而对太后之轻信投降派,不和封疆大吏商量便不战而降之不满,却非常明显。这就是《春秋》笔法:直书其事,而其义自见。

另一首借宋三宫北迁,元兵闯入宫禁,不识红梅这样一件小事,暗示宋朝的灭亡。着墨虽淡,而用意极为沉痛。其即小见大,正和杜牧之"东风不与周郎便,铜雀春深锁二乔"及陆游之"凉州女儿满高楼,梳头已学京都样"同意。但杜、陆都是虚拟,而此首所写则是事实。

湖州歌　九十八首选二

一掬吴山在眼中,楼台叠叠间青红。锦帆后夜烟江上,手抱琵琶忆故宫。

青天淡淡月荒荒,两岸淮田尽战场。宫女不眠开眼坐,更听人唱《哭襄阳》。

【品评】

《湖州歌》是汪元量集中最大的一组诗,所写为德祐二年二月,伯颜从临安东北的临皋山进驻湖州,派人向宋朝索取降表,解散宋朝政府,迫令三宫北迁诸情事,故以《湖州歌》为名。共九十八首,其中一至六写元兵入杭,宋室投降;七至六十八写三宫赴燕及途中情况;六十九至九十八写三宫抵燕以后生活杂事。通过已亡之宋与新建之元在接触中的多方对比,活现了当日的历史。

这里所选的为第五、第三十八两首。第五首写宫女们在出发前面对故国故都的留恋之情。前两句实写眼前所见景物,后两句揣想旅途生活情况。第三十八首写宫女北上,在不眠之夜经过荒凉的淮河,听到民谣《哭襄阳》的神情。作者《醉歌》中有一首写道:"吕将军在守襄阳,十载襄阳铁脊梁。望断援兵无信息,声声骂杀贾平章。"(贾似道时为同中书门下平章事,即丞相。)也许就是《哭襄阳》的部分内容。这两首诗写本来就完全不能主宰自己命运,而今又被投入更为悲惨命运的小人物的心态,着色很淡,感人却深。

林景熙

梦中作　四首

珠亡忽震蛟龙睡，轩敝宁忘犬马情。亲拾寒琼出幽草，四山风雨鬼神惊。

一坯自筑珠丘土，双匣犹传竺国经。独有春风知此意，年年杜宇泣冬青。

昭陵玉匣走天涯，金粟堆前几暮鸦。水到兰亭转呜咽，不知真帖落谁家?

珠凫玉雁又成埃，斑竹临江首重回。犹忆年时寒食祭，天家一骑捧香来。

【品评】

在封建社会中,皇帝一般被认为是天然尊长,是国家和民族的象征,皇帝的陵墓当然也是神圣不可侵犯的。而侵略者为了打击广大人民的民族自尊心,居然使用了发掘陵墓这种最残暴最下流无耻的行为。针对这种行为,遗民们进行了英勇斗争,并发为诗歌,加以揭露,这当然也表现了作者们的忠君思想,但更其主要的,则是表现了他们的民族气节。

这一组诗,既隐约又分明地记载了遗民们这次反凌辱斗争,反映了人民对这一事件的悲痛和愤怒。正如谢翱在《冬青树引别玉潜》诗中所云：“恒星昼霣夜不见，七度山南与鬼战。愿君此心无所移，此树终有开花时。”对于故国兴复的希望和信心，乃是这一义举和这些诗作的思想基础。

在诗歌创作中，若作者不想全然公开自己的内心世界，就往往以各种艺术手段将其在一定程度上和范围内掩饰起来，不论在诗的题目或字句上，都是如此。这种掩饰的动机，有出于男女私情的，也有出于政治纠纷的。但若是出于被压迫者对压迫者的反抗和揭露，为了保存自己以便继续战斗，这种掩饰也就更加隐秘。像林景熙这四首和另外一些宋遗民诗就是这种用奴隶的语言写成的作品，同时也是被压迫者反抗和推翻压迫者进军时的号角。

山窗新糊有故朝封事稿，阅之有感

偶伴孤云宿岭东，四山欲雪地炉红。何人一纸防秋疏，却与山窗障北风。

【品评】

为了防止北方敌人在秋天入侵而上给朝廷的秘密文书，在政权覆灭后，不知经过多少沧桑，最后竟然被当作糊窗纸用了。诗人看了，感慨无穷，是完全可以理解的。但诗人同时也告诉后人，即使是一张纸，也还在抵抗着北风，何况侵略者面对的是千百万人民呢？

作者是在一次旅行途中，借宿某地，偶然发现这件事的。这是一次孤独的旅行，不仅无人结伴，连视野所及的天空中也只有一片孤云，这就正好衬托着这位遗民的凄凉心境。天气也不好，快下雪了，地炉熊熊地燃着木柴，虽然暖和，但窗户若没有糊纸，北风不断吹进来，可就大不同了。写旅行，写寄宿，写欲雪，写取暖，最后才写发现窗子是新糊的，糊窗纸上还有字迹。层层递进，先一直都是很惬意的。最后却突然变得伤心，而在伤心的同时，又产生了信心。这首小诗值得我们重视，主要就在于它显示了人在逆境中的希望。

谢 翱

效孟郊体 七首选三

闲庭生柏影，荇藻交行路。忽忽如有人，起视不见处。牵牛秋正中，海白夜疑曙。野风吹空巢，波涛在孤树。

落叶昔日雨，地上仅可数。今雨叶落处，可数还在树。不愁绕树飞，愁有空枝垂。天涯风雨心，杂佩光陆离。感此毕宇宙，涕零无所之。寒花飘夕晖，美人啼秋衣。不染根与发，良药空尔为！

闺中玻璃盆，贮水看落月，看月复看日，日月从此出。爱此日与月，倾写入妾怀。疑此一掬水，中涵济与淮。泪落水中影，见妾头上钗。

【品评】

谢翱的《效孟郊体》诗共七首，这里选录的三首，既具有孟郊的悲苦和幽僻，也参有李贺的光怪和古艳，而其描写的环境和人物，则更有类于《咏怀》中的阮籍，甚至如《离骚》中的屈原。无望的现实和热烈的希求交织在这些诗篇中，引起了心灵的激烈冲突，诗人的感情一次又一次地爆发出火花。第一首是写在秋天月夜的感受，他空虚，他追求，却因前途的渺茫而感到怅惘，很曲折地表达了亡国的痛楚。第二首以草木零落、美人迟暮这些传统意象来暗示了故国的沦丧。第三首借男女之情寄寓对祖国的忠爱，由盆水起兴，盆中出日月，盆水涵济淮，都是小中见大，幻中见真。末两句描写自己伶俜孤独，顾影自怜，细致地刻画了遗民悲痛的心态。元任士林在《谢翱传》中评论说："所为歌诗，其称小，其指大，其辞隐，其义显，有风人之余，类唐人之卓卓者。"精当地指出了谢诗的成就。